高等院校法学教育系列教材

经济犯罪对策论

第二版

宋远升　谢　杰　著

法律出版社
www.lawpress.com.cn
法律门
Access To Law
www.falvm.com.cn

作者简介

宋远升　男,法学博士。曾获华东政法大学、比利时根特大学法学硕士。现任华东政法大学教授。兼任《青少年犯罪问题》杂志副主编,作家,兼职律师。

在全国学术期刊发表论文110余篇。出版法学专著18部。法学代表作为"法律职业主体系列丛书",包括:《法官论》《检察官论》《律师论》《法学教授论》《警察论》《立法者论》等。文学代表作有:《流年旧事》《夜行的灯火》《卧云先生浮生古词记》《人道沉思录》《法道沉思录》等。

谢　杰　男,上海交通大学凯原法学院副教授,法学博士、博士后,美国宾夕法尼亚大学法学院客座研究员;兼任上海汉盛律师事务所律师,上海期货交易所监察委员会委员等;主要研究方向为金融监管与金融犯罪、法律经济学、经济刑法等。

在 *International Journal of Law, Crime and Justice*、《法学》等境外 SSCI 期刊及国内法学、经济学 CSSCI 来源期刊发表论文30余篇;多篇论文被《人大复印资料》全文转载。在最高人民法院《刑事审判参考》及最高人民检察院《刑事司法指南》、《人民检察》、《检察日报》等发表论文200余篇。独著、合著 *Financial Market Crime: A Legal & Economic Analysis*、*Criminal Regulation of Capital Market: Theory & Practice*、《操纵资本市场犯罪刑法规制研究》、《资本市场刑法》、《中国刑法的规范解释》、《财经犯罪刑法理论与实务》、《证券期货犯罪刑法理论与实务》等专著20部。

目　　录

第一章　经济犯罪对策基础理论

第一节　经济犯罪基本定位

经济犯罪具有鲜明的时代性,并随着市场经济的深入和发达不断呈现新的面貌以及体现出新的规律。由于经济犯罪具有主体白领化、犯罪方式智能化、犯罪规律复杂化、犯罪影响深远化的特征,因此,无论法律实务界还是理论界,都表现出对经济犯罪前所未有的关注。在立法上,也通过刑法、刑事法规等对经济犯罪进行了相应的立法规范。可以说,无论哪种方式,其根本目的都是找寻经济犯罪的内在本质特征以及运行规律,探索经济犯罪的发生机理,从而找出有效的应对之策。而这需要在基础理论上对经济犯罪进行合理的分析与界定,需要厘清经济犯罪的内涵、外延、特征以及分类,从而了解经济犯罪的特殊秉性,并为经济犯罪的治理和惩治打下基础。

一、经济犯罪含义

(一)国外对于经济犯罪的界定

按照日本学者大谷实的观点,犯罪的实质,无论如何首先应当是侵害或危害法益的行为(法益的犯罪概念)。但是,从维持社会秩序的观点来看,没有必要将所有侵害法益的行为都作为犯罪,只需将从维持社会秩序的目的来看,不能把不置之不理的行为作为犯罪处理便够了,即偏离了该国及该具体时代的一般社会生活基准的行为。换句话说,违反社会伦理规范并侵犯法益的行为才是犯罪。因此,所谓实质的犯罪,应当是指违反社会伦理规范并对法益造成了侵害或危害的行为。[1] 这是一种比较广泛的概念界定,主要是从客体方面对犯罪进行了确立。而对于经济犯罪而言,其毫无疑问也是违反社会伦理规范并对法益造成了侵害的行为。然而,经济犯罪除了与普通犯罪或者传统财产犯罪具有共性外,在内涵和外延上,却具有其特定的内在构成特征以及外在表现形式。并且,现代意义上的经济犯罪并不是与传统犯罪同时产生的,也并不是仅指涉及财产的犯罪。在国外,基于19世纪70年代商品经济的迅猛发展而引起了相应的现代经济犯罪现象。在1872年,英国学者希尔以“犯罪的资本家”为题演讲,首创性地提出了“经济犯罪”一词,至此,经济犯罪开始具有自己特定的领域、内涵以及外延。在1939年,美国学者萨瑟兰从犯罪学的角度对经济犯罪进行了界定。也即经济犯罪应具有特定的白领身份,是指具有相当社会地位和经济地位的人在其职务活动中为谋取不当利

〔1〕 参见[日]大谷实:《刑事政策学》,黎宏译,法律出版社2000年版,第25页。

益而实施的犯罪活动。这主要指出了经济犯罪主体的特定身份。美国的另外一个犯罪学者昆尼,则主张将白领犯罪扩展为所有在职业活动中所进行的犯罪,根本不考虑行为人的社会地位和社会身份,他建议将白领犯罪改为职业犯罪。[1] 可以看出,萨瑟兰主要强调犯罪主体的白领身份,而昆尼则主要强调犯罪人的职务行为,从而扩大了经济犯罪主体的范围。1979 年,美国国会在其《改进司法体系管理法》(The Justice System Administration Improvement Act)中,第一次给白领犯罪下了官方定义。白领犯罪是一种或者一系列通过非体力性的手段,采用隐蔽的方法或诡计,以便非法避免付出或者损失金钱财物,或者非法获取金钱财物,或者非法获得经济或个人利益的行为。这个定义受到美国学术界的普遍欢迎,美国联邦调查局也在这个立法定义的基础上制定了自己的工作上的定义。[2] 此时可以看出,对于白领犯罪的定义,着重点开始从犯罪者的特定的身份特征向犯罪行为特征转变,这其实也是一种由外至内转变的表现,体现了人们对经济犯罪规律认识的不断深刻。

在德国,刑事法学界普遍认为,从刑法保护的法益出发,尤其是从超个人的法益出发来考虑经济犯罪和经济刑法。在 1932 年林德曼首先从刑法学的角度提出了经济犯罪的概念,林德曼强调经济犯罪是对经济生活的超个人的(社会的)法益的侵害。当然,从刑法保护的法益出发提出的经济犯罪概念也受到了多方面的批评。譬如,有的德国学者认为,对经济犯罪和经济刑法要求社会性的、超个人利益的侵害,在德国刑事法学界引起了范围广泛的对经济生活超个人法益的探索,并产生了简直是过于膨胀的结果。这个概念,一方面,或多或少地没有将个别企业内部的、仅仅侵害个别企业利益的经济违法行为排除出经济犯罪的概念;另一方面,它又将抽象的危害结果的概念,毫无限制地引进了刑法。人们有理由担心,这样一种概念会无限制地扩大刑事责任的范围。[3] 可以看出,与英美国家从犯罪学角度对经济犯罪进行定义的方法不同,林德曼主张从经济犯罪侵害的客体的角度对其予以界定。当代其他德国学者依然是循着这一思路对经济犯罪进行定义。另外,其他欧陆国家的法学界也基本上沿袭这种从刑法保护法益角度对经济犯罪定义的做法。荷兰学者莫勒就认为,经济犯罪是违反所有以直接或间接影响经济生活为目的而制定的法规的犯罪行为。[4]

可以看出,从犯罪学的角度对经济犯罪予以定义主要发生在英美法系国家,而从刑法角度对经济犯罪予以定义则主要发生在大陆法系国家。从犯罪学角度对经济犯罪的研究主要关注行为主体手段、发生场域等事实性特征,其目的在于总结这些行为的发生和变化规律,协调各方执法力量,明确刑法打击对象,以便从刑事政策角度寻找对其给予有效刑事控制的途径。对于从刑法角度对经济犯罪进行定义的学者而言,其在研究

---

[1] 参见万国海:《经济犯罪的刑事政策研究》,黑龙江人民出版社 2008 年版,第 12 页。

[2] 参见周密主编:《美国经济犯罪和经济刑法研究》,北京大学出版社 1993 年版,第 22 页。

[3] 参见王世洲:《德国经济犯罪与经济刑法研究》,北京大学出版社 1999 年版,第 4 ~ 5 页。

[4] 参见林山田:《经济犯罪与经济刑法》,台北,三民书局股份有限公司 1981 年版,第 13 页。

中虽然也注意到了经济犯罪在犯罪学方面的特征（如发生领域、行为方式、行为主体），但更注重从行为所侵害（或刑法所保护）的法益的角度深入探讨刑法处罚该行为的根据和合理性，从更高的层次抽象出不同的具体经济犯罪的共性，并根据法律规定研究经济犯罪的规范性特征。[1]

可以说，无论从犯罪学角度还是从刑法角度对经济犯罪进行界定都具有一定的科学性和合理性，然而，这两种方式谁都没有取得压倒性的胜利。其实，在林林总总的经济犯罪定义中，基于经济犯罪形式的多样性以及运行规律的复杂性，至今对经济犯罪没有一个统一的定义。此外，还存在一种通过列举式对经济犯罪予以界定的方法。关于经济犯罪概念的外延，1981 年召开的欧洲共同体高级领导会议认为，经济犯罪的范围应当包括以下 16 种：（1）联合企业的犯罪；（2）跨国公司的犯罪；（3）以欺骗方法获得国家或者国际组织贷款及其挪用的犯罪；（4）计算机犯罪；（5）设立徒有虚名的公司；（6）账目不清或以不正当手段借款的；（7）诈骗公司资本的；（8）企业违反有关劳动卫生或者安全规则的；（9）对债权人诈骗的；（10）侵害消费者权益的犯罪；（11）搞非法竞争或作虚假广告的；（12）公司的租税犯罪；（13）关税犯罪；（14）汇率犯罪；（15）股份交易或者金融犯罪；（16）环境犯罪。[2] 可以看出，这种列举的方法相对而言对经济犯罪的范围或者内容具有更明确的表述，容易界定和认识，也更方便指导司法实践。然而，这种做法的缺失之处在于可能会挂一漏万，不能将经济犯罪的外延或内容完全列举出来。

（二）我国对于经济犯罪的界定

在我国，首次正式提出经济犯罪这一说法是在 1982 年《关于严惩严重破坏社会主义经济的罪犯的决定》中。全国人大常委会颁布该“决定”是鉴于当时走私、套汇、投机倒把牟取暴利、盗窃公共财物、盗卖珍贵文物和索贿受贿等经济犯罪活动猖獗的形势，为了坚决打击这些犯罪活动，严厉惩处这些犯罪分子和参与、包庇或者纵容这些犯罪活动的国家工作人员，而将经济犯罪的预防和打击正式提上了立法日程。这也是我国法律界对经济犯罪进行研究的契机或者起点，并以此为基础逐渐发展出一门专门以经济犯罪为研究对象的经济刑法学。在立法上，随着新型的严重危害经济秩序的犯罪的出现，我国又出台了一系列的相关法律、法规，后来这都成为 1997 年《刑法》对经济犯罪内容予以专门规定的基础。当然，由于我国经济关系不断深入发展及扩大，从而导致更多的经济犯罪现象以及惩治需求，因此，1997 年《刑法》后又不断地颁布了一系列的涉及经济犯罪的法律、法规，从而尽量在立法方面能够与新型的经济犯罪同步。

在经济犯罪的理论研究方面，我国也分别出现了从犯罪学角度以及刑法角度对经济犯罪进行定义的方法。从犯罪学角度对经济犯罪的定义中，主要是从经济犯罪发生领域、犯罪主体行为方式以及犯罪预防及控制等要点进行着眼。譬如，有学者认为，经济犯罪是研究经济犯罪表现（包括经济犯罪的特征、活动特点和类型）与经济犯罪原因

---

〔1〕 参见唐稷尧：《经济犯罪的刑事惩罚标准》，四川大学出版社 2007 年版，第 20～21 页。

〔2〕 参见顾肖荣：《中日经济犯罪概念和范围的演进》，载《政治与法律》2008 年第 1 期。

及其发展变化规律,经济犯罪人与被害人及其互动作用,经济犯罪预防和控制及其最终效果的一门犯罪对策学科。[1] 当然,更多的是从刑法的角度对经济犯罪进行的界定。譬如,有学者认为,经济犯罪是指违反国家经济管理法规,破坏社会主义市场管理秩序,依刑法明文规定应受到刑罚处罚的行为。[2]

一般而言,我国对经济犯罪采取了一种广义、中义、狭义的定义方法,或者是采取了一种超广义、广义、狭义、超狭义[3]的做法。在超广义上,经济犯罪是指违反国家工业、农业、财政、金融、税收、价格、海关、工商、森林、水产、矿山等经济管理法规,或者盗窃、侵吞、骗取、哄抢、非法占有公共财物和公民的合法财物,应当受到刑罚处罚的行为。由此引申,经济犯罪应当包括以下3类:(1)破坏社会主义经济秩序触犯刑律的行为;(2)侵犯财产权触犯刑律的行为;(3)其他以获取经济利益为目的触犯刑律的行为。[4] 在广义上,经济犯罪是指在市场经济运行领域中或者在组织、领导、管理、监督职务活动中,从谋取不法经济利益出发,违反国家法律规定,破坏经济秩序和廉政制度,依照《刑法》规定应负刑事责任的行为。包括我国《刑法》分则第3章、第5章的部分犯罪、第6章第6节和第8章规定的126个罪名,其中具体包括生产销售伪劣商品罪、走私罪、妨害对公司企业管理秩序罪、破坏金融秩序罪、金融诈骗罪、危害税收征管罪、侵犯知识产权罪、扰乱市场秩序罪、侵犯财产罪、破坏环境资源保护罪、贪污贿赂罪。[5] 在狭义上,经济犯罪就是指行为人为谋取不法利益,滥用商品的生产、交换、分配、消费等环节上所允许的经济活动方式和经济权限,违反所有直接或间接调整经济活动的法规,危害正常的社会主义经济运行秩序的行为。[6] 所以,狭义的经济犯罪实际上包括以下两类:(1)我国《刑法》分则第3章规定的破坏社会主义经济秩序罪;(2)我国《刑法》分则第5章侵犯财产犯罪当中的一部分,也即侵犯了国家整体经济运行的部分财产犯罪。[7] 在最狭义上,经济犯罪从范围上看就是指我国《刑法》分则第3章及其相关特别刑法所规定的破坏社会主义市场经济秩序的犯罪。[8]

综上观之,我国学术界主要是从刑法角度对经济犯罪进行界定。这主要体现在,无论是超广义、广义、狭义还是超狭义,其主要侵犯的客体都是国家的整体经济秩序。在超广义的定义中,明显地可以看出其范围太过宽泛,失去了经济犯罪的特定性,也不能与其他传统财产犯罪进行有效区分,不利于有针对性地对经济犯罪进行研究考察,或者预防、惩治。对于最狭义的经济犯罪定义,则失之范围过窄,并没有实际涵盖当前经济

---

[1] 参见李晓明主编:《经济犯罪学》,中国人民公安大学出版社2001年版,第6~7页。

[2] 参见张天虹:《经济犯罪新论》,法律出版社2004年版,第5页。

[3] 以下经济犯罪的定义及分法亦参见杜宇:《再论经济犯罪的概念》,载《学术交流》2003年第10期。

[4] 参见孙国华:《论经济犯罪》,载《中国法学》1988年第2期。

[5] 参见赵长青主编:《经济刑法学》,法律出版社1999年版,第48页、第72页。

[6] 参见陈兴良:《经济犯罪学》,中国社会科学出版社1990年版,第14页。

[7] 参见杜宇:《再论经济犯罪的概念》,载《学术交流》2003年第10期。

[8] 参见马克昌:《经济犯罪新论》,武汉大学出版社1998年版,第4页。

犯罪的主要领域或者内容。

因此,经济犯罪是指发生在经济领域,为谋取不法利益,严重违反国家相关直接或者间接干预经济活动的一切法律、法规,侵害国家经济秩序正常运行的行为,或者是严重违反国家保护个人财产权益的刑事法律规范,并干扰和危害经济秩序的行为。因此,经济犯罪不包含传统财产犯罪,因为后者侵犯的主要是个人的财产权益而不是国家的整体经济秩序。对于贪污贿赂犯罪而言,其也不应当被划归为经济犯罪的范畴。这是因为,首先,贪污贿赂犯罪最主要侵犯的是国家公共职务的廉洁性,虽然其间接可能会对国家整体经济秩序造成影响,但是,应当从其主要或者是最直接侵犯的客体进行分类,而不是根据次要或者间接侵犯的客体进行分类。其次,虽然刑法中的经济犯罪定义主要考虑的是其侵犯的客体,即国家的整体经济秩序,并以此作为经济犯罪与其他类似犯罪予以区分。但是,经济犯罪的主体以及职务活动也是属于应当考虑的范畴。由于贪污贿赂犯罪的主体并非经济参与者,而是管理者,贪污贿赂犯罪的主体并不需要从事相关的经济活动,行为存在的领域是国家对经济活动进行宏观管理领域,而非具体的经济生产、交换领域,其贪污贿赂行为是发生于公职人员行使管理职能过程中而非具体的经济活动中。显然,从犯罪构成要件上看,二者的主体和行为领域在性质上完全不同。[1]

二、经济犯罪特征

对于经济犯罪的特征,国内学者对此多有论述,一些学者将经济犯罪与传统犯罪进行对比,从中概括出经济犯罪的特征。[2] 有学者认为,经济犯罪特征包括:(1)经济犯罪都是法定犯罪,大多是由国家机关通过立法加以明确规定。(2)经济犯罪都是以谋取非法经济利益为出发点,一般表现为复杂的智能犯罪。(3)经济犯罪是个人(自然人或者法人)对社会的犯罪,它所针对的是社会整体经济秩序,社会管理秩序以及国家机关正常工作秩序。(4)经济犯罪的犯罪人可以是自然人,也可以是法人。(5)经济犯罪对社会造成的危害是巨大的。有学者认为,经济犯罪主要应当具备的特征包括:(1)经济犯罪发生在经济活动和经济管理中,它所侵害的经济关系主要是动态的经济运行中的经济关系。这一特征与传统财产犯罪所侵犯的是静态的财产归属关系具有明显的区别。(2)经济犯罪所违反的法律规范是双重的。它首先表现为违反国家调整社会经济关系的经济法律规范、商事法律规范,由于这种违反经济法律规范、商事法律规范行为的情节严重,进而触犯刑事法律,产生相应的刑事责任。因此,经济犯罪属于通过法律规定而确立其反社会性的法定犯,与杀人、放火、强奸、抢劫、盗窃等自然犯有明显的区别,后者即使法律没有特别规定,人们也会对其作出有罪的否定性评价。(3)经济犯罪作为一种商品经济的产物,严重破坏社会经济秩序。也有学者根据刑法的犯罪构成理

---

〔1〕 参见唐稷尧:《经济犯罪的刑事惩罚标准》,四川大学出版社 2007 年版,第 20~21 页。

〔2〕 参见李晓明主编:《经济犯罪学》,中国人民公安大学出版社 2001 年版,第 91~92 页。

论分析经济犯罪的特征。[1] 这主要包括:(1)客体特征,经济犯罪侵犯的客体即社会市场经济秩序。(2)客观特征,其在客观方面具有明显的特点,即复杂性、法定性、智能性、隐蔽性。(3)主体特征,经济犯罪与治安等其他犯罪相比较,其主体范围十分广泛,呈现多元化的特点,既有一般主体,又有特殊主体。单位作为犯罪主体,主要存在于经济犯罪中。(4)主观特征。经济犯罪可以由故意构成,但是不能排除在少数情况下也存在过失犯罪的情况。

在国外,在对经济犯罪特征的归纳概括中,则主要强调经济犯罪主体的身份性、行为的隐蔽性以及后果的严重性。联邦德国1976年制定的第一部经济犯罪法即经济刑法对经济犯罪的特点作出了如下归结:[2](1)经济犯罪行为人对社会经济关系信任的滥用;(2)经济犯罪行为人身份特殊,有钱有势,社会地位比较高,行为诡秘,不易察觉;(3)经济犯罪行为大多都是在合法形式掩盖下进行的,其组织都是合法的,而且有实施经济活动的能力;(4)经济犯罪规模大、数额高、危害广、有计划、有组织,但无直接的具体被害人,不易引起社会公众对它的愤恨。

经济犯罪是犯罪的特殊表现形式,脱胎于传统犯罪,然而,其却具有独特的秉性。应当说,将经济犯罪与传统犯罪对比,从而发现其区别于传统犯罪的独特之处,是一种可行的特征归纳方法。因此,经济犯罪的特征主要可以包括:(1)经济犯罪发生在经济领域中。与传统财产犯罪侵犯的客体是个人的法益相比,经济犯罪侵犯的客体则是动态的经济关系,或者说其侵犯的是国家的整体经济秩序,针对的是超个人的法益,其结果是对国家经济管理秩序的严重破坏。(2)经济犯罪属于法定的犯罪。在刑法中,犯罪有自然犯和法定犯的区别。对于前者而言,属于"约定俗成"的犯罪,不因时代变迁而有所改变。譬如对于抢劫、盗窃、强奸等犯罪,[3]无论什么年代,都是属于反社会的否定性评价之列,并都会受到相关的惩处,不会因年代的改变而发生变化。而对于法定犯罪而言,则需要在法律中予以专门规定,并且这种犯罪会随着社会的发展而发生改变。譬如,由于内涵发生变化,或者法律发生改变,对于某种行为,以前不属于犯罪,现在却属于犯罪;现在属于犯罪,可能将来却不属于犯罪。这也与社会关系的流动性和变迁性密切相关。没有一成不变的社会关系,其处于一种动态的过程之中。(3)经济犯罪的智能性。经济犯罪在国外也被称为白领犯罪,所以,其主体一般会具有较高的知识水平和智力水平。在犯罪时,犯罪行为具有较高的技术含量,犯罪行为人会利用自己掌握的通信技术、电脑技术、经济、会计或者法律等知识,来实现犯罪目的。在实施犯罪后,犯罪人也会通过更富有智力性的手段,销毁、掩盖、毁弃证据,以逃避侦查或者审判。而对于传统犯罪而言,则更像是蓝领犯罪,在犯罪手段上一般不是通过智力而是暴力,

---

[1] 参见徐武生:《经济犯罪与经济纠纷》,法律出版社1998年版,第23~30页。

[2] 参见李晓明主编:《经济犯罪学》,中国人民公安大学出版社2001年版,第94页。

[3] 对于伪造货币罪,在现代社会无疑是属于经济犯罪,属于法定的犯罪,但是,其却又是一种古老的犯罪,历史上一直将伪造货币规定为违法犯罪行为。因此,其又可能是自然犯罪。然而,现在一般将其认为是法定犯罪,这可能属于一种习惯的做法。

在反侦查或者审判的手段上,也一般不具备经济犯罪人的那种智力性特点。(4)经济犯罪属于无被害人的犯罪。虽然经济犯罪可能造成非常严重的后果,但是,其针对的主要是国家的整体经济秩序,侵害的客体主要是国家而不是直接针对个人的法益,所以,一般不具备具体的被害人,在一定程度上不会引起社会的公愤或者众怒。然而,并不是说所有的经济犯罪都无被害人。譬如说,强迫交易罪就有具体的被害人。对于传统犯罪而言,则一般都有直接的受害者,由具体的受害人承受其危害后果,因此,相较而言更会引起社会公众的关注。(5)经济犯罪具有较大的危害性。经济犯罪危害之重,已经为国际社会所关注。在第七届联合国预防犯罪和罪犯待遇大会所通过的《发展和国际经济新秩序环境中预防犯罪和刑事司法的指导原则》中,称经济犯罪是"特别有害的行为。"[1]经济犯罪的危害主要体现在规模整体性、范围广泛性、对象群体性等方面。首先,在规模整体性方面,其是对一国整体经济秩序的侵害,虽然可能在形式上并不十分明显,其带来的实际后果或影响却十分深远,会在整体上影响一国经济秩序的有效运行。其次,在范围方面,经济犯罪跨域也十分广泛,可以说涉及经济领域的方方面面,包括走私、妨害对公司企业管理秩序、金融证券、税收、知识产权、不正当竞争、破坏环境资源、商业贿赂、破产等领域,并涵盖生产、分配、交换、消费四大环节。再次,在造成的危害方面,经济犯罪不仅严重影响了国家整个经济关系的正常运作,而且对于普通民众法益的侵害也是比比皆是、触目惊心。其中既有通过生产销售有毒、有害食品危害民众的人身健康,也有通过集资诈骗、证券犯罪、传销等方式侵犯民众的财产权益。最后,经济犯罪不仅直接影响经济管理秩序,导致市场经济法则运作不灵,而且还会导致经济领域的腐败猖獗,国家权威和正当性受损。与传统犯罪相比,后者相对而言侵害的对象只集中在少数个体,在范围、程度等方面对整个国家的正常运作的危害相对有限。

三、经济犯罪分类

经济犯罪的分类是指按照一定的标准、基于一定的目的,对经济犯罪进行分门别类的方法和措施。分类的前提是标准的确立,标准直接决定着分类的范围和内容。在诸多的经济犯罪中,从不同的角度进行划分就会有不同的组合。标准不同,经济犯罪的分类也就存在差异。

对经济犯罪进行分类非常有必要。第一,对经济犯罪分类可以深化理论研究。从某种程度上来说,分类越细,越能更容易地认清经济犯罪的本质和特征,从而为把握经济犯罪的规律带来更大的契机。第二,从不同的角度以及按照不同的标准对经济犯罪进行分类,可以丰富和完善经济犯罪的范围和种类,清除经济犯罪研究领域的死角,为精确和严密的立法提供理论依据。第三,通过对经济犯罪进行分类,可以使我们在比较的角度下对不同法系、不同国家的经济犯罪的异同进行研究,了解不同制度之间的差异和优缺点,从而以科学的态度实现扬弃。第四,通过对经济犯罪的分类,可以对经济犯

---

〔1〕 徐景峰主编:《联合国预防犯罪和刑事司法领域活动与文献纵览》,法律出版社 1992 年版,第 16 页。

罪进行更加具体的研究,从而深入探索不同类型经济犯罪对国家整体经济秩序的不同影响,从而抓住问题的主要矛盾或者关键,进行合理规范和调控。第五,通过对经济犯罪进行分类研究,可以对诸多的经济犯罪进行纵向和横向比较,从而发现其不同的内部构成特征,为预防和惩治经济犯罪提供专门的理论向导。第六,通过对经济犯罪进行分类研究,可以厘清经济犯罪与其他传统犯罪的不同之处,将其专门提取出来,从而采取有针对性的相关措施。

对经济犯罪的分类可以分为理论分类和法定分类。理论分类一般只是从纯粹理论的角度对经济犯罪进行分类研究。譬如,可以从经济犯罪主体角度、经济犯罪侵害的同类权利的角度、经济犯罪发生的地域角度等进行分类。法定分类大体上有 3 种类型:[1] 一是采取客体分类法进行归类。所谓的客体分类法,又可称为规范分类法,是指在《刑法》分则中,以犯罪行为所侵害的客体(法益)为根据而对经济犯罪进行分类和排列的方法。二是行为分类法。所谓行为分类法,是指在《刑法》分则中,以犯罪行为特征为根据而对经济犯罪进行分类和排列的方法。三是混合分类法,是指在《刑法》分则中,对经济犯罪既采用客体分类法,又采用行为分类法。世界上大多数国家都采用这种分类方法。

在比较法的视野上,各国对经济犯罪的分类,由于对经济犯罪的性质认识不同,再加上经济犯罪刑事立法方式的差别,因而存在较大的差异。[2] 其中包括:(1)依附型。瑞士、奥地利等国在刑法上对财产犯罪与经济犯罪不加分别,统将经济犯罪归类于财产犯罪。(2)散在型。联邦德国刑法典将各种经济犯罪分散规定于数类犯罪之中,例如在诈欺和背信一章中,规定了国库资助诈欺罪、保险诈欺罪、贷款诈欺罪。同时,在刑法分则中专设破产罪一章,规定了有关破产方面的经济犯罪。(3)独立型。意大利等国的刑法典,将经济犯罪单独划为一类,在分则中独成一章。例如,意大利刑法典第 8 章是关于工商经济之罪,包括诈欺操纵物价罪、妨害工商自由罪等经济犯罪,并与该法典第 13 章对经济犯罪也独立规定为一类。

具体而言,在当今德国,以构筑经济刑法体系为目的的分类,将经济犯罪(经济刑法)分为 4 类:(1)所有与国家财政经济有关的违法行为,尤其是伪造金钱和有价证券,涉及税收和国家财政补贴的违法行为,等等;(2)所有与国民经济(或整体经济)及其部门经济有关的违法行为;(3)所有与企业经济(或单独经济)及其单独部门有关的违法行为。那些保护企业产品的生产及在市场上销售,以及有利于正当竞争的法律规定都属于这一类;(4)所有使大众和消费者遭受损害的违法行为,只要这些损害来自经济领域。[3]

---

[1] 参见徐武生:《经济犯罪与经济纠纷》,法律出版社 1998 年版,第 30 ~ 31 页。

[2] 参见陈兴良主编:《经济刑法学》(各论),中国社会科学出版社 1990 年版,第 10 ~ 11 页。

[3] 参见王世洲:《德国经济犯罪与经济刑法研究》,北京大学出版社 1999 年版,第 152 ~ 153 页。

在日本,经济犯罪的具体类型有:[1] (1)侵害一般消费者的经济生活和利益的犯罪。这里的行为主体是企业或者个人营业者,行为样态是营业行为或者假装为营业行为,以不特定多数或者一定的消费者为对象的类型性行为。(2)对经济活动主体企业的财产性或经济性利益进行侵害的犯罪。在这里,从行为主体看,不仅包括企业,也包括消费者。从侵害行为看,不仅营业上的行为和交易领域的滥用行为可以构成,非类型化的行为也可以构成。(3)由于企业串通招投标给国家和地方自治体造成财产性损失的犯罪。(4)侵害抽象的交易秩序的犯罪。这里的行为主体既有企业也有各个消费者,行为样态大多是非类型化的行为。(5)国际经济犯罪群。这个犯罪群以发生在跨越多国间的经济犯罪为中心,其概念尚未明确。这里的犯罪主体多为企业,侵害行为一般也作为营业活动而进行,侵害企业、个人和国家的利益。(6)通过侵害财政制度给国家和地方自治体造成财政损失的犯罪。行为主体是企业和消费者,行为样态表现为违反公法,向政府提出虚伪申请或者不向政府提出申请。

我国有学者在《经济刑法典》(理论案)中将经济犯罪分为10类:侵犯海关、外汇管理制度的犯罪,侵犯市场管理制度的犯罪,侵犯证券、票证管理制度的犯罪,侵犯金融、保险管理制度的犯罪,侵犯税收管理制度的犯罪,侵犯商标、专利管理制度的犯罪,侵犯经济秘密保守制度的犯罪,侵犯自然资源、环境保护制度的犯罪,侵犯财经管理制度的犯罪,侵犯国家经济管理职能的犯罪。[2] 这种分类方法主要是采取了客体分类方法。此外,也有学者采取行为分类方法,[3] 据此,经济犯罪的类型包括:(1)营利型犯罪,主要发生在商品流通领域之中,以谋取利润为目的的犯罪,诸如走私、贩卖假药;(2)欺诈型犯罪,是指利用虚构事实或者隐瞒真相作为犯罪手段的各种经济犯罪;(3)职务型经济犯罪,即与行为人的职务有关,而行为人又利用了这种职务便利所构成的经济犯罪;(4)破坏型犯罪,是指直接使用破坏手段导致某些经济资源减少或者毁损的经济犯罪;(5)新技术性犯罪,是指利用计算机之类的高科技手段所进行的经济犯罪。

笔者认为,在对经济犯罪的理论分类中,根据经济犯罪主体的不同,经济犯罪可以分为自然人经济犯罪、法人经济犯罪;根据经济犯罪发生的地域不同,可以分为国内经济犯罪和国际经济犯罪;根据经济犯罪侵害发生在经济活动中的过程不同,可以分为侵害生产领域经济犯罪、侵害分配领域的经济犯罪、侵害交换领域的经济犯罪、侵害消费领域的经济犯罪;按照侵犯客体的权利属性不同,可以分为侵犯财产权的经济犯罪、侵犯债权的经济犯罪、侵犯知识产权的经济犯罪,等等。

在对经济犯罪进行的法定分类中,按照行为分类和客体分类混合的分类方法,可以

---

〔1〕 参见[日]神山敏雄:《经济犯罪研究》(第1卷),成文堂出版社1991年版,第8页。转引自顾肖荣:《中日经济犯罪概念和范围的演进》,载《政治与法律》2008年第1期。

〔2〕 参见陈兴良:《经济刑法学》,中国社会科学出版社1990年版,第12页。

〔3〕 参见徐武生:《经济犯罪与经济纠纷》,法律出版社1998年版,第36页。

将经济犯罪分为:(1)走私犯罪;(2)破产犯罪;(3)金融诈骗犯罪;(4)知识产权犯罪;(5)公司企业犯罪;(6)涉税犯罪;(7)生产销售伪劣商品罪;(8)破坏环境犯罪;(9)非法竞争犯罪;(10)破坏金融管理秩序罪;(11)扰乱市场秩序犯罪。

第二节 经济犯罪原因与规律

经济犯罪作为一种复杂的社会现象,这种否定或者消极后果的产生应当具有一定的根源或者基础。对于经济犯罪,既存在其发生的内在直接动因,也与经济犯罪产生的经济犯罪场等因素密切相关。所谓的经济犯罪场,是指存在于潜在的犯罪人体验中,促成经济犯罪原因实现为经济犯罪行为的特定背景,其中包括时空因素、被侵害人因素以及社会控制的疏漏[1],等等。此外,对于经济犯罪及其相关对策而言,不仅要研究经济犯罪原因,还要考虑其犯罪规律,只有这样才能把握经济犯罪的基本运行规则,从而采取有针对性的对策或者措施,实现经济犯罪系统控制的目的。

一、经济犯罪原因

(一)经济犯罪原因的有关理论

1. 理性失灵说

对于个体犯罪的原因,在启蒙时期,认为犯罪是源于个人的意志。贝卡里亚、赞尔巴哈、边沁等认为,人是和以古典经济学为前提的经济人相对应的理性人,基于快乐苦痛的计算而采取合理的行为。因此,只要预先告知其超过犯罪所获利益的刑罚的痛苦,便能维持社会秩序。但是,理性人也有经不住诱惑的时候,因此,便存在犯罪。[2] 对于经济犯罪人也是如此,如果获得的经济利益超过刑罚的痛苦,则就可能会使理性失灵,导致经济犯罪的发生。

2. 差异(分化)接触说(Differential Association Theory)[3]

萨庶兰(萨瑟兰)认为,人在违法有益的观念胜过违法不利的观念时便沦为罪犯;并基于“犯罪是学习的结果”的命题,认为人之所以堕落为罪犯,是由于同不同的犯罪文化或犯罪类型的人接触、学习的结果。也就是说,犯罪不过是人们在社会的相互作用的过程中所学到的,相对于法规范的行为模式而已。根据萨氏的理论,就可以解释为什么白领犯罪或者经济犯罪的主要原因并不是基于贫穷,而是基于经济犯罪行为人在与组织成员接触的过程中而习得的相关经济犯罪技巧。

---

〔1〕 参见李晓明主编:《经济犯罪学》,中国人民公安大学出版社2001年版,第146页。

〔2〕 参见[日]大谷实:《刑事政策学》,黎宏译,法律出版社2000年版,第25页。

〔3〕 同上。

3. 整合解释说[1]

J. 布雷思韦特吸取了马克思的理论(认为犯罪与资本主义社会所强调的自我主义有关)以及萨瑟兰的差别接触理论,认为财富与权力分配越不均匀的社会,犯罪率就越高(包括经济犯罪)。因为财富与权力分配越不均匀,就越会制造比合法机会更具有吸引力的非法机会和支持利用非法机会的负文化价值体系。要想遏制经济犯罪,就必须建构一个能够预测违法的价值何时高于守法价值的体系。他认为,决定行为倾向的关键因素是"差别羞耻":行为会倾向于能够避免羞耻(责难、反对)的一方,无论羞耻是来自其他组织还是国家。因此,他主张,强烈的民主开放制度、深具羞耻感的社会大众、同业界的自我约束,以及坚定执法为基础的各相关部门协作型的遏制犯罪政策,将有助于创建回归性羞耻文化体系。该文化的突出特征就是对犯罪行为进行非难谴责使行为人感到羞耻,同时保持对行为人人权的尊重,采取措施使其复归社会。

4. 无规范说

无规范说是法国社会学家埃米尔·杜尔凯姆创立的。杜尔凯姆认为,无规范即为失范,而失范是一种缺乏规范的社会状态或者一种社会规范缺乏、含混或者社会规范变化多端以致不能为社会成员提供指导的社会情景。[2] 根据该学说,偏差行为或者犯罪行为是社会结构中应然存在的产物。另外一位无规范说的学者默尔顿认为,由于个人要达到物质享受与占有的目的之手段以及每个人达此目的的机会,在事实上是不可能均等的。因此,个人在社会结构中永远存在一种紧张状态,由于紧张所具有的压力程度不同,导致了社会结构中各种不同领域不同形态的偏差行为。[3] 同样,对于经济犯罪而言,在社会结构中,由于行为手段与社会所允许的达到目的之间的冲突,导致经济犯罪成为商品经济中存在的规则性现象。

5. 修正并加以扩充的无规范说[4]

林山田将"无规范理论"进行修正和扩充,从而用以解释经济犯罪的原因。他认为,除了"经济目的"与"经济手段"2个"变项"之外,还应加上"参与经济活动者的经济能力"、"合法达成目的的可能性"及"非法达成目的的可能性"3个"变项"。一个参与经济活动者,假如只以追求合理的利润为目的(合法的目的),本身又具有达成此等目的的能力(包括财力),而且以合法的手段达成目的的可能性又很高,以非法达成目的的可能性又很低,则在原则上这个参与经济的活动者将不会成为经济罪犯。而基于商业经营者利润最大化的原始动机,合法经营诚然能够获得一定的效益或者利润,但是,非法经营却往往具有获得更大利益的空间,这也是经济犯罪的一大诱因。

---

〔1〕 参见 Braithwaite, J. (1989), Criminological Theory and Organizational Crime *Justice Quarterly* 6: 333 - 358。转引自罗子发:《经济犯罪原因解释论比较研究》,载《江西公安专科学校学报》2009年第1期。

〔2〕 参见杜尔凯姆:《社会学方法论》,商务印书馆1956年版,第22页。

〔3〕 参见林山田:《经济犯罪与经济刑法》,台北,三民书局股份有限公司1981年版,第78页。转引自罗子发:《经济犯罪原因解释论比较研究》,载《江西公安专科学校学报》2009年第1期。

〔4〕 参见李晓明主编:《经济犯罪学》,中国人民公安大学出版社2001年版,第155~156页。

(二)综合视野下的经济犯罪发生因素

可以说,对于经济犯罪的发生机理,学者对此已经著述颇多。在我国,关于经济犯罪原因的观点主要包括:社会转型论或社会变迁论,社会控制失调论和控制模式僵化论,超前消费论或畸形消费论,中西文化冲突论、亚文化论和道德沦丧论,利益冲突论,市场经济负效应论,代价论,综合矛盾冲突论,多层次系统因素说。[1] 应当说,这些学说都具有一定的见地,但是,其往往集中于某一角度或者某一层次的论述。其实,应当从多维度、全方位讨论经济犯罪的原因,才能够深入事物内部,了解经济犯罪的发生深层机理。无论是普通犯罪还是经济犯罪,并不是由某种单独的因素所致的结果。其中,既可能有个人理性失灵的因素,或者可能是犯罪模仿或者习得的结果,也可能是财富与权力分配不均匀的产物。应当说,经济犯罪是一种各种犯罪诱发因素的综合结果,这种诱发作用无论是直接的还是间接的,却可能最终体现为各种因素的合力,共同导致经济犯罪的发生。纽曼认为,寻求犯罪是每个潜在的犯罪人的目标,在发现犯罪目标后,如果没有犯罪对象保护主体,或者保护主体怠于行使其职责,则易于导致犯罪发生。在这里,保护义务可以包括法律义务,也可以包括政治义务或者经济义务。只有这些现代国家应当负担的义务能够发挥其应有的功能时,经济犯罪才不会具有被诱发的外部环境,这也是通过构建外部预防环境阻止经济犯罪的含义。同样,如果经济义务、政治义务或者法律义务没有正常地发挥作用,则将会为经济犯罪提供机会。

1. 经济因素

马克思曾指出经济因素在犯罪中扮演重要角色。其认为,违法行为通常是由不以立法者意志为转移的经济因素造成的。[2] 因此,经济因素与经济犯罪具有直接的正相关性。按照韦伯的观点,"经济行为"是指一种和平行使主要是以经济为取向的支配性权力。经济行为是现代营利经济,并不讳言对于金钱赤裸裸的追求。[3] 在这种主要以逐利为目的的行为中,虽然法律会起到相当的规范作用,同时,也并不否认有道德伦理的因素在内,经济行为主体在商业活动过程中,也会考虑到商业信誉或者商品声誉,但是,这种道德或者伦理方面的因素在与经济获益的博弈中,后者往往会占据上风。法律或者道德在很多时候并不一定会削弱经济行为主体的逐利狂热。

首先,在商品交换领域中,价值规律、市场机制迫使各商品生产者怀着实现自我利益的动机投入交换过程,商品能否顺利地出售,能否以最优价格出售,直接关系商品生产者的命运,由此产生了商品拜物教,而商品拜物教再往前发展一步,变成为货币拜物教。[4] 马克思在《资本论》中指出:"一旦有适当的利润,资本就大胆起来。如果10%的利润,它就保证到处被使用;20%的利润,它就活跃起来;有50%的利润,它就铤而走

---

〔1〕 参见高铭暄:《新型经济犯罪研究》,中国方正出版社2000年版,第29~31页。

〔2〕 参见《马克思恩格斯全集》(第13卷),人民出版社1962年版,第552页。

〔3〕 参见[德]马克斯·韦伯:《经济与社会》,林荣远译,商务印书馆2006年版,第85~86页。

〔4〕 参见孙利:《经济犯罪研究与经济刑法的适用》,中国检察出版社2001年版,第22页。

险;为了100%的利润,它就敢践踏一切人间法律;有300%的利润,它就敢犯任何罪行,甚至冒绞首的危险,如果动乱和纷争能带来利润,它就鼓励动乱和纷争。"[1]因此,这种对于利润的极度追逐,往往会导致经济行为人法律意识淡漠,道德伦理沦丧,从而被拜金主义思想所彻底控制。其次,在商品经济下,一般而言,所有的经济主体都会接受同样的经济规律的考验,都应当遵循优胜劣汰、适者生存的市场经济法则。当然,在这种情况下,经营者可能会选择改进技术、改善经营管理来获得更佳的生存条件。然而,在合法途径受阻时,也可能会贸然行险,通过非法途径来实现避免被淘汰的目的。因此,这就为滋生经济犯罪提供了适宜的刺激动力。再次,商品经济与传统经济不同,是一种更具有运动性和变迁性的经济形态或者模式。在这种经济形态的变迁中,由于市场法则以及相关的配套机制不健全,存在市场法则失灵的情况,这往往会为经营者提供投机的机会,这也间接为经济犯罪提供了诱发的"温床"。最后,在商品经济的发展中,在提高人们生活水平的同时,也会带来一些负面的因素,引起人们收入水平差距增大,人与人之间关系冷漠。这种贫富鸿沟的扩大,导致正常的社会道德或者风尚受损,使心理不平衡者会放弃正常的获利途径,转向非法经营的歧途,从而导致不是因为贫穷而犯罪,而是因为收入不平衡而犯罪。这也就是美国学者布劳的相对剥夺论。根据该理论,与富人区相邻的穷人区的居民,由于看到富人的富有,自己又不能通过合法途径取得自己所期望的财富,于是感到社会不公正,进而感到气愤,最终可能使他们诉诸犯罪手段去夺取他们认为自己应得的财富。[2] 当它适用于犯罪行为时,相对的经济剥夺状态主要可以说明在现代社会中财产侵犯占多数的原因。相对剥夺论比绝对剥夺更有助于犯罪行为的繁盛。因为,对实施犯罪来说,可以见到和可以接近物质财富比完全缺乏物质犯罪或者没有机会把它弄到手更富有刺激性。[3]

2. 政治因素

应当承认,在保证经济关系协调一致,经济秩序有序运行方面,政治的作用是非常明显的。如果没有政府的统筹规划作用,在商品经济高度发达、而经济关系参与主体却对经济利益的追求无限制的现代社会,很可能会造成经济大量的无谓消耗和牺牲,导致竞争中零和效应的产生。"如果人都是天使,就不需要任何政府了。"[4]这就是现代经济发展中政府或者政治的规制和协调作用。然而,政府的这种管理协调本身就是一种权力,同样具有权力的一切秉性。政府官员可能会由于掌握着别人的经济命脉而使自己掌握的权力异化。这会导致权力行使者"缺乏客观性和无责任心。缺乏客观性,诱使他不去追求真实的权力,而是追求浮华不实的权力外表。他的无责任心,又会使他缺

[1] 《马克思恩格斯全集》(第23卷),人民出版社1962年版,第829页。

[2] 参见[美]路易丝·谢利:《犯罪与现代化:工业化与城市化对犯罪的影响》,何秉松译,群众出版社1986年版,第100~101页。

[3] 参见[美]路易丝·谢利:《犯罪与现代化:工业化与城市化对犯罪的影响》,何秉松等译,中信出版社2002年版,第27页。

[4] [美]汉密尔顿等:《联邦党人文集》,程逢如等译,商务印书馆1980年版,第264页。

乏实质性的目标,仅仅是为了权力本身而享受权力”。[1] 这其实还是权力不正当行使的一种不良表现,只是没有认识权力的本质或者没有有效行使权力而已。更有甚者,政府官员还会非法运用公权力,将政府权力的公器转化为自己牟利的私器。如果说政治权力在一般事务中只是引起普通的权力膨胀意识及其表现,在商品经济中,在涉及巨大利益的经济管理中,则会引发更加强烈的贪欲,这是诱发经济犯罪的内因。在外部因素方面,如果缺乏有效的法律制度的约束,政治权力也会假借管理之名介入经济领域,导致权力寻租和权钱交易现象发生,经济犯罪蔓延衍生。

3. 法律因素

在调整市场经济关系的机制中,现代西方国家的趋势是逐渐采取非犯罪化形式,也即主要不是通过刑法或者刑罚来调整经济关系,最先考虑的应当是民商事法律,刑法属于最后的调控手段。即使是采取刑法调整,也在定罪量刑上强调轻缓化。这体现了经济社会民法本位的思想。这种理念在我国具有一定的现实意义,但也有值得商榷的地方。首先,发达国家的市场经济已经发展到了高度成熟阶段,经济关系的参与者已经在一种法治的环境下养成了牢固的守法意识,并且具有浓厚的法治文化、商业伦理的外部环境,即使没有比较严苛的刑法予以规制,也能够自觉地按照市场规则行事。同时,虽然在现代西方国家的经济关系约束机制中,非犯罪化或者刑罚轻缓化是一种普遍趋势,但其民商事法律功能却非常明显。在经营者违反相关法律后,会因此被处以巨额的罚款或者赔偿,民商事方面并不是实现了轻缓化,而是惩罚作用十分明显,从而通过有效的民商事调整来实现经济关系或者经济秩序的顺利运作。其次,在我国,适当的刑法或者刑罚威慑也是必要的。因为我国并没有完整经历西方市场经济早期的法治环境的洗礼,也没有形成自觉的合法经营理念,如果不通过行之有效的刑事震慑,很难为后来的经济关系中刑法弱化以及民法本位的思想扫清障碍和奠立基础。因为每个经营者都是功利主义者,都以经济利益最大化为目标。在没有形成一种自觉的守法状态时,按照行为主义的做法,应当采取惩罚等方法,迫使其在权衡下放弃不法经营的行为和思想。也即,“惩罚的作用在于通过对一定资源的剥夺,造成或保持主体资源的匮乏状态,使之感到不快和痛苦,促使其作出行为的修改”。[2] 最后,我国现在规范经济关系的刑事法律尚未健全、完善,却去谈经济关系中的去犯罪化或者去刑罚化,可能有些操之过急。我国在某些经济刑事领域,譬如,在操纵证券、期货价格罪中,对金融中介机构就缺乏有效的法律条款予以规制。在我国的“中科创业案”等案件中,就体现了这方面的缺陷和弊症。

4. 个体因素

黑格尔曾言,人性千年不变,并且从不吸取教训。这说明了贪婪是一种历史现象,

---

〔1〕［德］马克斯·韦伯:《学术和政治》,冯克利译,生活·读书·新知三联书店2005年版,第101～102页。

〔2〕谢邦宇等:《行为法学》,法律出版社1993年版,第100页。

其根源于人的本性。只要是涉及经济利益,个人贪欲就可能会膨胀,这种个体因素在经济案件中表现得尤其明显。在《论政府的起源》这一章中,休谟指出:“一切人类既然都在某种程度上受同一弱点的支配,所以必然发生这样一种现象;就是,公道的破坏在社会上必然成为非常频繁,而人类的交往因此成为很危险而不可靠了。你和我一样都有舍远而图近的倾向,因此,你也和我一样自然地容易犯非义的行为。你的榜样一方面推动我照样行事,一方面又给我一个破坏公道的新的理由,因为你的榜样向我表明,如果我独自一个人把严厉的约束加于自己,而其他人们却在那里纵所欲为,那么我就会由于正直而成为呆子了。”[1]这说明,发达国家一贯坚持人性本恶的观点,并以此为基础建构其法律、道德体系。如果对财富的追求在正当、合法的轨道上运行,那么,则会成为商品经济或者市场经济的强大引擎或者推动力。然而,如果任凭个人自利性的因素过分膨胀、泛滥,这种个人因素就会走向事物的反面,就有导致经济犯罪发生的风险。经济犯罪中的罪犯大多具有较高于常人的智力,狡猾奸诈,喜好而且敢于从事风险与利润均高的投机事业,外向好动而且具有很高的社会适应性,具有唯利是图的习性以及双重道德观等人格特征。[2] 对于受害人而言,也具有贪利的特点。特别在诈骗性的经济犯罪案件中,案件发生的确是由犯罪人最先发动,但是,其却往往迎合或者满足了受害者的贪婪本性。可以说,在经济犯罪案件中,受害人的配合也是成就犯罪人犯罪目的的一个必不可缺少的关键因素。

5. 文化因素

文化是经济关系的外部环境因素,在负向方面,其诱发着犯罪发生的可能以及变数,影响犯罪的内容与程度。在正向方面,文化则可以削减犯罪内在发生机制的力量,导致犯罪消失或者烈性减弱。可以说,“犯罪不是别的,不过是文化的一个侧面,并且因文化的变化而发生异变。它是依据集体的一般文化而出现的,它既不是一个离体脓疮,也不是一个寄生的肿瘤。它是一个有机体,是文化的产物。”“如果不懂发生犯罪的文化背景,我们也不会懂得犯罪。换言之,犯罪问题只能以文化来充分解释。”[3]因此,承认犯罪是文化的结果或者产物丝毫不为过。对于经济犯罪而言,特定的文化同样对其有相当的影响。文化是犯罪的场域或者环境。文化环境其实不过是一个由物质文化、精神文化和文化传统状况等文化因素耦合而成的文化效应场。作为一种社会存在,文化环境常常表现为一种内控自制的历史与现实的惯性运动,作用和影响社会生活的方方面面,造成不同的社会效应。[4] 特定的犯罪如果说是历史的产物,还不如说是地理或者环境的产物。经济犯罪也是一种文化环境的结果。基于文化的渗透或者潜移默化的作用,身处特定犯罪文化环境中的个体,如果没有其他正向干预机制发生作用,往

[1] [英]休谟:《人性论》(下册),关文运译,商务印书馆2010年版,第575~576页。

[2] 参见林山田、林东茂:《犯罪学》,台北,三民书局股份有限公司1995年版,第424页。

[3] 严景耀:《中国的犯罪问题与社会变迁的关系》,北京大学出版社1986年版,第2~3页。

[4] 参见李锡海:《文化与犯罪》,中国人民公安大学出版社2006年版,第85~86页。

往就会被经济犯罪的恶念所攫取,成为经济犯罪的奴隶。这也可以解释为什么某种特定经济犯罪之所以习惯性在某个地点发生。譬如,在中国,很长时期内,伪造货币的经济犯罪集中在广东沿海的某个地方,而生产销售假冒伪劣商品的犯罪一段时间内在浙江某个地区则比较盛行。当然,文化环境只是一个相对宏观的概念,其还有不同的表现形式。在负面的文化形式方面,可以包括官本位文化或者权力文化,其使权力占有者由于配备了公权力的武器,而具有了一种不受控制的欲望与意识。如果这种意识表现于行动,那么,就会直接或者间接地诱发犯罪。此外,还包括个人主义的文化,其本来可以是一种彰显个人主体资格,提升个人权利意识的一种文化形式,但是,如果这种个人主义意识发展到极端,则会有不顾社会公德或者商业伦理而极端追求个人利益的经济行为,从而成为经济犯罪的催化剂。

二、经济犯罪规律

无论是普通犯罪还是经济犯罪都具有一定的规律性,这取决于事物之间的内在的必然联系,是由事物的内部矛盾所构成,不以人的意志为转移。马列经典作家很早就指出犯罪的规律问题,并且将之与资本主义生产方式相联系。马克思指出,凡是稍微熟悉犯罪统计的人都会看出,犯罪在按照特殊的规律性逐年增长着,一定的原因按照特殊规律在产生一定的犯罪行为。但是,犯罪的规律性并不是资本主义所独有,而是在犯罪存在的地方普遍地发挥着作用。对于经济犯罪规律的内容,国内有的学者认为,经济犯罪的规律主要包括:[1](1)经济犯罪的辐射规律,是指经济犯罪的诱因、手段和方式,通过各种信息载体的传播,迅速蔓延扩大,促使犯罪迅猛发展。(2)经济犯罪的消长率,是指犯罪的升降主要取决于社会各种积极因素与消极因素彼此消长。(3)经济犯罪的起伏规律,是指经济犯罪的变化,在特定的社会阶段上,是时起时伏,波浪式向前发展变化的规律。(4)经济犯罪的因果规律,是指从犯罪的"结果"中去寻找犯罪原因的规律。(5)经济犯罪的区域性规律,是指研究犯罪的空间发生、发展和分布规律,研究社区经济、政治、文化以及社区环境与犯罪的关系。(6)经济犯罪的防控规律,是指根据犯罪的表现规律和犯罪原因规律及其相互关系,而制定出科学、有针对性的犯罪防控对策的操作运行规则。然而,对于经济犯罪的规律而言,一般应当具有普适性以及必然性的特征,而不是具有个别性和偶然性的特点,因此,经济犯罪规律主要应当包括以下内容:

(一)经济犯罪的主体性规律

经济犯罪的主体性规律,是指何种职业主体具有发生经济犯罪的高概率以及可能性,也包括这种规律背后的发生因素。从职业上看,商业人士经济犯罪的发生概率高。这是因为其有更多的机会参与经济活动,影响或者改变经济关系、经济秩序。而对于其他行业而言,则不具备这种便利或者优势,因此,也相对而言具有较低的经济犯罪发案率。从年龄上看,成年人经济犯罪发生率要高于未成年人。然而,对于老年人而言,经济犯罪的发生率则会降低。这与其经济活动不是那么频繁,或者说老年人对于经济或

---

〔1〕 参见李晓明主编:《经济犯罪学》,中国人民公安大学出版社2001年版,第135~137页。

物质利益的追逐不如年轻人强烈有关,也可能与老年人已经积累了一定的财富,从而使其追求财富的欲望相对而言降低有关。

（二）经济犯罪的地域性规律

经济犯罪的地域性规律,是指经济犯罪的发案地域、空间与经济犯罪之间客观的、稳定的关系的规律。经济犯罪的发案率与经济发展的不平衡有着比较明显的相关性。一般而言,经济发达地区的经济犯罪率要超过落后地区。在同一地域内,城市经济犯罪率要超过农村。这是因为,首先,在经济发达的地区,由于经济生活纷繁复杂,产业结构也比落后地区更为多样化。也即是说,具有了更加繁多的经济内容可以被侵害,经济犯罪涉及的数额也更巨大。这是从经济犯罪侵害的客体方面说明经济犯罪的地域规律。在经济发达地区,基于商品经济发展程度高,物质和信息具有更高的流动速度,因此,也带来了更多的经济犯罪侵入的机会。其次,在经济发达地区,由于其经济比落后地区落差较大,即使是本地区不同经济关系主体之间也可能有比较大的差距。这种贫富之间的巨大差距会成为诱发更多犯罪的内因,使经济犯罪发案率更高。最后,在城市和农村之间,城市有更多的经济主体参与到经济关系中,这也为经济犯罪的萌发提供了契机。

因此,地域因素的差异会影响经济犯罪的发生频率以及危害程度。经济犯罪的地域或者空间特点,即经济模式中经济主体活动的空间越大,经济犯罪活动空间也就越大;相反经济主体活动的空间越小,经济犯罪活动的空间也越小。空间的大小又是由经济行为模式所能达到的自由程度所决定的,所以自由程度越大,空间就越大,犯罪产生的范围就相应增大;自由程度越小,空间越小,犯罪产生的范围就相应的减小。[1]

（三）经济犯罪的时间性规律

经济犯罪的时间性规律,是指基于经济犯罪内部构成以及发生机制作用的结果,经济犯罪在特定时间阶段具有较高的发案率,而在其他时间阶段则具有相对较低的发案率,或者在某个特定的时间阶段,某种或者某几种经济犯罪发案率高,而其他经济犯罪的发案率则要低的规律。首先,这是量变质变规律的体现。任何事物的发展都必须先从量变开始,没有一定程度的量的积累,就不可能有事物质的变化,对于经济犯罪也是如此。最初经济关系被侵害只是体现在量上的变化,等到经济关系恶化到一定程度,就会出现质的变化,因此就会导致经济犯罪在一定时期内集中发生。其次,这与事物发展的不平衡规律有着直接的相关性。一个事物的发展往往是一个"不平衡→平衡→新的不平衡→新的平衡"的波浪式前进、循环往复式上升的过程。在经济关系的发展过程中,也存在这种趋势。经济关系运转的平衡性是相对的,而不平衡性则是绝对的。也就是说,经济犯罪的出现是有其必然性的。这与特定时期相关法律法规滞后,社会秩序、道德或者文化较为混乱等因素密切相关,从而使犯罪成本降低,犯罪预防机制失灵,导致某个特定时期内某种或者几种经济犯罪更易发生。

---

〔1〕 参见夏吉先:《经济犯罪时空论》,载《法学探索》1994 年第 4 期。

(四)财富分配平均度与经济犯罪率成反比的规律

一般而言,在社会财富分配较为平均的时间或者地域,经济犯罪发案率就较低。这是因为,在社会财富分配严重不均的时间或者地域,就会形成一种更加相信利用非法机会获得财富的社会文化价值体系。因为此时,某些经济关系的主体会意识到由于其竞争起点不同,公权力也更加倾向于保护既得利益者。因此,在现实中使得其更难以通过合法机会获得相同的经济利益份额,这就会刺激、促使其更加倾向于付诸非法手段,形成对经济关系的恶意参与或介入,具有更高的侵害经济秩序的风险,也具有更高的经济犯罪发案的可能性。

第三节　经济犯罪对策的理论基础与内容

经济犯罪属于现代经济发展的副产品,基于其对现代经济关系危害之大、影响范围之广的秉性,所以,应当探索经济犯罪的发生机理,从而有针对性地确立相关的对策。应当承认,经济犯罪具有其发生的内在必然性,无论是从预防角度还是从制裁角度,并不能完全根除经济犯罪,然而,却可以在一定程度上减少其发生的概率以及危害的烈度。因此,尽管没有实证的分析证明经济犯罪的发生原因到底如何,经济犯罪原因和对策也不存在必然的不可分割的关系,但是,可以通过破解经济犯罪的原因和规律,以此作为制定经济犯罪对策的一个重要参照,从而确立经济犯罪的经济、文化、行政以及法律性的预防或者制裁对策。

一、经济犯罪对策理论前提

犯罪是基于个人意思活动而实施的,因此,防止犯罪,只有在对这种意思活动起作用时才有可能。另外,人是受环境和素质所决定的,在此范围内,具有依据法的命令和禁止、取消实施犯罪的自由。这种见解被称为非决定论(意思自由论)。与此相对,科学的原因论以将人的行为视为必然的产物,犯罪是由素质和环境所决定的决定论(意思决定论)为基础而展开的,并认为,犯罪对策在以决定论为基础时,才第一次值得被冠以科学之名。[1] 对于经济犯罪而言,会受到一系列的外部环境的影响,从而导致其发生。这与人的素质以及政治、经济、法律等环境因素密切相关。譬如,外部的经济环境是经营主体经济行为的宏观平台。在经济环境井然有序,经济的质量和数量都呈良性增长,社会各阶层收入分配既兼顾公平又兼顾效率之时,那么,就很难为经济犯罪提供更多的可以置喙的机会。对于政治环境而言,如果政治体制和政治架构能够遵循合法、正当、科学、合理的原则建立,权力既能够保证发挥其调控或者管理经济的有效张力,也能够保证权力在一种有效的监督机制下自我约束的效果,则会为预防经济犯罪提供良性的政治场景。对于法律因素而言则更是如此,其不仅能够提供经济发展的规范

---

〔1〕 参见[日]大谷实:《刑事政策学》,黎宏译,法律出版社2000年版,第79页。

性支持背景，而且还可以在经济犯罪发生时提供制裁性的威慑力量。当然，如果法律调控机制失灵，则会为经济犯罪病菌的传染或者蔓延带来良机。

在这里，可以看出经济犯罪与外部环境有着密切的相关性。这也就是所谓的经济犯罪的决定论。外部环境或者素质的基础决定了经济犯罪是否发生以及烈度。然而，这并不能否认个体的意思在经济犯罪中的作用。人作为理性的主体，能够根据自己的信念来决定自己经济行为的性质和取向。“人在为素质和环境所决定的同时，作为理性的存在，也具有自主地完善自己人格，并利用外部的决定性因素，以追求自己目的的‘自由意思’。而且也不能否定，人在这种自由意思之下，能自觉地意识到其责任，维持社会秩序。”〔1〕因此，在经济犯罪的发生机制中，对于意思自由论而言，个人的自由意思能够起到一定的作用。然而，相对而言，这种非决定论具有更大的不可把握性，存在一定的空想或者幻想的成分，也不易为实证的科学所证明。所以，经济犯罪的发生最科学的解释应当是相对的意思决定论，即经济犯罪主要是由素质和环境决定的，然而并不能完全否认个人意思自发的作用。

虽然经济犯罪的原因千差万别，在诸多的经济犯罪发生原因中，精确地发现到底哪种因素导致经济犯罪的发生是难以想象的，然而，正是由于这种经济犯罪发生原因的多样性，导致了系统性地对经济犯罪预防和控制的必要性。因此，虽然根据菲利的犯罪饱和理论，犯罪是有人类学因素、自然因素和社会因素相互作用而形成的一种社会现象。这一规律导致的犯罪饱和论，即每一个社会都有其应有的犯罪，这些犯罪的产生是由于自然及社会的条件引起的，其质和量是与每一个社会集体的发展相适应的。〔2〕然而，这并不是说经济犯罪的原因和规律是不可捉摸和难以控制的。由于经济犯罪是由各种自然环境、社会环境等综合因素的共同作用的结果，这也为预防及惩治犯罪提供了一条思路，即切断或者最大可能切断经济犯罪的因果链条，使经济犯罪的因果法则失灵或者相对失灵。此外，基于个人意思在经济犯罪中的作用，也可以考虑通过特定的方式对个体人格进行干预，这也是避免或者减少经济犯罪的重要机制。正如医学治疗并不以所有的病因均已告确定为基础一样，对犯罪原因虽然不可能具有完全的法则性认识，但是从消除影响人的意思自由的犯罪原因，并通过对人格的主体施加影响，打消其犯罪念头的方面来看，采取科学的犯罪对策是可能的。〔3〕

二、经济犯罪预防性对策

菲利指出，对社会预防犯罪来说，就像对公民提高道德水准一样，关于预防犯罪措施的改革哪怕进步一点，也比出版一部完整的刑法典的效力要高100倍。〔4〕因此，对于经济犯罪而言，通过预防性的对策，在犯罪机制尚未发动之前，将经济犯罪扼杀于摇

〔1〕［日］大谷实：《刑事政策学》，黎宏译，法律出版社2000年版，第79～80页。

〔2〕参见［意］菲利：《实证派犯罪学》，中国政法大学出版社1987年版，第43页。

〔3〕参见［日］大谷实：《刑事政策学》，黎宏译，法律出版社2000年版，第79页。

〔4〕参见［意］菲利：《犯罪社会学》，法律出版社2001年版，第595页。

篮,不仅可以减少犯罪之危害,而且还可以提高干预或者制裁经济犯罪的成本。

（一）经济性预防对策

在现代经济中,经济犯罪实际上与市场经济的发展有着密切的关系,可以说是成一种正比例关系,但是,这并不是人们抛弃或者畏惧市场经济的理由。经济犯罪不过是市场经济高度发展使人们在享受丰富物质文化的同时必须承担的一个副产品而已。从根本上,经济犯罪的产生是由于市场经济的无序竞争、权力监管机制失灵、诚信经营规则失范的结果。因此,应当采取相应的经济对策,有针对性地对这种经济犯罪的迷局予以解困。这包括:首先,在发展市场经济的同时,不仅要关注经济量的增长,更要关注经济质的提升;不仅要关注经济效益,而且要关注社会效益。应当尽量使经营主体或者经济关系的参与者保持一种良性竞争的态势,而不是以无谓的互相消耗为代价。而欲保持这种"好的"经济状态,科学合理的有利于经济良性发展的制度不可或缺。布坎南曾指出:"在有序的市场结构中,人们力图把根据自己的能力或机会得到的报酬极大化的行为,能够有利于社会。这里,我们可以把那种行为叫作'寻求利润',但是,在另一套机构和制度下,完全相同的机会可能不会产生对社会有利的后果。个人极力使根据机会得到的报酬最大化所产生的非故意造成的结果可能是'坏的',而不是'好的'。'寻求租金'一词是要描述这样一种制度背景中的行为。在那里,个人极力使价值最大化造成了社会的浪费,而没有形成社会剩余。在个人决策层次上,他们的行为本身与市场相互作用中寻求利润的行为并没有不同。个人价值极大化的非故意的结果从那些可以归类为'好的'结果转为看来显然是'坏的'结果,并不是因为个人变成了有不同道德的人,从而改变了他们的行为,而是制度结构发生了变化,作出个人选择的环境变了。当制度从有秩序的市场转向直接政治分配几乎混乱状态的时候,寻求租金就作为一种重要的社会现象出现了。"[1]这说明,使市场经济尽量豁免于经济犯罪的侵扰,经济制度的保证发挥着重要作用。这种经济环境使市场经济主体是"寻求利润"而不是"寻求租金",从而保证经济在竞争中有序、高效、高质地增长。由于制度具有稳定性、强制性和规范性的特征,因此,经济性制度起着预防经济犯罪的关键的阀门作用。其次,根据行为主义的做法,可以采取行为控制的方法。如果欲使经济关系参与者积极地介入某种特定的场景或者环节中从事良性的经济行为,那么,其方法主要就有两种,即激励或者惩治。激励可以使经济关系参与者基于某种特定的利益而主动地介入,而惩治则可以威慑或者强制经济关系参与者基于某种不利的后果而避免介入。这方面,可以借鉴美国、日本的守法计划。即针对违法经营的企业,规定或者列举经济行为违法的内容以及行为准则。对于企业合法经营、依法纳税、保护环境、社会捐助等有价值的行为,可以在税收、财政方面予以优惠,以鼓励或者刺激这种合法经营行为的增长。对于管理层而

---

〔1〕［美］布坎南:《寻求租金和寻求利润》,载《腐败:权力与金钱的交换》《经济社会体制比较研究》,中国经济出版社1993年版,第112页;万国海:《经济犯罪的刑事政策研究》,黑龙江人民出版社2008年版,第236～237页。

言，则可以给予薪水、股权、期权等方面的鼓励，保证企业能够向健康有序的方向发展。对于企业经营的违法行为，虽然不一定构成犯罪，但是，仍应当建立相关约束机制，使企业或者管理层能够尽到职责，不利用公司牟利以及承担其他谨慎关注的义务，从而使企业形成一种自觉的守法经营理念。可以看出，此时其实经济犯罪的预防性对策中，还是包含制裁性内容的，从而在此一并进行论述。

（二）文化性预防对策

英国学者泰勒指出，所谓的文化或文明乃是包括知识、信仰、艺术、道德、法律、习俗以及包括社会成员的个人而获得的其他任何能力、习惯在内的一种综合体。[1] 文化以历史上形成的价值为核心，通过一种内在的精神机制成为人们的行为模式指导。其功能指向方向不同的两极，既可以是人们积极行为的精神塑造者，也可以是人们消极甚至违法犯罪行为的诱导者。文化对于犯罪具有某种"基因性"终极作用价值。无论是人从动物世界中脱颖而出成为"万物之灵"还是人性自我完善，产生人的社会属性的价值观念、思维方式、行为规范、情感信仰、心理品质、生活习俗；无论是以伦理行为型和情感行为型为特征的东方社会文化圈，还是以目的行为型和逐利行为型为核心的西方社会文化圈，人的行为选择方向毫无例外都受到特定的"文化基因"的制约与支持。美国文化人类学家 S. 南达指出，"完整体系"的文化"既对实际行为按既定方向加以引导，又对明显违背理想规范的行为进行惩罚"。[2] 在现代经济中，经济与文化的关系密不可分，已经呈现经济文化化以及文化经济化的趋向。毋庸讳言，对于经济犯罪而言，负面文化因素所起的作用不可忽视。而这种经济犯罪的文化原因也为通过文化作用来抑制犯罪提供了科学的解释。一般而言，在经营主体的经济行为中，其在内心会面临着经济利益最大化动机与文化、精神方面追求的强烈冲突，如果前者获得优势，虽然不一定导致经济犯罪，却可能成为诱发犯罪的一大根源。同时，正向文化对于经营者的内心世界的控制作用也是比较明显的。如果经营者能够正确解读或者领悟市场竞争中的文化内涵，那么，其行为就会自觉按照正向文化的价值模式运行，从而使经济犯罪的欲望消除或者削减。因此，在经营主体的经济动机与正向文化需求方面也就达成了一致，成为控制经济犯罪的有力文化工具，反之则会走向事物的反面。

在市场经济的文化对策中，基于其含义和层次不同，可以包括经济伦理对策和企业文化对策。在层次上，经济伦理属于上位的阶梯，而企业文化则处于下位的阶梯。经济伦理属于更高层次的追求，其体现的是经济关系主体自身或之间行为应当遵循的道德性规范。而企业文化追求的层次相对而言要低于前者，更注重的是企业内部自律性的行为规范。所谓的经济伦理，是指在社会经济生活中产生并能用以约束和调节人们的经济行为及其相互关系的价值观念、伦理规范和道德精神的总和，它既是调节人们之间

---

〔1〕 参见李锡海：《文化与犯罪研究》，中国人民公安大学出版社 2006 年版，第 4 页。

〔2〕 肖剑鸣、伍麟：《简论经济·文化·犯罪的三维机理》，载《四川省公安管理干部学院学报》1999 年第 1 期。

经济利益关系的一种行为规范,也是行为主体把握经济社会的一种实践精神。[1] 这样,在经济活动中,经营者不是一种纯粹关心利益的无道德的主体,不仅要受到经济理性的控制,而且应当受到经济伦理和道德规范的调控,从而才能成为市场经济的真正主人,而不是成为控制金钱利益的同时也被金钱利益所控制的奴隶。因此,应当培育或者发展市场经济的伦理精神,防止市场经济经营者被纯粹的拜物教的理念所垄断,而且需要有更高的精神追求,从而形成经济行为内在的经济伦理,使经济关系主体的经营活动具有强大的精神支撑。企业文化则是指市场关系的参与者在生产以及经营过程中应当遵循的文化性的基本行为规则,其中最主要的内容就包括企业诚信文化。企业诚信文化是在长期生产、经营、建设、发展过程中形成的,是在一定的社会大文化环境影响下,经过企业领导者的长期倡导和全体员工的积极认同、实践与创新所形成的整体诚信价值观念、信仰追求、道德规范,作为准则、经营特色、管理风格以及传统和习惯的总和。[2] 在对经济犯罪的预防性作用中,针对产品信用、商业信用、金融信用的失衡现象,应当通过建构一系列的企业文化体系予以应对。首先,建立企业文化激励机制。在文化的层面上,通过社会舆论的方式,彰显企业文化的作用,并以典型的方式向社会其他企业推广。其次,培养或者塑造企业的羞耻文化意识。由于经济犯罪属于无被害人犯罪,其侵害的主要是国家整体的经济秩序,因此,虽然会造成政经制度的严重毁损,国民财富的巨大损伤,然而,却往往得不到更多的关注和社会谴责,犯罪人不仅可能没有负罪感,甚至连羞耻感也没有。韩国、日本等国家的羞耻文化建设或者培养,从而使潜在的经济犯罪人耻于犯罪,并且犯罪后会面临比刑事处罚更加严厉的内心谴责。最后,在社会文化建设中需要建立企业诚信系统,使守信经营成为一种稳定性的常态,违背信用的经营则成为极个别的例外。这样一来可以有效地培养和建构自律意识和诚信意识,使合法诚信经营者不仅在心理和精神层面上受益,而且也在经济上受益;失信经营者则会面临经济和精神的双重损失,从而加大守信经营者的获益份额以及失信经营者的违法成本。

三、经济犯罪制裁性对策

(一)行政性制裁对策

经济犯罪大多从经济违法演变而来,大部分经济犯罪都是法定犯。经济犯罪具有典型的"二次性违法",经济犯罪行为首先是违反了相应的经济行政法规,其次才是对刑事规范的违反。因此,重视加强经济行政立法,严密行政法网,规范对经济违法案件的查处,重视和强化经济行政执法,是预防经济犯罪中非常重要的一环。[3] 对于违法经营者,可以采取行政制裁的方式进行非刑事约束。具体而言,在完善或者构建预防性

---

〔1〕 参见罗能生:《经济伦理:现代经济之魂》,载《道德与文明》2000 年第 2 期。

〔2〕 参见饶绍伦:《市场经济中的诚信文化建设》,载《西南交通大学学报》(社会科学版)2004 年第 5 期。

〔3〕 参见万国海:《经济犯罪的刑事政策研究》,黑龙江人民出版社 2008 年版,第 241 页。

行政制裁体系中,可以主要采取如下的措施:第一,加强有关行政立法或者行政法规的制定。一般而言,在调整经济违法的法律法规中,经济行政法律规范的范围主要包括全国人大及其常委会制定的法律或者法律性文件以及国务院及其有关部委制定和发布的"条例""规定"等规范性文件。在我国的行政法规中,由于在计划经济向市场经济转型中,政府的经济管理职能或者理念并没有因此而发生相应转变,这不仅体现在实际管理中,出现了政府干预的垄断、低效率甚至腐败。在立法上也存在对政府无节制授权,行政立法体系繁杂、混乱甚至自相矛盾的状况,以及行政立法滞后,立法内容与行政执法现实的需要脱节的现象。譬如,新旧体制转换中金融立法就存在一定的法律漏洞,在金融行业就非常有必要制定或者健全相关的金融法规。2005 年 3 月 27 日银监会发布的《关于加大防范操作风险工作力度的通知》,分别从规章制度建设、稽核体制建设、基层行合规性监督、订立职责制、行业管理公开等方面对银行的机构管理提出了要求。这些措施如果真能落到实处,无疑会有效抑制金融大案的发生。[1] 因此,对于经济违法,在宏观方面,行政法律或者法规的制定或者完善无疑起着非常关键的基础作用。第二,严格企业登记、检查制度。作为对潜在经济违法者,在对其进行登记时,就应当按照公司法等规定进行严格审查。对于不符合条件或者标准的经营者,不批准其获得营业执照。同时,要加强行政检查工作,对不符合条件的经营主体,即使获得了营业执照,也要依法予以取缔。第三,加强金融机构经济管理制度,对于金融部门经济管理混乱的非职业行为要进行严格的审查和处理。譬如,对金融机构在结算中存在的跨行贷款、多头多户、违章拆借、违规将拆借资金用于法律禁止规定的行业进行经营等现象,要通过金融制裁或者银行信贷制裁的方式予以规范。第四,对于特定行业可以实行资格禁止制度,剥夺违法违规者的从业资格。譬如,在内幕交易中,如果内幕交易者实施了有关法律规定的危害股票、证券上市、交易等行为,但是,该内幕交易行为的社会危害性不够严重,达不到通过刑法调控的标准,可以通过行政制裁行为,永久或者长期吊销违法违规者的从业资格。因为从事股票、证券、期货等行为是某种特定人群获得职业利益的重要手段,剥夺其资格对其来说其实是一种剥夺其获得经济来源的严厉制裁。所以,不仅对于违法违规者本人是一种制裁,对于其他潜在的违法违规者也不啻一种严重的警戒,从而最大限度地避免了其利用职业谋取非法利益的行为。第五,对于特殊的违法行为,譬如,在走私行为中,对于违反治安管理法规的自然人,可以采取行政拘留等方式,短期限制其人身自由。如果确实构成犯罪,再向有关机关移送。总而言之,应当对经济活动建立全方位的行政监管体系,从行政立法提供法律支撑到行政执法具体实施,从经营主体资格审查到经营行为的日常监管,从监控实物的流转到监控金融的流转,从形式上的审查转向实质性审查,从而为行政处置提供法律依据和精确的信息,以采取相应的行政处罚措施,防止并没有构成经济犯罪的经济违法行为发展成经济犯罪,未雨绸缪,防患于未然。

---

〔1〕 参见刘宪权:《金融犯罪刑法的理论与实践》,北京大学出版社 2008 年版,第 45 页。

(二)法律性制裁对策

1. 刑事立法对策

在当前,我国针对经济犯罪的立法还存在体系不够完整,刑法与民法、经济法、行政法的规定在内容、逻辑上不能完全协调的问题。在刑法体系内部,也存在对经济刑法的立法目的不明确、体系不科学、内容相对简单、形式也不完善的缺失。即使我国1997年《刑法》对这种现象进行了相应的梳理和修正,然而,还是存在一定的问题值得考虑和解决。这使我国经济刑法在立法方面还存在相当大的可以改进的空间。由于经济犯罪是一种动态的犯罪,新的经济犯罪形式不断出现,所以,在保证刑事立法稳定性的同时,也要体现出一定的前瞻性。此外,如果不是确有必要,一般不要再采取单行刑法的方式。如果出现了经济刑法立法滞后,使法律不能适应于经济社会发展现实的状况时,可以通过在相应的经济法、行政法等法律中增设刑事条款的方式予以解决,也可以通过立法解释的方式来对某些刑法条款的含义、界限等进行阐述,使其更加明确具体。[1]

2. 刑事司法对策

第一,在侦查阶段,建立公安与工商、海关、税务等机关的信息共享与互动的平台或者渠道,以便迅速及时地发现案情、收集证据,避免证据被毁损、丢失、隐藏等现象。此外,基于经济犯罪的智能化、技术化的特征,不仅需要侦查人员具有刑事诉讼法、刑法等专业的法律知识储备,而且应当加强培养具备计算机、财物、会计、证券、鉴定等专业知识的侦查人员,从而在智力配备上达到能合法、及时、科学侦查经济犯罪的要求。第二,在审判阶段,审判人员除了应当具备法律知识和其他必要的专门知识外,还应当在诉讼中实现审判独立,以保证法官在不受外部其他机关、个人干预的情况下自主地对经济犯罪人定罪或者量刑。这是因为法官是法律授权的合法裁判者,在诉讼中居于主导者地位。在法官进行司法的诉讼场域,只要不是因为职业行为而触犯纪律或者法律,就是无可争议的王者。之所以强调审判的独立性,是因为经济犯罪与地方政府有千丝万缕的密切关系直接相关。如果法官丧失独立的地位和身份,则就会沦为特定阶层的附庸,成了为特定集团或者个人服务的行政官吏,则经济犯罪的惩治将成为天方夜谭。为了保证法院或者法官的司法独立,在制度保障上,应当在法官的任免、奖惩、退休养老、法院的经费安排等方面,保证法院或者法官不受干预。只有经济上或者利益上不受制于其他机关或者个人,那么司法独立才具有实质意义。只有法院或者法官在人、财、物上获得了自主权,才能保证其可以摆脱地方政府或者其他势力基于狭隘利益而对司法进行的干预,独立地对经济犯罪的行使司法权,达到对经济犯罪震慑和惩戒的目的。

---

〔1〕 参见高铭暄主编:《新型经济犯罪研究》,中国方正出版社2000年版,第41页。

第二章　走私犯罪对策研究

随着全球贸易的不断深入发展，进出口管制措施也将逐步放开，进出境货物、资金、人员流动日益频繁。走私违法犯罪活动的内容和方式随之不断翻新，行为人利用价格瞒骗手法进行走私逃税已经成为涉税走私的突出问题。此外，进出境领域侵犯知识产权等非涉税方面的走私违法犯罪活动也会出现新的动向。因此，适应全球贸易新形势，研究走私犯罪的新情况、新动向，寻求有效的应对策略，是牢牢把握住打击走私犯罪主动权的基础。必须持续关注和研究走私犯罪新情况、新问题，从理论上予以分析、归纳和总结，形成走私犯罪法律适用与预防对策，为有力打击走私犯罪、正确处理走私犯罪，提出解决办法。

第一节　走私犯罪基本问题

一、走私犯罪的法律规定与沿革

走私犯罪是一种极为典型的经济犯罪类型，同时又是一种跨国犯罪现象。走私行为的一般含义是指行为人为了谋取非法利润或巨额暴利，违反一国的海关法规，逃避该国对外贸易的垄断和监管，非法运输、携带或者邮寄该国禁止或限制进出口的货物、物品进出国境的行为。

根据我国《刑法》规定，走私犯罪是指违反海关法规，逃避海关监管，非法运输、携带、邮寄国家禁止进出口或者国家限制进出口的物品进出国边境的行为。可见，走私犯罪是对我国《刑法》规定的一种犯罪类型的总称。走私罪的本质特征在于对国家既定经济秩序的破坏，在我国是对既定的市场经济秩序的破坏。走私违反海关法规，逃避海关监管，是走私的行为特征；而走私破坏国家对外贸易垄断、扰乱经济秩序才是它应有的本质特征。

走私作为一种行为人谋取非法利润或巨额暴利为目的的犯罪，有着其深刻的社会原因和经济原因。具体表现在 3 个方面：一是国家与国家、地区与地区之间存在商品价格的差异；二是国家与地区对本区域的商品进出境活动实行严格的海关监管；三是各国关税税率差异显著且存在贸易保护壁垒。我国《刑法》在总结国家以往对走私违法犯罪的概念和构成要件的基础上，对走私犯罪的行为作了全面的规定。

我国 1997 年《刑法》对走私犯罪进行了比较全面的规定，相关罪名主要包括走私武器、弹药罪，走私核材料罪，走私假币罪，走私文物罪，走私贵重金属罪，走私珍贵动物、珍贵动物制品罪，走私珍稀植物、珍稀植物制品罪，走私淫秽物品罪，走私普通货物、物品罪,走私固体废物罪。

我国《刑法修正案(四)》与《刑法修正案(七)》先后对走私犯罪进行了两次修改。《刑法修正案(四)》单独规定了走私废物罪的法定刑,并扩大了走私废物罪的范围,将气态、液态废物的走私也纳入该罪名之中。《刑法修正案(七)》增加了一个新的罪名:走私国家禁止进出口的其他货物、物品罪,主要是针对走私来自疫区的动植物、古无脊椎动物化石、古植物化石等犯罪行为的惩治。

我国2011年《刑法修正案(八)》对走私犯罪进行了重大调整:

(一)修改完善走私普通货物、物品罪

走私普通货物、物品,破坏海关监管秩序,偷逃海关关税,给国家税收造成损失,对经济造成危害。我国《刑法》在第153条中对走私普通货物、物品罪以偷逃应缴税额的多少规定了刑罚,最高刑为死刑。在立法调研中,一些执法机关反映,该条规定在实践中遇到了一些问题,并提出建议:

第一,建议取消走私普通货物、物品罪的死刑。走私普通货物、物品罪属于非暴力的经济性犯罪,一般情况下不会造成人身或者其他方面的严重损害,不属于社会危害性最严重的犯罪。近年来各地海关普遍加强了监管措施,特大走私案件大幅下降,需判处死刑的案件更是寥寥无几,建议取消该罪可以判处死刑的规定。

第二,将小额多次走私行为入罪。我国《刑法》第153条规定的走私普通货物、物品罪以偷逃税额5万元为起刑点,一些走私分子为逃避法律制裁,采取"化整为零""蚂蚁搬家"式的小额多次走私方式,并有迅速蔓延之势。这类走私活动大多是在走私犯罪集团的操控下进行,分工明确,组织严密,从境外货源组织到境内货物交付,各个环节紧密衔接又相对独立。一些走私分子利用在行李中夹带、将物品捆缚在身体上等手段,携带明显超过合理自用范围的物品走私入境,利用差价牟利或者充当走私集团的运输工具,将货物搬运至其指定的接收地点后领取报酬。职业化、市场化的"水客"的存在,极大地方便了走私犯罪集团以较低的风险,高效率地实施大规模的走私犯罪活动。据有关部门反映,在深圳罗湖口岸对面香港特别行政区内不远处"上水"车站,一标准集装箱高值货物不到半小时即可由"水客"以小额多次走私方式搬运到深圳境内,其走私规模令人震惊。走私分子为逃避打击,将每批走私货物的数量控制在5万元以下。即使幕后走私集团的组织者受到了刑事追究,但对于"水客",因即时查获时偷逃税额均未达到起刑点,只能对其进行行政处罚。

虽然我国《刑法》第153条第3款规定"对多次走私未经处理的,按照累计走私货物、物品的偷逃应缴税额处罚",但对已受到过行政处罚的行为人,无论其走私次数和累计偷逃税额的多少,都无法再追究刑事责任。从目前执法情况看,行政处罚已经起不到威慑作用,造成"走了罚,罚了再走"的恶性循环局面,建议以刑事制裁打击"蚂蚁搬家"的走私犯罪行为。

第三,修改完善走私普通货物、物品罪的数额标准。我国《刑法》第201条逃税罪是以逃税数额和逃税数额占应纳税数额的比例两个标准来规定犯罪标准的。偷逃海关关税也是涉税类犯罪,却没有规定比例标准,只规定以偷逃税额5万元作为起刑点,对于一些对外贸易额大的纳税人来说,以偷逃海关税额5万元人民币作为起刑点没有体现罪刑相适应的原则,建议对该罪的数额标准作适当修改,增设“比例标准”。

立法机关在调查研究的基础上,决定对刑法的相关条文作出修改。我国《刑法修正案(八)》将《刑法》第153条第1款修改为“走私本法第一百五十一条、第一百五十二条、第三百四十七条规定以外的货物、物品的,根据情节轻重,分别依照下列规定处罚:

(一)走私货物、物品偷逃应缴税额较大或者一年内曾因走私被给予二次行政处罚后又走私的,处三年以下有期徒刑或者拘役,并处偷逃应缴税额一倍以上五倍以下罚金。

(二)走私货物、物品偷逃应缴税额巨大或者有其他严重情节的,处三年以上十年以下有期徒刑,并处偷逃应缴税额一倍以上五倍以下罚金。

(三)走私货物、物品偷逃应缴税额特别巨大或者有其他特别严重情节的,处十年以上有期徒刑或者无期徒刑,并处偷逃应缴税额一倍以上五倍以下罚金或者没收财产。”《刑法修正案(八)》对本条主要作了4处修改:

第一,取消了走私普通货物、物品罪的死刑,最高刑为无期徒刑。

第二,将小额多次走私行为入罪。针对实践中出现的“蚂蚁搬家”式的走私行为,无法追究刑事责任的情况,将“一年内曾因走私被给予二次行政处罚后又走私的”行为规定为犯罪。

第三,对构成犯罪的偷逃应缴税额标准不再具体规定数额。将“偷逃应缴税额在五万元以上不满十五万元”改为“偷逃应缴税额较大”,将“偷逃应缴税额在十五万元以上不满五十万元”改为“偷逃应缴税额巨大或者有其他严重情节”,将“偷逃应缴税额在五十万元以上”改为“偷逃应缴税额特别巨大或者有其他特别严重情节”。

对于该罪偷逃应缴税额的起刑标准要否增加规定“比例标准”也进行过认真研究。考虑到在进出口贸易环节缴纳海关关税与企业向税务机关缴纳的营业税等税赋有较大不同,没有增加“比例标准”。税务机关大多以一个会计年度计税,比较容易计算出逃税数额占应纳税额的比例,而进出口贸易却是个不定量,有的一年甚至几年只做一单对外贸易,如果以一个会计年度来计算“比例标准”,不仅会使海关的监管难度加大,工作量大增,也使走私犯罪分子可能会利用法律留下的空隙而难以得到及时惩治。

第四,调整处罚顺序。刑罚由原来由重到轻改为由轻到重,并整合处刑档次,将五档刑改为三档刑。[1]

(二)取消部分走私犯罪死刑

《刑法修正案(八)》取消了4种走私犯罪的死刑刑罚规定,引起了不少业内人士的关注。尤其是走私普通货物、物品罪,此罪各占每年海关缉私案件的90%以上。从

---

〔1〕 黄太云:《〈刑法修正案(八)〉解读》,载《人民检察》2011年第7期。

1998 年至今,多名走私罪犯因此罪命丧刑场,例如,湛江“9898”走私案、厦门远华走私案,多名罪犯被判处死刑。如今,其最高刑死刑刑罚的取消,是不是经过 10 多年的严厉打击,立法机关认为目前形势已经得到根本控制,走私犯罪对国家的危害降低,反走私警报解除? 实际上,取消部分走私犯罪死刑,具有深刻的法律基础。

首先,国家此次大规模减少死刑罪名,是刑罚人道的整体体现,而并非单独出于对走私犯罪刑罚轻重的考虑。我国《刑法》规定的犯罪有 421 种,死刑罪名有 68 项,其中暴力犯罪约占 30% ,非暴力犯罪占 70% 。取消非暴力犯罪死刑问题由最初的个别学者的观点到如今法律条文的确认,主要考虑是此举能够彰显刑罚人道主义,贯彻少杀慎杀原则,符合国际潮流,是法律社会的进步。走私普通货物、物品等四种走私犯罪虽严重地破坏了社会经济秩序,但当事者尚罪不至死。

其次,取消部分走私犯罪死刑是对审判现实的立法确认。因犯走私普通货物、物品罪而被法院判处死刑的犯人在 1998 年(海关走私犯罪侦查局成立之年)及其后 3 ~4 年达到高峰,每年全国都有几十名被告被判处死刑(含死缓)。到 2002 年后死刑个案明显减少,且大部分系死缓。近年来,死刑判决在全国罕有出现。例如,北京地区,2008 年、2009 年、2010 年 3 年均为零,部分地区甚至自 2000 年至今从未出现过一起死刑判决。走私普通货物、物品罪的低死刑率反映了整个审判机关对该罪的一种新的认识和断案思路。在现今中国,司法共识上升到立法条文并无太深鸿沟。

(三)调整了走私珍稀植物、珍稀植物制品罪最低法定刑

走私珍稀植物、珍稀植物制品罪这个罪名在海关缉私实践中出现不少,绝大多数为自然人走私,偶有法人走私。从判决上看,自然人被告判刑一般较轻,法人被告中的责任人判刑较重,在轻重选择上与走私普通货物、物品罪迥异。例如,2007 年厦门海关缉私局侦办的陈某某走私沉香木案,案值人民币 27,492 元,判决单处罚金 3 万元,并没收走私货物。南宁海关 2006 年侦办的走私马鞭草案,案值人民币 8 万元,两被告被判 2 年有期徒刑,缓刑 3 年,罚金 8000 元,没收走私货物。2002 年昆明海关侦办的汉德公司走私紫杉醇案,由于案值较高,主要责任人被判处了 3 年到 18 年的有期徒刑。

由于司法办案实践中涉案货值一般不高,法院在量刑时如果认为,选择最低刑 6 个月或 1 年的有期徒刑仍然偏重,一般会适用缓刑,有的甚至直接适用附加刑。我国《刑法修正案(八)》在本罪中增加拘役刑,无疑为司法机关多了一种刑罚适用选择,从而有利于真正实现罚当其罪。

当然,严重危害社会的走私个罪依然保留死刑。我国 1997 年《刑法》将走私罪单列一节,作为集合罪名集中规定在第 3 章“破坏社会主义经济秩序罪”中,分别是:走私武器弹药罪,走私核材料罪,走私假币罪,走私文物罪,走私贵重金属罪,走私珍贵动物及其制品罪,走私珍稀植物及其制品罪,走私淫秽物品罪,走私废物罪,走私普通货物、物品罪,武装走私罪 11 个个罪。同时,在第 6 章“妨碍社会管理秩序罪”第 7 节规定了走私毒品罪和走私制毒物品罪。在《刑法修正案(七)》中规定了走私国家禁止进出口的其他货物、物品罪。根据现行《刑法》,对走私武器、弹药、核材料或者伪造的货币犯

罪废止死刑。在走私罪中,现行《刑法》只有走私毒品罪还保留死刑。

二、走私犯罪的现状与态势

随着全球贸易深度发展,走私犯罪在数量上呈上升趋势,在案件特点上主要呈现以下情况与发展态势:

(一)从各类走私犯罪案件的比重来看,贸易走私是主要的走私犯罪形式,毒品及珍贵动物制品走私也分别占相当比重

走私普通货物罪一直是最为主要的走私犯罪类型,其走私方法主要是低报价格、瞒报、伪报品名等,一般占贸易走私案件的四成左右。走私毒品犯罪案件也是一种相当常见的走私犯罪。走私方法主要以邮寄或携带过关为主,邮寄时一般采用虚假的寄信人地址。走私毒品的种类中海洛因及氯胺酮(冰毒)居多。同时,走私珍贵动物制品犯罪案件也比较常见,走私对象以象牙及其制品为主。方法大多是在机场选走无申报通道入境,每件涉案数额平均在50万元左右(1根象牙价值约人民币25万元,行为人一般走私1~2根)。

(二)从走私作案方法来看,走私犯罪实行行为的形式花样翻新

我国《刑法》以原则规定的方式,将走私普通货物、物品罪的作案方法概括为运输、携带、邮寄等。此外,我国《刑法》第154条和第155条规定的后续走私与准走私也是走私犯罪的客观表现形式。但是,在实践中走私方法表现比较多样化。[1] 一是后续走私。例如,将保税物品加工成品后擅自内销,偷逃国家巨额税款。这种行为符合《刑法》第154条第1项“未经海关许可并且未补缴应缴税额,擅自将批准进口的来料加工、来件装配、补偿贸易的原材料、零件、制成品、设备等保税货物,在境内销售牟利”的规定。二是低报价格。例如,犯罪分子以低报价格的方式,以进口钢材实际成交价一半左右的价格向海关申报进口,从而达到少缴税款的犯罪目的。此外,有的犯罪分子以采取低报价格与其他降低进口货物价值相结合的手法,达到走私的目的。例如,在办理车辆进口海关报关手续时,采用低报价格、低报排气量、伪报型号及揭剥车上有关标志的手法,将一辆价值高、排量高的汽车,伪报成价格低、排量低的汽车,从而实现偷逃关税。三是假报货物品名。例如,使用他人的回乡证,以进出境旅客行李物品名义,用显示器、打印机、驱动器等低价产品的品名向海关报关并纳税,其实是通信专用集成电路芯片等高关税产品,从而实现偷逃关税。四是夹带高价值货物。例如,在明知用进口废纸集装箱夹带其他货物的情况下,仍然向海关报关进口物为废纸,实际上废纸中夹藏有各类被切割的汽车配件等。五是使用其他公司的免税指标。例如,为谋取非法利益,与他人共谋,利用其他公司的免税指标向海关申报进口。六是提供虚假的证明帮助走私。例如,在假的进口货物报送单上粘贴防伪标签用于外汇核销。七是内外勾结通谋走私。这种勾结通常表现为两种形式:一种是内与外的勾结;另一种是走私分子与海关工作人员的

---

[1] 参见上海市走私犯罪调研课题组:《2005~2009年上海走私犯罪调研报告》,载顾肖荣主编:《经济刑法(9)》,上海社会科学院出版社2010年版,第21页。

勾结。前者例如,以低报价格的手法从我国香港特别行政区申报进口机电产品,达到偷逃关税的目的。操作过程中,行为人首先确定好低报价格的比例及产品归类后,再指使他人制作进口货物品名、规格、数量的清单,然后传真给香港公司,香港公司依据价格清单制作发票、提单、装箱单后寄给上海用于进口报关。香港公司的帮助行为是得以实现走私犯罪目的的重要因素。后者如海关人员利用职务之便帮助走私分子,走私分子可以轻易地偷逃国家税款。

(三)走私活动在规模上向集团化、组织化、国际化方向发展,并出现高科技化、专业化倾向

犯罪的集团化、组织化是一个世界性趋势,走私犯罪也不例外。走私集团机构严密、复杂多变、灵活高效。走私集团依靠的是广泛的社会联系,并由此形成了庞大的"走私网",构成了整个走私活动的社会基础。通过高科技支撑,制作假传真件、伪造合同、订单等;环节众多、分工细密,形成团伙化,各环节相对独立,通信联络单一、隐蔽,主犯往往不具体参与,而是幕后策划,甚至境外遥控指挥;利用精通海关业务的专业人员,特别是专业报关人员,研究海关申报、商品分类、海关税收的政策、报关环节,寻找报关漏洞,避开高税商品的申报,达到走私目的。

单位犯罪构成了走私犯罪的重要行为主体。在走私犯罪案件中,尤其是走私普通货物、物品罪中,单位参与的犯罪占到了绝大多数。"两来一补"及具有进口贸易权的企业涉及走私犯罪活动情况尤其严重。这种类型的企业涉嫌将部分保税料件及制成品在未经海关许可及未补缴应缴税额的情况下,擅自在国内销售;瞒报、伪报进口货物品名或者货物的规格型号以及低报、少报多进等走私活动案件较多。这类案件为牟利偷逃税款,往往涉及的案值特别巨大,造成国家税款大量流失。[1] 在单位等集团走私犯罪案件中,最为严重的走私犯罪体现为走私装备现代化,犯罪活动暴力化。根据国内走私犯罪的调查与研究,有的走私犯罪分子不惜花费重金,购置马力大、航速快的船艇,甚至购置4800马力的部队退役导弹船艇,配备高科技的通信、导航设备,装备有警械、枪支、炸药等武器。犯罪分子作案时公然以暴力对抗缉私人员。[2] 这实际上充分体现出走私犯罪过程中所具有的高度危险性。

第二节 走私犯罪法律适用对策

一、走私犯罪法律适用对策

走私犯罪案件呈现逐年增加的趋势,在法律实践中对此进行有效应对,必须重点解

---

[1] 参见上海市走私犯罪调研课题组:《2005～2009年上海走私犯罪调研报告》,载顾肖荣主编:《经济刑法(9)》,上海社会科学院出版社2010年版,第24页。

[2] 参见黄利红:《走私反对的特点、成因和对策》,载《中国人民公安大学学报》2000年第2期。

决走私犯罪司法实践中不断出现的一些新问题。这意味着必须对走私犯罪案件中存在的法律适用问题,提出具有针对性的对策与建议。

(一)走私犯罪主体认定的法律适用对策

确定走私犯罪主体是走私犯罪法律适用对策的首要问题。由于我国《刑法》明确规定了单位犯罪且设置了与自然人犯罪完全不同的刑事责任追究制度,因此,如何准确辨识自然人犯罪与单位犯罪主体对于走私犯罪而言具有重大意义。在此基础上,才能进一步追究具体责任人员的走私犯罪刑事责任。

1. 自然人走私犯罪主体认定的法律适用对策

自然人走私犯罪主体的认定一般不存在疑难问题,关键在于自然人设立公司等单位之后,以单位名义从事走私犯罪的,是将其认定为自然人走私犯罪还是单位走私犯罪,在理论与实践中存在较大争议。这一问题突出地表现为单一自然人先后或同时以两个或两个以上公司名义从事走私犯罪。

在司法实践中,有的行为人作为数个公司的法人代表设立公司,并分别使用不同公司的名义,先后多次采取制作假报发票的方式向海关低报价格进口一般贸易项下商品。对此,有的观点认为是自然人犯罪;有的观点认为符合单位犯罪特征,应以单位犯罪论处。原则上,应当严格按照单位犯罪的刑法原理与司法解释,认定这种行为究竟是否具有单位犯罪性质,细致分析其是否属于假借单位名义实施个人犯罪。[1] 首先,根据司法解释的规定,自然人设立的公司都是非法成立的,应以个人走私犯罪认定。其次,相关公司均系自然人合法设立并经营,则自然人的意志并不能够直接代表公司的单位意志,应当进一步进行分析。根据司法解释的规定,个人设立公司、企业、事业单位后,以实施犯罪为主要活动的,不以单位犯罪论处。单位是否以实施犯罪为主要活动,应根据单位实施走私行为的次数、频度、持续时间、单位进行合法经营的状况等因素综合考虑认定。走私犯罪不是公司的主要业务,则应当以单位走私犯罪论处,反之则应当以个人犯罪追究刑事责任。最后,相关自然人只是公司股东、实际控制人等,并没有直接将个人意志转化为单位意志,相关走私犯罪利益归属单位的,应当认定为单位走私犯罪。应当说,对于个人走私犯罪主体认定中的问题,根据单位犯罪刑法基本原理基本上都能够予以很好地解决。

2. 单位走私犯罪主体认定的法律适用对策

我国《刑法》第30条明确规定,公司、企业、事业单位、机关、团体实施的危害社会的行为,法律规定为单位犯罪的,应当负刑事责任。单位走私犯罪涉及的犯罪构成基础性问题区别于自然人走私犯罪;单位走私犯罪的主体、主观故意、行为特质等方面不像自然人走私犯罪可以直观地进行考察。单位走私犯罪的涉案人员更复杂、犯罪数额更惊人、法律适用问题更艰涩。所以,有必要集中分析单位贿赂走私疑难问题,为单位走

---

〔1〕 参见走私犯罪课题组:《办理走私犯罪案件中若干疑难问题探讨》,载顾肖荣主编:《经济刑法(9)》,上海社会科学院出版社2010年版,第31页。

私犯罪司法认定提供法律适用对策。

第一,认定单位走私犯罪主体的理论基础在于明确单位犯罪主体以及单位走私犯罪的基本特征。公司、企业、事业单位、机关、团体实施的危害社会的行为,法律规定为单位犯罪的,是单位犯罪。从这一概念中,我们不难发现,单位走私犯罪的主体包括公司、企业、事业单位、机关、团体。

公司是指依法定程序设立,以营利为目的的法人组织,它包括股份有限公司和有限责任公司。有限责任公司是指全体股东以各自的出资额为限对公司债务负清偿责任的公司。股份有限公司是指由一定人数的股东发起设立的,全部资本划分为股份,股东以所购的股份承担财产责任的公司。当然这里所谓的公司理应包括本国公司、外国公司和多国公司在内。公司是最常见的单位走私犯罪的主体。

企业是指依法成立并具备一定的组织形式,以营利为目的独立从事商品生产经营活动和商业服务的经济组织。在相当长的一段时间里,我们曾将企业划分为全民所有制、劳动群众集体所有制和私人所有制企业等。在社会主义市场经济条件下,尽管目前有些工商登记中仍然存在这种企业划分,但是,无论是公有企业还是私营企业均可以成为单位走私犯罪的主体。

事业单位是指依照法律或者行政命令成立、从事各种社会公益活动并拥有独立经费或财产的各种社会组织。具体分为国家事业单位和集体事业单位。我国大多数事业单位具有法人资格,因而一般都可以成为单位犯罪的主体。也有少数依附于某个行政机关或其他组织的事业单位,由于不实行独立预算,因而不具有法人资格。但是,这些非法人的事业单位在一定条件下也能成为单位犯罪的主体,条件就是它能以自己的名义从事社会事业活动,并且有一定的经费和收入,能够享有某种民事权利和承担一定的民事义务,从而实际上已成为非法定的民事主体。在这种情况下,它虽然不能独立承担民事责任,但却可以独立实施犯罪并独立承担刑事责任,因而可以成为单位犯罪的主体。在单位走私犯罪主体中,事业单位虽然很少直接进行走私犯罪,但也有一些事业单位作为走私共犯参与走私犯罪过程之中。

机关是指中央和地方各级国家权力机关、国家行政机关、国家军事机关、国家审判机关和国家检察机关。从理论上讲,执政党的机关也可视为国家机关。对于国家机关是否能够成为单位犯罪的主体,刑法理论上争议很大,但是,由于《刑法》总则中已经明确将机关包含在单位犯罪的主体之中。所以,从已然性立场分析,国家机关显然是单位走私犯罪的主体。当然,其构成单位走私犯罪的可能性较低,一般是国家机关尤其是海关工作人员滥用职权、玩忽职守放纵走私犯罪在实践中比较常见。

单位走私犯罪具有以下基本特征:(1)单位走私犯罪是公司、企业、事业单位、机关、团体犯罪。也就是说,是单位本身的犯罪,而不是单位的各个成员的犯罪之集合。单位依赖于其成员而存在,如果没有成员,单位就不可能存在;反之,单位的任何成员,如果脱离了单位,就不具有其在单位中的地位和性质,不再作为单位的成员起作用,只是孤立的个人。而且单位成员之间是按照单位的统一要求和一定秩序,相互联系,相互作用,协调一致,共同形成一个单位整体。也就是说,单位犯罪是指单位本身犯罪,而不是单位中的所有成员共同犯罪。(2)单位走私犯罪必须是以单位名义实施的犯罪。以单位名义表现为由单位的决策机构按照单位的决策程序决定的,由直接责任人员实施的。单位走私犯罪虽然是单位本身犯罪,但具体犯罪行为需要决定者与实施者。单位走私犯罪是在单位整体意志支配下实施走私犯罪行为,其不是单位内部某个成员的意志,也不是各个成员意志的简单相加,而是单位的整体意志。从形式上说,这种整体意志就是单位整体的罪过。单位整体意志形成后,便由直接责任人员具体实施。(3)单位走私犯罪是为本单位谋取非法经济利益。为单位谋取正当经济利益的行为,不可能成立任何犯罪;仅仅是为单位少数成员谋取非法利益的行为,也不成立单位犯罪。为本单位谋取非法经济利益,包括为单位本身谋取非法利益,违法所得由单位本身所有,也包括以各种理由将非法所得分配给单位全体成员。

以上为单位犯罪以及单位走私犯罪的基本特征,但是,在司法实践中单位走私犯罪和个人走私犯罪的界限还是很模糊。1999 年 6 月 18 日最高人民法院颁布了《关于审理单位犯罪案件具体应用法律有关问题的解释》。该解释明确以下两种情况应认定为个人犯罪:一是个人为进行违法犯罪活动而设立的公司、企业、事业单位实施犯罪的,或者公司、企业、事业单位设立后,以实施犯罪为主要活动的,不以单位犯罪论处;二是盗用单位名义实施犯罪,违法所得由实施犯罪的个人私分的,依照《刑法》有关自然人犯罪的规定定罪处罚。在认定单位走私犯罪和个人犯罪过程中必须以这些司法解释的规定为依据。

第二,在认定单位走私犯罪主体时,应当明确单位成员实施的走私犯罪行为在何种情况下能够归责于单位。对于单位高级管理人员实施走私犯罪行为,走私所获非法利益归属于单位的,认定为单位走私犯罪,在理论与实践中一般并不存在争议。难点在于,单位一般成员基于单位利益,实施走私犯罪行为,能否认定为单位走私犯罪。对此,我们认为,合理的法律适用对策应当是,不能机械地根据单位成员在单位中身份决定其走私犯罪行为是否可以归责于单位,必须结合其实际行使的职权、实施相关职务行为的名义、行为所产生的利益归属等判断是否构成单位走私犯罪。

在实践中曾经出现如下典型案例:某公司在进口发动机的过程中,公司负责人李某指使该公司负责进出口业务的员工樊某在进口报关时,将天然气发动机(关税税率 18%)伪报成柴油发动机(关税税率 5%)。樊某在报关过程中,除按李某的授意伪报品名外,还擅自低报货物价格。至案发,该公司通过伪报品名偷逃税额 382 万余元,此外,樊某采用低报价格偷逃税额 42.5 万元。公司负责人李某对此并不知情。对于单位成员在公司负责人不知情的情况下,擅自决定以低报价格偷逃税款的行为,应认定为单位犯罪还是个人犯罪,在理论与实践中存在一定的争议。

有一种观点认为,单位成员擅自实施的走私行为,应认定为个人犯罪,因为单位一般成员的意志并不代表单位意志。单位犯罪主观上的本质特征是单位意志的整体性,而单位的犯罪意志或通过单位领导集体决策形成,或通过单位或部门负责人决策形成。

一般工作人员以单位名义、为单位的利益进行的违法行为,需得到单位事后追认,否则只能认定为个人行为。作为公司的一般工作人员,其实施的走私行为既非经公司集体决策,也未由单位负责人授意,事后也没有得到单位或者单位负责任的追认,其行为不能代表单位,无法体现单位的整体犯罪意志。

也有观点认为,单位成员基于单位利益的走私犯罪行为应当认定为单位走私犯罪。走私犯罪非法获利本质上表现为降低单位的纳税成本,而单位一般成员基于降低单位税赋成本实施走私犯罪,违法利益势必归属于单位,符合单位犯罪构成要件中以单位名义、为单位谋利的要求。同时,单位成员具有单位授权的职务,具有单位意志的一般性代表权,其依据职务内容实施的走私犯罪行为,显然应当将刑事责任归属于单位。[1]

笔者支持后一种观点。在司法实践中一般认为,单位故意犯罪需经单位集体研究决定或由负责人决定,如果单位中的一般工作人员擅自为本单位谋取非法利益,事后未得到领导认可或默许的,应认定其危害行为系出于个人意志,可以个人犯罪论处。[2]但是,这种观点片面地理解了单位整体授权机制以及单位成员职务行为责任承担的一般规则。单位的一般业务人员在单位授予的权限范围内实施了为单位利益的违法行为,单位以及上级主管的授权行为实际上已经决定了其应当承担单位成员行为的法律责任,没有必要进一步追问单位是否明知或者单位负责人员是否指示单位成员实施相关犯罪行为。单位成员的职务行为能否归责于单位,应当整体定位于单位成员的职权。单位赋予单位成员职务权力,其行为体现了单位的整体意志,除非单位有证据表明其实施了明确的法律风险防范行为,否则,无法排除单位犯罪的刑事责任。在单位走私犯罪中,单位成员牵涉整个行为过程,应当根据其行为以及对应的职务辨识单位的整体责任,相关人员的职务行为与走私犯罪行为明确对应的,并且服务于单位谋取非法走私利益的,应当将整个单位认定为走私犯罪主体。

第三,单位走私犯罪主体本身处于一个动态变化的过程,在单位走私犯罪主体内部的成员发生结构性变化时,必须根据整体性原则认定单位走私犯罪。单位成员的部分调整不影响单位的整体结构的完整性,但是,单位的主要成员(单位内部具有决定、决策权的人员,包括董事长、总经理及股东等)整体发生变更,则单位走私犯罪的认定规则应当根据不同情况有所调整。例如,某公司在一批投资者、经营管理负责人的安排下实施走私犯罪。在经过一段时间之后,该公司进行整体转让,投资人、经营管理人员进行全部调整,公司主体以及名称虽然没有变更,但投资人以及管理人员进行了完全替换,唯一不变的是,该公司继续在新的管理层的决策下实施走私犯罪。如何认定此类单位走私犯罪?笔者认为,应当以单位成员整体变更为时间基点,认定为两个单位走私犯罪主体,成立两个单位走私犯罪。在单位主要成员完全变更时认定单位犯罪,关键要考

---

〔1〕 参见单位走私犯罪课题组:《单位走私犯罪法律适用若干问题探讨》,载顾肖荣主编:《经济刑法(9)》,上海社会科学院出版社2010年版,第42页。

〔2〕 参见《上海市高级人民法院刑庭、上海市人民检察院公诉处刑事法律适用问题解答》。

察变更前后的实质犯罪主体、单位犯罪行为与犯罪意志是否具有整体性或者完整性。实践中有观点认为，如果前后任之间的走私犯罪意志同一，即具有刑法意义上的共谋，那么变更前后的责任人员应共同对全部单位犯罪行为承担刑事责任，而不问单位本身在结构上是否存在变化。如果前后任之间的意志相互独立，则成立不同的单位走私犯罪，相关单位成员应各自对任内的行为承担责任。[1] 笔者同意将这种操作办法作为司法实践的指导规则。

（二）走私犯罪故意认定的法律适用对策

走私犯罪的主观方面只能由故意构成。走私犯罪故意的认定直接决定了刑事责任存在与否。明确走私犯罪故意疑难问题的法律适用对策，对于打击走私犯罪而言具有重要的积极作用。

1. 走私犯罪故意司法认定的基本规则

直接故意显然是走私犯罪故意的类型，关键问题在于间接故意能否构成走私犯罪。对此，刑法理论一直存有争议。

“直接故意论”认为，走私犯罪均为直接故意，是一种积极希望逃避海关监管、破坏国家对外贸易管制的行为。[2] 这种观点进一步分析指出，涉税走私犯罪具有非法牟利的目的。非涉税走私犯罪通常也具有非法牟利的目的，如走私淫秽物品、文物，但不是必然以牟利为目的。[3] 然而，根据刑法故意犯罪原理，目的犯只存在于直接故意犯罪中，间接故意犯罪没有犯罪目的。这种观点一方面认为所有的走私犯罪是直接故意犯罪；另一方面又认为并不是所有的非涉税走私犯罪都具有非法牟利的目的，这就在刑法理论上产生悖论。

“直接故意与间接故意论”认为，走私犯罪的主观故意包括间接故意，在司法实践中也不乏此种类型的走私犯罪。许多走私当事人虽不具有实施欺瞒海关的走私情节，但却参与其中，利用自身从事外贸经营、报关代理等便利条件与走私分子做交易获取非法利益，在明知自己的行为会导致走私违法犯罪的情况下，仍放任这种危害结果的发生。应当看到，这种观点是具有一定的现实依据的。在走私犯罪实践中，尤其是货物贸易过程中的走私犯罪，确实有不少情形符合间接故意走私的法律特征。从司法解释的规定来看，走私犯罪应当包括间接故意。最高人民法院、最高人民检察院、海关总署《关于办理走私刑事案件适用法律若干问题的意见》第 5 条中规定：“行为人明知自己的行为违反国家法律法规，逃避海关监管，偷逃进出境货物、物品的应缴税额，或者逃避国家有关进出境的禁止性管理，并且希望或者放任危害结果的发生，应认定为具有走私

---

〔1〕 参见单位走私犯罪课题组：《单位走私犯罪法律适用若干问题探讨》，载顾肖荣主编：《经济刑法（9）》，上海社会科学院出版社 2010 年版，第 48 页。

〔2〕 参见苗有水：《走私犯罪的认定及法律适用》，载《人民司法》2002 年第 9 期。

〔3〕 参见苗有水等：《〈最高人民法院、最高人民检察院、海关总署关于办理走私刑事案件适用法律若干问题的意见〉的理解与适用》，载《刑事司法指南》总第 11 辑，第 161 页。

的主观故意。”可见,司法解释明确规定走私犯罪可以是放任的主观心态,这就表明司法实践中认可间接故意走私犯罪的成立。

直接故意与间接故意是根据我国《刑法》规定进行的故意类型划分。在刑法理论上,犯罪故意还可以分为确定故意与概括故意。对于走私犯罪的概括故意,司法解释也有所规定。最高人民法院、最高人民检察院、海关总署《关于办理走私刑事案件适用法律若干问题的意见》第6条中规定:“走私犯罪嫌疑人主观上具有走私犯罪故意,但对其走私的具体对象不明确的,不影响走私犯罪的构成,应当根据实际的走私对象定罪处罚。但是,确有证据证明行为人因受蒙骗而对走私对象发生认识错误的,可以从轻处罚。”这意味着走私犯罪可以由概括故意构成,同时,走私行为人的认识错误不影响其走私犯罪的成立,但可以在量刑上进行从轻化的调整。

根据刑法概括故意认定的一般规则,即“概括故意看客观”,这意味着行为人对于走私对象没有确定的认识与明确的指向的,应当以客观上其实际从事的走私犯罪对象以及实施的走私行为进行认定。从这个角度分析,上述司法解释的规定是符合刑法故意犯罪原理的。但是,对于认识错误是否影响走私犯罪的构成,实际上需要在法律适用上进行深度的论证。根据刑法原理,当主观认识的对象与实际侵犯的对象具有相同属性,或者说体现了相同的社会关系时,两者同属于一个犯罪构成,不阻却故意的成立;当主观认识的对象与实际侵犯的对象具有不同属性,或者说体现了不同的社会关系时,两者属于不同的犯罪构成。对于原意图实现的犯罪因错误而未实现的,成立故意犯罪未遂;对于因错误而实际发生的危害事实,如有过失并且应负刑事责任的,成立过失犯罪,按想象竞合犯处断。将上述刑法原理应用于走私犯罪,可以形成如下的基本判断:当走私对象不同时,不同走私犯罪的犯罪构成之间在性质上有一定程度的重合情况,应在重合的限度内,认定具有犯罪故意。例如,行为人主观上打算走私贵重金属,但实际走私的是武器、弹药,二者虽属不同的犯罪构成事实,但在禁止走私出境的对象上是重合的,应成立走私贵重金属罪(既遂),对误走私武器、弹药的事实,不再承担刑事责任。司法解释坚持认识错误不影响走私犯罪性质的认定,本质上忽视了行为人的主观罪过,是依客观情况定罪。实际上,在这个例子中,只有综合的考虑行为人主观意图和实际行为,以走私贵重金属罪论处,才能有效地平衡主观罪过与客观行为的关系。因此,认识错误不影响走私犯罪的观点在实践适用中应当进行限制,而不能无视刑法基本原理进行随意适用。[1]

2. 走私犯罪主观明知的认定规则

根据司法解释的规定,走私犯罪中的“明知”是指行为人知道或者应当知道所从事的行为是走私行为。具体而言,实践中一般认为,具有下列情形之一的,可以认定为“明知”,但有证据证明确属被蒙骗的除外:(1)逃避海关监管,运输、携带、邮寄国家禁止进出境的货物、物品;(2)用特制的设备或者运输工具走私货物、物品的;(3)未经海

〔1〕 参见曹坚:《以主客观相一致的视角检视走私犯罪的主观故意》,载《政治与法律》2007年第2期。

关同意，在非设立的码头、海（河）岸、陆路边境等地点，运输（驳载）、收购或者贩卖非法进出境货物、物品的；(4)提供虚假的合同、发票、证明等商业单证委托他人办理通关手续的；(5)以明显低于货物正常进（出）口的应缴税额委托他人代理进（出）口业务的；(6)曾因同一种走私行为受过刑事处罚或者行政处罚的；(7)其他有证据证明的情形。需要注意的是，走私犯罪故意中的明知区别于《刑法》总则犯罪故意概念中的明知。走私故意犯罪中的“明知”实际上包括明知和应知两种形式。而作为犯罪故意的认识因素的“明知”是犯罪主观方面的重要内容，是犯罪构成总体性评价的一个对象。当某一行为具备了主观方面的要件，并且犯罪构成的其他要件也具备时，则该行为不仅符合犯罪构成，而且具有违法性和有责性。反之，当某一行为由于缺乏“明知”的要求，而导致主观方面欠缺时，即使齐备其他犯罪构成的要件，该行为仍然不符合犯罪构成，也就不具有违法性，更不具备有责性。在走私犯罪中，作为明知的“应知”就是一种司法推定的认知。也就是说，在缺乏直接证据（一般表现为行为人的自供）证明行为人主观上是明知时，根据一定的客观情况推导出其主观上是明知。如果存在行为人应当知道而不知道的情形，这显然是被排除在“应知”之外，也就当然不能认定是“明知”。司法解释明确规定，如果有证据证明行为人主观上是受到蒙骗，或者有证据表明行为人确实不知是在走私，推定“应知”就不能成立。

（三）走私犯罪罪数形态认定的法律适用对策

虽然，近年来我国刑法理论对包括走私犯罪在内的罪数形态问题已经有了较为深入的研究，但是，仍然有若干基本问题在刑法理论上没有达成共识，导致较难清晰地界定相关问题的适用规则，同时造成实务部门在处理疑难案件时存在诸多争议。基于此，有必要对走私犯罪罪数形态中争议较大的问题作些探讨。走私犯罪与放纵走私犯罪行为，时常牵涉走私犯罪与渎职犯罪以及两者共犯形态的认定，本质上是走私犯罪罪数形态的认定，在理论与实践中存在较大的疑难。有必要在评析走私与放纵走私交织状态下罪名确定观点中缺陷的基础上，提出细致的法律适用对策。

1. 走私与放纵走私罪数认定的意见分歧

海关工作人员涉及放纵走私罪的认定，非海关工作人员涉及走私罪的认定，两类主体更可能交错牵涉对方涉嫌罪名的共犯。走私罪与放纵走私罪之间繁复的犯罪事实关系与法律条文关系加深了两者交织状态下罪名确定的实践困惑。学者在刑法理论的框架内对海关工作人员与非海关工作人员交叉涉嫌放纵走私罪与走私罪如何定性进行了激烈辩论，在罪名确定层面出现了严重的意见分歧。

第一种观点：海关工作人员事前通谋，为走私罪犯提供方便的，应认定为走私罪的共犯，而不能认定为放纵走私罪。因为我国《刑法》第 156 条规定，与走私罪犯通谋，为其提供贷款、资金、账号、发票、证明，或者为其提供运输、保管、邮寄或者其他方便的，以走私罪的共犯论处。

第二种观点：海关工作人员只要利用职权，徇私情、私利，故意违背事实和法律，弄虚作假，隐瞒事实，放纵走私，情节严重的，均应根据我国《刑法》第 411 条的规定认定为放纵走私罪。因为刑法实际上是将某些共同犯罪中与职务相联系的部分实行行为、帮助行为单独列为渎职犯罪,从而使某些渎职犯罪,如放纵走私罪与走私罪的共犯,形成了法条竞合关系。根据特别法优于普通法的原则对海关工作人员应以放纵走私罪论处,而不应定性为走私罪共犯。

第三种观点:走私与放纵走私交织时应当从一重罪认定。因为海关工作人员的渎职行为实际上兼有放纵走私罪构成要件和走私罪共犯构成要件的双重性质,属于想象竞合犯,依照想象竞合处罚原则,应择一重罪处断。

第四种观点:从司法效率的角度出发,非海关工作人员与海关工作人员形成放纵走私罪共犯的,无论海关工作人员的行为在走私共犯中是起主要作用,还是起次要作用,对海关工作人员应一律以放纵走私罪定性。根据特殊主体优于普通主体的原则,理应一律以身份犯论处;统一按放纵走私罪定性,便于司法实践的操作。

第五种观点:最高人民法院、最高人民检察院、海关总署《关于办理走私刑事案件适用法律若干问题的意见》第16条第1款规定,依照我国《刑法》第411条的规定,负有特定监管义务的海关工作人员徇私舞弊,利用职权,放任、纵容走私犯罪行为,情节严重的,构成放纵走私罪。放纵走私行为,一般是消极的不作为。如果海关工作人员与走私分子通谋,在放纵走私过程中以积极的行为配合走私分子逃避海关监管或者在放纵走私后分得赃款的,应以共同走私犯罪追究刑事责任。

2. 走私与放纵走私罪数认定的观点评析

上述观点的共同缺陷,在于忽略了对非海关工作人员的定性讨论。在司法实践中并不是只有海关工作人员存在罪名确定困难,无身份者也存在放纵走私罪共犯与走私罪实行犯之间的竞合问题,同样存在定性混乱。现有理论的有身份者与无身份者罪名确定规则表现出结构性缺失。即使在有身份者罪名确定问题上,实践判断规则的内容错误亦不容回避。

第一种观点将海关工作人员与非海关工作人员放纵与走私交织状态下的行为统一认定为走私罪共犯,排除了放纵走私罪的适用,势必造成渎职罪《刑法》条文的适用性虚置。这样立法机关在新刑法中对渎职犯罪条文进行大幅拓展的努力便失去规范意义。

我们亦不同意第二种观点将走私罪共犯与放纵走私罪之间的关系认定为法条竞合。法条竞合是《刑法》条文中不同罪名犯罪构成之间的交叉或者包容关系,放纵走私罪与走私罪在静止的法条与罪名层面不存在交叉或包容关系,不可能构成法条竞合。

第三种观点将走私罪共犯与放纵走私罪认定为想象竞合应当是正确的,但“从一重处断”仅仅是有效地梳理了有身份者与无身份者共同犯罪的部分内容。渎职罪本身的复杂性决定了想象竞合犯的狭隘适用范围并不能涵盖走私与放纵走私交织过程中全部的犯罪形态。

第四种观点以追求司法实践效率为导向对有身份者与无身份者一律以放纵走私罪定性,忽略了放纵走私罪与走私罪共犯之间的刑罚轻重关系,可能产生罪刑失衡的结果。并且，不能单纯为了追求司法实践的简捷操作而放弃对精确定性的要求。

第五种观点的解决方法是对徇私舞弊渎职行为进行限制性解释——消极漠视纵容走私犯罪行为的，符合放纵走私罪经限制解释后的客观构成要件，故可将有身份者认定为放纵走私罪；积极配合无身份者从事走私犯罪行为的，超越了限制性解释要件的内容，应以走私罪共犯论处。但是，将放纵、漠视等渎职行为样态一律缩减为消极不作为，显然不符合渎职行为的实际情况，海关工作人员完全可以利用职务便利积极帮助促成走私犯罪。可见，《关于办理走私刑事案件适用法律若干问题的意见》强硬地曲解了放纵走私罪客观构成要件，与刑法行为理论相左，亦与渎职行为的事实表现相悖。

通过综合评析，笔者发现，走私与放纵走私交织状态下的定性规则相当混乱，并且其分析视角局限性较大，缺乏刑法理论深度支持的认定模式。海关工作人员在明知他人实施走私犯罪而予以放纵的情况下，对渎职者究竟应当认定为放纵走私罪还是走私罪共犯？非海关工作人员教唆、帮助海关工作人员徇私舞弊滥用职权，谋求海关工作人员为自己的走私犯罪进行庇护或加功，对其究竟应当认定为放纵走私共犯，还是走私罪，抑或是数罪并罚？究竟如何全面整合有身份者与无身份者罪名确定的操作原则？

3. 走私与放纵走私罪数形态认定的法律适用规则

综观我国《刑法》分则，渎职罪及其前提罪之间的法条关系问题是各章罪名中最突出的，特别是放纵走私罪，有身份者容易与实施走私犯罪的无身份者叠加形成共犯关系。笔者认为，正确的分析路径是应当以渎职罪（放纵走私罪）与前提罪（走私罪）法条关系的专属性特点为基础，结合犯罪构成原理、共犯原理、竞合犯原理，区分不同情况进行细化讨论，从本质上解决走私与放纵走私交织形态罪名认定中的疑难问题。

由无身份者实施的走私罪可能涉及教唆国家机关工作人员帮助其逃避刑事追诉的行为，但这应属于渎职罪的前提罪实施完毕后的不可罚的事后行为，是对不法状态的继续性利用或延展性保持，并未侵害新的法益，故不能将之认定为随后进行的放纵走私罪的帮助犯、教唆犯等共犯形式。放纵走私罪的共犯行为是作为走私罪的必然结果而实施的行为，尽管与走私罪分割开来看，其本身也是可以从放纵走私罪共犯的角度进行刑事归责，但对于无身份者而言，前提罪是主要行为，渎职罪共犯是次要行为。根据主要行为的构成要件，事后行为已经得到了概括的评价，在刑法上就不存在成立放纵走私罪共犯的问题。所以，在前提罪到达了犯罪既遂、未遂、中止或者预备状态之后无身份者作为共犯教唆、帮助有身份者实施放纵走私罪的情况下，无身份者不构成放纵走私罪共犯，而仅构成走私罪。

由有海关工作人员实施的渎职罪可能涉及帮助无身份者完成前提罪或者逃避刑事处罚，应当以共同犯罪的意思联络理论为基础，区分情况认定海关工作人员是否构成放纵走私罪实行犯与走私罪共犯的想象竞合。若有身份者与无身份者事先并无意思联络，只是在履行职务的过程中发现并明知他人实施走私犯罪行为，出于徇私、徇情等原因不依法查处，对走私犯罪采取放任或容忍态度，不能因为有身份者明知存在犯罪行为并在客观上起了帮助作用而认定为走私罪的共犯，而应当认定国家机关工作人员构成放纵走私罪。因为有身份者与无身份者并没有共同完成渎职罪之前提罪的犯罪故意。

走私犯罪实践中经常出现这样的情况:无身份者在实施走私犯罪行为过程中被海关工作人员查获,通过贿赂、诱惑或者说情等手段,海关工作人员滥用职权予以放纵。根据刑法理论,这属于事中通谋的共同犯罪——无身份者与有身份者实施走私罪的共同犯罪故意是在着手实行犯罪之时或在实行犯罪之中通过有身份者共同参与犯罪或者为他人犯罪提供帮助而形成;走私罪共犯之间的意思联络主要表现为犯罪行为之间的相互配合;即使走私罪的共同犯罪故意是在实行犯罪过程中形成,而有身份者的帮助行为却是在实行犯的行为完成后才实施,海关工作人员仍然应当按走私罪的共犯论处。

若海关工作人员与非海关工作人员事先通谋,由后者实施走私犯罪,前者利用职务上的便利与之互相配合,滥用职权放纵走私犯罪,根据共犯理论与竞合犯原理,海关工作人员的行为一方面构成走私罪的共犯;另一方面也符合放纵走私罪的犯罪构成,属于一行为触犯两个罪名,在刑法理论上符合想象竞合犯的法律特征,而非法条竞合犯(渎职罪与前提罪的刑法条文之间并不存在竞合关系)。应当根据想象竞合犯的处罚原则择一重罪处断。值得强调的是,如果海关工作人员并未利用职务上的便利,而只是利用熟悉机关单位的工作流程等客观作案优势为非海关工作人员通风报信、提供逃避刑事追究,则其本身并不构成放纵走私罪,不构成想象竞合犯,应以走私罪的共犯论处。

(四)走私犯罪停止形态认定的法律适用对策

不同的走私犯罪在停止形态的认定上存在显著差异,其中最为疑难的问题之一就是走私普通货物、物品罪。实践中有必要提出有针对性的形态认定法律适用对策。对于通关走私而言,理论上有观点认为应当采用逃避海关监管说,即若行为人是在逃避海关监管后被抓获的为既遂,否则即为未遂。但该观点在司法实践中也引起争论,主要是在通关走私犯罪中,若将在通关现场查获的案件一律认定为走私未遂是否妥当。反对观点认为在通关现场查获走私普通货物、物品是否为未遂,应区分海关是否已接受申报和查验。如果海关已接受申报和查验,表明已实施海关监管,此后查获的案件应定既遂。对于海关尚未接受申报并查验的,或在查验过程中查获的走私案件,不管是否已被海关查验,均应认定为未遂。因为,根据《海关法》的规定,在海关放行以前,该货物必须接受海关监管,也就意味着未逃避海关监管,当然应定未遂。海关在查缉走私时,如果掌握情报,可故意不在通关现场查获,而在放行后查获,这样就可定既遂,对走私者的处罚相应就重,这样走私既未遂的标准完全被缉私部门控制,存在较大的不合理性。[1]

2000年7月30日最高人民法院研究室《关于对海关监管现场查获的走私犯罪案件认定既遂、未遂问题的函》规定:"行为人犯走私罪,在海关监管现场被查获的,应当认定为犯罪既遂。"这意味着是否在监管现场被海关查获并不影响走私普通货物罪既遂的认定。这种停止形态的认定规则应当是符合刑法犯罪停止形态原理的。因为,犯罪既遂是犯罪的完成形态。也就是说,犯罪的既遂形态,是故意犯罪在其发展过程中未

---

〔1〕 参见陈晖:《走私犯罪论》,法律出版社2002年版,第100页。

在中途停止下来而得以进行到底,行为人的行为已经完全符合或者齐备我国《刑法》分则中所规定的某一具体犯罪构成的全部构成要件的情形。犯罪构成要件在规范评价上的齐备意味着犯罪形态上的完成。这里的齐备,具体而言,就是犯罪构成要件在规范评价上达到了饱和状态。也就是说,在具备犯罪构成要件的基础上,行为人的主观内容与客观行为相互统一使犯罪构成要件饱和,缺失一分则犯罪在形态上尚未完成,超越一分则不具有犯罪论的意义而进入了刑罚论的分析范畴。对于走私普通货物罪而言,其犯罪构成是成立该犯罪的法律规格,而走私普通货物罪的既遂是行为人齐备了我国《刑法》分则规定的具体该种犯罪构成的全部构成要件的情形。既遂就是这种犯罪构成要件的饱和状态。走私普通货物罪构成要件是否饱和,主观上要看故意内容是否完全实现,客观上要看走私犯罪行为是否进行到底。

在通关走私行为方式下,如何理解逃避海关监管行为是否进行到底是认定既遂的关键。对于通关走私而言,行为人必须办理相应的申报手续才能运输、携带货物、物品出入境。因此,只要行为人实施了伪报、瞒报、伪装、藏匿等欺骗手段,且该手段已经实施完毕,就可以认定走私犯罪行为已经进行到底,应当认定为既遂。在实践中,只有行为人向海关申报之后,海关才能对其进行监管,故凡是在海关监管场所被查获均认定为既遂。可见,司法解释虽然没有直接提出通关走私既遂的认定标准,但也从侧面印证了应当根据犯罪停止形态认定的一般原理考量通关走私既遂标准认定问题。对于绕关走私而言,这种类型的走私犯罪,其既遂标准应当根据是否出入国境进行判断。绕关走私入境的,进入我国国境为走私既遂;绕关走私出境的,走私的货物、物品是移出国境为既遂标准。一般而言,装载走私对象的船舶出入我国港口或航空器出入我国领土内时为绕关走私既遂的具体标准。[1]

(五)走私犯罪特殊类型认定的法律适用对策

1.公式定价贸易下走私犯罪的认定

海关总署《关于公布海关审定公式定价进口货物完税价格的有关规定》于2006年4月1日施行。根据该规定,公式定价是指在向我国境内销售货物所签订的合同中,买卖双方未以具体明确的数值约定货物价格而是以约定的定价公式来确定货物结算价格的定价方式。根据上述规定,在公式定价方式下,对于符合下列条件的进口货物,海关以买卖双方约定的定价公式所确定的结算价格为基础审定完税价格:(1)在货物运抵我国境内前买卖双方已书面约定定价公式;(2)结算价格取决于买卖双方均无法控制的客观条件和因素;(3)自货物申报进口之日起6个月内能够根据定价公式确定结算价格;(4)结算价格符合《审价办法》中成交价格的有关规定。在实际操作中,对于符合公式定价的进口货物,进口方应当在报关单备注栏内注明公式定价,并提供相应的备案号。经海关备案的公式定价进口货物在进口申报时,结算价格已经根据定价公式确定的,海关以结算价格为完税价格;结算价格尚未确定的,纳税义务人在向海

---

〔1〕 参见胡平:《走私犯罪未遂犯与既遂犯的再辨析》,载《法学评论》2009年第6期。

关提供税款担保后,可以先行提货,待结算价格确定后,海关以结算价格为基础审定完税价格。

在伪报公式定价贸易方式的走私犯罪中,行为人通常情况下并不是直接为了低报货物的价格。因为存在结算价格与临时价格的时间差,且多数当事人在最初申报时并不知道结算价格究竟是高于还是低于临时价格。当事人往往具有的是概括性故意。当然,并不排除当事人在一段时间内,明知货物的行情一直处于上涨趋势,仍然按照暂定申报价格向海关申报,其主观故意也就体现为直接故意。在公式定价贸易方式下,由于申报的临时价格在前,结算价格在后,可能就会出现临时价格高于结算价格的情形。此时,当事人伪报了贸易性质,即将公式定价走私伪报成一般贸易方式,当事人就可能出现多缴税额的情况。对于多缴的税款是否应当扣除,在实践中存在不同的意见:一种意见认为,既然行为人本身就是一个概括的犯罪故意,因此,多缴税款和少缴税款都是在行为人的主观认识范畴之内,应当从整体上考察行为人的客观行为,根据刑法主客观相一致的理论,应当将多缴的税款予以扣除。另一种意见认为,多缴的税款是行为人伪报贸易性质导致的必然结果,属于犯罪成本的范畴,不应当予以扣除。如果允许扣除,在实践中也不具有可操作性。因为即使当事人知道自己多缴了税款,其也不可能向海关申请退税。一旦申请,当事人伪报贸易性质的行为必然暴露。[1] 笔者支持后一种观点,因为,多缴的税款是当事人自己选择伪报贸易性质后导致的结果,属于犯罪成本的范畴,不应当从走私偷逃的税额中予以扣除。如果予以扣除,也就意味着海关认可了其伪报贸易性质这一违法行为,这显然不具有合理性。

2. 税率变动下走私犯罪的认定

走私犯罪案件中经常会出现出口关税频繁变动的问题。例如,钢材在1年内税率变动3次,从零关税到加征15%的关税,再到零关税,甚至进一步还享受出口退税。再如,化肥在9个月内税率变动2次,从零关税到加征100%的特别关税,再到75%的特别关税。

对此,目前在理论界存在罪与非罪两种观点。有罪的观点认为,走私普通货物罪属于空白罪状,在办案过程中,大量运用的国务院关税税则委员会、海关总署制定并下发的关于税率变动、监管条件变动的通知、公告等行政规范性文件均属于补充规范,不属于刑法意义上的法律变更,不具备溯及力。且行为人在明知的情况下,仍采用伪报品名的方式向海关申报出口,客观上造成了国家税款的损失,其社会危害性、刑事违法性和应受惩罚性依然存在,不能以新的补充规范来评价先前的行为性质,应当以犯罪论处。无罪的观点认为,补充规范的变动属于法律变更,应当根据我国《刑法》第12条的规定,按照"从旧兼从轻"的原则,不作为犯罪处理。一些单位或个人与外商的外贸合同早已签订,有的货物甚至只能出口境外(境内无法使用),政府在调整关税时又没有留

[1] 参见陈卫星、胡春健:《公式定价贸易方式下如何认定走私犯罪及具体数额》,载《中国检察官》2010年第2期。

出必要的时间，以致他们不得不伪报品名走私出口以避免损失。[1] 实际上，这类案件应当区别情况、具体分析、分类处理，并非都以犯罪论处。即使在犯罪性质上可以根据走私普通货物罪追究刑事责任时，也应按照宽严相济刑事司法政策，与其他走私案件有所区分，在量刑时应当予以充分的区别对待与体现。应当根据贸易实务的客观情况，对于调整后如果仍然按照原来的操作必然导致严重亏损以及在调整后变本加厉、追求利益的最大化并实施走私行为的，应当明确予以区分，在量刑上进行调整，充分实现罪责刑相适应。只有这样才能充分地在走私犯罪司法实践中体现出宽严相济的刑事政策。

二、走私犯罪预防控制对策

走私犯罪的预防与控制，应当注重从走私行为、执法监管以及资金走向等多方面进行犯罪前、犯罪时、犯罪后的全方位立体化防治。

(一)弱化贸易管制与关税壁垒

司法实践中比较有代表性的观点认为，关税的调整对于走私犯罪的控制具有重要影响。[2] 确实世界上各个国家之所以实行对外贸易管制，归根结底还是为了维护本国利益，其中最为核心的还是经济利益。弱化贸易管制的主要内容是因势利导，确定合理税率。制定关税税率时，应从有利于缓解走私的角度加以考虑，合理的税率对走私分子才有事前预防作用。税率过高，不仅国家收不到税，更使走私分子在高倍率经济利益驱动下，甘愿冒犯罪风险进行走私。我国加入 WTO 已近 20 年，国内经济的健康发展和对外贸易的放宽，走私犯罪的逐渐减少将是必然的。同时还应当看到，国内外商品差价悬殊，是走私犯罪存在的内在原因之一。国外一些产品通过走私渠道进入我国，有其一定的不可避免的原因。但是，如果我们提高了国内企业的竞争力，则能通过缩短商品差价和质量差距在一定程度上减少走私行为。我国近几年一些国内产品不断增强竞争力的事实，已经证实了这一点。随着我国经济的发展，产品质量的提高，价格的降低，会使走私行为的减少成为可能。

(二)强化缉私能力与实时监控

缉私能力相对较弱，许多走私案件未被查获，客观上助长了走私犯罪的气焰。缉私是反走私最有力的手段之一，加强缉私工作，提高走私案件的查获率，可以有效消除走私分子的侥幸心理，减少走私犯罪。提高缉私能力，一是要保证缉私人员的数量，解决目前许多口岸缉私力量不足的状况；二是必须提高海关等机构缉私人员的素质；三是加强缉私装备建设；四是完善管理机制，协调各缉私部门的关系，使缉私工作进入规范化、法制化的轨道。同时，有必要指挥特情开展内线侦查。对于走私案件应当建立一批特情，针对走私案件的特点进行内线侦查，要做好长期的打算，随着工作的开展，应不断地

---

[1] 参见黄卓昊：《特别关税税率变化对走私行为的定罪量刑有否溯及力》，载顾肖荣主编：《经济刑法(9)》，上海社会科学院出版社 2010 年版，第 48 页。

[2] 参见上海市走私犯罪调研课题组：《2005～2009 年上海走私犯罪调研报告》，载顾肖荣主编：《经济刑法(9)》，上海社会科学院出版社 2010 年版，第 52 页。

调整和重新安排特情打入或撤出。运用外线侦查和群众举报查控。在深入发动群众获取情报线索后,可以利用外线侦查,掌握走私犯罪的行踪和活动,掌握时机地点,对走私犯罪进行严厉打击。有必要强化缉私部门与司法机关的协作与沟通,将实践中出现的问题及时反馈,迅速做出理论分析与指导。并且针对在司法实践中出现的法律漏洞和不足,在短时间内发现并建议立法部门、司法解释部门进行法律完善。应当看到,口岸海关要加强对企业和人员的进出境行为的管控力度。监控资源配置必须更加合理,要真正体现一线查缉职能的重要地位和作用。口岸海关承担着管理报关、查验、征税、统计等全部通关过程,既负有监管责任,又是防范控制和发现各类走私行为的主阵地。要加强对专业类、行业类走私案件的防范掌控,加强对行业性走私及高风险商品的监管与查验力度。[1] 应当看到,走私犯罪的屡禁不止实际上与一部分执法机构人员存在内外勾结有着紧密的关系,因此,纪检监察部门必须高度重视对走私稽查执法机构的反腐败调查。

(三)堵截违法资金流动与防范洗钱犯罪

应当加大反洗钱力度,避免将差额货款通过洗钱的方式汇往境内。侦查人员在打击走私普通货物犯罪的基础上,有必要增强对于这类犯罪很可能涉及洗钱罪的观念。通过对走私普通货物罪的犯意产生、价格确定、真假两套单证制作、委托报关等环节的重视,寻找资金流动情况,特别是差额货款的具体支付过程。对于这类案件,一定要寻找相关的书证等证据对当事人的供述加以印证,形成完整的证据体系,以防止当事人翻供。银行应完善客户身份识别制度。金融机构通过了解客户,对所提供的金融服务及客户账户内的资金流动是否与客户的身份及其业务性质相符合,并对客户的资金来源及用途进行分析,可以对跨境的异常资金流动进行监控。[2] 实际上这也是国际反洗钱司法实践通常的制度对策,但在执法实践中必须予以落实。

(四)完善反走私执法机制与信息系统

海关是国家进出关境的监督管理机关,依法监管进出境的运输工具、货物、物品,征收关税和其他税费,并查缉走私。完善海关在通关检查、执法方面的监管制度,增强海关执法和口岸管理的公开性和透明度,有助于及早发现并惩治走私活动。随着通关作业改革的深入、风险管理技术和稽查手段更广泛的运用,新的通关管理模式将从根本上提高通关效率和执法水平,不断适应社会经济快速发展的需要。

---

[1] 参见张华鲁:《进一步完善上海关区“打防结合、重在防范”缉私机制的构想》,载《犯罪研究》2005年第3期。

[2] 参见上海市走私犯罪调研课题组:《2005~2009年上海走私犯罪调研报告》,载顾肖荣主编:《经济刑法(9)》,上海社会科学院出版社2010年版,第57页。

第三章　商业贿赂犯罪对策研究

市场经济的基本特征是竞争,正常的市场竞争秩序始终伴随着不正当竞争行为的侵扰,而商业贿赂就是最为典型的不正当竞争行为之一。商业贿赂严重危害我国市场经济的健康发展,危害政治和社会风气。国家审时度势,决定部署开展治理商业贿赂专项工作。治理商业贿赂不仅是完善社会主义市场经济体制、维护市场经济公平竞争秩序的必然要求,也是预防与惩治腐败、推进政治廉洁建设的重要内容。我国《刑法》规定了大量贿赂犯罪,这为有效惩治商业贿赂犯罪提供了法律依据。但是,由于我国《刑法》并未对商业贿赂犯罪进行规范表述,法律、行政法规等关于商业贿赂的阐释存在明显差异,导致实务部门对于商业贿赂的概念、商业贿赂犯罪的界定、商业贿赂犯罪的规范界限等商业贿赂犯罪的基本问题长期无法形成统一认识,甚至存在一定的误解,在一定程度上影响了惩治商业贿赂犯罪的效率。本章就商业贿赂犯罪基本问题进行探讨,规范并建构刑法理论上的商业贿赂与商业贿赂犯罪的概念,廓清商业贿赂犯罪的罪名范围、商业贿赂违法与犯罪以及商业贿赂犯罪与公务贿赂犯罪的界限,为深入分析商业贿赂犯罪并研究商业贿赂犯罪治理对策提供理论支撑。

第一节　商业贿赂犯罪基本问题

一、商业贿赂的概念与特征

商业贿赂的概念,是刑法理论研究商业贿赂犯罪的逻辑起点。商业贿赂在规范、实务以及理论上都有不同的概念界定,反映了基于不同的角度和立场,对于商业贿赂的理解会存在明显的差异。因此,有必要在细致梳理商业贿赂的规范概念与实务概念的基础上,明晰不同商业贿赂理论概念存在的局限,通过建构精确、规范、本质的商业贿赂理论概念,精确把握商业贿赂的本质特征。

(一)商业贿赂的规范概念

商业贿赂是一个全球性问题。国外腐败问题理论研究普遍认为,商业贿赂的经济动因在于,不正当竞争手段下获取巨额经济利益,扣除违法犯罪风险之后,存在明显的"正收益"。而这种非法收益实际上对整个社会与经济发展造成了巨大的成本。[1] 政府经济管理活动将根据商业贿赂是否存在及其多少而进行有倾向性的调整;商业活动管理者的市

〔1〕 Susan Rose-Ackerman, The Law and Economics of Bribery and Extortion, 6 *Annual Review of Law & Social Science* 217, 218(2010).

场行为也将在纯粹的经济考量过程中介入商业贿赂的非经济性影响,从而以牺牲商业经营实体的整体经济效益为代价谋取管理者的个人利益。在我国,随着市场化进程的加快和经济成分与市场主体多元化趋势的发展,经营者通过给予财物获取交易机会或其他利益的商业贿赂,在一些行业、领域蔓延,也早已成为经济生活中的一个突出问题。可见,从商业贿赂产生的经济根源分析,商业贿赂始终是一个市场竞争(法)领域的概念。国外对商业贿赂的权威定义也充分体现了这一点。根据《布莱克法律词典》的解释,商业贿赂是经营者为了超越竞争者、取得商业竞争优势,与相对方的负责人员进行的腐败交易。[1]

我国法律法规禁止商业竞争领域贿赂行为的规定,较早见于1981年国务院发布的《关于制止商品流通中不正之风的通知》。在当时的商品流通领域中,尽管没有提出正式的商业贿赂概念和进行体系的规范禁止,却已经存在具有此类不正当竞争性质的不正之风。一些企业为了推销产品、购买原料、承包业务,牵线搭钩,给予大量现金或实物,作为"酬劳",使所谓中间人以及业务人员、采购人员、推销人员,从中获得高达数百元,数千元,甚至上万元的利益。企业的这部分开支,名目繁多,有的叫"交际费""活动费""邀请费""困难补助费""奖励费",有的叫"条件款",还有的就叫"佣金"或"回扣"。这实际上是一种行贿受贿行为。这种商品流通领域的贿赂行为广泛存在于各种所有制类型的企业中。对此,1981年国务院《关于制止商品流通中不正之风的通知》第一次用行政手段遏制商品流通领域的贿赂行为,禁止企业、事业单位及其工作人员从事下列行为:(1)企事业单位、经济单位发给购销人员进行请客、送礼、拉关系的费用。违反国家政策规定而刁难用户,索取和接受此种费用者,以行贿、受贿、贪污论处;造成经济损失的要赔偿,严重的要依法制裁。(2)企事业单位、经济单位在购销活动中提取"回扣"。(3)国有企业、集体企业、事业单位,借发奖金为名,支持购销人员搞不正之风。对在经营活动中奉公守法的购销人员的奖励,应视同其他职工一样,按照国务院《关于正确实行奖励制度、坚决制止滥发奖金的几项规定》的标准发放。购销人员只能在本单位领取奖金,不得从外单位获取任何费用和私利。国务院《关于制止商品流通中不正之风的通知》明确禁止暗中收受"回扣"等具有贿赂性质的费用归个人所有,为系统性地打击商业贿赂进行了积极的探索。

我国1993年《反不正当竞争法》首次站在法律的高度提及商业贿赂问题并明确进行了禁止性规定。根据《反不正当竞争法》第8条的规定,经营者不得采用财物或者其他手段进行贿赂以销售或者购买商品,在账外暗中给予对方单位或者个人回扣的,以行贿论处;对方单位或者个人在账外暗中收受回扣的,以受贿论处。从《反不正当竞争法》的规定可以看出,该项法律仍然没有明确提出商业贿赂的概念,同时,法律条文本身规定得比较原则。1996年国家工商行政管理局《关于禁止商业贿赂行为的暂行规定》(以下简称《商业贿赂暂行规定》)明确使用了商业贿赂的规范表述,并对商业贿赂的概念进行了规范解释,从部门规章的层面揭示了商业贿赂的内涵和外延。根据《商业贿赂暂行规定》第2条的规定,商业贿赂,是指经营者为销售或者购买商品而采用财

---

〔1〕 Bryan A. Garner, *Black's Law Dictionary*, Seventh Edition, West Group, ST. PAUL, Minnesota, 1999, p. 186.

物或者其他手段贿赂对方单位或者个人的行为。“财物”，是指现金和实物，包括经营者为销售或者购买商品，假借促销费、宣传费、赞助费、科研费、劳务费、咨询费、佣金等名义，或者以报销各种费用等方式，给付对方单位或者个人的财物。“其他手段”，是指提供国内外各种名义的旅游、考察等给付财物以外的其他利益的手段。同时，《商业贿赂暂行规定》第4条和第5条还规定，任何单位或者个人在销售或者购买商品时不得收受或者索取贿赂。在账外暗中给予对方单位或者个人回扣的，以行贿论处；对方单位或者个人在账外暗中收受回扣的，以受贿论处。《商业贿赂暂行规定》是部门规章，法律位阶较低，并且，该项规章对商业贿赂行为模式、手段等问题规定得不够精准。

《反不正当竞争法》与《商业贿赂暂行规定》有关商业贿赂的规定，均不同程度地体现出其不够全面，但是，如果将两者结合起来考察，基本可以实现我国商业贿赂规范概念的梳理：(1)商业贿赂的行为模式。《反不正当竞争法》规定商业贿赂包括给付回扣与收受回扣两种行为模式，即行贿与受贿均应当认定为商业贿赂行为。《商业贿赂暂行规定》在对商业贿赂概念进行界定的过程中将商业贿赂行为模式限定为行贿行为，但在后续条文中明确禁止商品购销环节收受回扣的行为。故《商业贿赂暂行规定》规定的商业贿赂行为模式同样应当包括行贿与受贿两种形式。由此可见，商业贿赂是一种对合行为，既包括行贿也包括受贿。(2)商业贿赂的行为手段。《反不正当竞争法》规定经营者“不得采用财物或者其他手段”进行贿赂以销售或者购买商品，但对于“财物”与“其他手段”均没有进行具体界定。《商业贿赂暂行规定》指出，“财物”包括现金和实物，其具体表现形式不影响以财物手段实施商业贿赂行为的认定；“其他手段”包括国内外旅游、考察等财物以外的其他利益手段。可见，其他商业贿赂行为手段本质上是一种利益输送，虽然其具体表现为财物之外的形式，但无论是旅游考察，还是其他利益输送，其来源仍然依托于支付金钱。故“其他手段”实际上是财物手段的衍生而并非超越。(3)商业贿赂的行为环节。《反不正当竞争法》与《商业贿赂暂行规定》主要是调整商品经营与营利性服务领域竞争行为的法律规范，只能原则性地禁止“销售或者购买商品”领域的商业贿赂行为。对此，理论上有观点认为，《反不正当竞争法》与《商业贿赂暂行规定》将商业贿赂局限在销售或购买商品过程中，人为地缩小了商业贿赂发生的商业范围，不利于对发生在销售或购买过程之外的商业贿赂的打击与预防。比如，在金融信贷、商品检验、广告宣传等领域发生的商业贿赂。[1] 应当看到，这种观点正确地认识到了商业贿赂行为环节的广泛性，但其对《反不正当竞争法》及《商业贿赂暂行规定》的所谓局限性批判是不合理的。因为，《反不正当竞争法》及其配套法规、规章只是竞争法领域的原则性规定，不可能对所有市场领域进行具体规定。无论是金融服务还是建筑工程，都属于广义的商品。《反不正当竞争法》及《商业贿赂暂行规定》在商品交易环节原则性地禁止商业贿赂，显然不排斥经济管理领域的特别法对商业贿赂进行法律规制。对于建筑工程、招标采购、证券保险、银行信托、产品

〔1〕 参见康均心、韩光军：《商业贿赂概念研究》，载王牧主编：《犯罪学论丛》(第6卷)，中国检察出版社2008年版，第368页。

劳务等不同领域与环节中的商业贿赂行为,理应由各种具体的经济法律法规进行规范控制。事实上,在《反不正当竞争法》实施之后,1999 年《招标投标法》、[1] 2002 年《政府采购法》[2] 等调整具体商业交易与经济活动领域正当竞争秩序的法律均明确规定了商业贿赂的禁止性条款。商业贿赂行为发生环节的广泛性决定了实务部门在考察相关贿赂行为的过程中,应当深入探索各种商业领域中的法律法规及行业规范。

综上所述,我国商业贿赂的规范定义是:经营者为谋取不正当竞争优势而采用财物或者其他手段贿赂对方单位或者个人以及有关单位或者个人在参与商业活动时收受或索取贿赂的行为。

(二)商业贿赂的实务概念

商业贿赂法律问题之所以在近年来持续成为理论研究的热点,最主要的原因在于 2006 年我国政府启动了惩治商业贿赂专项工作。政策中对商业贿赂的阐释使实务工作领域的商业贿赂概念具有更为丰富的实践内涵,对于深入理解商业贿赂与适用反商业贿赂法律规范而言具有重要价值。

2005 年 1 月 3 日,为深入贯彻落实党的十六大和十六届三中、四中全会精神,建立健全与社会主义市场经济体制相适应的教育、制度、监督并重的惩治和预防腐败体系,深入开展党风廉政建设和反腐败工作,中共中央印发《建立健全教育、制度、监督并重的惩治和预防腐败体系实施纲要》(以下简称《反腐纲要》)提出应当加强反腐倡廉制度建设,充分发挥制度在惩治和预防腐败中的保证作用。《反腐纲要》系统性地提出了惩治和预防商业领域腐败的主要措施:规范和完善工程建设招标投标、土地使用权出让、产权交易、政府采购等

---

[1] 《招标投标法》第 32 条规定:投标人不得相互串通投标报价,不得排挤其他投标人的公平竞争,损害招标人或者其他投标人的合法权益。投标人不得与招标人串通投标,损害国家利益、社会公共利益或者他人的合法权益。禁止投标人以向招标人或者评标委员会成员行贿的手段谋取中标。第 44 条规定:评标委员会成员应当客观、公正地履行职务,遵守职业道德,对所提出的评审意见承担个人责任。评标委员会成员不得私下接触投标人,不得收受投标人的财物或者其他好处。第 53 条规定:投标人相互串通投标或者与招标人串通投标的,投标人以向招标人或者评标委员会成员行贿的手段谋取中标的,中标无效,处中标项目金额 5‰以上 10‰以下的罚款,对单位直接负责的主管人员和其他直接责任人员处单位罚款数额 5% 以上 10% 以下的罚款;有违法所得的,并处没收违法所得;情节严重的,取消其 1 年至 2 年内参加依法必须进行招标的项目的投标资格并予以公告,直至由工商行政管理机关吊销营业执照;构成犯罪的,依法追究刑事责任。给他人造成损失的,依法承担赔偿责任。第 56 条规定:评标委员会成员收受投标人的财物或者其他好处的,评标委员会成员或者参加评标的有关工作人员向他人透露对投标文件的评审和比较、中标候选人的推荐以及与评标有关的其他情况的,给予警告,没收收受的财物,可以并处 3000 元以上 50,000 元以下的罚款,对有所列违法行为的评标委员会成员取消担任评标委员会成员的资格,不得再参加任何依法必须进行招标的项目的评标;构成犯罪的,依法追究刑事责任。

[2] 根据《政府采购法》第 72 条的规定,采购人、采购代理机构及其工作人员在采购过程中接受贿赂或者获取其他不正当利益,构成犯罪的,依法追究刑事责任;尚不构成犯罪的,处以罚款,有违法所得的,并处没收违法所得,属于国家机关工作人员的,依法给予行政处分。根据《政府采购法》第 77 条的规定,供应商向采购人、采购代理机构行贿或者提供其他不正当利益的,处以采购金额 5‰以上 10‰以下的罚款,列入不良行为记录名单,在 1 ~ 3 年内禁止参加政府采购活动,有违法所得的,并处没收违法所得,情节严重的,由工商行政管理机关吊销营业执照;构成犯罪的,依法追究刑事责任。

制度。完善城市规划许可制度和工程建设招标投标制度。严格市场准入退出制度,加快信用体系建设。加强土地出让制度建设,严格控制划拨用地和协议出让土地范围,逐步把工业用地纳入招标拍卖挂牌出让的范围。完善产权交易市场功能和各项监管制度,积极探索建立企业国有产权交易信息监测体系,促进市场竞价机制的形成。健全政府采购制度,完善管理职责与执行职责分离的政府采购管理体制。建立健全对房地产、市政公用等市场的监管制度。《反腐纲要》对惩治商业领域贿赂违法犯罪的制度优化重点做出了准确的指引。

2006 年 2 月 24 日,国务院第四次廉政工作会议中指出,近年来,在市场交易活动中,经营者通过给予财物等手段获取交易机会或其他利益的商业贿赂,在一些行业和领域蔓延。商业贿赂直接危害我国经济社会健康发展,违背公平竞争的市场原则,破坏社会主义市场经济秩序。必须重点治理工程建设、土地出让、产权交易、医药购销、政府采购以及资源开发和经销等领域的商业贿赂行为。对涉及政府工作人员的商业贿赂案件,对执法犯法、贪赃枉法的腐败分子,依法惩处,绝不手软,绝不姑息。商业贿赂虽然发生在经营者的交易活动中,但与一些政府机关及其工作人员滥用职权、以权谋私有密切关系。一些部门和单位在药品生产审批、出口配额许可、物资采购中发生的严重违法犯罪问题,说明商业贿赂直接涉及政府部门,一些不法经营者与政府工作人员内外勾结,行贿受贿,危害甚大。治理商业贿赂,必须严肃查处政府工作人员利用职权参与或干预企业事业单位经营活动,谋取非法利益、索贿受贿行为。

2006 年 3 月 19 日,国务院印发的《国务院 2006 年工作要点》指出:认真开展治理商业贿赂专项工作。组织开展不正当交易行为的自查自纠,针对发现的问题研究提出整改措施。依法严肃查处商业贿赂案件,重点查处政府工作人员利用职权参与或干预企业事业单位经营活动,谋取非法利益、索贿受贿行为。完善管理制度,强化日常监管,建立健全防治商业贿赂的有效机制。自此,治理商业贿赂专项工作在法律实务与行政管理实践中全面展开。2006 年 3 ~4 月,商务部、建设部、国土资源部、国家税务总局等政府部门先后印发各个职能领域的治理商业贿赂专项工作实施方案,强调要严肃查处商业贿赂案件,重点查处政府工作人员利用职权参与或干预企业事业单位经营活动,谋取非法利益、索贿受贿行为以及政府采购中的商业贿赂行为,坚决遏止商业贿赂的蔓延;要认真对待在自查自纠过程中发现的案件线索,组织力量进行排查。对经调查属实的商业贿赂问题,依法进行严肃处理;要准确适用法律和政策,严格区分罪与非罪,坚持宽严相济。要敦促有商业贿赂问题的单位和人员向纪检监察部门主动交代问题。对主动交代并积极退赃的,依法依纪从轻、减轻或免予处罚。[1]

---

〔1〕 各政府部门贯彻落实治理商业贿赂专项工作的具体内容,参见 2006 年 3 月 4 日《在商务领域开展治理商业贿赂专项工作的实施方案》、2006 年 3 月 16 日《建设部治理建设系统商业贿赂实施方案》、2006 年 3 月 16 日《交通部关于开展治理交通建设领域商业贿赂专项工作实施方案》、2006 年 3 月 27 日《纺织商会开展治理商业贿赂专项工作的实施方案》、2006 年 3 月 27 日《国家税务总局关于开展税务系统治理商业贿赂专项工作的通知》、2006 年 3 月 30 日《中国保险监督管理委员会关于保险业开展治理商业贿赂专项工作的实施意见》、2006 年 4 月 4 日《国土资源部关于开展治理商业贿赂专项工作的实施方案》等文件。

根据上述治理商业贿赂专项工作的政策渊源与文件解释,商业贿赂的实务定义是:经营者为谋取不正当竞争优势而采用财物或者其他手段贿赂政府部门及其工作人员、交易相对方单位及其工作人员以及政府部门或企事业单位及其工作人员在进行商业活动或经济管理时收受或索取贿赂的行为。

从法律规范与专项治理工作中有关商业贿赂的概念比较中可以看出,商业贿赂规范概念的外延相对狭窄,其重点在于突出商业贿赂产生于市场交易领域。反观国家政策中惩治商业贿赂工作提出的整体要求以及政府治理商业贿赂专项工作实践中的相关规定,商业贿赂实务概念的外延更为宽泛,不仅包括经营者通过给予财物等手段,换取相对方提供的交易机会或者其他商业利益的贿赂行为,而且涵盖宏观经济调控以及商业管理活动中的行贿与受贿行为。因此,在治理商业贿赂实务中,脱离市场交易但基于行政机关审批权等政府部门经济管理权限而产生的贿赂行为亦包含于商业贿赂范畴之中。商业贿赂可能发生在市场交易环节,更可能发生在政府部门对商业经营活动进行监督的行政管理环节。这对于在理论上深入认识商业贿赂概念,在实践中完善商业贿赂的治理,具有重大的指导价值。

(三)商业贿赂的理论概念

法律概念的理论阐释是对事物内涵与外延的深度法理解析。商业贿赂理论概念的界定,必须建之于法律规范与实务之上,更应当整体把握商业贿赂的实质,以包容性、分析性、规范性的视角对商业贿赂的本质特征进行精准概括。

理论上对于商业贿赂的概念远未达成共识,各种观点分歧比较明显,归纳起来主要有以下4种代表性意见:

第一种意见认为,商业贿赂是指企业组织或其雇员在商业活动中,不是通过正当的市场竞争,而是通过贿赂公职人员或其他企业人员,为本企业或本人谋取利益的行为。[1] 这种观点将商业贿赂限定于行贿行为,没有将商业活动中的受贿行为纳入商业贿赂,显然不够全面。

第二种意见认为,商业贿赂是指商业活动中,有关商品或者商业性服务的买受人、销售人或使用人,为了购买、销售商品,或者为了接受或提供服务而给予对方单位或者个人财物或者其他利益的行为,抑或接受对方单位或者个人给付的财物或其他利益的行为。[2] 相对于第一种意见,这种意见正确地把握了商业贿赂行为的对合性特征,但其明显忽视了行为人在商业活动中收受贿赂的基础,利用职务上的便利。利用职务便利谋取利益不仅是商业受贿的行为基础,更是商业行贿给付贿赂的终极目标。商业贿赂的概念中不应当遗漏职务便利的因素。

第三种意见认为,商业贿赂是指在商业活动中,交易的一方为取得交易而给予对方

〔1〕 参见任建明、董晓燕:《我国反商业贿赂法律有效性的比较分析及改进建议》,载《南开学报》(哲学社会科学版)2006年第5期。

〔2〕 参见沈德咏:《关于治理商业贿赂的法律思考》,载《新华文摘》2006年第1期。

以财物或其他利益的不正当竞争行为,以及交易的另一方利用职权索取或为他人谋取利益,收受财物或其他利益的违背职权行为,商业贿赂是商业行贿和商业受贿的集合概念。[1] 这种观点不仅完整归纳了商业贿赂的行为模式,而且明确了职务要素在商业贿赂行为系统中的重要作用,但其对于商业贿赂行为的描述比较粗糙,并未细致勾勒通过间接的财物输送方式行贿(例如,通过第三人给付贿赂,或者支付费用向对方提供免费旅游)与间接的财物收受方式受贿(例如,通过家属收受贿赂,或者以明显低于市场的价格向对方购买房屋、汽车)的商业贿赂行为手段。

第四种意见认为,商业贿赂是指商业活动中,有关单位或个人,为了谋取不正当的商业利益,直接或间接向国内外拥有职务的单位、个人提供、许诺给予、提议给予和实际给予财物及财物以外的一切不正当利益,并侵害他人职务廉洁性的,或者拥有职务的有关单位、个人,利用职务之便并侵害职务廉洁性,索取或收受财物及财物以外的一切不正当利益的,意图为他人谋取商业利益的行为。[2] 应当看到,这种商业贿赂的理论概念相对而言比较全面,但是,除了概括性有所欠缺之外,首先,上述定义没有明确揭示商业贿赂的权钱交易的本质。其次,这种观点只是直接根据法律规定强调行贿的目的在于谋取不正当商业利益,没有凸显理论概念的分析性价值,进一步阐释行为人给付贿赂的目的在于谋取不正当的商业竞争优势。最后,从规范性的角度分析,我国反商业贿赂规范体系并没有将贿赂范围拓展至一切不正当利益,上述定义不符合法律规定,也不契合惩治腐败的实际情况。

笔者认为,商业贿赂是指在商业活动中,经营者通过直接或间接给予财产性利益,谋取不正当商业竞争优势,相对方利用职权为经营者谋取商业利益并直接或间接收受财产性利益,破坏市场公平竞争和经济管理秩序的行为。

这一商业贿赂的理论概念不仅集中体现了经营者与平等交易主体之间竞争优势与经济利益的腐败交易关系,而且充分揭示了经营者与政府部门及其国家工作人员围绕倾向性职务行为而展开的权力与利益之间腐败交易关系,能够准确反映商业贿赂的发生环节、行为主体、具体手段、非法目的和社会危害。具体而言,这一理论概念凸显了商业贿赂的本质内涵:一是商业贿赂是以损害公平有序的市场交易秩序为代价的财物给付与收受行为。市场是提供双赢交易机会的场所,通过资源优化配置实现社会福利最大化。[3] 市场交易的目的在于实现双方利益的最大化。正常的交易秩序符合市场规律,质量优、价格低、信誉好的商品与服务的经营者获取交易机会。商业贿赂的介入导致有权代表本单位提供交易机会的管理者可能为了个人私利背弃职务忠诚,违背市场规律向对其给付财物的经营者提供竞争优势。收受贿赂的管理者获取了个人私利,间

---

〔1〕 参见龚培华:《商业贿赂与商业贿赂犯罪的区别》,载《法学》2006 年第 7 期。

〔2〕 参见康均心、韩光军:《商业贿赂概念研究》,载王牧主编:《犯罪学论丛》(第 6 卷),中国检察出版社 2008 年版,第 375 页。

〔3〕 See Anthony T. Kronman & Richard A. Posner, *The Economics of Contract Law*, Little, Brown & Company, 1979, p. 2.

接成本转化为市场公平竞争秩序遭受重创。二是商业贿赂是以腐蚀国家经济管理权廉洁性为代价的财产性受益给付与收受行为。政府部门及其国家工作人员的职务行为与经营者商业活动的范围、利润、远景休戚相关。某些经营者便利用商业贿赂打通关节,腐败的国家工作人员借机谋取私利,破坏国家的经济管理秩序。由于我国社会主义市场经济仍然处于初级阶段,政府部门宏观调控的规模和力度依然起着相当重要的作用,实质性地影响着商业竞争的过程与结果。具体表现为行政机关对商业活动管理严格、审批权限密集、对市场价格进行强硬性规定、干预企业经营决策、包揽行业协会的职能。[1] 所以,政府在事实上成为商业活动的间接参与者,对市场准入、发展、调节进行富有成效的安全监控。商业贿赂通过腐蚀国家经济管理权的廉洁性,使职务行为的作为与不作为倾向于给付财物者的商业利益。上述两个层面的商业贿赂本质内涵实际上就是对其本质特征——权钱交易——进行具体阐释。

商业贿赂具有以下特征:一是主体特征。商业贿赂发生在商业活动和商业管理活动中。所以,商业贿赂的行为主体不仅包括商业活动的直接参与者,即市场交易的平等主体,而且包括商业活动的管理者,即对经营者市场行为进行管理的政府部门和人员。商业贿赂的主体可以是单位,也可以是自然人;既包括私营、股份制或国有企业,也包括行政机关及其中的国家工作人员。二是行为特征。商业贿赂表现为给予和接受财物或其他利益的行贿和受贿两种行为。商业贿赂的行为内容以提供商品或者服务等一系列的商业行为为载体,或者以政府部门及其国家工作人员受不正当影响的职务行为为依据,实现相关利益的交换或取得。同时,商业贿赂的本质在于利益的互相输送,经营者获取竞争优势利益,相对方获取财物利益。其中,财物的输送可以是经营者本人直接给付,也可以是通过实际控制的第三方间接给付,并且,财物可以是现金或实物的交付,更可以是经营者支付相关费用获取某种形式的权利或享受等利益并将其转让给相对方。三是目的特征。商业贿赂的目的表现为商业活动双方各取所需。经营者希望通过给付贿赂排斥其他正当竞争者,获取不公平的交易机会与竞争优势,将自己的产品或服务顺利销售,或以更优惠的条件购买商品、接受服务。相对方或其工作人员希望凭借垄断优势收取合同标的外的好处,或者依靠职务便利接受财物收买。

二、商业贿赂犯罪的规范界定

正确界定商业贿赂犯罪的内涵与外延,是把握商业贿赂犯罪本质特征,确定商业贿赂犯罪的罪名范围,廓清商业贿赂违法与商业贿赂犯罪、商业贿赂犯罪与公务贿赂犯罪界限的基础。

综观我国职务犯罪的刑法规定,虽然短暂有过“商业受贿罪”的罪名表述,但商业贿赂犯罪始终不是一个刑法规范意义上的概念,而是对发生在商业活动中的贿赂犯罪的统称或类型化描述。

根据1952年中央人民政府公布施行的《惩治贪污条例》(以下简称《条例》)第2

---

〔1〕 参见程宝库:《商业贿赂:社会危害及其治理对策》,法律出版社2006年版,第221~222页。

条、第6条、第7条的规定：一切国家机关，企业、学校及其附属机构的工作人员，凡侵吞、盗窃、骗取，套取国家财物，强索他人财物，收受贿赂以及其他假公济私违法取利之行为，均为贪污罪。一切向国家工作人员行使贿赂、介绍贿赂者，应按其情节轻重参酌贪污罪的规定处刑；其情节特别严重者，并得没收其财产之一部或全部；其彻底坦白并对受贿人实行检举者，得判处罚金，免予其他刑事处分。凡为偷税而行贿者，除依法补税、罚款外，其行贿罪，依《条例》的规定予以惩治。凡胁迫或诱惑他人收受贿赂者，应从重或加重处刑。凡因被勒索而给予国家工作人员以财物并无违法所得者，不以行贿论；其被勒索的财物，应追还原主。在《条例》公布前，曾因袭旧社会恶习在公平交易中给国家工作人员以小额回扣者，不以行贿论。但在《条例》公布后，如在与国家工作人员交易中仍有送收小额回扣情事，无论送者收者，均分别以行贿、受贿治罪。可见，尽管在当时的社会历史条件下已经存在公平交易与商贸管理（税收）等商业活动，但是，《条例》规制下的受贿与行贿以贪污罪论处，并根据贪污罪的法定刑予以处罚。贿赂犯罪本身不具有独立性，更不可能出现商业贿赂犯罪的提法。

我国1979年《刑法》在第8章渎职罪规定了受贿罪、行贿罪、介绍贿赂罪3个罪名。根据1979年《刑法》第185条的规定，国家工作人员利用职务上的便利，收受贿赂的，处5年以下有期徒刑或者拘役。赃款、赃物没收，公款、公物追还。犯前款罪，致使国家或者公民利益遭受严重损失的，处5年以上有期徒刑。向国家工作人员行贿或者介绍贿赂的，处3年以下有期徒刑或者拘役。从1979年《刑法》开始，贿赂犯罪在规范上具有了独立性。同时，随着我国逐步启动经济体制改革后，商品经济得到了迅猛的发展，商品购销与管理活动中出现了权钱交易的贿赂犯罪行为。由于当时长期受制于计划经济的固定思维，尚未认识到公务管理与商业管理活动的区别，没有在司法实践中区分公务贿赂犯罪与商业贿赂犯罪。

我国1979年《刑法》颁布实施之后，由于当时包括受贿犯罪在内的经济犯罪活动猖獗，对国家社会主义建设事业和人民利益危害严重，为了坚决打击这些犯罪活动，严厉惩处这些犯罪分子和参与这些犯罪活动的国家工作人员，全国人大常委会于1982年颁布了《关于严惩严重破坏经济的罪犯的决定》，对受贿罪进行了重大修改，国家工作人员索取、收受贿赂的，又回归到比照1979年《刑法》第155条贪污罪论处的惩罚模式，同时，情节特别严重的，处无期徒刑或者死刑。

1988年全国人大常委会通过了《关于惩治贪污罪贿赂罪的补充规定》（以下简称《贪污贿赂补充规定》），对贿赂犯罪进行了实质性修改与完善，不仅增加了单位受贿罪、单位行贿罪的规定，而且首次以刑事立法的形式对收受回扣、手续费的犯罪行为作出了明确规定。根据《贪污贿赂补充规定》第4条、第7条、第9条的规定，国家工作人员、集体经济组织工作人员或者其他从事公务的人员，在经济往来中，违反国家规定收受各种名义的回扣、手续费，归个人所有的，以受贿论处。在经济往来中，违反国家规定，给予国家工作人员、集体经济组织工作人员或者其他从事公务的人员以财物，数额较大的，或者违反国家规定，给予国家工作人员、集体经济组织工作人员或者其他从事公务的人员以回扣、手续费的,以行贿论处。企业事业单位、机关、团体为谋取不正当利益而行贿,或者违反国家规定,给予国家工作人员、集体经济组织工作人员或者其他从事公务的人员以回扣、手续费,情节严重的,判处罚金,并对其直接负责的主管人员和其他直接责任人员,处5年以下有期徒刑或者拘役。上述在经济往来中收受回扣、手续费的犯罪行为,在犯罪性质上仍然构成受贿罪、行贿罪、单位行贿罪,但由于其发生在经济往来过程中,明显区别于公务管理环节的贿赂犯罪行为,实际上具有商业贿赂犯罪的本质特征。

1995年《关于惩治违反公司法的犯罪的规定》(以下简称《公司犯罪规定》)将公司董事等利用职务上的便利,索取或者收受贿赂,数额较大的行为犯罪化。《公司犯罪规定》第9条规定,公司董事、监事或者职工利用职务上的便利,索取或者收受贿赂,数额较大的,处5年以下有期徒刑或者拘役;数额巨大的,处5年以上有期徒刑,可以并处没收财产。同时,根据1995年最高人民法院《关于办理违反公司法受贿、侵占、挪用等刑事案件适用法律若干问题的解释》第1条的规定,根据《公司犯罪规定》第9条,公司和其他企业的董事、监事、职工利用职务上的便利,索取或者收受贿赂,数额较大的,构成商业受贿罪。自此,受贿犯罪在立法上第一次实现了以犯罪主体性质为核心的二元化区分,国家工作人员利用职务便利收受贿赂的行为构成受贿罪,公司、企业人员利用职务便利收受贿赂的行为构成商业受贿罪。尽管我国《刑法》依然没有规定商业贿赂犯罪的表述,但是,作为商业贿赂犯罪对合内容之一的商业受贿罪首次具有了独立的罪状与罪名。当然,应当注意的是,虽然此后司法机关开始正式使用商业受贿罪的表述,但范围仅限定于违反公司法犯罪范围内。[1]

我国1997年修订后的《刑法》在第3章"破坏社会主义市场经济秩序罪"中增设了对公司、企业人员给付贿赂构成犯罪的规定。但是,最高人民法院、最高人民检察院在确定罪名时并没有延续"商业受贿罪"的罪名提炼思路,将互为对合的对公司、人员给付贿赂的行为规定为"商业行贿罪",而是将《刑法》第163条、第164条的罪名分别规定为公司、企业人员受贿罪和对公司、企业人员行贿罪。[2] "商业受贿罪"在阶段性地成为我国刑法规范意义上的概念之后,从1997年《刑法》实施开始,司法实践就不再使用"商业受贿罪"的罪名。同时,1997年《刑法》在第8章贪污贿赂罪中规定受贿罪、行贿罪、单位受贿罪、对单位行贿罪、介绍贿赂罪等罪名,全面整合与完善了《贪污贿赂补充规定》中的贿赂犯罪,不仅规定了典型的贿赂犯罪行为,而且系统地规定了经济往来中的贿赂犯罪。

我国2006年《刑法修正案(六)》修改了公司、企业人员受贿罪和对公司、企业人员受贿罪的犯罪构成,将"其他单位人员"纳入贿赂犯罪的主体范围。2007年最高人民法

---

〔1〕 参见高铭暄:《中国反商业贿赂的历史进程》,载《法制日报》2006年6月15日,第9版。

〔2〕 参见1997年最高人民法院《关于执行〈中华人民共和国刑法〉确定罪名的规定》、1997年最高人民检察院《关于适用刑法分则规定的犯罪的罪名的意见》。

院、最高人民检察院《关于执行〈中华人民共和国刑法〉确定罪名的补充规定(三)》将上述罪名调整为非国家工作人员受贿罪和对非国家工作人员行贿罪。2009年《刑法修正案(七)》第13条新设了利用影响力受贿罪,进一步完善了我国《刑法》贿赂犯罪体系。利用影响力受贿罪与其他贿赂犯罪存在很大的区别。根据《刑法修正案(七)》的规定,构成利用影响力受贿罪要求为他人谋取不正当利益,而不正当利益是行贿犯罪的核心利益诉求。因此,发生在商业活动中的影响力受贿罪实际上也属于商业贿赂犯罪的一种类型。2011年《刑法修正案(八)》增设了对外国公职人员、国际公共组织官员行贿罪,将为谋取不正当商业利益给予外国公职人员或者国际公共组织官员以财物的行为予以犯罪化。由于《刑法修正案(八)》明确规定了"为谋取不正当商业利益"要件,对外国公职人员、国际公共组织官员行贿罪是一个纯粹的商业贿赂犯罪。

从我国刑法贿赂犯罪立法的情况分析,立法者实际上认识到商业活动中广泛地存在贿赂犯罪行为。尽管在刑法规范上阶段性地使用过"商业受贿罪"的规范表述,但总体上始终没有提出商业贿赂犯罪的规范称谓。即使是完全发生在平等市场主体之间的非国家工作人员受贿罪与对非国家工作人员行贿罪,以及明确以谋取不正当商业利益为目的的对外国公职人员、国际公共组织官员行贿罪,在确定罪名时,最高司法机关仍然以行为本身的特征为重点进行罪名提炼,而非根据贿赂犯罪实际发生在商业活动环节围绕"商业"这一概念建构贿赂犯罪的罪名。所以,商业贿赂犯罪这一称谓应当是我国刑法各种发生在商业活动中的贿赂犯罪的类型化描述。

对于如何在理论上界定商业贿赂犯罪的概念,刑法学界意见分歧较大,概括起来主要有以下5种观点:第一种观点认为,商业贿赂犯罪是公司、企业人员在市场交易中,违反刑事法律规定,给予或者接受财物,应当判处刑罚的行为。商业贿赂犯罪仅包括公司、企业人员受贿罪和对公司、企业人员行贿罪。〔1〕 第二种观点认为,商业贿赂犯罪是公司、企业及其他单位之间和公司、企业、其他单位与政府机关之间,在工商经营活动范围内,为获取出售或购买商品、提供或接受服务等交易机会,违反诚实信用、公平交易原则,非法给予对方单位、个人财物,破坏商业交易秩序,依照《刑法》构成犯罪的行为。〔2〕 第三种观点认为,商业贿赂犯罪是在经济关系中发生的贿赂行为,包括公安机关管辖的公司、企业人员受贿罪与对公司、企业人员行贿罪,以及检察机关管辖的受贿罪、行贿罪、单位受贿罪等。〔3〕 第四种观点认为,商业贿赂犯罪是经营者之间给予或者接受财物的"私对私"的商务贿赂犯罪,和经营者给予国有单位或其工作人员不正当利益的"私对公"的公务行贿犯罪,不包括公务受贿犯罪。〔4〕 第五种观点认为,可以结合

〔1〕 参见王玉珏、杨坚妍:《商业贿赂罪纵横谈之一——商业贿赂罪的构成》,载《上海商业》2002年第2期。

〔2〕 参见王洪青:《商业贿赂犯罪的概念及法律适用对策:以〈中华人民共和国刑法修正案(六)〉第7条、第8条为视角》,载《法律适用》2006年第9期。

〔3〕 参见高忠聚:《商业贿赂犯罪的界定与查处难点》,载《人民检察》2006年第8期。

〔4〕 参见张玉瑞:《商业秘密·商业贿赂法律风险与对策》,法律出版社2005年版,第293~325页。

商业贿赂行为及我国《刑法》关于犯罪概念的规定来理解。商业贿赂犯罪,通俗地说,就是指发生于商业领域的贿赂犯罪。从刑法规范意义上表述,就是指经营单位或个人为了销售或者购买商品、提供或者接受服务而给予对方单位或者个人财物的不正当竞争行为,或者有关单位或职务人员在经济往来中,违反国家规定,索取、非法收受其他单位或个人的财物,以及介绍贿赂,依照《刑法》规定,应受刑罚处罚的行为。[1]

法律概念是对客观事物的本质反映与规范表述,定义需具有本质概括性、逻辑合理性与规范吻合性。确定商业贿赂犯罪概念,既要在内涵上深刻剖析商业贿赂犯罪这一复杂的社会现象,又要正确划定商业贿赂犯罪的外部范围。综观上述观点,第一种观点对于商业贿赂犯罪范围的理解过于狭窄,未能涵盖产生商业贿赂犯罪的所有环节。第二种观点正确地认识到商业贿赂犯罪不仅包括违反公司管理秩序的贿赂犯罪,而且包括《刑法》第8章贪污贿赂罪中的贿赂犯罪,但是,其将商业贿赂犯罪的环节限定在商品与服务的交易环节,没有关注到商业管理活动中行政监管权力与经营者贿赂之间的权钱交易现实。第三种观点对商业贿赂犯罪的概括过于模糊,尤其是将"经济关系"确定为商业贿赂犯罪的发生环节,容易将之泛化为一般经济犯罪,未能清晰地凸显商业贿赂犯罪破坏市场竞争与腐蚀职务廉洁性的独立性特质。第四种观点将"私对公"的经营者行贿行为纳入商业贿赂犯罪体系,抽离国有单位及国家工作人员的受贿行为,强调其侵犯公职行为廉洁性的特质。但它不仅漠视了商业贿赂犯罪的对合性,割裂了行贿与受贿的客观联系,而且忽略了刑法条文间的逻辑契合。第五种观点凸显出了商业贿赂犯罪案发环节的普遍性特征,但更大程度上是对刑法规范的直接整合,没有从理论上抽象出商业贿赂的本质特征。

笔者认为,立足于对商业贿赂概念及特征的全面把握,可以将商业贿赂犯罪界定为:在商业活动中,经营者通过直接或间接给予财物,谋取不正当商业竞争优势,相对方利用职权为经营者谋取商业利益并直接或间接收受财物,破坏市场公平竞争和经济管理秩序、违反刑事法律、应受刑事处罚的腐败交易行为。从逻辑的角度分析,商业贿赂犯罪是上位概念(属概念),其下位概念(种概念)包括商业受贿犯罪与商业行贿犯罪。前者涵盖商业贿赂犯罪中的受贿类型,后者覆盖商业贿赂犯罪中的行贿类型。从理论上分析,商业贿赂犯罪的外延包括:(1)市场主体在经营中的商业贿赂犯罪。表现为公司、企业及其他单位人员在从事业务招标、广告宣传、物资采购、资源配置、产权交易、基本建设等商业交往过程中,直接或者间接给予或者接受回扣、财物或者其他利益。(2)经济往来中的商业贿赂犯罪。经营者可以明示的方法给予交易对方回扣;负责人也可以在会计账目之内收取业务奖励。但是,在经济交往过程中,于账外暗中违法给予或者收受回扣、手续费,则是隐秘于正常商业活动之外的腐败交易。(3)国有资产管理中的商业贿赂犯罪。经营者采用给付财物的手段规避公开招标、竞争性谈判、询价或者

---

〔1〕 参见卢勤忠:《我国商业贿赂犯罪的立法与完善——基于中外立法比较的视角》,载《东方法学》2008年第4期。

非法进行单一来源采购的严格程序,弱化法定保障措施,借机牟取暴利。承担国有资产管理的国有单位或国家工作人员利用职权违反正当的竞争程序,为经营者谋取商业利益,以此收受财物。(4)商业活动审批权、监督权等经济管理过程中的商业贿赂犯罪。国有单位及其国家工作人员,利用对商业活动进行管理的职务便利,收受贿赂后为行贿人谋取不正当的交易机会或者其他商业利益。这种受贿与行贿均属于政府经济管理过程中的商业贿赂犯罪。

在明确了商业贿赂犯罪内涵与外延的基础上,在刑法规范层面界定商业贿赂犯罪的罪名范围就显得相对简单。自2006年我国全面开展治理商业贿赂专项工作以来,刑法理论上与实践中对于商业贿赂犯罪的罪名范围一直存在两种不同的意见。一种意见认为,对商业贿赂犯罪的罪名范围应作狭义的理解,即商业贿赂犯罪仅指《刑法》第3章破坏社会主义经济秩序罪中第3节妨害对公司、企业的管理秩序罪中的第163条非国家工作人员受贿罪、第164条对非国家工作人员行贿罪。另一种意见认为,我国《刑法》上规定的商业贿赂犯罪,除了上述两种犯罪外,还包括《刑法》第385条受贿罪、第387条单位受贿罪、第389条行贿罪、第391条对单位行贿罪、第392条介绍贿赂罪和第393条单位行贿罪。[1] 上述有关商业贿赂犯罪罪名范围界定问题的认识分歧直接影响商业贿赂犯罪的惩治效率。因为,商业贿赂犯罪《刑法》规定的理解在很大程度上制约着程序规范的运行。根据1998年最高人民法院、最高人民检察院、公安部、国家安全部、司法部、全国人大常委会法制工作委员会《关于刑事诉讼法实施中若干问题的规定》第6条的规定,公安机关侦查刑事案件涉及人民检察院管辖的贪污贿赂案件时,应当将贪污贿赂案件移送人民检察院;人民检察院侦查贪污贿赂案件涉及公安机关管辖的刑事案件,应当将属于公安机关管辖的刑事案件移送公安机关。在上述情况中,如果涉嫌主罪属于公安机关管辖,由公安机关为主侦查,人民检察院予以配合;如果涉嫌主罪属于人民检察院管辖,由人民检察院为主侦查,公安机关予以配合。可见,非国家工作人员受贿罪、对非国家工作人员行贿罪等经济犯罪案件由公安机关侦查管辖;受贿罪、行贿罪等《刑法》第8章贪污贿赂犯罪案件由检察机关侦查管辖。在贿赂犯罪司法实践中,基于行为人主体身份的复杂性与多样性,非国家工作人员受贿罪等由公安机关管辖的案件会与受贿罪等检察机关管辖的案件形成交织。如果将商业贿赂犯罪案件限定为非国家工作人员受贿罪与对非国家工作人员行贿罪两个罪名,惩治商业贿赂犯罪的主要职能将由公安机关承担,检察机关予以配合。这显然与贿赂犯罪司法实践中的实际情况严重不符。

基于明确商业贿赂犯罪案件统计范围、公安司法机关反腐败职能合理分配以及提

---

〔1〕 参见韩耀元、王文利:《〈关于办理商业贿赂刑事案件适用法律若干问题的意见〉问答(一)》,载《中国监察》2009年第2期。

升惩治商业贿赂犯罪实效等价值考量,[1]2008年最高人民法院、最高人民检察院《关于办理商业贿赂刑事案件适用法律若干问题的意见》(以下简称《商业贿赂犯罪意见》)第1条明确规定商业贿赂犯罪涉及《刑法》规定的以下8种罪名:(1)非国家工作人员受贿罪(《刑法》第163条);(2)对非国家工作人员行贿罪(《刑法》第164条);(3)受贿罪(《刑法》第385条);(4)单位受贿罪(《刑法》第387条);(5)行贿罪(《刑法》第389条);(6)对单位行贿罪(《刑法》第391条);(7)介绍贿赂罪(《刑法》第392条);(8)单位行贿罪(《刑法》第393条)。根据前文分析,商业贿赂犯罪不仅是指发生在市场经营者之间的非国家工作人员受贿罪与对非国家工作人员行贿罪,而且包括国有单位作为市场交易主体与其他单位在经济往来中发生的受贿罪、行贿罪、单位受贿罪、单位行贿罪、对单位行贿罪、介绍贿赂罪等,更可以是国有单位或国家工作人员在商业与经济管理过程中发生的上述《刑法》第8章中的贿赂犯罪。因此,《商业贿赂犯罪意见》关于商业贿赂犯罪罪名范围的界定具有合法性与合理性。同时,应当注意到,《商业贿赂犯罪意见》发布于2008年,在其之后,《刑法修正案(七)》《刑法修正案(八)》先后增设了利用影响力受贿罪与对外国公职人员、国际公共组织官员行贿罪。这两种贿赂犯罪新罪名可以或者完全发生于商业活动中,所以,现阶段商业贿赂犯罪应当涉及《刑法》规定的10个罪名,包括对外国公职人员、国际公共组织官员行贿罪(《刑法》第164条)及利用影响力受贿罪(《刑法》第388条)。

三、商业贿赂犯罪的界限

商业贿赂犯罪的规范边界包括罪与非罪的规范界限与此罪与彼罪的规范界限。在实践中,商业贿赂罪与非罪界限划分的难点在于商业贿赂违法与商业贿赂犯罪之间的区分;商业贿赂此罪与彼罪的界限,主要表现为商业贿赂犯罪与公务贿赂犯罪的区分。

(一)商业贿赂违法与商业贿赂犯罪的界限

商业贿赂犯罪是行政犯,一般情况下,商业贿赂违法与犯罪在行为方式上没有质的区别,仅在社会危害性上存在量的差异。商业贿赂情节一般的,构成行政违法;情节严重或者造成严重后果的,构成刑事犯罪。两者之间的联系集中表现在随着社会危害性的增加,商业贿赂违法转化为商业贿赂犯罪。基于此,司法实践中比较权威的观点指出,商业贿赂违法与商业贿赂犯罪之间的本质区别在于社会危害性大小不同,一般以商业贿赂的数额、情节等为标准。[2]

但是,商业贿赂发生在市场交易过程中,这决定其泛滥的商业环节错综复杂,各行业盛行的贿赂方式极富特色,商业贿赂违法与犯罪之间的界限绝不是“社会危害性大小不同”所能够简单概括的。笔者认为,在法律规范层面,商业贿赂违法与商业贿赂犯

---

〔1〕 参见徐盈雁:《最高人民法院、最高人民检察院有关部门负责人就〈关于办理商业贿赂刑事案件适用法律若干问题的意见〉答记者问》,载《检察日报》2008年11月25日,第3版。

〔2〕 参见韩耀元、王文利:《〈关于办理商业贿赂刑事案件适用法律若干问题的意见〉问答(一)》,载《中国监察》2009年第2期。

罪更多地体现为“质”的区别，其在“量”上的差异反而显得比较模糊：其一，商业贿赂违法行为与商业贿赂犯罪行为并不完全对等，行政法律规范中的某些商业贿赂违法行为并没有因为数额、情节超过了行政违法的界限而被规定在刑法典中。例如，根据国家工商行政管理总局《关于超出国家规定标准支付、收取保险代办手续费行为定性处理问题的答复》的规定，非国有保险公司对合法代理商支付手续费超标的，超标部分视为商业贿赂；对非法代理商支付手续费的，无论超标与否全部属于商业贿赂。但是，《刑法》第164条根本没有对经济往来中支付回扣、手续费作出规定。无论非国有保险公司支付的手续费如何严重超标，均不能构成对非国家工作人员行贿罪。这证明商业贿赂违法与犯罪在行为范围上确实存在区别，并非所有归属于同种类型的商业贿赂违法行为都可以基于数额与情节严重性的提升而构成犯罪。其二，商业贿赂违法中的行贿违法行为不以谋取不正当利益为前提，但商业贿赂犯罪中的行贿犯罪行为必须以谋取不正当利益为构成要件。其三，在理论上，商业贿赂违法与商业贿赂犯罪在量上的区别主要反映在以贿赂数额为核心的社会危害性程度层面，犯罪的立案标准高于行政处罚的尺度。然而，综观我国《刑法》及司法解释所规定的商业贿赂犯罪立案标准，商业贿赂犯罪立案标准中的数额要求长期处于极低的水平，同时，数额之外的“情节严重”“恶劣影响”等标准因不具可操作性而极少在司法实践中予以适用。[1]　这意味着我国商业贿赂

---

〔1〕　根据2010年最高人民检察院、公安部《关于公安机关管辖的刑事案件立案追诉标准的规定（二）》，非国家工作人员受贿罪以5000元为起点，公司、企业或者其他单位的工作人员收受贿赂的数额在5000元以上的，就构成犯罪。对非国家工作人员行贿罪的数额标准是：个人行贿数额在1万元以上的，或者单位行贿数额达到20万元以上的，就构成犯罪。1999年最高人民检察院《关于人民检察院直接受理立案侦查案件立案标准的规定（试行）》，对受贿罪、单位受贿罪、行贿罪、对单位行贿罪、介绍贿赂罪、单位行贿罪分别规定了构成犯罪的标准，达到这些标准的，分别构成相应的犯罪，达不到这些标准的，则属于违法行为。这些标准分别是——构成受贿罪的标准：（1）个人受贿数额在5000元以上的；（2）个人受贿数额不满5000元，但具有下列情形之一的：①因受贿行为而使国家或者社会利益遭受重大损失的；②故意刁难、要挟有关单位、个人，造成恶劣影响的；③强行索取财物的。构成单位受贿罪的标准：（1）单位受贿数额在10万元以上的；（2）单位受贿数额不满10万元，但具有下列情形之一的：①故意刁难、要挟有关单位、个人，造成恶劣影响的；②强行索取财物的；③致使国家或者社会利益遭受重大损失的。构成行贿罪的标准：（1）行贿数额在1万元以上的；（2）行贿数额不满1万元，但具有下列情形之一的：①为谋取非法利益而行贿的；②向3人以上行贿的；③向党政领导、司法工作人员、行政执法人员行贿的；④致使国家或者社会利益遭受重大损失的。构成对单位行贿罪的标准：（1）个人行贿数额在10万元以上、单位行贿数额在20万元以上的；（2）个人行贿数额不满10万元、单位行贿数额在10万元以上不满20万元，但具有下列情形之一的：①为谋取非法利益而行贿的；②向3个以上单位行贿的；③向党政机关、司法机关、行政执法机关行贿的；④致使国家或者社会利益遭受重大损失的。构成介绍贿赂罪的标准：（1）介绍个人向国家工作人员行贿，数额在2万元以上的；介绍单位向国家工作人员行贿，数额在20万元以上的；（2）介绍贿赂数额不满上述标准，但具有下列情形之一的：①为使行贿人获取非法利益而介绍贿赂的；②3次以上或者为3人以上介绍贿赂的；③向党政领导、司法工作人员、行政执法人员介绍贿赂的；④致使国家或者社会利益遭受重大损失的。构成单位行贿罪的标准：（1）单位行贿数额在20万元以上的；（2）单位为谋取不正当利益而行贿，数额在10万元以上不满20万元，但具有下列情形之一的：①为谋取非法利益而行贿的；②向3人以上行贿的；③向党政领导、司法工作人员、行政执法人员行贿的；④致使国家或者社会利益遭受重大损失的。

违法与犯罪在“量”这一层面的界限是极为模糊的。在行政处罚实践中,鲜见执法机关查处个人受贿5000元或个人行贿1万元左右的案件,而《刑法》以及相关司法解释仍然坚持将如此低的数额要求作为商业贿赂犯罪立案标准,显然是商业贿赂犯罪刑法规范严重挤压着商业贿赂违法行政规范的适用空间。

通过上述关于商业贿赂违法与犯罪界限问题的探讨中,我们应当认识到,在认定商业贿赂额时必须注重运用行政与刑事两种法律标准分别考察商业贿赂行为的性质。首先,应当以行政法律规范为依据,结合各类市场的交易特点,区分不同行业的贿赂形态,考察商业贿赂的违法性。其次,于此基础之上,以刑法为依据对商业贿赂的行为属性再次进行评价,如果刑法没有将某种类型的商业贿赂手段规定为犯罪,就不能基于其数额较大就认定为商业贿赂犯罪。最后,商业贿赂犯罪数额标准过低导致商业贿赂违法与犯罪在“量”上的界限过于模糊,其结果无非是商业贿赂犯罪数额标准虚置或商业贿赂行政处罚在很大程度上被商业贿赂犯罪刑事司法替代。这两种结果都将严重阻碍商业贿赂违法治理与商业贿赂犯罪惩治的效率。一种合理的解决路径是,完善商业贿赂犯罪司法解释,对商业贿赂违法与犯罪案件进行数据统计,将各类商业贿赂案件中的贿赂数额平均值设定为商业贿赂犯罪追诉标准的下限。对此,司法实践中可能出现的一种质疑是,提高商业贿赂犯罪定罪数额标准会向公众传递出反腐败打击力度趋于减弱的信息。这种隐忧也是我国长期以来将贿赂犯罪刑事追诉数额标准设定在一个较低水平的重要原因。但是,过低的商业贿赂犯罪数额标准势必导致“(刑)法不责众”的权威性丧失。空守着严厉的刑事追诉标准这一所谓的坚强后盾,实质上却由于追诉标准的不切实际造成了更严重的后果——由于反腐败刑事司法资源的有限性与行政资源的长期退居刑事程序之后的被动性,相当数量的商业贿赂案件无法得以查处。因此,合理提高商业贿赂犯罪数额标准,有利于廓清商业贿赂违法与犯罪的界限,在同步提升商业贿赂违法行政处罚效能的基础上,能够实质性地减少刑事司法实践的随意性,本质上是强化了商业贿赂犯罪的惩治力度与刑法规范的执行力。

(二)商业贿赂犯罪与公务贿赂犯罪

公务贿赂犯罪,是指在社会公共管理过程中,由国家工作人员与相对人进行的以公共事务管理与被管理为核心的权钱交易行为。例如,为了办理户籍转移而发生的贿赂,或者为了职务升迁而产生的贿赂。公务贿赂犯罪主要涉及《刑法》规定的受贿罪(《刑法》第383条第1款、第388条第1款)、行贿罪(《刑法》第389条第1款)、利用影响力受贿罪(《刑法》第388条第2款、第3款)等。商业贿赂犯罪与公务贿赂犯罪存在以下区别:

1. 贿赂发生的场合不同

商业贿赂犯罪,顾名思义是发生在商业活动领域中,通常包括现时所称的商业交易活动或者经济活动。其中可能是纯粹的以获取商业利益为内容的商业或者经济活动,也可能是以管理商业或者经济为内容的活动;有的与商业或者经济活动直接相关的,也有的是间接参与商业或者经济活动。公务贿赂只能发生在公共事务的管理活动中,其中一方从事公共事务的管理活动，另一方处于被管理的地位，双方之间存在管理与被管理的关系。正是这种活动内容的差别决定了商业贿赂和公务贿赂的发生场合的不同。

2. 贿赂交易关系的基础不同

商业贿赂犯罪是依附于不正当竞争的腐败交易，受贿人将商业利益转移给行贿人，后者付出贿赂，并将该“扭曲成本”转嫁给下级市场实现非法双赢。商业贿赂犯罪交易关系的基础是行为双方同时拥有的经济利益或者政府部门拥有的经济管理权限。公务贿赂犯罪的行为人以国家公职人员的职务廉洁性为对价换取相对人的财物或者其他利益，犯罪双方都不涉及对商业利益的攫取。公职贿赂犯罪交易关系的基础是行为双方分别拥有的国家权力与经济利益。

3. 贿赂双方的地位不同

商业贿赂犯罪中当事人双方的地位可以是平等的，例如，交易方给付商品或提供劳务，相对方给付相应的对价。商业贿赂的犯罪双方也可以是不平等，例如，政府土地行政部门利用主管国有土地划拨的权限收受贿赂，违规低价超量出让国有土地使用权。公务贿赂犯罪中当事人双方的地位只能是不平等的，体现出请托人对国家工作人员掌握的公权力的绝对服从。

有必要指出的是，商业贿赂犯罪与公务贿赂犯罪在某些方面具有一定的相容性或者相似性，例如，都可能存在贿赂双方地位的不平等性，或者商业贿赂犯罪的受贿方对商业活动或者经济活动的组织和管理，实质也是对社会公共事务的管理。但是，始终应当坚持的是，商业贿赂犯罪与公务贿赂犯罪是两种具有不同属性的贿赂犯罪，两者的根本性区别在于，商业贿赂犯罪以不正当商业竞争关系为核心，而公务贿赂则是以公共事务的管理与被管理关系为核心。正是因为有了这一根本性的差别，才有了商业贿赂犯罪与公务贿赂犯罪在场合、基础和地位等方面的不同。

第二节　商业贿赂犯罪对策

一、商业贿赂犯罪法律适用对策

商业贿赂犯罪在法律适用上存在诸多疑难问题。2008 年最高人民法院、最高人民检察院联合发布的《商业贿赂犯罪意见》有助于司法机关合法有效惩治商业贿赂犯罪，维护社会主义市场经济的公平竞争秩序。在理论上，有必要结合商业贿赂犯罪的司法解释，针对商业贿赂犯罪刑法适用过程中的若干疑难问题提出细化的应用性对策，为实务部门准确认定商业贿赂犯罪提供参考。

（一）商业贿赂范围与数额的法律适用对策

《商业贿赂犯罪意见》解决的最为重要的商业贿赂犯罪的基础性问题是，通过司法解释的形式明确界定了商业贿赂的范围及其数额认定规则。《商业贿赂犯罪意见》明确将商业贿赂的范围确定为金钱、实物以及可以用金钱计算数额的财产性利益，并通过列举核心外延的方式举例说明“可以用金钱计算数额的财产性利益”可以是提供房屋装修、含有金额的会员卡、代币卡(券)、旅游费用等。同时,《商业贿赂犯罪意见》提出了商业贿赂具体数额以实际支付的资费为准的基本规则,在此基础上着重强调了收受银行卡的商业贿赂数额计算方法。有必要细化分析《商业贿赂犯罪意见》规定的商业贿赂范围及其数额认定条款,进一步细致地厘清相关疑难问题,避免在适用《商业贿赂犯罪意见》过程中出现过多争议。

当前的商业贿赂普遍具有间接性的特征,即行贿方付出了金钱等财产,但仍然没有直接交付受贿方,而是将金钱等财产周转成通过其他载体表现的现实利益或者享受资格。当前,即使行贿人意图向交易对方给付纯粹的物质利益,其运作方式亦完全摆脱了传统腐败交易的直接性、单向性、简捷性的犯罪案发风险。尽管保留了财产性利益的基础性样态,但仍然在表面上偏离了传统贿赂的基本模式。由于利益型贿赂具有间接性、周转性、隐蔽性、复杂性的特征,是否完全符合《商业贿赂犯罪意见》规定的“可以用金钱计算数额的财产性利益”以及如何认定“实际支付的资费”,司法认定不无困难。

1. 礼券

对于礼券等财产性利益是否属于商业贿赂范围以及如何计算贿赂数额,实践中一直存在较多分歧。笔者认为,应当区分情况分别认定。第一,原则上以行贿人实际支出资费计算受贿数额,并适当考虑受贿人是否实际得到行贿人所付出的财产利益。有些情况下,礼券表面价值并没有完全为受贿人所得到,缺失部分不能以商业贿赂犯罪论处。例如,某些礼券、代币卡虽然在载体表面上标价为1000元,行贿人实付出了600元来购买该礼券,且该份礼券的使用伴有特定限制,诸如不可参与商家整体打折等优惠活动,相对于用现金或信用卡支付消费的客户来说,实际上也只能够享受到600元的货物或者服务,故在计算商业贿赂数额时,不能直接计算为1000元,而应当将没有现实获取并体现腐败交易关系的数额(400元)予以扣除。第二,能够确定市场价值的财产性利益,可以认定为贿赂。例如,交通卡、一卡通等礼券,其市场价值明确具有可计算性,直接可以按照礼券内预先充值的价格予以认定商业贿赂数额。当前司法实践中的估价鉴定工作均由价格事务所承担,辩方可能会对其出具的估价报告的合理性提出较多质疑。因此,对于司法机关难以明确认定市场价值的礼券,笔者建议在现阶段司法实践中在司法行政机关下设立专门机构,为司法机关计算特定财产性利益商业贿赂形式的市场价格。引入以专门司法行政机构为核心的价格评估机制,不仅能够为涉嫌商业贿赂犯罪的被告人提供实质性的法律技术保障,而且能够为司法机关认定商业贿赂以及计算犯罪数额提供重要参考。第三,必须正确分析礼尚往来的本质。根据《商业贿赂犯罪意见》第10条的规定,办理商业贿赂犯罪案件应当注意区分贿赂与馈赠的界限,主要可以结合发生财物往来的背景、往来财物的价值、缘由、时机和方式、接受方是否利用职务便利等因素进行综合判断。因此,正常的礼尚往来性质的赠送小额礼券不应认定为商业贿赂,相关数额应当予以扣除。但是,有的行为人向交易对方提供“中奖月饼”(精美月饼礼盒,内附预先设定的豪宅礼券、进口汽车礼券或高档酒店消费卡等奖品),以庆祝佳节名义掩盖商业贿赂实质的，由于此类财产性利益已经远远超越礼尚往来、节日馈赠的界限，礼券数额确定，完全为受贿人享有，属于商业贿赂。

2. 免费旅游、装修等资助

《商业贿赂犯罪意见》将免费旅游界定为商业贿赂，并非意味着与免费旅游相关的所有费用一概认定为商业贿赂犯罪数额。第一，行贿人出资购买全程往返机票、酒店食宿费用、旅游景点门票、受贿人单独享有旅游服务的，属于个人全部取得的财产性利益，应当认定为贿赂。第二，在行贿人陪同受贿人旅游的情况下，如果没有证据确定受贿人在旅游中财产性支出比例，就不能将该次旅游认定为贿赂；如果有证据能证明旅游中的某项费用主要或完全由行贿人支付，可以认定为贿赂。目前实践中出现的行贿人与受贿人共同出游，以推定平分旅游费用支出的方式计算受贿额，从严厉惩治商业贿赂犯罪角度而言是必要的，但在证据层面显然存在瑕疵。我们主张，应当按照证据表明的受贿人实际得到的服务费用计算商业贿赂犯罪数额。第三，家属、情妇（夫）等特定关系人与受贿人一同享受他人提供的旅游消费的，应当将共同享受旅游的消费数额视为商业受贿人个人享有的财产性利益，全部计入商业贿赂犯罪数额。

利益资助的另外几种表现形式主要包括为职务帮助者自己所购买的新房提供免费装修，为职务帮助者的子女进入重点学校提供赞助费或者为其出国深造提供学习费用。从受托人的角度分析，虽然请托人付出了金钱，但无论是新房装修还是子女入学赞助，受托人得到的并不是金钱，而是居住环境的改良与子女进入重点学校或者出国留学的资格。笔者认为，与上述免费旅游一样，免费装修、入学、出国等形式的资助实质上属于金钱变换而成的享受或者资格，虽然在形式上不具有一般性商业贿赂的金钱或财产的直接样态，但在内容上仍然无法摆脱金钱利益经中间环节周转而成型的变相贿赂本质。装修、求学、出国都应当由职务帮助者个人在市场上进行购买，请托人将之一手包办，显然是代替受托人支付享受、消费、资格的对价。金钱或财产是静止状态下的商业贿赂，没有经过形式变化，而提供装修、资助入学、出国是金钱使用动态下的商业贿赂。

3. 银行卡

《商业贿赂犯罪意见》第 8 条针对司法实践中争议较大的收受银行卡受贿数额认定问题，提出了认定规则：无论受贿人是否实际取出或者消费，卡内存款数额一般应全额认定为受贿数额；使用银行卡透支的，如果由给予银行卡的一方承担还款责任，透支数额一并认定为受贿数额。由于司法实践中收受银行卡形式的商业贿赂犯罪案件频繁发生，个案表现形式各有差异，实务部门对于《商业贿赂犯罪意见》第 8 条规定的如何认定个别收受银行卡案件受贿数额存在认识分歧，有必要结合《商业贿赂犯罪意见》进行细致分析，区分情况计算受贿数额。

（1）卡内存款数额是否一律计入受贿数额。在《商业贿赂犯罪意见》出台之前的司法实践中，较多观点坚持认为应当以受贿人实际获取的金钱利益计算受贿数额。对于收受银行卡的商业贿赂犯罪案件，如果受贿人实际并未使用银行卡进行任何消费的，倾向于在受贿数额中予以扣除。其理论依据主要在于，应当以收受者的主观故意是概括的还是确定的来进行区别对待。如果行为人是概括故意,应当按照客观数额定罪,如果是确定的故意,则应按照主观认识的数额定罪。[1] 在司法实践中,事实上确实有部分受贿人收取银行卡后随手置于办公室,也不问具体数额,从不进行使用,直至案发才陈述早已忘记有过收受银行卡的行为。

《商业贿赂犯罪意见》发布后,坚持该种观点的相关意见质疑《商业贿赂犯罪意见》第 8 条受贿数额认定规则的合理性,认为不考虑是否实际取出使用而将卡内存款数额全额认定为受贿数额违背主客观一致原则。受贿人实际并未取得金钱利益的,不应当采取全额认定的方法计算受贿数额。其实,上述观点片面理解了《商业贿赂犯罪意见》关于卡内余额全额认定规则的要旨,有必要予以进一步说明。

首先,《商业贿赂犯罪意见》实际上已经完全排斥了以"实际获取"利益计算受贿数额在司法实践中的适用空间,而应当将"实际支付"利益数额计入受贿数额。根据《商业贿赂犯罪意见》第 7 条的规定,商业贿赂范围包括金钱、实物以及可以用金钱计算数额的财产性利益,具体数额以"实际支付"的资费为准。可见,《商业贿赂犯罪意见》已经明确了原则上应当从行贿方支出的角度计算商业贿赂数额。因为在行贿人实际支付相关数额且受贿人对此明知的情况下,以实际支付资费(在收受银行卡案件的情况下即为卡内存款数额)认定受贿数额完全符合主客观一致的归责原理。故以行贿人实际向受贿人提供的金额认定犯罪数额是最新司法解释对商业贿赂范围及数额认定做出的合法合理的原则性规定,实务部门应当予以贯彻。

其次,《商业贿赂犯罪意见》第 8 条前段规定使用的措辞是"一般应全额认定",显然表明司法实践中并不排除不全额认定卡内存款数额的特殊情况。笔者认为,对于下列情况,不应当将卡内存款全额认定为受贿数额,而应当以受贿人实际使用或者控制的银行卡存款数额计算受贿数额:①受贿人收受银行卡时不知卡内具体存款数额,用完一定数额的卡内款项后及时退还或者上交银行卡的(非因自身或者关联案件被查处为掩饰犯罪而退交);②行贿人超过受贿人要求或者双方约定数额,单方面在卡内预存款项,受贿人实际未使用的,超额部分不应当作为卡内存款全额认定受贿数额。

但是,在当前商业贿赂犯罪理论研究与实践中,有相当部分的意见认为,"存款数额一般应全额认定"的原则,不符合经济犯罪数额认定的刑法原理,与司法实践长期坚持的判断规则无法形成一致性的法理沿革。支撑上述观点的主要理由在于:根据 1998 年最高人民法院《关于审理盗窃案件具体应用法律若干问题的解释》(以下简称《盗窃犯罪解释》)第 10 条的规定,盗窃信用卡的犯罪数额计算,应当根据行为人盗窃信用卡后使用的数额予以认定。《盗窃犯罪解释》提出的一系列数额认定规则融合了刑法主客观相一致原则的合理内核,是实务部门计算经济犯罪数额的常用参照标准。盗窃信用卡按照实际使用数额计算犯罪数额,而收受银行卡按照卡内存款全额认定犯罪数额,两种司法认定规则存在明显的冲突,将导致经济犯罪数额认定在个罪层面出现规则的

[1] 参见李翔:《对商业贿赂犯罪司法解释的若干质疑》,载《政治与法律》2009 年第 6 期。

不一致,影响司法解释的实体公平性。

上述意见是从使用数额与存款数额的表面认定标准差异得出的司法解释规则不统一的观点。实际上,《盗窃犯罪解释》与《商业贿赂犯罪意见》体现了经济犯罪数额认定规则的一致性。笔者认为,《商业贿赂犯罪意见》第 8 条提出的收受银行卡案件卡内存款数额一般应全额认定为受贿数额的司法规则,符合刑法主客观相一致原则,合法性与合理性兼备。

对于盗窃信用卡、收受银行卡等经济犯罪案件,司法实践中可操作性极强且符合刑法原理的犯罪数额认定规则可以概括为“概括故意看客观、确定故意看主观”。这意味着行为人对其所盗窃的信用卡、收受的银行卡的数额不具有明确的认知,仅存在占有卡内财物的概括故意的,应当以其实际使用的数额认定犯罪数额;行为人明知卡内数额的,直接以其确定的犯罪故意所指向的卡内数额计算犯罪数额。对于盗窃信用卡案件而言,行为人窃得信用卡及其密码时,对卡内的存款数额通常不具有明知,仅具有概括地非法占有卡内财产的模糊故意。并且,行为人不取出钱款,被害人的财产损害处于现实的危险状态,没有直接转化为实际的法益侵害结果。根据“概括故意看客观”的规则,盗窃数额按照其实际使用数额是合理的。

对于收受银行卡案件而言,其行为性质属于商业贿赂犯罪,案件类型与行为故意明显区别于盗窃信用卡。

第一,受贿人经行贿人告知,明知卡内存款数额的,一旦其收受银行卡,就意味着其受贿故意的具体内容已经完全确定,直接指向卡内存款全额。受贿人是否实际使用银行卡对于受贿犯罪数额的认定并不重要。根据“确定故意看主观”的规则,以卡内存款数额全额认定受贿数额显然符合主客观相一致原则。

第二,即使行贿人没有明确告知受贿人或者双方没有约定银行卡内的存款数额,也不意味着受贿人的犯罪故意绝对停止于概括故意。只要受贿人实际使用部分存款,就可以认为其明知或者应知卡内存款数额。如果受贿人没有将银行卡退还或者上交,其行为故意就已经从概括故意转化为确定故意,应当将其犯罪故意指向的卡内存款数额全额认定为受贿数额。因为行为人在收受银行卡之后,卡内钱款实际上已经完全由受贿人进行排他性的控制,属于受贿人占有下的存款,而盗窃信用卡则不然。尽管盗窃人同时获取了信用卡及密码,但与实际取得卡内全额存款仍然存在较大差距,其后续的使用行为存在巨大的案发风险。所以,盗窃信用卡应当以使用数额计算盗窃数额,而收受银行卡,即使行为人只使用了部分存款,也应当将卡内存款全额认定为受贿数额。

第三,受贿人收受银行卡,有证据表明其确实不知卡内存款数额,也没有任何后续使用行为的,证明其受贿故意停止在概括故意阶段。根据“概括故意看客观”的规则,既然受贿人没有实际提取卡内金额的行为,就不能将卡内存款全额认定为受贿数额,而只能以受贿未遂处理。这也就是《商业贿赂犯罪意见》在措辞上使用“一般”应全额认定的原因。如前文所述,在商业贿赂犯罪司法实践中,如果确实有部分行贿人将交通卡、消费券、银行卡等夹杂在一起送给受贿人,受贿人收取后随手置于办公室等场所,既没有询问数额,也没有进行使用。此类收受银行卡案件,属于存款数额“一般”应全额认定的“例外”。

因此,虽然《商业贿赂犯罪意见》第8条收受银行卡案件“存款数额一般应全额认定”的司法认定规则,与盗窃信用卡按照使用数额计算犯罪数额的传统经济犯罪数额认定规则在微观层面具有很大差异,但两者均符合刑法原理,具有司法解释的一致性。

(2)收受具有透支功能的银行卡如何计算受贿数额。《商业贿赂犯罪意见》第8条后段规定,使用银行卡透支的,如果由给予银行卡的一方承担还款责任,透支数额也应当认定为受贿数额。但是,由于《商业贿赂犯罪意见》并没有直接规定收受具有透支功能的银行卡但受贿人并未使用该卡进行透支的情况,对此如何认定受贿数额,实践中存在两种分歧意见。

一种意见认为:《商业贿赂犯罪意见》第8条前段仅规定将卡内“存款”认定为受贿数额,透支额度并非存款;后段也没有规定在未使用透支额度情况下的数额认定规则。故不能将透支额度数额计入受贿总额。另一种意见认为:收受具有透支功能的银行卡的行为意味着同时接受了行贿人给付卡内实际存款与透支额度,透支额度的数额与卡内实际存款在使用价值上具有等同性,应当计入受贿总额。

笔者认为,对于下列情况,即使受贿人没有实际透支使用银行卡透支额度的,仍然应当将透支额度数额计入受贿数额:①行贿人以自己名义开户并将该银行卡交付受贿人使用,且告知受贿人该银行卡具有透支功能及其具体额度的;②行贿人以自己名义开户并将银行卡交付受贿人使用,行贿人虽未告知银行卡的透支功能与额度,但受贿人在使用卡内存款过程自行了解该银行卡透支功能及其具体额度的;③行贿人以受贿人名义开户并存入一定费用,且与受贿人约定,日后该卡透支额度内的费用均由行贿人进行还款,但案发时受贿人尚未进行透支使用的。

具体理由在于,收受具有透支功能的银行卡,由于实际持卡人在透支数额的授信额度内可以像存款一样进行透支使用,故对于以行贿人名义开立的银行卡,受贿人事先明知透支额度或者事后了解不予退还的,具备了占有透支额度的故意。同理,虽然以受贿人名义开具银行卡账户,但相关证据证实贿赂双方约定由行贿人归还透支款项的,证明此种行为与占有卡内存款具有同样的社会危害性与主观恶意。即使受贿人实际并未使用,其犯罪故意也已经指向了透支额度的数额,也应当对透支额度数额承担商业贿赂犯罪的刑事责任。当然,刑法理论上也有意见质疑笔者提出的操作办法。无论是给予人告知还是收受者通过其他途径获知信用卡具有透支功能,虽然收受人可以透支使用,但是,这种透支使用只是一种可能性,而且可以透支使用的钱的性质与给予人自己存入的钱不是等同的概念。可以透支仅仅是一种银行卡的信用功能,不能就此认定收受人就对透支额度内的钱具有占有的故意。因此,可透支额不能认定为受贿数额,只能以收受人实际透支的额度作为认定标准。[1]

---

〔1〕 参见李翔:《对商业贿赂犯罪司法解释的若干质疑》,载《政治与法律》2009年第6期。

笔者认为,上述质疑局限于信用卡透支功能的静态意义,没有结合贿赂双方的心理与信用卡透支功能的动态互动发现其中的刑事可责性因素。在受贿人接受具有透支功能信用卡时或者事后通过种种原因知晓信用卡的相关透支额度,如果其没有占用或者使用该种信用额度的故意,其显然应当予以返还或者不予使用。但是,笔者前文提出的3种具体情形实际上表明信用卡收受者明知透支额度且形成了使用上述透支额度的明确故意。同时,由于信用卡的开户人为行贿人或者行贿人的实际控制人,就信用卡及其透支额度使用的法律关系而言,受贿人完全不用承担使用后还款的任何法律义务。这意味着相关信用卡额度使用实际上完全处于收受人的控制范围,收受人的行为单方面地决定了信用卡额度何时何地将被其使用。从刑法法益理论上进行分析,职务行为的廉洁性已经处于一种极度的风险,而这种风险是不被刑法所允许的。

与此同时,应当注意的是,《商业贿赂犯罪意见》第8条对受贿人收受银行卡后透支使用的应将透支数额计入受贿数额专门设定了前提,即只有在“给予银行卡的一方承担还款责任”的条件下,才能够直接将透支数额计入受贿总额。因此,受贿人自行还款的,不能将透支使用数额认定为受贿数额;给予银行卡的一方业已代替受贿人承担还款责任的,应当计入受贿数额。

但是,除了上述受贿人自行还款与行贿人代为还款两种情况之外,实践中还存在处于中间状态的情形——由于透支后2个月左右的时间之内,可享受免息待遇,透支者并不急于还款,故透支日与最后还款日通常相隔一段时间。故可能出现受贿人已经透支使用,受贿人与行贿人在一段时期内均未实际承担还款责任就已案发的情况。在刑法上应当如何认定该笔透支数额?是从严认定为受贿数额,还是从宽在受贿数额中予以扣除?笔者认为,基于《商业贿赂犯罪意见》第8条设定了“给予银行卡的一方承担还款责任”的先决条件,在适用过程中应当予以严格解释。既然《商业贿赂犯罪意见》没有明确规定此类特殊情况的适用规则,对于行贿人与受贿人双方实际上均未承担还款责任的,如果没有证据证实双方约定由行贿人还款的,就应当将从有利于被告人的角度出发,将透支数额在受贿数额中予以扣除。

4. 特殊汽车牌照、手机号码

在司法实践中,有的商业贿赂犯罪案件的行为方式表现为行贿人将一辆上好特殊牌照号码(如A6888、B6666等)的汽车送给国家工作人员。汽车计入贿赂犯罪数额自不存在疑问,但对于行贿人特殊牌照号码的费用能否记入贿赂犯罪数额,实践中存在较大争议。类似问题也存在于赠送手机的贿赂犯罪案件中,行贿人将手机连同特殊手机号码(如尾数为8888、6666等)捆绑赠送给受托人的,特殊手机号码的费用是否应当记入贿赂犯罪数额?

一种观点认为,汽车、手机属于财物的范畴,但依附于汽车的牌照或者附带于手机的号码本身难以认定为财物。行贿人的购得费用一般难以查证,并且,由于特殊汽车牌照、特殊手机号码的费用没有统一的定价标准,属于拍卖价格或者市场自发炒作的价格,以此种价格认定犯罪数额可能与实际使用价值偏离程度过大,不宜计入贿赂犯罪数额。

另一种观点认为,既然在房屋、汽车贿赂案件中不能只计算毛坯房、裸车的价格,而且应当将房屋、汽车的内部装饰价值均计入贿赂犯罪数额,那么,赠送汽车或者手机附带特殊牌照、手机号码也应当采取相同的数额计算方法,否则将会导致类似贿赂犯罪行为模式的不同犯罪数额处理结果。

笔者认为,贿赂案件中特殊汽车牌照、特殊手机号码的费用应当记入犯罪数额。行贿方付出了金钱,虽然没有直接交付受贿方,但将金钱周转成了通过特殊汽车牌照、特殊手机号码表现的现实利益或者享受资格。受托人不支付金钱却享有对方通过金钱换取的利益,应当属于接受贿赂。

根据《商业贿赂犯罪意见》第 7 条的规定,商业贿赂中的财物,既包括金钱和实物,也包括可以用金钱计算数额的财产性利益,如提供房屋装修、含有金额的会员卡、代币卡(券)、旅游费用等。可见,只要具备金钱可计算性的财产性权益,均可以纳入贿赂范围,关键是确定行贿人给付的特定利益项目的金钱数额。根据《商业贿赂犯罪意见》第 7 条的规定,商业贿赂的具体数额以实际支付的资费为准。因此,行贿方与受贿方供述一致或者行贿人单方供述实际支付资费且有其他证据印证的特殊汽车牌照、特殊手机号码的费用应当计入贿赂犯罪数额。行贿人属于购买的,具体数额以购得资费计算;行贿人是经营者,自行向受托人提供特殊汽车牌照或者手机号码的,以类似牌照、手机号码的经营价格认定数额。对于无法查证实际支付资费的,我们认为,应当委托指定的估价机构根据类似特殊牌照、特殊手机号码的市场中间价确定犯罪数额,而不能直接排除此笔贿赂财物的数额计算。

5. 性贿赂

在早前的司法实践中,能否根据刑法处理性贿赂就一直困扰着实务部门,刑法理论对于性贿赂问题亦展开深入探讨。2006 年惩治商业贿赂犯罪专题调研过程中,我们调查发现,传统公务贿赂犯罪的争议焦点——性贿赂能否作为贿赂犯罪处理问题,持续成为商业贿赂犯罪刑法适用疑难问题,实践部门分歧较大。意见无法统一的结果便是将性贿赂完全剔除在贿赂范围之外,被动等待立法机关修改《刑法》。[1] 2007 年 7 月 8 日最高人民法院、最高人民检察院《关于办理受贿刑事案件适用法律若干问题的意见》所规定的新型受贿模式并没有涵盖性贿赂,坚持性贿赂属于刑法贿赂范围的观点在实践中处于极度狭窄的生存空间。

当前刑法解释论的主流意见认为:性贿赂不能定性为贿赂的法定范围。(1)性贿赂与现行《刑法》关于贿赂属于财物的规定不符;(2)性贿赂无法归入经扩张性解释后的财产性利益的范围内;(3)难以根据受托人所接受性服务的数量认定贿赂的犯罪数额。[2]

---

〔1〕 参见薛进展:《论商业贿赂的范围及其数额认定》,载《华东政法大学学报》2007 年第 3 期。

〔2〕 参见刘宪权、阮传胜:《“性贿赂”行为犯罪化不足取》,载《法治论丛》2003 年第 2 期。

面对刑法解释可能无法应对惩治贿赂犯罪实践挑战的现实困境，较多学者从社会危害性[1]、犯罪化趋势[2]、刑事政策[3]等角度证明应将贿赂范围扩大至非财产性利益，建议我国刑法顺应世界反腐败立法趋势，将性贿赂在内的一切不正当好处都以贿赂论处，从立法论层面彻底根除关于性贿赂的持续性争论。

但是，放弃刑法解释、从立法完善的角度修改贿赂犯罪条文是否是当前解决性贿赂实践困惑的应然选择与出路？

笔者认为，在刑事立法尚未就贿赂范围作出任何规范变更的情况下，司法机关依然应当首先运用刑法自身具备的解释功能解决实践难题。否则，相当数量的行为将无法纳入刑事诉讼进行处理，刑法解释的不当宽容将导致贿赂形式不断演进，逐渐强化对公权力廉洁性的腐蚀。惩治贿赂犯罪的司法实践也将捉襟见肘、裹足不前，无法通过刑法适用应有的能动性解决社会现实变动与刑法规范稳定的落差与脱节。只有在对我国现行《刑法》进行充分解释之后无法运用刑法规范规制性贿赂，才应进一步考虑在立法论的层面提出完善法律的意见，合理规制性贿赂行为。

如果对现行《刑法》进行静态的文义解释，性贿赂等非财产性利益显然无法纳入贿赂范围。性贿赂虽然有请托人给付金钱的特点，但对于受托人而言根本未曾接受任何金钱或财产利益。因此，实践中有观点认为，对于此类间接形式的性贿赂行为，特别是第三人向受托人提供性服务，依照现行《刑法》规定无法认定为受贿罪，只能按照党纪、政纪处理。[4] 然而，当我们以更为广阔的视角考察性贿赂，就不难发现性贿赂与免费旅游等请托人资助受托人的行为具有相同的刑法意义。司法实践中的性贿赂大多是行贿人支付钱款雇用他人提供性服务，以使受托人在权力运作过程中为其谋取利益。在金钱——性贿赂——谋取利益的整个行为流程内部，权钱交易的本质完全没有变化：行贿人付出的是金钱，得到的是受托人通过职务行为赋予的交易机会；受贿人付出的是利用职务便利后的帮助行为，得到的是请托人提供的以一定金钱为代价的性服务。对于请托人代替受托人支付性服务、包养情妇（情夫）费用的，更是属于直接权钱交易的典型贿赂。

可见，只要拉长分析问题的视角，无须过多借助有违背罪刑法定原则之嫌的所谓扩张性解释就能发现——性贿赂与提供免费旅游、资助子女出国求学一样，都是通过金钱置换成其他非直接财产性利益载体，规避赤裸裸金钱贿赂的表面形式。通过客观透析性贿赂的生成环节，笔者认为，除了请托人自己为受托人提供性服务难以通过刑法解释归入贿赂犯罪对象范围之外，将以金钱为背景、体现贿赂犯罪权钱关系腐败交易本质的性贿赂认定为刑法中的贿赂，并不具有解释论上的障碍。虚置刑法解释的能动作用而

---

〔1〕 参见韩艳春：《论“性贿赂”立法》，载《行政与法》2004年第3期。

〔2〕 参见龙一平：《惩治腐败与性贿赂的立法化》，载《行政与法》2004年第8期。

〔3〕 参见游伟：《性贿赂立法的必要与可能》，载《检察风云》2005年第3期。

〔4〕 参见游伟、李长坤：《反腐败三十年：我国贿赂犯罪立法的回顾与前瞻》，载顾肖荣主编：《经济刑法（7）》，上海社会科学院出版社2008年版，第11页。

疲惫等待刑法修改,将在腐败犯罪实体法规范转轨过程中放纵一批具有严重法益侵害性的行为。

所以,性贿赂并没有被整体排斥在现行刑法设定的犯罪圈之外。根据实践中的情况,性贿赂表现为:(1)请托人出资雇用他人与受托人发生性关系;(2)请托人与受托人发生性关系。第二种情况属于权色交易,基于刑法贿赂犯罪对象局限于“财物”的现实,无法通过刑法解释将之纳入贿赂犯罪圈。下列提供性贿赂的情况属于典型权钱交易且存在实际出资数额,应当以贿赂犯罪论处:(1)请托人代替受托人支付嫖资、提供嫖娼场所与卖淫女、包养情妇(情夫)费用的;(2)请托人直接向他人支付费用,安排其为受托人提供性服务的;(3)行贿人与受贿人共同在非法娱乐场所进行嫖娼,前者支付所有娱乐费用的;(4)请托人所在公司为了谋取商业利益,要求女性员工向国家工作人员提供性服务,并通过金钱、职位提升等好处予以补偿的,等等。经过刑法解释论的考查后可知,性贿赂立法论的犯罪化选择实际上需要解决如下问题——设置全新的刑法规范对权色交易行为进行刑事处罚是否具有正当性。

请托人基于占有稀缺性商业交易机会等不正当利益而主动向受托人投怀送抱,是对自己性权利的非道德性处分,并没有涉及权力腐败运行问题,不具有纳入刑事处罚范围的正当性。虽然提供性贿赂的行为与卖淫行为在模式上具有一定差异,但刑法规范对其形成一致性的判断结果——不评价。请托人通过性贿赂谋取的不正当利益涉嫌其他经济犯罪的,可以通过《刑法》分则的其他规范追究刑事责任,提供性贿赂的行为没有应罚性。同时应当注意到,对合犯属于必要共同犯罪,而贿赂犯罪并非共同犯罪,故性贿赂提供者不属于行贿人的法律认定不影响受托人的行为性质。对于国家工作人员利用职务便利为他人谋取利益并接受利用性贿赂的行为能否入罪,刑法理论与实践中则争议极大。

主张性贿赂应当入罪的观点主要基于以下论证依据:(1)社会危害性更为严重。性贿赂策划实行地点隐秘,处心积虑手段隐蔽,不留痕迹,作用持久,其社会危害性较之于一般受贿犯罪而言,对于职务行为廉洁性的侵犯更为严重。可见,国家工作人员利用职务上的便利,无论收受的是财物还是其他不正当利益,侵犯职务行为廉洁性的本质只具有量的差别,没有质的不同。[1] 性贿赂行为的案发率呈蔓延扩大趋势,而不是个别的、偶然的现象,权色交易与权钱交易一样,已经成为公权和私利交易的最主要的一种形式。[2] (2)性贿赂具有刑法上的可罚性。性贿赂不仅是道德调整对象,也属于法律调整范围。男女之间非因爱情产生的权色交易,如果被用来影响国家工作人员职务行为的廉洁性,则不属于当事人之间的道德作风问题与伦理责难问题,而是具有了刑法上

---

〔1〕 参见李洁:《受贿罪法条解释与评析》,载《河南省政法管理干部学院学报》2003 年第 5 期。

〔2〕 参见胡雪、曾乐乐:《“性贿赂”定性问题的专题探讨》,载魏东主编:《刑法各论若干前沿问题要论》,人民法院出版社 2005 年版,第 400 页。

的可罚性基础。[1] (3)性贿赂入罪是履行国际公约义务的现实需要。《联合国反腐败公约》将贿赂范围定位于"不正当好处",其范围明显大于我国现行《刑法》中的"财物",即使采"财产性利益"扩大解释来理解"财物",其范围仍然较窄。能够成为公职人员"在执行公务时作为或不作为的条件"的"不正当好处",当然包括某些与财物、财产性利益一样,具有满足人的某种需要和欲望之功能的"非财产性利益",如性贿赂。将我国刑法贿赂罪的对象扩张及于性贿赂等非财产性利益,是履行《联合国反腐败公约》的要求。[2] (4)性贿赂入罪符合刑法谦抑性理念。道德、民事、行政等调整手段已经无法抑制性贿赂的现实危害,按照现行法律法规框架,接受性贿赂的国家工作人员仅受到党纪、行政处分,这实际上放纵了大批应当作为犯罪处理的违法者。因此,对于性贿赂予以犯罪化处理并不违背刑法谦抑理念。[3]

但也有较多观点反对性贿赂犯罪化,其部分依据甚至完全与主张性贿赂入罪的意见相悖。(1)性贿赂入罪不符合刑法谦抑性理念。性贿赂适用刑法手段进行调整还不具备不可替代性。从司法实践中查出的案件情况来看,有性贿赂的,情节严重的案件必然伴随着严重的经济犯罪,权色交易较多的是作为刑事案件中的附带成分出现的,没有必要通过刑法进行调整。[4] 真正使用权色交易并没有普通公众以及学者所认为得如此巨大,许多都是权色间接交易,或者权色结合是下一步国家工作人员权钱交易的诱因,权色交易本身没有必要通过性贿赂入罪。[5] (2)性贿赂入罪后司法认定存在极大障碍。就性贿赂而言,两人之间是否存在性行为、是否存在交易等问题难以证明,交易与感情兼而有之的行为亦难以区分。在刑法上,对于认定上十分困难的行为,将其规定为犯罪容易伤害无辜。[6] 根据我国现行《刑法》,贿赂罪的量刑轻重依贿赂的财物数额大小而定。而"性贿赂"的贿赂客体——"性"是无法量化的。首先,对"性贿赂"行为的取证与一般财物贿赂相比,无疑难得多。因为财物贿赂可通过查获赃物等多种途径收集证据,对"性贿赂"行为则不然,权色交易比较隐蔽。犯罪嫌疑人的口供是唯一的证据,很难有其他形式的证据相互印证。其次,易形成错案。最后,对"性贿赂"行为的量刑也不好操作,其数量很难计算。[7] (3)性贿赂犯罪化侵犯妇女人格权。在法律观念上,在人类的历史上,男女不平等,女人仅仅是男人的附庸、女人是"物品"曾是绝大多数女人的宿命,甚至女人是玩物也是一种不正常社会的"正常现象"。今天"男女应当平等"的观念已经深入人心,所以当我们已经把女人从"物"的概念中解放出来了,

---

〔1〕 参见梁根林:《刑事法网:扩张与限缩》,法律出版社2005年版,第213页。

〔2〕 参见赵军:《论我国刑法贿赂罪贿赂范围的重新定位》,载《中国刑事法杂志》2003年第6期。

〔3〕 参见孟庆华:《受贿罪研究新动向》,中国方正出版社2005年版,第73页。

〔4〕 参见黄涛:《"性贿赂罪"之探讨》,载《人民检察》2001年第7期。

〔5〕 参见郭竹梅:《受贿罪新型暨疑难问题研究》,中国检察出版社2009年版,第67~68页。

〔6〕 参见高一飞:《为什么不能将性贿赂犯罪化》,载《法学论坛》2006年第5期。

〔7〕 参见刘宪权、阮传胜:《"性贿赂"行为犯罪化不足取》,载《法治论丛》2003年第2期。

就再也不允许通过性贿赂入罪把“她”还回去,不然就是倒退。[1] 性贿赂中涉及的性与传统贿赂犯罪涉及的财物不同。性行为与人身自然属性不可分离,不像财物具有可转让性。行为人在实施财物贿赂时,财物仅仅是行为的对象和工具,但如果实施的是性贿赂,那么除了受贿者本人的性行为之外,还有他人的性行为。如果将性贿赂规定为犯罪,就会导致“性行为是商品或者工具”的谬论,这是违反我国基本的社会道德伦理的。[2]

笔者认为,对于权力者而言,接受请托人性贿赂,利用职务上的便利为其谋取利益,撼动了职务行为的廉洁性,完全应当设置全新的刑法规范,设定“性贿赂犯罪”的独立构成要件。

第一,性贿赂入罪符合社会对于刑法发挥作用的期许,是对社会民众长期以来反感、谴责权色交易的理性回应。性贿赂问题的实质不在于性的问题,而是性背后的“权”的问题。性贿赂犯罪化的目的并不在于运用严厉的刑罚手段谴责不正当的性行为,而是要通过刑罚的终极力量遏制利用职务上的便利为他人谋取利益,以此换取对方的同意,满足自己的性需求。性贿赂入罪,通过确立刑法规范进行宣示,预防和惩治具有相关权力的行为主体实施以获取性行为为导向的具有倾向性的职务行为,而不是惩治性行为本身。对于通过性诱惑职务帮助者以获取升职、商业利益的行为,民众痛恨的是这种“不正当竞争”;对于利用职务便利换取性行为的现象,民众无法容忍的是权力异化为实现私欲工具的残酷现实。至于不正当性行为本身,法律观念上的谴责是处于第二位的。

第二,性贿赂入罪代表了预防与惩治腐败犯罪刑事立法不断严密的制度演进方向而非倒退。性贿赂与通奸、性乱等在违背性操守层面具有同一性。但是,性贿赂区别于通奸、性乱的独立性特征在于其负载了倾向性职务行为与性行为之间的对价关系。因此,在刑法对于超越夫妻关系的双方同意的性行为的容忍度不断提高的社会历史条件下,性贿赂犯罪化的正当性基础并不在于对性伦理道德的违背,而在于为了追逐性享受而背弃职务行为的公正性。

性贿赂入罪,并不代表刑法谴责其涵盖的不道德性关系的当然内容,而是说明刑法谴责权力腐败。接受性贿赂与利用职务上的便利为他人谋取利益后接受财物的行为具有同一性(权力腐败)与相异性(前者获取性,后者获取财物)。腐败犯罪刑事立法的不断严密,应当表现为强化权力腐败行为刑法处遇的同等性。同属于权力腐败,权钱交易已经犯罪化,作为权色交易的性贿赂亦应当“一罪俱罪”,实现刑法规范的一致性。否则,腐败犯罪立法持续处于性贿赂非罪、财物贿赂有罪的立法不对等状态,可能出现腐败行为的倾斜性恶化。

---

〔1〕 参见杨兴培:《“性贿赂”不宜入罪的三个理由》,载《检察日报》2008 年 8 月 14 日。

〔2〕 参见吴文平等:《性贿赂与性受贿腐败犯罪行为刑事立法问题评析》,载《河南公安高等专科学校学报》2005 年第 1 期。

第三,增设"性贿赂犯罪"后肯定会出现操作性障碍,但这不应当成为刑法无能为力,消极面对性贿赂问题的理由。有观点指出:在目前的贿赂犯罪中,刑法规定对贿赂犯罪的定罪处罚是以一定财物的价值、价格甚至是使用价值作为定性定量的依据的。由于无法将性放到贿赂犯罪的对象当中作为"物品"进行估价拍卖、议价买卖,定罪量刑显然缺乏依据。即使将"情节严重、情节特别严重"作为"性贿赂犯罪"的客观处罚条件,作为与受贿数额较大、巨大并行的定罪量刑的标准,但由于情节严重是价值评价的问题,在现实生活中难以量化。[1]

诚然,认定"性贿赂犯罪"在司法实践的技术应用层面存在障碍是不争的事实,不仅实施性贿赂行为情节严重的标准难以量化,如何界定性贿赂中的性行为,同样存在很大法律争议与道德论辩。但是,此类刑法技术性障碍究竟是否属于无法克服的问题?答案应当是否定的。在我国《刑法》分则 400 多条罪名中,充斥着难以在现实生活中量化的标准,这也是疑难案件司法认定存在争议的原因所在。即使在总则规定中,仍然存在"显著轻微"(但书规定)、"明显超过"(正当防卫)等界限不甚明朗、可能出现操作障碍的标准。因此,对于诸如"情节严重""情节特别严重""情节恶劣""明显"等在实践中难以量化的价值评判标准,应当通过司法解释所具有的权威力量,强制设定量化尺度寻求刑法规范的实际运用,或者通过赋予法官自由裁量权使其根据案件具体情况作出判断,以此保证刑法规范不被虚置。"性贿赂犯罪"与其他刑法规范一样,不可能完全脱离价值评价,单纯在形式上为司法实践框定一个明确的判断标准。性贿赂犯罪能够在实践中正常运行,关键是需要实务部门的实践操作或者有权机关的司法解释,来具体填充构成要件中不甚明朗的部分构成要件要素。

主张性贿赂入罪,并不排斥其他惩治和预防腐败行为的制度设置。特定国家工作人员隐私权的适当弱化、国家工作人员财产申报制度、舆论监督、纪检监察、行政处罚等监督手段的制度创新或者持续强化,都应当与性贿赂犯罪化同时存在。通过不同强度的制度设置,层层深入地对具有不同程度社会危害性的性贿赂行为进行法律规制。性贿赂犯罪化并不意味着"一有问题,在其他手段还未用上、还未用尽,就想到刑罚这一社会防卫的最后的极端的手段"。增设"性贿赂犯罪"是对腐败犯罪惩防体系的完善,而非放弃作为最后公权介入的刑法所应当时刻秉持的谦抑。

(二)商业贿赂犯罪案件"谋取不正当利益"认定的法律适用对策

"为谋取不正当利益"要件的认定长期以来属于行贿犯罪司法实务最为困惑的问题。《商业贿赂犯罪意见》第 9 条对"谋取不正当利益"的内涵作出全新规定,有必要对之进行细化分析,为实务部门认定"谋取不正当利益"要件提供参考。

1."谋取不正当利益"要件司法解释核心内容的梳理

在早前的公务贿赂犯罪司法实践中,对于何谓"谋取不正当利益"始终存在较大争议。最高人民法院、最高人民检察院于 1999 年 3 月联合发布的《关于在办理受贿犯罪

[1] 杨兴培:《"性贿赂"不宜入罪的三个理由》,载《检察日报》2008 年 8 月 14 日,第 3 版。

大要案的同时要严肃查处严重行贿犯罪分子的通知》(以下简称《行贿犯罪通知》)第2条规定:谋取不正当利益,是指谋取违反法律、法规、国家政策和国务院各部门规章规定的利益,以及要求国家工作人员或者有关单位提供违反法律、法规、国家政策和国务院各部门规章规定的帮助或者方便条件。但《行贿犯罪通知》的出台并未消解行贿犯罪"谋取不正当利益"的认识分歧。

基于实践中的认识分歧,《商业贿赂犯罪意见》第9条规定:在行贿犯罪中,"谋取不正当利益",是指行贿人谋取违反法律、法规、规章或者政策规定的利益,或者要求对方违反法律、法规、规章、政策、行业规范的规定提供帮助或者方便条件。在招标投标、政府采购等商业活动中,违背公平原则,给予相关人员财物以谋取竞争优势的,属于"谋取不正当利益"。《商业贿赂犯罪意见》对商业贿赂犯罪案件"谋取不正当利益"的认识进行了全新的刑法解释,对于司法机关认定行贿犯罪具有极其重大的意义。

《商业贿赂犯罪意见》第9条拓展了"谋取不正当利益"的范围,增加规定两种类型的不正当利益:(1)谋取违反规章、政策规定的利益;(2)要求对方违反规章、政策、行业规范的规定提供帮助或者方便条件。可见,谋取不正当利益仍以违法性(违规性)判断为基础,第一种不正当利益类型属于违法性(违规性)利益,第二种不正当利益类型属于违法性(违规性)帮助。该种违法性(违规性)的前置规范基础可以拓展至党的政策、地方政府规章、行业规范。特别应当指出的是,行业规范应当是由全国性行业协会根据法律授权或者职责制定的规范行业行为的准则。在解释上将"行业规范"的制定主体范围限定于全国性行业协会是合理的,有利于统一对违反行业规范的认识或者方便条件的认定,避免因地区性行业协会规范差异而导致行贿犯罪法律适用上的地域性差异。

2. 行贿人"要求"对方提供违法性(违规性)帮助的认定

由于"谋取不正当利益"要件对行贿目的的违法性(违规性)内涵进行了明确的说明,且范围有所扩大,故当前实务部门有观点指出,我国《刑法》第389条第1款的"谋取不正当利益"要件的广义违法性内容及其判断标准,可以推而广之,适用于《刑法》第389条第2款"违反国家规定"的判断。笔者认为,我国《刑法》第389条第2款的违法性范围,具有特定的内容,应当严格根据《刑法》第96条的概念解释,只包括全国人民代表大会及其常务委员会制定的法律和决定,国务院制定的行政法规、规定的行政措施、发布的决定和命令,地方性法规、部门规章、政策、行业规范不包括在内。并且,《刑法》第389条第1款"谋取不正当利益"的违法性指向不正当利益的认定,《刑法》第389条第2款的"违反国家规定"指向的是给付回扣、手续费的贿赂行为的性质认定,两者不能混同。

《商业贿赂犯罪意见》第9条根据惩治商业贿赂犯罪的客观需要,对不正当利益范围进行了适当调整。由于认定违法性(违规性)利益与违法性(违规性)帮助应当以前置性规范判断为依据,在刑法适用上并不存在特别的困难。难点问题是,认定违法性(违规性)帮助的前提条件是,行贿人向职务帮助者提出"要求"。司法实践必须明确认定行贿人提出"要求"的判断规则。

谋取违反法律、法规、规章、政策规定的利益，是从行贿人的角度对谋取不正当利益进行刑法解释，而要求国家工作人员或者有关单位提供违反法律、法规、国家政策和国务院各部门规章规定的帮助或者方便条件，同样是以行贿人的行为作为判断依据，而非从受贿人是否实际提供帮助的角度分析不正当利益问题。"为谋取不正当利益"是行贿罪的主观构成要件，强调的是行贿人实施某种行为的目的，只能从行贿人的角度出发分析谋取不正当利益，而不能从受贿人的角度进行解释。

因此，如果行贿人谋取的利益本身并没有违反国家规定，受贿人在接受行贿人财物后提供了违反法律、法规、规章、政策、行业规范规定的帮助或者方便条件，但行贿人没有提出要求的，不能认定为"谋取不正当利益"。这意味着受贿人是否实际利用职务便利提供违法性帮助对于认定行贿犯罪"谋取不正当利益"并不具有决定作用，关键是必须确定：(1)行贿人明示要求受贿人提供违法性帮助；或者(2)在受贿人业已提供违法性帮助的情况下，行贿人具有"明知"的犯罪主观构成要件要素。

因为商业贿赂犯罪的刑事归责不能将认定行贿人主观内容的行为完全受制于他所不能掌控的受贿人的行为状况。如果受贿人的行为是合法的，行贿人就不是"谋取不正当利益"；如果受贿人违反法律，行贿人就是"谋取不正当利益"。这显然违背了犯罪故意的刑法基础理论。仅仅因为受贿人实施了违反法律的行为，就认定行贿人"谋取不正当利益"，缺乏刑事证明的正当性与关联性。当然，应当重点注意的是，行贿人给付贿赂的事实足以表明其对受贿人为其谋取不正当利益具有明知或者一定的预期，给付贿赂具有推定明知的效果。故只有在行贿人提供确实的证据证明自己明示受贿人不要提供为法律、法规、规章、政策、行业规范所禁止的便利，才能证明谋取不正当利益的追求在行贿人的主观上是缺位的。

3. 特定经济环节商业贿赂犯罪案件"谋取不正当利益"的认定

《商业贿赂犯罪意见》第9条第2款将招投标与政府采购从商业环节中抽离，独立规定该种环节发生商业贿赂案件"谋取不正当利益"的认定规则，行为人违背公平原则提供贿赂以谋取竞争优势的，应当认定为属于"谋取不正当利益"。对于该项司法认定规则，现阶段实务部门存在两种不同的理解。

有观点认为，《商业贿赂犯罪意见》第9条第2款的规定意味着，在招投标与政府采购环节中，只要使用了行贿手段就是谋取不正当利益，使用行贿手段等同于谋取违法性帮助。反对意见认为，从行贿行为直接认定属于为谋取不正当利益的主观要件，在法理上并没有依据。[1]

笔者认为，《商业贿赂犯罪意见》第9条第2款独立规定了招投标与政府采购环节中的商业贿赂犯罪案件"谋取不正当利益"要件的认定规则，显然具有区别于第1款的判断模式。最高人民法院与最高人民检察院有关部门负责人在答记者问中亦强调《商

〔1〕 上述观点为《商业贿赂犯罪意见》出台后笔者与法院、检察系统实务部门人员多次参与"商业贿赂犯罪刑法适用研讨会"获悉的最新的代表性观点，相关发言人尚未形成理论文献，无法标明出处。

业贿赂犯罪意见》第9条第2款属于“特别增加规定”。[1] 因此,在司法实践中不能否定招投标与政府采购环节“谋取不正当利益”判断的特殊性,即不以第1款所列举的违法性(违规性)利益或者违法性(违规性)帮助为前提。因此,在招投标等特定商业环节,商业贿赂犯罪案件“谋取不正当利益”的认定标准较其他普通环节案件而言,显然更为宽松。这不仅表现为招投标等特定环节的不正当利益判断不强调以法律或者规范为前置性违法性(违规性)判断为条件,而且认可实务部门通过行贿犯罪法益的实质解释功能对“谋取不正当利益”进行能动性解释。

当然,《商业贿赂犯罪意见》第9条第2款认定规则的特殊性并不意味着行贿即属于谋取不正当利益。商业贿赂犯罪案件“谋取不正当利益”要件核心的判断基础在于行贿人是否在“违背公平原则”的情况下通过给付财物“以谋取竞争优势”。

《招标投标法》与《政府采购法》属于反不正当竞争法律规范体系,其法益在于保护公开竞标的合理竞争秩序。故投标单位采用给付贿赂手段具有违背公认的商业道德与公平原则、扰乱竞争秩序、损害竞争参与者合法权益的法益侵害性,推定符合“谋取不正当利益”要件。但是,投标单位证明其符合投标条件,尽管其向招标单位负责人、评标小组成员等送去了财物,但如果职务人员并没有泄露投标秘密,或者没有暗中提供帮助,或者没有实施倾向性的投票行为,行贿单位在竞标中符合最优中标条件,投标单位就不能属于《商业贿赂犯罪意见》第9条第2款中所指的“给予相关人员财物以谋取竞争优势”,因为其竞争优势是客观存在的。如果行贿行为与中标结果没有因果关系,行贿目的并非在于投标单位意图妨碍竞争,而是因社会不良风气的客观存在而求得心里安稳,则中标结果不能认定为不正当商业利益。绝对地以行贿手段的非法性来推论谋取商业利益的不正当性,等于完全否定了行贿犯罪“谋取不正当利益”的构成要件,故不能采纳该种认定规则。在此类行贿犯罪案件的司法认定中,应当允许存在合理反驳推定的“敞口”,以有效控制打击面,避免将没有明显妨害公平竞争的行贿人作为犯罪处理。

(三)医疗行业商业贿赂犯罪的法律适用对策

《商业贿赂犯罪意见》第4条针对医疗行业商业贿赂犯罪作出了司法解释,根据医务人员的职务便利的性质与主体身份分别确定商业贿赂犯罪的具体罪名:(1)利用医疗用品、器械采购环节的职务便利收受商业贿赂的,具有国家工作人员主体身份的医务人员定性为受贿罪,非国家工作人员主体身份的医务人员定性为非国家工作人员受贿罪;(2)利用处方权的职务便利收受商业贿赂的,无论主体身份,均以非国家工作人员受贿罪定性。然而,司法实践中对于如何根据《商业贿赂犯罪意见》第4条认定医务人员利用职务便利收受回扣案件仍然存在较大分歧,有必要针对若干具体问题进一步予以明确司法认定规则。

---

〔1〕 参见《最高人民法院、最高人民检察院有关部门负责人就〈关于办理商业贿赂刑事案件适用法律若干问题的意见〉答记者问》,载《人民法院报》2008年11月25日,第3版。

1. 医生构成受贿罪是否在“利用职务上的便利”要件层面具有环节限定性

根据《商业贿赂犯罪意见》第4条第1款的规定，医疗机构中的国家工作人员，在药品、医疗器械、医用卫生材料等医药产品采购活动中，利用职务上的便利，索取销售方财物，或者非法收受销售方财物，为销售方谋取利益，构成犯罪的，依照《刑法》第385条的规定，以受贿罪定罪处罚。所以，《商业贿赂犯罪意见》第4条明确将医务人员构成受贿罪的环节要件限定在“医药产品采购活动”中。基于此，实务部门有观点认为，作为进行临床工作的科室及其部门主管，并不直接参与药品采购，不具有影响药品采购的职务便利，即使具备国家工作人员身份，仍然不能以受贿罪论处。

笔者认为，上述观点机械地理解了最新商业贿赂犯罪司法解释的规定，陷入了理解《商业贿赂犯罪意见》第4条的误区，在实践中应予以避免与纠正。《商业贿赂犯罪意见》第4条第1款固然特别强调了医疗机构中的国家工作人员在采购环节中利用职权收受回扣构成受贿罪，但不能就此认定构成受贿罪的医疗领域的商业贿赂行为局限在采购环节。在实践中，医疗机构业务科室的科长、主任通常不参与药品或者仪器采购活动的管理与决策，但是，上述科室负责人利用科室管理的职权与地位接触医药代表收受财物谋取私利的行为较为多发。只要其符合利用职务便利、收受贿赂、为他人谋取利益等构成要件，就应以受贿罪论处。

2. 医院行政管理权与处方权交织的主体收受回扣的定性

医生掌握的是专门的医学技术，应当属于专业人员。医生资格证虽由国家颁发，但仅是行业的准入凭证，不是公权管理性职务的体现。故获得处方权后开药行为既具备技术性职务的外观，也具有医疗行为的本质；不是国有医院的管理活动，而是一项社会公共服务。处方权是通过技术劳动、技术工作实现的。将公共职务行为的管理性无限延伸，以此解释处方权的公共职务性，误解了诊疗活动的必要环节（开药）与医院管理的关系。所以，利用处方权收受药品回扣的医生应当定性为非国家工作人员受贿罪，而不能以受贿罪论处。

但应当注意，医生也可能同时担任行政管理职务，最通常的就是国有医院的科室主任，他们拥有双重身份，具有技术性职务（处方权）与公权性职务（行政管理权）的竞合。科室主任在开具处方过程中属于非国家公权性质的职务，在执行行政职务时就具有公权性职务上的便利。国有医院赋予科室主任行政职务，要求其按照权限履行职责。例如，医院规定由科室主任上报药物、器械的型号、品种和生产厂商，经院务会议商讨后执行。上报药物品种行为就是科室主任的职务。所以，科室主任等具有行政职务的医师利用其行政职务上的便利，收受药商、医疗器械销售者的回扣，属于利用公权性的职务便利，可以构成受贿罪。当然，对此类行政管理权与处方权交织于同一行为主体的案件的认定，应当严格区分医生所收受商业贿赂的基础，如果是基于医生的行政职务而收受的财物，应当按照受贿罪论处；反之，如果是基于其处方权而收受的药品回扣等，则应以非国家工作人员受贿罪论处。

当前司法实践中已经出现了类似案例：程某系甲医院B区分院内分泌科主任（国

家工作人员),全面负责科内事务管理。程某事先与医药代表约定回扣比例,承诺在科室尽量安排医师使用有回扣的药品,由医药代表根据全科医师开具的药品数量每月结算回扣数额。在实际操作时,程某在对医师的业务指导过程中并不指定科室内的医生一定要使用有回扣的药品,而是要求下属医生对症开药,但其会向医师具体细致地介绍有回扣的药品,以此加深印象,从而提高有回扣药品使用量。2007 年 1 月至 2008 年 12 月,程某收受多个制药公司医药代表回扣共计 10 万余元,存入个人账户;接受某药业公司邀请免费赴日旅游 4 天,旅游费用 2 万余元,旅游期间收受该公司经理给付的 4 万日元“零花钱”。

对于科室主任收受药品回扣的行为如何定性,存在极大分歧。第一种意见认为,程某不构成犯罪。程某虽然具备国家工作人员主体身份,但其没有利用科室主任管理权限收受回扣,不构成受贿罪。程某也未利用自己作为医师处方权开具回扣药品,而是利用其他医师行使处方权开具药品收受回扣,没有为医药公司谋取利益,不符合非国家工作人员受贿罪的构成要件。第二种意见认为,程某构成非国家工作人员受贿罪。程某对于全科医师处方权行使状况具有管理与监督职责,利用其他医师开具的处方收受回扣,应认定为《商业贿赂犯罪意见》第 4 条第 3 款规定的“利用开处方的职务便利”,以非国家工作人员受贿罪论处。第三种意见认为,程某构成受贿罪。程某作为国家工作人员,利用科室主任的职务便利根据下属医生开具的处方按量向医药代表收取事先约定的固定比例回扣,符合受贿罪的构成要件。笔者认为,第三种意见是正确的,在实践中应当予以坚持。

第一,收受回扣的基础在于科室主任的身份及其全面负责科室管理的职权,符合受贿罪“利用职务上的便利”要件。在本案中,医药代表正是基于程某内分泌科主任的职务及其职权对其他医师是否使用药品及数量具有影响力而根据开药数量给付回扣。事实上,程某确实全面负责科室管理,对全科用药进行指导、对药品特质进行介绍、对处方质量进行时时监控,其职权内容与范围决定了医药代表在甲医院 B 区分院的销量受制于程某。因此,程某收受医药代表贿赂的基础在于其利用了全面负责内分泌科行政管理的职务之便,符合受贿罪“利用职务上的便利”要件。

第二,处方权的行使主体具有独立性,不能直接根据其他医师开具的处方对科室主任进行归责。《商业贿赂犯罪意见》第 4 条第 3 款规定,医疗机构中的医务人员,利用开处方的职务便利,以各种名义非法收受药品、医疗器械、医用卫生材料等医药产品销售方财物,为医药产品销售方谋取利益,数额较大的,依照《刑法》第 163 条的规定,以非国家工作人员受贿罪定罪处罚。因此,医务人员利用本人具有的处方权收取回扣,构成非国家工作人员受贿罪。本案中,程某并没有与其他直接开药的医师进行合谋,也没有强行要求其他医师开具有回扣药品的处方,亦无证据表明其本人故意开具有回扣的药品及其具体数量。因此,不能认定程某的行为属于“利用开处方的职务便利”而以非国家工作人员受贿罪论处。

有观点认为,程某作为科室主任,下属医师的处方权及其法律后果应当由负有领导与管理责任的程某承担。笔者认为,上述意见不仅错误地理解了处方及处方权的性质,而且有悖于刑法的归责原理。处方是由医生在诊疗活动中为患者开具的、由药学专业技术人员审核、调配、核对并作为发药凭证的医疗用药文书。处方权的行使主体是医师、乡村医生和药师。具备法定处方权的医务人员凭借专业知识与经验,根据用药安全、对症治疗、经济有效等处方权行使规则开具处方,其行为过程与结果具有执业独立性。所以,普通医师开具处方的责任应当由本人而非科室主任承担。程某是利用普通医师的处方结果收取回扣而非本人开具处方收取回扣,两者具有截然不同的行为性质,不应将程某利用其他医师的开药结果与程某滥用处方权进行等同处理。从刑法的归责原理来看,在单位犯罪中,单位一般成员基于单位利益实施的行为构成单位犯罪的,直接负责的主管人员和其他直接责任人员应当承担刑事责任。本案显然不属于单位犯罪,不能基于互为分离的其他医师的处方行为与程某的接受回扣行为对程某进行归责。

第三,向医药代表承诺安排尽量多开药,业已符合"为他人谋取利益"要件。程某自己并没有开处方收取回扣的行为,而是利用其他医师开有回扣药品处方的结果,以此收取医药代表给付的回扣。基于此,实践中有观点认为,程某事实上并没有实施为他人谋取利益的行为,最终实现医药公司用药利益的是其他医师而非程某,受财与牟利的行为主体分离,不应认定程某构成受贿罪。笔者认为,上述观点错误理解了"为他人谋取利益"要件。根据2003年《全国法院审理经济犯罪案件工作座谈会纪要》第3条关于受贿罪构成要件认定的共识性意见指出,为他人谋取利益包括承诺、实施和实现3个阶段的行为。只要具备其中一个阶段的行为,就具备了为他人谋取利益的要件。在本案中,程某已经向医药代表承诺安排科室内的医生尽量多开有回扣的药品,尽管在实施阶段没有按照约定明确进行安排,但承诺行为已符合了"为他人谋取利益"要件,事后的具体实施行为并不影响定性。

当然,商业贿赂腐败交易关系中的非法职务行为是一个复杂的、运动的过程,有的医生既利用了行政管理职务上的便利,又在客观上为腐败交易相对方开具了具有倾向性的处方。实践中有观点主张,行政管理职务行为与处方权行为交织,在无法精确区分哪一笔商业贿赂对应于利用行政管理职务行为,哪一笔商业贿赂对应于处方权行为时,不宜认定相关医生构成商业贿赂犯罪。但笔者认为,如果此种观点得以成立,对于医生利用行政管理权与处方权交织收受回扣案件的查处将是非常不利的。针对此类案件,应当尽力查清受到非法影响的职务行为与商业贿赂的对应数额,能够查清多少就以查清的数额认定。在难以一一对应的情况下,应当查清主次对应商业贿赂数额,即财物主要是基于行政管理职务行为还是基于处方权行为所收受。如果是主要基于行政管理职务行为而收受的,则应当以受贿罪论处,处方权行为的因素作为量刑从宽的考虑。

(四)商业贿赂共同犯罪的法律适用对策

刑法理论对有身份者与无身份者共同犯罪定性问题存在很大的争议,"主犯决定说”“分别定罪说”“实行犯定罪说”“身份犯定罪说”“部分犯罪共同说”“折中说”等观点[1]各执一词,至今无法在职务犯罪领域设定身份犯与非身份犯共同犯罪定性的司法判断规则。身份犯与非身份犯共同犯罪定性的混乱局面直接导致商业贿赂犯罪中有身份者与无身份者共同犯罪罪名确定原则的无所适从。并且,在商业贿赂犯罪中存在国家工作人员的职务便利、非国家工作人员的职务便利、完全没有职务便利的行为主体三种身份地位。非国家工作人员与国家工作人员分别利用职务便利是商业贿赂犯罪,便呈现不同身份犯作为共同实行犯的罪名认定的复杂问题。

1. 单一实行行为情况下的商业贿赂共犯罪名确定

《商业贿赂犯罪意见》第 11 条区分了商业贿赂犯罪共同犯罪的三种情形,根据双方利用职务便利的具体情形分别定罪追究刑事责任:一是利用国家工作人员的职务便利为他人谋取利益的,以受贿罪追究刑事责任。二是利用非国家工作人员的职务便利为他人谋取利益的,以非国家工作人员受贿罪追究刑事责任。三是分别利用各自的职务便利为他人谋取利益的,按照主犯的犯罪性质追究刑事责任,不能分清主从犯的,可以受贿罪追究刑事责任。

对于前两种情况的罪名确定规则,《商业贿赂犯罪意见》采用了“实行犯说”,即以实行犯的犯罪性质确定商业贿赂共同犯罪的罪名。因为在共同犯罪中,实行行为无疑是完成整个共同犯罪的实质性行为内容,教唆行为或者帮助行为只是对实行行为的指导、加功、促进、辅助,只有实行行为才能体现出商业贿赂腐败交易关系中的滥用职务便利因素。从实行行为与教唆行为、帮助行为作用于整个犯罪事实的关系的角度分析,实行行为直接作用于犯罪的发生、发展及其结果,属于共同犯罪成型的主要因素。仅仅是国家工作人员利用自身职务上的便利或者非国家工作人员利用在单位中的职务便利,证明倾向性职务行为具有单一性,这最终决定了实行行为也具有单一性。在实行行为单一的情况下,应当以实行犯的罪名确定商业贿赂犯罪共犯的整体罪名。

从我国司法实践的情况看,以单一性实行行为决定共犯性质的观点得到了司法解释的认可。2000 年最高人民法院《关于审理贪污、职务侵占案件如何认定共同犯罪几个问题的解释》(以下简称《贪污侵占共犯解释》)第 1 条规定,行为人与国家工作人员勾结,利用国家工作人员的职务便利,共同侵吞、窃取、骗取或者以其他手段非法占有公共财物的,以贪污罪共犯论处。《贪污侵占共犯解释》第 2 条规定行为人与公司、企业或者其他单位的人员勾结,利用公司、企业或者其他单位人员的职务便利,共同将该单位财物非法占为己有,数额较大的,以职务侵占罪共犯论处。可见,《商业贿赂犯罪意见》关于商业贿赂共犯的前两项规定与《贪污侵占共犯解释》如出一辙,具有明显的解释一致性。

---

〔1〕 刘宪权主编:《中国刑法理论前沿问题研究》,人民出版社 2005 年版,第 203 页;杜国强:《无身份者与有身份者共同犯罪定性问题研究》,载《国家检察官学院学报》2004 年第 3 期;马克昌主编:《犯罪通论》,武汉大学出版社 1999 年版,第 590 页。

2. 复实行行为情况下的商业贿赂共犯罪名确定

商业贿赂共同犯罪罪名确定的最大难点并不在于单一实行行为的情况，也不在于国家工作人员与家属、特定关系人共同受贿等共犯关系情况，而是在于非国家工作人员与国家工作人员通谋，各自利用职务上的便利为他人谋取利益，共同收受财物的情况下，如何进行定罪。共同犯罪性质由实行犯性质决定的观点无法解释二元化性质实行犯如何确定罪名问题，必须采用其他方法进行认定。对此，《商业贿赂犯罪意见》认为应当按照主犯的性质确定共同犯罪的性质，但在主从关系事实不清的情况下，可以受贿罪定性。《商业贿赂犯罪意见》的上述规定同样与《贪污侵占共犯解释》之间具有延续关系。《贪污侵占共犯解释》第 3 条规定，公司、企业或者其他单位中，不具有国家工作人员身份的人与国家工作人员勾结，分别利用各自的职务便利，共同将本单位财物非法占为己有的，按照主犯的犯罪性质定罪。只是《商业贿赂犯罪意见》在此基础上进一步优化，提出了不能区分主从犯状态下的司法认定规则——“可以受贿罪追究刑事责任”。因此，《商业贿赂犯罪意见》第 11 条第 3 项属于修正的“主犯说”。

对于不同身份者分别利用职务上的便利实施实行行为共同犯罪罪名确定问题，司法解释的观点最早是主张“主犯说”，早期也有观点对之表示认同。[1] 根据 1985 年最高人民法院、最高人民检察院《关于当前办理经济犯罪案件中具体应用法律的若干问题的解答(试行)》(以下简称《经济犯罪解答》)第 1 条第 2 项的规定，内外勾结进行贪污或者盗窃活动的共同犯罪(包括一般共同犯罪和集团犯罪)，应按其共同犯罪的基本特征定罪。共同犯罪的基本特征一般是由主犯犯罪的基本特征决定的。如果共同犯罪中主犯犯罪的基本特征是贪污，同案犯中不具有贪污罪主体身份的人，应以贪污罪的共犯论处。如果共同犯罪中主犯犯罪的基本特征是盗窃，同案犯中的国家工作人员无论是否利用职务上的便利，应以盗窃罪的共犯论处。对于《经济犯罪解答》所设置的判断规则，刑法理论与司法实践长期以来提出了众多质疑，认为应当通过主从不明时分别定罪进行补充[2]、以主导地位确定共犯性质[3]、以主要实行犯确定罪名[4]等一系列替代性办法。

笔者认为，上述以主导地位或者主要实行犯确定共犯整体性质，实际上属于将“主犯说”中的一个方面作为认定整体犯罪性质的标准，非但没有超越“主犯说”的法理内涵，而且缺乏主犯标准的规范性，在司法实践中容易出现操作混乱。我国刑法根据行为人在共同犯罪中所起的作用，将共犯分为主犯与从犯。组织、领导犯罪集团进行犯罪活动的或者在共同犯罪中起主要作用的，是主犯；在共同犯罪中起次要或者辅助作用的，是从犯。故主犯与从犯的认定具有明确的法定性与规范的标准性，相对于“主导地位”

---

〔1〕 樊凤林、宋涛主编：《职务犯罪法律对策及治理》，中国人民公安大学出版社 1994 年版，第 245 页。

〔2〕 参见周道鸾等：《刑法实务若干问题研究》，载《人民司法》2003 年第 11 期。

〔3〕 参见刘宪权主编：《中国刑法理论前沿问题研究》，人民出版社 2005 年版，第 205 页。

〔4〕 参见黄祥青：《刑法适用疑难破解》，法律出版社 2007 年版，第 73 页；张本勇：《纯正身份犯的共犯问题研究》，载《政治与法律》2006 年第 6 期。

“主要实行”等没有刑法规范依据的标准而言,更加符合司法认定的规范性要求与对司法裁量权进行合理法律控制的现实需求。《商业贿赂犯罪意见》坚持司法解释的一贯性意见,主张复数实行犯情况下以主犯的罪名确定将共犯认定为受贿罪还是非国家工作人员受贿罪,应当说是符合司法实践中的实际操作的情况的。评价商业贿赂犯罪的行为人在共同犯罪中的作用大小,应当主要从各个行为主体在共同商业贿赂犯意形成中和利用职务上的便利谋取利益中的作用及其造成客观危害结果中的原因力大小等方面来评判。在商业贿赂共同犯罪案件(均为实行犯)中,部分共犯的主从地位明显,另有些实行犯的主犯作用并不突出。对于后者,应依刑法谦抑原则的精神,认定为起次要作用的实行犯,在定性上附随主犯身份的罪名,在量刑时以从犯论处。

在司法实践中,较多商业贿赂共同犯罪表现为无法区分主从犯。例如,国有公司总经理(国家工作人员)与财务主管(非国家工作人员)共同利用职务便利在经济往来中于账外暗中收受回扣并归个人所有,实际上无法区分两者的作用孰轻孰重。在无法区分主从犯的情况下,“主犯说”无法确定非国家工作人员与国家工作人员共同实行受贿行为的犯罪性质。解决的办法无非有3种:(1)分别定罪;(2)以重罪、立案标准更低的受贿罪定性;(3)以轻罪、立案标准更高的非国家工作人员受贿罪定性。

分别定罪显然存在较多不合理因素,特别是容易产生罪刑关系严重畸形的后果。首先,在商业贿赂共同犯罪数额相对较少时,分别定罪可能导致有罪与无罪并存的状态,导致司法认定结果严重背离共同犯罪刑法原理。由于区域经济发展状况不同,当前各地对非国家工作人员受贿罪的追诉标准不尽相同,事实上无法严格按照2001年最高人民检察院、公安部《关于经济犯罪案件追诉标准的规定》执行。例如,上海市高级人民法院、上海市人民检察院、上海市公安局、上海市司法局《关于本市办理部分刑事犯罪案件标准的意见》将非国家工作人员受贿罪“数额较大”的起点标准规定为“索取他人财物或者非法收受他人财物1.5万元以上不满10万元”。这就意味着在共同商业贿赂犯罪数额为5000元以上不满1.5万元时,分别定罪会导致非国家工作人员无罪而国家工作人员有罪的结论。其次,在商业贿赂犯罪数额巨大(10万元以上)时,分别定罪可能导致共同犯罪成员之间量刑极度悬殊。非国家工作人员受贿罪的最高法定刑为15年有期徒刑附加可以并处没收财产,而受贿罪的最高法定刑为死刑附加可以并处没收财产。无法区分主从关系决定了商业贿赂犯罪共犯的罪行基本相当,而最高档次的量刑结果如此悬殊,显然属于裁判不公,其原因在于选择了分别定罪的定性规则。

《商业贿赂犯罪意见》采取了以重罪、立案标准更低的受贿罪定性的方案,在总体上是符合罪刑均衡要求的,从重认定受贿罪在解释论上也是合理的。非国家工作人员与国家工作人员各自利用手中的职权,非公务性的职务便利与公务性的职务便利互相配合、共同发挥恶性作用,以倾向性的职务行为为对价为个人换取贿赂利益。其作案方式更隐蔽、为他人谋取利益的成功率更高、犯罪得逞的概率更高、社会危害性相对于单纯的受贿罪或者非国家工作人员受贿罪更大,以重罪受贿罪定性符合刑法解释的合理性原则。

当然,必须强调的是,《商业贿赂犯罪意见》规定的是“可以”受贿罪追究刑事责任,证明该项判断规则并不绝对,允许在特殊情况下进行变通。具体的调整方案《商业贿赂犯罪意见》并没有进行具体化展开,有必要根据司法实践进行归纳:(1)对于有些商业贿赂犯罪的共犯在逃,只抓获个别商业贿赂共犯的案件,若共同犯罪具体事实难以全部查清,对于先行抓获的共犯人,一般不宜认定主犯或者从犯。因为,倘若认定主犯,则可能因抓获其他共犯人证明先前的认定存在错误;倘若认定从犯,则因不知其在共谋中的作用而显认定依据不足。故不予认定主从犯,有利于先行作出的生效判决的稳定性。由于此时不予认定主从犯的原因并不基于客观犯罪事实无法区分主从犯,而是刑事司法实践的技术性解决办法,其不利因素不应当由被告人承担,故不能直接以受贿罪认定,而是应当根据被告人的主体身份决定属于受贿罪还是非国家工作人员受贿罪。(2)对于后来抓获的共犯,尽管查明系商业贿赂共同犯罪的主犯,若先行判决的共犯没有区分主从犯,也应不予认定主犯,以利先行生效判决的稳定性。如果后来抓获的共犯确系从犯的,尽管先行判决的同案犯没有被认定为主犯,也不影响从犯的认定,否则可能使其不当失去被依法减轻处罚的机会。由于上述情况也是由于到案时间不同的技术原因没有区分主从犯,同样应当根据其主体身份进行定罪。[1]

(五)海外商业贿赂犯罪的法律适用对策

2011年2月25日全国人大常委会通过的《刑法修正案(八)》第29条规定,在《刑法》第164条向非国家工作人员行贿罪之后增设一款作为第2款:为谋取不正当商业利益,给予外国公职人员或者国际公共组织官员以财物的,依照前款的规定处罚。最高人民法院、最高人民检察院《关于执行〈中华人民共和国刑法〉确定罪名的补充规定(五)》将本罪的罪名确定为“对外国公职人员、国际公共组织官员行贿罪”。

《刑法修正案(八)》新设对外国公职人员、国际公共组织官员行贿罪之前,我国《刑法》没有规定任何形式的海外贿赂犯罪。《联合国反腐败公约》第16条要求缔约国均应当采取必要的立法和其他措施,将贿赂外国公职人员或者国际公共组织官员的行为规定为犯罪。我国是《联合国反腐败公约》缔约国,通过犯罪化的方式将贿赂外国公职人员、国际公共组织官员的行为纳入刑法,是切实履行国际公约义务的重要举措。[2]由于我国《刑法》根据本国反海外腐败实际情况,在《联合国反腐败公约》的基础上对海外商业贿赂犯罪的规范设计与构成要件配置进行了本体化改造,加之国内外法律与社会文化存在较大差异,导致实践中对海外贿赂行为是否构成犯罪、如何理解具体犯罪的

---

〔1〕 共同犯罪在一般情况下应该确定统一罪名,但这并不是绝对,因此,上文并没有从分别定罪不符合共犯罪名确定原则的角度,而是从罪刑失衡的角度,论证其不合理性。在上述特殊情况下根据主体身份各自确定商业贿赂犯罪罪名,是在承认行为人具有共同受贿故意与共同受贿行为的前提下进行的。根据部分犯罪共同说或者共犯独立性说,共犯行为在特殊情况下不必构成同一性质的犯罪。在杜绝基于刑事司法认定技术原因导致不正当加重被告人刑罚风险的语境下,上述操作办法应当是可以接受的。

〔2〕 参见黄太云:《〈中华人民共和国刑法修正案(八)〉内容解读》,载彭东主编:《刑事司法指南·总第46集》,法律出版社2011年版,第153页。

构成要件等问题存在较多分歧意见与疑难困惑,有必要对海外贿赂犯罪法律适用中的疑难问题进行深入探讨。其中,最重要的问题显然是海外商业贿赂犯罪行为相对方——外国公职人员、国际公共组织官员的认定。

《联合国反腐败公约》是我国《刑法》对外国公职人员、国际公共组织官员罪的立法渊源,《联合国反腐败公约》关于外国公职人员、国际公共组织官员的术语解释应当作为我国刑法解释实践的核心参考。根据《联合国反腐败公约》第2条"术语使用"的规定,外国公职人员系指外国无论是经任命还是经选举而担任立法、行政、行政管理或者司法职务的任何人员;以及为外国,包括为公共机构或者公营企业行使公共职能的任何人员;国际公共组织官员系指国际公务员或者经此种组织授权代表该组织行事的任何人员。然而,由于上述规定中的"公共机构""公营企业""公共职能""国际公务员""国际公共组织"等概念均没有直接对应的国内法规范分析基础,司法实践中认定外国公职人员、国际公共组织官员,必须进一步作出细化分析,使外国公职人员、国际公共组织官员的解释规则在我国刑法实务中具有可操作性。因此,外国公职人员、国际公共组织官员刑法解释除了应当参考《联合国反腐败公约》术语规定,还必须结合我国刑法原理与司法实践,根据海外商业贿赂腐败犯罪行为的特点,对外国公职人员、国际公共组织官员进行准确认定。

外国公职人员包括外国公务机构公职人员、为外国公共机构行使公共职权人员、公营企业中行使公共职权人员3类主体。由于各国法律基本一致地认可立法权、行政权、司法权的公共权力属性,外国立法、行政、司法机构中的领导人员、管理人员以及一般公务员等公务机构人员,无论其职务与地位的高低,均应当认定为外国公职人员。外国公务机构中的公职人员的认定依据是该国法律,故认定外国公职人员必须进行外国法律查明。该国系与我国订立司法协助协定缔约的,外国法查明可以由该国中央机关提供;没有司法协助缔约关系的,可以由我国驻该国使领馆或者该国驻我国使领馆提供相关法律。

由于国外公共机构的组织体系及其法律规范区别于我国国家机关结构以及相关组织法规范体系,这就导致为外国公共组织履行公共职务人员的司法认定存在一定障碍。例如,《刑法修正案(八)》实施之前,我国《刑法》上只有国家机关工作人员、国家工作人员、非国家工作人员等与公务相关的身份概念。对于非国家机关中从事公务且应认定为国家工作人员的主体,刑法司法解释强调国有单位对于此类人员的"委派",即推荐、任命、批准、决定等形式与程序上的纵向委任与派遣。[1] 而在国外公共机构职能运作过程中,履行公共职能的人员一般与公共机构之间形成平行雇佣关系,在身份上属于公共机构雇员,本质上就是合同关系中的一方当事人。因此,在反海外腐败犯罪司法实

---

〔1〕 参见2003年最高人民法院《全国法院审理经济犯罪案件工作座谈会纪要》第1条以及2010年最高人民法院、最高人民检察院《关于办理国家出资企业中职务犯罪案件具体应用法律若干问题的意见》第6条。

践中,判断为外国机构行使公共职能人员的身份性质,不能延续我国传统职务犯罪司法实践中国家工作人员的形式要件桎梏,应当重点从相关雇员隶属的公共机构以及其具体实施的职能是否具有公务属性的实质角度进行司法判断。隶属单位属于公共机构且该隶属人员实施的行为属于行使公共职能,就应当认定其为外国公职人员。

相对于隶属于公共机构的雇员而言,公营企业中的外国公职人员更难认定。这主要是由两方面的因素决定。(1)公营企业的定性困难。在世界各国的公司治理实践中,国家资本运营管理下的企业包括国有资本全资拥有、控股、参股、不直接持股但实际控制等多种形式,究竟何种国家资本控制企业属于公营企业,在各国的反海外腐败犯罪司法实践中均存在疑问。(2)公营企业中的公共职能辨识困难。企业本质上是市场中的平等经营主体,究竟何种经营行为能够认定为公共职能属性,同样难以判断。

美国作为最早施行《反海外腐败法》的国家,基于公营企业人员身份存在极大的法律解释难度,联邦法院系统在长达30多年的审判实务中无法对公营企业中外国公职人员的认定标准进行原则性界定,外国公职人员的实践判断基本上由海外商业贿赂案件的检控方美国司法部单方面行使裁量权。[1] 美国相关反海外腐败的研究报告显示,2009年美国反海外腐败刑事程序中,在法律解释的理由阐释层面,约有66%的公营企业中的外国公职人员定性存在极大的模糊,此类反海外腐败刑事案件大多采取辩诉交易的刑事和解方式结案。[2] 从美国反海外腐败的实践经验可以看出,公营企业中的外国公职人员实体法认定标准模糊,其在很大程度上只能依靠程序性机制予以化解。而我国商业贿赂犯罪司法实践中并没有所谓辩诉交易程序或者控辩刑事和解机制,无法完成将实体法疑难问题转化为程序性操作问题的实用性处理。因此,笔者认为,公营企业中外国公职人员的认定只能在实体法上采取限制性解释,即公营企业必须是国家资本全资持股企业,其中行使公共职能的外国公职人员应当限定为履行公营企业管理职能的雇员。

全球有数以千计的国际组织,如何界定"国际公共组织"的范围、如何确定国际组织"官员"的本质特征等问题均在较大疑问,导致较难认定国际公共组织官员,对此问题同样有必要予以细致分析。

国际组织的定义与分类至今没有形成统一标准决定了国际公共组织难以界定。《国际组织年鉴》将国际组织定义为:两个以上国家为实现共同利益而依据其缔结的条约或其他正式法律文件建立的常设性机构。[3] 根据该定义,国际公共组织只能是具有公共职能或者提供公共服务的政府间组织,如联合国及其各种下属机构、世界贸易组织、国际货币基金组织,不包括非政府间国际组织。而根据国际组织学原理,国际组织

---

〔1〕 Barbara George & Kathleena Lacey, Model for Analysis of The Current Anti-Corruption Environment on Foreign Corrupt Practices Act Enforcement, 96 *The Journal of Criminal Law & Criminology* 503(2006).

〔2〕 Rollo Baker, Foreign Corrupt Practices Act, 47 *American Criminal Law Review* 647(2010).

〔3〕 Union of International Associations, *Yearbook of International Organizations* 2011 – 2012, Brill, 2011, p. 18.

是指具有国际性行为特征的组织,主要包括政府间组织与非政府间组织。[1] 按照这种定义,提供公共产品的非政府间组织也属于国际公共组织。

笔者认为,国际公共组织是具有国际性公共事务管理行为特征的组织,是依据其缔结的条约或其他正式法律文件建立的有一定规章制度的常设性机构,是否提供国际性公共产品与公共服务是国际公共组织的根本属性。政府间国际组织和非政府间国际组织均是全球化时代国际公共事务的参与者,政府间国际组织固然行使了绝大部分公共职能,但非政府组织也经常参与政府间组织的项目,在国际社会经济、社会的发展过程中发挥了重要作用。提供公共产品的非政府间国际组织应当属于国际公共组织。政治经济全球化促使非政府间国际组织对国际社会事务的参与和协调能力也越来越强大,其活动范围越来越广,除了在救济、后勤、运输、医药服务、安全、人权、健康和环境等方面提供人道主义援助外,在支持落后国家全面发展、危机国家重建等方面也起到重要作用,甚至在政治和司法领域也发挥越来越重要而复杂的作用。在反腐败犯罪实践中,近年来贿赂非政府间国际组织官员的行为受到全球广泛关注,文体竞赛申办国向国际足联(FIFA)等非政府间组织官员行贿案件纷纷被曝光。[2] 随着非政府间组织在全球商业领域影响力的不断提升,极有必要高度重视我国经营者、行政部门管理者为了谋取巨额商业利益而向拥有垄断优势的非政府间组织官员行贿的刑法控制问题。因此,代表政府间组织与非政府间组织行使公共职能的人员均属对外国公职人员、国际公共组织官员行贿罪中"国际公共组织官员"。

在《刑法修正案(八)》之前,"官员"并非我国刑法概念,甚至并非确定性法律概念,难以在现有的国内法框架下对国际公共组织"官员"提出一个法律定义。《联合国反腐败公约》第2条将国际公共组织官员归纳为国际公务员与经国际组织授权行事者两种类型,这对实务中认定国际公共组织官员具有重要参考价值。国际公务员,是指在联合国及其他国际公共组织中工作的各类工作人员,受国际组织行政负责人领导,为国际组织的全体成员服务。根据国际组织运行实践,国际公务员按职务性质一般分为高级官员、业务类官员和一般事务类人员;按职位地域性质可分为受地域分配限制人员和不受地域分配限制人员;按合同种类可分为长期合同、定期合同和临时合同。因此,国际公务员的主体身份取决于其是否在国际组织领导下提供从事国际性公共事务,职务高低、合同年限等均不影响国际公务员的身份性质。同时,经国际组织授权行事者虽然没有国际公务员身份,不是国际组织的工作人员,但由于国际组织授权其代表国际组织提供公共产品或者服务,在法律认定上应视为国际组织官员。所以,接受国际公共组织委托就特定项目承担咨询、顾问、专业服务等职责的人员亦属国际公共组织官员。

---

〔1〕 Graham Evans & Jeffrey Newnham, *The Penguin Dictionary of International Relations*, Penguin, 1998, p. 270.

〔2〕 参见王大骐:《揭开国际足联黑幕》,载《南方人物周刊》2010年第14期。

二、商业贿赂犯罪预防控制对策

商业贿赂犯罪预防控制是一项系统工程,涉及经济生活领域的众多方面,需要建构自律、内控、法治等多方面的规范治理对策体系。

(一)完善行业管理制度

1. 有必要在商业领域引入市场价格机制,利用服务价格的引导和调节作用,推行商业的“市场化”,实行透明的收费与薪酬制度,各个商业单位的工作人员按照技艺水平和服务水平进行层次分明的收费制度与薪酬制度。对于医疗等事业单位,合理提高工作人员服务性收费。市场化的定价体系有利于商业单位工作人员待遇的提高,使核心岗位的工作人员能够自主地控制商业贿赂的金钱入侵。

2. 提升商业透明度。各行业有必要制定商业指南,对于常见的工商贸易往来制定标准化指南,指出常见环节可能出现的商业贿赂违规行为。工商行政主管部门应当定期开展检查。

3. 规范商业审批。例如,对于药品审批而言,在新药证书和药品生产批文的审批和注册流程中,申报资料的保护要有保障,杜绝出现“暗箱操作”,避免新药技术的泄露。有关部门对新药证书转让要求要严格,限制转让次数、禁止倒卖批文。最关键的是,对新药界定要严,只改变剂型、改变给药途径、改变药物传递性原则上不可以成为新药。压制企业抢注新药的冲动,改变一药多名的混乱局面。毕竟,企业纷纷抢注新药,为了在市场竞争中占据有利地位,容易形成医院用药商业贿赂。国家市场监督管理总局急需通过多种方法,改进药品审批注册制度,参照其他国家有关药品审批法规,规范药品审批制度,使药品审批注册走向规范。提高药品注册技术审评门槛,加强药品现场考核登记措施,遏制低水平重复申报问题,从源头上整顿规范药品申报程序。着力解决扰乱市场秩序,侵犯消费者合法权益的“一药多名”问题。为了降低生产者在药品上市过程中的成本,国家对于新药的审批程序和权限应该做出新的界定。国家市场监督管理总局应该审批那些确有新技术、新用途的药品,限制新药在市场上的递增幅度。对于那些已经应用在临床,但出现新问题、副作用的药品,或者对于说明书、包装等修改问题的审批,可以授权省、自治区、直辖市一级或设区的市的药品监督管理局实施,但是必须向国家市场监督管理总局备案。这样减少了医药生产企业的审批成本,在一定程度上有助于抵制医院用药商业贿赂。

(二)完善招标采购制度

商业贿赂犯罪集中发生在招投标、竞争性采购等环节。招标采购制度不规范,使其应当具有的制度优势没有发挥遏制商业贿赂犯罪行为的作用。规范招标采购制度,要落实以下几点:

1. 要完善招标采购的评标标准,改变把价格作为取舍重要因素的不合理的现象。应该把价格、质量、效果三者结合起来。效果是非常关键的因素,招标单位应当拒绝无效、低效的商品或服务;严把质量关;价格作为最后的参考因素。唯有如此,才能减少并避免恶性竞争,减少并避免商业贿赂行为,高效、优质、低价的商品或服务才能在市场经济的发展中取得优势地位。

2. 行业主管部门应该强化对中标商品或服务使用、价格政策等环节的监督和管理。在招标采购中对具体数量或市场份额作出一个指导性的意见,减少招标单位与中标企业的再次谈判,杜绝商业贿赂。

3. 在招标采购过程中,招标单位处于终端地位,而商品生产者或服务提供者“决胜在终端”。行业主管或监督部门一定要对招标单位的采购行为进行切实有效的监督和制约,否则商品生产企业或服务提供企业便有机会和空间实施商业贿赂行为。

4. 应当积极建立采购公开招标投标的竞争机制。行政主管部门在组织采购时,可邀请有关监督职能部门和检察机关参与到招投标各个环节,实施有效的监督,确保招投标工作依法进行,规范有序,真正做到公开保公平,公平保公正,切实降低采购成本,确保质量。从机制上解决诱发各种商业行业单位及个人行贿、受贿犯罪的根本性问题。[1]

(三)强化财务监管

根据单位犯罪刑法原理,公司人员基于单位利益以单位名义从事犯罪行为,犯罪利益归属于单位的,构成单位犯罪。在双罚制的单位犯罪中,单位承担罚金刑的刑事责任,该直接从事犯罪行为的公司人员以及公司中负有监管职责的人员均应当作为直接责任人员承担自由刑或者罚金刑的刑事责任。对于我国企业及其分支机构而言,其中的相关工作人员为了在商业竞争中为公司谋取交易机会等商业利益,以单位名义向交易相对方实施商业贿赂等非法支付行为的,公司应当作为犯罪主体承担商业贿赂的刑事责任,直接实施商业贿赂的公司人员、分支机构主管人员、公司主管该分支机构业务的人员均可能涉及自然人刑事责任。

因此,为了控制商业贿赂犯罪,我国商业单位应当保证企业的统一财务标准与反商业贿赂行为准则在所有的分支机构以及单位成员中得以全面且有效地执行。对于大型企业而言,由于下属机构分散,这就要求公司建构网络化合规管理操作机制,杜绝不合规的经济支付。应当优化财务规范管理制度,全面保证公司的会计账目合理、准确地反映交易的真实情况、资产资金处置行为。完善财务制度的重点在于增强会计记录的可信性,确保分支机构以及全资或者控股的子公司遵照会计准则的要求。

商业贿赂涉及资产、外汇、贸易等多环节的财务经营数据。经营数据与财务数据失实已经成为投资、金融、航运、贸易等领域的一个严重问题。在商业交易过程中,公司工作人员虚列劳务费、咨询费、虚开发票套现以及账外变相提高佣金等已经成为业内惯用的资金运转手段。失去财务控制的资金成为从事商业贿赂的一个重要资金途径。财务监管不健全以及财务内控人员失职是商业贿赂资金失控的重要原因。所以,我国商业公司在强化分支机构与财务监管时,必须规定全面的记录保存与会计管理规范。制作

---

[1] 参见刘国敏:《医生收受处方回扣的刑法适用问题》,载《广西政法管理干部学院学报》2006 年第 5 期。

并保留合理详细、精确的账簿、记录和账目,清楚地反映分支机构相关交易的过程及对资产的处置,从而维持规范的内部财务控制。合规管理部门或者财务部门发现可疑支付的,必须在会计记录中如实反映,以备日后执法机关查证。否则,应当严格按照《会计法》的罚则规定追究公司及其相关财务人员的法律责任。

(四)完善反商业贿赂法治建构

有效治理商业贿赂必须做到完善立法、严格执法、准确司法,形成打击商业贿赂违法犯罪的合力,整体提高法律运行的效率,构建精确的体系性方案,增加犯罪成本,构筑机会防线,消除犯罪机会。

1. 及时补缺刑事立法。刑事制裁是打击商业贿赂的终极法律手段。但是,我国现行《刑法》在某些重要方面与商业贿赂的犯罪现实存在实质性的落差,亟待补缺补漏。尤其值得强调的是,刑法应当明确规定单位下属部门以其名义实施商业贿赂犯罪,违法所得亦归分支机构或者内设机构、部门所有的,属于单位犯罪。单位内设机构、部门等虽然不具备法人资格,但他们的犯罪不是个人犯罪,这是我国单位犯罪不同于法人犯罪的重要原因。所以,单位内设机构收受回扣后以奖金名义分发给机构、部门成员的,应当按照单位受贿罪处理,不能因为其没有可供执行罚金的财产,就不将其认定为单位犯罪,而按照个人犯罪处理;并且,应当严格追究部门主管等直接负责的主管人员的刑事责任。

2. 加大行政机关打击力度和提高执法效率。建立一套完备的法律制度固然不可或缺,但加大行政机关打击力度和提高执法效率在很大程度上取决于执法人员正确理解、运用法律。只有建设高素质的行政执法队伍,才能保证及时查处商业贿赂案件。基于商业贿赂的广泛性和隐蔽性,可以考虑从工商行政管理机关和司法机关抽调部分经验丰富的人员集中充实到行政机关,组成专门化的商业贿赂违法调查科,带动行政机关对商业贿赂违法案件的有效查处。

在人力资源合理配置的基础上,规范商业贿赂行政违法证据标准同样是提高案件查办效率的关键。一个完整的商业贿赂行政案件证据规则,能给查办案件指明方向,既能保证执法机关在案件查办上保持较高的针对性,也能降低具体行政行为的随意性。商业贿赂行政案件的证据规则设置应当注意以下几个问题:第一,办案人员负有客观、公正执法的义务,要全面地查明事实真相,不得单纯谋求对商业贿赂受贿人进行行政处罚。第二,强化对证据固定的要求,注重关联证据的适用。商业贿赂的受贿方一旦承认接受药品回扣的事实,固定证据、防止证据流失就成为最主要的任务。必须有相应的证据予以印证,包括商业贿赂行贿方的陈述、金融机构的单据、审计部门的鉴定,等等。第三,注重间接证据之间形成证据链。在缺乏当事人陈述的情况下,细化证明财务流转、损害结果以及两者之间因果关系的证明要求,以此实现对违法人员的有力指证。

(五)整合商业贿赂犯罪管辖机制

现阶段公安机关查处商业贿赂犯罪案件的数量较少,在一定程度上反映出商业贿赂犯罪管辖缺位。案源发现少、报案受理少,线索浪费多、成案概率低等表现得尤为明显。这主要是因为:(1)公安机关将主要精力集中于普通诈骗、金融诈骗、合同诈骗等经济犯罪案件,侦办商业贿赂犯罪案件的警力不足;(2)无法主动发掘涉嫌商业贿赂犯罪的案源,对于公民举报、有关国家机关移送的商业贿赂案件不能及时收集证据;(3)公安机关侦办诈骗类经济犯罪经验丰富,但查办商业贿赂犯罪案件经验匮乏,发掘、获取、固定证据能力不强,难以达到移送审查起诉标准。管辖越位则不仅仅是检察系统工作考核压力导致的,对犯罪嫌疑人主体身份把握不准是检察机关商业贿赂犯罪立案侦查越位的实体法根源。企业体制的转变和企业成分的复杂造成国家工作人员的主体认定困难,侦查成本耗费惊人。由此可见,商业贿赂犯罪实体法是否被正确适用,实质性地影响商业贿赂犯罪程序法是否能够正常运行。

笔者认为,解决商业贿赂犯罪管辖的缺位与越位,主要应当建立商业贿赂犯罪管辖整合与连动机制。公安机关商业贿赂犯罪管辖严重缺位问题的解决,在很大程度上取决于一定数量的侦查人员正确运用法律。只有建设高素质的商业贿赂犯罪案件的侦查队伍,才能保证及时查处商业贿赂案件。公安机关相当部分的警力需要投入户籍管理、社会治安、交通维护、经济犯罪侦查等紧要环节,公安系统内部着实难以抽调出足够的办案人员承担商业贿赂犯罪的立案侦查任务。加之商业贿赂犯罪案件涉及的犯罪嫌疑人较为复杂、侦查周期较长,更进一步增大了公安机关工作人员的办案难度。我们建议,基于商业贿赂犯罪广泛性、隐蔽性、复杂性的现实特点,可以考虑从工商行政管理机关和检察机关抽调部分经验丰富的侦办人员,充实到公安机关,系统整合后成立商业贿赂犯罪调查科。从而专门从事公司、企业、其他单位工作人员受贿罪和对公司、企业、其他单位人员行贿罪的立案侦查、移送起诉的工作,保证公安机关对商业贿赂犯罪案件的有效查处。

同时,为减少发生管辖越位的概率,检察机关亦亟待强化内部制约机制。(1)切实推行公诉引导侦查机制。公诉部门的主诉检察官提前介入案件侦查,参与案件定性讨论,引导反贪部门侦查人员收集证据。在侦查阶段就可以集中公诉人员和侦查人员的法律专长,对案件性质作出准确把握,使公诉人员和侦查人员对案件的基本性质达成一致,最大限度地防止“先把受贿案子立起来,到公诉阶段再改罪名”的现象。这不仅是基于规范刑事诉讼法立案管辖实践操作的考虑,更是为了保障涉嫌商业贿赂的犯罪嫌疑人及其侦查阶段的委托律师清晰、明确地了解涉嫌罪名,以便厘清辩护理由或者依据,避免在刑事诉讼过渡到下一阶段时即被更改罪名,使程序性权利被减损。(2)在审查批捕阶段,建立侦监部门案件管辖的合法性监督机制。《刑事诉讼法》规定,对于检察机关在侦查、批捕环节发现的不应由检察机关管辖的案件,人民检察院应当立即将案件移送给公安机关管辖。侦监部门在审查批捕的时候,应当将管辖的合法性作为审查的主要内容,严格行使侦查监督权。经审查发现不应由人民检察院管辖的,应由承办人提出,经部门领导或主管检察长同意,经检察长决定,立即将案件移送给有管辖权的公安机关。目前,侦查监督部门在审查批准逮捕犯罪嫌疑人时,往往较注重证据审查,以决定是否对犯罪嫌疑人采取逮捕措施,对案件管辖问题缺乏足够重视,这种情况应当加以改变。侦查监督部门在批准逮捕的同时，应当对案件职能管辖的合法性问题进行审查，及时提出审查意见，严格按照法律规定进行移送。

（六）强化商业贿赂犯罪案件移送

查处商业贿赂违法犯罪的有关部门应规范和完善衔接机制，加强协调配合和沟通联系，明确案件移送的标准及责任，推进行贿档案查询系统建设，建立司法信息共享平台，形成治理商业贿赂违法犯罪的合力。建立协作机制，互通政策，理顺程序，能够统一对商业贿赂案件查办工作的认识，明确执法要求。

加大对商业贿赂行为的查处力度，离不开检察机关与工商行政管理机关的通力协作。[1] 应尽快研究并明确执法办案规范，建立有利于案件移送的工作机制。笔者建议，从省（直辖市、自治区）级层面将有关侦查部门办理商业贿赂案件时需注意和落实的工作与要求确定下来，制定统一的可操作性规范。同时，还应就检察机关与工商行政管理机关的工作协作以及衔接方面作出具体的规定。检察机关在要求工商管理机关提供相关信息的同时，通过软件内容的设计，也可以将职务犯罪案件侦查中有关商业行贿单位的信息向工商管理机关提供，从而形成信息共享、工作互动。

此外，检察机关与工商行政执法机关还应建立定期联席会议，加强对查处和打击商业贿赂案件中新颖、疑难、复杂问题的研究探讨。同时结合实际，提出工作思路及对策，增强工作合力和执法效能，实现行政执法与刑事司法查办案件在认识上的衔接，保证检察机关全面知悉行政部门处理相关案件中的数额认定、价值计算等关键证据标准，保证其综合掌握提供证据的行政机关证据形式要件、程序要件，防止出现因缺乏同行政机关沟通而忽略了关键证据。

根据《刑事诉讼法》以及相关司法解释的规定，公安机关侦查刑事案件涉及人民检察院管辖的贪污贿赂案件时，应当将贪污贿赂案件移送人民检察院；人民检察院侦查贪污贿赂案件涉及公安机关管辖的刑事案件，应当将属于公安机关管辖的刑事案件移送公安机关。在上述情况中，如果涉嫌主罪属于公安机关管辖，由公安机关为主侦查，人民检察院予以配合；如果涉嫌主罪属于人民检察院管辖，由人民检察院为主侦查，公安机关予以配合。以现行信息平台为基础而建立的商业贿赂双向移送机制不仅包括行政案件向刑事司法程序流转，也应当包括从刑事司法向行政执法的转化。侦查机关对初查后不予立案的案件以及侦查过程中发现的违法但尚未达到犯罪标准的情况应当及时向行政机关通报。通过移送与互动，保证商业贿赂案件的全面整治。例如，对于涉及商业行贿的案件，检察机关的侦查部门在案件侦查终结时，对于行贿单位是否构成犯罪，会得出一个明确的结论。主要有 3 种情形：（1）构成犯罪的，移送审查起诉；（2）虽有行贿事实，但不符合犯罪构成要件的，依法撤销案件；（3）对未予立案仅作为污点证人的行贿单位，一般会随受贿案件移送审查起诉。对于第一种情形，公诉部门除了根据案情对行贿单位作出相对不起诉决定，会向法院提起公诉，法院将根据犯罪事实作出罚金刑

[1] 参见杨宏亮：《商业贿赂案件刑事司法与行政执法衔接问题研究》，载《人民检察》2006 年第 8 期。

的裁判。对于第二种、第三种情形,侦查机关、公诉部门和审判机关是不会再对行贿单位作出刑事方面的实体性处理的。笔者认为,从有利于刑事司法与行政执法相衔接,以及防止遗漏、便于统一移送的角度考虑,对于上述第二种、第三种情形的行贿单位,应统一于侦查部门,在侦查终结或作出撤案决定后的 15 日内,向工商行政管理机关移送。而对于侦查部门移送审查起诉后,公诉部门作出相对不起诉的案件,侦查部门则应在收到不起诉案件决定书起 15 日内,办理完移送手续。工商行政管理机关、公安机关对查处的商业贿赂行为,也应当向检察机关移送,以便接受检察机关的监督。对检察机关和公安机关、工商行政管理机关互相通报、移送的商业贿赂犯罪和违法情况,双方要将处理结果向对方及时反馈。

第四章 证券期货犯罪对策研究

第一节 证券期货市场效率的刑事法律保护

证券期货市场的高效与稳定运行、资源公正分配以及可持续发展，对于全球金融市场的繁荣与实体经济的增长具有重要影响。证券期货市场刑法的规范建构与适用，具有保障证券期货市场的运作机制与正常监管，维护金融市场与经济基础稳定的制度价值。证券期货市场具有高速技术创新、发展变革迅猛、覆盖范围广泛的特点，客观上决定了证券期货市场法律规范具有调适性且趋于多元化。对于具有最后手段性与规范谦抑性的证券期货市场刑法保障措施而言，为了有效且适度地规制证券期货市场犯罪，证券期货市场刑法在规范建构与司法适用上，具有区别于普通刑法以及经济刑法中其他规范的重要特征。例如，犯罪行为类型复杂、多层授权立法、多重兜底条款等。

德国刑法理论对证券期货市场刑法原理进行了最早且精致的论证，德国刑法实践对证券期货市场刑法规范的制定与应用进行了相对全面的探索。尽管中国证券期货市场的发展以及相关法律规范保障，相对于德国证券期货市场操作与法律实践，在规模、阶段、速度、水平等方面存在较大差异，但是，以批判性的理论视角，深入分析德国证券期货市场刑法的保护法益、犯罪类型、构成特征、核心罪名刑法适用等问题，对于中国证券期货市场刑法具有重大的理论与实践价值。在比较、批判、互动的过程中，理性借鉴德国刑法优质的逻辑思辨与实用的实践内核，有助于深度思考中国证券期货市场刑法的规范建构与优化、刑事司法适用、刑法理论升华以及刑法学科细分等问题。

一、证券期货市场犯罪与证券期货市场刑法逻辑起点

（一）概念整合

证券期货市场是金融市场的组成部分，是指证券融资或中长期（一年期以上）资金借贷市场。[1] 证券期货市场区别于短期债券、外汇、商品期货等其他类型金融市场的关键特征在于，公司或者主权实体基于融资需要而在证券期货市场发行并供投资者交易的股票、债券等证券产品是一种中长期资金需求与供给关系。[2] 证券期货市场向公司或者主权实体提供融资平台，使其在承担融资成本的前提下，通过证券发行实现资金获取；证券期货市场向市场参与者提供投资平台，使其在承担市场价格变动风险的前提

〔1〕 Steven M. Sheffrin, *Economics: Principles in Action*, Pearson Prentice Hall, 2003, p. 283.

〔2〕 Creifeld, Rechtswöterbuch, 20. Auflage, Verlag C. H. Beck, 1992, S. 636.

下,通过证券交易实现盈利或者规避风险。因此,证券期货市场实际上是作为金融商品类型之一的证券商品与市场资金之间的资源优化配置机制。

证券期货市场犯罪是以违反证券、期货、衍生品等金融法律法规的手段,人为控制市场发行、交易、信息效率,直接影响金融商品交易价格、交易量,或者间接影响投资于特定证券期货市场或者特定金融商品交易的资金流向,或者利用信息优势、信息操纵谋取不正当交易利润,阻碍或者排斥证券期货市场正常运行机制,情节严重且根据刑法规范应当通过刑事处罚的方式进行惩治与预防的市场行为。根据我国《刑法》的规定,证券期货市场犯罪包括内线交易(《刑法》第180条内幕交易、泄露内幕信息罪和利用未公开信息交易罪)、市场操纵(《刑法》第181条编造并传播证券、期货交易虚假信息罪和诱编投资者买卖证券、期货合约罪,第182条操纵证券、期货市场罪)以及虚假陈述(《刑法》第161条违规披露、不披露重要信息罪)。

证券期货市场法(Kapitalmarktrecht)是德国法律理论与实践中的一个重要范畴。证券期货市场法并非一部特定的法律文本,而是对规范证券期货市场运行相关法律法规的总称。美国以及欧盟其他国家在法律理论层面也会使用证券期货市场法的概念,但主要还是在公司法、证券法、金融法等范畴下建构规范文本、适用法律规则以及研究证券期货市场法律制度。从德国证券期货市场立法实践来看,德国《证券交易法》(Wertpapierhandelsgesetz-WpHG)是证券期货市场法律规范体系中最基础且最重要的法律,对证券期货市场上证券产品发行、交易以及与此相关的金融服务、投资者权益问题进行了全面的规定。

证券期货市场刑法(Kapitalmarktstrafrecht)是以刑罚措施规制与震慑证券期货市场犯罪行为的刑法规范总称。在德国公司、证券、基金、银行、保险、信托等经济与金融法律规范中,存在大量危害证券期货市场融资与投资机制的刑事罚则,故德国证券期货市场刑法规范相当部分表现为相关证券期货市场法(主要是《证券交易法》)的刑事罚则,还有部分则集中于《德国刑法典》(Strafgesetzbuch-StGB)证券犯罪以及其他侵犯证券期货市场投资秩序犯罪的刑法法条之中。根据德国证券期货市场刑法理论的界定,证券期货市场刑法覆盖所有直接或间接与证券期货市场以及证券期货市场行为相关的刑事实体规范。[1] 可见,证券期货市场刑法同样并非一部法典或者一项特定的法律文本,而是刑法规范保障体系;证券期货市场刑法原理并非一种单一化的概念界限,而是从刑法的角度对证券期货市场进行的法律理论观察。

证券期货市场刑法是德国刑法理论与实践中的一个非常年轻却发展迅猛的概念。随着2008年全球金融危机、2010年欧债危机、2011年欧元动荡等一系列金融市场系统性风险爆发与稳定性基础动摇,严重危害金融市场可持续发展的证券期货市场违法犯罪行为受到德国刑法理论的高度关注。在金融风险频繁触发的时代背景下,证券期货市场犯罪成为经济犯罪法律实践中热点与难点集中的犯罪类型,证券期货市场刑法相

---

〔1〕 Park, Kapitalmarktstrafrecht, 2. Auflage, Nomos Verlagsges. Mbh Co, 2008, S. 2.

应地成为经济刑法体系下的一个重点领域,甚至在学科建设上构造经济刑法的子学科——证券期货市场刑法学。

证券期货市场刑法的概念整合可谓德国刑法理论的创新,但其意义显然不局限于单纯的理论研究。证券期货市场刑法概念整合的实践价值在于将所有保护证券期货市场的刑法规范进行系统性分析,其目的是更加清晰地阐释与说明刑法规定的这一类犯罪所预期保护的社会利益的内容,从而针对证券期货市场的运行机制与监管特点配置具有效率的刑法规范或者进行符合证券期货市场经济规律的刑法适用。

(二)法益保护

根据德国证券期货市场刑法理论,证券期货市场刑法最重要的目的在于保护投资者权益与证券期货市场的健全性,而健全的证券期货市场显然服务于投资者权益保障。[1] 对于证券期货市场投资者权益保护的具体内涵,在德国证券期货市场刑法理论上,主要有"投资者财产权论""投资者市场信赖论""投资者信息平等论"3 种观点。

"投资者财产权论"认为,证券期货市场刑法在宏观上或抽象上保护的是一种超个体法益,但是,将这种抽象解释具体化到证券期货市场犯罪的每个刑法规范本身,实际上都聚焦于投资者财产权益的个体法益。[2] 上市公司的高级管理人员以及其他与上市公司具有关联的主体,以牺牲外部投资者利益的代价进行大规模的市场操纵与内线交易,这种犯罪行为对投资者购买相关证券所形成的财产权益形成极大的损害风险。尤其是在全球证券期货市场吸引各种类型的保险资金与养老基金参与投资的背景下,证券期货市场犯罪行为对民生产生严重威胁。证券期货市场刑法对此进行震慑和规制,是对投资者财产权益真实且具体的制度保障。

"投资者市场信赖论"认为,证券期货市场刑法并非直接且简单地保护投资者财产权益,而是实质性地保护投资者对证券期货市场机制的信赖。[3] 证券期货市场刑法通过刑罚强制措施惩治与震慑内线交易、市场操纵等滥用证券期货市场机制的犯罪行为,从而促使投资者始终信任证券期货市场能够在分配公正与公平的基础上实现优化资源配置的市场机制。这种观点实际上是信赖保护理论在证券期货市场刑法中的具体化展开。证券期货市场赖以存在与发展的基础在于证券产品发行后的资金融通与证券产品投资与交易过程中的资金增值。资金持有者或者投资者基于对不受法律控制的证券犯罪的担忧而对证券期货市场丧失信任,资金供给方便会将资本资源转移至其他市场,不仅撼动证券期货市场的基础,而且会因为可能出现的资本盲目配置而造成资源使用低效与浪费。故证券期货市场刑法旨在维护投资者对市场效率与公平的信赖。

"投资者信息平等论"认为,证券期货市场刑法保护的重点在于保障投资者得以在

---

〔1〕 Schmitz, Derstrafrechtliche Schutz des Kaplitalmarkts, ZStW 115(2003), S. 508.

〔2〕 Park, Kapitalmarktstrafrecht und Anlegerschutz, NStZ 2007, S. 370.

〔3〕 Ibid.

公开、平等、正确、完整的信息披露与传播机制下对证券产品的购买与交易作出决策,防止上市公司内部人以及证券期货市场上具有信息优势的人员基于信息失衡损害投资者利益。[1] 证券期货市场信息是对证券商品供求关系以及市场参与者态度等各种事实的表达或认知,是理性投资者参与证券期货市场交易的基础。虚假陈述、内线交易、市场操纵等证券期货市场犯罪行为基本上都是基于行为主体的信息优势而实施与完成的,故证券期货市场刑法保障外部投资者的信息平等权,能够在很大程度上概括投资者权益保护的实然内涵。

应当认识到,深度分析与精准确定证券期货市场刑法的法益,不仅是对其立法价值的理论追问,更有利于立法与司法实务部门从宏观上把握证券期货市场犯罪的实质。以批判性的视角分析德国经济刑法理论有关证券期货市场法益的论辩,其有益之处在于较为全面地阐述了证券期货市场中需要刑法规范予以强化保护的有效竞争机制与各种合法权益;其不足之处在于未能明确把握证券期货市场刑法保护的根本价值,也没有合理确定与这种价值紧密关联的各种法律权益与规范秩序在法益保护序列中的位阶。笔者认为,证券期货市场刑法保护的法益是社会资金与证券商品之间资源优化配置的市场机制,投资者财产权、市场信赖、信息公平等实际上都是证券期货市场刑法中规定的某种特定犯罪所侧重保护的社会利益,这些证券期货市场犯罪个罪层面的具体法益构成了完整的证券期货市场刑法的整体法益。

市场的建构与发展都指向资源优化配置的价值追求。证券期货市场作为市场类型之一,显然不能脱离市场的本质特征。公平、公正、公开的资本与证券商品之间的交易,能够为实体经济发展筹措大规模资金,根据市场资本自由流动的实际效果反映金融资产的供求关系,实现价格发现功能,指导投资者理性配置资产。从理论上来讲,一个没有证券犯罪、秩序井然的证券期货市场能够最大限度地降低交易成本并发挥证券期货市场体系融资、配置资源、服务实体经济等功能。但是,在金融实践中始终存在内线交易与市场操纵等证券期货市场犯罪。从经济学的视角分析,内线交易等证券期货市场犯罪增加了证券发行者筹集资本与各类市场主体参与融资与投资竞争的成本,扰乱了金融交易机制,从而阻碍了实体经济的增长。[2] 证券期货市场刑法就是要恢复这种受到证券犯罪破坏的资本与证券商品之间资源优化配置的市场机制,保障证券期货市场本身的健康与完整。证券期货市场资源优化配置是充分竞争的结果,证券期货市场刑法应当通过刑法的最终手段性保障有效监管框架下市场竞争的资源分配,公正对待处于不同竞争水平的融资者与投资者。

以我国《刑法修正案(七)》新增的证券犯罪类型——利用未公开信息交易罪为例,证券公司、基金公司等金融机构在证券期货市场中扮演着金融服务者、交易参与者等多

---

〔1〕 Park, Kapitalmarktstrafrecht und Anlegerschutz, NStZ 2007, S. 370.

〔2〕 Utpal Bhattacharya & Hazem Daouk, *The World Price of Insider Trading*, The Journal of Finance, Vol. LⅦ, No. 1, 2002.

重角色，由于这些金融机构具有信息优势，刑法禁止金融机构从业人员利用职务获取对金融交易价格具有重大影响的未公开信息，有针对性提前于外部市场投资者买卖相关证券。利用未公开信息交易的刑事违法性形式上表现为这种行为使投资者蒙受了财产损失、动摇了证券期货市场的诚信基础、体现出信息失衡下的市场资源滥用等，但从实质上分析，利用未公开信息交易犯罪的危害本质在于，各类社会资本不是通过充分且公平的价格竞争方式获取或出售证券商品，而是破坏证券期货市场竞争，即具有资源优势的市场参与者事先建仓，通过滥用外部投资者的资金扭曲证券商品价格，先于市场资本平仓获利。

再以我国《刑法》第182条操纵证券、期货市场罪（也是本章所研究的证券犯罪类型）为例，刑法虽然禁止单独或者合谋集中资金优势、持股优势或者利用信息优势联合或者连续买卖，操纵证券交易价格或者证券交易量的行为，但并不干涉证券期货市场中的资金、持股、信息优势以及利用资源优势从事连续交易的行为。只要证券期货市场参与者没有人为制造相关证券的价量水平，无论竞争过程中投资者产生多少损失或者竞争双方实力如何悬殊，资金、持股、信息等优势只是证券期货市场中资金与证券商品等资源持有者之间充分竞争的起始状态或者终了结果，并非刑法规制的对象。因此，证券期货市场刑法保护的市场机制归根结底是竞争的效率性与公平性。

包括投资者权益保护、金融行业秩序、从业人员诚信等价值，实际上都是证券期货市场效率发挥与有序竞争机制保障下所表现出的不同层次的效果，而非证券期货市场刑法作为一个整体发挥其保障功能的作用对象，更不能将上述价值之一内化为证券期货市场刑法规范的一元化追求，否则，就会偏离证券期货市场的基础，从而在法律制度层面不合理地增加融资合规成本与阻碍投资竞争效率。证券期货市场存在与发展的正当性基础在于通过合理控制风险使市场参与者获取利润，其前提显然在于认可投资风险。这意味着证券期货市场刑法应当对风险具有较强的容忍度，不应当以积极介入的理念管控证券期货市场风险或者个别性风险。证券期货市场刑法只有设定其许可的投资风险边界，才能实现对证券期货市场系统性与制度性风险的防范与惩治，规制通过不正当手段规避证券期货市场风险获取巨额利润的行为，维护市场价格形成与发现机制的有效性。当然，应当强调的是，证券期货市场刑法整体保护证券期货市场运行机制的立法价值并不排斥其中的部分犯罪类型重点规制损害投资者权益的证券犯罪行为。这实际上是由证券期货市场刑法保护法益的层次性所决定的——证券期货市场刑法规范中的个罪或类罪完全可以侧重或全部以投资者权益为保护法益。例如，德国证券期货市场刑法中的虚假陈述罪以及我国刑法中的欺诈发行股票罪、违规披露、不披露重要信息罪等，都是以禁止证券欺诈犯罪行为为基础建构刑法规范，其保护法益明确地体现为投资者权益。

二、证券期货市场刑法规范框架

（一）证券期货市场犯罪的行为类型

德国刑法理论与实践通常将证券期货市场犯罪划分为两大部分：一是证券期货市

场法刑事罚则规定的犯罪类型;二是《德国刑法典》规定的与证券期货市场相关的犯罪类型。[1] 前者主要包括德国《证券交易法》规定的金融工具发行与交易过程中的虚假陈述、内线交易以及市场操纵等犯罪。[2] 后者主要包括《德国刑法典》第263条普通欺诈罪、[3]第264a条资本投资欺诈罪、[4]第265b条信用欺诈罪、[5]第266条背信罪、[6]第283条破产罪[7]等与证券或者证券发行人(上市公司)直接或间接关联的犯罪。尽管资本投资欺诈罪与信用欺诈罪的罪名在各国刑法上极少出现,但这两项罪名所规制的犯罪行为却是各国刑法所普遍关注的。根据《德国刑法典》的相关规定,在证券发行、承销以及公司增资扩股过程中,在招股说明书等文件中进行失实的利好陈述或隐瞒利空事实,或者虚构与证券价值关联的资产,影响证券投资决策的,构成资本投资欺诈罪,处3年以下监禁或罚金。在信贷、票据等任何形式的融资信用授予、展期、条款修改等过程中实施下列行为的,构成信用欺诈罪,处3年以下监禁或罚金:(1)提交失实或不完整的资产负债表、资产评估报告等文件;(2)在信用申请中就特定的商业项目进行失实或不完整的书面陈述;明知财务状况恶化而不在信用申请文件或者书面陈述予以说明。可见,德国刑法中的资本投资欺诈罪相当于有关欺诈发行证券的犯罪;信用欺诈罪相当于有关贷款、票据欺诈的犯罪。

我国《刑法》规定了相当数量的证券期货犯罪,刑法理论上主要也是使用证券期货犯罪的概念,[8]当然也有个别学者提出证券期货市场犯罪的概念。[9] 从刑法理论上看,我国学者关于证券期货犯罪或者证券期货市场犯罪的类型化解释主要有以下4种观点:(1)"广义论"认为,证券期货犯罪是严重破坏证券期货管理秩序的犯罪,包括危害证券期货发行、交易、管理秩序的犯罪以及与证券期货有关的(金融)诈骗犯罪、非法经营犯罪、职务犯罪等。"广义论"的实质内容与德国证券期货市场刑法理论的主流观点是一致的。(2)"修正的广义论"认为,证券期货市场犯罪是违反证券期货市场法律且严重破坏证券期货市场秩序的犯罪,包括证券期货市场发行环节犯罪、交易环节犯罪、管理环节犯罪、公司犯罪、贪污贿赂犯罪以及财产犯罪。[10] "修正的广义论"用证券期货市场犯罪的理论性概念替换证券期货犯罪的规范性表述,在证券期货市场犯罪类型界定层面与"广义论"不存在实质性差异,故"修正的广义论"与德国证券期货市场刑法理论的主流观点具有完全一致性。(3)"狭义论"认为,证券期货犯罪是与证券期

---

[1] Park, Kapitalmarktstrafrecht, 2. Auflage, Nomos Verlagsges. Mbh Co, 2008.

[2] WpHG § 38 Strafvorschriften.

[3] StGB § 263 Betrug.

[4] StGB § 264 a Kapitalanlagebetrug.

[5] StGB § 265 b Kreditbetrug.

[6] StGB § 266 Untreue.

[7] StGB § 283 Bankrott.

[8] 参见刘宪权:《证券期货犯罪理论与实务》,商务印书馆2005年版,第1页。

[9] 参见王晨:《证券期货犯罪的认定与处罚》,知识产权出版社2008年版,第22~23页。

[10] 参见刘建:《证券期货市场安全与刑法规制》,中国人民公安大学出版社2009年版,第126~127页。

货投资紧密关联的犯罪，包括欺诈发行股票、债券罪，违规披露、不披露重要信息罪，背信损害上市公司利益罪，背信运用受托财产罪等与证券期货投资直接关联的犯罪以及内幕交易罪，操纵证券、期货市场罪等完全属于证券期货投资领域的犯罪。[1]（4）"严格的狭义论"认为，证券期货犯罪只能是完全发生在证券期货市场上的犯罪类型，故只有内幕交易、泄露内幕交易罪，利用未公开信息交易罪，编造并传播证券、期货虚假信息罪，诱骗投资者买卖证券、期货合约罪，操纵证券、期货市场罪5种犯罪，才属于证券期货犯罪。[2]"严格的狭义论"以"整体性"标准界定证券期货犯罪类型，将违规信息披露、欺诈发行证券、伪造、变造证券、滥用证券管理职权等部分涉及公司管理或其他金融监管的犯罪严格排除在证券期货犯罪类型之外。

由于德国《证券交易法》将金融工具界定为证券（股票、债券）、期货、期权、互换等金融资产或者金融衍生品，[3]德国证券期货市场刑法所规定的犯罪类型与我国刑法中的证券期货犯罪以及与证券期货具有一定关联的犯罪大部分是相同的，[4]只是在具体理论阐释上，德国刑法理论对于将与证券期货市场直接或间接关联的犯罪集中在证券期货市场刑法项下进行分析，形成了相对一致的看法，而我国刑法理论尚未形成相对统一的认识。

笔者认为，德国证券期货市场刑法理论与我国证券期货犯罪理论对于犯罪类型的把握均存在结构性缺陷，导致刑法解释理论模糊了证券期货市场刑法保护的重点以及现有证券期货市场犯罪法律规范的关系，从而阻碍了证券期货市场刑法立法完善与刑事司法精准化的理论驱动。

德国证券期货市场刑法原理与我国证券期货犯罪理论中的"广义论""修正的广义论""狭义论"基本的缺陷在于将普通欺诈犯罪、金融诈骗犯罪、背信犯罪、破产犯罪等并非（主要）侵犯证券期货市场机制的犯罪纳入证券期货市场刑法范畴进行解释。正如上文所述，证券期货市场就是资金与证券商品之间进行资源优化配置的机制，而证券发行与交易（资金配置与流动）又是证券期货市场功能实现的具体执行。欺诈、背信等犯罪行为是传统经济刑法领域中主要侵犯他人合法产权的犯罪类型，并不涉及或主要涉及对证券发行与交易机制的危害。在上述刑法理论中，即便是犯罪类型范围最小的"狭义论"，也同样陷入了将犯罪行为对象或者犯罪涉及的因素为证券这一表象性特征作为证券期货市场犯罪类型化解释标准的误区——本质根源在于忽略了证券期货市场的现实作用。因为，从证券期货市场主要作用的角度进行分析，证券期货市场就是发行市场与交易市场的基本组合，发行市场承担证券产品发行者按照法律规定和发行程序

[1] 参见最高人民检察院法律政策研究室、中国证券监督管理委员会法律部编著：《证券期货犯罪司法认定指南》，中国人民公安大学出版社2009年版，第1页。

[2] 参见刘宪权：《金融犯罪刑法学专论》，北京大学出版社2010年版，第337页。

[3] WpHG § 2 Begriffsbestimmungen.

[4] 由于我国金融市场衍生品交易的发展与创新相对落后，相关金融法律法规尚未对金融衍生品进行系统性法律监管，导致刑法远未达到设置金融衍生品犯罪的立法条件。

向投资者首次出售或者增发出售全新证券的功能;交易市场承担投资者向其他投资者转让证券或证券等金融产品在投资者之间不断买卖的功能。[1] 证券期货市场刑法是对发行与交易机制的保障,故证券期货市场犯罪类型只能限定在侵犯证券发行与交易机制的范围之内,脱离证券期货市场基本价值的犯罪类型解释理论将会造成法益保护失焦,从而影响证券期货市场刑事立法完善的科学性以及证券期货市场犯罪在司法实践中实质解释的准确性。当然,我国证券期货犯罪理论中"严格的狭义论"则存在证券期货市场犯罪过度收窄的问题。尽管违规披露、不披露重要信息罪、欺诈发行股票、债券罪以及擅自发行股票、债券罪部分涉及非上市公司管理制度等问题,但这些罪名都是规制证券发行与交易环节中的信息披露、逃避监管等行为的犯罪类型,并且在美国、欧盟等全球重要证券期货市场法律规范框架下均属于虚假陈述犯罪,理应纳入证券期货市场刑法所规定的犯罪类型之中。

(二)证券期货市场犯罪的构成特征

德国证券期货市场刑法与我国证券期货犯罪在刑事立法实践上共同存在的缺陷在于,两者都将侵害证券、期货以及衍生品市场机制的犯罪行为集中在完全相同的犯罪构成内进行刑法评价——德国《证券交易法》将证券、期货、期权以及相关衍生品整合为金融工具,并在刑事罚则中将针对这些金融工具的犯罪行为统一规定为证券期货市场刑法项下的虚假陈述、内线交易、市场操纵等犯罪;我国《刑法》尽管在部分犯罪的罪名上区分证券犯罪与期货犯罪(如操纵证券、期货市场罪),但两者除了行为对象不同之外,其他构成要件完全相同。

笔者认为,不区分证券犯罪、期货犯罪以及衍生品犯罪的独立性特征而将其整体纳入证券期货市场刑法规范体系,或者在完全相同的犯罪构成要件中仅根据行为对象差异而简单区分证券犯罪与期货犯罪的罪名,深刻地体现出证券期货市场刑事立法科学性阙如,其实践结果便是司法适用的简单化、机械化,最终导致证券期货市场刑法规制能力的不足。

德国证券期货市场刑法与我国证券期货犯罪立法实践未能针对证券、期货以及其他衍生品的特点区分配置各种证券期货市场犯罪类型的构成要件,其根本原因在于,未能精确把握金融市场的基本结构和证券、期货、衍生品等各类细分市场及其各自的金融产品功能。正如前文所述,根据融资与投资是否具有中长期性为标准,金融市场可以分为证券期货市场(中长期资金市场)与货币市场(短期资金市场)。证券期货市场刑法就是保护中长期资金优化与各种证券类商品之间资源优化配置市场机制的具有最高强制力的法律规范。证券市场、期货市场、衍生品市场则是根据可供交易的金融商品类型为标准对金融市场进行的市场细分。因此,在逻辑上,显然不能将针对证券、期货以及衍生品市场的犯罪全部纳入证券期货市场刑法规范体系,在技术上,更不能对同种犯罪类型但行为对象存在证券、期货、衍生品之别的犯罪规定实质相同的犯罪构成。

---

〔1〕 See B. J. Foley, *Capital Markets*, London: Macmillan, 1991, p. 6.

证券期货市场刑法规范将证券、期货、衍生品等犯罪混同于证券期货市场犯罪进行规制,客观上将部分完全不具有侵害证券期货市场机制因素的犯罪进行错误归类与定位,影响了证券期货市场刑法规范结构的科学性与金融犯罪刑法规制的针对性。例如,商品期货(期权)、外汇期货(期权)以及与此相关的所有金融衍生品市场完全不具有证券期货市场的属性,与证券发行、交易完全无关,根本不具有中长期融资与投资的市场作用,而是承担对冲商品、外汇等现货价格风险与价格发现功能。侵犯商品、外汇期货及其衍生品市场机制的犯罪行为,其社会危害性集中体现为扰乱正常的风险对冲与价格发现机制。因此,商品、外汇期货及相关衍生品市场犯罪不属于证券期货市场刑法的规制领域。在期货以及衍生品市场整体架构中,只有以证券为基础资产的期货(如股票期货、股指期货、国债期货等)、期权(如股票权证等)及衍生品(如股票互换、债券互换等)的发行与交易,才属于证券期货市场的范畴,相关期货、期权及衍生品犯罪才属于证券期货市场犯罪。

证券期货市场刑法规范将证券、期货、衍生品等犯罪的构成要件进行实质上的等同化处理,实际上过度低估了针对不同金融商品实施金融犯罪的差异性,客观上造成了刑法规制的严重偏向,并且会导致对跨越不同类型金融市场实施犯罪行为的法律监管空白。

严重侵害证券、期货或衍生品市场机制的犯罪行为存在显著的区别,单一性的虚假陈述、内线交易或市场操纵的犯罪构成难以对其进行有效规制。我国 1997 年《刑法》只规定了证券犯罪,1999 年《刑法修正案》仅是直接在内幕交易、市场操纵等犯罪构成中加入了期货犯罪的形式,完全没有针对期货犯罪在行为实质上的特殊性制定充分且完整的立法对策,并且,我国刑法时至今日没有对金融衍生品市场中的内线交易、市场操纵犯罪进行立法思考。德国证券期货市场刑法将证券、期货以及衍生品统一规定为金融工具,与其说是证券期货市场犯罪行为对象的规范整合,不如说是忽略金融市场结构性差异的简单叠加。可见,无论是处于发展过程中的我国金融市场法律规范,还是处于相对成熟阶段的德国金融市场法律规则,都没有在刑法层面深刻分析证券、期货、衍生品犯罪的本质差异。事实上,正是金融市场类型与金融产品属性的不同,决定了证券、期货、衍生品犯罪的行为模式在具有共性的同时更存在实质性区别。以市场操纵犯罪为例——洗售、相对委托、连续买卖、“抢帽子”交易、虚假申报、开市(尾市)交易操纵等都是证券、期货市场以及部分场内集中交易的衍生品市场共有的操纵犯罪行为模式,但刑法不应当局限于这些共有的操纵行为类型而对证券市场操纵与期货市场操纵的犯罪构成进行等同化处理。商品期货市场中就存在囤积(corner)、轧空(squeeze)等完全区别于证券市场操纵的典型行为方式,这些期货市场操纵违法犯罪行为的核心在于利用商品期货市场中特有的现货与期货市场的价格关系以及交割、保证金交易等制度谋取现货市场控制下期货仓位的巨额利润。同时,基于商品期货交易所对于投机仓位的持仓数量限制以及套期保值交易的审批性监管,证券市场中常见的洗售、相对委托、连续买卖等并非商品期货市场中的基础或典型的操纵犯罪类型。所以,将完全基于证券市场违法犯罪行为分析而形成的犯罪构成不加修正地适用于侵犯商品期货等市场机制犯罪的刑法评价,基本脱离了刑法所保护的市场本身的逻辑与现实。笼统地建构证券期货市场刑法规范而未能形成独立的商品期货、外汇期货等非证券期货市场犯罪刑法规范体系,其法律规制偏向性的实践结果实际上是显而易见的:根据德国金融监管局(Bundesanstalt für Finanzdienstleistungsaufsicht-BaFin)有关证券交易与投资业务的数据统计,2008～2010 年,德国法院共判处 27 人构成内线交易罪,26 人构成市场操纵罪,上述有罪判决全部发生于证券市场而非期货、衍生品市场;[1] 根据我国市场公开材料,至今未审判过一起期货市场中的内线交易与市场操纵犯罪案件。

还应当看到,证券、期货、衍生品市场及其各类金融商品之间存在高度的关联性,行为人完全可以利用不同金融市场及其金融产品之间的价格影响关系进行跨市场犯罪。我国刑法在形式上区分证券犯罪与期货犯罪的罪名,在实质上又以证券犯罪为基础对所有证券期货市场犯罪构成进行等同化处理从而忽略期货市场的特殊性,不仅与德国证券期货市场刑法存在相同的偏向性规制问题(期货犯罪惩防法律依据不足),而且会出现对跨市场犯罪(尤其是市场操纵)法律监管的紊乱与失效。例如,建设银行系同时在我国 A 股与 H 股上市的股票,同时属于我国香港市场新华富时中国 25 指数期货合约的成分股。行为人在 A 股市场针对建设银行股票进行连续交易造成价格波动,基于 A 股与 H 股市场的关联度,建设银行的 H 股价格波动继而引起新华富时中国 25 指数期货合约。行为人通过事先建构的中国 25 指数期货合约仓位在股指期货价格波动中谋取巨额利润。可见,行为人连续交易影响股价的行为发生在 A 股市场,H 股市场相关股票价格波动作为中继,最终在相关股指期货市场谋取利润,整个行为过程涉及 2 个证券市场与 1 个股指期货市场。由于我国刑法在形式上将市场操纵犯罪分为操纵证券市场罪与操纵期货市场罪两个罪名,而上例中的影响股价行为发生在证券市场,股指期货波动结果出现在期货市场,证券市场影响行为与期货市场牟利结果分离,导致我国刑法既不能将之评价为操纵证券市场犯罪,也不能评价为操纵期货市场犯罪。加之我国刑法没有明确规定影响证券市场行为与控制期货市场结果之间可以合并构成所谓的操纵证券、期货市场罪,故我国刑法实际上根本无法规制跨市场操纵犯罪。

产生上述问题的症结仍然在于刑事立法理论与实践对于证券期货市场概念以及金融产品互动关系的认识存在模糊。证券是证券期货市场的基础商品,但这并不排斥一系列基于证券而建构的证券期货、证券期权、证券互换等产品成为证券期货市场衍生商品的现实性。发达证券期货市场早已成熟操作且我国曾经试行、正在运作或者逐步探索的国债期货、股票权证、股指期货、股权互换等建构与证券这一基础金融资产之上的证券衍生商品,充分体现了证券期货市场与期货市场、衍生品市场的关联。证券期货市场法律规范,一方面,应当深刻认识证券期货市场与其他金融市场之间的差异;另一方

---

〔1〕 See Jahresbericht der BaFin 2010 – Kapitel VI: Aufsicht über den Wertpapierhandel und das Investmentgeschäft.

面,必须把握基础金融资产与衍生资产之间依托与被依托的关系,灵活地建构以证券为核心的基础性证券期货市场与衍生性证券期货市场法律监管体系。对于证券期货市场刑事立法而言,在建构证券期货市场犯罪构成的过程中,既不能概括地将犯罪行为对象统一设定为所谓的金融工具,也不能机械地将其简单区分为证券、期货等,而是应当细致地将证券期货市场犯罪行为对象规定为证券、以证券为基础的期货(期权)以及其他以证券为基础的衍生工具(远期、互换等)。

分析至此我们可以清楚地看到,并非所有发生于证券期货市场,或者以证券期货市场中的金融商品或投资者为行为对象的犯罪都可以归属于证券期货市场犯罪类型,只有严重侵犯证券期货市场发行与交易机制的犯罪类型才属于证券期货市场刑法的规制对象。同时,证券期货市场系中长期资金融通与投资平台的基础定位及其与期货、衍生品市场的联动关系,决定了刑法界定证券期货市场犯罪的行为对象应当注重限定性与关联性。限定性意味着证券期货市场犯罪必须针对证券期货市场中的证券产品而实施;关联性意味着证券期货市场中的证券产品并不局限于狭义的证券,而应当包括以证券为基础的期货(期权)以及其他以证券为基础的衍生工具(远期、互换等)。所以,证券期货市场犯罪应当分为3大类型:虚假陈述、内线交易以及市场操纵。同时,所有类型的证券期货市场犯罪的核心都在于对证券期货市场机制的滥用,因此,证券期货市场犯罪的本质就是市场滥用,或者说证券期货市场犯罪就是市场滥用犯罪。结合我国现行《刑法》的规定来看,虚假陈述犯罪类型具体包括:欺诈发行股票、债券罪(《刑法》第160条),违规披露、不披露重要信息罪(《刑法》第161条),擅自发行股票、公司、企业债券罪(《刑法》第179条),编造并传播证券、期货交易虚假信息罪,诱骗投资者买卖证券、期货合约罪(《刑法》第181条);内线交易犯罪类型具体包括:内幕交易、泄露内幕信息罪、利用未公开信息交易罪(《刑法》第180条);市场操纵犯罪类型具体包括:操纵证券、期货市场罪(《刑法》第182条)。此外,我国《刑法》规定的上述虚假陈述、内线交易、市场操纵犯罪实际上是证券犯罪与期货犯罪的简单叠加,即不区分商品、证券、外汇、利率等不同基础资产的本质性差异而将所有针对期货合约的犯罪均纳入期货犯罪体系并直接规定在相关证券犯罪之后,并且,我国《刑法》长期没有对衍生品犯罪进行任何规制。因此,在刑事立法上逐渐将针对以证券为基础资产的期货实施的犯罪从期货犯罪中分离,并且制定以证券为基础资产的衍生品犯罪,应当成为今后证券期货市场刑法规范对证券期货市场犯罪类型进行完善的重要方向。

明确了证券期货市场刑法规定的犯罪类型范围,可以进一步通过考察这些证券期货市场犯罪在构成上的特征,明确刑事立法与司法适用上需要选择与阐释的重要问题。

第二节 内幕交易犯罪法律适用对策

内幕交易犯罪的实质危害均聚焦于行为人触犯证券期货市场竞争规则而制造不公

平的信息优势,即违反证券期货市场法律规范利用尚未公开信息的经济价值从事相关金融交易、损害其他市场参与者合法权益。证券期货市场中的重大未公开信息的经济价值表现为其能够有效地揭示金融商品市场价格与实际价值之间的价差。法律并不一般性地禁止利用私有信息从事金融交易,也不禁止基于对市场公开信息获取能力差异形成竞争优势而获取金融交易利润,而是禁止滥用信息优势与证券期货市场信息的经济价值并从价差发现与相关金融交易中获取利益的行为。有效的信息传递与公平的信息竞争是证券期货市场参与者投入资本参与金融商品价格发现的市场基础。内幕交易犯罪滥用了应及时向市场所有参与者披露的信息的经济价值,通过证券期货市场刑法规制内幕交易犯罪,其价值在于保障与提升证券期货市场的信息效率。

我国刑法对内幕交易犯罪的刑事规制经历了一个从无到有、从立法探索到司法实践的艰难过程,我国证券期货市场上不仅客观上存在严重的内幕交易、泄露内幕信息的行为,而且这类行为对证券期货市场管理秩序和投资者合法权益的危害越来越严重,犯罪数额越来越巨大,证券期货市场中滋生内幕交易犯罪的环节越来越多样,上市公司资产重组、并购、财务状况显著变化、重大合同等环节都存在内幕交易、泄露内幕信息违法犯罪行为。这意味着在司法实践中内幕交易犯罪的认定问题越来越疑难与复杂。内幕交易犯罪与法律实践应对在互相博弈中,深刻体现着内幕交易犯罪刑法理论研究的价值。

由于内幕交易等证券、期货欺诈行为为相关内幕信息知悉人员提供了不正当的信息优势,严重撼动市场交易的公正性,对证券期货交易市场具有灾难性危害,各国政府继美国之后都纷纷对内幕交易行为进行法律规制。尤其是在资本国际流动的金融全球化背景下,建构与维护一个具有全球信息交流通畅与公平的证券期货市场势必成为现实要求。因此,如何在证券期货市场国际化的同时加强法律监管,以有效遏止和抑制证券期货内幕交易违法犯罪活动,已成为摆在世界各国面前的一项紧迫任务。

我国刑法针对内幕交易、泄露内幕信息犯罪行为建构相对完整的刑事规范框架,最终确定于 2009 年 2 月 28 日第十一届全国人民代表大会常务委员会第七次会议通过的各界广泛关注的《刑法修正案(七)》。《刑法修正案(七)》对内幕交易、泄露内幕信息罪的犯罪构成进行了重要的补充与完善。

我国 1997 年《刑法》第 180 条内幕交易罪的行为构成比较单一,主要是指内幕信息知情者或者非法获取者,在涉及证券的发行,证券、期货交易或者其他对证券、期货交易价格有重大影响的信息尚未公开前,买入或者卖出该证券,或者从事与该内幕信息有关的期货交易。《刑法修正案(七)》在内幕交易罪中增加了"明示、暗示他人从事上述交易活动"这种行为模式,完善了内幕交易犯罪行为的刑法规制。

经《刑法修正案(七)》完善后的《刑法》第 180 条内幕交易、泄露内幕信息罪规定:"证券、期货交易内幕信息的知情人员或者非法获取证券、期货交易内幕信息的人员,在涉及证券的发行,证券、期货交易或者其他对证券、期货交易价格有重大影响的信息尚未公开前,买入或者卖出该证券,或者从事与该内幕信息有关的期货交易,或者泄露该信息,或者明示、暗示他人从事上述交易活动,情节严重的,处五年以下有期徒刑或者拘役,并处或者单处违法所得一倍以上五倍以下罚金;情节特别严重的,处五年以上十年以下有期徒刑,并处违法所得一倍以上五倍以下罚金。单位犯前款罪的,对单位判处罚金,并对其直接负责的主管人员和其他直接责任人员,处五年以下有期徒刑或者拘役。内幕信息、知情人员的范围,依照法律、行政法规的规定确定。证券交易所、期货交易所、证券公司、期货经纪公司、基金管理公司、商业银行、保险公司等金融机构的从业人员以及有关监管部门或者行业协会的工作人员,利用因职务便利获取的内幕信息以外的其他未公开的信息,违反规定,从事与该信息相关的证券、期货交易活动,或者明示、暗示他人从事相关交易活动,情节严重的,依照第一款的规定处罚。"

一、内幕交易犯罪的构成要件与刑法解释

内幕交易犯罪与其他证券期货市场犯罪一样,其主要侵犯的客体理应是证券期货市场的管理秩序,最主要的是对证券期货市场的公平、公开和公正三大原则的破坏。当然,内幕交易犯罪也必然侵害广大投资者的合法权益,其中主要是侵害了投资者在证券期货市场上对有关投资信息享有的平等知情权。同时,这两方面是有着密切联系的,因为投资者一旦丧失了平等的知情权,其在市场所处的地位就极为不利,在这种环境下从事证券、期货交易必然产生混乱的局面,从而扰乱证券期货市场的管理秩序。内幕交易、泄露内幕信息罪的犯罪对象是内幕信息,其实行行为包括直接利用该信息从事相关证券期货交易、泄露内幕信息或者建议他人从事相关交易活动3种方式,犯罪主体包括内幕信息知情人员、非法获取内幕信息人员两种类型,本罪的主观方面表现为故意。由于我国《刑法》规定的内幕交易、泄露内幕信息罪各个构成要素与证券期货实践具有紧密联系,从刑法的角度进行准确把握存在一定的难度,故有必要对本罪的构成特征进行论证与分析,为司法实践提供一个精准的内幕交易、泄露内幕信息罪的法律规格。

(一)内幕交易犯罪的行为对象:有价信息(内幕信息)

根据我国《刑法》第180条内幕交易、泄露内幕信息罪的规定,内幕信息的范围,依照法律、行政法规的规定确定。因此,同上述世界各国有关内幕信息的法律规定一样,我国刑法规定的内幕交易、泄露内幕信息罪的犯罪对象也是由相关证券期货行政法律法规进行具体界定。

根据我国《证券法》第75条的规定,证券交易活动中,涉及公司的经营、财务或者对该公司证券的市场价格有重大影响的尚未公开的信息,为内幕信息。同时,根据《证券法》第67条、第75条的具体规定,内幕信息主要包括以下内容:一是与上市公司重大事件相关的信息。具体包括:(1)公司的经营方针和经营范围的重大变化。(2)公司的重大投资行为和重大的购置财产的决定。(3)公司订立重要合同,可能对公司的资产、负债、权益和经营成果产生重要影响。(4)公司发生重大债务和未能清偿到期重大债务的违约情况。(5)公司发生重大亏损或者重大损失。(6)公司生产经营的外部条件发生的重大变化。例如,新公布的法律、法规、规章、行业政策可能对公司产生重大影响。(7)公司的董事、1/3以上监事或者经理发生变动。(8)持有公司5%以上股份的

股东或者实际控制人,其持有股份或者控制公司的情况发生较大变化。(9)公司减资、合并、分立、解散及申请破产的决定。(10)涉及公司的重大诉讼,股东大会、董事会决议被依法撤销或者宣告无效。例如,法院裁决禁止控股股东转让其所持股份;任一股东所持公司5%以上股份被质押、冻结、司法拍卖、托管、设定信托或者被依法限制表决权;主要资产被法院查封、扣押、冻结等。(11)公司涉嫌犯罪被司法机关立案调查,公司董事、监事、高级管理人员涉嫌犯罪被司法机关采取强制措施。董事、监事、经理、副经理或者其他高级管理人员执行公司职务时违反法律、行政法规或者公司章程的规定,给公司造成损害的,应当承担赔偿责任,对上市公司证券交易价格势必产生影响。尚未公开的公司的董事、监事、经理、副经理或者其他高级管理人员的损害赔偿责任,是内幕信息。二是与上市公司重要决策或行为相关的信息。主要包括:(1)有关公司分配股利或者增资的信息。公司分配股利信息,是指公司将弥补亏损和提取法定公积金、法定公益金后所余利润如何分配给股东的计划。公司增资信息,是指公司增加注册资本的计划,包括增加多少注册资本、如何增加注册资本的计划。公司分配股利或者增资的计划涉及公司的财务、经营,或者会对该公司证券的市场价格产生重大影响,因而属于内幕信息。(2)有关公司债务担保、相关资产重大变动的信息。公司在经营过程中,因某种原因而承担债务时,可以向债权人提供担保,以保证债权人的债权得到实现。如果公司债务担保发生了重大变化,那么,债权人为保证其债权能够得到实现,可能会对公司采取一些重大措施,从而对公司的经营、财务产生重大影响。公司营业用主要资产的抵押、出售或者报废一次超过该资产的30%,应当认定为内幕信息。抵押是指公司以其用于经营的主要资产向债权人提供担保。主要资产的出售是指公司将其用于经营的主要资产卖给他人,以获取一定数量的资金。公司营业用主要资产的抵押或者出售,必然会对公司的经营、财务产生重大影响,而对该公司证券的市场价格产生影响。(3)有关公司收购的信息。上市公司收购是投资者公开收购股份有限公司已依法发行上市的股份以达到对该股份有限公司控股或者兼并目的的行为。收购某一股份有限公司的股票,必然对该公司股票的市场供求产生重大影响,也会对公司的经营、财务产生重大影响。因此,上市公司收购的有关方案在公开以前,是内幕信息。三是国务院证券监督管理机构认定的对证券交易价格有显著影响的其他重要信息。由于《证券法》第75条对内幕信息的界定设置了兜底条款,规定国务院证券监督管理机构认定的对证券交易价格有显著影响的其他重要信息同样构成内幕信息。因此,中国证券监督管理委员会根据《证券法》《公司法》《上市公司信息披露办法》等一系列行政法律、法规、规章等法律规范依法认定的与上市公司有关的内幕信息,都可以使刑法内幕交易、泄露内幕信息罪中作为犯罪对象意义上的证券内幕信息。

根据《期货交易管理条例》第81条第11款的规定,期货内幕信息,是指可能对期货交易价格产生重大影响的尚未公开的信息,包括国务院期货监督管理机构以及其他相关部门制定的对期货交易价格可能发生重大影响的政策,期货交易所做出的可能对期货交易价格发生重大影响的决定,期货交易所会员、客户的资金和交易动向以及国务院期货监督管理机构认定的对期货交易价格有显著影响的其他重要信息。可见,期货内幕信息的具体内容上与证券内幕信息存在很大差异,主要表现为期货监管部门以及相关行政部门对于期货及其对应的现货所指定的政策以及与期货供求关系有关的重大交易信息。

对于内幕交易、泄露内幕信息罪的犯罪对象内幕信息应当具有哪些特征,我国刑法理论上观点基本相同,但在具体表述上又颇不一致。有学者认为,内幕信息的特征具有两个特征:一是秘密性,二是重要性。[1] 有学者认为,内幕信息的特征:一是未公开性,二是敏感性。[2] 也有学者认为,内幕信息有三个基本要素:一是应为内幕人员所知悉;二是应为未公开的信息,即公众尚未获取或经合法渠道无法获取的信息;三是应具有价格敏感性,即有可能引起公司证券价格的波动。[3] 还有学者认为,内幕信息具有以下特征:一是相关性,即该信息与证券发行及证券、期货交易等活动相联系。二是未公开性,即有关的重要信息和资料尚未通过法定的方式向社会公众和投资者公开,该信息尚处于保密状态。三是重要性,即该信息公开后能对证券期货市场价格、产生下跌或上扬的实质性影响,从而能使证券期货市场合约的持有人获利或遭受损失。[4] 更有学者认为,内幕信息应该具备4个条件:一必须是尚未公开的信息;二必须是真实、准确的信息,这样就将内幕交易与利用谣传的证券、期货操纵行为或虚假陈述的欺诈行为区分开来;三必须是与可转让证券发行人或可转让证券有关的信息;四必须是影响证券期货市场价格波动的信息。[5] 实际上,从《刑法》第180条内幕交易、泄露内幕信息罪的规定来看,刑法禁止的是内幕信息知情人员或非法获取内幕信息人员在涉及证券的发行,证券、期货交易或者其他对证券、期货交易价格有重大影响的信息尚未公开前,从事相关证券期货交易或者泄露内幕信息。可见,刑法文本中对内幕信息进行特征限定的要素集中表现为"对证券、期货交易价格有重大影响"与"尚未公开"。同时,从《证券法》《期货交易管理条例》等法律法规的规定分析,这些前置性法律规定同样是明确地从对证券期货交易价格的重大影响与信息本身尚未公开两个角度对内幕信息的特征进行限定。结合特征表述法定性、简洁性与金融实务惯例的考虑,笔者认为,作为内幕交易、泄露内幕信息罪犯罪对象的内幕信息,具有两个特征:未公开性与价格敏感性。

(二)内幕交易犯罪的客观行为:信息价值滥用

根据我国《刑法》第180条的规定,内幕交易、泄露内幕信息罪在客观行为上表现

---

〔1〕 参见赵秉志主编:《破坏金融管理秩序犯罪疑难问题司法对策》,吉林人民出版社2000年版,第186页;胡启忠等:《金融犯罪论》,西南财经大学出版社2001年版,第268页。

〔2〕 参见薛瑞麟主编:《金融犯罪研究》,中国政法大学出版社2000年版,第262页。

〔3〕 参见郭立新、杨迎泽主编:《刑法分则适用疑难问题解》,中国检察出版社2000年版,第86页。

〔4〕 参见马长生、张惠芳:《论内幕交易、泄露内幕信息罪》,载赵秉志主编:《新千年刑法热点问题研究与适用》,中国检察出版社2001年版,第825~826页。

〔5〕 参见孙昌军、易建华:《关于内幕交易罪几个问题的研究》,载赵秉志主编:《新千年刑法热点问题研究与适用》,中国检察出版社2001年版,第842~844页。

为在涉及证券的发行,证券、期货交易或者其他对证券、期货交易价格有重大影响的信息尚未公开前,买入或者卖出该证券,或者从事与该内幕信息有关的期货交易,或者泄露该信息,或者明示、暗示他人从事上述交易活动。从罪状结构的角度分析,本罪客观行为要素可以进一步解构为两大部分:一是行为条件,即内幕交易、泄露内幕信息行为的实施前提和基础是内幕信息形成且尚未公开;二是行为模式,具体包括本人或者由本人实际控制的人实施相关证券、期货交易,或者泄露内幕信息,或者建议他人实施相关证券、期货交易。

在内幕交易罪客观行为特征的实践把握上,最突出的疑难问题体现在如何理解行为条件要素,即证明行为人实施内幕交易犯罪行为,控方是否必须证明行为人"利用"内幕信息?这里所谓的"利用",就是指行为人在涉及证券、期货的发行、交易或者其他对证券、期货交易价格有重大影响的信息尚未正式公开前,利用自己所知道的内幕信息,掌握有利的条件和时机,进行证券、期货的买入或者卖出。

对于利用内幕信息是否为构成内幕交易罪的必要要件,美国证券期货法律立法与司法实际上存在一定的分歧。从美国联邦法律的规定分析,指控内幕交易犯罪无须证明"利用"内幕信息。例如,美国《证券法》《证券交易法》《内部人交易与证券欺诈执行法》都建筑在戒绝交易理论的基础之上。根据戒绝交易理论,内幕消息知情人员或者非法获取人员,完全不能从事与内幕信息相关的任何证券期货交易。[1] 因此,上述美国联邦法律均否定"利用"要件是构成内幕交易的必备要件,内部人员只要在交易时知道"内幕信息",不管交易是否利用了这些信息,都应受惩罚。但是,美国在判例实践中坚持禁止私用理论。根据禁止私用理论,内幕信息知情人员或者非法获取者,禁止利用内幕信息进行证券期货交易谋取私利,但刑法并不绝对地禁止不以利用内幕信息进行相关交易的行为。[2] 所以,美国联邦法院的相关判例依然要求控方对利用内幕信息进行证明。

对于内幕交易行为是否必须具有"利用"要件,我国相关法律法规的规定并不完全一致。例如,《上市公司信息披露管理办法》第 4 条规定:在内幕信息依法披露前,任何知情人不得公开或者泄露该信息,不得利用该信息进行内幕交易。可见,《上市公司信息披露管理办法》明确禁止利用内幕信息从事相关证券交易,内幕交易客观行为明确包括"利用"这一法律要素。但是,我国《刑法》第 180 条的规定中则并未出现"利用"的提法。在刑法理论上,对于本罪的构成是否必须具备利用内幕信息要件的问题,各方面的观点也存在较大的分歧。

"利用"要件肯定论认为,从刑法规范的表面文义进行分析,只要内幕信息知情人员或者非法获取者在内幕信息公开之前进行了与该信息相关的证券期货交易,就已经

〔1〕 Nasser Arshadi, Insider Trading Liability and Enforcement Strategy, 27 Financial Management 2 (1998).

〔2〕 *United States v. O'hagan*, 521 *U. S.* 642 (1997).

符合了内幕交易罪的构成要件,不需要实际利用内幕信息的证明。例如,有学者认为,利用内幕信息并不是构成内幕交易、泄露内幕信息罪的必要条件。[1] 因为,如认定内幕交易、泄露内幕信息罪的成立必须以内幕信息的利用为前提必将给指控带来极大困难。在实践中,很难证明内幕交易者的哪笔交易利用了内幕信息,哪笔交易又未利用内幕信息。在很多情况下,只要行为人否认利用内幕信息,即使其已进行了交易,也会使指控搁浅。相反,免去控方的一些证明责任,对内幕交易、泄露内幕信息罪的指控将大为有利。我国《刑法》规定,证券、期货交易的内幕信息的知情人员,在获悉内幕信息后,买入或者卖出证券、期货合约,即可定罪科刑。这实质上是一种严格责任。禁止知情人员在信息未公开前买入或卖出证券、期货合约。只要知情人员在知情后进行交易,就构成犯罪。应当指出的是,如果有确凿的证据证明知情人员所知悉的内幕信息与其所为的交易行为并无必然联系时,对其交易行为也不能定罪。[2]

"利用"要件否定论认为,行为人必须实际利用内幕信息从事相关交易活动,才属于内幕交易罪的实行行为。利用内幕信息进行证券、期货交易是成立内幕交易并构成犯罪的必要条件之一。[3] 是否利用内幕信息进行证券交易是划分罪与非罪的标准之一。因此,在认定某一行为是否构成内幕交易、泄露内幕信息罪,应首先确定其是否利用或依据内幕信息。即使是内幕人员,如果没有利用内幕信息或依据内幕信息所作的买卖或建议行为,均不构成该罪。在实践中应摒弃法定内幕人员中心论,即只要是内幕人员实施的诸如买卖、建议等行为,均认为是内幕交易的片面做法。[4] 有的学者进一步指出,我国《刑法》第180条虽然没有明文规定"利用内幕信息"的文字,但其表述方法实际上包含有"利用内幕信息"之意。只要对内幕信息"知情",或非法获悉内幕信息,又在信息未公开前买卖或使人买卖该证券,也就是利用内幕信息进行交易,而不需要再规定利用内幕信息,以免产生歧义。其主要理由:首先,从本条的立法精神来看,法律之所以要禁止证券内幕交易行为,其根本原因就在于防止内幕信息的知情人员以及非法获取内幕信息的人员在该信息公开之前,利用其持有内幕信息的优势进行证券、期货交易,非法获取利益或避免损失。因为这种交易违反了市场经济及证券、期货交易的公开竞争规则,是对上市公司以及其他不知情的投资者的一种证券、期货欺诈,具有明显的非公开性和不正当性。如果知悉内幕信息的人员并没有利用该信息优势进行交易,则属于正当合法的公平交易,是证券期货市场的健康运行状态,法律也就失去了对其进行规制的基础和必要性。其次,从法条的表述上看,第一,本条对犯罪主体表述为"证券、期货交易内幕信息的知情人员或者非法获取证券、期货交易内幕信息的人员"。

---

〔1〕 参见庞良程:《证券内幕交易罪的构成及认定》,载《中央检察官管理学院学报》1998年第1期。

〔2〕 参见邢怀柱:《证券期货市场犯罪及其立法评述》,载陈兴良主编:《刑事法评论》(第3卷),中国政法大学出版社1999年版,第120页。

〔3〕 参见周道鸾主编:《刑法的修改与适用》,人民法院出版社1997年版,第396页;孙际中主编:《新刑法与金融犯罪》,西苑出版社1999年版,第145页。

〔4〕 参见薛瑞麟主编:《金融犯罪研究》,中国政法大学出版社2000年版,第268页。

对于第一类主体,即知情人员,我国《刑法》及《证券法》都没有指明是“应当知情人员”抑或是“实际知情人员”,如果没有“利用内幕信息”这一实质条件的限制,则对于“应当知情”而实际上却因某种特殊情况的确不知情的人员在内幕信息公开之前买卖证券、期货合约的行为也会认定为内幕交易罪、泄露内幕信息罪,对行为人来讲,法律岂非过于苛刻?同样,对于第二类主体中通过亲友关系或同事关系而被动接受内幕信息者而言,法律也失之于严酷。另外,以非法手段获取证券、期货内幕信息的人员,其不惜代价非法获取内幕信息的目的当然即在于利用内幕信息进行证券、期货交易,从而非法牟利或避免损失。第二,在行为的时间条件上,本条将证券、期货交易行为限制在“涉及证券的发行、交易或者其他证券的价值有重大影响的信息尚未公开前”,这一规定实质上也隐含着行为人掌握并利用持有内幕信息的优势,从而通过该信息公开的时间差进行不公开交易,以非法牟利或避免损失,表明了内幕信息和内幕交易之间具有一定的因果关系。否则,有违刑法立法之基本精神。[1] 理论上也有相关观点在否定“利用”要件的基础上,特别强调知悉内幕信息与进行证券、期货合约买卖之间因果关系的重要性。例如,有学者指出,在我国有关内幕交易的行政法规中,比较强调利用内幕信息这个要件。这说明内幕交易罪与利用内幕信息是不可分的。但是,在刑法中这一点并未得到明显体现。根据我国《刑法》第 180 条的规定,知悉内幕信息的人员,在内幕信息尚未公开前买卖证券、期货合约的,即构成内幕交易、泄露内幕信息罪。法律禁止内幕交易的目的,在于维护公开、公平的证券期货市场秩序和公众投资人的平等交易权,防止以不公平的方式获取利益或者避免损失。行为人虽然知悉内幕信息,但并非基于该信息买卖证券、期货合约,这时的交易行为与其他投资人的交易行为性质相同,没有不公平的事实存在。如果有事实证明,知悉内幕信息的行为人买卖证券、期货合约,不是因为知道了内幕信息,而是出于其他原因或目的,则不能认定已构成内幕交易、泄露内幕信息罪。当然,要查清行为人是利用内幕信息,还是基于其他原因买卖证券、期货合约,是相当困难的。在这种情况下,一般只要证明他在买卖证券、期货合约时是知悉内幕信息的,即可认定构成本罪,除非行为人能够证明他买卖证券、期货合约时没有利用内幕信息。[2]

笔者认为,从我国《刑法》第 180 条的规定分析,我们不难发现该条文并未将利用内幕信息作为构成要件,其立法原意一方面,在司法实践中判断行为人是否利用内幕信息确实有相当大的困难,如果将此作为必要要件,可能给许多实施内幕交易的行为人提供一个逃避刑事责任的借口,同时也必然会又制造一个司法认定的难题。从证券期货市场犯罪司法实践的现实角度分析,查证内幕信息知情人员、非法获取、在特定的时间

---

〔1〕 参见董丽静、龚卫:《证券内幕交易、泄露内幕信息罪的司法认定》,载赵秉志主编:《新千年刑法热点问题研究与适用》,中国检察出版社 2001 年版,第 864 页。

〔2〕 参见周振想主编:《金融犯罪的理论与实务》,中国人民公安大学出版社 1998 年版,第 346 ~ 347 页。

节点从事相关证券期货交易等事实已经存在极大的操作障碍，如果还需要控方进一步举证行为人主观上具有利用内幕信息的故意，客观上实施了利用内幕信息从事交易的行为，则内幕交易罪的定罪难度过大，严重影响刑法规范的适用效率。另一方面，刑法之所以规定内幕交易、泄露内幕信息罪无非是想从根本上禁止知情人员或者非法获取内幕信息的人员从事证券、期货交易，从而维护证券期货市场的“三公”原则得以真正实现。因为，只要有知情人员或者非法获取内幕信息的人员从事证券、期货交易，就不可能有真正的“三公”环境存在。正因如此，《刑法》第 180 条才只是从时间上（在涉及证券、期货的发行、交易或者其他对证券、期货的价格有重大影响的信息尚未公开前）对本罪的构成作出规定，而没有从是否“利用内幕信息”上提出要求，这显然也是刑事立法的初衷。当然，由于本罪的构成是以情节严重为前提的，所以，尽管利用内幕信息并非本罪的构成要件，但这并不意味着行为人的交易行为和泄露行为可以与内幕信息无关，相反，行为人如果构成犯罪，其交易和泄露行为应该与内幕信息具有关联性。

从证券期货交易信息平等、内幕信息人对上市公司承担的信义义务等角度分析，内幕交易罪对涉案交易行为的司法认定不能忽略行为人利用内幕信息与买卖证券期货之间的关联性。内幕信息知情人员或者非法获取者利用内幕信息从事交易，损害了证券期货投资与交易的公平性，具有刑事可罚性。但是，如果行为人并没有实际利用内幕信息，即使其属于内幕信息知情人员或者非法获取者，只要其确实按照事先制订的证券期货交易计划、既定的投资习惯或者对市场的判断分析进行证券期货交易，就不存在相对其他投资者的不平等的信息优势，不能认定其符合内幕交易罪行为要件的法律特征。因此，虽然我国《刑法》第 180 条并没有直接列出实际利用内幕信息买卖证券期货这一要件，但要求内幕信息知情人员、非法获取内幕信息人员从事的相关证券、期货交易必须与内幕信息具有关联，应当是符合刑法规范目的界限的解释论意见。内幕信息知情人员或者非法获取者必须以该内幕信息作为其是否买卖证券期货的重要因素，才符合以内幕交易罪进行刑事处罚的规范目的。

笔者认为，“利用”内幕信息不是内幕交易犯罪的构成要件，但是，这并不意味着分析行为人是否利用内幕信息本身对于本罪的司法实践没有意义。因为，辩方提供证据证明其没有利用内幕信息从事相关证券期货交易是内幕交易犯罪重要的抗辩事由。如果内幕信息知情人员或者非法获取人员，在内幕消息尚未公开期间，掌握利好消息时购买证券期货，掌握利空消息时卖出证券期货，必须举证证明买卖证券期货的交易行为并非基于内幕信息而实施。行为人无法通过证据切断其持有内幕信息与买卖证券期货行为之间的关联性的，推定其实际使用内幕信息，承担不利的刑事诉讼后果。对于内幕交易罪实际利用内幕信息从事交易这一行为而言，在个罪举证责任分配合理性原则的视野下，由行为人承担举证责任属于刑法对其的合理期待与公平要求。对于控方有证据表明买卖证券期货的行为人，于相关交易之前掌握内幕信息，对于在这样极度敏感的时间阶段实施的相关证券期货交易行为，刑法应当可以合理推定行为人买卖证券期货的交易行为利用了内幕信息。行为人有义务提出未实际利用内幕信息这一免除内幕交易罪刑事归责的证据。2011年最高人民法院《关于审理证券行政处罚案件证据若干问题的座谈会纪要》(以下简称《证券行政处罚纪要》)第5条以司法解释性文件的形式认可了内幕交易行政诉讼中被处罚人对其未利用内幕信息从事相关证券交易承担证明责任——监管机构提供的证据能够证明以下情形之一,且被处罚人不能作出合理说明或者提供证据排除其存在利用内幕信息从事相关证券交易活动的,人民法院可以确认被诉处罚决定认定的内幕交易行为成立:(1)我国《证券法》第74条规定的证券交易内幕信息知情人,进行了与该内幕信息有关的证券交易活动;(2)我国《证券法》第74条规定的内幕信息知情人的配偶、父母、子女以及其他有密切关系的人,其证券交易活动与该内幕信息基本吻合;(3)因履行工作职责知悉上述内幕信息并进行了与该信息有关的证券交易活动;(4)非法获取内幕信息,并进行了与该内幕信息有关的证券交易活动;(5)内幕信息公开前与内幕信息知情人或知晓该内幕信息的人联络、接触,其证券交易活动与内幕信息高度吻合。由于利用内幕信息并非我国《刑法》第180条规定的内幕交易罪构成要件,因此,刑事诉讼中完全可以将上述法律要素作为控方证明内幕信息知情人员、非法获取内幕信息人员从事内幕交易的基本法律规格。

在内幕交易、泄露内幕信息罪客观行为特征的总体把握上,还需要研究的问题就是"不作为"的内幕交易是否属于本罪客观行为的一种表现形式。在理论上和实践中存在这种情况,即行为人原先准备买入某一证券或期货合约,或者准备卖出手中的某一证券或期货合约,但是,在获知有关内幕信息后却停止了原来准备实施的买入或卖出行为,从而获取了利益或者避免了可能遭受的损失。对于这种行为应如何认定?从形式上分析,这种情况中的行为人在事实上利用了自己所获知的内幕信息获取了利益或者避免了可能遭受的损失,与行为人利用内幕信息实施积极交易行为的实际效果是一样的。因此,刑法理论上有观点认为,应当存在不作为型内幕交易罪,因为,内幕信息的知情人员负有一个法律的义务,即不利用内幕信息进行谋取利益或转移风险。而且,这一证券法上的义务已经被刑法通过规定内幕交易罪所承认,应当能成为不作为犯罪中的作为义务。不过,与一般的不作为犯罪相比,不作为型内幕交易罪有一个鲜明的特点,即在应当交易时(亦即若不利用内幕信息,则行为人必定会进行的交易),却利用内幕信息所带来的信息优势,不进行有关交易。这种利用内幕信息不交易或延迟交易的行为与传统的内幕交易行为所造成的危害结果相比,前者除了比后者更隐性化或者说因果关系没那么显而易见外,本质上没有什么差别。[1]

笔者认为,这种所谓"不作为"的行为不能构成内幕交易罪,具体理由实际上是比较充分的:

第一,从罪刑法定原则的角度出发,这种所谓"不作为"的行为不能构成内幕交易罪。我国《刑法》第180条明确规定"在涉及证券的发行,证券、期货交易或其他对证券、期货交易价格有重大影响的信息尚未公布前,买入或卖出该证券,或从事与该内幕

---

〔1〕 陈柱钊:《不作为型内幕交易罪》,载《长春工程学院学报》(社会科学版)2007年第2期。

信息有关的期货交易……”据此规定，“买入、卖出或从事其他交易”等行为均只能以作为的方式进行，不作为的方式根本不可能实现“买入、卖出或从事其他交易”。虽然行为人在知悉内幕信息后，根据内幕信息没有买入或者卖出原打算买入或者卖出的股票，获得了一定的非法利益或避免了一定的必要损失，有失公平，具有一定的社会危害性，但有关的行政法规和法律都没有规定此种“不作为”为违法或者犯罪行为。因而，应当严格遵循罪刑法定的原则，不将其作为犯罪处理。

第二，内幕交易犯罪必须有交易行为存在，从某种程度上说，交易是内幕交易犯罪的本质所在，如果没有交易也就不会有内幕交易犯罪。这是因为，内幕交易犯罪中，行为人掌握内幕信息本身并不能成为招致刑罚惩罚的理由，也即如果行为人没有因此而进行证券、期货交易，就不可能对社会带来任何危害，也就无所谓有内幕交易犯罪的存在。而在证券期货市场上的交易行为均表现为是一种积极的买入或卖出的行为方式，实际上不可能存在有所谓消极的“不作为”形式的买入或卖出的行为方式。

第三，虽然在理论上和实践中确实可能存在行为人在获知有关内幕信息后停止了原来准备实施的买入或卖出行为的不作为型内幕交易罪，但从司法实践和证据角度出发，由于在不作为型的内幕交易罪中，并不存在见之于客观的作为以及显性的危害结果，并且由于作为义务的成立仅基于行为人有要进行交易的设想，证据收集及证明难度较大，无法在法庭上形成前后衔接的、有力的证据链来证明不作为型内幕交易罪。况且，如果当行为人的“要进行交易的想法”有过波动或这种想法不太确定不太坚决时，那么将使证明变得更加复杂。因此，这种行为在实践中根本无法适用内幕交易罪。[1]

第四，刑法中不作为均应该以特定的作为义务的存在为前提，没有这种特定的作为义务也就不应该有不作为犯罪的存在。在证券期货市场上，行为人在获知内幕信息后，只有不进行交易的义务，而根本就不存在有所谓必须进行交易的义务，其作为证券市场的自由人，有权自主进行交易，市场并不因为他们知晓了内幕信息而强制他们进行交易，或因为知晓了内幕信息，强制他们不得进行交易。虽然从自身的优势地位出发，他们利用了这种不对等的信息优势，转移了风险或者获取了由这种信息优势带来的利益，但由于没有现实的交易行为，并且由于义务的缺失，这种不交易的行为不构成刑法中的“不作为”。也即在某种程度上，行为人在获知内幕信息后，不进行交易是其应该做的，即使其从中得到了利益或实际避免了损失，也无可厚非。在证券期货市场上，我们不应该期待投资者（包括内幕人）只能亏损不能获利，这种要求是不符合市场规律的。因此，虽然行为人的行为可能具有所谓“隐性”的社会危害性，即其获取了由信息优势转化而来的经济利益或转移了本应遭受的风险，但绝不能因此而认定其构成内幕交易罪。

第五，内幕交易犯罪的危害性不仅在于行为人违反公平竞争的原则，获得了不正当利益或使自己避免了损失，更重要的是行为人这种行为从根本上破坏了证券期货市场的正常交易秩序。而行为人在获知内幕信息后不买或不卖，仅仅只是行为人自己得到

---

〔1〕 参见刘宪权：《金融犯罪刑法学专论》，北京大学出版社2010年版，第361页。

了利益或者避免了可能遭受的损失(且这种利益并非通过交易行为得到的),证券期货市场的秩序并未遭受不良影响,公平竞争的原则也并未遭受直接的破坏。

第六,所谓不作为型内幕交易罪有主观归罪或惩罚思想犯的嫌疑。刑法的发展经历了中世纪或封建时期的“主观主义刑法”,到古典刑法学派的“行为刑法”,再到实证法学派的“行为人刑法”,最后发展到今天的取“行为刑法”和“行为人刑法”之长并将其融合的现代主义刑法,其间主观归罪或惩罚思想犯的刑法,由于其非人道性和不可证明性,已经被扔进了历史的垃圾桶。由于不作为内幕交易缺乏客观的行为和有形的危害结果,而且利用信息优势作出不交易决定的过程完全无须借助外部的行为,甚至不需要有物理意义上的身体动静。因此,惩治“不作为型内幕交易罪”的行为有主观归罪或惩罚思想犯的嫌疑,有悖于今天的刑法理念。

第七,将不作为型内幕交易行为犯罪化有悖于法律不强人所难的原则和人的趋利避害的本性。一个人原来具有从事某项活动的主观计划,但后来因外部因素的改变,其基于趋利避害的本能而不再按原计划进行活动,这是非常合情合理的。然而,如果我们刑法将此种情形也予以犯罪化,无疑使人处于一个两难的境地。因为如果行为人原本是计划卖出的,在获知内幕信息后其不卖出就可能构成内幕交易罪,卖出则必须承担不能获利甚至亏损的结果,而如果行为人原本是计划买进的,在获知内幕信息后其不买进就可能构成内幕交易罪,买进则必须承担亏损的苦果。而且,从行为人的主观方面来看,其在获取内幕信息之前只具有进行一般商业交易的故意,获取内幕信息后也不过是一种盈利或避损的想法,而这些应该是市场经济社会中任何一个正常人的做法,在道德上都不应受到谴责,更何况予以法律制裁了。

综上所述,虽然行为人利用内幕信息实施消极交易的“不作为”行为与行为人利用内幕信息实施积极交易行为的实际效果相当,但两者具有本质的差异,前者并非刑法中的“不作为”,也即不属于刑法意义上的行为,不构成犯罪,因而由其产生的实际效果也就不做刑法评价了,而后者则是刑法意义上的客观行为,该行为可能构成内幕交易罪,由其产生的实际效果则是犯罪严重程度的考量依据。

二、内幕交易犯罪的司法判断规则

内幕交易犯罪在司法实务中存在一系列的司法认定疑难问题。尤其是在近几年司法实践中出现的内幕交易犯罪案件中,对于如何认定内幕信息的形成时间,如何判断内幕交易犯罪的行为主体,如何认定内幕信息知情人员建议他人实施相关证券、期货交易行为,如何把握本罪的主观故意等众多难点问题,刑法理论与实践中存在相当大的争议与分歧。有必要综合运用证券期货市场犯罪刑法原理与金融知识论证上述疑难问题的司法判断规则,为本罪的司法认定提供理论支撑。

(一)内幕交易行为违法性

证券期货市场犯罪是法定犯,构成证券期货市场犯罪的前提是相关行为违反行政法律法规,内幕交易犯罪显然不能例外。因此,在内幕交易犯罪的司法认定中,首要的问题就是要判断涉案的交易行为是否违法。内幕交易罪刑事违法性的司法认定不能仅是对证券法相关规定的静态援引，而是必须对整个内幕交易过程中行为的刑事违法性进行全面的证明，即司法实务部门通过严格的司法审查，论证内幕交易行为的违法事实及其规范依据。

然而，在当前的证券期货市场犯罪刑事司法实践中，司法实务部门自主性地对内幕交易罪刑事违法性问题进行论证与分析的能动性作用受到了明显的限制。并且，该种限制并非源于外部性力量的压制，而是司法实务部门面对证券期货专业性问题主动采取“司法克制”的态度，转而依托专业性证券期货行政监管部门的力量判断内幕交易罪的刑事违法性。在以内幕交易罪为典型代表的涉及证券期货专业知识的刑事案件中，对于涉案行为违法性判断的依据，主要是中国证监会的行政处罚决定书、违法行为认定函以等行政法律文书以及证监会在行政程序中收集的书证、物证、证言等证据。例如，在非法经营类证券期货市场犯罪案件中，司法机关通常将证监会对非法经营证券期货业务的性质所出具的书面结论、复函等作为认定行政违法性的核心依据甚至是唯一依据。

刑法理论上有观点认为，以证监会行政程序中形成的处罚决定、书面复函、调查笔录、认定函等文件材料，在刑事司法程序中不具有司法效力，不应当以此为依据认定内幕交易等证券期货市场犯罪行为的违法性。[1] 在近期的司法实践中，相当数量内幕交易犯罪案件中的辩护意见就直接反对控方将行政机构违法认定函等文件材料作为指控涉案行为违法的依据。

争议案例：上海祖龙公司成立于2001年7月，陈某某系该公司法定代表人、董事长，利用该公司从事投资理财业务。创兴科技系上海证券交易所A股市场挂牌上市公司。2007年，陈某某通过上海祖龙等公司控制了创兴科技近45%的股权，是该公司的实际控制人。陈某某是创兴科技法定代表人、董事长，2008年6月辞去该公司董事长职务。

2007年2～3月，陈某某计划将其控股的上海振龙公司的资产注入创兴科技，并为此咨询湘财证券福州五四路营业部总经理黄某某；同时指令创兴科技董事长秘书李某某联系相关券商，以解决创兴科技资产注入问题。同年4月初，李某某与华欧国际的项目承揽人檀某在创兴科技见面，双方就创兴科技资产注入的可行性问题进行沟通。檀某于4月16日将草拟的《创兴科技再融资建议书》通过电子邮件发给李某某。

2007年4月17日，被告人陈某某召集创兴科技董事长秘书李某某，副总经理苏某某、郑某某在上海与华欧国际的檀某、王某某见面，共同探讨有关上海振龙公司的资产注入创兴科技的可行性方案。陈某某要求华欧国际事先拿出资产注入方案，并让檀某、王某某找李某某、苏某某了解相关财务数据。后经双方多次沟通，华欧国际于4月23

〔1〕 吕蕾：《资产注入遭遇“暗礁”行政认定函能否推定其罪——专家热议证券内幕交易的“罪与非罪”》，载《上海法治报》2010年7月9日，第A8版。

日、25日向李某某提交了《创兴科技资产置换和再融资建议书》初步方案。4月29日,华欧国际的檀某、程某与陈某某再次就创兴科技资产注入事项进一步沟通,而后指派王某某、冯某某于次日到厦门对创兴科技的资产注入事项进行摸底。5月1~8日,创兴科技与华欧国际继续就再融资及资产注入方案进行研究论证。其间,陈某某还聘请评估人员对其所要注入的资产进行预评估;5月8日评估数据出来后,创兴科技便确定了资产注入方案并上报证监会。5月9日,创兴科技股票因连续3个交易日累计涨幅超过20%,创兴科技经咨询控股股东和实际控制人未答复,故停牌一天。5月10日,创兴科技发布公告称,"公司经询问控股股东和实际控制人,其表示计划将所持有的资产注入本公司。相关方案尚未最终确定。为防止公司股票异常波动,公司股票于5月10日继续停牌,到重大事项公告之日起复牌。"5月10日、11日,陈某某带领创兴科技高管郭某某、李某某、苏某某和华欧国际的冯某某等人到北京,就创兴科技拟向控股股东定向增发事项向证监会上市部做了预沟通报告。证监会上市部告知,注入的资产必须产权明晰,并要求自查买卖创兴科技股票情况。之后,陈某某因其所要注入的上海振龙公司的部分资产权属不清,且其本人及一致行动人违规买入创兴科技股票,触犯了要约收购,便决定取消定向增发事项。5月24日,创兴科技发布公告称,"控股股东和实际控制人注入资产的具体实施条件尚不具备,现决定取消相关资产注入方案,公司股票于5月24日10:30起复牌"。

2007年1~4月,被告人陈某某先后将上海祖龙公司、上海振龙公司等公司的资金5090万元陆续转入上海祖龙公司控制的北京百立讯在湘财证券福州五四路营业部的资金账户和厦门缘合物业在湘财证券福州五四路营业部的资金账户。2007年4月17日至5月8日,陈某某及其妻子关某某利用上述两个资金账户及厦门缘合物业在光大证券上海张杨路营业部开设的资金账户大量买卖创兴科技股票,共计买入创兴科技股票48万余股,实际支付资金6000余万元;操作卖出140余万股,实际收回资金2000余万元;截至5月9日,上述3个股票账户在该时间段内买入的创兴科技股票还有33万余股未卖出,该部分股票市值以5月8日的收盘价每股16.54元计算,扣除0.4%交易税费后计5000余万元;在该时间段内,累计买卖创兴科技股票共计600余万股,交易额共计8000余万元,账面盈利近2000万元。

证监会出具《关于上海祖龙景观开发有限公司涉嫌内幕交易案有关问题的认定函》(以下简称《认定函》)确认,创兴科技实际控制人将其控制的资产注入上市公司的事项会对公司股票价格产生重大影响,属于我国《证券法》规定的内幕信息;内幕信息的价格敏感期为2007年4月17日至5月9日;上海祖龙公司是创兴科技的实际控股股东,陈某某是上海祖龙公司和创兴科技的董事长及实际控制人,组织和知悉创兴科技以定向增发方式注入资产事项,是内幕信息的法定知情人。

在上述上海祖龙公司、陈某某内幕交易案中,辩方提出证监会出具的《认定函》不具有证据可采性。[1] 但是,审判实践中一般不予采纳这样的辩护意见。

笔者认为,对于内幕交易罪等证券期货市场犯罪案件中相关行为的刑事违法性认定问题,司法实务部门必须进行独立且全面的司法审查与判断。证券期货监管部门制作的行政处罚决定书、行政复函等可以作为司法审查的证据,但不能直接作为定案依据,而应当对此类证据的合法性、关联性等进行刑事转化、综合论证、分析以及司法释理。

首先,证券期货监管部门提供的书面文件可以作为公文书证纳入全案的证据体系,具有可采性。国家机关在法定职权范围内行使职权所制作的书面文件,包括各种命令、决定、通告、指示、信函、证明文书等,属于公文书证,可以作为刑事案件的证据。证监会作为国务院证券监督管理机构,依照我国《证券法》的有关规定,具有认定内幕信息的法定职权。证监会根据稽查的事实、证据,并结合《证券法》的有关规定出具《认定函》,对涉案行为的违法性进行说明,符合法律规定。

其次,证监会在行政程序中形成的相关证据及其在刑事程序中出具的文书具有证据可采性,并不意味着司法机关可以直接按照公文书证中的结论性意见认定案件事实与相关行为的刑事违法性。证监会认定内幕信息的法定职权限于行政程序,其对内幕交易行为违法性进行确认的行政法律文件具有的既定效力仅覆盖行政程序环节,证监会无权对涉案内幕交易行为的刑事违法性进行认定。所以,在证监会出具认定函件等公文书证的情况下,司法机关必须对其所阐释的理由与结论进行独立分析,不能直接按照证监会提供的意见认定案件事实与法律性质。司法机关不得以节省司法资源、金融技术性知识能力低于证券期货执法部门等理由直接将行政法律文件作为认定内幕交易行为刑事违法性的依据。

最后,证券期货行政监管部门在查处内幕交易违法案件过程中形成的证据材料,经过合法性认定与转化之后,可以作为刑事案件的证据使用。在司法实践中,证券期货市场犯罪案件通常由行政执法部门在调查结束后移送司法机关。内幕交易罪的司法审查必然滞后于行政调查。大量的能够证明证券期货市场犯罪行为刑事违法性的证据势必都由证监会等行政执法部门先行调取、采集、固定、制作。[2] 内幕交易等证券期货市场犯罪涉及大量交易数据、资金流动、账户信息等证据材料,司法机关只能在经过审查认可这些证据合法性的基础上,对涉案行为的违法性进行判断,不可能作为取证主体重新采集证券期货市场犯罪的证据。因此,认定内幕交易行为刑事违法性的具体依据只能是证券期货执法部门移送公安机关的证据。此类能够证明内幕交易行为刑事违法性的依据进一步可以区分为直接依据与间接依据:(1)证券期货执法机构向证券期货公司、

---

〔1〕 参见(2009)厦刑初字第109号。

〔2〕 例如,在朱耀明操纵证券市场犯罪案件中,涉案的交易行为涉及全国48家证券营业部、273个资金账户、6509个证券账户,证监会总共制定了58卷证据材料移送公安机关,办案工作量极大。参见吴卫军:《操纵证券市场罪的理论与实务难点分析》,载陈辐宽主编:《金融证券期货市场犯罪疑难问题解析》,中国检察出版社2009年版,第22页。

证券期货交易所等机构调取的记录证券期货交易流水数据、资金走向、账户资料等信息的书证、物证、电子证据等客观性材料,经司法机关确认具备证据合法性的,可以直接作为司法机关判断内幕交易行为刑事违法性的依据。(2)证券期货执法机构在办案过程中形成的涉案人员供述、证人证言、调查笔录等主观性材料,在刑事司法中不具有证据合法性,必须经过司法机关依法转换为刑事诉讼证据,从而成为判断利用内幕交易行为是否刑事违法的间接依据。

综上所述,在内幕交易犯罪案件中,涉案行为的违法性是一个必须通过证据予以证明的问题,这也是构成内幕交易犯罪的违法性基础。在行为违法性具体认定层面,司法实务部门应当进行独立的司法分析,而不能直接依据内幕交易行政处罚过程中的行政法律文件直接认定涉嫌内幕交易行为的违法性。

(二)内幕信息

内幕信息未公开性是指该信息尚未公开,尚未为证券期货市场上的有关证券、期货投资者所获悉。根据我国《刑法》第180条的规定,内幕信息知情人员、非法获取内幕信息的人员只有在涉及证券的发行,证券、期货交易或者其他对证券、期货交易价格有重大影响的信息尚未公开这一时间节点之前,本人、建议他人从事相关证券期货交易或者泄露内幕信息,才构成内幕交易、泄露内幕信息罪。可见,任何信息一旦被公开披露,便由内幕走向公开,内幕人员利用这种信息进行证券、期货交易就成为法律所允许的行为。因此,明确一个信息是否属于未公开的信息就成为界定内幕信息的关键所在,而内幕信息是否公开的认定问题又直接决定着相关行为是否构成犯罪的判断结果。

对于如何判断相关内幕信息是否实际公开,国外学者提出了一种非常重要的理论,即有效证券期货市场理论(Efficient Capital Markets Theory)。根据有效证券期货市场理论的观点,在一个有效的证券期货市场中,价格充分地反映了与上市公司有关的市场上的可获取信息。[1] 由于证券期货市场中所有的有价值信息都体现在证券价格上,因此,以最快的速度对这些价格反应信息进行操作,可以实现利润最大化。[2] 特定证券价格等同于投资者对信息的观察结果。[3] 某项消息一旦被相当数量的投资者知悉时,相关公司的证券、期货价格便会很快地发生变动,或涨或跌,从而来反映证券、期货公司对市场这种消息的感受与反应。也就是说,当某项消息对证券期货市场能产生有效影响时,该消息便被认为已经属于公开的消息。反之,则仍属于尚未公开。可见,有效证券期货市场理论强调从市场信息实际公开的角度判断内幕信息是否仍旧处于保密状态,将这种理论应用于内幕交易犯罪的司法实践,必须建筑在对涉案证券特定时间段内

---

〔1〕 Eugene F. Fama, *Efficient Capital Markets: A Review of Theory and Empirical Work*, 25 Journal of Finance 383,384(1970).

〔2〕 Eugene F. Fama, *Foundations of Finance: Portfolio Decisions and Securities Prices*, Basic Books, 1976, p. 136.

〔3〕 Ronald J. Gilson & Reinier H. Kraakman, *The Mechanisms of Market Efficiency*, 70 Virginia Law Review 549,552(1984).

的交易价格、交易量以及历史交易数据进行统计与比对。美国证券期货法律实践中比较倾向于运用有效证券期货市场理论,有的联邦巡回上诉法院的判例中明确采用经济学分析方法,对涉案的证券进行数据分析,从证券价格反应的角度判断涉案内幕信息是否实际公开。[1] 由于我国证券期货市场犯罪理论与实践对于有效证券期货市场理论的理解尚不深入,同时,对于该理论所依托的经济分析,金融理论上仍然存在一定的认识分歧,直接应用于司法实践并不稳妥,所以,我国法律规定以及司法解释并没有采纳有效证券期货市场理论的观点判断内幕信息是否实际公开。

我国证券法理论中有观点认为,信息公开的标准有 3 个:其一为在全国性的新闻媒介上公布该信息;其二为通过新闻发布会公布信息;其三为市场消化了该信息,即市场对该信息已作出反应。[2] 在上述时间节点之前的内幕信息始终处于尚未公开的状态。我国证券期货市场犯罪理论中有较多观点指出,从信息公布时起到市场传播、消化、分析,从而引起证券期货市场价格变动的一段时间,都应属于信息尚未达到公开化的程度。内幕人员在此期间利用该信息进行相关证券、期货合约买卖或建议未知该信息的他人买卖相关证券、期货合约,也应当认定为内幕交易罪。[3] 实际上,我国《证券法》对于信息公开进行了明确规定。《证券法》第 70 条规定:“依法必须披露的信息,应当在国务院证券监督管理机构指定的媒体发布,同时将其置备于公司住所、证券交易所,供社会公众查阅。”可见,内幕信息的公布和公开应以有关信息和文件刊登在中国证监会指定的报刊上为准。显然,我国法律对于证券二级市场信息公开的标准采取的是形式公开的标准,即信息公开的标准是在报刊或其他形式的公报上公布之日。未经合法途径向公众披露的仅为内幕人员知悉的信息,均为内幕信息。所以,只要证实行为人的交割单所载日期先于其交易行为所利用信息的合法公开日期,就认定为利用的信息属于“未公开”的信息。

当然,采用形式公开的标准确实存在一定公平性的疑问。因为,证券期货市场上的内幕信息一旦公布于众后,一般的投资者事实上需要一定的时间进行消化和理解,而在此之前,掌握内幕信息的人员可能已经早已提前消化和理解了信息的内容。如果有关信息一公布就允许知情人员进行证券、期货交易的话,对措手不及的广大投资者而言,同样也是极不公平的。[4] 这里存在的问题便是,内幕信息公开之后多久才算是实际公开?对此,美国司法实践提出了一些具体标准,比如,新闻发布会后 10 分钟内、股票行

---

〔1〕 See United States v. Nacchio, 573 F. 3d 1062(10th Cir. 2009).

〔2〕 参见陈晓:《论对内幕交易的法律规制》,载梁慧星主编:《民商法论丛》(第 5 卷),法律出版社 1996 年版,第 89 页。

〔3〕 参见董丽静、垄卫:《证券内幕交易、泄露内幕信息罪的司法认定》,载赵秉志主编:《新千年刑法热点问题研究与适用》,中国检察出版社 2001 年版,第 868 页;孙昌军、易建华:《关于内幕交易罪几个问题的研究》,载赵秉志主编:《新千年刑法热点问题研究与适用》,中国检察出版社 2001 年版,第 842 ~ 844 页;张军主编:《破坏金融管理秩序罪》,中国人民公安大学出版社 1999 年版,第 267 页。

〔4〕 参见刘宪权:《金融犯罪刑法学专论》,北京大学出版社 2010 年版,第 346 页。

情信息出现在股票行情显示器上之后2分钟内等。目前我国有关证券法律中对此没有专门规定。我国刑法理论上有观点认为,应当根据本地社会实际情况作出相应的规定。凡是发行人内部人员或者其他知悉内幕信息的内幕人员,必须在重大信息通过传媒公布后的一定时段以后才被允许进入该种股票的交易,否则,或者其利润归公司所有,或者构成内幕交易。[1] 也有学者认为,可以5日为限,即规定当消息公布后经过5日,就认为市场已消化了该信息。[2] 相对而言,后一种观点在一定程度上具有证券期货法律法规的规范性基础。例如,我国《证券法》第45条中规定,为上市公司出具审计报告、资产评估报告或者法律意见书等文件的证券服务机构和人员,自接受上市公司委托之日起至上述文件公开后5日内,不得买卖该种股票。可见,在证券期货法律法规的规范逻辑体系内,相关审计报告在形式公开5日之后,可以认为市场充分了解了相关信息。当然,以此推论内幕信息公开5日之后应当认定为市场已经消化该信息确实比较牵强。所以,法律应对此作出一定的规定,以使知情人员在参加交易前让广大投资者有一定的时间对信息加以消化和理解,使其可以在形式上保证证券、期货交易中对信息利用的公平。

(三)泄露内幕信息行为

刑法理论上一般认为,泄露内幕信息的行为是指行为人将处于保密状态的内幕信息公开化,通过明示、暗示、书面或口头等方式,透露、提供给不应知悉该信息的人员,使信息受领人据此而进行证券、期货买卖。泄露内幕信息的行为既包括公开范围上的泄露,即将内幕信息告知不应或无权知道该信息的人员;也包括时间范围上的泄露,即在保密期届满前解密,让可以知悉或有权知悉的人员提前知悉。泄露的内容是使受领人得知可以作为证券、期货交易依据的内幕信息的全部或主要事实,如果只是透露一点风声,不能作为受领人进行证券、期货交易依据的,就不构成泄露行为。泄露内幕信息行为通常有"泄密"和"再泄密"之分。

"泄密"是指内幕人员直接将其掌握的内幕信息泄露给他人。对于泄露内幕信息行为应从法律上加以惩治,其中严重者应按犯罪处理,这已经成为世界各国和地区的共识。之所以将泄露内幕信息作为犯罪处理,原因在于与掌握内幕信息者直接进行证券、期货交易相比,虽然泄露内幕信息者本人不一定有直接的证券、期货买卖行为,但通过为他人提供内幕信息,完全可能间接地参与了证券、期货交易,并从中获得利益或避免损失。另外,与掌握内幕信息者直接进行证券、期货交易相比,泄露内幕信息的行为对证券期货市场、投资者及发行人所造成的损害往往更为严重。因为,内幕信息的知悉人员一般范围较小,不仅人数较少而且财力有限,他们买卖证券、期货的数量不会太大;而泄露内幕信息则可能在受领人之间辗转告知,使参与证券买卖的人数和交易量剧增,从

---

〔1〕 参见张军主编:《破坏金融管理秩序罪》,中国人民公安大学出版社1999年版,第270页。

〔2〕 参见魏东:《关于内幕交易、泄露内幕信息罪司法认定的若干问题再研究》,载赵秉志主编:《新千年刑法热点问题研究与适用》,中国检察出版社2001年版,第852页。

而引起严重后果。同时,只要相关证据能够进行合法且准确的固定,“泄密”行为在司法实践中一般不存在认定上的疑难。

“再泄密”是指非内幕人员在获取内幕信息后,又将该内幕信息泄露给他人。应该看到,在传播面广泛的内幕交易中,“再泄密”往往扮演相当重要的角色。

美国“IBM 收购莲花公司内幕交易案”是全球内幕交易判例史上“再泄密”最“经典”的案例:1995 年,IBM 是当时全球最大的 IT 公司,而莲花公司(LOTUS)是美国最优秀的软件公司之一,其在办公软件市场占据统治地位。IBM 看中了莲花的技术优势,于 1995 年 3 月向莲花公司提出友好兼并的建议。不过莲花公司 CEO 吉姆·曼兹坚信莲花公司的困难是暂时,不必出售公司,故证券期货市场对此一直无法作出判断,在合并消息公布前,莲花公司股价一直徘徊在 30 ~ 35 美元。经过 IBM 与莲花公司的谈判,最后双方对合并达成共识,于 1995 年 6 月 5 日,IBM 宣布正式收购莲花公司,收购价高达每股 60 美元。6 月 11 日,IBM 最终以每股 64 美元收购了莲花公司 97% 以上的股票,总金额 35.2 亿美元,消息令人震惊。在收购的过程中,内幕信息实际上一直处于泄露的状态。1995 年 4 月底,IBM 公司的一位女秘书劳瑞娅·卡萨诺在复印材料时,得知 IBM 正考虑收购莲花公司,于是她一直关注着事态的进展。IBM 与莲花公司达成原则协议后,劳瑞娅·卡萨诺知道收购项目已成功,IBM 公司将于 6 月 5 日左右对外宣布。劳瑞娅·卡萨诺便将此信息告诉了丈夫罗伯特·卡萨诺。但是,夫妇俩此前从未进行证券交易,没有股票账户,便将消息告诉好友格林,由格林购买一些莲花公司股票和期权,在消息公布后抛出,共获利 1.7 万美元,并付给女秘书夫妇 3500 美元作为提供内幕消息的报答。与此同时,罗伯特·卡萨诺曾打电话给其另一好友杰瑞·曼佐尼,后者根据内幕信息购买了莲花公司的股票和看涨期权,净赚 2.75 万美元,并以 4000 美元作为回报。杰瑞·曼佐尼又将该内幕信息告知其表弟彼德·曼佐尼和两位同事理查德·科夫兰斯克与约翰·麦伟利。理查德·科夫兰斯克又将内幕信息告知其亲属多梅尼克·阿尔巴和 3 个商业伙伴詹姆斯·里贝里诺、杰拉德·威尔斯以及拉尔夫·塞佩。其中,多梅尼克·阿尔巴再将信息告知朋友约瑟夫·德斯科以及商业伙伴斯皮涅利;斯皮涅利进一步将信息告知其哥哥克劳迪奥。这一内幕信息通过上述人员进行的信息传递共有 6 层之多,相关人员都购买了一定数量的莲花公司股票或看涨期权。美国证监会最终发现,共有 25 人根据 IBM 公司女秘书的内幕消息在 6 月 2 日购买了莲花公司股票和期权,共获利超过 100 万美元。这起内幕交易案件中涉及的 25 名被告,只有一人是内幕信息的直接来源者,即劳瑞娅·卡萨诺,其他均通过再泄密获得内幕信息。最终,上述被告全部被法院判决构成证券欺诈或者以证券欺诈与美国证券交易委员会达成和解。〔1〕

---

〔1〕 See Securities and Exchange Commission v. Lorraine K. Cassano, et al., Civil Action No. 99 - CV - 3822(S. D. N. Y.).

我国刑法理论对于非内幕人员获取内幕信息后建议他人买卖或“再泄密”的行为如何处理的问题颇有争议。有观点认为,对非内幕人员获取内幕信息后建议他人买卖和再泄密不作区分,只要有建议他人买卖或再泄密的行为都有可能构成犯罪,区分是否构成犯罪的标准是非内幕人员获取内幕信息究竟是主动的还是被动的。如果非内幕人员自己积极、主动地获取内幕信息,无论行为人采取的具体手段是自己盗取,还是设法从内幕人员那里探听(如通过向内幕人员行贿而获取内幕信息),无论行为人事后根据该信息是建议他人买卖证券、期货合约,还是向他人泄露该内幕信息从而使他人利用该信息买卖证券、期货合约,一律按内幕交易认定。如果证实非内幕人员是被动的信息接收者,无论后来实施了建议行为还是泄露内幕信息行为,就不宜认定为内幕交易罪。这是因为,在主动获取的情况下,非内幕人员对获取的内幕信息负有不得利用该信息并保密的义务。无论事后建议还是泄露内幕信息,都是对该义务的违反,承担责任理所应当。在被动知悉的情况下,非内幕人员因为是消极的内幕信息的知情者,不存在承担保密的义务,因而即使第三人根据该信息进行了交易,也不应当认定为内幕交易。[1] 但也有不同意见认为,对非内幕人员获取内幕信息后建议他人买卖证券、期货合约与再泄密进行区分,认为非内幕人员获取内幕信息后建议他人买卖证券、期货合约的构成犯罪,但再泄密的,不应作为犯罪。因为,根据我国《刑法》第180条的规定,内幕信息知情人员的范围,依照法律、行政法规的规定确定。由此可以推出,法律、行政法规没有限制的行为,即使行为具有社会危害性,也不应用刑罚加以制裁。[2] 理论上还有观点认为,非内幕人员获取内幕信息的手段,有的很难说到底是合法获取还是非法获取。因为在合法获取和非法获取中间可以有一个中性行为——既不合法也不非法的情形。对这种行为也应犯罪化。因为内幕交易、泄露内幕信息的可责性表现在这种行为对市场和投资者的危害,这种危害是从交易行为中体现出来。无论什么人,只要从事这样的利用、泄露行为,特定的社会危害性就已体现出来。[3]

笔者认为,非内幕人员在获取内幕信息后建议他人买卖或再泄密的行为是否有可能构成犯罪,应该严格根据刑法规定具体问题具体分析。对于非内幕人员在获取内幕信息后再泄密的情况,有可能构成犯罪。《刑法》第180条规定,非法获取证券、期货交易内幕信息的人员(非内幕信息知情人员)……泄露该信息,情节严重的,应构成泄露内幕信息罪。可见,刑法条文并未将非内幕人员再泄密行为排除在犯罪之外。非内幕人员再泄密行为之所以可以构成泄露内幕信息罪,最重要的3点理由在于:其一,不应知悉内幕信息的人员从获取内幕信息的那时起就应承担保密的义务。因为不管其获取

---

〔1〕 参见张军主编:《破坏金融管理秩序罪》,中国人民公安大学出版社1999年版,第277~278页。

〔2〕 参见薛瑞麟主编:《金融犯罪研究》,中国政法大学出版社2000年版,第269页。

〔3〕 参见郦毓贝:《内幕交易、泄露内幕信息罪主体特征研析》,载赵秉志主编:《新千年刑法热点问题研究与适用》,中国检察出版社2001年版,第821~822页。

内幕信息的途径怎样,最终的结果是得知了内幕信息的内容。当得知了内幕信息后,相关人员也就具有了承担保密的义务。其二,从行为人的主观故意来看,当行为人在明知自己通过非法手段获得证券、期货交易内幕信息之后,还故意泄露给他人,其主观恶性程度与证券、期货交易内幕信息知情人员的泄露行为并无不同。其三,从泄露内幕信息罪的后果来看,这一犯罪的后果主要是由泄密行为引起的,没有行为人的泄密行为,也就不可能产生其后的内幕交易后果。

(四)建议行为

我国1997年《刑法》第180条内幕交易、泄露内幕信息罪明确规定了两种行为方式:其一,内幕交易行为;其二,泄露内幕信息行为。我国《刑法修正案(七)》为《刑法》第180条增加了一种建议行为,即行为人在其获知内幕信息的基础上,通过明示或暗示的方式建议他人进行证券、期货交易的行为。例如,提出交易时机、交易证券、期货合约的种类、交易证券、期货的价位、交易量的大小等。

在《刑法修正案(七)》修改内幕交易、泄露内幕信息罪构成要件之前,对于内幕人员根据内幕信息建议他人进行证券、期货买卖是否应当属于本罪的行为方式的问题,在刑法理论与司法实践中颇有争议。这主要是因为,我国1997年《刑法》第180条虽然没有将建议行为规定在内幕交易犯罪行为之中,但是,我国《证券法》第76条第1款规定:证券交易内幕信息的知情人和非法获取内幕信息的人,在内幕信息公开前,不得买卖该公司的证券,或者泄露该信息,或者建议他人买卖该证券。可见,颁布于《刑法》之后的《证券法》明确将"建议他人买卖证券"的行为归入内幕交易行为的范畴之中。基于此,刑法理论上有观点认为,建议行为属于内幕交易、泄露内幕信息罪的行为方式。本罪的客观行为应该表现为3个方面:一是行为人利用内幕信息进行证券、期货买卖;二是行为人泄露内幕信息;三是行为人根据内幕信息建议他人进行证券、期货买卖。即内幕信息的知悉者根据内幕信息对他人的证券、期货交易提出倾向性的意见。[1] 还有意见认为,将建议他人买卖证券不作为犯罪处理的观点是不妥的。因为从理论上讲,内幕交易中的买卖证券、期货合约应该包括知情人员自己买卖证券、期货合约和建议他人买卖证券、期货两种情况;从实践中看,这种行为具有社会危害性,对于情节严重的,应以犯罪论处。[2] 当然,理论上也有意见指出,对建议行为需要区别对待。若接受建议者不知情也没有依据该建议进行证券、期货交易,则建议者不构成内幕交易、泄露内幕信息罪。除此之外,行为人明确将内幕信息告知他人,并建议他人买卖该种证券、期货合约;或者行为人虽未明确将内幕信息告知他人,但其建议他人买卖证券、期货合约的方式却能使

〔1〕 参见张军主编:《破坏金融管理秩序罪》,中国人民公安大学出版社1999年版,第264页。

〔2〕 参见魏东:《关于内幕交易、泄露内幕信息罪司法认定的若干问题再研究》,载赵秉志主编:《新千年刑法热点问题研究与适用》,中国检察出版社2001年版,第854页。

他人心领神会该建议与内幕信息有关,则属于泄露内幕信息罪。[1]

然而,对此持否定意见的学者认为,作为行政处罚对象的内幕交易行为并非都可能成为犯罪行为。我国《刑法》第180条规定的作为犯罪的内幕交易行为,并没有包括行政法规所指的所有内幕交易行为,而只是部分行为。即只是限于内幕人员利用内幕信息自己买卖证券、期货合约或者非法获取内幕信息的人员自己买卖证券、期货合约。其中并没有包含行政法规中的其他内幕交易行为。例如,内幕人员根据内幕信息建议他人买卖证券、期货合约及非内幕人员通过其他途径获得内幕信息,并根据该信息买卖证券、期货合约或者建议他人买卖证券、期货合约的行为,不能作为犯罪认定,只能作行政处罚。内幕人员向他人泄露内幕信息,使他人利用该信息进行内幕交易的行为,只能以泄露内幕信息罪认定。[2]

应该看到,在《刑法修正案(七)》实施之前,尽管我国《证券法》明确将建议他人买卖证券的行为纳入内幕交易罪中,但是,当时的刑法中并未将建议行为纳入犯罪范围,虽然《刑法》颁布在先而《证券法》颁布在后,但是在有关刑事责任的问题上,刑法当然要比证券法效力大。可见,将建议他人买卖证券的行为纳入内幕交易罪中并非刑事立法的原意,没有将建议行为纳入内幕交易罪也并非刑事立法的疏漏。在当时的证券期货市场现实条件下,我国刑法之所以作如此规定,究其原因无非是将建议行为纳入犯罪范围,可能涉及面太广,同时,由于建议行为本身较为复杂,当时的司法实践尚未积累一定程度的反内幕交易犯罪经验,立即将建议行为纳入内幕交易、泄露内幕信息罪的规制体系并不符合当时的司法实务现实。

然而,不容置疑的是,建议行为利用的是行为人掌握的未公开的内幕信息,这在客观上完全应当成为一种纵使或促使他人利用内幕信息进行相关证券、期货交易,在通常情况下,由于实施建议行为者是在掌握内幕信息的情况下建议他人进行证券、期货交易的,因此,行为人的建议往往起到鼓励、推动和指导的作用。这种情况中虽然行为人可能自己并没有直接从事证券、期货交易,有些甚至可能没有直接从中获利,但是,从实质上分析,建议者客观上是借他人之手进行相关证券、期货交易,这必然导致利用内幕信息进行证券、期货交易范围的扩大并对证券期货市场造成更加严重的破坏,其社会危害性是显而易见的。因此,《刑法修正案(七)》将建议行为作为内幕交易、泄露内幕信息罪的一种行为方式,具有合理性。当然,从动态的刑法规范适用层面考察,《刑法修正案(七)》增加了明示、暗示他人从事内幕交易的行为要件,确实容易导致司法认定困难与混乱。这主要是由于内幕信息知情人员或非法获取人员明示、暗示他人从事相关交易的行为本身具有特殊性,并不像内幕交易罪中典型的内幕信息知情人员或者非法获取者直接进行的证券期货交易行为一般容易认定。

---

〔1〕 参见董丽静、垄卫:《证券内幕交易、泄露内幕信息罪的司法认定》,载赵秉志主编:《新千年刑法热点问题研究与适用》,中国检察出版社2001年版,第866页。

〔2〕 参见胡启忠等:《金融犯罪论》,西南财经大学出版社2001年版,第268页。

根据司法实践中的情况来看,通过明示、暗示的方式建议他人从事相关交易的行为具有多种表现形式:(1)信息获悉者明示、暗示他人从事相关交易,被对方采纳并实施;(2)信息获悉者进行明示、暗示,没有被他人采纳并实施;(3)在透露内幕信息内容的基础上,信息获悉者明示、暗示他人从事交易;(4)在没有透露信息内容的情况下,信息获悉者建议他人从事交易,他人基于其专业金融知识及具有相关从业背景等原因,无须信息获悉者提供进一步的信息内容与交易理由,等等。

正是由于明示、暗示他人从事相关交易行为及其后续结果的复杂性,以及行为与结果排列组合后样态的进一步复杂化,决定了在判断内幕交易罪明示、暗示他人进行相关交易这一行为要件的同时,必须查实并明确以下问题是否影响建议他人从事相关交易行为要件的认定:(1)在内幕信息知情人员、非法获取人员仅提出建议,被建议者没有采纳信息获悉者的意见进而从事相关证券期货交易,能否成为阻却内幕交易、泄露内幕信息罪成立的事由?(2)明示、暗示他人从事相关交易构成犯罪是否以透漏内幕信息为必要,即建议者没有透漏内幕信息,被建议者接受其明示或者暗示而从事相关证券期货交易,能否成为阻却内幕交易、泄露内幕信息罪成立的事由?

对于上述第一个问题,即被建议者是否从事相关证券、期货交易行为是否阻却纯粹建议行为的犯罪性,笔者持肯定的观点。因为单纯的明示、暗示行为既没有泄露内幕信息本身的内容,也没有进一步产生后续的内幕交易行为,与内幕交易打击利用内幕信息从事非法证券期货交易行为的本质存在较大距离,不应当作为本罪打击的对象。主要理由是:其一,他人没有依据内幕信息获悉者的明示或者暗示从事相关交易的,已经缺失了内幕交易罪语境下行为的"交易性",不应当认为其符合内幕交易罪的行为要件;其二,内幕信息知情人员、非法获取人员没有透露任何内幕信息的内容,显然也不构成泄露内幕信息罪。

对于上述第二个问题,即内幕信息的知情人员或非法获取人员是否必须将内幕信息告知被建议者,才能构成《刑法》第 180 条规定的明示、暗示他人从事相关交易,刑法理论上的一种具有代表性的观点认为,构成建议行为不以告知被建议者内幕信息为前提。因为在现实生活中,内幕信息知情人员往往受过严格的法律、金融等专业知识的培训,对自己所实施的行为性质以及由此所可能造成的后果,一般都是明知的。而相当一部分内幕人员,为规避法律,在知悉某一证券、期货交易的内幕信息后,不是将内幕信息直接告知其亲朋好友,而仅仅对其亲友所进行的证券、期货交易提出倾向性的意见。由于行为人职务或者地位的特殊性,使其根本无须说明提出这一建议的理由,其亲友也是心领神会的。依此建议行事,虽然其亲友不知道内幕信息,但在其所进行的证券、期货交易中所处的地位与其知道内幕信息进行的证券、期货交易几无二致,而后一种情况显然是典型的内幕交易行为,既然如此,与后一种情形神似而仅仅形不同的前一种情形,有何理由不将其认定为内幕交易呢?如果认为,内幕人员仅有建议买卖而并未将内幕信息的具体内容告知被建议者可以不作为内幕交易、泄露内幕信息罪,无疑给犯罪分子留下相当大的隙漏,使相当数量的内幕交易行为难以纳入刑事制裁的视野,从而在一定程度上宽纵了犯罪分子,不利于证券市场的健康发展。[1] 对此,笔者认为,在透露内幕信息的基础上建议他人从事相关证券、期货交易的行为是否具有刑事可罚性,刑法规范本身实际上已经给出了答案。我国《刑法》第180条已经规定了泄露内幕信息的行为属于犯罪,完全可以结合被建议者是否实际从事相关证券、期货交易的事实提出定性规则:(1)告知他人内幕信息,并明示或者暗示其从事相关交易行为,被建议者没有进行相关证券、期货交易的,应当认定为泄露内幕信息罪;(2)被建议者实际进行相关证券、期货交易的,其行为同时符合泄露内幕信息、内幕交易的构成特征,直接认定行为人构成内幕交易、泄露内幕信息罪。

(五)信息挖掘行为

金融市场中存在的一种现象与行为是,在内幕信息未公开前,有些投资者(投机者),尤其是机构投资者中的金融分析师,利用证券期货市场公开的信息、资料、对上市公司或其管理人员进行调查所获知的信息等,对证券期货市场作出分析预测,或者以这种预测结果为依据进行交易,而相关分析结果与未公开的内幕信息相一致,从而使相关人员在证券、期货交易中获取了巨额利润。国外证券期货市场通常将这种行为称为信息挖掘(Information Snatching)。

对于信息挖掘行为能否构成内幕交易或者泄露内幕信息,理论上存在一些不同的看法。肯定的观点认为,行为人运用公开的信息和资料,对证券市场作出的预测和分析,如果这种预测一向被证实非常准确,并且对市场价格造成严重的影响或者危害,按内幕交易处理不无道理。[2] 相反意见认为,内幕交易、泄露内幕信息行为之所以为世界各国法律所禁止,其根本原因就在于,这种行为使内幕交易的行为人与普通投资者所进行的交易不是建立在平等的基础上,而是处于"一明一暗"的交易状态。内幕交易的行为人对于某种股票价格的走势因其对内幕信息的知悉而"心中有数",而普通投资者则只能借助于一般的技术分析和财务分析乃至于自己的猜测进行交易。借助没有确切消息的猜测显然是投机行为,而这也正是证券期货市场危机四伏的原因所在。而无论基于这种猜测进行交易所导致的结局如何,这种行为显然是不能论之以内幕交易、泄露内幕信息罪的。而实际上,股评文章的性质也同样如此。股评文章究其实质而言,也是一种猜测,只不过由于这种猜测是由具有丰富证券专业知识,熟悉证券市场运行规律的证券专家,运用科学的分析手段对分开的信息资料进行分析研究所得出的结论,因而,其正确性一般远高于普通人所做出的猜测。但无论这种预测的准确度多高,都改变不了"猜测"的实质。显然,法律不能因为一个人的预言相当精确就可以剥夺其发表意见的权利,这是现代法治社会公民享有言论自由的必然结论。[3] 在现实生活中,有很多具有一定社会危害性的行为,法律没有必要、也不可能将所有具有社会危害性的行为用

---

〔1〕 参见张军主编:《破坏金融管理秩序罪》,中国人民公安大学出版社1999年版,第276页。

〔2〕 参见白建军:《证券欺诈及对策》,中国法制出版社1996年版,第29~30页。

〔3〕 参见张军主编:《破坏金融管理秩序罪》,中国人民公安大学出版社1999年版,第269~270页。

刑法加以调整。对于股评文章,尽管它可能对证券交易价格有一定的影响,但这种影响和法律规定的内幕信息比较,它的影响较小。因为它所依据的材料、信息已经公开。这种已经公开化的材料、信息对证券价格已经施加了影响,因此,通过这种信息作出的股评实质上就是对已公开的信息进行消化和再消化的过程,已不符合内幕信息的特征。另外,如果将类似的信息都作为内幕信息,势必扩大了内幕信息的范围和内幕人员的范围,不符合刑法的立法本意。[1]

笔者认为,对于内幕信息未公开前,利用已经公开的信息资料对市场作出分析和预测,并从事有关证券、期货交易的行为,不应该纳入刑法调整的范围之内,但也不应当完全忽视以信息收集、攫取为名义实际非法获取内幕信息行为存在的可能。首先,应当明确的是,市场投资者(投机者)的分析和预测行为,无论对市场有多大的影响,无论与内幕信息本身的内容如何接近甚至完全相同,这毕竟是利用已经公开的市场信息、资料得出的预期,而不是利用尚未公开的内幕信息得出的结果。内幕交易的前提条件是必须有内幕信息存在。如果对利用并非内幕信息进行交易的行为加以惩治显然违背了刑法立法的原意。其次,证券期货市场本身需要有人对市场的发展等作出一定的分析和预测,这些分析和预测纯粹是个人的见解,在某种意义上说,只要有证券期货市场存在,就必然有对证券期货市场的分析和预测存在。而且,在证券期货市场上交易者不可能不对市场进行分析和预测,尤其是机构投资者,基于其专业能力与信息收集实力,其对市场进行分析和预测往往能够为一般投资者提供重要的决策参考。应该承认,有关的分析和预测当然会对市场和人们的交易行为产生一定的影响,这是不可避免的,如果对作出分析和预测并进行交易的行为也要加以惩治不符合市场发展的客观要求和规律。最后,需要高度重视的是,信息挖掘行为与内幕交易、泄露内幕信息行为之间的界限存在一定的模糊。在当前的证券期货市场操作中,包括证券公司、公募基金以及私募基金在内的很多投资机构或者个人投资者,无视内幕交易、泄露内幕信息的违法性,部分机构投资以上市公司调研为名,实际则是将市场公开信息挖掘行为异化为非法获取内幕信息行为。对于市场分析人员、投资者等主体通过各种手段从上市公司及其内部人员处"拉""搞""套"内幕信息的行为,司法实践中应当引起关注,对于以信息调研为形式而实质上属于非法获取内幕信息的行为,应当认定为内幕交易或泄露内幕信息。

需要注意的是,我国《刑法》第180条的规定中,内幕交易、泄露内幕信息罪并没有直接使用"建议"的表述,而是将建议行为更为明确地规定为"明示、暗示"。"明示、暗示"也就是向他人做出提示或建议,"明示"和"暗示"的行为其实就是对不同表现形式的"建议"行为的表述,两者并无本质区别。[2] 其本质上都是指行为人提示或者建议他人从事证券、期货交易活动,具体是指提示或建议他人买入或者卖出该证券,或者从

〔1〕 参见薛瑞麟主编:《金融犯罪研究》,中国政法大学出版社2000年版,第263页。

〔2〕 参见刘宪权:《金融犯罪刑法学专论》,北京大学出版社2010年版,第352~353页。

事与该内幕信息有关的期货交易。[1] 在早前的司法实践中,有关内幕交易和泄露内幕信息的犯罪都很难取证,而且,内幕人员一般具有较强的反侦察能力,往往自己不从事交易,而是以明示或暗示的方式让他人操作,之后参与分成,而《刑法修正案(七)》修改后的《刑法》第180条规定"明示、暗示他人从事上述交易活动"构成内幕交易犯罪行为,相对来说降低了司法取证的难度,有利于提高执法效率,加强了刑法对证券期货市场的保护力度。[2]

从明示与暗示具体的行为内容上分析,所谓"明示",就是清楚明白的指示,即通过书面或口头的方式明确告知他人买入或者卖出与该内幕信息有关的证券或者期货合约,指示的手段没有限制,可以是命令,也可以是利诱,还可能是胁迫,总之是通过直接表意的方式唆使对方从事交易;所谓"暗示",就是不明确表示意思,而用含蓄的言语或示意的举动使人领会,这里主要是指行为人以使对方能够推知的方式间接指示,既包括以积极的行为暗示,也包括通过消极的不作为甚至是沉默来暗示。只要该言行能让相对人领会到该交易具有内幕信息背景且能够通过交易相关标的获得利益即可构成"暗示"。因为从事金融交易,尤其是短线交易的市场主体对于此类信息往往十分敏感,对一些含蓄的言行也能够心领神会,产生与明示同样的效果。至于如何确定对方能否领会,则应当根据一般市场主体的理解和判断能力衡量。如内幕信息知情人不明确说明内幕信息的具体内容,只是含蓄地向他人透露"某只股票有重大利空或者利好消息,可以重点关注",这样的说法就能让人领会到内幕信息的存在,应当认定为"暗示他人从事交易"。但如果只是笼统地说"我觉得买点也没有太大风险"等类似的言语,就难以让人感知到存在重要的、敏感的内幕消息,不应当认定为"暗示他人从事交易"。此外,正如前文所述,还需要进一步分析接受信息的一方是否实际实施了有关的内幕交易行为。正如有的学者所言,如果被建议者没有实施内幕交易,建议者显然不构成内幕交易犯罪,就不存在甄别是否构成"暗示他人从事交易"的必要。[3] 还有必要强调的是,无论是明示还是暗示他人从事相关交易活动,实际上都使对方在某种程度上知悉了相关经营信息,因此,当对方向自己提出咨询意见,行为人只是单纯被动提供不确定的相关交易建议,对方根本无从察觉相关经营信息的,即使行为人在提供建议时事先已经知悉相关经营信息,也并不能被认定为明示或暗示他人从事相关交易。[4]

三、内幕交易犯罪司法解释疑难问题剖析

最高人民法院、最高人民检察院于2012年5月22日联合发布《关于办理内幕交易、泄露内幕信息刑事案件具体应用法律若干问题的解释》(以下简称《内幕交易犯罪

---

[1] 参见谢望原:《简评〈刑法修正案(七)〉》,载《法学杂志》2009年第6期。

[2] 参见葛磊:《新修罪名诠释〈刑法修正案(七)〉深度解读与实务》,中国法制出版社2009年版,第27~28页。

[3] 参见刘衍明:《内幕交易罪的理解与适用》,载《中国检察官》2009年第6期。

[4] 参见缑泽昆:《〈刑法修正案(七)〉中"老鼠仓"犯罪的疑难问题》,载《政治与法律》2009年第12期。

解释》)。作为我国首部证券期货市场犯罪司法解释,《内幕交易犯罪解释》对内幕信息知情人员、非法获取内幕信息人员、内幕信息敏感期、内幕交易、泄露内幕信息定罪处罚标准等证券期货市场犯罪刑法理论与实践中长期存在争议的刑法适用疑难问题进行了规定。[1]《内幕交易犯罪解释》的实施对于指导司法实务部门办理证券期货市场犯罪案件,强化证券期货市场法律监管力度,有效维护证券期货市场秩序,保护广大投资者合法权益,具有重大且深远的影响。[2]《内幕交易犯罪解释》目前是解决我国内幕交易犯罪案件疑难问题的唯一刑法解释,不仅对参与我国证券期货市场的金融交易者起到了重要的规范指引作用,而且由于其规定的内幕交易犯罪刑法适用规则具有突出的创新性,在全球金融市场一体化的背景下,研究《内幕交易犯罪解释》对于丰富全球的证券期货市场犯罪刑法理论亦有重大意义。

但是,由于内幕交易犯罪相关实践问题具有高度复杂性,《内幕交易犯罪解释》在内幕信息知情人员与非法获取内幕信息人员认定、内幕信息重大性判断、内幕交易犯罪行为指控与抗辩、内幕交易犯罪情节认定等重大且疑难实践问题上仍然存在很多争议与困惑。对《内幕交易犯罪解释》进行深刻与细致的解析,能够推动证券期货市场犯罪刑法理论与实践更为冷静地对内幕交易犯罪问题进行审视,持续探索内幕交易犯罪刑法解释不断优化的理论支撑与发展路径。基于此,本文尝试深度剖析《内幕交易犯罪解释》实践运作中的疑难问题并提出司法规则优化建议,以期对惩治与防控内幕交易犯罪的理论探索与司法实践有所裨益。

(一)内幕信息知情人员认定问题

内幕信息知情人员是内幕信息的第一手获取人员,故内幕信息知情人员司法认定是《内幕交易犯罪解释》首先解决的问题。《内幕交易犯罪解释》第 1 条规定,下列人员应当认定为《刑法》第 180 条第 1 款规定的“证券、期货交易内幕信息的知情人员”:(1)《证券法》第 74 条规定的人员;(2)《期货交易管理条例》第 81 条第 12 项规定的人员。可见,《内幕交易犯罪解释》罗列内幕信息知情人员为司法判断所依据的法律、法规条文。但是,在我国《刑法》第 180 条明确规定内幕信息知情人员的范围依照法律、行政法规的规定确定的基础上,刑法理论与实务对于我国《证券法》第 74 条[3]、《期货

---

〔1〕　参见杨维汉、崔清新:《惩治内幕交易犯罪　维护证券期货市场秩序——最高人民法院有关负责人就首部证券期货市场犯罪司法解释答记者问》,载《检察日报》2012 年 5 月 23 日,第 2 版。

〔2〕　参见张先明:《“两高”联合出台司法解释　指导司法机关正确办理内幕交易犯罪案件》,载《人民法院报》2012 年 5 月 23 日,第 1 版。

〔3〕　《证券法》第 74 条规定,证券交易内幕信息的知情人包括:(1)发行人的董事、监事、高级管理人员;(2)持有公司 5% 以上股份的股东及其董事、监事、高级管理人员,公司的实际控制人及其董事、监事、高级管理人员;(3)发行人控股的公司及其董事、监事、高级管理人员;(4)由于所任公司职务可以获取公司有关内幕信息的人员;(5)证券监督管理机构工作人员以及由于法定职责对证券的发行、交易进行管理的其他人员;(6)保荐人、承销的证券公司、证券交易所、证券登记结算机构、证券服务机构的有关人员;(7)国务院证券监督管理机构规定的其他人。

交易管理条例》第 81 条第 12 项[1]分别规定了证券、期货交易内幕信息的知情人员本身并没有疑问。实践中的疑难问题在于,《证券法》《期货交易管理条例》有关内幕信息知情人员的规定各自存在明显的缺陷,导致司法实务部门在认定相关行为主体是否构成证券、期货内幕信息知情人员时会出现困惑与障碍。

在证券内幕信息知情人员法律规定方面,我国《证券法》第 74 条在明示性地列举了上市公司董事、监事、高级管理人员等 6 项证券内幕信息知情人员类型之后,通过第 7 项"兜底条款"将国务院证券监督管理机构规定的其他人整体纳入知情人员范围。尽管上述规定在形式上实现了明确列举与原则概括相结合,但由于缺乏内幕信息知情人员实质标准的界定,造成证券监管机构裁量权过大,最终导致"其他内幕信息知情人员"的范围处于完全不确定的状态。与此相对应,期货内幕信息知情人员法规的规定则更为模糊。尽管《期货交易管理条例》第 81 条第 12 项从实质解释的角度将期货内幕信息知情人员的本质界定为基于职务(管理、监督、专业、职业等多方面的职务)可获取内幕信息人员,但其具体列举的知情人员主体类型不仅极为概括,而且使用了大量"其他"人员、"有关"人员等内涵十分模糊的表述,造成期货内幕交易犯罪司法实践难以确定期货内幕信息知情人员。笔者建议,有必要准确梳理证券、期货法律、法规各自的优点与缺点,从内幕交易犯罪主体实质特征与核心类型两方面优化内幕信息知情人员的司法认定规则。

1. 证券内幕信息知情人员

在司法实践中应当明确,证券内幕信息知情人员的实质特征是基于职务可获取证券内幕信息。构成我国《证券法》第 74 条第 7 项规定的"其他"内幕信息知情人员的行为主体,显然应当与该条前 6 项规定的内幕信息知情人员主体类型具有同构型特征,在《证券法》本身没有直接且明确规定的情况下,这种同构型特征的归纳正是内幕交易犯罪司法实践应当予以明确的问题。从《证券法》第 74 条明示性规定的证券内幕信息知情人员类型来看,其实质特征都是基于其在上市公司、上市公司控股公司、上市公司实际控制人、证券监管与服务机构等所承担的职责(包括私营部门的业务性岗位与公共部门的职务性岗位)能够获取内幕信息。因此,其所承担的职责可以获取证券内幕信息的人员是证券内幕信息知情人员。这样的实质性界定不仅可以将上市公司并购重组参与方及其工作人员、上市公司重大合同交易对方及其工作人员等《证券法》第 74 条没有明示性规定,但在实践中能够基于公务性或者业务性的职责充分接触、管理内幕信息的证券内幕信息知情人员,准确纳入内幕信息知情人员范围,而且能够将上市公司的控股股东、实际控制人控制的其他公司及其董事、监事、高级管理人员等被《证券法》第

〔1〕《期货交易管理条例》第 81 条第 12 项规定:内幕信息的知情人员,是指由于其管理地位、监督地位或者职业地位,或者作为雇员、专业顾问履行职务,能够接触或者获得内幕信息的人员,包括:期货交易所的管理人员以及其他由于任职可获取内幕信息的从业人员,国务院期货监督管理机构和其他有关部门的工作人员以及国务院期货监督管理机构规定的其他人员。

74 条所忽略但基于其与上市公司形成持股关系、实际控制关系能够获悉证券内幕信息的人员纳入知情人员范围。

2. 期货内幕信息知情人员

由于我国期货市场运行机制正处于不断完善的阶段,期货交易与期货监管体系相对复杂,导致期货从业人员与监管机构工作人员的主体的定位、辨识、认定等存在一定的模糊与凌乱。有必要通过司法解释明确框定期货内幕信息知情人员的主体范围,从而合理控制期货内幕信息与准确定位期货内幕交易违法犯罪的行为主体。《期货交易管理条例》规定“有关”部门工作人员经国务院机构监管机构的认定可以构成期货内幕信息知情人员。但是,“有关”的含义过于模糊与随意,故笔者建议司法解释应当对此进行细化,将“有关”部门工作人员可以构成期货内幕信息知情人员的类型确定为以下两方面的内容:

(1)有关监管部门工作人员

有关监管部门包括直接负责金融监管职能的机构,主要是中国人民银行、证监会、银监会、保监会及其各地派出机构。由于我国金融行业具有多头监管的特点,其他承担部分金融监管职能的部委也应当属于有关监管部门。例如,财政部金融司的职责范围涵盖了协调执行货币政策;拟订并监督执行银行、保险、证券、信托等非银行金融机构的资产与财务管理制度;对主权信用进行评级等。上述金融监管职责不仅直接影响金融政策进而作用于期货市场(尤其是利率期货),而且涉及相关金融机构资产配置信息,相关工作人员利用此类政策信息与监管信息,可以从事相关期货交易谋取个人利益。因此,发改委、财政部、审计署及其派出机构等承担部分金融监管职能的机构及其工作人员,也应当规定为期货内幕交易违法犯罪中的“有关”监管部门及其工作人员。

(2)有关行业协会工作人员

中国证券业、期货业、保险业、银行业、信托业协会及其地区性协会等金融行业协会工作人员应当属于期货内幕信息知情人员。同时,在履行自律监管职能过程中掌握大量期货交易市场(特别是商品期货市场)未公开信息的行业协会(如有色金属工业协会等),此类协会工作人员在决定大宗商品期货交易价格变动的行业信息处于保密阶段时,利用行业信息优势从事私利交易或者违规抢先将信息提供给他人,也应构成期货内幕信息知情人员。

此外,应当特别强调的是,期货内幕信息知情人员并非局限于期货行业监管或者从业人员。随着金融交易产品开发日趋成熟,证券与期货交易关联性日趋紧密,证券行业人员或者上市公司人员完全可以构成期货内幕信息知情人员。2010 年 4 月中国金融期货交易所推出沪深 300 股指期货合约的交易品种,我国期货市场正式迈进金融期货时代。由于沪深 300 股指期货合约的涨跌直接与证券现货市场多空信息挂钩。对沪深 300 指数中权重较大的成分股交易价格具有重要影响且尚未公开的信息显然属于证券内幕信息,但其同样对股指期货合约交易价格具有重要影响,这种基于证券现货市场与股指期货市场关联性或者价格传递关系而对金融期货交易价格具有重要影响的未公开信息显然也是期货内幕信息。发行权重股的上市公司的内幕信息知情人员或者其他基于职务便利能够获悉此类内幕信息的金融机构、中介机构工作人员,同样应当构成期货内幕信息知情人员,其在影响权重股交易价格的上市公司内幕信息尚未公开之前,并不直接从事证券交易,而是在股指期货市场上建仓谋取个人利益的,应当构成期货内幕交易犯罪。

(二)内幕信息非法获取人员认定问题

根据我国《刑法》第180条的规定,内幕信息非法获取人员是内幕交易犯罪的另一种犯罪主体类型。对于非法获取内幕信息人员的认定,证券期货市场犯罪刑法理论与实务中长期存在3种不同的观点:(1)"非法手段论"认为,非法获取内幕信息人员只能是利用骗取、套取、偷听、监听或者私下交易等非法手段或者通过非法途径获取证券内幕信息的人员。[1] (2)"不当获取论"认为,对"非法获取"的理解不能过于狭窄,"非法获得"应指"不该获得而获得",其中"不该获得"是指行为人与内幕信息之间并无职务或业务上的信赖关系,也即行为人属于禁止接触或获取内幕信息的人员。[2] (3)"混同认定论"采取淡化非法获取内幕信息人员独立类型特征与模糊上述意见分歧的方式,统一使用"内幕人"的概念将内幕信息知情人员及其近亲属、通过非法手段获取内幕信息的人员以及通过其他途径获取内幕信息的人都纳入内幕犯罪行为主体范围。[3]

《内幕交易犯罪解释》第2条与第3条通过联动规定非法获取内幕信息人员类型及其异常交易行为特征的创新性刑法解释技术解决上述争议:利用窃取、骗取、套取、窃听、利诱、刺探或者私下交易等手段获取内幕信息的,显然属于非法获取内幕信息人员;内幕信息知情人员的近亲属或者其他与内幕信息知情人员关系密切的人员,或者在内幕信息敏感期内与内幕信息知情人员联络、接触的人员,从事或者明示、暗示他人从事,或者泄露内幕信息导致他人从事与该内幕信息有关的证券、期货交易,相关交易行为明显异常,且无正当理由或者正当信息来源的,应当认定非法获取内幕信息人员。

之所以将其评价为创新性解释,是因为《内幕交易犯罪解释》极为精巧地解释并未通过非法手段获取内幕信息人员的行为"非法性",即根据交易行为事实(从事、建议从事、泄露信息导致他人从事)与交易行为评价(明显异常且无正当性事由)逆向证明内

---

[1] 参见王作富主编:《刑法分则实务研究》(上),中国方正出版社2003年版,第546页。

[2] 参见刘宪权:《金融犯罪刑法学专论》,北京大学出版社2010年版,第365页。

[3] 2007年中国证券监督管理委员会《证券市场内幕交易行为认定指引(试行)》第6条规定:符合下列情形之一的,为证券交易的内幕人:(1)《证券法》第74条第1项到第6项规定的证券交易内幕信息的知情人;(2)中国证监会根据《证券法》第74条第7项授权而规定的其他证券交易内幕信息知情人,包括:①发行人、上市公司;②发行人、上市公司的控股股东、实际控制人控制的其他公司及其董事、监事、高级管理人员;③上市公司并购重组参与方及其有关人员;④因履行工作职责获取内幕信息的人;⑤本条第1项及本项所规定的自然人的配偶;(3)本条第1项、第2项所规定的自然人的父母、子女以及其他因亲属关系获取内幕信息的人;(4)利用骗取、套取、偷听、监听或者私下交易等非法手段获取内幕信息的人;(5)通过其他途径获取内幕信息的人。

幕信息知情人员的近亲属、关系密切人、敏感期的联络、接触人等非法获取内幕信息。《内幕交易犯罪解释》第2条不仅通过限制行为主体类型的方式将偶然、无意地听闻内幕信息人员排除在内幕交易犯罪行为主体之外,[1]而且在该解释第3条极为详尽地列举了“相关交易行为明显异常”的核心判断指标,[2]实质性地提升了非法获取内幕信息人员基于内幕信息从事内幕交易犯罪行为证明规则的明确性。

对于《内幕交易犯罪解释》第2条第1项规定的以非法手段获取内幕信息人员,实践中并不存在认定障碍,关键问题在于内幕信息知情人员的近亲属、关系密切人、内幕信息敏感期内的联络、接触人等内幕交易犯罪行为主体的判断。《内幕交易犯罪解释》第2条使用了两个非常重要的概念,即近亲属和关系密切的人员。由于刑法上的近亲属概念并不明确,首创于利用影响力受贿罪的关系密切的人员的内涵与外延在刑法理论与实务中存在较大的认识分歧,内幕信息知情人员近亲属、关系密切人认定问题显然受制于这样的现状而容易在内幕交易犯罪司法实践中产生争议。因此,亟须在理论上准确界定内幕信息知情人员近亲属、关系密切人的范围,否则《内幕交易犯罪解释》第2条第2项将难以在实践中得以有效执行。同时,在司法实践中还需要结合现有的证券

---

[1] 参见颜斐:《无意听到内幕信息不是犯罪》,载《北京晨报》2012年5月23日,第A7版。无意听到内幕信息从而实施相关证券交易在国外判例中通常也不认为构成内幕交易犯罪。例如,美国证券交易委员会诉巴里·斯威策尔案。在该案中,美国证监会指控,斯威策尔在1981年6月举行的俄克拉何马州高中运动会上无意中听到他认识的一位上市公司董事及其妻子在谈论将要进行的并购事宜。斯威策尔基于该尚未公开的上市公司并购信息从事证券交易并获利5万美元。联邦地区法院判决斯威策尔的行为不构成内幕交易。因为无意听闻内幕信息的行为主体既非内幕信息知情人员,亦非非法获取内幕信息人员,其对于内幕信息的来源并不承担任何形式的信赖(不基于信息从事交易或者泄露信息)义务,不受到披露或者戒绝交易规则的限制,故不应当将偶然听闻的内幕信息并据此从事相关证券交易的行为认定为内幕交易。参见SEC v. Switzer,590 F. Supp 756(WD Okla 1984)。

[2] 《内幕交易犯罪解释》第3条规定:本解释第2条第2项、第3项规定的“相关交易行为明显异常”,要综合以下情形,从时间吻合程度、交易背离程度和利益关联程度等方面予以认定:(1)开户、销户、激活资金账户或者指定交易(托管)、撤销指定交易(转托管)的时间与该内幕信息形成、变化、公开时间基本一致的;(2)资金变化与该内幕信息形成、变化、公开时间基本一致的;(3)买入或者卖出与内幕信息有关的证券、期货合约时间与内幕信息的形成、变化和公开时间基本一致的;(4)买入或者卖出与内幕信息有关的证券、期货合约时间与获悉内幕信息的时间基本一致的;(5)买入或者卖出证券、期货合约行为明显与平时交易习惯不同的;(6)买入或者卖出证券、期货合约行为,或者集中持有证券、期货合约行为与该证券、期货公开信息反映的基本面明显背离的;(7)账户交易资金进出与该内幕信息知情人员或者非法获取人员有关联或者利害关系的;(8)其他交易行为明显异常情形。应当看到,在美国内幕交易案件司法实践中,交易模式是判断行为人是否基于内幕信息从事相关证券交易的重要指标。如果控方证明涉案证券交易行为所体现出的模式化特征比较异常,则可以推论从事证券交易的行为主体持有内幕信息或者说相关证券交易依托于内幕信息。从异常交易判断规则上来看,美国联邦第九巡回上诉法院的判例规则比较有代表性:内幕交易案件中的异常证券交易是指行为人从事的证券交易行为显著地区别于其以前的交易模式,在具体判断上应当结合行为人交易相关证券的总量以及比例、交易的时间、相关交易是否与其历史交易记录或者交易习惯吻合等相关要素进行分析。参见In re Silicon Graphics Inc. Securities Litigation,183 F. 3d 970,986(9th Cir. 1999);Provenz v. Miller,102 F. 3d 1478,1491(9th Cir. 1996)。对照上述《内幕交易犯罪解释》,我国内幕交易案件中的异常交易判断标准显然更为细致。

期货法律解释性文件与反内幕交易实践经验,进一步深度考察《内幕交易犯罪解释》第2条与第3条规定的"相关交易行为明显异常"的判断标准。

1. 内幕信息知情人员近亲属的认定

关于近亲属范围问题,我国《刑法》并没有专门的规定,三大诉讼法及其司法解释的界定也并不一致。[1] 法律及相关司法解释对于近亲属的范围界定不一致,必然会导致刑法理论与实务部门对于如何认定内幕信息知情人员近亲属产生较大争议。笔者认为,在我国《刑法》以及刑法司法解释对近亲属概念未作规定的情况下,从诉讼法关于近亲属的规范界定论证刑法上的近亲属范围是无法获取合理解释的。因为诉讼法定义近亲属是为了解决诉讼上的代理、证据效力等程序性问题,刑事诉讼法基于程序严苛性更强的现实要求,设定了相对狭窄的近亲属范围,行政诉讼法与民事诉讼法基于便利诉讼的实用性考量,对近亲属的范围界定更为宽泛。而内幕信息知情人员近亲属是内幕交易犯罪主体要素,其范围界定应当受到近亲属这一法律概念实体法属性的制约,同时更应当与内幕交易犯罪实质相契合。所以,无论是从与刑法关系最为密切的刑事诉讼法中援引近亲属法律概念的内涵与外延,还是从行政诉讼法与民事诉讼法相关规范中进行推断,都会陷入近亲属概念刑法解释上的方向性误区。

笔者认为,社会生活中的近亲属概念要在刑法上探索其合理范围,必须以财产关系作为限制标准对近亲属进行范围限定。财产关系标准不仅具有实体法上的规范性,而且与内幕交易犯罪利用内幕信息从证券期货市场交易中非法获取利润的行为实质最为契合。因为近亲与远亲之间的界限是模糊与主观的,最为客观的判断标准应当是财产关系上的远近亲疏,即财产继承关系。从我国《继承法》第10~12条[2]有关财产法定继承的规定来看,除了夫妻、父母、子女、同胞兄弟姐妹等之外,继承法上的第一顺序、第二顺序和代位继承中具有法律继承权的主体,也应当视为近亲属。以财产继承关系为核心确定近亲属范围,不仅整体涵盖了三代以内直系血亲,而且根据亲缘结构与家庭财产归属的实际情况出发,将非婚生子女、养子女和有扶养关系的继子女,养父母和有扶

---

[1] 根据《刑事诉讼法》第108条第6项的规定,近亲属是指夫、妻、父、母、子、女、同胞兄弟姐妹。最高人民法院《关于贯彻执行〈中华人民共和国民法通则〉若干问题的意见》第12条则将近亲属的范围确定为:配偶、父母、子女、兄弟姐妹、祖父母、外祖父母、孙子女、外孙子女。在行政诉讼中,根据2000年最高人民法院《关于执行〈中华人民共和国行政诉讼法〉若干问题的解释》第11条的规定,《行政诉讼法》第24条规定的近亲属,包括配偶、父母、子女、兄弟姐妹、祖父母、外祖父母、孙子女、外孙子女和其他具有抚养、赡养关系的亲属。

[2] 根据我国《继承法》第10~12条的规定,遗产按照下列顺序继承:第一顺序:配偶、子女、父母。第二顺序:兄弟姐妹、祖父母、外祖父母。继承开始后,由第一顺序继承人继承,第二顺序继承人不继承。没有第一顺序继承人继承的,由第二顺序继承人继承。本法所说的子女,包括婚生子女、非婚生子女、养子女和有扶养关系的继子女。本法所说的父母,包括生父母、养父母和有扶养关系的继父母。本法所说的兄弟姐妹,包括同父母的兄弟姐妹、同父异母或者同母异父的兄弟姐妹、养兄弟姐妹、有扶养关系的继兄弟姐妹。被继承人的子女先于被继承人死亡的,由被继承人的子女的晚辈直系血亲代位继承。代位继承人一般只能继承他的父亲或者母亲有权继承的遗产份额。丧偶儿媳对公、婆,丧偶女婿对岳父、岳母,尽了主要赡养义务的,作为第一顺序继承人。

养关系的继父母,同父异母或者同母异父的兄弟姐妹、养兄弟姐妹、有扶养关系的继兄弟姐妹,以及承担主要赡养义务的丧偶儿媳、女婿等纳入近亲属范围,更能实现内幕交易犯罪主体界定与内幕交易犯罪实质之间的高度契合。因为近亲属之所以能够从内幕信息知情人员处获取内幕信息,根本原因在于其不仅能够基于"近"的家属关系影响内幕信息知情人员对于内幕信息的保密程度,而且能够在内幕信息所可能产生的财产利益方面与内幕信息知情人员形成利益共同体。

2. 内幕信息知情人员关系密切人的认定

其他与内幕信息知情人员关系密切的人员这一概念显然源于《刑法》第 388 条利用影响力受贿罪中的"其他与该国家工作人员关系密切的人"。然而,刑法并没有对此类关系密切人进行定义。笔者认为,内幕信息知情人员的关系密切人着眼于该种类型的行为主体与内幕信息知情人员之间的人际关系,强调的是两者之间的人际关系超越普通层面,达到了紧密的联系、黏合、影响程度。这种紧密联系既可以是友好关系,也可以是客观中性的利益、利害关系,还可以是并非基于职权而生成的控制、胁迫、制约关系。因此,内幕交易犯罪司法解释既然使用了关系密切人的概念,实际上就应当将其实质内涵明确界定为与内幕信息知情人员人际关系紧密的人。对于内幕信息知情人员关系密切人的具体范围问题,应当根据人际关系的不同侧面予以具体展开:(1)亲属层面的人际关系,主要是指近亲属以外的与内幕信息知情人员关系密切的亲属;(2)利益层面的人际关系,主要是指与内幕信息知情人员有共同利益关系、利害关系的人;(3)情感层面的人际关系,主要是指内幕信息知情人员的情妇(夫)或者其他有情感依恋关系的人;(4)社交层面的人际关系,主要是指与内幕信息知情人员紧密交往的同乡、同事(包括现在和以前的平级和上下级同事)、同学、战友、朋友、商业伙伴、常规工作联系人等。

3. 内幕信息知情人员联络人、接触人的认定

内幕信息的传递一般多发于近亲属以及其他关系密切人之间,但这并不意味着没有证据表明行为人与内幕信息知情人员之间关系密切,就可以直接排除行为人获取内幕信息的可能。内幕信息完全可以在社会关系一般的主体之间进行传递。内幕信息知悉人员基于故意、口风不严、疏忽大意、意图使得信息受领者利用内幕信息牟利、炫耀等各种因素,都可能使得行为人获取内幕信息。正是因为认识到上述内幕信息传递的实践特征,根据《内幕交易犯罪解释》第 2 条第 3 项的规定,在内幕信息敏感期内,与内幕信息知情人员联络、接触,从事或者明示、暗示他人从事,或者泄露内幕信息导致他人从事与该内幕信息有关的证券、期货交易,相关交易行为明显异常,且无正当理由或者正当信息来源的,构成非法获取内幕信息人员。上述规定不仅将内幕信息知情人员近亲属、关系密切人之外的内幕信息敏感期内的联络、接触人纳入内幕交易犯罪主体范围,而且合理地将偶然、无意地听闻内幕信息人员排除在内幕交易犯罪行为主体之外。[1]

---

〔1〕 参见颜斐:《无意听到内幕信息不是犯罪》,载《北京晨报》2012 年 5 月 23 日,第 A7 版。

行为人实施证券交易之前与内幕信息知悉人员之间的联络和接触是一个沟通联系与内幕信息传递的言语互动过程。这种联络和接触可以是面谈,也可以是电话、短信沟通,更可以是邮件联系;有的是“一语中的”直接点出内幕信息,也有的是“三言两语”传递内幕信息,还有的是在较长时间里的讨论内幕信息,更有的是谈论了多个事项过程中包含或者夹杂内幕信息。

4. 交易行为明显异常的认定

内幕信息知情人员的近亲属、关系密切人相对于内幕信息敏感期内知情人员的联络、接触人而言,其社会联系的现实强度与内幕信息内容的知悉程度明显更高,逻辑上合理的推论应当是前者实施的相关交易行为的异常性程度应当明显低于后者,这样才能保证内幕交易犯罪行为静态构成标准与动态证明过程的平衡并最终刑事归责的平衡。而《内幕交易犯罪解释》第3条对于上述两种不同的行为主体类型却设置了程度完全相同的“明显异常”指标,即从时间吻合程度、交易背离程度和利益关联程度等方面来看,内幕信息知情人员的近亲属、关系密切人、信息敏感期内的联络、接触人在账户使用、资金配置、交易时间、交易习惯、证券、期货产品基本面等综合要素上与内幕信息的形成、变化和公开时间“基本一致”,都应认定为非法获取内幕信息人员从而承担内幕交易犯罪的刑事责任。

事实上,《证券行政处罚纪要》对上述两种不同类型的主体设置了完全不同的判断标准。根据《证券行政处罚纪要》第5条[1]的规定,内幕交易行为成立的基础在于,内幕信息知情人员的近亲属、关系密切人的证券交易活动与该内幕信息“基本吻合”,而内幕信息公开前与内幕信息知情人或知晓该内幕信息的人联络、接触,其证券交易活动应当与内幕信息“高度吻合”。对照《内幕交易犯罪解释》第3条与《证券行政处罚纪要》第5条,敏感期内内幕信息知情人员的联络、接触人的交易行为与内幕信息基本一致可以构成刑事犯罪,但构成证券行政违法却要达到“高度吻合”的程度——内幕交易违法与犯罪的法律规格出现明显倒挂。

一种在理论上存在解释空间的理解是,作为最新司法解释的《内幕交易犯罪解释》放弃了《证券行政处罚纪要》规定的区分化处理规则,根据新司法解释效力优先原则,刑事司法实践中应当坚持《内幕交易犯罪解释》第3条的规定。同时,《证券行政处罚纪要》本身以及权威性解读文本确实也没有完成“基本吻合”与“高度吻合”标准的实质

---

〔1〕《证券行政处罚纪要》第5条“关于内幕交易行为的认定问题”规定:会议认为,监管机构提供的证据能够证明以下情形之一,且被处罚人不能作出合理说明或者提供证据排除其存在利用内幕信息从事相关证券交易活动的,人民法院可以确认被诉处罚决定认定的内幕交易行为成立:(1)《证券法》第74条规定的证券交易内幕信息知情人,进行了与该内幕信息有关的证券交易活动;(2)《证券法》第74条规定的内幕信息知情人的配偶、父母、子女以及其他有密切关系的人,其证券交易活动与该内幕信息基本吻合;(3)因履行工作职责知悉上述内幕信息并进行了与该信息有关的证券交易活动;(4)非法获取内幕信息,并进行了与该内幕信息有关的证券交易活动;(5)内幕信息公开前与内幕信息知情人或知晓该内幕信息的人联络、接触,其证券交易活动与内幕信息高度吻合。

性区分,[1]即《证券行政处罚纪要》没有明确回答何种程度的资金、账户、交易时间、交易模式等指标构成基本吻合或者高度吻合。但是,交易行为明显异常是否确实不具有基本一致(吻合)与高度一致(吻合)的实质可区分性?

笔者对此持否定意见并提出以下建议性规则供司法解释参考。高度一致(吻合)的信息指标表现为:(1)资金流向上,行为人及其控制的证券账户交易记录显示其不惜大额亏损卖出其他股票,然后满仓买入内幕信息涉及的股票;行为人在内幕信息形成之后且尚未公开之前,快速集中明显超过其以往交易记录的操作资金或者以高额资本成本获取融资,买卖内幕信息涉及的证券、期货。(2)交易风格上,行为人以往证券、期货交易风格表现为分散持股(持仓),而在相关内幕信息尚未公开之前集中绝对数量和相对比例显著超过其交易风格的资金配置模式,操作内幕信息涉及的证券、期货合约。(3)交易时间上,行为人在重大利空信息即将公开之前的精准减持,或者在重大利好信息形成之后的突击增持。与之对应,基本一致(吻合)的信息表征是:(1)行为人在其控制账户之间进行无亏损或亏损度一般的调仓;行为人调拨大量自有资金或者以合理成本借贷资金进入证券账户用于买卖与内幕信息有关的证券、期货。(2)在与内幕信息相关的证券、期货合约基本面没有明显变动的情况下,将集中持股(持仓)转换为集中持有内幕信息对应的证券、期货合约。(3)行为人实施的相关证券、期货交易时间完全处于内幕信息形成与公开的范围之内,但买入或者卖出时间节点并非紧接于利好信息形成之后或者利空信息公开之前。

(三)正当交易抗辩认定问题

在排除内幕交易犯罪行为属性的正当化事由层面,《内幕交易犯罪解释》第4条规定了不属于从事与内幕信息有关的证券、期货交易的情形:(1)持有或者通过协议、其他安排与他人共同持有上市公司5%以上股份的自然人、法人或者其他组织收购该上市公司股份的;(2)按照事先订立的书面合同、指令、计划从事相关证券、期货交易的;(3)依据已被他人披露的信息而交易的;(4)交易具有其他正当理由或者正当信息来源的。[2] 其中最需要进一步细化论证的是第二种情形。根据《内幕交易犯罪解释》第4条第2项的规定,按照事先订立的书面合同、指令、计划从事相关证券、期货交易的,不属于内幕交易犯罪行为。这实际上是内幕交易违法犯罪案件中的一种典型抗辩事由,即预设交易计划抗辩。

例如,在岳某某保荐代表人内幕交易案中,岳某某及其代理人就提出,其买入上市公司三爱富股票是执行事先预定的交易计划,故岳某某实施的相关证券交易行为不具

---

〔1〕 参见赵大光、杨临萍、蔡小雪、李涛:《〈关于审理证券行政处罚案件证据若干问题的座谈会纪要〉解析》,载《人民法院报》2011年8月31日,第6版。

〔2〕 参见张先明:《"两高"联合出台司法解释 指导司法机关正确办理内幕交易犯罪案件》,载《人民法院报》2012年5月23日,第1版。

有违法性,不应当认定为内幕交易。[1]

作为内幕交易违法犯罪的一种肯定性辩护,预设交易计划最早规定于美国证券交易委员会(SEC)2000年监管规则《选择性披露与内幕交易》:控方推定持有重大未公开信息的行为人在从事相关证券交易时使用该未公开信息,但行为人可以提出以下反驳推定的事由:(1)事先存在从事该项交易的有约束力的合同;(2)执行事先存在的第三方交易指令;(3)事先存在的书面计划预先详细说明了该项交易。[2] 该项预设交易计划抗辩在实践中又被称为10b5-1避风港规则,即如果行为人预先计划(包括证券数量、交易价格、交易日期等要素)从事相关证券交易时没有获悉重大未公开信息,随后执行该计划中规定的交易行为,即使届时掌握了该重大未公开信息,亦不能对其提出内幕交易指控。[3]

从规则内容上分析,我国《内幕交易犯罪解释》第4条第2项规定的预设交易计划抗辩与美国《选择性披露与内幕交易》的10b5-1避风港规则基本一致。《内幕交易犯罪解释》基于保障被告人抗辩权,防止内幕交易适用不当扩大,借鉴成熟证券期货市场做法,[4]直接规定预设交易计划可以排除内幕交易犯罪性质,不仅在实体标准与证明程序上对持有内幕信息但并未实际使用该信息从事证券交易的市场主体提供了合法且合理的内幕交易免责空间,而且能够在很大程度上分散内幕交易执法与司法的压力,同时又可以通过允许合法的内部人交易丰富证券期货市场的流动性。但在内幕交易案件司法实践中还应当注意以下两个问题:

1. 预设交易计划抗辩的实践判断

《内幕交易犯罪解释》仅仅原则性规定了预设交易计划抗辩事由,并没有对如何具体操作这种避风港规则作出进一步明确的指引。同时,我国《证券法》《期货交易管理条例》等行政法律法规均未对预定交易计划的适用范围与运作程序进行明确与系统的规定。而预设交易计划这种内幕交易抗辩事由的本质在于,在允许上市公司内部人员或者内幕信息实际持有人员实施必要的交易行为的同时排除其他基于内幕信息的违规交易。故预设交易计划的法律规则应当是非常复杂的一个规范结构,亟须设置完备的程序规范与实体条件等配套制度才能在实践中得以有效执行。

所以,笔者建议,预设交易计划纵然应当成为排除内幕交易刑事违法性的正当化事由,但在具体适用时应当明确构成该种抗辩事由应当符合以下法律要素:交易计划在时间上制订于内幕信息形成之前;预定交易计划必须委托证券中介机构进行操作;交易计

---

[1] 参见许志峰:《证监会查处券商人员内幕交易》,载《人民日报》2012年1月20日,第10版。

[2] 17 C.F.R. § 240.10b5-1.

[3] Stanley Veliotis, Rule 10b5-1 Trading Plans and Insiders' Incentive to Misrepresent, 47 American Business Law Journal 313, 314 (2010).

[4] 参见张先明:《"两高"联合出台司法解释　指导司法机关正确办理内幕交易犯罪案件》,载《人民法院报》2012年5月23日,第1版。

划应当对证券交易方式、数量、价格、时间等要素,或者计算上述交易数量、价格和时间等要素的具体公式,进行明确约定;针对相关证券设定的交易计划应当向证券监管机构或者交易所备案;个人或者机构在知悉重大未公开信息之后,其本人或者受其委托的未知悉重大未公开信息的个人或者机构,不得对如何、何时、是否执行该交易计划施加后续影响。此外,相关证券、期货行政法律法规应当对证券期货市场中的预设交易计划问题进行系统性与规范化的界定,为司法实践提供坚实的前置性法律规范基础。

2. 预设交易计划抗辩的滥用风险

作为一种安全港规则,预设交易计划实质上就是为内部人交易提供免责事由,在实践应用中有必要细致评估内部人滥用该项抗辩事由规避内幕交易责任的风险,并提出针对性的规则应对。

在美国证券期货市场中,基于预先设定的交易计划实施相关证券交易的盈利普遍高于一般证券交易,据此,在美国证券监管机构以及证券期货市场中,有意见认为,这样的数据足以证明实践中普遍存在滥用预先设定的交易计划从事内幕交易的可能,并且10b5－1避风港规则并不能有效地防止内部人通过预先设定的交易计划谋取不正当的利润。[1] 但是,单纯根据上市公司内部人交易计划收益高于市场一般收益水平只能说明上市公司内部人交易水平高于外部投资者,这显然与上市公司内部人能够获取更为充分的内部信息紧密相关。在没有证据证明此类内部信息具有重大性的情况下,上市公司内部人基于信息能力的优势获取高于证券期货市场平均水平的收益显然是基于信息差异而产生价格分歧的市场自然现象。因此,评估滥用预设交易计划抗辩的风险还需要更为明确的实证基础。

在一项更为全面且具有针对性的实证研究中,艾伦·加格林泽尔教授对12,500家上市公司进行有关内部人交易的调查,其中共有3000余名内部人实施了10万余次内部人交易。调查结果显示:上述内部人交易中,基于10b5－1避风港规则展开的事先预定的交易计划的收益高于市场平均收益水平6个百分点,而其中没有按照10b5－1避风港规则展开的内部人交易收益仅高于市场平均收益1.9个百分点;上市公司内部人根据事先预定交易计划中的减持行为通常有条不紊地在上市公司发布利空信息之前以及利好信息之后进行,相对于没有基于10b5－1避风港规则进行相关交易的上市公司内部人而言,这种减持行为体现出预期的异常准确性;在部分上市公司内部人终止事先预定的卖出证券计划的案例中,上市公司证券交易价格在原计划卖出证券的时间之后出现了明显的上涨。[2]

尽管这项实证研究仍旧无法确定滥用交易计划是否已经成为规避内幕交易责任且现实地造成证券交易收益差异的直接原因,但其调查结果所反映的问题确实值得我国内幕交易司法实践进行反思。上市公司内部人在相对早期的时间范围内预先设定证券交易计划,在获悉重大未公开信息之后,一旦发现交易计划与重大未公开信息所显示的

---

〔1〕 See Jane Sasseen, *The SEC is Eyeing Insider Stock Sales*, Business Week, March 19, 2007, p. 41.

〔2〕 Alan D. Jagolinzer, *SEC Rule 10b5－1 and Insiders' Strategic Trade*, 55 Management Science 224 (2009).

交易方向不吻合便取消交易计划;上市公司内部人在交易计划设定完毕后,利用其管理职权通过控制上市公司重大事件发展过程的节奏控制重大未公开信息形成与发展的时间,或者控制信息披露的节奏——交易计划流程中的此类操作手法确实可以达到滥用避风港规则从而规避内幕交易责任的效果。

笔者认为,反内幕交易司法规则在规定预先设定的交易计划可以排除内幕交易责任的基础上,应当进一步细化这种抗辩事由的具体适用条件,同时,司法机关在个案中应当加强对交易计划内容与现实交易情况的审查。上市公司内部人尚未掌握重大未公开信息之前,固然随时可以对交易计划进行任何形式的调整。但是,在已经建构交易计划且获悉重大未公开信息之后,上市公司内部人必须按照合同、指令或者计划执行相关交易,即不能改变交易计划、在交易计划中增加或者新建与特定证券匹配的对冲交易,否则不能适用预设交易计划抗辩。〔1〕

(四)内幕信息价格敏感期认定问题

根据我国《刑法》第180条的规定,证券、期货交易内幕信息的知情人员或者非法获取证券、期货交易内幕信息的人员,在涉及证券的发行,证券、期货交易或者其他对证券、期货交易价格有重大影响的信息尚未公开前,从事、建议他人从事、泄露内幕信息导致他人从事相关证券、期货交易,情节严重的,构成内幕交易、泄露内幕信息罪;内幕信息的范围,依照法律、行政法规的规定确定。我国《证券法》第67条、〔2〕第75

---

〔1〕　监管机构应当同步完善强制性信息披露规则,防止上市公司内部人通过控制上市公司重大事件进程来操控重大未公开信息的发展。例如,在上市公司重大合同签订过程中,一般认为交易双方对合同价格要素达成一致时,上市公司重大未公开信息形成,故上市公司内部人在价格要素尚未达成的一致意见的情况下购买上市公司证券,通常可以基于未公开信息尚不具备重大性而认为其不构成内幕交易。但这种对于重大合同交易价格尚未达成一致意见的情形,实际上完全可以由上市公司内部人在谈判过程中进行人为控制,比如,负责商谈的高管在对方提出符合上市公司利益预期的价格或者价格幅度时,故意拖延商谈进程,人为造成价格要素未达成一致的状态,并利用这一时间差从事内部人交易,在随后的磋商过程中及时认可之前交易对方提出的价格或者价格幅度。所以,监管机构有必要对上市公司重大信息强制性披露进行更为细致的要求与动态的监管,不断根据实践中的新情况调整监管规则。就上述示例而言,在信息披露监管上应当要求上市公司重大合同首次报价与最终商定价格一致的,以首次报价时间作为重大信息的形成时间,上市公司应当进行披露;基于商业利益考虑延迟披露的,应当予以保密。在首次报价且信息尚未披露时从事证券交易的,构成内幕交易;泄露该首次报价信息的,构成泄露内幕信息。

〔2〕　《证券法》第67条规定:发生可能对上市公司股票交易价格产生较大影响的重大事件,投资者尚未得知时,上市公司应当立即将有关该重大事件的情况向国务院证券监督管理机构和证券交易所报送临时报告,并予公告,说明事件的起因、目前的状态和可能产生的法律后果。下列情况为前款所称重大事件:(1)公司的经营方针和经营范围的重大变化;(2)公司的重大投资行为和重大的购置财产的决定;(3)公司订立重要合同,可能对公司的资产、负债、权益和经营成果产生重要影响;(4)公司发生重大债务和未能清偿到期重大债务的违约情况;(5)公司发生重大亏损或者重大损失;(6)公司生产经营的外部条件发生的重大变化;(7)公司的董事、1/3以上监事或者经理发生变动;(8)持有公司5%以上股份的股东或者实际控制人,其持有股份或者控制公司的情况发生较大变化;(9)公司减资、合并、分立、解散及申请破产的决定;(10)涉及公司的重大诉讼,股东大会、董事会决议被依法撤销或者宣告无效;(11)公司涉嫌犯罪被司法机关立案调查,公司董事、监事、高级管理人员涉嫌犯罪被司法机关采取强制措施;(12)国务院证券监督管理机构规定的其他事项。

条、[1]《期货交易管理条例》第81条第12项[2]对内幕信息的概念和范围进行了界定。可见,法律禁止特定行为主体在内幕信息形成之后至公开之前从事相关证券、期货交易,故内幕信息的司法判断是准确认定内幕交易犯罪的首要问题。

但内幕信息上市公司重大事件等内容并非单纯且静态的表达,而是一个从信息萌芽、发展、形成、持续影响证券、期货交易价格直至最后公开的动态过程。如何判断内幕信息价格对证券、期货合约交易价格的重大影响性,即价格敏感性,是内幕信息司法实践判断的最大难题。由于我国《刑法》《证券法》等均以内幕信息形成与公开作为禁止内幕交易行为的时间节点,故实践中分析相关信息是否具有影响理性投资者的投资行为进而影响证券、期货合约交易价格的特性,实际上就是内幕信息价格敏感期判断问题。《内幕交易犯罪解释》第5条第1款与第4款分别以司法解释的形式正式将"内幕信息敏感期"的概念界定为内幕信息自形成至公开的期间,并明确将内幕信息公开标准规定为内幕信息在国务院证券、期货监督管理机构指定的报刊、网站等媒体披露,在一定程度上解决了部分与内幕信息认定有关的理论分歧与实践争议。[3]

然而,《内幕交易犯罪解释》第5条第2款与第3款[4]规定的内幕信息形成时间司法认定规则在实践适用中仍然存在较多争议与困惑。笔者认为,未公开信息是对与证券、期货交易价格具有重大影响的事件或者行为发展过程与程度的反应,其动态地展现

---

〔1〕《证券法》第75条规定:证券交易活动中,涉及公司的经营、财务或者对该公司证券的市场价格有重大影响的尚未公开的信息,为内幕信息。下列信息皆属内幕信息:(1)本法第67条第2款所列重大事件;(2)公司分配股利或者增资的计划;(3)公司股权结构的重大变化;(4)公司债务担保的重大变更;(5)公司营业用主要资产的抵押、出售或者报废一次超过该资产的30%;(6)公司的董事、监事、高级管理人员的行为可能依法承担重大损害赔偿责任;(7)上市公司收购的有关方案;(8)国务院证券监督管理机构认定的对证券交易价格有显著影响的其他重要信息。

〔2〕《期货交易管理条例》第81条第12项规定:内幕信息的知情人员,是指由于其管理地位、监督地位或者职业地位,或者作为雇员、专业顾问履行职务,能够接触或者获得内幕信息的人员,包括:期货交易所的管理人员以及其他由于任职可获取内幕信息的从业人员,国务院期货监督管理机构和其他有关部门的工作人员以及国务院期货监督管理机构规定的其他人员。

〔3〕在《内幕交易犯罪解释》发布前,理论与实践中对内幕信息公开标准的意见并不一直。有的观点主张适用形式公开标准,即尚未被公众知晓的重大信息在证券监管机构制定的媒体予以发布之时,应当认定内幕信息业已公开。参见张小宁:《论内幕交易罪中"内幕信息"的界定》,载《昆明理工大学学报》(社会科学版)2009年第3期;顾肖荣、张国炎:《证券期货犯罪比较研究》,法律出版社2003年版,第403~404页。但也有观点认为应当采纳实质公开标准,即内幕信息按照法定形式披露之后,必须经过一定时间被市场消化,才能认定为内幕信息已经公开。参见陈海鹰、朱卫明、叶建平:《泄露内幕信息罪、内幕交易罪的若干问题探析——由"杭萧钢构案"展开》,载《法治研究》2008年第3期;刘宪权:《内幕交易、泄露内幕信息罪若干疑难问题探析》,载《犯罪研究》2003年第2期。《内幕交易犯罪解释》采取了形式公开标准,避免了实质公开标准的不确定性。

〔4〕根据《内幕交易犯罪解释》第5条第2款与第3款的规定,一般情况下,内幕信息形成时间与可能对证券、期货价格产生重大影响的上市公司"重大事件""计划""方案"以及期货市场"政策""决定"的形成时间是一致的;特殊情况下,由于影响内幕信息形成的动议、筹划、决策或者执行人员对其行为所带来的市场影响具有较高的确信度,其动议、筹划、决策或者执行的初始时间,应认定为内幕信息形成之时。

重大事件或者行为逐步从高度不确定性向可能性乃至现实性的转化。内幕信息是上市公司在业务经营、公司治理等市场活动中或者期货市场政策调整、交易监管中形成的重大未公开信息,内幕信息形成时间认定本质上是对尚未公开信息何时对证券、期货交易价格产生重大影响的量化判断问题。所以,有必要通过基本原理与类型化阐释相结合的方式建构司法判断规则,并通过发布指导性案例细致阐释例外情况,补充司法规则本文解释个案中内幕信息形成时间问题时所必然会出现的空缺与不足。

1. 内幕信息形成时间司法判断的基本原理

内幕信息形成时间的司法判断应当秉持分析问题贯通全面性与兼容性的理念,既要根据证券期货市场现实对内幕信息形成时间进行适度的提前认定,又要在准确评估高风险信息基础上排除其具有重大性的可能。

首先,在判断信息是否对证券、期货交易产生重大影响时,应避免内幕信息重大性认定标准成为保障证券期货市场投资者权益的障碍。

尚未公开的信息发展到对证券、期货交易价格产生重大影响的程度即可形成内幕信息,信息所对应的事件是否发生以及交易价格现实的关联性变动可以作为信息重大影响的有效验证但非必要条件。例如,有关上市公司收购的未公开信息并不需要等到收购方案成型或者收购交易实施才能认定内幕信息形成,在上市公司收购交易双方启动磋商时,根据基本证券常识足以判断相关投资方拟收购上市公司这一信息可能影响该上市公司股票交易价格,该信息一旦公开或者泄露,上市公司市值势必明显波动,故早在收购磋商初期之前,完全可以得出内幕信息形成的判断。所以,与证券、期货发行及交易有关的事实所蕴含的信息是否具备重大性,应当就该事实的现实发展情况进行分析,而不能机械地将信息具有重大性的时点固定在证券期货法律规范规定的特定重大事件、事实确定发生之时。

其次,内幕交易中未公开信息重大性判断原则上不能与虚假陈述中的未公开信息重大性判断问题进行混同理解。

全球证券期货市场法律规范对证券欺诈监管设置了一项相同的标准:利用上市公司内部信息从事证券交易,或者违规披露、不披露上市公司信息,只有在该信息具有重大性时,才可能构成内幕交易或虚假陈述。理论上有观点认为,虚假陈述与内幕交易中的信息重大性判断问题适用相同法律规则。[1] 但在实践中,虚假陈述与内幕交易往往又适用不同的信息重大性判断规则。例如,理性投资者规则与市场影响规则是美国联邦法院系统判断虚假陈述案件中信息是否具有重大性的两大重要标准。根据理性投资者规则,信息重大性应当考察虚假陈述的事实对于理性投资者的价值。理性投资者会认为相关事实对于决定如何实施投资行为是重要的,或者对于理性投资者而言,披露相关事实非常可能会显著地改变其所能够获取的信息总和而形成的市场认知,则构成重

[1] Thomas Lee Hazen, The Law of Securities Regulation (5th ed.), West Group, 2005, p. 284.

大信息。[1] 相关信息具备重大性并不意味着理性投资者必定会基于该信息的介入而改变投资决策,[2]而是指上市公司内部人控制的与证券投资有关的重大信息,如果被证券期货市场中的其他理性投资者掌握,并结合市场中其他与该上市公司有关的信息,该理性投资者可能对证券进行重新估价。[3] 根据市场影响规则,重大性是判断虚假陈述违法犯罪案件是否成立的首要条件,信息重大性应根据信息披露之后上市公司证券交易价格的即时变动或合理时间范围内的变动予以分析。[4] 尽管这两大信息重大性判断标准在司法判断客观性尺度把握层面存在内在冲突,但其均强调构成虚假陈述的前提,即未公开信息的重大性,应当着眼于信息之于市场或者市场参与者的现实或者可预期的效果。而在美国内幕交易判例实践中,尚未公开的信息重大性(也就是内幕信息形成时间)判断主要适用“发生概率—影响程度”规则:相关信息是否具有重大性取决于对特定时间该信息所反映事件的发生概率以及该事件发生对于上市公司的预期影响程度的具体权衡。即某项尚未披露的信息与法律规定的重大事件等相关,则该信息在特定的时间节点是否对于证券交易价格具有重要影响,应该结合该项事实的发生概率与重大事件实际发生时对上市公司经营活动的影响程度这两个因素进行判断。[5] 可见,内幕交易案件信息重大性判断明显突出信息所对应的事实的质[6]与量[7]对于信息是否具有价格敏感性的直接影响,并且这种影响性的判断更侧重于从市场经验与投资心理的主观角度进行衡量。

笔者认为,上市公司重大事件、重大经营行为等是一个持续演进与不断发展的过程,相关信息在反应事件或者行为进程时具有多个发展阶段。在信息发展过程中,禁止从事内幕交易的时间起点,即信息具备重大性的时间,与应依法披露的信息具备重大性的时间,应适用不同司法判断标准——内幕信息形成时间应当早于开始具有披露重大信息义务的时间。因为较早地认定信息具有重大性而强制上市公司进行披露可能会损害上市公司利益(例如,在并购交易初期就要求对磋商情况进行披露,会刺激市场反应,导致投资者或投机者大量购买目标公司证券,从而推高收购成本,甚至造成交易价格所依赖的证券市场价格畸高而取消并购计划),或者误导投资者(例如,披露并购初期信息后,市场预期并购最终将会发生从而大量做多目标公司证券,但由于并购初期磋

[1] TSC Industries, Inc. v. Northway, Inc. ,426 U. S. 438,449(1976).

[2] S. E. C. v. Mayhew,121 F. 3d 44(2d Cir. 1997).

[3] Stefan Padfield, Who Should Do the Math? Materiality Issues in Disclosures that Require Investors to Calculate the Bottom Line,34 Pepperdine Law Review 927,933(2007).

[4] In re Merck & Co. Inc. ,Securities Litigation,432 F. 3d 261(3d Cir. 2005). 基本案情:原告对默克制药公司及其高管提起证券欺诈集团诉讼,声称被告在 2002 年首次公开发行过程中通过不恰当的财务手段对子公司资产剥离问题进行误导性陈述。美国联邦第三巡回上诉法院认为,默克制药公司重新披露子公司资产问题后证券交易价格并未立即或者及时变动,故不能认定该项信息具有重大性。

[5] SEC v. Texas Gulf Sulphur Co. ,401 F. 2d 833,849(2d Cir. 1968).

[6] 例如,事实的具体性质是并购重组还是财务变化。

[7] 例如,事实的发生概率是 25%、50% 还是 75%。

商远未涉及并购交易核心问题,在后续谈判中由于双方无法达成一致意见、执行困难等原因而出现并购失败,目标公司证券价格暴跌,投资者产生重大损失)。而在上市公司重大事件、经营行为发展阶段的早期就将反应事件内容的信息界定为重大信息,不仅与市场交易行为总是对信息进行提前反应的现实相契合,而且能够通过内幕信息形成时间的提前认定压缩内部人交易时间,相对有效地提升知情人员在未公开信息性质模糊的存续时间进行内部人交易的成本。因此,内幕交易中的重大性标准显然低于虚假陈述,实践中应确立内幕信息形成时间显著早于重大信息披露义务生成时间的基本原理。

最后,与上市公司重大事件、期货交易政策等有关的信息确实处于高度不确定状态的,基于该信息而实施的金融交易具有高度风险,知情人员从事的此类高风险投机交易不应构成内幕交易。

在实践中,上市公司可能从事的重大行为或者可能发生的重大事件,早在内幕信息形成之前,通常就已经处于信息保密的范畴,只有一定范围的内部人才有可能接触,市场外部投资者对并购最前期的信息无从知晓。这固然是信息掌控上的客观不平等。但是,反内幕交易法律规范与司法实践没有必要过度放大上市公司内部人与外部投资者之间的信息获取与判断能力落差,从而忽视了内部人员利用高度不确定信息进行交易本身所具有的风险性。证券期货市场应允许、甚至必须坚持信息能力的差异,否则,如果市场信息评估结论完全一样,就不存在价格分歧,证券期货市场资源优化配置的功能也就受到了根本性冲击。反内幕交易制度规制应当是利用理性投资者认为会影响证券价格的未公开信息从事交易的行为,因为这种交易被广泛认定为没有风险或风险极低且不公平地局限于内部人才能进行的操作。尽管信息会与引发证券价格波动的重大事件相关,但若其处于前期高度不确定状态,这意味着基于此类信息所从事的交易同样蕴含着高度风险,不应认定此类尚未公开的信息已经发展为内幕信息。因此,不应规制证券期货市场中基于此类信息实施的高风险投资或投机。

2. 内幕信息形成时间的类型化判断规则

内幕信息本身所具有的类型复杂性特点决定了必须选择典型内幕信息归纳类型化内幕信息形成时间判断规则。信息重大性应根据个案中交易行为的特征以及相关事实的进展模式进行具体分析,判断上市公司运作过程中的相关信息何时具备重大性事实上并不存在一元化的法律标准。[1] 这种意见正确地强调了信息重大性判断必须建筑在大量事实分析的基础之上,但在内幕信息形成时间判断实践中,并非不能选择特定的内幕信息类型化特征抽象出一些核心规则。相反,在并购重组、财务信息披露等典型、高发、市场共识较为集中的环节,完全可以对内幕信息形成时间的规律进行类型化阐释。

---

〔1〕 Radiation Dynamics, Inc. v. Goldmuntz, 464 F. 2d 876, 888(2d Cir. 1972).

(1)并购重组内幕信息形成时间判断

并购重组环节是我国内幕交易犯罪案件的重灾区。[1] 2008～2011年,在证监会调查或者移送公安机关的内幕交易案件中,近一半为并购重组过程中的内幕交易。由于一些并购重组项目决策环节多,直接涉及的知情人员多,内幕信息保密具有相当大的难度。[2] 故当前实践中行为人主要是利用并购重组过程中形成的内幕信息进行非法交易。在美国证券期货市场中,美国证券交易委员会(Securities and Exchange Commission,SEC)早期查处的比较著名的内幕交易案件[3]基本上都是在并购环节发生的。在近几十年的金融实务中,由于并购交易中的收购方通常会向目标公司股东支付较高的溢价,并购信息对于目标公司证券交易价格上升预期具有极为重要的价值,从中实施内幕交易的利益极为可观,故并购环节的内幕交易是全球证券期货市场以及司法实践极为关注的主要违法犯罪类型。所以,有必要重点分析并购重组中内幕信息形成的现实规律与判例经验,建构类型化规则,并以此为经验与逻辑基础,逐步研究与重大合同、业绩发布、经营变化等有关的其他内幕信息类型的司法规则。

我国上市公司并购重组环节内幕交易案件判例,基本上将上市公司及相关并购重组方等拟交易主体确定的时间认定为内幕信息形成之时。在"延边公路"内幕交易案中,非上市公司广发证券拟通过资产注入的方式控股上市公司。广发证券确定收购对象意味着上市公司收购计划即将全面展开,会对收购对象的股票运行价格产生重要影响。该案内幕信息形成时间被认定为广发证券制作借壳上市方案并拟定以辽宁时代、延边公路为备选收购对象之日。[4] 在"天山纺织"内幕交易案中,被告人姚某某任总经理的凯迪投资拟对上市公司天山纺织进行资产重组。新疆维吾尔自治区、自治区人民政府国有资产监督管理委员会、自治区金融工作办公室、凯迪投资等召开非正式会议拟定天山纺织重组之日被认定为内幕信息形成之日。[5] 以国有投资主体为主导的引入民营资本重组上市公司,国有资本确认上市公司交易对手方之时,意味着上市公司重大资产重组即将展开。在"高淳陶瓷"内幕交易案中,中国电子科技集团第十四研究所(以下简称研究所)拟通过资产置换及非公开发行等方式对上市公司高淳陶瓷进行重大资产重组。资产重组合作框架第一次以书面化的形式确认研究所作为上市公司资产重组交易方之日被认定为内幕信息形成时间。[6] 在"创新科技"内幕交易案中,上市

---

[1] 参见郑晓波:《内幕交易势头得到一定程度遏制》,载《证券时报》2011年4月6日,第A1版。

[2] 参见许志峰:《内幕交易颠覆股市根基》,载《人民日报》2012年5月25日,第10版。

[3] 当时比较有影响的案件是Ward La France卡车公司内幕交易案。Ward La France公司在没有披露其正在进行的公司股权转让磋商的情况下,于磋商首日直至并购双方就交易价格达成口头一致性意见,在场外市场购买本公司证券。SEC认定上市公司未公开的控制性股权溢价转让或者重大资产交易磋商信息构成内幕信息。参见Ward La France Truck Corp,13 SEC 373(1943)。

[4] 参见詹志强:《中国"券商内幕交易第一案"内幕》,载《检察日报》2009年1月22日,第6版。

[5] 参见周浙玲:《天山纺织重组内幕交易详情曝光》,载《中国证券报》2011年1月18日,第8版。

[6] 参见苏江:《涨停王高淳陶瓷内幕交易真相》,载《21世纪经济报道》2011年1月15日,第13版。

公司创新科技实际控制人上海祖龙公司董事长陈某某计划将其控制的上海振龙房产公司有关资产注入创兴科技。由于上市公司资产重组交易双方都处于单一行为主体的实际控制之中,重组是否进行完全取决于实际控制人的意志,故被告人陈某某会同创兴科技高管以及证券中介商讨资产注入方案之日被认定为内幕信息的形成时间。[1] 在"中山公用"内幕交易案中,上市公司中山公用科技股份公司(以下简称科技公司)的控股股东中山公用事业集团股份公司(以下简称集团公司)计划将集团公司整体资产注入科技公司从而实现集团公司整体上市。由于集团公司系国有资本控股,集团公司重大资产处置需要经过行政审批程序,故集团公司董事长向原中山市委书记陈根楷汇报集团公司资产注入科技公司计划之时被认定为内幕信息的形成时间。[2]

可见,并购本质上是上市公司股东或其实际控制人与特定交易对手之间的资产交易,股东或实际控制人出让部分股份或者整体退出上市公司,交易对手方支付对价,故并购拟交易双方到位或确定之时,可认定为内幕信息形成。[3] 司法实践在理解该类型化规则时,应注意以下要点:

其一,具有并购意向的公司一般只有在互相直接接触或者通过投行等中介机构协助接触的基础上才有可能确定拟交易对象并进行初步磋商。

从逻辑上分析并购交易的行为过程,接触事实发生在前,交易主体确定在后。因此,原则上不能认为处于"过于初始阶段的接触信息"[4]具有重大性。因为目标公司与收购方的管理层均极有可能在接触之后直接否定展开初步磋商必要,即排除对方成为拟交易对手。并购的自然过程通常最先表现为寻求收购或者被收购的行为,即收购方(被收购方)或者其委托的公司人员主动接触被收购方(收购方),在基本排除接触环节相关事实所形成的信息具有重大性的前提下,后续环节中的被接触方的反应对信息重大性认定显得极为关键。一旦被接触方开始对主动接触方的收购提议表现出部分认同倾向时,可认定交易主体已经确定。

其二,结合阶段性市场热点、潜在并购双方股东的持股情况、上市公司股价波动、内部人交易行为等要素,在部分情况下,即使没有证据显示并购重组意向的公司之间有过直接接触,也可根据收购方确定目标公司的事实判断并购重组交易双方已经到位,进而认定内幕信息已经形成。

证券期货市场不时会出现阶段性的并购交易热点行业或者公司。在对并购重组充

---

[1] 参见吕蕾:《资产注入遭遇"暗礁"行政认定函能否推定其罪——专家热议证券内幕交易的"罪与非罪"》,载《上海法治报》2010年7月9日,第A8版。

[2] 参见黄建屏、梁美:《李启红等内幕交易、泄露内幕信息案》,载《刑事审判参考》(2011年第6集·总第83集),法律出版社2012年版,第2页。

[3] 参见谢杰:《内幕交易罪若干疑难问题的实践认定》,载《吉林公安高等专科学校学报》2011年第5期。

[4] Mill Bridge v. ,Inc. v. Benton,2010 W. L. 5186078(E. D. Pa. 2010). 该案所涉及的信息由于处在过于初始的并购接触阶段而被法院认定为不具有重大性。

满欲望的证券期货市场或者阶段性市场背景下,任何单方面的并购重组计划都极有可能成为市场关注焦点,并购意向或者规划方案中确定潜在交易对手即使处于交易流程的初步阶段,也不能阻碍该信息具有重大性的判定。[1] 即使潜在的并购交易双方尚未进行明显的或者有证据表明的接触,上市公司证券价格可能已经出现显著波动。同时,潜在并购双方具有同一股东或实际控制人,并且内部人员已经开始从事内部人交易的,尚未公开的并购信息即使处于早期阶段,仍可基于知情人员的态度以及交易行为,推论该信息具有重大性。因为"如果信息知情人员纷纷从事内部人交易并导致证券价格产生异动,意味着内部人已经认识到了信息重大性,这显然可以作为推论信息具有重大性的关键要素"。[2] 在这种市场环境、证券价格、股权关系、内部人交易情况等各项指标已经显示并购重组迹象的情况下,并购交易中具有主动权的一方锁定一个或者多个交易对手方时,可以认为交易双方已经到位或者确定。[3] 对于由上市公司启动的并购重组而言,这种资产交易实际上是上市公司控股股东或实际控制人选择特定对手及其提出的方案,退出上市公司并获取对价的交易过程。上市公司控股股东或实际控制人对于是否进行资产重组具有主动性与选择性。在其通过并购可行性论证等确定主要交易对手的方案时,并购对手方已经处于相对确定状态,可以认为拟交易主体就位。相应地,非公众公司收购上市公司的,其主动性集中于今后可能控制上市公司的母公司,非公众公司通过方案论证等选定借壳上市的壳资源,意味着其后续采取的措施单方面即可影响上市公司股价,故确定壳公司就代表并购重组的交易双方已经确定。

其三,在上市公司与并购交易对手方为同一主体实际控制的情况下,所谓的并购交易双方的接触、确定、启动初步磋商等都是实际控制人的主观意志,客观上难以分理出明显且独立的选择、确定交易对手的事实,只能将内幕信息形成时间顺位推移至与之相隔最近的时间节点——实际控制人、上市公司及相关资产管理人员、证券交易中介等初步磋商的开始时间。[4]

根据《内幕交易犯罪解释》第 5 条第 3 款的规定,影响内幕信息形成的动议、筹划、

---

〔1〕 分析证券期货市场阶段性地高度关注并购交易这一市场环境对于认定内幕信息形成时间影响问题的判例,参见 U. S. v. Teicher, 987 F. 2d 112(2d Cir. 1993)。

〔2〕 S. E. C. v. Geon Industries, Inc. , 531 F. 2d 39, 47, 48(2d Cir. 1976).

〔3〕 在上述"延边公路"内幕交易案中,广发证券于 2006 年 5 月 10 日形成《广发证券股份有限公司借壳上市》这一内部方案,明确将辽宁时代和延边公路作为备选的借壳上市目标公司且制订了详尽的借壳上市推进计划。尽管上市公司延边公路于当日晚间公告称其主要股东和管理层未与广发证券就借壳上市事项有过任何接触;股改工作尚处前期筹备阶段。但从股权关系来看,吉林敖东药业集团股份公司分别为广发证券的股东与上市公司延边公路的控股股东。当时正值券商借壳上市这一市场热点的阶段性爆发阶段。延边公路自 2006 年 4 月 25 日至 5 月 10 日收盘,7 个交易日累计涨幅达 74%;其中,4 月 26 日尾盘触摸涨停之后,4 月 27 日至 5 月 10 日连拉 5 个涨停板。参见余风:《延边公路暴涨谜团深交所彻查广发证券》,载《第一财经日报》2006 年 8 月 2 日,第 A1 版。

〔4〕 在实际控制人为国有资本投资主体的情况下,所谓的初步磋商实际上等同于并购计划向行政负责人进行汇报。

决策或者执行人员,其动议、筹划、决策或者执行初始时间,应当认定为内幕信息的形成之时。但对于完全由实际控制人操控的并购重组项目而言,实际控制人是影响且参与整个内幕信息发展过程的最终决策者,并购程序中的未公开重大信息是否形成,只能着眼于实际控制人的行为而非其他动议者、筹划者或者执行者的行为。美国纽约南区法院[1]在新近的内幕交易判例中指出,当参与计划进行并购的公司管理者本身是公司实际控制人的情况下,由于其有权决定是否使交易程序继续进行、是否推进交易计划等,其实际态度及行动对于判断并购概率具有直接的效果。[2] 然而,具体如何判断实际控制人的"实际态度及行动",该判例并未给出更为细致的规则。笔者认为,实际控制人全局主持下的并购重组本质上是将其本人实际控制的其他资产与上市公司资产之间进行再度配置,实际控制人之外的行为主体进行动议或者筹划,其确定性存在很大的疑问,而实际控制人本人的动议或者筹划,很大程度上是一种主观性的思考,一般不具有外部的、直观的表征。因此,只有在客观化的初步磋商启动时才能确认实际控制人控制下的上市公司的交易对手方。这种认定结论的规则依据仍然是并购重组的交易主体到位,并且是《内幕交易犯罪解释》上述原则性条款的具体化。

(2)财务类内幕信息形成时间判断

与证券发行人有关的财务信息对于证券交易价格均具有影响,财务报告等信息披露事项是证券期货市场投资者最为关注的资讯,而财务预期则是在财务信息尚不完全确定时投资者进行资本配置决策的核心参考要素。在财务报告尚未制作完毕之前,基于财务资料形成的上市公司财务预期具有现实的不确定性,但由于财务预期与上市公司盈利与亏损具有直接联系,财务预期对于证券定价而言具有重要参考价值。因此,涉及财务的未公开信息形成时间判断同样是需要重点研究的类型化规则。

我国《证券法》规定了证券交易活动中涉及公司财务的重大未公开信息构成内幕信息,列举了各种构成内幕信息的重大事件以及其他对证券交易价格具有重大影响的信息类型,但并未就涉及公司财务的内幕信息进行内涵界定与类型归纳。对于涉财务内幕信息界定问题,理论上有观点认为,与证券发行公司资产、获利有关的发行公司本身内部变化或者营运情形的未公开信息,属于涉及公司财务的内幕信息,上市公司内部人在此类信息未公开时在相关证券交易中加以利用的,构成内幕交易。[3] 这种广义的界定模式将除上市公司重大人事变动之外的,包括公司经营、资产、股权变动等在内的几乎所有重大信息均归类为涉财务内幕信息,对财务信息进行了过于宽泛的理解,即将以非财务资料形式呈现的与上市公司经营业绩有关的非财务信息纳入财务信息的范畴。而上市公司财务信息实际上是以货币性数据资料为核心的,呈现公司资本

---

〔1〕 美国纽约南区法院是联邦一审法院中最活跃与最重要的单位,其审理的金融案件通常具有标杆价值。主要是由于其管辖范围覆盖了纽约的主要金融中心。

〔2〕 S. E. C. v. Wyly, 788 F. Supp. 2d 92(S. D. N. Y. 2011).

〔3〕 参见林俊宏、黄鋕淳、许碧真:《从讯谍案谈内线交易民事赔偿责任之相关问题》,载《法官协会杂志》(第7卷)2012年第2期。

动态的运动的信息，主要包括资产负债表、全面收益表、股东权益变动表、现金流量表。[1]

笔者认为，涉及财务的内幕信息应当是与上市公司经营业务的收益与亏损直接关联的、以财务资料形式呈现的重大未公开财务信息。结合我国《证券法》有关内幕信息范围界定的规定、证监会或证券交易所关于财务信息披露的规章与规则以及反内幕交易法律实践，[2]我国证券期货市场中的上市公司涉财务内幕信息类型具体包括：①上市公司年度报告、中期报告、季度报告以及业绩预告；[3]②重大收益、亏损；③债务担保、资产抵押、报废的重大变更；④重大债务以及违约未能清偿到期重大债务。

利用与证券或者证券发行人财务有关的重大未公开信息从事内幕交易主要表现为两种行为模式：一是通过财务信息造假的方式违规披露重大信息，利用该信息从事相关证券交易。例如，在财务报告中虚构营收等，在财务利好信息发布后卖出相关证券。二是通过不披露重大财务信息或者滥用已知的未公开重大财务信息，从事相关证券交易。例如，明知上市公司月度营收显著降低、明显减产、库存激增、重大亏损，在季报公开前卖出证券避损或者卖空证券获利。对于前一种行为模式而言，虚假、伪造的财务信息生成时间实际上就是内幕信息形成时间，在法律适用上并不存在过多障碍。在后一种行为模式中，由于各种财务资料逐渐累积为财务报告或者重大盈利、亏损结论是一个量变到质变的动态发展进程，判断特定时间节点的财务资料或者信息集合具备重大性存在相当困难，需要进行具体分析：

其一，根据我国证券法律、法规、规章以及交易所规则的规定，上市公司定期报告（年度、中期、季度报告）应当披露对证券投资决策具有重大影响的信息，[4]财务信息

---

[1] International Accounting Standard 1 (ISA 1), Presentation of Financial Statements, International Accounting Standards Board.

[2] 应当看到，上市公司资产出售、股权变更、收购以及重大合同签订等均与上市公司资产负债表直接关联，此类信息在尚未公开时显然应当属于涉财务内幕信息，但由于反内幕交易法律实践对涉及并购重组、重大合同的内幕信息认定问题已经积累了长期、相对稳定、类型化的法律经验与规则逻辑，基于证券期货市场监管现实的考量，需要对此类内幕信息类型进行独立分析。

[3] 我国《证券法》《公司法》并未就上市公司季度报告与业绩预告问题做出规定。有关上市公司季报与业绩预告信息披露的规定，参见中国证券监督管理委员会《上市公司信息披露管理办法》、《公开发行证券的公司信息披露编报规则第13号〈季度报告内容与格式特别规定〉》以及深圳证券交易所《上市公司信息披露工作指引第1号——业绩预告和业绩快报》等。

[4] 《上市公司信息披露管理办法》第19条规定：上市公司应当披露的定期报告包括年度报告、中期报告和季度报告。凡是对投资者作出投资决策有重大影响的信息，均应当披露。年度报告中的财务会计报告应当经具有证券、期货相关业务资格的会计师事务所审计。第20条规定：年度报告应当在每个会计年度结束之日起4个月内，中期报告应当在每个会计年度的上半年结束之日起2个月内，季度报告应当在每个会计年度第3个月、第9个月结束后的1个月内编制完成并披露。

披露范围[1]基本覆盖了上市公司经营以及与财务有关的所有资讯。相关报告制作完成之时即为内幕信息形成时间,直至报告披露,均应禁止泄露或基于该信息从事相关证券交易。应当强调的是,定期财务信息强制性披露只是在特定的时间节点上对已经客观存在的财务事实所进行的事后揭示,无法监管发生在各个定期财务报告公布日期间[2]发生的重大财务信息披露与内幕交易问题。根据相关信息披露法律规范要求,定期报告空档期出现财务情况重大变动,应当通过业绩预告、[3]临时报告[4]等方式进行财务信息披露,但对于财务信息知悉人员何时应当禁止从事相关证券交易问题,在认定规则层面仍是空白。[5]

笔者认为,在所有涉及财务的内幕信息类型中,上市公司债务(违约)、担保等重大

---

〔1〕《上市公司信息披露管理办法》第21条规定:年度报告应当记载以下内容:(1)公司基本情况;(2)主要会计数据和财务指标;(3)公司股票、债券发行及变动情况,报告期末股票、债券总额、股东总数,公司前10大股东持股情况;(4)持股5%以上股东、控股股东及实际控制人情况;(5)董事、监事、高级管理人员的任职情况、持股变动情况、年度报酬情况;(6)董事会报告;(7)管理层讨论与分析;(8)报告期内重大事件及对公司的影响;(9)财务会计报告和审计报告全文;(10)中国证监会规定的其他事项。第22条规定:中期报告应当记载以下内容:(1)公司基本情况;(2)主要会计数据和财务指标;(3)公司股票、债券发行及变动情况、股东总数、公司前10大股东持股情况,控股股东及实际控制人发生变化的情况;(4)管理层讨论与分析;(5)报告期内重大诉讼、仲裁等重大事件及对公司的影响;(6)财务会计报告;(7)中国证监会规定的其他事项。第23条规定:季度报告应当记载以下内容:(1)公司基本情况;(2)主要会计数据和财务指标;(3)中国证监会规定的其他事项。

〔2〕例如,上市公司上年度财报披露之后、本年度季报制作完成之前;中期报告披露之后、第三季度报告制作完成之前;本会计年度结束、年度财报制作完成之前等。

〔3〕《上市公司信息披露管理办法》第25条规定:上市公司预计经营业绩发生亏损或者发生大幅变动的,应当及时进行业绩预告。第26条规定:定期报告披露前出现业绩泄露,或者出现业绩传闻且公司证券及其衍生品种交易出现异常波动的,上市公司应当及时披露本报告期相关财务数据。

〔4〕《上市公司信息披露管理办法》第30条第1款规定:发生可能对上市公司证券及其衍生品种交易价格产生较大影响的重大事件,投资者尚未得知时,上市公司应当立即披露,说明事件的起因、目前的状态和可能产生的影响。第31条规定:上市公司应当在最先发生的以下任一时点,及时履行重大事件的信息披露义务:(1)董事会或者监事会就该重大事件形成决议时;(2)有关各方就该重大事件签署意向书或者协议时;(3)董事、监事或者高级管理人员知悉该重大事件发生并报告时。在前款规定的时点之前出现下列情形之一的,上市公司应当及时披露相关事项的现状、可能影响事件进展的风险因素:(1)该重大事件难以保密;(2)该重大事件已经泄露或者市场出现传闻;(3)公司证券及其衍生品种出现异常交易情况。

〔5〕典型情形表现为:2011年3月18日,汉王科技发布2010年年报,全年总收入突破12亿元,较2009年增长112.71%,实现净利润8790.16万元;汉王股价当日最高涨幅逼近6%。在紧随其后的一个交易日(3月21日),汉王科技9名高管合计减持120万股该公司股票,股价在75元左右。然而,4月18日,汉王股价暴跌6%,收盘66.61元。汉王科技随即公布利空信息,一季报预亏4000万~5000万元;4月19日,汉王逼近跌停。4月28日汉王10转增10股后,股价下跌4.78%,收盘25.7元。4月30日,汉王发布第一季度业绩报告,半年预亏9000万元,股价最低跌至23.90元。截至5月20日收盘,汉王股价跌至19.89元。在亮丽的2010年报公布之后、第一季度巨亏以及中报预期预亏之前,汉王科技高管紧急且精准减持,证券期货市场哗然以及法律人士指出汉王高管涉嫌虚假陈述、内幕交易之余,并未及时出现针对上市公司及其高管的虚假陈述民事诉讼以及内幕交易行政调查。参见孙勇杰:《内幕交易撞枪口　汉王科技退市疑云》,载《时代周报》2011年第51期。

财务变动情况信息具有明显的事件指向性，即系列事实以一元化的线性态势按照时间顺序逐步发展为特定事件。故在实践中完全可以直接根据事实进程时间轴上的特定节点确定内幕信息形成时间与重大信息披露时间——此类重大财务事件发生后，上市公司应当立即披露；出现明显的债务违约、承担担保义务、担保责任等事实（如被担保人资不抵债等）之时，应当认定为内幕信息形成时间，在信息披露之前禁止知悉该信息的人员从事相关证券交易。

其二，对于上市公司重大担保、债务违约之外的其他未公开财务信息，例如，上市公司出现重大亏损或者相对于上一次定期报告出现大幅盈利增长，由于其并不具有事件指向性或者特定性，而是各种交易累计基础上的经营数据信息，确实难以勾勒出信息初步生成、具备重大性、最终确定发生的线性发展流程。只能将信息披露义务与内幕交易禁止中的信息重大性实质标准进行同一化处理，即未公开的财务资料或者经营数据反映出上市公司重大财务变动时为内幕信息形成时间或者信息披露义务生成时间。[1]对于如何具体把握“重大”财务变动，在内幕交易司法实践中有观点认为，由于上市公司内部人能够掌握销售业绩、月度营收、市场动态、税前损益等信息，就上市公司内部对于其证券交易价格具有影响的财务变动情况而言，上市公司内部人主观上处于确知或者应知的状态。在诸如月度营收等财务信息变化之后、财务报告定期发布之前，信息知悉人员从事相关证券交易的，应当以内幕交易进行定罪处罚。这种观点实际上忽略了财务情况变动“重大性”的量化尺度。

笔者认为，上市公司出现对财务有一定影响的信息（如订单数量下降、营收减少），信息知悉人员便不能买卖相关证券，或者上市公司应当立即披露该信息，这显然会过度突出信息对于证券定价的价值或者引起证券期货市场中的投资者对财务信息进行过度反应。同时，上市公司盈利或者亏损是一个财务数据的累积过程而非事件发展进程，盈利增长或者出现亏损完全可能是暂时的（如月度亏损），难以涵盖上市公司阶段性的财务结论（如季度、半年财务报告），在财务信息定期披露时可能被其他经营数据所稀释。此外，出于维护上市公司商业利益的需要，过于严格地限制内部人交易或者积极地披露短期经营数据，可能导致上市公司在业务开展上出现不利的连锁反应（例如，上市公司披露本月订单数量大幅下降是因为某重要采购商不再续订，可能会引起其他采购商紧张、恐慌甚至直接撤单等）。所以，仅仅出现订单撤销、营收减少等财务动向并不能认为相关信息已经具备了重大性，对于证券交易价格具有重大影响的财务信息应当是重大亏损或者重大盈利信息。而亏损与盈利都是以数据形式出现的财务发展趋势或者财务结论，故关键在于设定一个合理的趋势指标或者数值范围，以此为基础并结合当时证券期货市场中有关该证券定价的具体认识，确认亏损或盈利信息对于证券交易价格的影响是重大的。

---

〔1〕 由于上市公司出现重大亏损、扭亏为盈、盈利增速等并不具有事件性，故上市公司应当以业绩预告的形式“及时”（而不需要“立即”）披露该重大信息。内幕交易禁止期间为该预期形成时至披露时。

笔者建议,经营数据反映出上市公司财务出现以下情形的,应当认定该数据信息具有重大性,应当禁止知悉人员从事相关证券交易,并及时披露该重大信息:预计本期财务报告期实现扭亏为盈;上期财务报告期盈利,预计本期财务报告期亏损;预计较上年同期相比利润出现超过50%的大幅变动。同时,应注意分析当时的证券交易价格动向、市场预期等因素具体验证财务变动信息对股价的具体影响。如果证券价格等已经在上一轮行情中对盈利或者亏损趋势进行了提前或者超涨(跌)反应,实际上已经形成了利多(空)出尽的市场格局,则原本能够影响证券交易价格上涨或者下跌的未公开财务信息实际上已经钝化,即使达到上述量化标准,也不应认定其具备重大性。

3. 内幕信息形成时间司法判断例外情形的个案论证

内幕信息形成时间司法判断的基本原理与类型化规则并不具有绝对的排他效力,应允许在个案中适用例外情形。因为内幕信息形成时间原则性的判断原理较难针对个案特点进行直观分析。同时,即使是实践中比较成熟的类型化规则,如并购重组型内幕信息,也不可能绝对地适用于所有与上市公司收购、资产重组有关的内幕信息形成时间判断问题。在实践中应正视基本原理与类型化规则的局限性,以更为接近个案情形与专属特征的指导性案例呈现例外性适用规则。[1]

仍以并购重组以及生成于该环节的内幕交易为例,并购一般表现为具有收购或者出售资产的意向方在市场中寻找交易对手,而从事内幕交易的基本上是并购双方公司中的内部人。然而,部分并购项目并非由交易方为主进行前期接洽,而是由财务顾问牵线搭桥、撮合配对、协助磋商等。以颇受关注的谢某某、安某某内幕交易犯罪案[2]为例,尽管属于并购重组中的内幕交易,却因主体身份及其与上市公司的关系而具有显著的差异性特征——实施交易的行为主体是知悉该信息的财务顾问而非并购公司内部人。但证监会向法院提交的认定函并未关注到该项差异而仍将内幕信息形成时间界定为重组交易双方主体确定之时。[3]

由财务顾问作为证券中介协调并购各方接洽,虽然在形式上出现了确定的并购交易主体,但上市公司或其实际控制人以及交易对手方对于是否以及与何方进行收购、资产重组等问题,具有单方面选择权,不应直接认定经过财务顾问协调确定交易主体的信

---

〔1〕 最高人民法院、最高人民检察院在联合发布《内幕交易犯罪解释》的同时,还公布了黄光裕、杜兰库两起内幕交易犯罪典型案例。参见张先明:《最高人民法院公布两起内幕交易犯罪典型案例》,载《人民法院报》2012年5月23日,第3版。这种具有创新性质的证券期货市场犯罪指导性案例探索,有必要通过制度化运作将之明确化、固定化、常规化。在具体操作上,不仅仅是整体公布案件事实与法律适用意见,更应当凸显个案中具体疑难问题的司法规则;不仅仅是完整地发布内幕交易犯罪指导性案例,还可以是归纳司法解释文本无法覆盖但个案判决意见有效解决的疑难问题及其相应规则,并将多个此类案件以“组案”的形式进行发布,强化对司法实践中特别疑难问题的权威论证与分析。

〔2〕 参见(2011)浦刑初字第2738号刑事判决书;许峰:《保代“神叼侠侣”内幕交易第一案吹响民赔号角》,载《证券时报》2012年2月4日,第A4版。

〔3〕 谢某某、安某某内幕交易犯罪案中的一节事实是谢某某利用财务顾问职权获取的与上市公司并购重组(天宝矿业借壳万好万家)有关的信息实施相关证券交易。参见(2011)浦刑初字第2738号刑事判决书。

息会对上市公司证券价格产生重大影响。[1] 就并购重组环节内幕信息形成时间判断而言,在个案认定中必须区分资产交易主体不同的确定途径予以具体分析。

在以财务顾问为主导确定并购重组交易主体的资本操作启动阶段,通常先由财务顾问牵头,撮合具有收购或者出售上市公司股份意见的交易双方并约定初步商谈时间,随后由资产交易双方工作人员进行初步接洽,最终由上市公司控股股东或者实际控制人与资产交易方负责人就并购重组事宜展开初步磋商。在这种证券交易模式中,资产交易双方是完全独立或者不受任何外部资本力量控制的证券期货市场行为主体,并购重组存在诸多不确定因素。财务顾问拟定资产交易双方时,只能认识到相关公司存在并购重组意向,或者根据经验判断相关公司的财务状况与重组意愿比较契合,具有实施并购的现实条件。至于是否启动初步磋商程序、何时进行磋商、磋商规格、谈判框架结构等内容,则完全处于不明朗状态。资产交易双方实现合作的可能性尽管可以基于专业能力与经验进行预期,但财务顾问对于这种可能性的掌控程度较弱,不确定性较大。故不能将经过证券中介引荐并确定上市公司并购重组交易主体之时认定为内幕信息形成,而应将信息具备重大性的时间节点适当延后,界定在并购重组意向双方在证券中介撮合下进入初步磋商阶段之时。财务顾问等证券中介具有掌握上市公司并购重组有关信息的职务便利,在其引荐资产交易双方之后、相关主体尚未开展初步磋商之前从事相关上市公司股票交易的,由于无法合理预期该阶段的信息对证券交易价格会产生重大影响,内幕信息尚未形成,不能认定其构成内幕交易。

我国证券期货市场中并购重组环节的内幕交易行为,一般表现为知悉重大未公开信息的行为主体大量买入目标公司证券,在并购信息公开进而引发目标公司证券交易价格大幅上涨之后卖出谋取巨额利润。这种典型的并购环节内幕交易行为在交易模式上可以归纳为做多目标公司股票。但是,全球证券期货市场中还广泛存在其他类型的并购环节内部人交易:其一,做多收购方公司股票。行为人在获悉与并购有关的未公开信息之后,看好收购方公司的预期收益,买入收购方公司的股票。其二,做空收购方公司股票。行为人在获悉与并购有关的未公开信息之后,看空收购方公司的预期收益,融券卖空收购方公司的股票。

由于收购方向目标公司股东支付溢价获取股权在全球证券期货市场中极为普遍,作为资产交易主体的收购方与目标公司一旦确定,此类信息的公开显然会引起目标公司证券价格的上升。因此,并购交易主体确定这一未公开信息对于目标公司证券交易价格具有重大影响,应当认定内幕信息形成。并购交易主体确定时,目标公司证券交易价格上涨固然具有显著的可预期性,但收购公司的证券价格并不能据此推论将会上涨,

---

[1] 参见谢杰:《最新内幕交易犯罪司法解释的缺陷与规则优化》,载《法学》2012年第10期。

在实践中并购声明发布后收购公司的证券价格出现显著下跌的情形比较常见。[1] 在确定的并购信息公开后市场仍然会出现收购方公司证券涨跌分歧的情况下,更难以认定并购双方初步接触与磋商信息会对收购方公司证券交易价格产生重大影响。

在我国内幕交易司法实践中,尚未出现知情人员利用并购环节未公开信息买卖收购方公司证券的案例。美国具有代表性的联邦法院判例意见是证券市场价格对未公开信息所对应的重大事件潜在反应的不确定性,并非判断未公开信息重大性的必要指标。并购交易中的未公开信息应当在初步磋商这种早前环节就具备重大性。[2] 可见,美国内幕交易判例规则并不认同并购交易主体确定这类早期信息对于收购方公司证券交易价格可能不具有重大影响的观点,或者说不认为收购方证券交易价格在并购初期信息发展过程中的极度不确定性应当影响信息重大性的判断。对此,笔者持不同意见,具体理由:

其一,将并购交易主体确定这类早期并购信息认定为具有重大性的市场前提不成立。对于发生在并购重组中的内幕交易案件,在信息发生阶段初期就认定其具有重大性,主要是基于证券期货市场对于并购信息典型的积极反应。并且,证券期货市场中广泛存在的"噪声交易者"基于对并购信息过度反应而实施的"噪声交易"会进一步炒作或者放大市场交易价格与实际价值之间的短期偏离。[3] 但这种积极或者过度反应的对象实际上只限定于目标公司的证券价格。就收购方公司证券交易价格而言,市场对于并购交易与收购方证券价格之间的关系客观上存在的认识分歧,造成初步磋商阶段存在各种投机性的做空或者做多的市场反应,并购信息对于收购方公司证券交易价格的影响会湮没在各种市场分歧或者方向相反的投机交易之中,从而弱化了并购初期信息与收购方证券价格的关联性。因此,之所以将并购交易中的内幕信息形成时间节点提前确定在交易双方确定之时,就是考虑到这一初期信息对于目标公司证券价格影响的重要性,既然这个市场前提对于收购方公司证券价格并不成立,就有必要针对知情人员买卖收购方公司证券的行为确定独立的内幕信息形成时间判断标准。

---

〔1〕 证券期货市场通常对收购方的预期比较谨慎。因为收购意味着扩张,在积极谋求扩张的情况下,收购势必会给收购方带来包括财务风险、公司治理等多方面的更多不确定因素。如果市场认为收购之后没有协调效应或者收购价格过高,收购方股价就会下跌。例如,2012 年 7 月 23 日,中信证券宣布其全资子公司中信证券国际拟以 12.52 亿美元收购里昂证券 100% 股权,其中 19.9% 股权收购已完成交割,双方有意于 2013 年 6 月 30 日前完成所有资产交易程序。当天中信证券港股跌 5.23%,在日本上市的中信股价更是暴跌 20% 左右。参见刘畅:《中信证券:收购里昂反而暴跌》,载《北京晨报》2012 年 7 月 24 日,第 B7 版。

〔2〕 U. S. v. Mooney, 425 F. 3d 1093(8th Cir. 2005).

〔3〕 金融市场中的"噪声交易(者)"是指基于各种不稳定的、非理性的投资决策而实施交易的行为(人)。金融市场中的"噪声交易(者)"造成交易或者风险水平与理性投资者预期的价值产生偏差。在市场非重要事件较多的情况下,"噪声交易(者)"对于价格的因果影响性远远大于少量的重大事件本身。参见 Fischer Black, *Noise*, 41 Journal of Finance 529(1985); J. Bradford De Long, Andrei Shleifer, Lawrence H. Summers & Robert J. Waldmann, *Noise Trader Risk in Financial Markets*, 98 Journal of Political Economy 703(1990)。

其二,基于并购交易主体等早期未公开并购信息从事收购方公司证券交易具有高度风险,属于向市场提供流行性的投机行为而非应承担责任的内幕交易行为。未公开信息只有在对证券交易价格具有重大影响时,才能认定内幕信息。在并购交易双方均为上市公司的情况下,判断内幕信息是否形成应当坚持相对性,即应分别分析相关信息对收购方或者目标公司证券的影响。与并购有关的未公开信息的重大性对于收购方与被收购公司而言各有不同。收购方以明显高于市场的价格收购目标公司,对于目标公司的股价具有重大意义,但对于收购方公司的证券价格并必然具有重大性,反而应当强调此类早期并购信息对于收购方公司证券价格判断的风险性。由于无法预期并购交易主体确定、相关公司官员接触、启动初步磋商等信息对于收购方公司证券交易价格的影响,基于此类未公开信息做多或者做空收购方公司股票承载着显而易见的风险,不能认为与并购有关的初期信息相对于收购方公司证券具有重大性,因而也不能认定内幕信息在上述阶段已经形成。

可见,在个案中判断并购重组环节内幕信息的形成时间,除了应当考察并购交易过程中是否存在证券中介的实质参与外,还应进一步分析知悉未公开并购信息的行为主体所具体从事的金融交易行为,针对的是目标公司证券还是收购方公司证券。如果个案中的交易行为表现为做多或者做空收购方公司证券或相关金融衍生产品,则分析内幕信息是否形成不能以并购交易主体是否确定为标准,而应当显著地延后至初步磋商结果形成之时,即并购交易双方就交易价格与交易结构两大要素[1]达成原则性共识(合约)。尽管并购交易具体情况千差万别,但交易价格和交易结构始终是任何并购项目中的本质性内容。价格与结构上的共识是并购交易磋商双方互为理解的确定性证据。并购交易磋商双方就价格和结构达成原则性共识固然并非对目标公司证券交易价格产生重大影响的起始时间,却为判断该信息是否开始对收购方公司证券交易价格产生重大影响提供了一个具体的适用标准。在交易价格和交易结构业已确定的情况下,有关并购交易的信息量已经充分且明确,并购交易最终宣布撤销或者误导投资者进行投资决策的可能性都比较小,可以对收购方公司的证券交易价格进行稳定的预期。在信息未公开的条件下,知情人员相对市场外部投资者在交易风险控制上具有明显的优势。因此,并购双方就交易价格与结构达成共识时,可以认定对收购方公司证券具有重大影响的内幕信息形成,知情人员据此做多或做空收购方公司证券的,构成内幕交易。

所以,内幕交易犯罪个案中的核心事实差异实质上影响着未公开信息是否具备重大性的判断,在进行内幕信息形成时间司法判断时,应运用指导性案例填补基本原理与

---

〔1〕 其中,交易价格要素具体是指并购所需要支付的现金或者股权价值。在实践中,如果不存在固定数字化的价格时,价格的计算一般是基于目标公司证券预期时间的市场价格、收益、净资产进行测算。交易结构主要是指并购交易的法律形式(例如,双方公司合并、子公司合并、资产买卖、现金收购、换股等)以及收购方支付对价的类型(现金、普通股、优先股、权证、信用债券等)。有关并购重组项目磋商中价格与结构要素的详细判例判断,参见 Greenfield v. Heublein, Inc. ,742 F. 2d 751,757(3d Cir. 1984)。

类型化规则无法覆盖的例外情形。

(五)内幕交易犯罪情节认定问题

由于内幕信息知情人员、非法获取内幕信息人员从事内幕交易、泄露内幕信息行为,符合“情节严重”标准的,才构成犯罪,只有达到“情节特别严重”的程度,才能适用第二档法定刑,所以,犯罪情节对内幕交易犯罪的定罪量刑实践具有深远的意义。基于对内幕交易犯罪情节问题的高度重视,《内幕交易犯罪解释》通过多达4个条文对此问题甚至了细致的司法判断规则。《内幕交易犯罪解释》第6条与第7条对内幕交易犯罪“情节严重”“特别严重”的量化标准进行了规定;第8条与第10条对犯罪数额认定这一内幕交易犯罪情节中的核心难题做出了规定。由于犯罪情节直接影响内幕交易的定罪与量刑,故有必要对相关问题展开深入探讨。

1. 内幕交易犯罪情节标准实践适用障碍与难点

由于我国证券期货市场犯罪司法实践长期以来对内幕交易犯罪“情节严重”标准设置不甚合理,“情节特别严重”标准持续缺位,没有突出从宽情节对于惩治疑难证券期货市场犯罪案件的重要性,更没有对作为犯罪情节评价核心指标的内幕交易犯罪数额认定规则进行深入分析与论证,导致内幕交易犯罪情节司法认定存在很大的障碍。最高人民法院、最高人民检察院的内幕交易犯罪司法解释尝试对内幕交易犯罪情节相关重要问题进行解决。

根据《内幕交易犯罪解释》第6条的规定,内幕交易犯罪情节严重包括以下情形之一:(1)证券交易成交额在50万元以上的;(2)期货交易占用保证金数额在30万元以上的;(3)获利或者避免损失数额在15万元以上的;(4)内幕交易或者泄露内幕信息3次以上的;(5)具有其他严重情节的。对照2010年5月7日最高人民检察院、公安部《关于公安机关管辖的刑事案件立案追诉标准的规定(二)》(以下简称《立案追诉标准(二)》)第35条的规定,《内幕交易犯罪解释》仅将《立案追诉标准(二)》中的“多次”内幕交易行为具体化为“3次”,并没有对内幕交易犯罪情节严重的各项指标进行实质性优化。

笔者认为,上述内幕交易犯罪“情节严重”标准较难实现刑法规范对证券期货市场金融产品交易秩序的保障,内幕交易犯罪“情节严重”标准仍旧处于虚置状态,从而容易产生弱化司法权威的负面效果。从内幕交易犯罪刑法理论研究情况分析,“情节严重”标准过低长期以来颇为理论界质疑。[1] 在实践中,中国证监会查处的内幕交易行政处罚案件数额远远超过内幕交易犯罪情节严重标准,但大多都没有进入刑事追诉程序。根据笔者对中国证监会网站公布的2010年、2011年内幕交易违法案件进行的统计分析,证监会网站公布的2010年内幕交易行政违法案件为5件,涉及证券交易成交额累计分别为70万元、88万元、110万元、135万元、210万余元,超过内幕交易犯罪情节严重标准2~7倍;2011年内幕交易违法案件为9件,其中4起案件的内幕交易成交

---

[1] 参见顾肖荣、张国炎:《证券期货犯罪比较研究》,法律出版社2003年版,第416页。

额低于50万元,5起案件成交额累计为79万元、104万元、312万元、380万元、416万余元,最高超过情节严重标准8倍多。可见,刑事司法实践客观上也难以按照如此低的数额标准追究涉案人员的刑事责任。

从司法解释具体规定与证券期货市场现实对比的层面进行分析,由于不符合证券期货市场发展的社会现实,内幕交易犯罪"情节严重"的数额标准与细化解释较难得以适用。证券成交额50万元以上、期货保证金30万元以上、获利或避损额15万元以上等情节严重的数额标准严重偏离我国证券期货交易实践。例如,根据中国金融期货交易所《股指期货投资者适当性制度实施办法(试行)》的规定,自然人申请开户时保证金账户可用资金余额不低于人民币50万元的,期货公司会员才能为其申请开立股指期货交易编码。同时,根据中国金融期货交易所《股指期货投资者适当性制度操作指引(试行)》的规定,一般法人投资者申请开户,净资产应当不低于人民币100万元。将期货内幕交易情节严重标准与股指期货投资者基本财务条件数额标准进行对比,我们可以清晰地看到,内幕交易犯罪"情节严重"中期货交易占用保证金累计30万元以上的标准竟然低于股指期货最低的开户保证金数额要求,且远远低于法人参与金融期货交易的一般净资产要求。

同时,3次交易、其他情节严重等标准在实践中较难执行。以"3次交易"为例,基于证据获取与证明责任上的现实难度,证券期货市场犯罪司法实践中证明涉案人员针对特定的证券或者期货交易品种实施一次或者两次内幕交易行为已经异常困难,证明3次内幕交易行为则近乎不现实。再以"具有其他严重情节"为例,这种"兜底规定"实际上根本没有指导实践的司法规范指引功能,没有必要在司法解释中继续建构这种没有具体规范内涵的兜底性司法规则。

更值得重点分析的是,犯罪情节的标准设定应当针对内幕交易这一发生在证券期货市场的犯罪行为特点,创造性地探索既能充分反映内幕交易行为危害,又能紧密联系内幕交易行为实质特征的情节严重评估标准。内幕交易行为实质上表现为基于内幕信息而实施的相关证券、期货交易,除了与交易行为相关的数额、次数等危害性量化指标之外,内幕信息本身实际上也存在程度上的差异或者可区分性。从这个意义上分析,基于市场反应更为强烈的内幕信息从事相关证券、期货交易的犯罪行为,在情节上应当相对于市场反应一般的内幕交易行为更为严重,司法解释理应将涉案内幕信息对证券期货市场的实际影响要素纳入情节严重的评价范围。

2. 内幕交易犯罪情节司法判断规则的优化路径

内幕交易犯罪"散户式"的司法解释标准导致"情节严重"无法筛出具有严重社会危害性的非法证券期货交易行为,也会使最高司法机关制定的解释文件束之高阁,最终丧失权威。内幕交易犯罪情节量化指标无法体现出这种证券期货市场犯罪的行为特质,在很大程度上体现出司法解释对于证券期货市场犯罪缺乏深度与专业化的认知。内幕交易犯罪的主体、行为、对象等要件经由司法解释,实际上已经使其犯罪构成极具张力,故特别需要"情节严重"这一综合性入罪要素通过司法解释的填充有效控制内幕交易犯罪的刑事法网。“情节严重”标准的准确定位，既是盘活内幕交易犯罪刑法规范的实践要求，也是证券期货市场犯罪刑事司法的政策选择。

由于我国证券期货市场犯罪普遍存在“情节严重”等定罪标准设置过低、没有针对证券期货交易特点建构实践标准等问题，内幕交易犯罪“情节严重”标准优化应当纳入证券期货市场犯罪体系进行结构性完善。笔者建议，有必要优化证券期货市场犯罪司法解释，通过对内幕交易、操纵证券期货市场等行政处罚案件进行数据统计，分析此类非法证券期货交易中成交资金额、占用保证金数额、获利数额、避损数额等数据信息，将各个主要项目的数额平均值设定为犯罪情节严重的下限。当然，有必要指出的是，对于提高内幕交易犯罪等证券期货市场犯罪“情节严重”标准（核心显然是提高定罪数额标准）的建议，在实践中可能出现的一种质疑是，提高定罪标准会向公众传递出对证券期货市场犯罪的打击力度趋于减弱的信息。这种隐忧也是我国长期以来将证券期货市场犯罪刑事追诉数额标准设定在一个较低水平的重要原因。但是，从上述“情节严重”标准虚置及其危害的分析中可知，过低的追诉标准势必导致“法不责众”的现象存在。证券期货市场投资者空守着严厉的刑事追诉标准这一所谓的坚强后盾，实质上却由于追诉标准的不切实际造成了更严重的后果——证券期货市场犯罪刑法规范的较少适用。因此，适当提高内幕交易犯罪“情节严重”入罪标准，有利于廓清违法与犯罪的界限，在同步提升证券期货违法案件行政执法能力的情况下，能够实质性地减少刑事司法实践的随意性，本质上是强化了证券期货市场犯罪的惩治力度与刑法规范的执行力。

同时，司法解释有必要将“其他情节严重的情形”等指标剔除“情节严重”的认定标准之外，转而将内幕交易犯罪行为对证券期货市场秩序，投资者权益所产生的可量化恶劣影响（例如，内幕交易犯罪行为侵犯股民权益导致大规模证券集团诉讼、引发群体性事件等），内幕信息公开后证券、期货合约的交易价格产生剧烈波动（例如，内幕信息公开之后连续 5 个交易日涨停、跌停或者连续 10 个交易日涨幅或者跌幅超过 70%）等作为“情节严重”司法认定的标准。

以涉案内幕信息对证券期货市场实际影响效果量化指标为例，内幕信息是内幕交易犯罪的核心构成要素，以内幕信息为中心对内幕交易犯罪行为的危害性程度进行评价显然契合内幕交易犯罪在客观行为方面的独立性特征。内幕信息的重要法律特征表现为重大性或者价格敏感性，即内幕信息一旦公开将会对证券、期货合约的交易价格产生显著影响。但在证券期货市场实践中，尽管各类不同的内幕信息对于证券期货市场均会产生显著影响，但这种显著影响的具体程度是存在明显差别的。

在证券期货市场实践中，有的内幕信息属于短期性的重大事件或者重要情况。例如，上市公司重大诉讼，其对于上市公司经营利润的影响是阶段性或者相对确定的，在上市公司股票交易价格上通常表现为阶段性的下跌。有的内幕信息则属于长期性的重大事件或者重要情况，例如，上市公司经营业绩在经历高速增长之后由于业务限制开始出现巨额亏损且公司财务状况长期难以改善，上市公司股票交易价格在公司业绩亏损披露之后长时间大幅下挫。同时，内幕信息公开后对证券期货市场的实际效果也存在明显的差异。有的内幕信息公开后导致当日涨停、跌停或者较大幅度的涨跌。有的内幕信息虽然确实具有价格敏感性，但公开后市场反应并不十分激烈，相关证券交易价格只出现了一定幅度的上涨或者下跌。这种内幕信息公开后的证券期货市场交易实际效果虽然并非内幕交易犯罪的构成要件，但如果将每一个案件中的同类市场反应指标纳入评估体系进行分析，确实能够从直观的价格指标上区分出何种或者哪一个内幕信息对于证券期货市场公平竞争机制的侵害程度更为显著。从欧盟这样的成熟证券期货市场反内幕交易犯罪司法实践经验角度分析，欧盟法院在内幕交易法律制裁强度评估环节，高度重视与内幕信息有关的金融工具交易价格事实上的变动情况，并将该要素作为判断内幕交易法律制裁比例性的重要尺度。[1] 我国证券期货市场内幕交易犯罪司法解释应当重视此类成熟证券期货市场司法实践经验。总之，经过实证分析、客观论证或者针对内幕交易行为特征而设置的内幕交易犯罪"情节严重"司法解释标准才能经受刑事司法实践考验。

在实践中还应当特别注意的问题是，证券期货市场犯罪司法实践已经证明，取证难是内幕交易犯罪案件查处中的重大难题。[2] 所以，单纯从入罪或者强化惩罚的角度设置内幕交易犯罪的司法规则，其实际效果并不一定能够完全发挥。笔者认为，证券期货市场犯罪司法解释有必要针对内幕交易案发隐蔽性、封闭性、内部性的特征，植入二元化的情节认定规则，即合理设置从宽情节，对于积极配合调查或者提供相关信息的内幕交易违法犯罪参与者，设置一定的从轻、减轻、免除处罚，从而实现缓释内幕交易犯罪查处压力的目标价值与宽严相济刑事政策在证券期货市场犯罪案件中的具体适用。笔者建议司法解释可以增加此类规则：内幕交易、泄露内幕信息，具有下列情形之一的，可以依法从轻或者减轻处罚：(1)配合证券期货监管部门或者公安机关调查的；(2)受金融机构高层管理人员逼迫从事内幕交易的；(3)主动消除或者减轻内幕交易行为危害结果的；(4)提供内幕交易违法犯罪行为的策略、方案、违法交易数据、账户信息、资金来源信息等线索材料的等。内幕交易、泄露内幕信息犯罪情节略微超过规定标准的，主动投案自首的，可以免除处罚。

3. 内幕交易犯罪数额司法认定规则的实践探索

内幕交易犯罪数额集中表现了此类证券期货市场犯罪行为的规模及其对证券期货市场交易秩序的危害性，故准确计算内幕交易犯罪数额是内幕交易犯罪情节认定中极为重要的问题。根据《内幕交易犯罪解释》第6条与第7条的规定，内幕交易犯罪数额表现为证券交易成交额、期货交易占用保证金数额、获利或者避免损失数额3种类型。其中，证券交易成交额与期货交易占用保证金数额可以直接根据从事内幕交易犯罪行

---

〔1〕 Case C－45/08：Judgment of the Court（Third Chamber）of 23 December 2009 Spector Photo Group NV，Chris Van Raemdonck v. Commissie voor het Bank-，Financie-en Assurantiewezen（CBFA）-Directive 2003/6－Insider dealing-Use of inside information-Sanctions-Conditions.

〔2〕 参见苏江：《世界级难题："内幕交易"取证难倒监管层》，载《21世纪经济报道》2007年4月6日，第12版。

为的账户交易数据予以计算,在司法实践中并不存在疑难。而获利或者避免损失数额不仅涉及内幕交易犯罪刑法适用与金融实务中的不少疑难问题,而且对于内幕交易犯罪罚金数额裁量具有直接影响。根据我国《刑法》第180条的规定,实施内幕交易犯罪行为,情节严重的,处5年以下有期徒刑或者拘役,并处或者单处违法所得1倍以上5倍以下罚金;情节特别严重的,处5年以上10年以下有期徒刑,并处违法所得1倍以上5倍以下罚金。故内幕交易犯罪罚金完全以内幕交易行为的违法所得为依据。同时,《内幕交易犯罪解释》第10条中规定,《刑法》第180条第1款规定的"违法所得",是指通过内幕交易行为所获利益或者避免的损失。可见,内幕交易获利或者避损数额是罚金刑的直接裁量依据。但是,对于内幕交易获利数额与避损数额认定问题,《内幕交易犯罪解释》并没有制定有针对性的数额计算方法,该问题极有可能在实践过程中出现较多争议。

笔者建议,内幕交易犯罪司法解释有必要优化与细化违法所得数额司法判断规则,以"正收益"为核心设计内幕交易犯罪数额认定方法。具体而言,在内幕交易犯罪案件中,涉案内幕信息公开会引起证券、期货交易价格上涨或者下跌的,行为人在该信息公开之前建仓谋取价格上涨利益或者平仓规避价格下跌风险的,应当直接根据价格上涨收益与规避风险收益认定违法所得。同时还应当看到,在证券期货市场实践操作中,有的内幕交易者在重大信息未公开之前抢先建仓后并没有全部平仓;除了将实际套现收益认定为违法所得之外,对于未平仓的浮动收益也应当进行刑法评价。所以,内幕交易违法所得"实际正收益"认定规则在实务中应当重视以下细节与重点:

(1)获利型正收益的认定

对于内幕信息公开后会引发证券、期货交易价格上涨或者下降的,由于相应的做多或者做空交易都可以使行为人谋取实际利润,故其具体的交易方向并不影响违法数额的认定。关键在于判断建仓数额与平仓数额之间的价差。在内幕信息引起价格上涨的情况下,行为人掌握内幕信息直到该内幕信息公开之后的时间里,其建仓买入证券、期货合约且全部平仓卖出的,相关获利价差都是正收益,直接认定为违法所得;如果存在部分没有平仓卖出的证券或者期货合约,由于不存在实际获取的正收益,应当在以下评估正收益环节另行认定。在内幕信息引起价格下跌的情况下,行为人建仓卖空相关证券、期货合约且全部平仓买入了解仓位的,相关获利差价均认定为违法所得;未平仓买入回补部分同样根据评估正收益数额规则另行判定。

(2)避损型正收益认定

内幕交易正收益显然并不局限于实际获取交易利润,持有的证券或者期货合约应当出现亏损而基于内幕信息抢先交易规避损失,实际规避损失数额也是一种正收益。在内幕信息公开对证券、期货合约交易价格产生下跌影响的情况下,行为人基于内幕信息提前平仓卖出证券或者了解期货头寸的,应当首先计算内幕信息公开之后引发证券、期货合约交易价格下降期间的平均价格,然后计算行为人在信息公开前平仓的平均价格,最后将两者的价差认定为内幕交易规避损失的正收益。没有全部平仓的,不存在规避损失的问题,故不能作为内幕交易违法所得处理。

(3)评估正收益的认定

评估正收益是内幕信息持有人基于内幕信息从事证券、期货交易但在案发后仍未平仓部分应当通过评估规则认定为违法所得的犯罪数额。由于没有平仓的证券、期货合约仅存在账面价值,没有实际转化为行为人的现实收益,需要通过评估规则准确评价为可归责的内幕交易违法所得数额。内幕信息引起价格上涨的,未平仓正收益应当是内幕信息对市场产生影响期间的证券、期货合约的平均交易价格与行为人实际建仓平均成本价格之间的价差。内幕信息公开引发价格下降,行为人在内幕信息公开前建仓卖空,尚未平仓部分应当在案发后强行平仓,但该未平仓部分的正收益不能根据平仓数额进行评估,而仍然应当根据内幕信息对市场影响期间内平均价格与行为人建仓评价价格之间的价格进行认定。获利正收益与评估正收益相加为内幕交易违法所得总量。

此外,在内幕交易犯罪案件中,内幕信息来源、交易资金供给、证券账户安排、交易实际操作等往往由数个行为人共同实施,内幕交易共犯结构存在很大的差异,有必要建构具有针对性的共犯数额判断规则。根据证券期货市场犯罪共犯原理,两个以上行为人基于获利目的共同利用内幕信息从事相关证券、期货交易,构成内幕交易共犯。然而,由于金融犯罪共犯数额认定在理论上存在分赃数额、分担数额、参与数额、犯罪总额等不同判断规则,〔1〕如何根据内幕交易犯罪行为特点确定共犯数额,在刑法理论与司法实践中存在极大的认识分歧。

《内幕交易犯罪解释》第9条实际上采用了“微调的”犯罪总额规则,即内幕交易犯罪构成共犯的,按照共同犯罪行为的成交总额、占用保证金总额、获利或者避免损失总额定罪处罚,但罚金刑处罚上,判处各被告人罚金的总额应掌握在获利或者避免损失总额的1倍以上5倍以下。这意味着内幕交易犯罪案件中的每个共犯在定罪与自由刑裁量层面对内幕交易犯罪总额承担责任,仅在适用罚金刑时,将内幕交易共犯违法所得总额作为所有共犯罚金数额的基准,而非对每个共犯判处罚金的基准。

笔者认为,有必要将“修正的”犯罪总额规则作为内幕交易共犯数额的认定依据,即原则上将内幕交易犯罪总额认定为共犯数额,例外情况下以参与数额或者个体违法所得数额作为共犯数额。在实践中,内幕交易共犯一般共同谋划内幕交易策略、共同分配违法所得、共同抵抗行政调查与刑事侦查,内幕交易共犯结构中的部分行为人及其行为在整体中不具有可区分性,应当以内幕交易犯罪总额认定共犯数额。有的内幕交易共犯尽管存在明确的事先共谋,但行为主体分别出资、独立交易、自负盈亏,在这种情况下,主犯显然应当对总额承担责任,但从犯的行为及其实际作用具有明显的可区分性,即从犯实施的内幕交易行为在总体数额中可以作为一个独立的部分区分出来进行评价,且对于内幕交易共犯社会危害性的增加与强化并不明显,应当以实际参与数额(证券交易成交额或者期货交易占用保证金额)或者个体违法所得认定其犯罪数额。

〔1〕　参见刘宪权:《金融犯罪数额问题的刑法分析》,载《法学》1998年第11期。

第三节　利用未公开信息交易犯罪法律适用对策

财经媒体早在2000年就以“基金黑幕”为题对基金公司滥用资金管理权与信息优势操纵市场、“老鼠仓”交易等进行专题报道,引发市场、学者、监管层强烈关注。〔1〕实际上,不仅是基金管理公司,证券期货公司、信托公司、保险公司等同样具有大量自营交易业务与资产管理业务,其从业人员基于职务便利也掌握大量未公开的证券期货投资决策信息。证券、期货交易所、行业协会甚至是相关监管机构人员,其在履行交易服务、行业自律、行政执法等管理性职务过程中同样掌握大量未公开重要信息。但是,对于内幕信息之外的未公开信息的法律监管没有上升到刑法强度,导致利用未公开信息进行违规交易行为惩防效率较低。《刑法修正案(七)》增设利用未公开信息交易罪,与内幕交易罪一起组成了我国证券期货内线交易犯罪刑法规范体系,进一步严密了打击利用未公开信息违规从事金融交易的刑事法网。我国《刑法》第180条第4款规定的内幕信息之外的其他重大未公开信息,是与金融商品内在价值无直接关联的、由特定市场资金流动变化而影响金融商品市场价格的外发性信息(例如,基金公司管理的客户资金、保险公司管理的年金账户等买入、卖出股票的信息),其经济价值在于发现特定金融商品短期供求关系变动影响下的预期市场价格与当前供求关系影响下的市场价格之间的价差。利用未公开信息是基于资产管理中应当由权益人独享的重大信息谋取交易利润,行为人违法所得的代价是其所供职的机构或者客户的经济利益损害与市场特定信息利益冲突的违反。利用未公开信息交易犯罪刑法规制的价值在于防控证券期货市场信息利益冲突,保护投资者合法权益。

在我国这样并不成熟的证券期货市场中,“内幕市”成为最为投资者熟知的“定位”,内线交易相当严重。〔2〕除了依靠我国金融监管部门立案调查内线交易行为,对内线交易者进行行政处罚外,我国《刑法》规定的内幕交易罪,还对内线交易犯罪规定了定罪量刑标准。但是,由于证券期货市场中不仅存在利用内幕信息从事证券期货交易的行为,内幕信息之外的其他未公开信息同样会对金融产品的交易价格产生重要影响,金融机构及监管部门工作人员利用职务便利获取的此类内幕信息之外的重要信息从事违规交易,虽然受到市场广泛谴责,但责任追究不力。

利用未公开信息交易罪是《刑法修正案(七)》增加的罪名。全国人大常委会于2009年2月28日通过《刑法修正案(七)》,增加一款规定作为《刑法》第180条第4款:证券交易所、期货交易所、证券公司、期货经纪公司、基金管理公司、商业银行、保险公司

---

〔1〕参见平湖、李箐:《基金黑幕——基于基金行为的研究报告解析》,载《财经》2000年第19期。

〔2〕参见郭文婧:《“四重拳”严打证券期货市场内幕交易》,载《国际金融报》2010年11月25日,第6版。

等金融机构的从业人员以及有关监管部门或者行业协会的工作人员，利用因职务便利获取的内幕信息以外的其他未公开的信息，违反规定，从事与该信息相关的证券、期货交易活动，或者明示、暗示他人从事相关交易活动，情节严重的，依照第1款的规定处罚。最高人民法院、最高人民检察院《关于执行〈中华人民共和国刑法〉确定罪名的补充规定（四）》将该条全新刑法规范的罪名提炼为“利用未公开信息交易罪”。司法实务部门也陆续查处了若干利用未公开信息交易犯罪案件。监管层对证券期货市场中的基金“老鼠仓”违法犯罪案件进行了连续性的查处，但在构成要件的解释与具体司法判断规则层面仍有待深入解析。

一、利用未公开信息交易犯罪的构成要件与刑法解释

利用未公开信息交易罪的犯罪对象是内幕信息之外的其他重大未公开信息，其实行行为包括行为人直接利用未公开信息从事相关证券期货交易或者建议他人从事相关交易活动两种方式，犯罪主体包括金融机构从业人员与监管部机构工作人员两种类型，本罪的主观方面表现为故意。由于利用未公开信息交易罪各个构成要素均属于刑法规范体系中的全新表述，有必要对本罪的构成特征进行论证与分析，从而为司法实践提供一个可供操作的利用未公开信息交易罪法律规格。

（一）利用未公开信息交易犯罪的行为对象：有价信息（其他重大未公开信息）

我国《刑法》第180条第4款将利用未公开信息交易罪的犯罪对象规定为“内幕信息以外的其他未公开的信息”。未公开信息是证券期货犯罪体系中的一个崭新概念。在立法机关设置利用未公开信息交易罪之前，证券期货违法犯罪语境下的未公开信息并不是一个确定的法律概念。与内幕信息不同，未公开信息的司法认定并没有相关的前置性行政法律、法规、规章等规范基础可以作为判断依据。由于刑法条文仅对未公开信息的外延（内幕信息以外）进行了原则性规定，未公开信息的内容、范围、特征、实质等完全处于不确定状态，极易造成刑法适用上的混乱。

在刑法理论上，对于未公开信息的定义主要有以下几种观点：第一种观点认为，“内幕信息以外的其他未公开的信息”，主要是指资产管理机构、代客投资理财机构即将用客户资金投资购买某个证券、期货等金融产品的决策信息。[1] 第二种观点认为，未公开信息，是指对证券、期货市场价格变动具有重要影响且在依法披露前限于少数人知悉的未来投资经营信息。[2] 第三种观点认为，未公开信息，是指证券期货交易活动中，内幕信息以外的其他对证券、期货的市场价格有重大影响的尚未公开的信息。[3]

---

〔1〕 参见黄太云：《〈刑法修正案（七）〉内容解读（一）》，载《人民法院报》2009年4月8日，第6版；卢勤忠：《基金犯罪研究》，北京大学出版社2010年版，第279页；卢勤忠：《利用未公开信息交易罪的认定》，载《政法论丛》2010年第1期。

〔2〕 参见缑泽昆：《〈刑法修正案（七）〉中“老鼠仓”犯罪的疑难问题》，载《政治与法律》2009年第12期。

〔3〕 参见赵秉志：《简析〈刑法修正案（七）〉的若干热点罪名》，载《法制日报》2009年10月21日，第12版；赵斌、曹云清：《利用未公开信息交易罪若干问题研究》，载《江西公安专科学校学报》2009年第4期。

笔者认为,上述意见不同程度地对未公开信息的特征进行了概括,但在核心环节上均没有对未公开信息的实质特性进行重点把握。

第一种观点强调未公开信息是资产管理机构即将用客户资金投资金融产品的决策信息,不仅将其局限于客户资金对应的投资决策信息,而且认为未公开信息是即将产生的信息,具有“未然性”。实际上,未公开信息也可以是金融机构利用自有资金投资金融产品的信息,不必限制于客户资金的狭隘范畴。同时,更重要的是,未公开信息还可以是业已形成的信息,不能否定其亦可具有“实然性”的特点。

第二种观点突出未公开信息属于投资性经营信息的特点。但是,并非只有投资性信息才能认定为内幕信息以外的其他未公开信息。例如,证券公司研究部工作人员在某公司证券投资分析报告已经制作完毕但尚未公开的情况下,利用职务便利获取其中的分析数据与研究信息,买卖相关公司的股票。此时,该份某公司证券投资分析报告显然属于内幕信息以外的其他未公开信息,但其并不具有投资性,而是属于研究性经营信息。故没有必要将未公开信息框定在投资性经营信息的范围内。此外,由于金融监管部门工作人员利用职务便利获取相关与证券期货相关的执法信息从事证券期货交易同样构成本罪,所以,未公开信息也不局限于经营信息,监管信息也应当纳入未公开信息的范围。

第三种观点模糊地归纳了未公开信息具有未公开性、价格敏感性等特征,实际上等于是重复了刑法条文的规定,属于简单的概念整合,对于司法实务分析判断基本没有指导价值。

笔者认为,未公开信息既可以是金融机构开展金融业务过程中的经营信息,也可以是形成于上市公司内部但相关法律法规没有明文规定将其纳入内幕信息范围且对上市公司股票走向具有重大影响的价格敏感信息,更可以是金融监管部门、证券期货交易所以及行业协会在行政执法、业务指导、交易管理、行业自律监督过程中掌握的监管信息、管理信息或者行业信息,甚至可以是利率、汇率、税收等宏观调控政策信息等。因此,利用未公开信息交易罪中的“内幕信息以外的其他未公开的信息”,是指不为公众所知悉,对相关证券期货交易价格有重要影响,金融机构、监管部门以及行业协会按照规定采取规范管理的投资经营、技术分析、监督管理、行业资讯、调控政策等信息。

(二)利用未公开信息交易犯罪的客观行为:信息利益冲突

根据我国《刑法》第180条第4款的规定,利用未公开信息交易罪的客观行为表现为,行为人实施了利用职务便利获取的内幕信息以外的其他未公开的信息,违反规定,从事与该信息相关的证券交易活动,或者明示、暗示他人从事相关交易活动,情节严重的行为。

“违反规定,从事与该信息相关的证券交易活动”,不仅包括证券投资基金法等法律、行政法规所规定的禁止基金等资产管理机构的从业人员从事损害客户利益的交易等行为,而且包括所有证券期货市场监管法律法规以及证监会发布的禁止金融机构从业人员从事违背受托义务的利用未公开信息交易活动等行为。利用未公开信息交易行为一般表现为,金融机构从业人员或者金融监管机构人员在市场一般投资者买入证券或者其衍生品、期货或者期权合约等金融产品前,自己先行买入,或者在市场一般投资者及其投资的基金卖出前,自己先行卖出等行为。同时,构成利用未公开信息交易罪还可以采用明示或暗示他人从事买卖证券、期货合约的行为。当然,利用未公开信息交易行为必须达到"情节严重"程度,才能构成犯罪。"情节严重"的标准应当根据司法解释规定的追诉标准加以确定。最为重要的是,利用未公开信息交易滥用了应排他性地基于客户利益而使用的信息的经济价值。

二、利用未公开信息交易犯罪的司法判断规则

利用未公开信息交易罪在司法实务中存在一系列疑难问题。例如,如何辨识未公开信息的特点及其与内幕信息的区别?利用未公开信息交易行为是否"违反规定"?行为人是否基于职务便利获取未公开信息?从事的证券期货交易是否与未公开信息相关?有必要综合运用证券期货犯罪刑法原理与金融知识论证上述疑难问题的司法判断规则,使利用未公开信息交易罪不只是停留在理论评价层面,而是在实践中真正得以充分适用。

(一)未公开信息

未公开信息的认定无疑是利用未公开信息交易罪中最为重要的问题之一。"内幕信息以外的其他未公开的信息"这一刑法语言文字表述在规范解释层面存在明显的不确定性,导致司法实务较难精准地认定行为人从事相关证券期货交易所利用的是否属于未公开信息。因此,在刑法理论上极有必要细致地分析未公开信息的特征,为司法实务部门认定未公开信息提供标准参考。同时,刑法司法解释亦应尽快对未公开信息的内容与范围进行明确规定。

1. 未公开信息特征的把握

从我国《刑法》第 180 条第 4 款的规定来看,"未公开信息"应具备以下基本特性:一是差别性,即未公开信息必须是内幕信息之外的其他信息;二是未公开性,即"未公开信息"尚未通过法定渠道或其他以公众熟知方式向社会大众和广大投资者公布;三是关联性,即未公开信息必须是与证券、期货合约的市场价格有关的重大信息,而不能是其他一切信息;四是价格敏感性,即未公开信息对于证券、期货合约的价格具有重要影响;五是可利用性,即未公开信息被行为人所掌握后,行为人或其亲友可从中受益之信息。在上述"未公开信息"的 5 个特性中,尤为值得探讨的是未公开性与价格敏感性。

(1)未公开性

未公开性,是指金融机构、监管部门以及行业协会按照规定采取规范管理的投资经营、技术分析、监督管理、行业资讯等信息未在公开市场上被公布或者尚未被证券期货投资者知悉。未公开信息处于秘密状态时,该信息的使用、管理等必须按照规定进行操作。此类信息一旦按照规定进行公布或者被市场人士通过技术分析合法公开,相关人员利用该信息从事相关的证券期货交易并不为法律所禁止,没有戒绝交易的法律义务。

未公开性实际上意味着相关信息处于一种秘密状态,此种状态具体可以分为依法保密与内控保密。依法保密,主要是指金融监管部门、行业协会按照法律、法规等规定必须保证相关信息的未公开性,未经许可不得使用、披露相关信息。例如,《中国证监会工作人员行为准则》第18条、第21条规定,证监会工作人员应当遵守国家关于证券期货监管机构工作人员不得买卖股票和从事期货交易的规定。证监会工作人员公开发表言论和文字材料时,不得涉及证券期货监管未公开信息;内容涉及证券期货市场信息的,应当真实、客观。非因工作需要,不得与他人谈论证券期货监管未公开信息。可见,金融监管机构、行业协会等单位在执法过程中形成的金融监管未公开信息依法处于保密状态。内控保密,主要是指证券公司、期货公司、基金公司、保险公司等金融机构按照证监会内部风险控制指引、保守秘密规定等文件的规定保证公司相关经营信息处于秘密状态。例如,中诚信证券评估有限公司是经中国人民银行上海分行核准从事信用评级等业务的非银行金融机构,该公司的《信息保密制度》规定,公司或公司职员在开展证券评级业务活动中获取的国家秘密、关于项目或与项目有关的、关于客户或与客户业务相关的不被公众领域所知的信息、资料、文件,或客户声明必须保密的信息、资料、文件,无论是纸面形式、磁记录形式、光学记录形式、电子记录形式还是其他记录形式都属于保密对象。公司附属组织和分支机构以及职员都有保守前述秘密的义务。接触到前述秘密的员工,例如,管理人员、技术人员、财务人员、销售人员、秘书人员、保安人员等对保守前述秘密均负有责任。[1] 可见,证券公司、期货公司、保险公司等金融机构在开展业务、经营管理过程中形成的经营性信息按照内控规范处于保密状态。

(2)价格敏感性

价格敏感性,是指金融机构、监管部门以及行业协会按照规定采取规范管理的投资经营、技术分析、监督管理、行业资讯等信息对证券、期货交易价格有重大影响。对于未公开信息价格敏感性的判断与分析,在实践中存在疑问的主要有以下问题:

一是价格敏感性的必备性问题。我国《证券法》《刑法》均明确规定对证券、期货交易价格有重大影响的信息才能认定为内幕信息,而《刑法》第180条第4款并没有明确规定未公开信息必须具备价格敏感性的特征。但是,这显然并不意味着未公开信息不必具有价格敏感性。因为如果某金融机构工作人员利用职务便利非法利用不可能对证券期货交易价格产生重要影响或者影响极为有限的未公开信息从事相关交易,其不仅无法实现谋取利益或者规避损失的行为目的,而且也不会对其所在金融机构以及相关客户的利益产生实际损害。此类行为的社会危害性不足以构成利用未公开信息交易罪。

因此,在利用未公开信息交易罪中,价格敏感性是认定未公开信息的重要客观标准。行为人只有在其利用的未公开信息达到可能对证券期货交易价格具有重大影响的

---

〔1〕 参见《中诚信证券评估有限公司信息保密制度》,载中国证券业协会网:http://www.sac.net.cn/newcn/home/info_detail.jsp? info_id=1198548770100&info_type=CMS.STD&cate_id=1198222163100,最后访问日期:2015年3月1日。

客观标准才承担刑事责任。未公开信息可能会影响相关的证券期货的市场价格，进而对证券期货市场上的投资者是否愿意以当前的价格购买或者出售相关金融资产产生重要影响，并且投资者的对应性行为会再次反作用于证券期货交易价格。利用符合价格敏感性特征的未公开信息非法从事证券期货交易，才能适用利用未公开信息罪追究非法交易者的刑事责任。

二是价格敏感性的确定性问题。未公开信息对于相关证券期货交易价格的重要影响存在可能性重要影响与确定性重要影响的区别。有的未公开信息对于有关证券期货交易价格的重要影响表现为一种合理预期，但这种预期会因为其他因素的介入导致证券期货交易价格没有产生重要影响；有的未公开信息的证券期货交易价格的重要影响通过客观交易数据确定地予以显现。这里存在的问题是，利用未公开信息交易罪中的"其他未公开的信息"是否以该信息对证券期货交易价格具有确定性的重要影响为必要？我国《刑法》第 180 条第 4 款对此问题显然没有进行规定，这就需要通过刑法解释理论予以明确。笔者认为，行为人利用的信息只有对相关证券期货交易价格产生确定性的重要影响，才能认定为本罪中的未公开信息。

从刑法体系解释的角度分析，内幕信息与未公开信息在基本特征层面具有等同性，既然构成内幕信息以该信息对证券期货价格有重大影响为必要，则未公开信息应当与其保持一致。由于内幕交易罪与利用未公开信交易罪归属于刑法同一法条内部，两罪的社会危害性相当，内幕交易与利用未公开信息交易犯罪的行为样态、构成要件配置、法定刑设定等均相同，故在内幕信息与未公开信息的基本特征层面，不应当有超越刑法证券期货犯罪中内线交易类犯罪体系一致性的明显差异。在《刑法》第 180 条第 1 款已经明确规定内幕信息是"对证券、期货交易价格有重大影响的信息"的情况下，构成未公开信息亦应以对证券期货交易价格产生确定性影响为必要。

从证券期货犯罪违法与犯罪界限的角度分析，利用未公开信息交易违法行为与犯罪行为之间应当有所区别，行为人利用可能对证券期货交易价格产生重要影响的未公开信息从事证券期货交易，可以构成违法，但不能认定为犯罪。构成未公开信息的前提是该信息对于证券期货交易价格具有确定性影响，这不仅是利用未公开信息违法与犯罪之间合理边界的重要体现，而且有利于有效控制利用未公开信息交易罪的刑事法网，避免本罪打击范围过大。

2. 未公开信息与内幕信息的界分

证券期货犯罪刑法理论以及证券法理论通说将内幕信息核心特征概括为秘密性与重大性。[1] 由于秘密性即指内幕信息未公开，重大性是指内幕信息对于证券期货价格

---

〔1〕 参见刘宪权：《证券期货犯罪理论与实务》，商务印书馆 2005 年版，第 320 ~ 328 页；刘宪权：《内幕交易、泄露内幕信息罪若干疑难问题探析》，载《犯罪研究》2003 年第 2 期；刘宪权、卢勤忠：《金融犯罪理论专题研究》，复旦大学出版社 2002 年版，第 436 ~ 441 页；范健、王建文：《证券法》（第 2 版），法律出版社 2010 年版，第 358 ~ 360 页。

有重大影响,故内幕信息的基本特征本质上与未公开信息的未公开性与价格敏感性并无二致。虽然未公开性与价格敏感性在概括的层面属于未公开信息与内幕信息共同具备的基本特征,但必须廓清两者的界限。首先,未公开信息与内幕信息基本特征上的共性只是处于抽象、静止的概括层面,在司法实践具体、动态的分析判断层面,未公开信息与内幕信息在未公开性、价格敏感性问题上的判断标准与法律依据截然不同。其次,未公开信息具有明显区别于内幕信息的独立性特征与差异化标志。在刑法理论上清晰地划定未公开信息与内幕信息之间的边界具有重大意义,其不仅能够精细化地解释"内幕信息以外的其他未公开的信息"的刑法规范含义,梳理未公开信息的外延,而且有利于在司法实务中丰富与深化未公开信息的认定标准。

(1)信息具体内容的差异化表现

内幕信息以外的对证券期货交易价格有重要影响且不为公开市场知悉的信息才属于未公开信息,这就决定了未公开信息与内幕信息在具体内容上具有非此即彼的逻辑关系。

内幕信息的具体内容及其范围具有明确的前置性,行政法律、法规、规章、行业规则等作为规范依据,司法机关在实践中可以根据相对确定的行政法律、法规、规章、行业规则等规范所设定的具体要求填充刑法中内幕信息的具体内容。我国《证券法》《公司法》《期货交易管理条例》《上市公司信息披露办法》《上市公司重大资产重组管理办法》《股票上市交易规则》等一系列法律、法规、规章、行业文件等,对各类法定内幕信息、有关公司分配股利或者增资的信息、有关公司债务担保、相关资产重大变动的信息、有关公司收购的信息等不同种类的内幕信息进行了具体规定。上述内幕信息范围之外的其他对证券期货交易价格具有重大影响且不为公开市场所知悉的信息均为未公开信息。可见,利用未公开信息罪中的未公开信息与内幕交易罪中的内幕信息在具体内容上形成的非此即彼的逻辑关系,在刑法证券期货犯罪体系内共同搭建了互为补充的"未公开的信息"的逻辑范畴与概念结构,使原本在解释上不甚明确内幕信息兜底性规定"对证券交易价格有显著影响的其他重要信息"[1]能够用未公开信息进行填充,强化了证券期货犯罪核心概念刑法解释的明确性。

与内幕信息的具体内容具有规范明确界定性截然相反的是,未公开信息的具体内容基本没有前置性法律、法规、规章等规范性文件进行明确规定。因此,具体哪些内容可以划入刑法规定的未公开信息的范畴,是一个需要通过对主要信息内容进行列举的开放性问题。笔者认为,以下对于证券期货交易价格有重要影响的信息可以被纳入刑法未公开信息的范围:一是证券、期货交易所、证券、期货公司的非公开交易业务数据信息。例如,在证券交易中,证券交易所将行情信息、证券指数、成交概况、证券交易排名、会员交易排名等基本数据信息予以公开,但是,对于机构投资者的持仓量、新近建仓量、加仓减仓量、资金进出量等具体交易数据以及相关清算数据按照严格的信息数据管理

〔1〕 参见《证券法》第75条第2款第8项。

制度进行保密。此类未公开交易业务数据中对证券期货交易价格有重大影响的信息，属于刑法中的未公开信息。二是证券公司、期货公司在从事自营业务、资产管理业务、投资咨询业务等过程中形成的经营性信息。例如，证券公司在利用自有资金从事自营业务时，证券公司自营业务账户动态、交易席位情况、自营业务规模、资产配置决策等经营过程中形成的信息，实际上对于该信息所指向的证券期货供求关系具有实质性影响，此类信息按照证监会有关证券期货公司业务风险管理指引的规定必须采取信息保密措施进行信息风险控制，属于刑法中的未公开信息。三是基金管理机构等将要利用客户资金进行巨额投资的决策信息。基金管理公司、全国性以及地方性社会保险基金管理机构、托管机构运作管理的基金数量巨大，其对于证券期货市场的影响深远，此类投资性决策信息，属于刑法中的未公开信息。四是商业银行、保险公司、信托公司等金融机构在从事与证券期货投资相关的经营活动中形成的投资决策、资金动向数据、投资咨询等综合性信息。例如，商业银行中间业务包括了金融期货交易业务、证券投资分析业务、基金托管业务等与证券期货相关的业务，其中涵盖了大量影响证券期货交易价格的决策信息、数据信息、咨询信息；保险公司、信托公司从事的证券回购、基金投资、资产管理等业务涉及影响相关证券产品交易价格的投资信息。五是证券业、基金业、期货业、保险业、银行业等监管部门以及相关行业协会在行政执法与行业管理中形成的执法监管信息、政策信息、经济态势数据信息以及行业管理信息等。例如，中国人民银行调整利率、存款准备金率，或者统计局每月公布物价指数信息等，此类对证券期货交易价格具有极为重要影响的行政部门政策信息与数据信息在公布之前均严格按照国家保密法律规定执行信息数据保密，属于刑法中的未公开信息。

(2)信息是否公开的区别化判断

利用未公开信息交易罪侵犯法律所保护利益的手段，本质上是一种证券期货市场信息的非法获取与使用——行为人通过利用职务便利获取内幕交易以外的其他“未公开的信息”，从而在证券期货市场中形成不正当信息优势，在信息配置不公平的情况下通过相关证券期货交易攫取巨额利益。故信息是否公开直接决定了利用相关信息从事交易行为是否具有犯罪性。在如何认定证券期货交易价格具有重要影响的信息是否公开的问题上，利用未公开信息罪与内幕信息罪具有不同的司法判断规则。

证券发行人、上市公司必须严格按照《证券法》《上市公司信息披露管理办法》等规定依法真实、准确、完整地披露信息，所以，在证券发行、交易过程中对证券价格有重大影响的内幕信息的披露规则具有明确的法律规定性。根据《证券法》第80条的规定，对上市公司股票交易价格产生较大影响的内幕信息，上市公司应当按照规定将有关该重大事件的情况向国务院证券监督管理机构和证券交易所报送临时报告，并予公告，说明事件的起因、目前的状态和可能产生的法律后果。信息公告应当在国务院证券监督管理机构指定的媒体发布，同时将其置备于公司住所、证券交易所，供社会公众查阅。基于《证券法》关于信息披露的规定，刑法理论上一般主张适用内幕信息的形式公开标准，即尚未被公众知晓的重大信息在证券监管机构制定的媒体予以发布之时，应当认定内幕信息业已公开。[1] 在实践中也有观点认为应当采纳实质公开标准,即内幕信息按照法定形式披露之后,必须经过一定时间被市场消化,才能认定为内幕信息已经公开。[2] 但是,无论是形式公开还是实质公开,判断内幕信息是否公开必须严格围绕重大信息披露的法定时间节点进行法律分析。

相对于内幕信息具有明确的法定披露时间节点而言,未公开信息没有持续信息公开的法定要求,甚至关于未公开信息本身能否公开问题,刑法理论上仍然存在较大争议。有学者认为:"内幕信息是应该到时公开的,而基金从业人员掌握的投资信息则是自始至终都不能公开的,相当于商业秘密,这是两者的根本区别。"[3] 不同意见认为:"在金融市场中,根据相关法律法规,经相关机构采取保密措施的各种信息,有的要求必须对外公布,而有的则要求定期或定时对外披露。"[4]

笔者认为,未公开信息本身具体内容的复杂性意味着其披露规则具有不同的法律要求,这也决定了司法实务中判断未公开信息是否公开必须综合不同的分析标准并结合不同的信息特点予以认定。

首先,对于按规定进行披露的未公开信息,应以其公布时间作为未公开信息业已公开的初步判断基点。未公开信息显然具有披露的要求。虽然在刑法条文结构与文字表述上,我国《刑法》第 180 条第 4 款并没有采取与本条第 1 款相同的方式明确规定在信息"尚未公开前"从事相关证券期货交易的行为构成本罪,但这并不代表未公开信息不存在公开的问题。在金融实务中,金融机构以及相关监管部门在证券期货交易以及执法过程中形成的未公开信息,其保密要求只是阶段性的,相当部分未公开信息最终向市场予以公开。典型适例:基金公司依法定期公布季报、半年报、年报,向基金投资者披露详尽的投资信息;[5] 国家统计局定期公布宏观经济数据;央行宣布调整利率、存款准备金率,等等。此类信息对于证券期货交易价格具有显著影响,超过保密期限后即向市场公开。故未公开信息的正式公布日期可以作为判断该信息是否公开的时间基准。

其次,在正式公布之前未公开信息已经实际公开的,应当将实际公开日期认定为公

---

〔1〕 参见张小宁:《论内幕交易罪中"内幕信息"的界定》,载《昆明理工大学学报》(社会科学版)2009 年第 3 期;顾肖荣、张国炎:《证券期货犯罪比较研究》,法律出版社 2003 年版,第 403 ~ 404 页。

〔2〕 参见陈海鹰、朱卫明、叶建平:《泄露内幕信息罪、内幕交易罪的若干问题探析——由"杭萧钢构案"展开》,载《法治研究》2008 年第 3 期;刘宪权:《内幕交易、泄露内幕信息罪若干疑难问题探析》,载《犯罪研究》2003 年第 2 期。

〔3〕 卢勤忠:《利用未公开信息交易罪的认定》,载《政法论丛》2010 年第 1 期。

〔4〕 缑泽昆:《〈刑法修正案(七)〉中"老鼠仓"犯罪的疑难问题》,载《政治与法律》2009 年第 12 期。

〔5〕 《证券投资基金法》第 62 条规定,公开披露的基金信息包括:(1)基金招募说明书、基金合同、基金托管协议;(2)基金募集情况;(3)基金份额上市交易公告书;(4)基金资产净值、基金份额净值;(5)基金份额申购、赎回价格;(6)基金财产的资产组合季度报告、财务会计报告及中期和年度基金报告;(7)临时报告;(8)基金份额持有人大会决议;(9)基金管理人、基金托管人的专门基金托管部门的重大人事变动;(10)涉及基金管理人、基金财产、基金托管业务的诉讼;(11)依照法律、行政法规有关规定,由国务院证券监督管理机构规定应予披露的其他信息。

开时间。未公开信息并不仅是静态的概念表达与资讯堆砌，其具有明显的动态执行性。未公开信息被执行后所产生的实际效果很可能已经深刻地对证券期货市场的交易价格产生影响。价格的显著变动会引起市场分析人士的关注，从而将信息概括地传递至整个证券期货市场。例如，2010 年第 2 季度，各大基金调仓后新近大量购入的股票中，中天科技、远兴能源和 S 仪化于 2010 年 7 月 19 日分别大涨 6.13%、4.96% 和 4.61%。同时，基金大幅加仓的浙江龙盛、东方航空和信达地产的当日涨幅也分别达到 5.76%、4.85% 和 3.59%。各大证券媒体对此投资讯息进行了广泛的报道。〔1〕基金新建仓位的信息经由媒体传播已经被公众所知晓。因此，如果相关信息在有关金融机构、金融监管部门按照法律规定的形式正式公布之前，已经通过价格波动规律被市场分析人士以及投资者所消化，不能以信息正式公布之日作为公开时间，而应当将实质公开时间认定为未公开信息也已公开。

最后，对于金融机构持续保密的未公开信息，不存在按照规定进行披露与公开的问题。保险公司、证券公司等金融机构利用自有资金进行证券期货投资，此类投资经营性决策信息属于公司内部保密信息，在没有泄密的情况下，仅为公司特定人员所掌握，在保密期限内始终处于非公开状态。

综上所述，判断未公开信息是否已经公开，应当根据未公开信息的不同性质及其披露要求，综合以下标准进行认定：定期按照规定的时间与约定的方式通过公众媒体（新闻发布会、网络、报纸、期刊等）向社会公开；未公开信息执行之后相关证券期货交易价格明显异常波动，已被市场消化公开；证券期货专业分析人员通过技术分析推断相关信息，向客户或者公众公开分析结论的，等等。在未公开信息公开之后从事相关证券期货交易的，不构成利用未公开信息交易罪。对于自始至终不公开的未公开信息，不存在信息正当公开问题，除了未公开信息非法泄露并公开之外，利用此类信息从事证券期货交易的，符合利用未公开信息交易罪的构成要件。

（二）利用未公开信息从事金融交易

金融机构从业人员、有关监管部门工作人员等利用职务便利获取的未公开信息，自己从事相关证券期货交易，是利用未公开信息交易罪典型的实行行为。实践性难点问题集中体现为利用未公开信息与本人从事证券期货交易的认定。

1. 利用未公开信息的推定与反驳

由于我国《刑法》第 180 条第 1 款内幕交易罪只规定了证券期货交易行为必须发生在内幕信息公开之前，证券期货犯罪理论对于利用内幕信息这一要素的必备性问题存在争议。〔2〕《刑法修正案（七）（草案）》征求意见时，理论上就有观点建议取消“利用”

---

〔1〕参见吴倩：《基金骑“牛股”散户慎追捧》，载《广州日报》2010 年 7 月 24 日，第 A17 版。

〔2〕参见卢勤忠：《基金犯罪研究》，北京大学出版社 2010 年版，第 262 ~ 265 页；刘宪权：《证券期货犯罪理论与实务》，商务印书馆 2005 年版，第 333 ~ 338 页。

要件。[1] 但《刑法》第 180 条第 4 款利用未公开信息交易罪仍明确规定构成本罪必须“利用”未公开信息。实践中普遍性的观点是,在证券期货内线交易犯罪案件中,直接证明行为人利用未公开信息、内幕信息具有相当难度,应当通过推定方式进行认定。[2] 内幕交易刑事案件审判实践已经对推定行为人利用内幕信息的有效性予以确认,但司法实务中不乏反对推定的意见。[3] 在利用未公开信息交易罪的语境下,能否对“利用”这一要素进行推定?

笔者认为,在行为人始终不承认利用未公开信息从事相关证券期货交易的情况下,根据一系列形成证据链条的环境证据推定其实际上利用了未公开信息是合法且合理的。

根据证据法原理,“刑事推定本身就是一种证明规则”。[4] 在基础事实客观确实的情况下,可以据此作出推定。推定行为人基于未公开信息实施证券期货交易并不意味着在利用未公开信息交易刑事案件中放弃了无罪推定原则。在没有明显的否定性解释、经验所认可的范围内,司法机关可以通过推定对刑事案件的相关事实作出留有余地的保守估计。[5]

根据利用未公开信息交易违法犯罪的实际情况分析,具有接触未公开信息职务便利的金融机构从业人员以及监管部门工作人员本身就具有禁止买卖与未公开信息相关的证券期货的戒绝交易义务,故完全可以基于其违背法定义务的交易事实推定其利用未公开信息。以证券从业人员、证券监管部门工作人员为例——根据我国《证券法》第 43 条第 1 款的规定,证券交易所、证券公司和证券登记结算机构的从业人员、证券监督管理机构的工作人员以及法律、行政法规禁止参与股票交易的其他人员,在任期或者法定限期内,不得直接或者以化名、借他人名义持有、买卖股票,也不得收受他人赠送的股票;根据 2011 年 1 月 1 日实施的《证券公司信息隔离墙制度指引》的规定,在业务经营过程中掌握或知悉内幕信息或者可能对投资决策产生重大影响的尚未公开的其他信息的人员,禁止违规买卖列入观察名单、限制名单的投资产品。可见,证券行业从业人员与证券监管工作人员具有绝对的证券交易戒绝义务;对于其他投资产品的买卖,必须严格按照内控规定进行操作。所以,在证券从业人员、证券监管工作人员掌握未公开信息、从事相关证券期货交易的基础上,推定其交易行为系利用未公开信息实施的结论,

---

〔1〕 参见顾肖荣:《对〈刑法修正案(七)〉(草案)的建言与求证》,载《政治与法律》2009 年第 1 期。

〔2〕 参见赵斌、曹云清:《利用未公开信息交易罪若干问题研究》,载《江西公安专科学校学报》2009 年第 4 期;杨冬:《证据推定　监管层严打内幕交易》,载《证券时报》2010 年第 2 版;最高人民检察院法律政策研究室、中国证券监督管理委员会法律部编著:《证券期货犯罪司法认定指南》,中国人民公安大学出版社 2009 年版,第 54 页。

〔3〕 参见苏江:《涨停王高淳陶瓷内幕交易真相》,载《21 世纪经济报道》2011 年 1 月 5 日,第 13 版。

〔4〕 Michael H. Graham, *Burden of Proof and Presumptions in Criminal Cases*, 45 Criminal Law Bulletin 6 (2009).

〔5〕 参见邓子滨:《刑事法中的推定》,中国人民公安大学出版社 2003 年版,第 115 ~ 118 页。

不仅处于常理范围之内,而且能够得到合规管理制度的验证。

笔者认为,控方提供证据证明存在符合下列要素的证券期货交易行为,可以推定行为人实际利用了未公开信息:(1)行为主体依职责或者经授权,掌握或知悉可能对证券期货交易价格产生重大影响的尚未公开的信息;(2)行为主体在掌握或知悉上述信息期间、该信息公开之前买卖相关证券期货。必须重视的是,推定可以反驳,当反驳的合理性强度超越推定强度时,可以认定行为主体并非基于未公开信息从事相关证券期货交易。行为人有足够证据证明存在以下情形之一的,推定其利用未公开信息的意见不能成立:(1)在掌握或者知悉未公开信息之前,已经凭借对市场公开资料、数据等信息的分析作出相关投资判断与交易策略;(2)有正当理由相信行为人虽然依职责或经授权能够掌握但客观上确实没有接触未公开信息;(3)根据证券期货市场有关状况、操作规律、发展趋势,按照经验法则与证券期货知识,结合证券期货监管部门组织的专家委员会或者证券期货交易所的专业认定意见,能够得出行为人从事的证券期货投资品种与未公开信息无关等。

2. 本人从事相关证券期货交易的判断规则

金融机构从业人员、有关主管部门、行业协会工作人员以其个人的证券期货交易账户、资金账户自行或者委托经纪人实施金融交易,或者以其近亲属、情妇(夫)等具有共同利益关系人员的交易账户、资金账户从事相关证券期货买卖,当然应当认定为本人从事相关证券期货交易。但是,上述交易样态通过直观判断就能够加以认定,显然属于"低端"的利用未公开信息交易违法犯罪形式,在金融从业人员或者监管工作人员违规案例中较为罕见。

实际上,利用职务便利获取未公开信息的行为主体本人实施相关金融交易,本质上是对与未公开信息有关的证券期货交易行为的一种控制,其不仅是形式控制(以本人名义直接或者委托他人买卖证券、期货合约),而且表现为实质控制(控制他人或者利用他人账户从事相关交易)。以实质控制形态表征的利用未公开信息交易行为多发且较难认定,更有必要研究判断标准。

笔者建议,具有以下情形之一的,可以认定相关证券期货交易受到行为人的实际控制:(1)向他人提供购买证券、期货合约的资金,且他人买卖证券、期货合约的利益或者损失,全部或者部分由本人占有或者承担;(2)对他人的证券期货交易账户、资金账户或者他人所持有的证券、期货合约具有使用、管理、收益、处分等权限;(3)本人的近亲属、情妇(夫)等具有共同利益关系的人从事相关证券期货交易。上述认定标准决定了实务部门在查处利用未公开信息交易案件时,绝不能遗漏任何有关资金走向、人际关系、异动账户等要点的分析。

3. 利用未公开证券市场信息从事金融期货交易行为的性质判断

2010年4月起,随着上海证券交易所推出沪深300股指期货合约,我国证券期货市场正式进入了金融期货时代。但是,股指期货交易在丰富金融交易品种的同时,对利用未公开信息交易的规范应对提出了全新挑战。由于《证券法》《证券投资基金法》及相关配套行政法规、规章等文件明确禁止证券公司、基金公司等从业人员从事证券交易,相关从业人员本人或者利用他人名义从事证券交易必须承担相应的法律责任。同时,根据《期货交易管理条例》《期货从业人员资格管理办法》等法律文件的规定,期货公司管理人员和技术人员等从业人员不得参与期货交易。但是,现有的法律、法规、规章等文件均没有规定证券公司、基金公司从业人员能否从事股指期货交易。由于沪深300指数期货涨跌直接与证券市场多空信息挂钩,证券公司、基金公司等直接接触证券交易市场的从业人员显然有条件利用其所在公司职务行为掌握的未公开信息,判断沪深300指数期货的涨跌走向,通过多空选择进行套利。尤其是规模极为庞大的基金公司管理人员,其利用投资者基金从事大盘股的操作,对于股指具有实质性影响,其利用基金公司未公开的证券投资信息,在股指期货市场上建仓谋取个人利益,在金融实践中是完全存在实现可能的。

对于利用证券市场未公开信息从事金融期货交易的行为是否构成利用未公开信息交易违法犯罪,在实践中有的观点持肯定的态度,但也有不少反对意见认为,沪深300指数期货合约指数标的的广泛性,实际上已经在技术上控制了部分证券公司、基金公司等从业人员利用未公开信息从事股指期货交易的非公平性交易风险,利用证券现货市场的未公开投资信息在股指期货市场进行跨市场的交易,虽然具有利用未公开信息交易的行为特征,但基于证券现货市场与股指期货市场的关联度难以论证,这种行为不宜作为犯罪处理。

笔者认为,证券、基金公司、证券交易所等从业人员存在利用未公开信息从事股指期货交易谋取个人利益的行为风险,有必要通过刑法规范进行震慑与规制。在股市呈单边下挫状态下,这种利用未公开信息交易的行为具有严重的社会危害性,容易引发系统性风险。在市场行情不利时,券商、基金公司等从业人员,特别是主要负责人员利用证券现货市场的抛售信息,选择在股指期货交易中做空,容易获取巨额利益。其主要原因在于,此类证券市场从业人员的职务行为决定了其具有交易信息优势,在证券市场通过职务行为抛售股票,同时自己在股指期货做空套利,交易的公平性荡然无存。所以,坚持股指期货指数标的广泛性能够消解证券从业人员利用未公开信息从事股指期货交易套利风险有待商榷。

同时,我们应当看到,在金融期货交易领域,应当完善相关交易制度,对利用未公开信息交易行为形成完备且一致的法律规制体系。《刑法修正案(七)》全新设置了利用未公开信息交易罪,证券交易所、期货交易所、证券公司、期货经纪公司、基金管理公司、商业银行、保险公司等金融机构的从业人员以及有关监管部门或者行业协会的工作人员,利用因职务便利获取的内幕信息以外的其他未公开的信息,违反规定,从事与该信息相关的证券、期货交易活动,或者明示、暗示他人从事相关交易活动,情节严重的,构成犯罪。对于利用未公开信息从事股指期货交易情节严重的行为,显然构成利用未公开信息交易罪。在刑法已经明确规定利用未公开信息交易罪的情况下,有必要对于此类利用未公开信息交易行为进行规范震慑。当然,由于前置性行政法律、法规、规章等文件没有对股指期货市场中证券公司、基金公司、证券交易所等从业人员利用职务行为获取的未公开信息从事交易行为作出具体的禁止性规定，实际上造成了法律体系一致性阙如。这也是证券期货法律规范应当进行完善的方向。

在明确利用未公开证券市场信息从事金融期货交易行为具有刑事可罚性的基础上，我们也应当注意到，证券现货市场与股指期货市场毕竟只是关联市场而非同一市场，对于跨市场的利用未公开信息交易行为，在司法认定上，显然应当与同一市场的利用未公开信息交易行为有所区别。刑法重在震慑而非积极介入证券期货市场的监管。关键在于要求证券公司、基金公司、证券交易所等建立有效的内控机制，切实阻断证券从业人员利用未公开信息从事股指期货交易谋取个人利益的风险。在监管部门尚未出台规范从业人员从事股指期货交易的具体细则之前，相关证券业机构应当率先建立严格的内部交易报告制度，要求核心业务部门人员以及技术人员全面向本单位披露其从事的股指期货交易内容；对于高级管理人员，其从事股指期货交易应当接受合规部门的审查，在核准之后才能进行股指期货交易。特别是基金公司，应当通过严格的内控机制防止从业人员违背信义义务利用交易权限，无视基金投资者利益，通过相关股指期货交易谋取私利的行为。

（三）建议他人从事金融交易

在原来的内幕交易罪刑法规范架构内，并没有规定利用内幕信息建议他人从事相关金融交易的行为构成犯罪，这主要是考虑到建议行为在实践中认定难度很大，建议行为入罪打击面过大。[1]《刑法修正案（七）》则在利用未公开信息交易罪、内幕交易罪中同步增设了建议行为这种内线交易犯罪新类型。根据我国《刑法》第180条第4款的规定，行为人利用基于职务便利获取的未公开信息明示、暗示他人从事相关金融交易，同样构成利用未公开信息交易罪。

然而，建议他人从事相关金融交易本质上是一种言语的表达，根据维特根斯坦的“语言游戏”理论，同样的言语完全可以形成截然不同的用法与意义，必须通过静态语言符号发现背后动态人类活动的建设性内容；[2]建议他人从事相关证券期货交易不可避免地牵涉金融技术性判断问题；刑法规范没有对泄露未公开信息、被建议者实际从事相关交易的必要性问题进行明确规定。这都对实务部门精准认定建议行为制造了障碍，有必要在厘定相关疑难问题的过程中明确“明示、暗示他人从事相关交易活动”的内涵。

1. 关于被建议者是否实际从事相关证券期货交易问题

行为人建议他人从事相关证券期货交易之后，有的被建议者按照意见对相关证券期货品种进行了买卖，有的被建议者却没有实际从事相关金融交易。对于后一种情况，能否认定未公开信息知悉人符合利用未公开信息交易罪“明示、暗示他人从事相关交

---

〔1〕 参见刘宪权：《金融犯罪刑法理论与实践》，北京大学出版社2008年版，第331页。

〔2〕 参见［英］维特根斯坦：《哲学研究》，汤潮、范光棣译，三联书店1992年版，第75页。

易活动”的行为标准?

笔者认为,利用职务便利获取未公开信息的行为人明示、暗示他人从事相关金融交易,他人没有从事相关交易的,一般情况下不能认定其构成利用未公开信息交易罪。因为不管是利用未公开信息交易罪,还是内幕交易罪,本质上都属于证券期货市场中的内线交易犯罪,既然在整个案件的犯罪行为体系中没有客观体现交易属性,就不能认为相关行为符合了利用未公开信息交易罪的罪质。同时,由于利用未公开信息交易罪的成立必须符合“情节严重”的标准,而知悉未公开信息的行为人建议他人从事相关交易,他人没有实施证券期货交易行为,客观上不会扰乱证券期货市场的交易秩序。如果建议行为没有造成未公开信息泄露,建议他人交易行为所产生的恶劣影响处于可控状态,不符合利用未公开信息交易罪“情节严重”的实质标准;如果造成未公开信息泄露甚至大规模泄露,对于利用职务便利获取未公开信息并建议他人从事相关金融交易的行为主体,可以按照侵犯商业秘密罪、故意泄露国家秘密罪等泄密类犯罪进行定罪处罚,没有必要强行通过利用未公开信息交易罪处理。

2. 关于泄露未公开信息问题

行为人在获知未公开信息的情况下,明示或者暗示他人买卖相关证券、期货合约构成利用未公开信息交易罪,是否以实际向对方泄露未公开信息为必要?

刑法理论上有观点认为,明示或者暗示他人买卖相关证券、期货合约,本质上均使他人在一定程度上了解了有关未公开信息;如果金融机构从业人员、监管部门工作人员单纯提供不确定的交易意见,他人没有知悉未公开信息的,也不能认定其行为属于明示或者暗示他人买卖相关证券、期货合约。[1] 可见,上述意见主张没有透露未公开信息具体内容的建议行为就意味着证券期货交易意见并不确定,故明示或者暗示他人买卖相关证券、期货合约必须以向他人透漏未公开信息为前提。

但是,笔者认为,明示或暗示他人买卖相关证券、期货合约构成利用未公开信息交易罪,不以向对方泄露未公开信息为必要。因为刑法体系解释可以证明透漏未公开信息的非必要性。利用未公开信息交易罪行为要件体系中包含了两种实行行为:一是本人利用未公开信息从事相关金融该交易;二是本人在知悉未公开信息的基础上建议他人从事相关金融交易。既然两种行为同属于利用未公开信息交易罪的实行行为,其在要素配置上应当具有等量性——知悉未公开信息+基于未公开信息发生的相关金融交易;在危害结果层面也具有等量性——基于未公开信息产生的内线交易扰乱了相关证券期货交易市场的公平秩序。两种行为模式的差异性仅在于,前一种实行行为中违规交易的原因是未公开信息知悉人自己直接实施,后一种实行行为中违规交易的原因是未公开信息知悉人建议他人实施。因此,未公开信息是否透漏并不具有构成要件要素的实体意义,充其量只能作为进一步判断行为人通过何种具体方式建议他人从事相关

---

〔1〕 参见缑泽昆:《〈刑法修正案(七)〉中“老鼠仓”犯罪的疑难问题》,载《政治与法律》2009年第12期。

交易活动的客观情形。

行为人向特定对象透漏未公开信息，应当将其认定为明示行为，还是暗示行为，抑或单纯的透漏未公开信息不符合利用未公开信息交易罪建议行为的特征？

有学者指出，内幕交易罪中的明示就是内幕信息知情人员在知悉内幕信息后直接明确将内幕信息告诉交易者，提示其从事相关证券期货交易；利用未公开信息交易罪中的明示具有相同的含义。[1] 不同意见认为，金融从业人员、监管机构工作人员等故意告知特定对象未公开信息，此种行为本质上属于暗示他人从事相关交易。[2] 更有意见认为，只要具备建议他人从事相关证券期货交易的目的，向他人透漏未公开信息不区分明示与暗示，均构成利用未公开信息交易罪。[3]

笔者认为，在利用未公开信息交易罪的语境下，知悉未公开信息的行为人向特定对象透漏未公开信息，属于明示还是暗示抑或两者皆非，无法设置一个封闭性的认定标准，必须根据个案中未公开信息的特质进行具体判断。

利用未公开信息交易罪不同于内幕交易罪，在后者的刑法规范与犯罪行为框架中，绝大部分内幕信息都属于上市公司并购重组、资产增减、利润走向等影响特定证券交易价格的重大消息，内幕人员告知特定对象内幕信息的内容，直接等同于提供一个确定且可信的交易策略。因此，在内幕交易罪中，告知特定内幕信息就是明示他人从事相关证券期货交易。利用未公开信息交易罪则不然。有的未公开信息能够直接锁定对应的证券期货交易对象与方法。例如，基金公司对某只特定股票大量建仓或者加仓。有的未公开信息无法明确框定证券期货交易品种，甚至连操作方向都无法确定。例如，金融机构一年期存贷款基准利率上调若干百分点，可能引起股价齐跌，完全也可能属于“利空出尽”反而引发股价齐涨。行为人即使将此信息明确告知特定对象，如果没有告知其在股指期货市场中的操作方向（买还是卖），实际上无法认定其行为属于明示；同时，由于此类金融政策性信息没有对应的证券交易品种，更不可能认定其明示他人从事相关证券交易。因此，判断行为人向特定对象透漏未公开信息的行为性质，应当在一个原则性与开放性的基本尺度下结合个案情形与当时的证券市场状况作具体分析——未公开信息具有确定的证券期货交易品种指向与操作方向的，向特定对象透漏未公开信息可以认定为明示；根据未公开信息结合证券期货市场知识，基本能够确定交易品种与操作方向的，向特定对象透漏未公开信息可以认定为暗示；向特定对象透漏未公开信息之后，根据证券期货市场一般投资者知识标准无法确定证券期货交易策略的，不能认为其透漏行为符合利用未公开信息交易罪“明示、暗示他人从事相关交易活动”的特征。

---

〔1〕 参见卢勤忠：《基金犯罪研究》，北京大学出版社2010年版，第260页、第279页。

〔2〕 参见缑泽昆：《〈刑法修正案（七）〉中“老鼠仓”犯罪的疑难问题》，载《政治与法律》2009年第12期。

〔3〕 参见赵斌、曹云清：《利用未公开信息交易罪若干问题研究》，载《江西公安专科学校学报》2009年第4期。

3. 关于明示、暗示的认定问题

在明确被建议者实际从事相关交易、透漏未公开信息等因素如何影响“明示、暗示他人从事相关交易活动”司法判断的基础上,论述明示、暗示司法认定标准问题则相对顺畅。

明示他人从事相关证券期货交易,是指未公开信息知悉者明确告知相关证券交易品种及操作方向,或透漏未公开信息内容且该信息能够明确指向相关证券交易品种及操作方向,或既告知未公开信息又提示相关证券交易品种及操作方向。

暗示他人从事相关证券期货交易具有间接性与互动性,前者表现为未公开信息持有人没有直白地告知确定的证券期货交易策略,后者决定了需要被建议者通过主观能动性的一定发挥来理解如何从事相关证券期货交易。因此,在司法实践中认定暗示行为具有一定难度。笔者认为,暗示行为的本质在于心照不宣。根据当时证券期货市场的实际状况与发展规律、证券期货常识以及经验法则进行判断,未公开信息知悉人间接提出的倾向性意见(“不宣”)能够使证券期货市场正常投资者领悟相关证券期货交易活动(“心照”),可以认定为未公开信息窒息者暗示他人从事相关证券期货交易。

(四)利用未公开信息交易行为违法性司法判断规则

根据我国《刑法》第180条第4款的规定,金融机构及有关主管部门工作人员利用通过职务便利获取的未公开信息从事证券期货交易或者建议他人从事证券期货交易,只有在“违反规定”的前提下才构成利用未公开信息交易罪。刑法为利用未公开信息交易罪明确设置“违反规定”的构成要件,决定了违法性分析是司法机关判断涉案行为是否构成本罪极为重要的工作。利用未公开信息交易的违法性判断主要涉及“违反规定”的范围界定、前置性法律规范的具体内容以及“违反规定”的判断依据等具体问题。

1.“违反规定”的范围界定

综观我国《刑法》分则的规定,大量个罪的成立以违反相关法律、法规等规范性法律文件为前提,但其空白罪状的表述方式迥异:(1)有的概括地表述为“违反国家规定”(如《刑法》第137条工程重大安全事故罪)。由于《刑法》第96条在总则部分对国家规定的范围进行了确定性的解释,“国家规定”的最低法律位阶为国务院制定的法规、决定、命令等。(2)有的直接提示了具体的法律(如《刑法》第330条妨害传染病防治罪中的违反传染病防治法),司法机关可以直接对相关个罪违法性的前置规范进行定位。(3)有的归纳了规范性法律文件的类别与位阶(如《刑法》第327条非法出售、私赠文物藏品罪中的违反文物保护法规),司法机关同样可以相对明确地确定相关个罪违法性的前置规范。(4)有的则仅规定了前置性规范的类别,但没有明确其法律位阶(如《刑法》第126条违规制造、销售枪支罪中的违反枪支管理规定)。由于法律位阶的明确是司法机关对相关个罪进行违法性判断的前提与依据,刑法即使规定了相关规范性文件从属的类别,也难以清晰界定相关规定的范围。

构成利用未公开信息交易罪的前提是“违反规定”。在我国《刑法》分则中,以“违反规定”形式出现的空白规范极少,除了利用未公开信息交易罪之外,只有我国《刑法》

第188条违规出具金融票证罪、第407条违法发放林木采代许可证罪以及第442条擅自出卖、转让军队房地产罪采取相同的立法模式。

有学者指出，违规出具金融票证罪中的“违反规定”，显然不限于国家法律、行政法规，还应当包括部门规章以及银行或其他金融机构制定的相关规章制度和重要业务规则等行为规范。[1] 由于利用未公开信息交易罪与违规出具金融票证罪的刑法条文同属经济刑法规范体系，加之“违反规定”在法条文字表述上也确实明显区别于“违反国家规定”，按照上述经济刑法理论及逻辑展开的一种合理的解释是，利用未公开信息交易罪中的“违反规定”不应当局限于全国人大及其常委会制定的法律和决定、国务院制定的行政法规等规定，还应当覆盖国家有关部门规章、全国性行业协会规则以及相关金融机构、主管部门规章制度、规范指引等内部规范性文件。

笔者认为，利用未公开信息交易罪中的“违反规定”，是指违反法律、法规、部门规章、国家政策、全国性行业规范。

犯罪的违法性始终被认为是理所当然的特征。[2] “违反规定”只是对利用未公开信息交易罪客观违法行为判断的一种特别提示，而并非刻意强调本罪只需以具有一定规范形式的文件而不需要规范性法律文件对涉案行为进行违法性判断。由于证券期货犯罪合法与违法的界限认定非常困难，必须通过对“违反规定”的细致分析实现利用未公开信息交易违法与犯罪界限的清晰界分。犯罪的成立应当具有统一性，故法律、法规、部门规章等国家统一性规范性法律文件显然可以是认定利用未公开信息交易罪的前置性规范。国家关于证券期货等金融行业的政策是制定相关法律、法规、规章的指导基础，也可以作为判断相关利用未公开信息交易行为是否违反规定的规范依据。证券、期货、基金、信托、保险、银行等全国性行业协会，是相关法律、法规、规章授权对行业进行管理与业务指导的组织，其指定的行业规范具有指导效力，同样应当作为判断利用未公开信息交易行为是否违反规定的基础。

刑法只允许保护法律所预先设定的利益。[3] 对于利用未公开信息交易罪等证券期货犯罪而言，其违法性判断依据必须通过明显的方式被吸收到犯罪构成的罪状表述之中，故利用未公开信息交易罪必须具有明确的形式违法性。“违反规定”就不可能是一种违规性的、宽泛的、松散的范围指向，而应当是一个违法性的判断问题。根据犯罪二次违法性理论，刑法具有二次性规范的属性，犯罪具有二次性违法的基本特征。[4]

---

〔1〕 参见顾肖荣：《论经济刑法中的几个基本问题》，载《法学》2008年第8期。

〔2〕 参见[德]李斯特：《德国刑法教科书》(修订译本)，徐久生译，法律出版社2006年版，第202页。

〔3〕 参见[德]克劳斯·罗克辛：《德国刑法学总论(第1卷)：犯罪原理的基础构造》，王世州译，法律出版社2005年版，第12页。

〔4〕 参见杨兴培：《“许霆案”的技术分析及其法理思考》，载《法学》2008年第3期；杨兴培：《犯罪构成的三个层面分析》，载《法学》2005年第5期；杨兴培：《一起夫妻争吵引起自杀案的刑法思考和伦理思考》，载《华东政法学院学报》2004年第6期；杨兴培：《犯罪的二次性违法理论探究》，载本书编辑委员会编：《社会转型时期的刑事法理论》，法律出版社2004年版，第415页。

在认定犯罪的过程中,涉案行为的违法性依据根植于前置性规范,违法行为只有在超越其他法律规范的情况下,才能通过刑法规范进行二次评价与检讨。这种违法性判断应当是一种根据广义的法进行的法律评价,而非根据各式各样的规定进行的违规性分析。违法性判断的依据应当具有明显的外部性,单位的内部规章制度不能作为违法性判断的前置性规范基础。因此,利用未公开信息交易罪中"违反规定"的范围不能延展至金融机构、有关主管部门的内部规章制度。

虽然金融机构、相关主管部门、行业协会的内部规章制度不能作为判断相关利用未公开信息交易行为是否"违反规定"的依据,但这并不意味着司法机关在对涉案行为进行违法性分析的过程中可以完全忽略内部规章制度。因为法律、法规、规章等对于金融机构、主管部门、行业协会工作人员利用未公开信息提前进行证券期货交易牟利行为的违法性规定,通常是一种原则性、概括性、宣示性的禁止,司法机关在很大程度上只能根据此类前置性法律规范对行为的违法性进行一般化的把握。而单位内部规章制度或者合同约定,是一种具体化的规则设计,可以成为司法机关在办案过程中细致分析利用未公开信息交易行为违法性的重要参考资料。在具体适用过程中,司法机关可以先行分析单位内部规章以及合同约定是否与前置性法律规范相抵触。如果单位内部规章及合同约定是前置性法律文件框架下的细化解释与应用,不属于法律没有明确禁止的违法交易行为设置的内部约束,则司法机关可以充分运用内部规定具体性的优势更加精确地分析涉案交易行为的违法性,从而实现利用未公开信息交易罪违法性司法审查的精确化。

2. 前置性法律规范的具体内容

在明确了"违反规定"的范围之后,应当进一步考察"规定"的具体内容。司法机关只有在搜索到"规定"具体内容的基础上,才能根据前置性规范判断利用未公开信息交易行为的违法性。然而,证券、期货、银行、保险、基金等领域的法律、法规、规章、行业规则等前置性规范对于利用未公开信息交易行为的违法性规定实际上处于极度不完善的状态。

在法律这一位阶层面,我国《证券法》《保险法》《社会保险法》《商业银行法》都没有对证券公司、证券交易所、保险公司、商业银行、社保基金投资管理机构等工作人员利用未公开信息从事证券期货交易的违法性作出明确规定,完全没有相关的禁止性条款,甚至根本没有"未公开信息"的法律概念。《证券投资基金法》《信托法》只是从禁止背信行为的角度规定基金管理人、受托人不得利用基金财产或者信托财产为基金份额持有人或者信托人之外的其他主体谋取利益,没有明确禁止利用未公开信息交易行为。[1]

---

〔1〕《证券投资基金法》第20条第3款规定,基金管理人不得利用基金财产或职务之便为基金份额持有人以外的人牟取利益;《证券投资基金法》第73条第6款规定,基金财产不得用于从事内幕交易、操纵证券交易价格及其他不正当的证券交易活动。《信托法》第26条规定,受托人除依照本法规定取得报酬外,不得利用信托财产为自己谋取利益。受托人违反前款规定,利用信托财产为自己谋取利益的,所得利益归入信托财产。

在法规这一位阶层面,《期货交易管理条例》只规定了禁止内幕交易,没有设置未公开信息的法律概念,没有禁止利用未公开信息交易行为的任何规定。在部门规章这一位阶层面,证券、期货、保险、基金、银行等金融部门规章对于各类金融机构及其工作人员的行为规范进行了细致的规定,却在利用未公开信息交易禁止性规定的内容设置上,仍然存在严重的规范缺位问题。尽管《基金管理公司投资管理人员管理指导意见》第21条明确规定,投资管理人员应当严格遵守公司信息管理的有关规定以及聘用合同中的保密条款,不得利用未公开信息为自己或者他人谋取利益。这为司法机关根据行政部门规章认定基金公司管理人员利用未公开信息交易行为是否违反规定提供了重要的规范依据。但是,其他金融领域的部门规章存在大面积的空白。例如,在保险规章领域,中国银行保险监督管理委员会制定的《保险资金运用管理暂行办法》《保险公司董事、监事和高级管理人员任职资格管理规定》《保险公司管理规定》《保险资产管理公司管理暂行规定》等一系列涉及保险资金投资信息管理的规定均未明确提及保险公司工作人员禁止利用未公开信息交易谋取利益的行为。[1]

可见,现阶段司法机关不可能根据法律、法规、规章等前置性规范设置的相关内容来判断涉嫌利用未公开信息交易的行为是否"违反规定",因为此类前置性法律规范处于集体性阙如状态。利用未公开信息交易罪违法性判断的前置性规范内容真空的原因,在于《刑法修正案(七)》采取能动的立法进路应对证券期货市场中具有严重社会危害性的行为——金融机构、金融主管部门工作人员利用职务地位优势及其产生的未公开信息优势攫取证券期货市场投资者利益行为。而刑法能动的结果便是在行政性法律、法规、规章等规范性法律文件没有就利用未公开信息交易行为的违法性设置具体的内容规定之前,利用未公开信息交易罪在很大程度上只具有刑法规范的宣示意义,处于无法进行司法适用的法条虚置状态。

前置性规范具体内容真空问题反映了利用未公开信息交易罪存在逆向立法问题。对于一般证券期货犯罪等经济刑法立法而言,前置性行政法律法规的具体规范先行设置证券期货违法行为的禁止性规定,刑法将其中最为严重的部分行为纳入犯罪圈。刑法理论上将这种证券期货犯罪立法模式归纳为"以证券期货法律法规为刑事立法基础原则"[2]按照这种正向的刑事立法思路,前置性行政法律法规应当在禁止性规定中明确利用未公开信息交易行为的违法性,或者在罚则中规定利用未公开信息交易行为行政责任与刑事责任的基本条款,刑法随后跟进,配置利用未公开信息交易罪的构成要件。但是,在利用未公开信息交易罪中,《刑法修正案(七)》先行提出证券期货交易中的未公开信息的概念,并设置利用未公开信息交易犯罪行为的罪状,而相关的行政法律法规在《刑法修正案(七)》施行后的较长时间内没有及时进行调整。"刑法先行"与

---

[1] 只有《保险资金运用管理暂行办法》第21条概括性地规定,托管机构从事保险资金托管,不得利用托管资金及其相关信息谋取非法利益。

[2] 刘宪权:《证券、期货犯罪的刑事立法及其完善》,载《法学》2004年第5期。

"行政未变"的立法现状使得利用未公开信息交易罪具有明显的逆向立法特征。由于《刑法修正案(七)》增设的出售、非法提供公民个人信息罪和非法获取公民个人信息罪也具有刑法反逼行政法律法规设置前置性规范的特点,[1]故以利用未公开信息交易罪逆向立法为代表的非典型经济犯罪立法模式实际上已经成为一种不容忽视的趋势。

在传统刑法理论中,无论是大陆刑法理论强调的法益保护的"辅助性",[2]还是英美刑法认可的刑法的"最后手段性",[3]都一致性地主张刑法只能在民法、行政法等较弱的制裁手段不足以保护法益的情况下才能够予以适用。[4] 利用未公开信息交易罪逆向立法、倒逼前置性法律规范保护法益的刑法能动现象似乎在合理性层面存在极大的疑问。

但是,笔者认为,刑法在前置性规范具体内容缺位的情况下,先行设置利用未公开信息交易罪,是刑法在风险社会中对传统刑法谦抑性原则的一种微调,是在合理的限制中对于经济生活中出现的严重危害证券期货市场秩序行为的能动反应。这不仅是理性的呼唤,而且是在更高的层次上符合传统刑法理论的实践性思考。随着经济迅猛发展,金融市场与金融创新已经成为经济社会生活中极为重要的组成部分。风险刑法的政策重心,正从原来的危害公共安全犯罪带来的危险应对,逐渐转置为证券期货犯罪等金融犯罪带来的风险反应。金融创新的指数级增长模式决定了金融违法犯罪行为千变万化。面对金融违法犯罪行为推陈出新及其对证券期货市场产生的严重风险,刑法在民法、行政法没有及时跟进的情况下迫不得已进行提前反应,促使法律体系全面保护证券期货市场安全稳定,对具有严重社会危害性的金融违法犯罪行为进行整体性的规范控制。

同时,根据李斯特的违法性理论,[5]作为不法的犯罪是一种违法行为,对犯罪的法律评价包括形式违法与实质违法。形式违法指向违反法律的禁止性规定;实质违法意味着一种社会危害性或者反社会性。形式违法与实质违法之间可能出现矛盾,即有关行为没有违反现有法制的要求却具有严重的反社会性。对于司法适用而言,司法机关必须严格按照现有的规定认定其是否构成犯罪,包括严格审查前置性规范判断犯罪行为的违法性,没有违反前置性法律法规,就不存在构成相关证券期货犯罪的基础。对于刑法修改而言,完全可以超越现有民法、行政法的制裁范围对危害社会的行为进行理性应对。

---

[1] 参见陈晓英:《刑法亮剑"倒逼"个人信息保护法出台》,载《法制日报》2008年9月8日,第5版。

[2] 参见[德]克劳斯·罗克辛:《德国刑法学总论(第1卷):犯罪原理的基础构造》,王世洲译,法律出版社2005年版,第23~24页。

[3] Douglas Husak, *The Criminal Law as Last Resort*, Oxford Journal of Legal Studies, Vol. 24, 2004, pp. 207-235.

[4] 参见[德]约翰内斯·韦塞尔斯:《德国刑法总论》,李昌珂译,法律出版社2008年版,第6页。

[5] 参见[德]李斯特:《德国刑法教科书》(修订译本),徐久生译,法律出版社2006年版,第200~201页。

经过上述理论分析可知，虽然刑法在前置性规范尚未对利用未公开信息交易行为的违法性进行明确禁止的情况下提前设置了利用未公开信息交易罪的罪状，但其本质上符合风险刑法应对证券期货市场危害社会行为的现实要求与传统刑法的违法性理论。利用未公开信息交易罪超前立法，同时，采用“违反规定”的空白罪状，强调利用未公开信息交易罪的犯罪性仍然应当以前置性法律规范规定的违法性为前提。这与金融犯罪具有行政违法与刑事违法双重性特征相吻合，也符合经济法律法规与经济刑法之间规范协调性与一致性的要求。[1] 以利用未公开信息交易罪为代表的金融犯罪逆向立法为今后刑法修正应对实践挑战树立了具有重要意义的标杆。对于司法实践而言，我国《证券投资基金法》《信托法》等法律已经对背信行为设定概括性禁止规定，证监会《基金管理公司投资管理人员管理指导意见》在基金部门规章层面明确禁止利用未公开信息交易行为，司法机关可以将此类前置性规范的具体内容作为考察其违法性的依据。故基金公司、信托公司工作人员利用本单位投资信息从事相关证券期货交易谋取利益的，可以认定为利用未公开信息交易罪。但是，对于我国《证券法》《期货交易管理条例》《商业银行法》《保险法》等大部分没有对“违反规定”的具体内容进行填充的金融法律、法规等规范领域，必须尽快制定禁止利用未公开信息交易行为的规定。

3.“违反规定”的判断依据

利用未公开信息交易罪中的“违反规定”并不是一个孤立的构成要件要素，其本质上是对利用未公开信息交易行为违法性问题设定一个整体性的法律规格。故“违反规定”的司法认定不能仅是对相关规定的援引，而是必须对整个利用未公开信息交易过程中行为的违法性进行全面的证明，即通过严格的司法审查论证利用未公开信息交易行为的违法事实及其规范依据。

在当前的证券期货犯罪司法实践中，对于涉案行为违法性判断的依据主要是证监会的行政处罚决定书、违法行为认定函以等行政法律文书以及证监会在行政程序中收集的书证、物证、证言等证据。例如，在非法经营类证券期货犯罪案件中，司法机关通常将证监会对非法经营证券期货业务的性质所出具的书面结论、复函等作为认定行政违法性的核心依据甚至是唯一依据。但是，理论界普遍认为，以证监会行政程序中形成的处罚决定、书面复函、调查笔录等文件材料，在刑事司法程序中不具有司法效力，不应当以此为依据认定证券期货犯罪行为的违法性。[2]

实际上，“违反规定”是利用未公开信息交易罪的构成要件，这就决定了司法机关必须对金融机构、相关主管部门等单位的工作人员利用未公开信息从事金融交易行为的违法性进行独立且全面的司法审查与判断，行政处罚决定书、行政复函等只能作为司

---

〔1〕 关于证券期货行政规范与证券期货刑法规范之间关系的详细论述，参见刘宪权：《证券、期货犯罪的刑事立法及其完善》，载《法学》2004 年第 5 期。

〔2〕 吕蕾：《资产注入遭遇“暗礁”行政认定函能否推定其罪——专家热议证券内幕交易的“罪与非罪”》，载《上海法治报》2010 年 7 月 9 日，第 A8 版。

法审查的参考材料而非判断依据。证监会对利用未公开信息交易行为违法性进行确认的行政法律文件具有的既定效力仅覆盖行政程序环节。这意味着司法机关不得以节省司法资源、金融技术性知识能力低于证券期货执法部门等理由直接将行政法律文件作为认定相关利用未公开信息交易行为“违反规定”的依据。

在司法实践中,证券期货犯罪案件通常由行政执法部门在调查结束后移送司法机关。利用未公开信息交易罪的司法审查必然滞后于行政调查。大量的能够证明利用未公开信息交易行为违法性的证据势必都由证监会等行政执法部门先行调取、采集、固定、制作。[1] 证券期货犯罪涉及大量交易数据、资金流动、账户信息等证据材料,司法机关只能在经过审查认可这些证据合法性的基础上,对涉案行为的违法性进行判断,不可能作为取证主体重新采集证券期货犯罪的证据。因此,认定利用未公开信息交易罪“违反规定”的具体依据应当是证券期货执法部门移送公安机关的证据。此类能够证明利用未公开信息交易行为违法性的依据进一步可以区分为直接依据与间接依据:(1)证券期货执法机构向证券期货公司、证券期货交易所等机构调取的记录证券期货交易流水数据、资金走向、账户资料等信息的书证、物证、电子证据等客观性材料,经司法机关确认具备证据合法性的,可以直接作为判断利用未公开信息交易行为违法性的依据。(2)证券期货执法机构在办案过程中形成的涉案人员供述、证人证言、调查笔录等主观性材料,在刑事司法中不具有证据合法性,必须经过司法机关依法转换为刑事诉讼证据,从而成为判断利用未公开信息交易行为是否违法的间接依据。

4.“违反规定”的规范填充

要求前置性金融法律规范在短时间内系统性地增设利用未公开信息交易行为违法性的具体内容显然是不切实际的。因此,以我国《证券法》《保险法》《信托法》《证券投资基金法》等为代表的法律应当最先进行原则性修改,[2] 为行政法规、部门规章、行业规范等规范性文件的逐步修改提供明确的规范设立依据,进而对利用未公开信息交易行为设置体系性的违法性判断依据。

以我国《证券法》为例,具体立法建议:(1)在总则中概括性地规定禁止利用未公开信息交易行为。将《证券法》第5条修改为,证券的发行、交易活动,必须遵守法律、行政法规;禁止欺诈、内幕交易、利用未公开信息交易和操纵证券市场的行为。(2)在第三章证券交易第四节禁止的交易行为中规定禁止利用未公开信息交易行为的具体内容。在《证券法》第76条内幕交易行为与第77条操纵市场行为之间增设一条:禁止证

---

[1] 例如,在朱耀明操纵证券市场犯罪案件中,涉案的交易行为涉及全国48家证券营业部、273个资金账户、6509个证券账户,证监会总共制定了58卷证据材料移送公安机关,办案工作量极大。参见吴卫军:《操纵证券市场罪的理论与实务难点分析》,载陈辐宽主编:《金融证券犯罪疑难问题解析》,中国检察出版社2009年版,第22页。

[2] 相关立法修订工作已经渐次展开。例如,《证券投资基金法》的修订草案业已形成,拟将利用巨额基金资金投资信息牟取证券交易利益的行为明确纳入违法行为的范畴。参见曲艳丽:《基金法修订进行时》,载《财经》2010年第26期。

券监督管理机构、证券交易所、证券公司、证券交易结算机构等单位工作人员利用内幕信息之外的其他未公开信息从事证券交易活动。证券监督管理机构、证券业协会、证券交易所、证券公司、证券交易结算机构中，涉及证券供求关系、投资经营决策、证券监管等对证券市场价格有重大影响且尚未公开的信息，是内幕信息之外的其他未公开信息。(3)在法律责任部分规定利用未公开信息交易行为的行政违法责任与刑事犯罪责任。

其他金融领域的法律可以参照上述标准与思路增设利用未公开信息交易行为的禁止性规定，从而相对完整地填充利用未公开信息交易罪“违反规定”的具体内容，保证司法机关准确根据前置性规范认定相关利用未公开信息交易行为的违法性。

三、利用未公开信息交易犯罪的量刑情节认定与法定刑适用

利用未公开信息交易犯罪量刑情节与法定刑的认定与适用问题是司法实践中极为突出的争议与难点。充分运用文义解释、体系解释、实质解释等刑法解释原理，层进式地对利用未公开信息交易罪量刑情节配置问题进行分析，可以确认本罪应全部按照内幕交易、泄露内幕信息罪的法定刑条款进行处罚，即具有“情节严重”“情节特别严重”两档量刑情节及其对应法定刑配置。由于司法解释未规定利用未公开信息交易罪“情节特别严重”量化标准，量刑情节认定依据真空而引发的裁判规则不确定性与法律风险，不应由被告人承担。有必要通过科学的实证调查与规范分析，研究制定利用未公开信息交易罪的司法解释，合理建构违法与犯罪、“情节严重”与“情节特别严重”的量化界限。

(一)利用未公开信息交易罪量刑情节解释争议

我国《刑法》第180条规定了内幕交易、泄露内幕信息罪和利用未公开信息交易罪，对伴随着证券期货市场迅猛发展而滋生的内幕交易、利用未公开信息交易犯罪行为进行了卓有成效的刑法规制。尤其是《刑法修正案(七)》增设的在实践中称为“老鼠仓”的利用未公开信息交易犯罪，近年来明显成为证券期货市场监管与犯罪惩治的焦点。证监会2013年立案22件，仅2014年上半年就立案25件，共39人被移送司法机关追究刑事责任;[1]2014年年底更是对“老鼠仓”违法犯罪开展专项治理行动。[2] 与此同时，利用未公开信息交易犯罪案件的理论解释与实践适用争议问题愈发突出。最高人民检察院就我国“最大老鼠仓”马某利用未公开信息交易案的终审裁定，以“法律适

---

〔1〕 许志峰:《证监会怎样“捉老鼠”》，载《人民日报》2015年2月8日，第2版。

〔2〕 《证监会对部分涉利用未公开信息交易案件基金公司依法采取行政监管措施》，载中国证券监督管理委员会网:http://www.csrc.gov.cn/pub/newsite/zjhxwfb/xwdd/201501/t20150130_267378.html，最后访问日期:2015年2月17日。

用错误,导致量刑明显不当”为由,按照审判监督程序向最高人民法院提出抗诉,[1]引发证券期货市场、法学理论与实务界的高度关注。2015 年 12 月,最高人民法院在深圳第一巡回法庭对原审被告人马某利用未公开信息交易再审一案做出改判,认定利用未公开信息交易罪具有“情节严重”“情节特别严重”两档量刑情节,判处原审被告人马某有期徒刑 3 年,并处罚金人民币 1913 万元;违法所得人民币 1912 万余元依法予以追缴。[2]

本案的争议焦点在于利用未公开信息交易量刑情节的理解与适用,即本罪是否存在、如何认定“情节特别严重”。

马某利用未公开信息交易抗诉案的意义显然并不局限于利用未公开信息交易个案的法律适用与刑罚裁量。通过我国最高司法机关针对证券期货市场犯罪案件中的重大问题做出标杆性判例,不仅能够明确利用未公开信息交易犯罪司法实践中的类型化疑难问题与典型性复杂问题,而且能够深度考察刑法解释原理与司法解释规则在证券期货市场犯罪实践中的应用。

我国证券期货市场在规模持续壮大、层次越发完善的同时,客观上催生了利用未公开信息交易等违法犯罪的数额不断攀升,在实践中涌现出大量交易量 10 亿元以上、违法所得千万元级别的“老鼠仓”犯罪案件。目前刑罚最重的是李某某利用未公开信息交易犯罪案,其累计“老鼠仓”成交额 5226 万余元、股票交易共计获利 899 万余元、分得股票红利 172 万余元,被判处有期徒刑 4 年,并处罚金 1800 万元,违法所得 1071 万余元予以追缴。[3] 相当数量的“老鼠仓”犯罪的行为人被判处缓刑,且至今无一例为认定为“情节特别严重”。社会公众普遍认为“老鼠仓”频发的主因是惩处力度不够。[4]因此,有必要结合当前备受关注的最高人民检察院抗诉“老鼠仓”案,对利用未公开信息交易罪量刑情节问题进行审慎的刑法解释,对《刑法》第 180 条规定的内幕交易、利用未公开信息交易的犯罪实质与经济机理进行本质追问与纵深探索,为公正惩治证券期货市场犯罪、有效破解实践难题、完善司法解释提供理论支持。

---

[1] 马某在担任证券投资基金经理期间,利用其掌控的未公开信息从事证券交易,累计成交金额 10.5 亿余元,从中非法获利 1883 万余元。2014 年 3 月,深圳市中级人民法院认为马某利用未公开信息交易“情节严重”,一审判决其有期徒刑 3 年、缓刑 5 年,并处罚金 1884 万元、没收违法所得。同年 4 月深圳市人民检察院提出抗诉;8 月,广东省检察院支持抗诉,认为马某应认定为“情节特别严重”。10 月,广东省高级人民法院经审理认为,《刑法》第 180 条第 4 款只规定了利用未公开信息交易罪“情节严重”量刑情节,并未规定本罪有“情节特别严重”情形,终审裁定驳回抗诉,维持原判。广东省检察院认为该终审裁定确有错误于 11 月提请最高检抗诉。2014 年 12 月,最高人民检察院决定按审判监督程序向最高人民法院提出抗诉。参见郑赫南:《“最大老鼠仓”案为何被三级检察机关抗诉》,载《检察日报》2015 年 2 月 15 日,第 2 版。

[2] 参见刘婧:《最高法院对马某利用未公开信息交易案再审改判》,载《人民法院报》2015 年 12 月 12 日,第 2 版。

[3] 参见严晓蝶、李燕:《李旭利案终审:维持一审原判》,载《东方早报》2013 年 10 月 30 日,第 A32 版。

[4] 参见张炜:《打击证券犯罪须“执法必严”》,载《中国经济时报》2014 年 4 月 1 日,第 3 版。

(二)利用未公开信息交易罪量刑情节文义解释

对于利用未公开信息交易,情节严重的,依照我国《刑法》第 180 条第 1 款内幕交易、泄露内幕信息罪的规定处罚,如何进行符合罪刑法定的解释,在实践中存在两种截然不同的意见。

"部分依照"论认为,我国《刑法》第 180 条第 4 款利用未公开信息交易罪的条文明确且仅规定了"情节严重"唯一的一档量刑标准,即"情节严重"应依照内幕交易、泄露内幕信息罪"情节严重"量刑档次处罚,并没有明示性地规定利用未公开信息交易"情节特别严重"相应地适用内幕交易、泄露内幕信息罪"情节特别严重"的加重量刑情节。[1]

"全部依照"论认为,刑法条文中的"依照前款处罚"是对前款所规定全部内容的包含。具体到我国《刑法》第 180 条第 4 款规定的"依照第一款的规定处罚",则包含《刑法》第 180 条第 1 款的全部规定,而不是其中的某一部分。因此,利用未公开信息交易罪具有"情节特别严重"这一量刑情节。[2]《刑法》同一法条的不同款项在处罚上具有协调性,这种处罚的参照不可能只是部分参照,应该是全部参照。《刑法》第 180 条第 1 款规定的内幕交易、泄露内幕信息罪,存在"情节严重"和"情节特别严重"的不同情形和两个不同量刑档次,对利用未公开信息交易罪的处罚也存在两个不同情形和量刑档次。[3]

两种观点在文义解释上的巨大差异与认识分歧,主要是源于《刑法》第 180 条第 4 款在文字内涵上具有两种微妙的、截然不同的语意侧重。如果将《刑法》第 180 条第 4 款的文字重心置于"情节严重的",该款显然说明利用未公开信息交易行为只有在"情节严重"的情况下才能按照该条第 1 款的规定"处五年以下有期徒刑或者拘役,并处或者单处违法所得一倍以上五倍以下罚金"。其一,"情节严重"是入罪条件,不符合情节严重标准的利用未公开信息交易行为不是犯罪;其二,"情节严重"是唯一量刑情节,利用未公开信息交易罪不存在"情节特别严重"这一加重法定刑档次。如果将《刑法》第 180 条第 4 款的文字重心置于谓语"依照……处罚",那么该款的内涵就非常明了地指向一个简单的结论——利用未公开信息交易罪的刑事处罚标准等同于内幕交易、泄露内幕信息罪。

准确地辨识刑法规范文字内容的重心显然需要遵循刑法条文结构的基本逻辑。刑法条文是一种语言,所以对刑法规范结构的解释首先要符合语法结构的原理。同时,刑法条文是一种法律语言,并且具有刑法这一区别于其他部门法的特有规范结构,因此刑法解释还需要符合罪状解释原理。

---

〔1〕 参见广东省高级人民法院刑事裁定书(2014)粤高法刑二终字第 137 号。

〔2〕 参见邹坚贞:《市、省和最高检为何层层抗诉"马某案"最高检意欲推动老鼠仓判决立新规?》,载《中国经济周刊》2014 年第 49 期。

〔3〕 参见广东省高级人民法院刑事裁定书(2014)粤高法刑二终字第 137 号。

以中文语法结构的视角进行解析,"全部依照"论相对而言更具说服力。尽管我国《刑法》第180条第4款条文内容很长,但在语法上还是非常典型的"主+谓+宾"结构。"证券交易所、期货交易所、证券公司、期货经纪公司、基金管理公司、商业银行、保险公司等金融机构的从业人员以及有关监管部门或者行业协会的工作人员,利用因职务便利获取的内幕信息以外的其他未公开的信息,违反规定,从事与该信息相关的证券、期货交易活动,或者明示、暗示他人从事相关交易活动,情节严重的"整体构成主语,意指利用未公开信息交易犯罪;"依照……处罚"构成谓语;"第一款的规定"构成宾语,意指内幕交易、泄露内幕信息犯罪。语句的重心通常都落位于谓语,没有必要强行割裂稳定的主谓宾结构而特别强调作为主语中的部分内容的"情节严重的"。按照主谓宾的语法结构进行解释,《刑法》第180条第4款的含义就是利用未公开信息交易罪的刑罚依照内幕交易、泄露内幕信息罪的规定进行处罚,利用未公开信息交易罪相应地就必定包括"情节严重""情节特别严重"两档法定刑。

以刑法条文结构的视角进行解析,"全部依照"论同样更符合分则个罪条文"罪+刑"结构。刑法分则中的所有规范在法条结构上都可以分割为犯罪构成(罪)与刑事处罚(刑)两大部分。具体到我国《刑法》第180条第4款的分析,"证券交易所……情节严重的"整个属于犯罪构成部分,"依照第一款的规定处罚"则属于刑事处罚部分。基于"罪+刑"的罪状结构与条文逻辑进行解释,《刑法》第180条第4款的含义同样是指符合利用未公开信息交易犯罪构成的行为应当按照内幕交易、泄露内幕信息罪的相关规定进行处罚。所以,利用未公开信息交易罪具有"情节严重""情节特别严重"两种量刑情节、两档法定刑配置,是站在罪状结构的整体视角对《刑法》第180条第4款的内在含义所做出的解释,相对于孤立地将条文重心确定在作为利用未公开信息交易犯罪构成要素之一的"情节严重",并将"处五年以下有期徒刑或者拘役,并处或者单处违法所得一倍以上五倍以下罚金"强调为唯一法定刑配置的意见而言,更具有合理性。

分析视角完全聚焦于《刑法》第180条文义内涵,在很大程度上已经能够有效地解释利用未公开信息交易罪量刑情节的配置,即利用未公开信息交易罪的法定刑全部依照内幕交易、泄露内幕信息罪的处罚规定,情节严重的,处5年以下有期徒刑或者拘役,并处或者单处违法所得1倍以上5倍以下罚金;情节特别严重的,处5年以上10年以下有期徒刑,并处违法所得1倍以上5倍以下罚金。但是,如果需要更为确实地证明"全部依照"论能够符合罪刑法定原则,依然有必要在刑法解释上提供更为充分的证据或者使用递进一层的解释规则予以补强。

(三)利用未公开信息交易罪量刑情节体系解释

刑法规范的体系解释不仅能够强化论证利用未公开信息交易罪具有"情节严重""情节特别严重"两档量刑情节,而且还能从刑法规范文本在司法适用的具体差异中探究"情节特别严重"能否以及如何实际适用于利用未公开信息交易罪。

由于刑法分则条文众多且部分规范设计采用相同的结构,根据刑法规范的体系性解释规则,特定法条的构成要件或者刑罚配置不明确,可以基于其他内容明确、结构相同、关系密切的法条对其内涵展开解释。综观我国《刑法》分则条文,与《刑法》第180条第1款内幕交易、泄露内幕信息罪与第4款利用未公开信息交易罪法条关系、条文结构、量刑情节配置问题完全相同的,只有《刑法》第285条第2款非法获取计算机信息系统数据、非法控制计算机信息系统罪[1]与第3款提供侵入、非法控制计算机信息系统程序、工具罪。[2] 非法获取计算机信息系统数据、非法控制计算机信息系统罪规定了"情节严重""情节特别严重"两种量刑情节,位于同一法条后一款的提供侵入、非法控制计算机信息系统程序、工具罪的刑法条文也使用了"情节严重的,依照前款的规定处罚"的规范设计结构。

内幕交易、泄露内幕信息罪与利用未公开信息交易罪,非法获取计算机信息系统数据、非法控制计算机信息系统罪与提供侵入、非法控制计算机信息系统程序、工具罪,这两组犯罪都是《刑法修正案(七)》修改与增设的证券期货市场犯罪与信息网络犯罪条款,《刑法修正案(七)》的立法权威解读对利用未公开信息交易罪与提供侵入、非法控制计算机信息系统程序、工具罪的"情节严重"的分析,也都是强调"情节严重的才构成犯罪",即"情节严重"是两罪的客观处罚条件,[3]并没有任何证据突出利用未公开信息交易罪与提供侵入、非法控制计算机信息系统程序、工具罪只有"情节严重"这一种法定刑配置。

对于我国《刑法》第285条第3款提供侵入、非法控制计算机信息系统程序、工具罪的法定刑配置应当部分还是全部依照《刑法》第285条第2款非法获取计算机信息系统数据、非法控制计算机信息系统罪的规定处罚,尽管刑法理论并未将之作为问题予以深究,[4]但司法实践无争议地对提供侵入、非法控制计算机信息系统程序、工具罪适用

---

[1] 《刑法》第285条第2款非法获取计算机信息系统数据、非法控制计算机信息系统罪规定:违反国家规定,侵入前款规定以外的计算机信息系统或者采用其他技术手段,获取该计算机信息系统中存储、处理或者传输的数据,或者对该计算机信息系统实施非法控制,情节严重的,处3年以下有期徒刑或者拘役,并处或者单处罚金;情节特别严重的,处3年以上7年以下有期徒刑,并处罚金。

[2] 《刑法》第285条第3款提供侵入、非法控制计算机信息系统程序、工具罪规定:提供专门用于侵入、非法控制计算机信息系统的程序、工具,或者明知他人实施侵入、非法控制计算机信息系统的违法犯罪行为而为其提供程序、工具,情节严重的,依照前款的规定处罚。

[3] 利用未公开信息交易,情节严重的,才构成犯罪。情节严重主要指多次建立"老鼠仓"、老非法获利数额巨大、对客户资产造成严重损失等情形。提供侵入、非法控制计算机信息系统程序、工具,情节严重的,才构成犯罪。情节严重主要是指大量提供、出售数额较大、提供的程序工具等被大量使用造成严重危害等情况。参见黄太云:《〈刑法修正案(七)〉解读》,载《人民检察》2009年第6期。

[4] 同属于《刑法修正案(七)》修改与增设的犯罪类型,刑法理论并未像研究内幕交易、泄露内幕信息罪、利用未公开信息交易罪那样深入分析非法获取计算机信息系统数据、非法控制计算机信息系统罪、提供侵入、非法控制计算机信息系统程序、工具罪的法定刑配置与适用问题,可能的原因在于:(1)证券期货市场犯罪的关注度相对于网络犯罪而言明显更高;(2)网络犯罪条款技术性非常强,对于刑法理论研究领域而言显得比较生僻;(3)网络犯罪案件控辩对抗激烈程度相对比较低,在司法实践中即使出现提供侵入、非法控制计算机信息系统程序、工具罪被认定为"情节特别严重"并适用第二档法定刑,在辩方没有激烈法律意见对抗的情况下,刑法理论很难关注到此类非常具体却涉及法律适用准确与否的重要问题。

“情节严重”与“情节特别严重”两个档次的法定刑。

在司法解释中,2011年最高人民法院、最高人民检察院《关于办理危害计算机信息系统安全刑事案件应用法律若干问题的解释》(以下简称《计算机犯罪解释》)对提供侵入、非法控制计算机信息系统程序、工具罪不仅明确规定了“情节严重”的入罪标准,而且规定了“情节特别严重”加重法定刑的量化标准。[1] 这说明最高人民法院与最高人民检察院就此类问题达成过共识——同一刑法条文中的前款罪名规定了“情节严重”“情节特别严重”两档法定刑,后款罪名按照前款规定处罚,则后款罪名应适用“情节严重”“情节特别严重”两种量刑情节。

在判例实践中,行为人提供侵入、非法控制计算机信息系统程序、工具被认定为“情节特别严重”,审判机关以加重法定刑“三年以上七年以下有期徒刑,并处罚金”为基准结合其他量刑情节做出判决的案例,实际上并不少见。例如,被告人冯某将其制作的钓鱼网站和木马病毒程序提供给诈骗犯罪被告人王忠某、王鹏某等众多人使用,至少136次,从中获利22,000元,构成提供侵入、非法控制计算机信息系统程序、工具罪,属情节特别严重,被判处有期徒刑3年6个月,并处罚金3万元。[2] 又如,被告人阙某某、陈某某违反国家规定,提供专门用于非法控制计算机信息系统的程序、工具,其中阙某某参与犯罪的违法所得共计94,595.31元,陈某某参与犯罪的违法所得共计28,980.18元,均属情节特别严重,构成提供非法控制计算机信息系统程序、工具罪,且系共同犯罪。在提供非法控制计算机信息系统程序、工具共同犯罪中,阙某某起主要作用,是主犯;陈某某起次要、辅助作用,系从犯,依法应当从轻、减轻处罚。阙某某、陈某某能如实供述自己罪行,并能主动退缴违法所得,依法从轻处罚。结合考虑犯罪情节及悔罪表现,对被告人阙某某从轻处罚,对陈某某减轻处罚并适用缓刑。阙某某犯提供非法控制计算机信息系统程序、工具罪,被判处有期徒刑4年,并处罚金人民币5万元;陈某某犯提供非法控制计算机信息系统程序、工具罪,被判处有期徒刑2年,缓刑3年,并处罚金人民币1万元。[3] 再如,被告人陆某某向1145名用户销售具有侵入、非法控制计算机信息系统功能的木马程序,情节特别严重,其行为构成提供、侵入非法控制计算机信息系统程序、工具罪,被判处有期徒刑3年10个月,并处

---

[1] 《计算机犯罪解释》第3条规定:提供侵入、非法控制计算机信息系统的程序、工具,具有下列情形之一的,应当认定为《刑法》第285条第3款规定的“情节严重”:(1)提供能够用于非法获取支付结算、证券交易、期货交易等网络金融服务身份认证信息的专门性程序、工具5人次以上的;(2)提供第1项以外的专门用于侵入、非法控制计算机信息系统的程序、工具20人次以上的;(3)明知他人实施非法获取支付结算、证券交易、期货交易等网络金融服务身份认证信息的违法犯罪行为而为其提供程序、工具5人次以上的;(4)明知他人实施第3项以外的侵入、非法控制计算机信息系统的违法犯罪行为而为其提供程序、工具20人次以上的;(5)违法所得5000元以上或者造成经济损失1万元以上的;(6)其他情节严重的情形。实施前款规定行为,具有下列情形之一的,应当认定为提供侵入、非法控制计算机信息系统的程序、工具“情节特别严重”:(1)数量或者数额达到前款第1项至第5项规定标准5倍以上的;(2)其他情节特别严重的情形。

[2] 参见浙江省宁波市鄞州区人民法院(2012)甬鄞刑再字第2号。

[3] 参见福建省厦门市思明区人民法院刑事判决书(2014)思刑初字第950号。

罚金 3 万元。[1]

从立法权威解读、最高司法机关共识、判例实践等分析中可以看到，我国《刑法》第 285 条第 2 款非法获取计算机信息系统数据、非法控制计算机信息系统罪和第 3 款提供侵入、非法控制计算机信息系统程序、工具罪，与内幕交易、泄露内幕信息罪和利用未公开信息交易罪具有完全相同的规范结构，提供侵入、非法控制计算机信息系统程序、工具罪毫无争议地具备“情节特别严重”的量刑档次，意味着至少在形式的、规范的刑法解释框架下，利用未公开信息交易罪理应具备“情节特别严重”的量刑情节与法定刑配置。然而，有必要强调的是，司法解释是否明确规定“情节特别严重”的具体判断标准，是加重法定刑能够在实践中予以适用最为重要的客观条件。与《计算机犯罪解释》明确规定非法获取计算机信息系统数据、非法控制计算机信息系统罪、提供侵入、非法控制计算机信息系统程序、工具罪“情节严重”“情节特别严重”量化认定标准不同，司法解释规定内幕交易、泄露内幕信息罪“情节严重”“情节特别严重”的量化判断标准，[2] 利用未公开信息交易罪却只有“情节严重”的入罪标准[3]而没有司法解释对其“情节特别严重”的判断尺度做出规定。这就成为刑法解释论争议之外利用未公开信息交易罪尚无一例生效判决认定为“情节特别严重”的刑法实践与司法规则根源。

---

〔1〕 参见江西省万载县人民法院刑事判决书（2014）万刑初字第 86 号。

〔2〕 《内幕交易犯罪解释》第 6 条规定：在内幕信息敏感期内从事或者明示、暗示他人从事或者泄露内幕信息导致他人从事与该内幕信息有关的证券、期货交易，具有下列情形之一的，应当认定为《刑法》第 180 条第 1 款规定的“情节严重”：（1）证券交易成交额在 50 万元以上的；（2）期货交易占用保证金数额在 30 万元以上的；（3）获利或者避免损失数额在 15 万元以上的；（4）3 次以上的；（5）具有其他严重情节的。第 7 条规定：在内幕信息敏感期内从事或者明示、暗示他人从事或者泄露内幕信息导致他人从事与该内幕信息有关的证券、期货交易，具有下列情形之一的，应当认定为《刑法》第 180 条第 1 款规定的“情节特别严重”：（1）证券交易成交额在 250 万元以上的；（2）期货交易占用保证金数额在 150 万元以上的；（3）获利或者避免损失数额在 75 万元以上的；（4）具有其他特别严重情节的。2010 年最高人民检察院、公安部《立案追诉标准（二）》第 35 条规定：[内幕交易、泄露内幕信息案（《刑法》第 180 条第 1 款）]证券、期货交易内幕信息的知情人员、单位或者非法获取证券、期货交易内幕信息的人员、单位，在涉及证券的发行，证券、期货交易或者其他对证券、期货交易价格有重大影响的信息尚未公开前，买入或者卖出该证券，或者从事与该内幕信息有关的期货交易，或者泄露该信息，或者明示、暗示他人从事上述交易活动，涉嫌下列情形之一的，应予立案追诉：（1）证券交易成交额累计在 50 万元以上的；（2）期货交易占用保证金数额累计在 30 万元以上的；（3）获利或者避免损失数额累计在 15 万元以上的；（4）多次进行内幕交易、泄露内幕信息的；（5）其他情节严重的情形。

〔3〕 《立案追诉标准（二）》第 36 条规定：[利用未公开信息交易案（《刑法》第 180 条第 4 款）]证券交易所、期货交易所、证券公司、期货公司、基金管理公司、商业银行、保险公司等金融机构的从业人员以及有关监管部门或者行业协会的工作人员，利用因职务便利获取的内幕信息以外的其他未公开的信息，违反规定，从事与该信息相关的证券、期货交易活动，或者明示、暗示他人从事相关交易活动，涉嫌下列情形之一的，应予立案追诉：（1）证券交易成交额累计在 50 万元以上的；（2）期货交易占用保证金数额累计在 30 万元以上的；（3）获利或者避免损失数额累计在 15 万元以上的；（4）多次利用内幕信息以外的其他未公开信息进行交易活动的；（5）其他情节严重的情形。

(四)利用未公开信息交易罪量刑情节实质解释

文义解释初步建立了利用未公开信息交易罪具有“情节特别严重”量刑情节与罪刑法定原则之间的吻合关系;体系解释补强了这种规范解释的合法性与合理性。但是,真正排除异议地锁定上述刑法解释的正确性,不能止步于条文形式的分析与阐释,应当深入内幕交易、泄露内幕信息罪、利用未公开信息交易罪的实质并由此确认利用未公开信息交易罪量刑情节配置问题。同时,量刑情节与法定刑在立法上完成“出厂设置”之后,实际上并非能够直接且绝对地适用于司法实践,在没有“使用指南”(立法说明或者立法解释)的情况下,必须通过合法且合理的刑法解释将刑法文本落于实处。

利用未公开信息交易罪不具备“情节特别严重”量刑情节这一观点,在实质解释层面唯一的可能性在于证明利用未公开信息交易罪的社会危害性没有达到与内幕交易、泄露内幕信息罪相同的水平。如果利用未公开信息交易的犯罪实质危害相对内幕交易犯罪而言更轻,并且这种社会危害性程度上的实质差异足以产生法定刑配置上的区别,则情节特别严重的内幕交易犯罪行为应当适用“五年以上十年以下有期徒刑,并处违法所得一倍以上五倍以下罚金”的基本幅度,而情节特别严重的利用未公开信息交易犯罪行为由于没有制造相同程度的实质危害,适用《刑法》第 180 条第 1 款规定的加重法定刑处罚会出现罪刑失衡,只能配置并适用该款规定的第一档次的法定刑。然而,内幕交易犯罪与利用未公开信息交易犯罪事实上具有性质相同且程度相当的实质危害,所以在刑罚配置上不应当出现前者具备“情节特别严重”量刑档次而后者没有的情况。

从比较刑法的角度分析,内幕交易、利用未公开信息交易、市场操纵等都属于全球证券期货市场刑法规定的核心犯罪行为,通常统一归属于证券欺诈犯罪或者市场滥用犯罪项下适用完全相同的法定刑,彼此之间不存在相对更重或者更轻的差异。例如,美国《证券交易法》禁止任何人直接或者间接地通过州际商务、邮电通信、证券交易等设施,使用操纵、欺诈或违反证券监管部门基于保护市场和投资者利益所制定的法规的方式,从事注册证券、非注册证券、以证券为基础的掉期合约等交易,内幕交易、利用未公开信息交易、虚假陈述、市场操纵等都属于证券欺诈;[1] 构成犯罪的,适用统一的法定刑——个人单处 20 年以下监禁,或单处 500 万美元以下罚金,或两者并处;单位处 2500 万美元以下罚金。[2] 再如,欧盟于 2014 年发布的《市场滥用刑事制裁指令》将内部人交易与市场操纵等统一称为市场滥用犯罪,要求欧盟成员国将刑罚上限的最低标准规定为 4 年监禁;[3] 根据 2014 年欧盟《市场滥用监管规章》的规定,内部信息(inside information)包括金融商品及其发行人内幕信息与客户交易、资金配置信息,内部人交

〔1〕 15 U. S. C. § 78j(b).

〔2〕 15 U. S. C. § 78ff(a).

〔3〕 Directive 2014/57/EU of The European Parliament and of The Council of 16 April 2014 on criminal sanctions for market abuse(market abuse directive), Article 2,3,5 & 7.

易犯罪包括内幕交易与利用未公开信息交易。[1] 可见,美国、欧盟等全球成熟证券期货市场刑事法律制度,都将内幕交易、利用未公开信息交易以证券欺诈或者市场滥用犯罪的一种具体行为类型进行定罪处罚,完全没有对两者做出实质危害性的区分。

我国《刑法》中的证券期货市场犯罪采用了相对精细化的构成要件设计,将内幕交易、利用未公开信息交易、散布虚假信息(《刑法》第 181 条第 1 款编造并传播虚假证券、期货交易信息罪)、欺诈客户(《刑法》第 181 条第 2 款诱骗投资者买卖证券、期货合约罪)、市场操纵(《刑法》第 182 条操纵证券、期货市场罪)等行为区分为不同的犯罪类型。内幕交易犯罪与利用未公开信息交易犯罪尽管同属一个条文,但两者之间存在明确的规范界限:(1)信息内容差异。内幕信息主要是围绕上市公司本身的信息,例如,公司的重组计划、公司高管人员的变动、公司的重大合同、公司的盈利情况等对该公司证券、期货的市场价格有重大影响、按照有关规定应及时向社会公开但尚未公开的信息;而"重大未公开信息"主要是所在资产管理机构准备将客户资金投资购买哪只证券或期货的投资交易信息,一般属于单位内部的商业秘密,法律并未要求此类信息应当公开,不属于内幕信息的范围。(2)利益侵害差异。内幕交易更多是损害不特定的社会公众投资者和股民的合法权益,利用未公开信息交易更多是损害资产管理机构的客户的利益。[2] 然而,《刑法修正案(七)》权威解读所揭示的是内幕交易与利用未公开信息交易在犯罪构成上的重要边界,而非两者在犯罪实质危害性层面的本质差异。更值得注意的是,权威解读在分析内幕交易与利用未公开信息交易构成区别与规范边界的过程中,非常准确地指出了评价内幕交易与利用未公开信息交易实质危害的核心方面,即市场信息效率与市场参与者权益。而内幕交易与利用未公开信息交易在核心层面的实质危害具有明确的共性。

内幕交易与利用未公开信息交易的实质危害均聚焦于行为人触犯证券期货市场竞争规则而制造不公平的信息优势,即违反证券期货市场法律规范,利用尚未公开的信息的经济价值从事相关金融交易、损害其他市场参与者合法权益。证券期货市场中的重大未公开信息的经济价值表现为其能够有效地揭示金融商品市场价格与实际价值之间的价差。法律并不一般性地禁止利用私有信息从事金融交易,也不禁止基于对市场公开信息获取能力差异形成竞争优势而获取金融交易利润,而是禁止滥用信息优势与证券期货市场信息的经济价值并从价差发现与相关金融交易中获取利益的行为。有效的信息传递与公平的信息竞争是证券期货市场参与者投入资本参与金融商品价格发现的市场基础。内幕交易是滥用了应及时向市场所有参与者披露的信息的经济价值,利用未公开信息交易是滥用了应排他性地基于客户利益而使用的信息的经济价值,两者都是基于谋取个人交易利益的目的而实施的证券期货市场信息竞争机制与其他市场参与

---

〔1〕 Regulation(EU) No 596/2014 of The European Parliament and of The Council of 16 April 2014 on market abuse(market abuse regulation),Article 7 &8.

〔2〕 参见黄太云:《〈刑法修正案(七)〉解读》,载《人民检察》2009 年第 6 期。

者利益的严重侵害行为，具有相同的危害实质。

因此，内幕交易与利用未公开信息交易都是滥用信息价值、干扰信息效率、损害其他投资者信息利益的证券期货市场侵害行为，可以在立法上进行犯罪构成上的区分，但在实质的社会危害性层面具有相当性，并不存在相对重罪与轻罪的差别。分析至此可以确认，利用未公开信息交易罪具有"情节严重""情节特别严重"两档量刑情节，两罪具有完全相同的法定刑配置。

进一步的问题在于，如何具体适用利用未公开信息交易罪"情节特别严重"的量刑情节。在实践中主要有两种观点：一种观点认为，司法解释并未对利用未公开信息交易罪"情节特别严重"的加重法定刑适用标准做出规定，目前不能在个案中直接适用。但对照《立案追诉标准（二）》规定的利用未公开信息交易"情节严重"与《内幕交易犯罪解释》规定的内幕交易、泄露内幕信息"情节严重"，两者数值标准相当，据此推算，应当在制定利用未公开信息交易司法解释时按照《内幕交易犯罪解释》设计的标准，将利用未公开交易罪的"情节特别严重"标准设定为证券交易成交额250万元以上、期货交易占用保证金数额150万元以上、获利或者避免损失数额75万元以上。另一种观点认为，内幕交易犯罪与利用未公开信息交易犯罪具有相同的实质危害与量刑情节配置，既然《内幕交易犯罪解释》已经明确规定了内幕交易、泄露内幕信息罪"情节严重""情节特别严重"的量化标准，利用未公开信息交易罪可以参照适用，诸如前述马某案等非法获利数额在千万元级别的利用未公开信息交易犯罪行为完全可以被认定为"情节特别严重"。

然而，由于法官、检察官对个案进行刑法解释的权限缺失与重大疑难复杂问题解释能力的存疑，证券期货市场犯罪司法实践在很大程度上必须依靠司法解释进行指导，尤其是"情节严重""情节特别严重"此类裁量空间大的综合性量化标准。在利用未公开信息交易罪"情节特别严重"本身并没有司法解释的情况下，直接参照《内幕交易犯罪解释》，法律依据并不充分。[1] 更为关键的是，犯罪实质危害的相当性决定了内幕交易与利用未公开信息交易犯罪量刑情节与法定刑配置相同，但并不绝对意味着两罪在"情节严重""情节特别严重"的判断标准上应然地适用完全相同的量化尺度。相反，由于内幕交易与利用未公开信息交易在具体的犯罪机理上具有截然不同的运作机制，司法解释在制定"情节严重""情节特别严重"量化判断标准时需要进行有针对性的布局与调整。《立案追诉标准（二）》对内幕交易、泄露内幕信息罪与利用未公开信息交易罪

---

〔1〕 从现阶段已经做出的生效判决的具体情况分析，所有非法获利1000万元以上的利用未公开信息交易犯罪案件都只被审判机关认定为"情节严重"。例如，李某某累计成交额5226万余元、共计获利899万余元，郑某累计成交额5亿余元、获利1400万余元，苏某累计成交额7.33亿余元、获利3652万余元，等等，均没有被法院认定为"利用未公开信息交易情节特别严重"。参见郝洪：《李旭利案终审宣判"股仓硕鼠"为何频现》，载《人民日报》2013年10月30日，第9版；严晓蝶：《苏竞"老鼠仓"获刑2年6个月》，载《东方早报》2014年10月22日，第A22版。这也从一个非常重要的侧面证明司法解释对于情节标准量化界定的极大影响。

的"情节严重"设置完全相同的数额标准,其本身的合理性就值得探讨,更不能以此主张未来制定利用未公开信息交易罪情节标准时完全按照内幕交易犯罪的标准进行等量化处理。

内幕交易与利用未公开信息交易的犯罪机理,是指特定交易者滥用重大信息的经济价值,实现个人经济利润或者风险转移以及损害其他市场参与者利益的运作方式及其经济本质。证券期货市场犯罪的实质是对其社会危害性的本质界定,而证券期货市场犯罪的机理则是对其经济危害性的量化规定。

其一,从信息价值的角度分析,内幕信息是与金融商品或其发行主体有关的、对金融商品内在价值具有影响并外化为市场价格波动的内生性信息(例如,资产重组、重大合同等与上市公司经营与财务密切关联的信息),其经济价值在于发现基础资产内在价值与金融商品市场价格之间的价差。我国《刑法》第180条第4款规定的内幕信息之外的其他重大未公开信息,是与金融商品内在价值无直接关联的、由特定市场资金流动变化而影响金融商品市场价格的外发性信息(例如,基金公司管理的客户资金、保险公司管理的年金账户等买入、卖出股票的信息),其经济价值在于发现特定金融商品短期供求关系变动影响下的预期市场价格与当前供求关系影响下的市场价格之间的价差。由于内幕信息公开造成的是金融商品内在价值的客观波动,内幕信息之外的其他重大未公开信息公开引发的是金融商品供求关系的短期波动,通常而言内幕信息对市场价格变动的影响幅度更大。在违法所得相同的条件下,利用未公开信息交易需要动用的交易量规模更大。[1]

其二,从利益侵害与违法所得的角度分析,内幕交易是利用应当向证券期货市场披露并由所有市场参与者(包括潜在投资者)共享的重大信息谋取交易利润,行为人违法所得的代价是市场所有参与者的经济利益与市场整体信息效率的损害。而利用未公开信息是基于资产管理中应当由权益人独享的重大信息谋取交易利润,行为人违法所得的代价是其所供职的机构或者客户的经济利益损害与市场特定信息利益冲突的违反。在违法所得相同的条件下,利用未公开信息交易所侵害的市场参与者范围更特定、经济利益更容易量化且数额相对较小。

所以,同属"情节严重"或者"情节特别严重"的量刑情节并适用相应的法定刑幅度,内幕交易与利用未公开信息交易所需要达到的量化标准并不相同,作为评价两种犯罪行为类型最为重要的指标,交易量、违法所得的数额尺度应当合理做出差异化处理。

---

〔1〕 在司法实践中利用未公开信息交易犯罪案件中成交数额普遍极大也验证了这一判断。根据市场公开材料显示,进入刑事诉讼程序的利用未公开信息交易案,最高成交数额超过10亿元,最低成交数额也达到了300万元以上。参见中国证券监督管理委员会:《证监会通报对利用未公开信息交易的执法工作情况》,载http://www.csrc.gov.cn/pub/newsite/zjhxwfb/xwdd/201412/t20141226_265701.html,最后访问日期:2015年2月17日。利用未公开信息交易的成交额基本上全部超过《内幕交易犯罪解释》"情节特别严重"证券成交额250万元以上的数额标准,如果利用未公开信息交易罪参照《内幕交易犯罪解释》,实际上虚置了"情节严重"标准。

要达到相当的违法所得、市场侵害,利用未公开信息交易的成交量需要更多;要达到相当的投资者权益侵害,利用未公开信息交易的违法所得应当更高。利用未公开信息交易罪"情节严重""情节特别严重"所对应的证券交易成交额、期货交易占用保证金数额、获利或者避免损失数额等标准应当高于内幕交易、泄露内幕信息罪。在利用未公开信息交易犯罪司法解释具体设计数值时,可以通过对已有的利用未公开信息交易行政处罚与刑事犯罪案件展开数量分析,计算证券交易成交额、期货交易占用保证金额、获利或者避免损失额等关键数据的中位数,取整数后作为"情节严重"的具体数额指标,并按照一定的倍数(《内幕交易犯罪解释》为5倍)制定"情节特别严重"的量化标准。基于目前利用未公开信息交易行政处罚与刑事犯罪案件公开数据资料开展不完全统计与初步测算,该中位数(取整)约为成交额1亿元、违法所得1000万元,该数值可供司法解释参考。

在制定利用未公开信息交易犯罪司法解释时,如果按照上述统计数值调整"情节严重""情节特别严重"定罪量刑标准,相对目前数额水平而言,显然入罪与处罚标准明显提高。可能质疑的是,提高定罪量刑标准会向公众传递出对证券期货市场犯罪的打击力度趋于减弱的信息。这种担心规制弱化的隐忧也是长期以来将证券期货市场犯罪刑事追诉数额标准设定在一个较低水平的重要原因。但是,过低的追诉标准势必导致"法不责众"、加重法定刑情节难以落实,从而造成真正经济危害极大、犯罪数额极大的利用未公开信息交易犯罪案件适用"情节特别严重"变得异常困难与复杂。截至2014年年底,在已查办的案件中涉案利用未公开信息交易金额累计10亿元以上的有7件,非法获利金额在1000万元以上的有13件,无一例被认定为"情节特别严重"。[1] 因此,根据证券期货市场违法犯罪案件的实际情况,适当调整利用未公开信息交易罪"情节严重""情节特别严重"的数额标准,不仅有利于廓清违法与犯罪的界限、落实与优化两档法定刑的处罚强度配置,而且有助于发挥行政处罚对于证券期货市场犯罪主体经济利益、职业资格剥夺的监管效果,以及民事诉讼的损害赔偿机制作用。落到实处的刑罚措施以及通过刑事、行政、民事全方位制度安排震慑利用未公开信息交易犯罪人,才能真正强化证券期货市场犯罪的震慑效率与刑法规范的执行力。

(五)利用未公开信息交易罪量刑情节的司法适用

充分运用文义解释、体系解释、实质解释等刑法解释原理层进式地对利用未公开信息交易罪量刑情节配置问题进行分析,可以确认本罪应当全部按照内幕交易、泄露内幕信息罪的法定刑条款进行处罚,即具有"情节严重""情节特别严重"两种量刑情节及其对应的法定刑配置。但是,目前只有《立案追诉标准(二)》对利用未公开信息交易行为"情节严重"的入罪标准做出了规定,司法解释没有对利用未公开信息"情节特别严重"

---

[1] 中国证券监督管理委员会:《证监会通报对利用未公开信息交易的执法工作情况》,载 http://www.csrc.gov.cn/pub/newsite/zjhxwfb/xwdd/201412/t20141226_265701.html,最后访问日期:2015年2月17日。

建构量化标准并指导司法实践。内幕交易与利用未公开信息交易在犯罪机理上的实质性差异,利用未公开信息交易执法、司法实践中成交额、违法所得等核心数额指标异常巨大的实际情况,加上司法解释对量刑情节量化把握的权威性以及实务部门对此的依赖性,共同决定了利用未公开信息交易"情节严重""情节特别严重"的认定不能参照《内幕交易犯罪解释》相应的量化指标。所以,目前在个案中认定"老鼠仓"属于"情节特别严重"缺乏权威与可确信的规则依据。

具体到马某利用未公开信息交易抗诉案,最高人民检察院的抗诉理由实际上已经排除了事实不清的问题,故本案在适用法律上涉及量刑情节认定与刑罚裁量两个核心问题。

其一,关于量刑情节的认定。马某成交额超过 10 亿元、非法所得超过 1800 万元,即使对照上述实证调查的建议数值,也已经远超"成交额 1 亿元、违法所得 1000 万元"的"情节特别严重"标准,从犯罪危害与刑罚裁量幅度之间实质上的均衡性的角度分析,认定其为"情节特别严重"并不会导致事实上的严重失衡或者失当。但是,由于司法解释没有对利用未公开信息交易罪"情节特别严重"的量化标准进行明确规定,这种量刑情节认定标准的依据真空而引发的裁判规则的不确定性与法律风险,不应当由被告人承担。所以,生效判决不予认定马某"情节特别严重"的量刑情节,其结论是正确的。但是,问题在于生效判决明确指出"《中华人民共和国刑法》第一百八十条第四款规定,证券交易所、期货交易所等金融机构从业人员以及有关监管部门或者行业协会的工作人员,利用未公开信息交易,'情节严重的,依照第一款的规定处罚',该条款并未对利用未公开信息交易罪规定有'情节特别严重'情形"[1]——这一论证理由与法律解释是错误的,应当予以纠正。

其二,关于量刑适当或者不当的判断。由于本案目前只能认定为"情节严重"并在"五年以下有期徒刑或者拘役,并处或者单处违法所得一倍以上五倍以下罚金"的幅度内进行刑罚裁量,加上自首的从轻处罚情节,判处 3 年有期徒刑不能认为量刑不当,但能否适用缓刑确实值得探讨。根据我国《刑法》第 72 条缓刑适用条件的规定,同时符合犯罪情节较轻、有悔罪表现、没有再犯罪的危险、宣告缓刑对所居住社区没有重大不良影响 4 个条件的,可以宣告缓刑。初审法院判定、二审法院确认本案适用缓刑的理由在于"认罪态度良好,其违法所得能从扣押冻结的财产中全额返还,判处的罚金亦能全额缴纳,确有悔罪表现,符合适用缓刑的条件"。[2] 这些理由均与适用缓刑的人身危险性判断标准(有悔罪表现、没有再犯罪的危险、宣告缓刑对所居住社区没有重大不良影响等)相吻合,但都是与客观发生的犯罪行为及其所对应的已然社会危害无关的要素。对于作为适用缓刑的犯罪危害性判断标准的"犯罪情节较轻"并未予以精确说明,评估缓刑适用的法律要素并不周延。"非法交易股票 76 只,累计成交金额人民币 10.5 亿余

[1] 参见广东省高级人民法院刑事裁定书(2014)粤高法刑二终字第 137 号。

[2] 广东省高级人民法院刑事裁定书(2014)粤高法刑二终字第 137 号。

元,从中获利人民币1883万余元"[1]尽管不能认定为"情节特别严重",但与"犯罪情节较轻"似乎完全无法匹配,甚至构成激烈的矛盾与冲撞。《刑法》第72条明确将犯罪情节作为判断是否适用缓刑的法定条件;第180条第4款将利用未公开信息交易罪规定为情节犯,所以,成交额、非法获利等犯罪情节在定罪(判断是否构成犯罪)与刑罚裁量(是否适用缓刑)两个环节进行考量,并不违反禁止重复评价原则。

根据审判监督程序抗诉规定,[2]适用法律错误或者量刑不当,应当撤销判决、依法改判。就量刑情节的适用法律而言,马某利用未公开信息交易案的生效判决不予认定"情节特别严重",尽管说理错误,但结论正确,属于适用法律方面有瑕疵,应当裁定纠正。就缓刑的适用而言,本案检察官认为对其判处3~5年的有期徒刑是合理的,但判处有期徒刑3年并适用缓刑则明显存在犯罪与刑罚之间的不相适应。[3]应当看到,情节犯中"情节严重"与缓刑条件中"犯罪情节较轻"如何协调适用确实存在争议与疑难,有待审判监督结论出台后进一步深入研究。然而,本案在是否正确适用缓刑、量刑是否不当等方面存在极大争议,其症结归根结底在于"情节特别严重"司法解释量化标准的缺位以及由此带来的裁判不确定性。有必要重申司法解释科学地制定利用未公开信息交易"情节严重""情节特别严重"认定标准的重要性,一旦"情节特别严重"的量刑标准明确,符合成交额、非法所得数额标准的案件,在没有减轻处罚条件的情况下,直接在"处五年以上十年以下有期徒刑,并处违法所得一倍以上五倍以下罚金"的法定刑幅度内处罚,排除了利用未公开信息交易数额特别惊人却适用缓刑的可能性,从而实现与社会大众的常识判断、司法专业的理性预期相互吻合与协调。没有达到"情节特别严重"标准的,则在"五年以下有期徒刑或者拘役,并处或者单处违法所得一倍以上五倍以下罚金"法定性幅度内按照缓刑适用条件做出刑罚裁量。一方面,将合法且合理的刑罚裁量权限交由司法机关自主行使;另一方面,可以严格审查缓刑判决的合法性。

---

〔1〕广东省高级人民法院刑事裁定书(2014)粤高法刑二终字第137号。

〔2〕2012年最高人民法院《关于适用〈中华人民共和国刑事诉讼法〉的解释》第389条规定:再审案件经过重新审理后,应当按照下列情形分别处理:(1)原判决、裁定认定事实和适用法律正确、量刑适当的,应当裁定驳回申诉或者抗诉,维持原判决、裁定;(2)原判决、裁定定罪准确、量刑适当,但在认定事实、适用法律等方面有瑕疵的,应当裁定纠正并维持原判决、裁定;(3)原判决、裁定认定事实没有错误,但适用法律错误,或者量刑不当的,应当撤销原判决、裁定,依法改判;(4)依照第二审程序审理的案件,原判决、裁定事实不清或者证据不足的,可以在查清事实后改判,也可以裁定撤销原判,发回原审人民法院重新审判。原判决、裁定事实不清或者证据不足,经审理事实已经查清的,应当根据查清的事实依法裁判;事实仍无法查清,证据不足,不能认定被告人有罪的,应当撤销原判决、裁定,判决宣告被告人无罪。2012年最高人民检察院《人民检察院刑事诉讼规则》第584条规定:人民检察院认为同级人民法院第一审判决、裁定有下列情形之一的,应当提出抗诉:(1)认定事实不清、证据不足的;(2)有确实、充分证据证明有罪而判无罪,或者无罪判有罪的;(3)重罪轻判,轻罪重判,适用刑罚明显不当的;(4)认定罪名不正确,一罪判数罪、数罪判一罪,影响量刑或者造成严重社会影响的;(5)免除刑事处罚或者适用缓刑、禁止令、限制减刑错误的;(6)人民法院在审理过程中严重违反法律规定的诉讼程序的。

〔3〕参见郑赫南:《十大法律监督案例解读:"最大老鼠仓"案为何被检方抗诉》,载《检察日报》2015年2月15日,第2版。

对于未来利用未公开信息交易罪量刑情节适用标准的预期，在实践中有观点认为，最高人民检察院向最高人民法院抗诉利用未公开信息交易案，有可能促成最高司法机关报请全国人大常委会对现行《刑法》利用未公开信息交易罪量刑情节问题予以解释。[1] 然而，立法解释不仅属于制发概率低、实施成本高的法律解释渊源，而且与目前亟须解决的利用未公开信息交易罪量刑情节标准问题并不匹配。[2] 我国《刑法》分则中有大量犯罪设置了“情节严重”“情节特别严重”的规范配置，在实践中鲜见由立法解释对其量化标准进行填充。立法解释介入利用未公开信息交易罪量刑情节问题的唯一可能性，在于最高人民法院在马某利用未公开信息交易抗诉案中明确裁定本罪不具备“情节特别严重”这一量刑情节与对应的法定刑配置，与最高人民检察院的意见出现实质性差异，即最高人民法院和最高人民检察院在个案中的法律解释存在原则性的分歧。[3] 不过根据前文刑法解释原理的运用与分析，以及最高人民法院、最高人民检察院在《计算机犯罪解释》中达成的共识，形成利用未公开信息交易罪只有“情节严重”一个量刑情节而无“情节特别严重”裁定结论的概率极低。因此，最高司法机关运用科学的实证调查与规范分析，共同研究制定利用未公开信息交易罪的司法解释，合理建构违法与犯罪、“情节严重”与“情节特别严重”的量化界限，是今后指导司法实践准确适用本罪量刑情节的预期路径。在量化标准具体设定上，建议“情节严重”的核心判断指标为成交额2000万元以上或者违法所得200万元以上，“情节特别严重”为成交额1亿元以上或者违法所得1000万元以上。

第四节　市场操纵犯罪法律适用对策

市场操纵犯罪是证券期货市场犯罪中行为结构最为复杂、理论解释与实践认定最为疑难的犯罪类型。市场操纵等证券期货市场犯罪不仅是促生与催化证券期货市场欺诈与非理性繁荣、危机与阶段性崩溃的主要诱因，而且是金融市场固有风险与市场参与者认知偏见的必然产物。市场操纵犯罪的危害实质集中体现在其对证券期货市场价格机制的干扰。深度评估市场操纵犯罪刑法规制的运作效率，有助于在全球金融一体化

〔1〕 参见邹坚贞：《市、省和最高检为何层层抗诉“马乐案”最高检意欲推动老鼠仓判决立新规?》，载《中国经济周刊》2014年第49期。

〔2〕 1981年全国人民代表大会常务委员会《关于加强法律解释工作的决议》（以下简称《法律解释工作决议》）第1条规定：凡关于法律、法令条文本身需要进一步明确界限或作补充规定的，由全国人民代表大会常务委员会进行解释或用法令加以规定。《刑法》第180条内幕交易、泄露内幕信息罪、利用未公开信息交易罪的法律条文本身并没有亟须立法解释明确界限与补充规定的必要。

〔3〕 《法律解释工作决议》第2条规定：凡属于法院审判工作中具体应用法律、法令的问题，由最高人民法院进行解释。凡属于检察院检察工作中具体应用法律、法令的问题，由最高人民检察院进行解释。最高人民法院和最高人民检察院的解释如果有原则性的分歧，报请全国人民代表大会常务委员会解释或决定。

加速发展、互联网金融加速"去中心化"的背景下,为我国证券期货市场参与国际金融市场竞争提供法治制度层面的理论支撑与实践战略建议。

一、市场操纵犯罪的构成要件与刑法解释

对于证券期货市场而言,金融商品的交易价格与交易量举足轻重,它们直接反映着金融商品的市场供求关系。通常情况下,正常的投资者在证券期货市场的命运主要由投资对象的市场表现和众多的投资者的认可度来决定的,即投资者虽然可以进行心理期待,但却没有左右局势的能力,他们既不能影响股价走向,更不能控制股价走向。证券期货市场的风险与不确定性,就是意味着这种价格波动风险的变幻莫测。也正是这种风险与不确定性,才使证券期货市场具有吸引力,才真正体现证券市场的风险中立与机制公平。而操纵证券期货市场行为通过各种资源优势,阻碍或者排斥市场力量调节证券交易价格或交易量,人为地影响金融商品市场的供求关系,使证券价格与其价值严重脱离内在联系,而操纵者在金融商品价格的变化之中损害他人的利益,以谋求私利,这就必然会对证券期货市场的正常管理秩序造成损害。但是,由于市场操纵犯罪行为的策略建构与实施方式具有高度的复杂性,在一定程度上妨碍了刑法理论对于市场操纵犯罪的解释,模糊了司法实务对市场操纵犯罪的认定。因此,有必要在把握市场操纵犯罪基本法律规格的基础上,深入市场操纵犯罪的核心——行为,从行为实质与运作机理的角度,深刻阐释操纵行为如何对证券市场产生作用,从而达到阻碍或者排斥市场机制发挥的非法结果。只有在对市场操纵犯罪的静态构成与动态机理进行双重把握的前提下,刑法理论与司法实务才有可能对市场操纵犯罪进行准确的解释、分析与判断。对于市场操纵犯罪刑法规制实践而言,只有在刑法理论层面对操纵证券、期货市场罪的构成特征进行准确的把握,才能够正确认定操纵证券、期货市场罪,明确市场投机、市场操纵违法以及市场操纵犯罪之间的基本界限。

(一)市场操纵犯罪的行为对象:证券期货市场及其价格形成机制

市场操纵犯罪的行为对象显然是证券期货市场,但是,刑法规定的市场类型决定了证券期货市场的具体范围。根据我国《刑法》第 182 条操纵证券、期货市场罪的规定,市场操纵犯罪的犯罪对象显然就是证券、期货市场(以证券作为基础资产)。操纵行为所直接针对的特定证券、期货交易品种,并非市场操纵犯罪的对象,而是操纵行为具体实施并持续开展的作用物。对于市场操纵犯罪对象研究而言,需要再次强调的问题是,操纵衍生品市场的行为应否纳入市场操纵犯罪的刑法规范框架之中进行法律规制。

金融衍生品,是指其价值依赖于标的资产价值变动的标准化合约或者经由交易对手协商订立条款的合约,包括期权(option)、互换(swap)、零息债券(zero coupon bond)等金融衍生产品。[1] 衍生品市场就是创制并从事金融衍生产品交易的金融市场。虽然衍生品交易的过度投机催生了 2008 年全球金融危机的爆发,但衍生品市场的合理创新与稳健发展仍旧是全球金融实践的必然走向与发展脉络。然而,由于我国衍生品交

---

〔1〕 R. L. McDonald, *Derivatives markets*, Boston: Addison-Wesley, 2006, p. 1.

易市场的发展滞后,客观上造成立法机关在技术上难以评价衍生品市场中操纵行为的表现形式以及社会危害性,从而无法评估期货及衍生品交易环节操纵行为犯罪化的必要性。衍生品交易实践经验的匮乏也决定了金融犯罪刑法理论对衍生品市场中操纵行为违法性与入罪必要性分析的研究处于空白状态。

但是,中国的衍生品交易不可能永远处于停滞状态,当我国金融市场通过努力,建立起一定规模的场外与场内衍生品交易市场之时,不能没有反衍生品市场操纵犯罪的刑法条款。从国外的实践经验来看,大型投资银行、基金公司、私募等机构投资者中的核心业务管理人员存在利用信息优势控制衍生品交易谋取巨额利润的嫌疑;衍生品市场高杠杆性交易的放大效应与信息披露规范力度的差强人意,导致市场操纵行为对金融市场合理配置资本功能造成的破坏更大,也更难被监管部门发现。同时,衍生品市场与其基础资产市场密切关联,行为人完全可以通过证券市场与衍生品市场的关联度实施跨市场的操纵犯罪行为。所以,我国反操纵法律实践应当对衍生品市场中的违规行为形成灵活的反应机制。在今后证券市场操纵违法犯罪的规范修正与增补过程中,将市场操纵犯罪对象范围拓展至以证券为基础的衍生品市场,明确操纵衍生品市场行为的违法性与犯罪性,及时将衍生品交易中的操纵行为纳入监管范围,为衍生品市场的公平交易提供充分的法律保障,顺应证券及其相关衍生品市场操纵行为的系统性规制与平衡性惩处的趋势。

证券期货市场是各种有价证券以及以证券为基础的衍生性金融商品供求关系的总和。从这一表象性定义出发,证券期货市场就是金融商品的交易价格与交易量,操纵市场就是操纵价量。但是,如果从功能性内涵的角度解析证券市场,就会发现上述理解仅认识到了证券期货市场中的商品要素,忽略了另一核心要素——资本。根据法律经济学理论的经典分析,市场是提供双赢交易机会的场所,通过资源优化配置实现社会福利最大化。[1] 证券期货市场实际上就是通过金融商品交易价格与交易量的变动引导资本流动,从而实现资本合理配置的机制。探究证券市场功能性内涵的价值在于发现金融商品要素(证券、期货等交易价格与交易量)之外的资本要素(资本的流动与配置)。

资本对金融商品的定价与配置是资本持有者的决策与行为,即投资者判断市场状况后对资本进行处分。资本要素体现的是投资者的行为状态。在证券期货市场中,金融商品要素与资本要素相互影响——金融商品交易价格与交易量的变动方向及其量度,释放市场信号,投资者通过资本投入与撤离配置资源;投资者决策与行动下的资本流动反作用于市场,影响金融商品的定价与交易量。代表金融商品要素的金融商品交易价格与交易量是证券期货市场的显性部分,由于其依托于有形的金融商品标的,可以从外部直观审视。代表资本要素的投资者行为是支撑或者推动金融商品交易价格与交易量的基础力量,是证券期货市场隐性部分。

---

〔1〕 Anthony T. Kronman & Richard A. Posner, *The Economics of Contract Law*, Little, Brown & Company, 1979, p. 2.

虽然金融理论已经对投资者行为对证券、期货、衍生品等金融商品交易价格的影响及其与证券期货市场之间的关系进行了深度分析,[1]但由于法律理论缺少量化评价工具,在难以统一观察与评价投资者行为的情况下,往往忽略证券期货市场中的资本要素。所以,从动态的角度考察,价量操纵是市场操纵的一种行为类型,其通过直接控制证券、期货等金融商品交易价格或交易量的方式,使真实市场信号发生扭曲,形成人为制造的信号,其直接的结果可以是金融商品交易价格或者交易量受到人为控制,其还可以产生间接的结果,即通过受到控制的价格或者交易量信号诱使证券期货市场投资者从事相应资本运作,达到市场操纵的效果。同时,不能遗漏的是资本操纵亦属一种独立的市场操纵类型,其通过控制、误导投资者的资本决策与行为,阻碍市场资本自由发现价格或投资规模,同样能够达到市场操纵的效果。只是我国现行证券法(包括期货交易管理条例)以及刑法将价量操纵明确规定为操纵证券、期货市场违法犯罪类型,而未对"殊路同归"的资本操纵进行明示的法律禁止。

市场操纵与价量操纵的等同化理解还存在操纵证券、期货市场罪犯罪构成逻辑结构认识偏差问题。我国《刑法》第182条规定的操纵证券、期货市场罪实际上是一个非常精致且逻辑清晰的罪状建构体系,即操纵证券、期货市场罪的犯罪构成并非平面的主客观要件堆砌,而是内含着一个"行为类型—行为性质—处罚条件"的层进式证明结构。(作为行为类型的)价量操纵之所以不能等同而只能推定(作为行为性质的)市场操纵,根本原因在于证券期货市场中存在着许可的市场操作的概念。

所谓许可的市场操作,是指证券发行人、证券发行人控股股东或其他市场参与者按照法律法规规定或监管机构许可进行的证券回购、履行法定或约定义务、稳定价格等交易行为。我国及国际证券市场监管规范体系均对许可的市场操作及其非市场操纵的法律性质进行了规定。例如,根据我国证监会2005年《上市公司回购社会公众股份管理办法(试行)》、2008年《关于上市公司以集中竞价交易方式回购股份的补充规定》的规定,上市公司按照证监会规定的程序、信息披露规则、交易方式等进行股份回购,不构成操纵证券市场。欧盟2003《市场滥用指令》《股份回购与金融工具稳定规章》明确规定,根据欧盟相关规则的程序要求实施证券回购、稳定金融工具交易价格等不构成市场操纵。[2] 许可的市场操作主要是证券发行人或其控股股东等基于履行可转债义务、雇员股权参与计划、向市场提供积极信号等法律规定或监管机构认可的目的,交易自己证券

---

[1] See Andre Molière, Investor Behavior: Patterns and Pitfalls, Nova Science Pub Inc, 2011; Richard Lehman, Far from Random: Using Investor Behavior and Trend Analysis to Forecast Market Movement, John Wiley & Sons, 2010; Hendrik S. Houthakker & Peter J. Williamson, The Economics of Financial Markets, Oxford University Press, 1996, pp. 141 – 320.

[2] Directive 2003/6/EC of The European Parliament and of The Council of 28 January 2003 on insider dealing and market manipulation (market abuse), Article 8; Commission Regulation (EC) No 2273/2003 of 22 December 2003 implementing Directive 2003/6/EC of the European Parliament and of the Council as regards exemptions for buy-back programmes and stabilisation of financial instruments.

的行为,即使控制了相关证券的交易价格或者占据了当时市场的主要交易量,表面上符合价量操纵特征,但由于严格按照信息披露制度执行交易,不属于市场操纵。我国传统证券期货犯罪刑法理论对市场操纵与价量操纵进行等同化解释,不仅在规范形式上剔除了许可的市场操作在操纵证券市场罪犯罪构成中的体系性位置,而且在实质上剥夺了行为人抗辩其事实上的价量操纵不构成法律上的市场操纵的权利。

所以,价量操纵是法律推定市场操纵的基础,市场操纵并不等同于、局限于价量操纵,资本操纵也是市场操纵的行为内容。基于此,笔者认为,市场操纵犯罪的行为实质是价量操纵与资本操纵的独立进行或者联合展开,即行为主体可以通过价量操纵或资本操纵中的任何一种路径对证券市场及其价格形成机制、形成操纵,也可以通过叠加使用价量操纵与资本操纵强化对证券市场的操纵力度。在规范上进行细化理解:我国《刑法》第 182 条明示的 3 种操纵证券、期货市场的行为类型,本质上是一种价量操纵行为,代表了市场操纵犯罪行为体系中非常重要的一部分实质内容。除此之外,通过向证券、期货市场传递信息的手段控制市场资本配置,即资本操纵,是市场操纵的另一部分实质内容。

(二)市场操纵犯罪的客观行为:价量操纵与资本操纵

在明确了市场操纵犯罪的行为对象是价量操纵与资本操纵的独立进行或者联合展开,即对证券期货市场及其价格形成机制的非法干扰的基础上,我们便能进一步对市场操纵犯罪的客观行为进行深度的阐释。

1. 价量操纵

综观连续交易、相对委托、洗售等价量操纵行为类型,本质上都是通过扭曲市场真实供求关系的交易行为,人为地控制证券交易价格或交易量。具体而言,联合交易是 2 个以上行为人合谋在某一时段内一起买入或卖出某种证券、期货合约;连续交易是行为人单独或 2 个以上行为人合谋在某一时段内连续买卖某种证券、期货合约;相对委托交易是行为人与他人串通,以事先约定的时间、价格和方式相互进行证券、期货交易;洗售交易是在自己实际控制的账户之间进行证券、期货交易。[1]

从价量操纵行为类型的特点分析,联合交易与连续交易是集中资金、信息等资源优势的交易行为,控制证券、期货交易价格或者人为制造证券、期货交易量;相对委托交易与洗售交易属于没有实际经济效果或者不转移证券以及资金产权的虚假交易,人为制造不反应证券、期货正常供求关系的虚假价格或者虚假交易量。在价量操纵中,行为人的证券交易(行为手段)与相关证券产品交易价格或交易量(行为结果)之间存在因果关系;交易行为占同期交易量的比例可以被准确统计;在交易行为的资金与证券产品动向被相关证据准确固定的基础上,交易行为与交易价格的关联度完全可以通过数量金融工具予以计算与认定。交易行为与交易价格(量)之间的因果关系奠定了联合(连续)交易、相对委托交易、洗售交易等行为的责任基础。

〔1〕 参见刘宪权:《操纵证券、期货交易价格罪行为方式之解读》,载《法商研究》2005 年第 1 期。

由此可见,在证券期货市场中,价量操纵的机理表现为本人及其一致行动人实施的证券、期货等交易,作用于特定金融产品,控制交易价格或交易量。

2. 资本操纵

资本操纵则是一种完全不同的行为机理:通过向市场传递信息,作用于市场投资者,控制其参与特定证券交易,即控制资本要素的配置。资本操纵包括以下要素:(1)目的。行为人意图通过操纵策略获取金融商品交易利益。例如,买入后诱导市场资本拉升金融工具价格后出货(做多型操纵)或卖空金融工具后诱导市场资本打压其价格后平仓(做空型操纵)。(2)手段。制作并向市场传递信息,主导或控制市场资本配置动向。(3)效果。受信息影响的证券期货市场投资者从事与该信息相关的证券、期货、衍生品等交易。(4)因果关系。抽离行为人发布的信息,相关市场参与者不会从事与该信息有关的证券交易。(5)利益。行为人执行事先建构的交易策略从相关金融商品交易中获取利益。手段、效果、利益、因果关系等均为客观要素,是实现经济利益主观目的的内在逻辑。

尽管价量操纵与资本操纵在目的、手段、效果、因果关系、利益实现等各个机理要素方面均存在明显的不同,但是,两者之间最为重大且最为复杂的机理要素差异,集中体现在因果关系层面。[1] 价量操纵中的交易行为直接与金融商品交易价格或者交易量发生操纵与被操纵的因果关系,而资本操纵中虽然存在交易行为(通过特定时间段的交易行为买卖证券获取利益),但资本操纵中的相关交易行为并不直接与特定金融商品的交易价格或交易量挂钩,从而交易行为与证券市场之间不发生操纵与被操纵的因果关系。

资本操纵中的交易行为是操纵行为实施之前的建仓准备行为以及操纵现实效果发生之后的平仓获利行为。资本操纵中的交易行为,其交易量通常不会达到相关金融商品交易同期总成交量的显著比例,排除流动性极低或者基本无流动性的证券,资本操纵的买卖行为对证券交易价格变动的关联度亦不显著。同时,资本操纵中发布虚假、误导、利益冲突等信息的行为并非意图(实际上也不可能)直接作用于证券交易价格与交易量,而是通过非法信息的传递直接影响证券期货市场投资者的交易行为,进而间接地引发相关证券交易价格或交易量达到一定行为人控制的水平。

3. 价量操纵与资本操纵的动态界限

分析至此我们可以清晰地看到,价量操纵中的核心行为要素是从事交易,资本操纵中的核心行为要素是发布信息。因此,价量操纵就是交易型操纵,资本操纵就是信息操纵,在这两组概念之中,每一组概念实际上都是市场操纵犯罪最基本的类型化单元,只是每一组概念中的前者是从行为实质的角度进行定义,而后者是从行为形式的角度进行界定。

在价量操纵中,交易行为直接影响金融商品交易价格或者交易量,因此,交易行为

---

〔1〕 相关分析都建立在行为人单纯实施价量操纵或者资本操纵的逻辑前提基础之上。

与市场波动之间关系的判断结论直接影响市场操纵犯罪是否能够成立。资本操纵中的核心要素是非法信息传递行为，这不是证券期货市场波动的直接或者第一层次的作用力量，而是影响金融商品交易价格或交易量变动的客观条件。根据刑法因果关系中的条件因果理论，两者之间固然存在客观上的因果关系。但这种理论上的因果关系并无实证依据与证据依托。因为在条件因果理论下，资本操纵与价量变动之间存在两层条件关系——非法的信息制造与信息传递是直接影响证券期货市场中的投资者从事交易的条件，受影响投资者的交易行为（资本配置）是金融商品价量变动的条件。正常情况下的证券期货市场是一个流动性高度分散的交易平台，受到操纵者信息发布支配而从事相关金融商品交易的证券期货市场投资者的数量、交易量、资金流向、交易价格分布等事实状况在实践中根本无法统计，这意味着资本操纵中的操纵行为和所谓受到支配与控制的投资者的资本配置行为之间的因果关系难以直接证明。

同时，由于不能排除同时期相关金融交易品种的部分市场参与者没有受到操纵者对于资本投资方向与对象的影响，而是按照正常的供求关系认识配置资本，这就进一步割裂了资本操纵行为对于市场部分投资者的影响。从这个层面分析，即使是资本操纵核心行为——非法信息传递——其与投资者资本配置结果之间的因果关系（第一层次条件因果）实际上也是推定的。在受到资本操纵行为是否影响证券、期货、衍生品市场投资者买入或者卖出相关金融商品的运作行为无法通过证据进行客观化评估的情况下，相关金融商品交易价格或交易量进而受到影响的论断更无从证明，故资本操纵行为与证券价格或交易量受到影响之间的因果关系（第二层条件因果）同样也是推定的。因此，资本操纵行为与相关证券交易价格或者交易量受到控制之间的因果关系，在司法实践中实际上是难以甚至无法被证明的，即使我们强行将其视为一种证明，至多也是经过二次条件因果推定之后形成的推论。

刑事证明理论认为，就刑事司法推定规则而言，推定以一次为限，因为推定的基础事实必须是牢固的，二次推定的基础是推定的结论，导致最后的结论无法在刑事上被认为真实可靠。[1] 同时，推定本身是一种对事实的盖然性判断，本不应在刑事程序中采纳，只是在基础事实与推断事实之间存在充分且合理联系的极少数情况下，才允许适用刑事推定。[2] 而在盖然性基础上再次推定，后次推定结论的盖然性成分将会呈现乘数效应，超越刑事证明标准对盖然性的容忍限度。因此，从条件因果的角度进行分析，资本操纵通过影响证券期货市场投资者的交易行为，进而影响证券交易价格或者交易量的论断，充其量只是二次推定下的条件因果，不能成为刑事证明程序下的法律判断，故资本操纵与价量操纵基于行为方式、行为对象以及行为程度的差别，决定了操纵行为与证券市场受到控制之间的因果关系表现为完全两种形态。

---

〔1〕 参见邓子滨：《刑事法中的推定》，中国人民公安大学出版社2003年版，第116页。

〔2〕 Michael H. Graham, *Burden of Proof and Presumptions in Criminal Cases*, 44 Criminal Law Bulletin 1 (2009).

所以,掌握市场操纵犯罪行为机理的差异,具有极为重要的实践价值:考察价量操纵的违法性,重点在于分析非法交易行为与证券交易价格或交易量之间的关系,而审查资本操纵的违法性,重点在于判断信息产地行为与证券市场投资者决策(资本流向)之间的关系。

4. 操纵行为的市场属性

根据我国《刑法》第182条的规定,操纵证券、期货市场罪的客观行为有以下4种方式:(1)单独或者合谋,集中资金优势、持股或者持仓优势或者利用信息优势联合或者连续买卖,操纵证券、期货交易价格或者证券、期货交易量;(2)与他人串通,以事先约定的时间、价格和方式相互进行证券、期货交易,影响证券、期货交易价格或者证券、期货交易量;(3)在自己实际控制的账户之间进行证券交易,或者以自己为交易对象,自买自卖期货合约,影响证券、期货交易价格或者证券、期货交易量;(4)以其他方法操纵证券市场。这显然是市场操纵行为的规范且形式的内涵写照。由于犯罪的核心是行为,故市场操纵犯罪的核心是市场操纵行为,加之刑法理论上对于上述操纵证券市场罪的客观行为的理解存在很多不同的看法,实践中也存在许多疑难问题,因此下文会着重就刑法所规定的市场操纵犯罪行为进行细致分析,此处便不再赘述。

但是,应当深度挖掘与清醒认识的是,在总体把握市场操纵犯罪构成中的客观行为要件时,应当注意,由于市场操纵犯罪行为直接作用的对象是市场,故纳入市场操纵犯罪刑法条文评价的行为应当是一种市场行为,不具有任何市场因素的行为,不是市场操纵犯罪刑法规制的范畴。传统证券期货犯罪刑法理论与司法实务往往没有对市场操纵犯罪行为的"市场性"要素予以重点关注,从而对于影响证券市场交易价格或者交易量的行为都倾向于认定为市场操纵犯罪行为。笔者认为,应当突破传统证券期货犯罪刑法原理的局限,从市场的角度解构以市场操纵为核心的证券期货市场犯罪相关刑法规范,建构全新的证券期货市场刑法理论体系。在市场操纵犯罪的个罪语境下准确诠释证券期货市场犯罪行为的本质,关键在于确认市场操纵犯罪行为的市场属性。

5. 市场操纵犯罪行为的入罪范围

市场操纵犯罪刑法解释是依托于证券期货市场刑法规范的论理性阐释,其显然应对我国《刑法》第182条规定的操纵证券、期货市场罪所明示列举的3种操纵模式,即联合(连续)交易、洗售交易、相对委托交易等操纵市场犯罪类型进行深度解析。但是,市场操纵犯罪行为的表现形式具有多样性,这意味着操纵犯罪并不局限于这些刑法所明示例举的行为模式。同时,随着近年来证券期货市场的迅猛发展,实践中不断出现一批完全区别于连续交易、洗售交易、相对委托交易等传统操纵证券、期货市场违法犯罪行为,无法为刑法明示的犯罪类型所覆盖。这些刑法条文所没有明确规定的市场操纵违法犯罪行为类型在特定的时间段内甚至构成了市场操纵犯罪案件的主要组成部分,[1]亟须在理论上对刑法没有明示的操纵行为类型进行分析与解释。[2]

正是由于刑法在制定操纵证券市场违法犯罪规制条文的过程中考虑到了证券期货市场的发展性与操纵违法犯罪模式的更迭性,《刑法》第182条以“兜底条款”的形式将“以其他方法”操纵证券、期货市场的犯罪行为纳入本罪的处罚范围。但是,对于究竟哪些行为属于我国《刑法》第182条规定的“以其他方法操纵证券、期货市场”的犯罪行为,刑法解释理论与司法实践对此问题存在极大的争议。这一问题显然是市场操纵犯罪刑法解释的重要内容。

刑法解释理论上有观点认为,“以其他方法操纵证券、期货市场”主要包括:(1)散布谣言,传播虚假信息。(2)采用声东击西的方式,操纵某类型证券、期货合约中的一种,以达到操纵同类型其他证券、期货合约的目的。(3)以暴力、胁迫的方法迫使他人或以某种利益引诱他人买卖证券、期货合约。(4)利用职务的便利人为地抬高或压低证券、期货交易价格。(5)扎空(指证券市场上的某一操纵集团,将证券市场流通股票吸纳集中,致使证券交易市场上的卖空者,除此集团之外,已无其他来源补回股票,只好与操纵者了结,扎空集团借机随意决定证券价格)。(6)卖空。(7)技术陷阱,即通过对证券、期货市场价格的波动形式,证券、期货合约约定俗成的成交数量和证券、期货的投资心理等市场因素的分析,帮助投资者选择适当的投资机会和投资方式,对实际的证券、期货投资活动具有重要指导意义,有的操纵者便利用制造虚假的图示的方法,达到引诱投资者买卖证券、期货合约的目的。(8)躲在幕后提供资金供人炒作证券、期货合约操纵市场。(9)封盘炒作。[3]

也有观点认为,“其他方法”的具体表现形式包括:(1)蛊惑交易,即行为人故意编造、传播、散布虚假信息,误导投资者的投资决策,使市场出现预期中的变动而自己获利。(2)抢先交易,即行为人对相关证券或其发行人、上市公司公开做出评价、预测或者投资建议,自己或建议他人抢先买卖相关证券,以便从预期的市场变动中直接或者间接获取利益的行为。(3)虚假申报,即行为人持有或者买卖证券时,进行不以成交为目的的频繁申报和撤销申报,制造虚假买卖信息,误导其他投资者,以便从期待的交易中直接或间接获取利益的行为。(4)特定价格交易,即行为人通过拉抬、打压或者锁定手段,致使相关证券的价格达到一定水平的行为。(5)特定时段交易,即行为人在证券交

[1] 这种刑法没有明示规定的犯罪行为类型占据相关案件主要数量构成的现象在经济犯罪、金融犯罪中是比较普遍的。例如,在近几年,证券投资咨询机构抢先建仓,通过发布利益冲突的信息人为影响投资者买卖相关证券并从中进行投机交易盈利的案件占据了市场操纵违法犯罪案件的相当比例。这就意味着无论是行政处罚还是刑事司法,在认定相关行为时,很大程度上需要援引“以其他方法”操纵证券市场的“兜底条款”。

[2] 后文将对连续交易、洗售、相对委托等刑法明示的操纵证券市场的犯罪行为类型进行集中论述与阐释。本部分重点针对“以其他方法”市场操纵犯罪行为展开解释。

[3] 参见杜发全、万兰茹:《操纵证券交易价格行为浅析》,载赵秉志主编:《新千年刑法热点问题研究与适用》(下),中国检察出版社2001年版,第906页。

易中特别容易引起波动的时间段内进行操纵交易，从而影响价格走势的情形。[1]

还有观点认为，“以其他方法操纵证券、期货市场”应当包括以下行为方式：(1)轧空，即证券市场上操纵者将证券市场流通股票吸纳集中，致使证券交易市场上的卖空者，除此集团之外，已无其他来源得到该种股票，扎空集团借机操纵证券价格的方式。(2)拉抬，即利用资金优势不停地抬高某一股票的报价，以拉升其价格。(3)做尾盘，即以影响某种股票的收盘价为目的，在接近收盘前买卖某种股票。(4)挤榨，即在某种证券短缺时，故意控制其需求，并利用市场的拥挤制造虚假价格。该手法经常出现在利用其他手法操纵证券价格的过程之中，配合其他操纵手法而使用。(5)违反诚信的安定操作，即行为人单独或与他人合谋，违反有关规定，以固定、稳定或者安定有价证券的行情为目的，在有价证券市场上实施一连串的买卖交易行为，且通常在发行证券时实施，如承销商为维持证券价格而回购证券，以制止证券价格的跌势。[2]

更有观点针对证券与期货市场操纵行为的不同区别性地归纳“以其他方法操纵证券、期货市场”的行为类型应当包括以下内容：(1)散布谣言、传播虚假信息(非自己编造)。(2)扎空，即操纵者将流通股票全部吸纳集中，致使卖空者除从该操纵者处补回股票外别无他法。(3)封盘炒作，即先通过涨停封盘，造成多方攻势凌厉的假象，吸引更多的买盘跟进，然后自己多翻空，撤回买盘资金。(4)上市公司买卖或者与他人串通买卖本公司的股票。(5)采取声东击西的方式进行操纵，即利用版块炒作进行操纵等。其他方式操纵期货市场主要是囤积商品，包括期货商品(期货合约所指商品)和其他替代商品。因为期货交易价格不仅与期货和约的供求关系紧密相关，还与现货市场的期货商品供求关系有关。囤积现货市场的期货商品，必然导致现货市场上该商品价格的涨跌，进而影响期货交易价格的涨跌。[3]

笔者认为，对于操纵证券、期货市场罪中“其他方法”的解释不能进行随意或者任意的扩张解释。尽管“以其他方法”操纵证券、期货市场是“兜底条款”或者概括性规定，以防止挂一漏万的情况出现，但是，在罪刑法定原则确立的今天，如果一味强调“概括”，则完全可能出现新的“口袋罪”。因此，在刑法理论上阐释或者在司法实践中认定“以其他方法”操纵证券、期货市场行为，必须进行符合罪刑法定原则的严密法理论证。

刑法“兜底条款”，一般是指基于堵截犯罪行为脱逸刑事法网的现实需要而对法条无法穷尽的情形进行概括规定的法律条文。立法机关之所以在刑法中建构“兜底条款”，是为了弥补法条与现实之间的脱节，将实质上符合犯罪构成但刑法条文没有明示却已经内含的行为类型纳入刑事规制范畴。刑法“兜底条款”的模糊性与罪刑法定原则所要求的明确性存在一定程度的矛盾。但是，刑法“兜底条款”客观上能够克服因立

---

〔1〕　参见鞠曦明：《试论操纵证券市场罪中的“其他方法”》，载《犯罪研究》2010年第3期。

〔2〕　参见金泽刚：《操纵证券市场行为的认定及其刑事责任》，载游伟主编：《华东刑事司法评论》(第2卷)，法律出版社2002年版，第113～115页。

〔3〕　参见周骏如、张雅芳：《证券、期货犯罪法律适用疑难问题研究》，载《法治论丛》(上海政法学院学报)2009年第2期。

法者知识有限而造成的立法缺陷及重大遗漏。尤其是在经济犯罪领域，经济刑法规制的犯罪行为生成于发展迅猛的经济生活之中，“兜底条款”通过有效提升刑法规范张力的方式强化了法益保护。因此，在各国刑法广泛使用“兜底条款”并严格以罪刑法定原则为基石对之进行限制性解释的共识下，根源性地否定、排斥刑法“兜底条款”并不理性与现实。应当通过合法的形式对刑法“兜底条款”进行合理解释，还原犯罪构成完整的实质内涵，实现罪刑法定与法益保障的相对平衡。

刑法“兜底条款”的适用应严守刑法谦抑精神，启动“兜底条款”评价相关行为必须秉持谨慎原则，其核心就是对“兜底条款”坚守限制解释的立场。贯彻上述刑法理念的关键是确立“兜底条款”同质性解释原理，即纳入“兜底条款”进行刑法评价的对象应当与该刑法条文业已明确规定的法律类型或者具体犯罪的实质内涵具有相同的性质与特征。对于个罪中的“兜底条款”而言，同质性解释原理更为明确的表述应为：纳入该罪“兜底条款”进行归责的犯罪行为应当与该罪明示的行为类型或该罪的实质具有相同的特征。

同质性解释原理是理解所有刑法“兜底条款”都必须适用的普遍性理念。在采用“兜底条款”立法技术的刑法分则条文中，个罪的同质性信息理应从该罪的犯罪实质中予以探析。但是，由于“兜底条款”其本身往往就是该罪实质的抽象，两者在字面表述上基本一致，难以直接获取有价值的信息。刑法理论通常从该刑法条文明确规定的行为类型中归纳该罪的同质性特征。〔1〕背信损害上市公司利益罪“兜底条款”就属于这种典型情形：背信损害上市公司利益罪以“采用其他方式损害上市公司利益”作为“兜底条款”的规范表述，直接导出了本罪的实质，即“损害上市公司利益”。但由于这一实质比较抽象，需要从具体的行为类型中搜索更为具体、实用的同质性信息。我国《刑法》第169条背信损害上市公司利益罪在规定了本罪主体、职务便利、结果等要素之后，明确列举了向其他单位无偿提供资产、明显不公平交易、向明显不具有清偿能力的单位提供资产或担保、无正当理由放弃债权或承担债务5种具体的行为类型。上述5种刑法明示的情形虽然表现形式各异，归根结底都是通过明显不正当、不公平的资产运作损害上市公司利益的行为。这为本罪“兜底条款”的理解提供了直观的同质性信息。我们可以确定地将“采用其他方式损害上市公司利益”的具体内容限定为通过明显不正当、不公平的资产运作损害上市公司利益的犯罪行为。

应当看到，上述同质性解释方法的合理性，是完全建筑在特定犯罪的实质与该罪明示的行为类型同质性特征完全等同的基础之上的。但是，个别犯罪的实质特征及其规范抽象（“兜底条款”）可能并不完全等同于该罪条文明示行为类型的共同特征，这就意味着不能基于同质性解释的惯常思维诠释所有刑法“兜底条款”。否则，就会陷入两种误区：基于刑法未明示的行为方式与明示的行为类型不具共同特征的结论，直接排斥

---

〔1〕参见阴建峰、万育：《略论非法经营罪堵截条款之界限》，载《中国检察官》2011年第4期；张艳丹、马渊杰：《“经济刑法”中的兜底规定初探》，载《法学杂志》2010年第9期。

"兜底条款"的适用;牵强解释刑法并未明示的行为方式与明示的行为类型具有共同特征,不当纳入"兜底条款"予以归责。

操纵证券、期货市场罪就是这种情况,即操纵证券、期货市场罪的全部实质特征与刑法条文所明示列举的各种操纵行为之间不是完全等同的关系,而前者包容后者的关系。正如前文所述,市场操纵犯罪的行为实质是价量操纵与资本操纵的独立运行或联合展开。因此,对"以其他方法"市场操纵犯罪的内容进行解释性填充,不能仅从价量操纵的角度进行分析,还需要从资本操纵的角度进行理解。只有这样才能对某种新型的、疑似具有操纵性质的行为进行更为全面、深度与准确的考察。

笔者认为,尽管操纵证券、期货市场罪中"以其他方法"操纵证券、期货市场这一"兜底条款"是一种概括性规定,但在对其进行解释时不能进行概括或扩张。尽管同质性解释原理的适用已经起到了"兜底条款"限制解释的一般功能,但仍有必要附加限制启动"兜底条款"同质性解释的"事前"机制与巩固"兜底条款"同质性解释限制入罪功能的"事后"机制。

"事前"机制的具体内容是在运用我国刑法条文评价之前,先以国际标准的视角考察特定违规行为在全球主要刑法规范体系中是否普遍性地以某种罪名予以规制,以及各国法律如何具体规定此种特定行为。因为刑法"兜底条款"是基于防止"挂一漏万"的实用性考量而制定的法条,其文字表述具有极强的包容性,在司法实务中运用"兜底条款"分析相关行为,容易陷入"越看越像"的评价误区。刑法理论必须对"兜底条款"先天性单一入罪方向解释惯性保持警觉,在"兜底条款"运行之初即予以限制,使其保持一定的评价惰性。而判断本国刑法"兜底条款"是否有必要对一种法律没有明示的行为启动评价机制,相对有效的策略是全面考察其他国家刑法如何规制此类行为。这种方法对于新类型证券期货市场违法犯罪行为的刑法评价而言更富有价值。当今证券期货市场呈现全球化、复杂化、多样化以及整合化的发展格局,各国不仅在证券、期货、衍生品发行与交易的技术性规则上日益趋同,而且在金融法律监管方面不断统一认识与加强国际协作。如果一种新型或者尚未被我国市场全面认知的证券期货市场违规行为,在国际证券期货市场犯罪刑法规范体系中普遍被评价为操纵犯罪,启动我国刑法操纵证券期货市场罪"兜底条款"进行评价的必要性相对较强,反之,则相对较弱。

"事后"机制的具体内容是特定行为经过刑法解释后被认为符合"兜底条款"构成相关犯罪,应当通过司法解释等正式法律解释形式将该特定行为的犯罪性质予以明确;在构成要素以及处罚条件上,相对于刑法明示的行为类型,也应当在合法且合理的原则下进行更为严格的把握。刑法理论中有观点认为,"兜底条款"是立法者为了防止刑法不能完全涵盖社会生活中需要以刑法规制的所有类型的犯罪行为而特意制定的条文,根据"兜底条款",行为人实施的行为符合相关犯罪构成的,便可依相应的犯罪论处。[1] 这意味着刑法能够在没有明示刑事违法性的前提下直接通过隐含在法律内部

---

〔1〕 参见丁华宇:《刑法中的兜底性条款探析》,载《黑龙江省政法管理干部学院学报》2009 年第 4 期。

的逻辑将某种行为认定为犯罪,并且在构成要素与处罚条件的定量标准把握层面,不对刑法明示行为类型与以"兜底条款"归责的行为个别化的分析与判断。

笔者认为,刑法"兜底条款"的适用应当在形式层面进行一定限制,即必须通过司法解释以正式的规范形式对"兜底条款"的具体内容进行填充。同时,对于根据"兜底条款"认定为犯罪的非法律明示类型,在其内部构成要素的理解上,应尽量细化归纳不同社会危害程度的具体类型,在罪质判断环节予以分流处理,充分考虑非犯罪化处理的可能;在相关犯罪处罚条件的设置上,应当更严格地判断刑事处罚的必要性,更全面地考量行政处罚的可替代性。因为"兜底条款"与明示条款毕竟存在显著区别,只有附加"事后"限制机制,才能更为全面地抵销刑法"兜底条款"立法模糊性与不确定性对被告人权利可能产生的侵害风险。

综上所述,市场操纵犯罪的全球考察旨在总结证券期货市场刑法保护的国际标准;操纵证券、期货市场罪"兜底条款"的同质性解释旨在明确个罪规范的实质内涵;严格规范"兜底条款"刑法解释的形式要求与实体内容旨在限制刑法介入证券期货监管的程度。附加"事前"与"事后"双重限制的同质性解释规则,不仅提升了对疑似操纵行为刑法属性法律论证的说服力,而且为实务部门深度把握操纵证券、期货市场罪的实质提供了理论铺垫。

二、市场操纵犯罪的司法判断规则

市场操纵犯罪法律规制实践存在一定的障碍,主要症结在于现有的刑事法律规范文本及其实践解释,与金融市场运行机制、金融实务操作经验、金融市场基本原理的脱节。附着于市场操纵犯罪监管理论与实践的法律与金融之间的纠缠与混沌,源自市场操纵犯罪行为模式的技术性阐释不足。具体而言,就是现有的证券期货市场犯罪法律理论与实践探索,尚未能够充分地以金融市场与金融原理为核心解释与说明市场操纵犯罪行为类型与模式。法律实践意欲超越市场操纵犯罪法律规范文本的桎梏,针对证券期货市场的现实形势做出能动的解释与反应,但又受困于罪刑法定的严格要求与刑事立法完善的频率与成本限制,而无法实现规范介入与市场机制自由运作的有机结合、协调运行。解决这种反市场操纵犯罪实践困境的关键是聚焦于作为市场行为与经济行为的市场操纵犯罪行为本身,以现有的法律规范文本为基础,以市场操纵犯罪行为为核心,沿着市场操纵犯罪实质、手段、类型、模式这一缜密的逻辑线条,对市场操纵犯罪法律规制实践疑难问题做出符合罪刑法定的细致梳理、合法解释,以及符合逻辑、经验与证券期货市场实际的规范拓展,系统化地建构合理的市场操纵犯罪法律适用规则与标准。国务院《关于进一步促进资本市场健康发展的若干意见》中的第9条"营造证券期货市场良好发展环境"亦明确指出应当"健全操纵市场等犯罪认定标准"。所以,本章在既有的市场操纵犯罪实质、行为机理、法律实践技术性难题发现及其基本应对政策的宏观阐释与深度论证的基础之上,以虚假交易操纵、实质交易操纵等行为模式为基本框架,进一步纵深性地论证洗售、相对委托、连续交易等市场操纵犯罪行为的实践判断规则。

(一)洗售操纵

虽然洗售操纵犯罪是一种比较传统的市场操纵犯罪行为,各国证券期货市场法治实践对洗售操纵犯罪行为已经形成了比较成熟的监管规则,但由于证券期货市场交易技术与机制的不断创新,加之金融实务中投资者对其实际控制的账户操作存在各种不同的可能性,一部分实际控制账户之间的金融商品交易完全可以是出于合法的目的,因而需要就洗售操纵犯罪的操作方式、正当性目的抗辩、全新信用交易机制下实际控制账户之间的倒仓行为等进行深入解析。

1. 洗售操纵犯罪操作方式的认定

法律规范没有就洗售操纵犯罪的交易时间、价格、数量、方向等要素做出明确规定,洗售操纵行为人在其实际控制的账户之间从事的金融商品交易,在时间、价格、数量等方面究竟是否具有操作方式的法律条件限制,在法律理论与实务中存在较大的认识分歧。有观点认为,冲洗买卖是同行为主体实施的相反买卖,数量、价格、时间自然应完全相符。[1] 支持上述意见的学者进一步认为,洗售操纵应当是行为人在同时期以相同价格进行相反方向的委托买进、卖出或者申报买进、卖出,不仅不能有时间上的间隔,并且在交易记录上应当实际成交,即时间、价格、数量必须完全相同。因此,从罪刑法定主义的观点出发,应当对洗售操纵的行为方式采取严格解释,不能任意过度扩张意涵。[2] 然而,也有意见认为,由于现代证券交易是在集中交易市场进行的,采用集中竞价撮合成交的交易模式,加上涨跌停板等制度的限制,即使同一个人在同一时间就同一数量,以同一价格就同一种证券进行委托买卖,也难免产生偏差,不一定按照行为人委托的内容撮合成交。[3] 持类似观点的学者认为,在对冲洗买卖进行规范适用时,应允许存在时间和价格要素上的差距,但在交易数量上仍然应当坚持完全相同原则,这样才符合冲洗买卖的目的仅是为了制造"记录交易"这一本质。如果同一行为主体所实施的相反交易数量不一致,则仅在相同数量范围内成立冲洗买卖。[4]

笔者认为,尽管我国《刑法》第 182 条第 1 款第 3 项并未明示性地对洗售操纵犯罪行为的操作方式进行规定,但构成洗售操纵行为应当在方向、价格等核心要素上予以一定限制。同时,证券期货市场中金融交易以及竞价规则决定了洗售操纵行为的实行在数量、时间等要素上并不需要具有完全或者实质的相同性。

其一,交易方向的相对性或者相反性。洗售操纵犯罪的行为人在自己实际控制账户之间从事金融商品交易,无论动用多少账户,无论占用多少资金或者仓位,金融交易的方向必须是相对或者相反的,即特定金融商品交易账户买入,相对的账户卖出。如果

---

〔1〕 参见吴光明:《证券交易法论》,台北,三民书局股份有限公司 2006 年版,第 242 页。

〔2〕 参见王志诚:《洗售操纵之认定基准》,载《法令月刊》2008 年第 3 期。

〔3〕 参见李开远:《从证券交易法之修正论删除第一五五条第一项第二款有关处罚股价操纵行为——"冲洗买卖"刑事责任之探讨》,载《铭传大学法学论丛》2003 年第 11 期。

〔4〕 参见于莹:《论以虚伪交易方式操纵证券市场》,载《国家检察官学院学报》2003 年第 5 期。

实际控制的交易账户之间不存在相关金融商品一进一出的对应关系,该交易行为在性质上就不属于洗售。

其二,交易价格的相同性。中国大陆证券期货市场中的证券交易采取集合竞价与连续竞价相结合的竞价交易机制。集合竞价的成交价格是以委托买入与委托卖出价格平衡时成交;连续竞价的成交价格是已经受理的委托和新受理的委托价格一致时交易成立。洗售操纵犯罪的行为主体在实际控制账户之间从事证券交易,交易的完成必须建筑在买卖指令撮合配对的基础上,而集合竞价与连续竞价中的成交前提就是价格平衡或者价格一致。因此,洗售操纵中方向相反的证券交易应当在价格上具有相同性。

其三,交易数量的相对接近。洗售操纵者控制特定金融商品的交易价格或者交易量,买入与卖出对应金融商品交易账户之间的交易数量应当是相对接近的。之所以无法实现完全相同,主要是因为在开放的金融商品集中电子化交易平台上,市场中存在众多投资者,完全可能在相同的时间与操纵者提出相同的买入或者卖出价格申报,从而成为撮合成交中的一部分。即使买入或者卖出申报数量完全相同,实际控制金融商品交易账户之间的交易申报并不会在所有情况下全部撮合成功,而是会因为外部投资者介入而在成交数量上与申报数量有所偏差。[1]

其四,交易时间可以存在先后。根据中国证券期货市场中的证券交易所的交易规则,在提出申报且无撤单的情况下,委托当日有效。不能成交的申报将等待机会成交;部分成交的申报,剩余部分将处于等待成交状态。投资者的委托如未能全部成交,证券公司在委托有效期内可继续执行,直到有效期满。开盘集合竞价期间未成交的买卖申报,自动进入连续竞价。连续竞价期间未成交的买卖申报,自动进入收盘集合竞价。因此,在洗售操纵犯罪行为的操作中,实际控制账户之间的买入申报与卖出申报并不一定在完全相同或者紧密连续的时间进行,只要在申报有效期间内撮合配对即可。

通过对证券期货市场交易规则与洗售操纵实际手法的考察可知,洗售操纵中实际控制账户之间的金融交易在时间、数量等要素上并不一定要坚持整体上的绝对相同性或者相近性。只要在交易价格上具有一致性并实际成交,就能够达到影响证券、期货以及相关衍生品交易价格、交易量的操纵性结果。当然,如果稽查机构或者司法机关在实际控制账户的交易记录中发现委托申报的时间、数量、价格完全相吻合或者相对接近,这显然能够成为锁定洗售操纵犯罪行为重要的客观证据。但是,即使不存在严格一致或者大体相近的证据,并不妨碍对于洗售操纵犯罪行为操作机制的把握。

2. 洗售交易正当目的抗辩的判断

在实践中,由于所有证券、期货交易记录都由证券(期货)交易所、证券(期货)登记

---

〔1〕 尽管在洗售交易框架下的实际控制账户金融商品交易数量是相当的,但是,实务部门在分析洗售操纵犯罪实际控制账户交易量的过程中,还需要注意,从事洗售操纵的相关金融商品交易账户中的部分金融商品与资金是用来影响交易价格或者交易量的,仍然可能有部分金融商品与资金是逢高抛售谋利或者实现卖空事后逢低买入平仓获利的。从这个意义上分析,并非所有参与洗售操纵犯罪的实际控制账户中有关特定金融商品的交易数量都是匹配或者相近的。

结算机构等进行备案,即使是场外衍生品交易,也需要在交易当事人的信息系统中进行数据备份。金融监管机构在锁定实际控制账户的情况下,[1]完全能够向司法机关出具实际控制账户之间的交易数据并且计算出洗售操纵犯罪的行为细节。

但棘手的问题在于,证券期货市场中各种投资者交易目的迥异,涉嫌洗售操纵犯罪的行为人通常会提出与正当交易目的有关的各种抗辩:实际控制账户之间的金融商品交易是关联企业之间在证券二级市场中的关联交易,并没有影响市场中特定证券交易价格、交易量的非法目的;本人从事的交易在绝对数量上并不大,但特定证券交易品种处于无量盘整等流动性极低的状态之下,客观上造成本人交易比例在该证券交易总量中占据显著比例,但本人主观上并没有对证券市场价格形成重要影响的目的。

笔者认为,在洗售操纵犯罪案件中,即使相关证券、期货、衍生品交易在行为人实际控制的账户之间现实发生,也应当允许控辩双方就疑似操纵行为是否具有正当目的进行充分论辩,但在具体操作时,应当注意原则上推定操纵目的、具体分析个案目的合理性的基本定位:

其一,洗售交易行为客观存在的事实足以推定市场操纵的违法犯罪目的。

证券期货市场中投资者(投机者)从事证券、期货、衍生品交易,无论数量大小,也无论做多还是卖空,正常的市场投资与投机行为都表现为“看多买入与看空卖出”,通常情况下不会出现在实际控制账户中将金融商品进行不正常的、空耗交易成本的左右互倒、自我交易。因为这种归属于同一资金与金融商品控制主体的金融商品交易并不会产生价差利润,反而会产生税费等大量交易成本,明显违背经济规律与证券期货市场常识。基于正当目的从事的投资与投机交易,相对于洗售交易而言,在行为正当性层面是完全对立的。这意味着控方推定洗售交易具有操纵市场目的充分的事实与经验基础,而犯罪嫌疑人或被告人提出正当目的抗辩,如果要达到推翻推定操纵市场犯罪目的的强度,就应当具有坚实的事实与合理性基础,并且最低证明程度应当达到优势证据标准。

其二,对于洗售交易正当目的的分析与判断,应当根据犯罪嫌疑人或者被告人提出的具体抗辩要点进行个案分析,具体规则是正当目的所对应的基础事实具有真实性与合理性。

(1)有关合理避税抗辩。如果犯罪行为人主张洗售交易是为了合理规避资本利

---

〔1〕 当然,这一前提与基础的建构在实践中也是相当困难的。在现有的金融违法稽查技术条件下,金融监管机构全面掌握操纵者实际控制的账户仍然存在实质性的执法能力障碍。故中国证监会、公安部证券犯罪侦查局以及检察机关证券期货市场犯罪专门化办案机构(今后专业化办案发展的方向)应当进行行政稽查、刑事执法、刑事检察的实践平台整合,通过侦查技术的提升锁定实际控制账户、资金来源、操盘网络技术、证券中介机构支持等不同环节的违法犯罪事实,从而为洗售操纵犯罪案件提供坚实的证据基础。

得税,[1]则辩方必须对洗售交易具有合理控制税收的意义与原理进行证明。如果实际控制账户之间的金融商品交易根本没有合理规避税收可能,反而会产生增加交易税费成本的,显然应当否定正当目的抗辩的合理性。

(2)有关证券期货市场行情判断抗辩。如果犯罪嫌疑人或被告人主张实际控制的多个账户执行买入交易时是基于看多行情、卖出交易时是基于看空行情,则辩方必须对每次交易的依据进行合理说明。因为行为人在相对特定的时间范围内,对同一证券、期货、衍生品交易的行情判断发生看多与看空之间截然相反的转换与反复,显然是不符合常理的。同时,从频繁的申报与成交次数、占总交易量的比例以及同期特定证券基本面等综合因素中完全可以准确梳理实际控制账户中每笔证券、期货、衍生品交易是否具有合理依据。

(3)有关流动性过低抗辩。如果犯罪嫌疑人或被告人主张实际控制账户之间从事特定证券、期货、衍生品买卖的交易量占特定期间内总成交量比例明显较高(如超过20%)并非单方面由其交易行为绝对数量较高导致,而是该金融商品流动性本身过低所引发的,则应当在证明规则层面直接排除这种正当目的抗辩及其附带证据的相关性。事实上,通过洗售交易操作流动性极低的证券并控制其交易量或者交易价格,本身就是这种操纵犯罪的典型手段。控制流动性低的金融商品交易的操作成本低,并且所有被操纵行为介入后的虚假价格信号驱使跟进的投资者,实际上都是洗售操纵犯罪后续交易的对手方,在因果关系上具有犯罪与被害的准确对应性。所以,以流动性过低作为抗辩理由,非但不具有合理性、相关性与可采性,在司法实践中甚至可以作为强化洗售操纵犯罪目的推定效果的基础事实。

(二)相对委托操纵

在实践中,以事先约定时间、价格等要素的方式相互从事证券、期货以及衍生品交易的相对委托行为确实存在排除价量操纵性质的其他可能(尽管操纵之外的相对委托行为也会涉及违规、违法或者犯罪),加之法律理论对于相对委托特殊操作机制、共同犯罪结构以及排除市场操纵犯罪性质的合法抗辩事由等问题未能进行充分探讨,造成相对委托操纵犯罪在司法认定中存在诸多难点与困惑,有必要结合证券期货市场的实际情况,针对相对委托操纵犯罪实践疑难问题集中分析司法判断规则。

---

[1] 资本利得税(Capital Gains Tax)是指国家对资本利得(低买高卖资产所获收益)征税。最为常见的资本利税就是对买卖股票、债券、房地产等所获得的收益进行征税。由于资本利得税对于证券市场中的中小投资者等附加了实质性的交易成本,同时也不利于降低公司之间的股权交易成本,并不是所有国家都征收资本利得税。See Jean Eaglesham & John Willman, Final showdown on CGT reforms, *Financial Times*, Jan. 23, 2008. 国家税务总局于2007年11月发布《关于修改年所得12万元以上个人自行纳税申报表的通知》,股票转让所得开始被置于个人所得税纳税申报表。随后,国家税务总局从2010年起对个人转让上市公司限售股所得征收个人所得税。这意味着我国对部分股票交易已经开征了资本利得税。

1. 大宗交易平台相对委托行为的认定

大宗交易通常是指交易量、资本金额等远超公开竞价市场平均交易水平的证券交易。[1] 交易双方直接在金融商品场内交易当日价格波幅范围内或者收盘价(日内无成交)商定成交价,经交易所确认后完成交易。大宗交易的成交量计入特定金融商品总成交量,但成交价格不计入收盘价以及指数。大宗交易价格不影响场内交易价格、大盘指数等。对照《刑法》第182条相对委托操纵的规定与上述证券大宗交易的基本规则,大宗交易实际上就是持有大量证券以及资金的证券市场投资者在证券交易所的监管下,以约定的时间、价格、方式相互进行证券交易。单纯从行为上分析,大宗交易具有相对委托的特征。但由于大宗交易不进入指数统计,只是将相关交易量向市场公布,不会直接影响证券市场中的交易价格,法律上并不认为大宗交易构成相对委托操纵违法犯罪。

然而,尽管证券大宗交易平台的相关证券交易具有明确的相互性且一般排除市场操纵属性,但在法律与金融理论上应当进一步辨析是否存在例外情况,不能断言在证券大宗交易平台上实施的这种事先约定的证券交易一律应当排除其市场操纵犯罪性质。

其一,大宗交易价格对于证券市场的影响应当具有现实性。尽管大宗交易价格并不计入收盘价格,但证券市场中所有的交易实际上都代表着一定的价格信息或者证券供求关系信号而受到证券市场广泛关注。由于单笔大宗交易在数量上远远超过集中竞价市场中的单笔交易水平,建筑在这种大规模交易量上的证券交易价格对于市场是具有现实影响的。[2] 证券市场参与者往往会将大宗证券交易平台上相关证券交易价格作为基准或者参考因素,通过一定的折价或者溢价比例分析集中竞价市场中的证券交易价格。[3]

其二,市场操纵者通过大宗交易平台实质上的相对委托机制相互从事证券交易,确实是一种现实的违法犯罪风险。一般情况下,在大宗交易平台的证券交易是基于减持、收购甚至税收优惠等财务或者商业目的而进行的,不存在违规、违法、犯罪等情形,不过大宗交易往往也会涉及各种类型的疑似市场操纵。在实际操作中,大宗交易证券转让价格具有灵活多变的特点,之前交易日收盘价、当日收盘价以及约定的协议价都有可能

---

〔1〕 以《上海证券交易所大宗交易实施细则》为例,证券单笔买卖达到如下最低限额,可以采用大宗交易方式:A股交易数量在50万股(含)以上,或交易金额在300万元(含)人民币以上;B股交易数量在50万股(含)以上,或交易金额在30万美元(含)以上;基金交易数量在300万份(含)以上,或交易金额在300万元(含)人民币以上;债券交易数量在2万手(含)以上,或交易金额在2000万元(含)人民币以上;债券回购交易数量在5万手(含)以上,或交易金额在5000万元(含)人民币以上。

〔2〕 参见秦洪:《大宗交易折价率提升　A股估值面临压力》,载《证券时报》2012年3月27日,第C2版。

〔3〕 通常情况下,由于大宗证券交易数量极大,卖方会根据二级市场的交易价格进行一定的折让将证券专卖给买方,但是,在特殊情况下,如果证券市场中出现与特定证券有关的利好信息,证券需求方无法在一个交易日吸收到足够的证券,也会在大宗证券交易平台上进行溢价收购。

成为减持价格,只要最终的价格落在当天的涨跌停板范围内,[1]都符合证券交易所规则。大宗交易平台上约定的证券交易价格一般只接受形式审查,监管机构很少对背后的实质意义进行审查。大宗交易通常折扣率较大且手续费成本低,在实践中容易成为市场操纵者的"吸筹"平台。同时,市场操纵者在集中竞价市场拉升或者打压证券交易价格之后,随即便可在大宗交易市场高位抛售或者低位买入。[2] 大宗交易平台上的市场参与者通过事先约定从事的相对证券交易具有一定的市场操纵违法犯罪风险,大宗交易平台价格对于证券期货市场具有价格引导作用。所以,行为人通过互相串通的方式,以大宗交易规则的正当性规定为掩护,以事先约定的时间、价格、方式等相互从事证券交易,有证据证明对二级市场证券交易价格、交易量产生重大影响的,应当认定为相对委托操纵犯罪。

2. 相对委托操纵共犯结构的认定

在实践中,操纵证券、期货、衍生品市场的行为越来越难以单独犯罪的形式实施。在体量庞大的证券期货市场上,市场操纵行为主体必须有相当规模的资金、信息、持仓等实力与资源。依靠某一个自然人、某一单位的力量要真正操纵证券期货市场实际上很难做到。同时,由于资源有限,单一主体实施操纵证券期货市场犯罪,通常只能使用多个实际控制账户。当前中国金融市场稽查监管技术已经得到了实质性地提升,完全可以发现特定账号证券交易的异常情况。单独操纵证券期货市场所依赖的有限流动的资金与交易账号相对容易被检测。所以,当前的市场操纵行为往往是由违法犯罪分子联手实施,并通过分散资金与交易的方式进行操盘。相对委托操纵犯罪正是充分体现了市场操纵犯罪的共犯结构性特征。从构成要件的角度分析,构成相对委托操纵犯罪的前提在于行为主体之间的"串通"与事先约定。这就要求法律实务部门在处理相对委托操纵犯罪案件时,特别要注意对共同犯罪的认定和处罚。准确认定相对委托操纵共同犯罪,必须对共犯结构进行精准把握,其前提在于确定合法且合理的共同操纵故意与共同操纵行为的司法认定规则。

(1)相对委托的共同操纵故意

共同操纵故意本质上是共同市场操纵犯罪行为主体认识到他们的共同操纵犯罪行为和由此行为会引发的影响证券期货市场的危害结果,并希望或者放任这种危害结果

---

[1] 当然,大宗证券交易机制可能存在变革的可能。上海证券交易所发布了《关于征求优化大宗交易机制有关措施意见的函》,拟在现有的大宗交易基础上,在每个交易日的16时至20时,增加一个独立的大宗交易时段。与此同时,上证所还拟大幅放宽大宗交易的门槛从50万股降至10万股,涨跌幅限制也从10%放宽至50%,并相应增加锁定期。大宗交易的锁定期拟分为两档:涨跌幅限制范围为前一交易日收盘价的70%～130%(涨跌幅在30%以内),锁定期限至少为6个月;涨跌幅限制范围为前一交易日收盘价格的50%～150%,锁定期限至少为1年。参见胡学文:《大宗交易新政或遭遇两难尴尬——摁住短期行为浮起避税空间》,载《证券时报》2012年3月21日,第6版。

[2] 参见李保华:《新规剑指股价操纵大宗交易利益格局或受冲击》,载《经济观察报》2012年3月19日,第15版。

发生的心理态度。[1] 对于相对委托共同操纵故意的认定而言,还必须进一步深入"串通""事先约定"等双向性意思联络。然而,共同操纵故意的类型并不一定局限于双向性犯罪意思联络。在市场操纵犯罪法律实践中,完全存在证券公司等明知对方是市场操纵者并知悉对方从事市场操纵行为而仍向其提供交易账号,从而收取巨额委托交易费用的情况。对于这种市场操纵者(实行犯)与资金、账号、交易条件提供者之间形成的关系,在双方具有合意的情况下,与一般共犯不存在差异。但是,在资金、账号、交易条件提供者知悉相对委托操纵实行犯,而该实行犯并未明知前者知悉操纵事实的情况下,是否成立市场操纵共犯,在实践中存在一定疑问。

我国《刑法》第182条操纵证券、期货市场罪的法律条文明确使用"串通""事先约定"等双向性合意要求十分明确的规范表述对相对委托操纵犯罪进行规定,但这只是相对委托等操纵犯罪实行犯的共同犯罪故意内容要求。相对委托市场操纵犯罪类型是必要的共同犯罪,犯罪行为成立的前提就在于行为主体必须达到两人以上,否则也就不能称为相对委托。但实行行为犯罪者之间必要的双向性合意并不排斥为他们提供资金、账号、交易条件等帮助的证券公司、"人头账户"提供者等必须与实行行为主体形成双向性的市场操纵合意。片面帮助者完全可以在相对委托实行犯不知情的情况下,单纯基于获取手续费、交易回扣、"返点"、劳务费等利益而单方面向市场操纵实行犯提供帮助。

笔者建议,在今后制定市场操纵犯罪司法解释时,有必要在共同市场操纵故意认定部分做出如下规定:证券公司等金融机构、其他单位或个人,在明知行为人操纵证券、期货市场,向其提供资金、账户、交易技术等协助的,以操纵证券、期货市场罪共犯论处。在实践中,对于没有与相对委托交易实际操作者进行"串通""事先约定"的资金、技术、服务提供者,在明知相关人员从事相对委托操纵犯罪的情况下,可以根据片面共犯原理追究市场操纵犯罪的刑事责任。

(2)相对委托的共同操纵行为

共同的市场操纵犯罪行为是指各共同金融犯罪人在共同的故意支配之下,所实施的具有内在联系的同一性质的市场操纵犯罪行为。[2] 对于相对委托操纵犯罪行为而言,这种共同操纵犯罪行为的结构性关系更为紧密,行为主体必须通过周密的安排在实质相同的时间内,以约定的价格、数量以及方式相互进行金融商品交易。

具体而言,相对委托市场操纵犯罪行为可以是共同的实行行为,即每个共同犯罪成员都是实行犯(例如,数个私募基金或者自然人投资者共同集中资金与证券优势,同时在相关账户中以约定的数量、价格等要素从事方向相对的证券交易,拉抬股价引起市场参与者跟进后集中出货牟利);也可以有不同的分工,有的实施实行行为,有的实施帮助行为,而有的则可能是实施组织行为(例如,相对委托操纵市场的组织者联系信息渠

〔1〕 参见刘宪权、谢杰:《证券期货犯罪刑法理论与实务》,上海人民出版社2012年版,第407~408页。

〔2〕 参见谢杰:《操纵证券期货市场犯罪刑法规制研究》,上海人民出版社2013年版,第176页。

道、资金支持、"人头账户"、交易操盘人员等,交易执行者在各自控制的证券账户之间以一定价格和数量相互从事对敲交易)。

相对委托操纵犯罪行为内容中最为关键的部分显然是相互进行的金融商品交易行为。尽管处于市场操纵共同犯罪行为体系中的核心位置,但相对于其他不受金融监管机构技术性监管的共犯行为而言,相互进行的金融商品交易行为还是能够受到交易所实时监控的。然而,当前金融监管程序主要属于被动性执法,只能在形成市场操纵相关线索的情况下启动调查程序,通过事后追究的方式惩罚市场操纵违法犯罪主体。基于取证难以及执法效率低的现实,被动性监管措施无法应对市场操纵犯罪的挑战。因此,有必要完善市场操纵违法犯罪一线监管制度,确立市场操纵实时监控主动性执法与市场操纵责任追究被动性执法并重的监管格局。完善市场操纵犯罪一线监管与实时监控,必须赋予证券交易所对市场操纵更为广泛、直接、主动的监控权与调查权。交易所配备了远远优于证监会的实时监控技术设备,能够主动发现异常交易行为,时时锁定异常交易数据,快速跟踪异常交易资金动向。市场操纵行为经过事后分析可以得出交易极度异常的客观数据性结论。事先高度关注异常交易数据往往能够发现并跟踪市场操纵的实际控制力量。有必要细化数据标准,制定异常交易中的价格波动偏离值、换手率等指标,并公告异常交易时段所有会员营业部的名称及交易数额。[1] 相对委托操纵犯罪在技术上的本质特征,就是通过分散化的相互性金融交易制造虚假的证券期货市场交易信息,而市场操纵监管技术的提升对于刑事司法实践认定相对委托操纵犯罪行为提供了重要的制度支撑。

(三)连续交易操纵

连续交易操纵犯罪在行为主体上可以单独操作也可以联合实施,在行为内容上又与正常的连续交易投资或者投机行为具有形式等同性,在行为结果上具有区别于相对委托、洗售操纵不同的危害程度,亟须在法律理论层面对连续交易操纵犯罪构成要件疑难问题进行清晰且有效的规范解释。

1. 联合操纵的主体结构与责任分配

我国《刑法》第182条第1款第1项连续交易操纵犯罪的法律条文并未对这种类型的市场操纵犯罪主体设置任何形式条件限制,证券期货市场中的自然人或者法人投资者以及证券公司等专业投资机构,均可构成连续交易操纵犯罪的行为主体。连续交易操纵犯罪可以单独实施,也可以是联合操作。联合性的连续交易操纵犯罪行为主体是一种复杂的共犯结构形式,有必要予以深入分析。

构成联合性连续交易操纵的两个或者两个以上的行为主体显然必须具有在某一时段内一起买入或卖出特定金融商品的联合意图。形式上的联合意图与实质上的一致性

---

[1] 关于交易所对证券期货市场违法犯罪的法律监管权限拓展问题更为详细的论述,参见谢杰:《论证券期货市场内幕交易法律监管的完善路径》,载《上海商学院学报》2011年第2期;谢杰:《惩防内幕交易应扩大交易所监控权》,载《证券时报》2010年7月30日,第3版。

行为都可以作为认定联合买卖主观意图的依据。形式上的联合意图,是指行为主体之间具有约定或者通过谈判、协商等方式形成决定或协议。实质上的一致行动,是指行为主体之间没有具体的决定或协议,但行为主体之间在资金、股权、身份等方面具有关联、控制等一致行动关系。在实践中,联合性连续交易操纵犯罪是一种常态,资金提供者或者融资者、账户提供者、金融商品交易操盘者以及交易操纵计划制订与谋划者构成了联合主体结构中的组成部分。

在连续交易操纵犯罪联合主体结构中,承担不同犯罪分工的行为人在责任认定上应当对应着不同的司法规则。

其一,对于在连续交易操纵犯罪行为中专门负责形成或者促成"资金优势""持股优势"的行为主体,即融资或者金融商品现货提供者而言,其作用主要在于配合操纵犯罪实行行为人完成一定的资金持有、金融商品持仓量,提供连续交易操纵资金、金融商品等方面的经济支持。只有在其主观上明知他人具有操纵市场故意,且客观上仍然给予资金或者金融商品供操纵实行者进行交易,才构成连续交易操纵犯罪的帮助犯。

其二,对于在连续交易操纵犯罪中提供证券、期货、衍生品等交易账户从而确保相关金融交易可以分散进行从而规避监管与市场关注的行为主体而言,有的表现为提供本人证券、期货、衍生品等交易账户,有的表现为联系、整合、集中大量"人头账户",不能仅仅根据行为人在主观上是否明知而判断其是否构成连续交易操纵犯罪。明知他人连续交易操纵市场的现实需要而提供本人账户供其使用,尽管主观上存在故意且客观上提供了帮助行为,但由于连续交易操纵犯罪实际上是真实的金融商品交易行为,且单个交易账户在操纵账户体系中分担交易数量较少且具有明显的可替代性,并不会直接影响或者人为制造金融市场中的供求关系。因此,从社会危害性的角度分析,偶发性地向连续交易操纵者提供本人交易账户,可以认定为情节显著轻微、危害不大,而不作为连续交易操纵犯罪进行定罪处罚。但是,明知他人从事连续交易操纵犯罪而提供大量证券、期货、衍生品等交易账户,甚至是证券公司等金融机构利用机构掌握的大量账户或者账户管理权力等帮助市场操纵者分散交易仓位,进而降低交易与价格"解码"效应的,其在连续交易操纵犯罪结构中起到了关键性的帮助作用,应当作为联合操纵主体予以认定。

其三,对于根据操纵计划制订者或者谋划者指令具体操盘的行为人而言,应当根据在联合操纵主体结构中的角色定位判断其是否应当作为责任主体承担市场操纵的刑事责任。对于自然人连续交易操纵主体结构而言,操盘者不存在社会劳动分配意义上或者形式上的工作,而是单纯根据指令发布者的安排进行操盘,完全应当根据主观上是否知道或者应当知道本人实施的是连续交易操纵犯罪中的金融交易操盘行为,分析操盘者是否构成共犯结构中的一环。对于机构实施的连续交易操纵犯罪共犯而言,操盘者实际上是公司、企业员工,形式上具有正当的工作人员身份,实质上也从事部分正当且合法的工作任务,不能仅从主观明知与客观参与的角度直接认定相关员工构成市场操纵犯罪。更为合理的判断规则是,对操盘者的责任范围进行一定限制,只有全盘知悉连续交易操纵违法犯罪计划并全程参与连续交易操纵的操盘者,才有必要作为联合性操纵犯罪主体中的责任人员承担市场操纵犯罪的刑事责任。

2. 操纵交易价格与交易量

证券期货犯罪刑法理论对连续交易操纵犯罪行为构成中的利用资源优势、连续交易行为等核心要素已经进行了全面且深入的分析。[1] 但是,作为客观构成要件的操纵交易价格、交易量,在司法实践中仍然存在一些难点问题,非常值得关注。

构成连续交易操纵犯罪需要满足"操纵"证券、期货交易价格或者交易量的法定条件。细致对比我国《刑法》第182条操纵证券、期货市场罪明示规定的3种市场操纵犯罪行为模式可知,连续交易操纵、相对委托操纵、洗售操纵之间非常重要的区别在于,连续交易操纵在行为结果层面为必须达到"操纵"证券交易价格或者交易量的程度,而相对委托操纵、洗售操纵在行为结果层面只需要达到"影响"证券交易价格或者交易量的程度。"操纵"与"影响"在因果关系强度以及刑事证明程度上的要求显然存在显著的差异,"操纵"的因果强度与证明力度必须超过"影响"。

《立案追诉标准(二)》在行为程度上设置了一定的量化指标,纯粹从成交量的角度量化"操纵"与"影响"之间的量度差异,并且将这种强度差控制在10%(证券)或者20%(期货)的标准。[2] 这种客观量度上的差异无法通过技术分析辨别优劣,实际上只是一种基于"常识"判断而形成的政策定位,在证券期货市场法律理论层面没有必要进行过度的肯定或者批判。但是,"操纵"与"影响"之间的区别,除了从成交量的角度进行理解之外,显然还应当着眼于委托申报量、价格波动等要素设定量化指标。同时,除了客观要素上的标准之外,还可以尝试从主观故意程度上区分操纵性故意与影响性故意,从而丰富"操纵"证券、期货交易价格或者交易量与"影响"证券、期货交易价格或者交易量之间的不同衡量与分析标准。[3]

三、新型市场操纵犯罪实践疑难问题剖析

在信息型操纵犯罪中,利益冲突市场操纵犯罪的违法性实质并不在于信息本身所具有的虚假性或者欺骗性,而是金融市场中的信息发布者与接受者之间存在利益冲突。正是这种利益冲突决定了特定市场参与者只能在信息发布行为和与该信息有关的金融交易行为之中选择其一。如果特定市场参与者在发布信息的同时实施与该信息有关的金融交易行为,就会基于非法控制信息接收者的资本配置行为而触发市场操纵违法犯罪的法律责任,即构成"抢帽子"交易操纵。我国证券期货市场的反市场操纵法律实践之所以对"抢帽子"交易是否构成市场操纵犯罪存在极大的争议,表面原因是我国法律规范并没有十分明确地对"抢帽子"交易的法律性质进行界定,但根本原因是对于"抢

〔1〕 参见刘宪权、谢杰:《证券期货犯罪刑法理论与实务》,上海人民出版社2012年版,第366~375页。

〔2〕 参见《立案追诉标准(二)》第39条第1~4项。

〔3〕 下文论及的连续交易操纵犯罪主观目的限制性解释就是从主观构成的侧面丰富"操纵"与"影响"在整个市场操纵犯罪构成要件体系中的差异化内容。

帽子”交易利益冲突的法律与金融层面的双重实质缺乏深刻的把握。有必要在利益冲突违法性实质的指引下,对“抢帽子”交易操纵犯罪法律实践判断中的疑难问题进行深入的审视与洞悉。此外,对于不存在信息披露义务或者利益冲突问题的行为主体而言,其向市场发布信息从而可能触及反市场操纵犯罪条款的前提与基础,应当限定为相关信息具有虚假性、误导性或者欺诈性。这种市场操纵犯罪行为模式在理论上归属于虚假交易操纵,在实践中称为蛊惑交易操纵犯罪。法律理论与实践对于虚假交易操纵犯罪并没有进行准确的定位,这在很大程度上造成了实务部门惩治与防控蛊惑交易操纵犯罪时存在一定的规范不明确性或者不确定性。“抢帽子”交易与蛊惑交易都是新型市场操纵犯罪,亟须通过虚假交易操纵犯罪的法律与金融分析研究蛊惑交易操纵犯罪的细化监管规则。

(一)“抢帽子”交易操纵犯罪的认定

“抢帽子”交易操纵犯罪的行为机理决定了在技术层面难以量化性的确认证券、期货投资咨询机构、资产管理公司、财经媒体等行为主体发布的证券、期货信息对于证券期货市场投资者(投机者)决策行为的影响。因此,在认定“抢帽子”交易操纵犯罪的过程中,应当坚持相对严格地把控,从而控制“抢帽子”交易操纵犯罪法律监管的合理边界。

1. 媒体从业人员发布利益冲突信息谋取交易利益行为的认定

“抢帽子”交易操纵犯罪意图实现谋取证券、期货、衍生品市场中的交易利润,需要控制特定证券、期货等金融商品所对应的相当数量的资本流动。由于电视、电台、报刊、网络等财经新闻媒体对于证券、期货市场投资者的决策具有重大影响,相当数量的“抢帽子”交易操纵犯罪中的信息发布需要依靠媒体从业人员的协助予以实施以及实现证券、期货投资信息的大规模推广与传播。在此过程中,确实有一部分媒体从业人员利用发布利益冲突信息谋取证券、期货交易利益。甚至也有部分媒体从业人员在事先持有相关证券、期货仓位的情况下,独立发布或者联合其他媒体共同发布有关上市公司及其发行证券利好或者利空的报道,随后通过实施相关金融商品交易谋取利益。

财经新闻媒体从业人员的这种行为是否能够认定为市场操纵犯罪,在法律实务中存在较大的疑难与困惑。尽管财经新闻媒体及其从业人员在我国现有的反市场操纵法律以及司法解释的规范框架下,不能单独构成“抢帽子”交易操纵犯罪的行为主体,[1]但在部分成熟证券期货市场的法律监管框架下,媒体从业人员可以独立构成“抢帽子”交易操纵违法犯罪的主体。例如,英国《金融服务与市场法》第118A条规定,对于新闻

〔1〕 根据《立案追诉标准(二)》第39条第7项的规定,证券公司、证券投资咨询机构、专业中介机构或者从业人员,违背有关从业禁止的规定,买卖或者持有相关证券,通过对证券或者其发行人、上市公司公开作出评价、预测或者投资建议,在该证券的交易中谋取利益,情节严重的,应当以操纵证券、期货市场罪立案追诉。所以,根据我国的法律规定,“抢帽子”交易的犯罪主体只能是“证券公司、证券投资咨询机构、专业中介机构或者从业人员”,媒体及其从业人员不能构成抢帽子交易操纵犯罪的主体。

从业人员实施的传播信息行为，应当充分考量其职业准则，一般不作为市场滥用处理，除非其直接或者间接从传播信息中获取任何好处或者利益。[1] 同时，财经新闻媒体从业人员在与证券、期货投资咨询机构通谋的情况下完全可以构成“抢帽子”交易操纵。所以，分析新闻媒体从业人员利用利益冲突信息从事相关证券交易牟利行为，是否能够构成“抢帽子”交易操纵犯罪，具有重大的实践意义。

笔者认为，在判断财经新闻媒体从业人员是否构成“抢帽子”交易操纵违法犯罪问题时，应当采取相对严格的司法认定理念与法律判断标准以及具有纵深性的司法判断规则。在司法实务中审慎判断相关新闻媒体从业人员的交易行为是否构成“抢帽子”交易操纵，应当严格按照明知利益冲突、排除一般违规、附加处罚条件、严格审查信息内容4个层次的纵深性规则，限制此类行为的入罪范围。

第一，在金融投资咨询机构、资产关机公司等编制具有利益冲突的金融投资信息，经媒体从业人员审核后在媒体平台发布的情况下，只有新闻媒体机构及其从业人员明知相关金融投资咨询机构在发布信息之前或者同时已经持有与信息所涉及的证券、期货交易仓位的，才具有将媒体机构及其从业人员认定为“抢帽子”交易操纵犯罪共犯的归责基础。

在媒体机构及其从业人员对金融投资咨询机构拟在媒体平台发布的信息进行必要的审查之后，根本无从知悉证券、期货投资咨询机构在发布信息之前已经持有相关证券、期货仓位的，不能根据操纵证券市场违法犯罪追究法律责任。因为新闻记者、编辑、评论员等媒体从业人员，客观上没有必要的条件判断与审查金融投资咨询机构是否持有其推荐、评价的股票或者债券。媒体只需完成形式审查义务，法律显然不应当强求媒体从业人员对研究报告、金融分析背后的证券、期货投资咨询机构及其从业人员的金融交易情况进行实质审查。因此，认定媒体从业人员构成“抢帽子”交易操纵犯罪的共犯，应当在主观故意上就上述明知内容进行充分且确实的证明。

第二，媒体机构及其从业人员的行为符合“抢帽子”交易基本要件——在事先持有或者建构相关证券、期货、衍生品仓位的情况下，发布与金融商品及其发行人有关的利好或者利空信息，随后进行相对应的卖出或者买入的证券、期货、衍生品交易操作，并且获取巨额利益的——仍然不能直接认定为“抢帽子”交易操纵犯罪。

在证券期货市场实务操作或者司法实践中，确实存在财经记者、评论员等对投资者具有较大影响力的财经界“意见领袖”，提前买入或者做空相关证券，利用新闻媒体从业的职务便利，针对证券及其发行人的情况发布利好或者利空信息，在随后的证券交易价格上升时抛售股票，在随后的证券交易价格下降时买入，谋取巨额交易利润。传统证券期货犯罪刑法理论上有一种具有代表性的观点认为，这种通过发布信息影响市场并从中赚取价差的行为，应当认定为具有市场操纵的故意与行为。[2]

---

〔1〕 Financial Services and Markets Act 2000 §118A Supplementary Provision about Certain Behaviour.

〔2〕 参见刘连煜：《新证券交易法案例研习》，台北，元照出版有限公司2007年版，第453页。

然而,在新闻媒体机构及其从业人员根据对市场公开资料的分析发布相关意见或者评论时,只要没有对基本的事实进行虚构或者编造,没有对评论意见进行夸大与扭曲,这种证券期货市场中的信息传递行为并不属于失实的新闻报道与评论。同时,新闻媒体机构及其从业人员向证券、期货市场投资者发布信息,本身就是要通过这种信息传播的方式进行言论阐释,对于证券期货市场或者相关投资者的资本配置行为产生影响,显然也是言论自由权利行使的当然结果,不能直接认定具有市场操纵的违法犯罪故意。新闻媒体机构及其从业人员针对其评论、报道的证券从事相关金融交易,就交易行为本身而言,实际上就是财经媒体人员根据专业知识进行市场投资或者投机,并不具有市场操纵违法犯罪的行为属性。当然,新闻机构及其从业人员没有向市场披露其评论、报道的金融商品相关的交易信息,在法律上应当属于对利益冲突信息的隐瞒,应当根据相关财经新闻媒体证券交易禁止性规定以及新闻职业道德规范,认定其利用利益冲突信息谋取证券交易利益的行为构成违规、违法,但直接不能认定其构成"抢帽子"交易操纵犯罪。

第三,媒体机构及其从业人员撰写、报道、发表、评论、传播严重背离事实、未经查证、编造的虚假金融投资信息,在事先或者信息发布同时建构相关仓位的情况下,通过发布虚假信息引发证券期货市场波动,随后从事相关金融商品交易谋取巨额利益的,应当认定为"抢帽子"交易操纵。

"抢帽子"交易操纵犯罪的实质在于信息发布者与信息接收者之间的利益冲突,故通常情况下构成"抢帽子"交易操纵犯罪不需要就信息是否具有虚假性问题进行考察。但是,为了针对新闻媒体这一特殊行业的言论自由与新闻自由施加一定的制度保护,有必要在信息内容要素层面设置一定的附加条件,建构专属于新闻媒体从业人员"抢帽子"交易操纵犯罪的独立要件。在符合"抢帽子"交易操纵犯罪基本构成要件的基础上,新闻媒体从业人员构成"抢帽子"交易操纵的前提是其传递的信息具有虚假性。在认定相关行为是否符合发布、评论虚假金融市场信息时,应当根据案件中的客观情况进行严格的、限定性的解释与分析。因为证券期货市场中的信息具有极强的专业性,新闻媒体从业人员基于专业知识、经验、判断能力、调查水平等综合情况的限制与差异,不能要求必须对失实报道承担市场操纵违法犯罪的责任。即使传播的信息属于虚假证券、期货信息,但如果媒体机构及其从业人员能够提出失实报道的合理来源与依据,例如,对相关报道或者评论进行采访、对上市公司财务情况进行了调查等,则不能认定为编造并传播虚假证券、期货信息。目前,以《立案追诉标准(二)》为代表的证券期货市场犯罪司法解释,并没有将新闻媒体机构及其从业人员利用利益冲突信息从事证券、期货交易牟利的行为作为市场操纵犯罪处理,主要也是基于保护新闻媒体言论自由的宪法价值考量而在刑法适用层面采取的司法克制定位。所以,在法律实践中,只有对特别严重的虚假证券、期货信息传播媒体机构及其从业人员实施的非法利益特别巨大的证券、期货交易行为,才能以市场操纵犯罪追究其法律责任。

第四,判断新闻媒体从业人员发布金融市场投资信息是否具有虚假性,应当适用独立的标准。

如何确立新闻媒体从业人员发布证券期货投资报道等市场信息的虚假性判断标准是反市场操纵犯罪司法实践中的疑难问题。

笔者认为,金融市场新闻报道信息的虚假性认定应当适用独立的司法判断规则。普通市场信息与实际情况相背离、对特定事件的信息化反应不真实,可以认定为虚假信息。但是,维护新闻自由与保障金融市场参与者产权之间价值平衡的现实需要决定了金融市场中的虚假新闻报道应当从信息内容、行为主体主观认知等角度进行区别于一般虚假信息认定标准的甄别。其一,在信息内容上,媒体从业人员基于现有的资料对上市公司的财务状况进行猜测、对上市公司基本面进行推论、对上市公司股价发展趋势进行评估,以"看好""看空""估值较高""估值较低""疑似"等估计、推断、揣测等意见发表的方式发表信息,均属于常规的新闻报道模式。即使事后将信息内容与事态发展进行比对能够确认报道的信息是错误的,亦不能将该报道认定为虚假信息。因为新闻记者对信息进行发布、对新闻事件进行推测或者评价,本来就不可能形成统一口径或者精准符合事件客观情况。如果要求新闻报道的结论、评价、意见均符合事件的性质与过程,新闻自由也就丧失了存在的基础与价值。但是,如果媒体从业人员在新闻报道中编造证据、材料支撑其错误的评价与猜测的,该信息则超越了失实报道的界限而具备了虚假信息的客观特征。其二,在媒体从业人员对其进行的新闻报道的主观认识上,即使其不能证明报道、言论所内含的信息是真实的,但只要根据自己拥有的资料和自主判断能够合理相信信息是真实的,就不能认定其散布虚假信息与利益冲突信息进而构成"抢帽子"交易操纵。媒体从业人员对与特定金融商品市场表现有关的事件进行报道,除了收集、整理、表述相关事实与材料之外,不可避免地会融入报道主体对事件的认识、评价以及对未来发展趋势的预测。这种新闻报道中的主观判断与趋势揣测是媒体从业人员基于当前有限的材料做出的分析与推论,只要没有严重违反新闻报道的专业标准、写作规范,不仅不受到现行法律规范的禁止,而且没有义务保证报道内容与客观事实及其发展完全吻合。媒体从业人员合理相信新闻报道是真实的,无须达到向市场传递的信息具有客观真实性的证明标准。没有确实与充分的证据排除合理怀疑地证明新闻报道者明知其撰写与发表的信息是虚假的,就不能认定信息具有虚假性。结合上述新闻报道虚假性判断标准,就劲永公司股票操纵案中的新闻报道虚假性判断问题而言,该记者发表的新闻报道具有一定的新闻价值与信息来源渠道,报道所使用的措辞相对普通、保守与克制,没有证据证明其明知信息失实,不应当认定该篇新闻报道构成虚假信息。

2."抢帽子"交易操纵实际损害结果的认定

"抢帽子"交易操纵的实际损害结果可以是受到利益冲突信息诱导的投资者在证券交易过程中产生损失,也可以是证券市场中特定证券的交易价格、交易量发生重大异常波动。《立案追诉标准(二)》只规定了金融投资咨询机构或其从业人员实施"抢帽子"交易,在"情节严重"的情况下,应以操纵证券市场罪予以立案追诉,[1]实际上并没有准确界定何种实际损害结果对于"抢帽子"交易操纵犯罪的构成具有决定性影响,也没有对谋取利益的数额进行量化规定。我国《刑法》第182条操纵证券、期货市场罪的刑法条文已经设置了"情节严重"这一规范明确性十分有限的规定,司法解释继续在"抢帽子"交易操纵行为的具体要件中再次规定"情节严重",会导致实务部门难以准确且有效适用法律与司法解释。

笔者认为,"抢帽子"交易操纵犯罪的实际损害结果应当以非法获利数额为核心进行评估。同时,"抢帽子"交易操纵犯罪的起刑点数额标准不仅应当在非法获利金额上明显高于"抢帽子"交易操纵违法行为,而且应当明显高于与市场操纵犯罪具有相当性的其他证券期货市场犯罪(如内幕交易罪、利用未公开信息交易罪)非法获利入罪标准。所以,笔者建议,作为"抢帽子"交易操纵犯罪入罪标准的非法获利数额可以界定在一个相对较高的数量层级,如3000万元。此外,还有必要增设其他条件,进一步对情节严重予以量化,例如,"抢帽子"交易操纵行为引起5000人以上的代表人诉讼或者金融集团诉讼。这种量化性的实际获利、实际衍生损害标准,不仅具有限制证券期货市场刑法介入程度的效果,而且可以为司法实务部门提供简便且确定的技术性判断尺度。

(二)蛊惑交易操纵犯罪的认定

蛊惑交易操纵犯罪表现为向证券期货市场及投资者编造、传播、提供、发布不真实、不准确、不完整或不确定的重大信息,诱导投资者在不了解真实且全面信息的情况下从事相关证券、期货、衍生品交易,从而通过预期的证券期货市场价格波动谋取金融交易利润。可见,蛊惑交易操纵犯罪在行为机理上是比较复杂的,在实践中通常会涉及多方面的判断难题,亟须厘清虚假信息重大性、信息欺诈行为、上市公司内部人信息操纵行为等问题的司法认定规则。

1. 虚假信息重大性的认定

在蛊惑交易操纵犯罪中,作为行为对象的虚假信息应当具备重大性,即行为人编造、传播、散布不真实、不完整、不确定的欺诈性、虚假性信息,必须可能对证券期货市场中的投资者造成重大影响,或者可能对特定金融商品市场价格产生重大影响。虚假重大信息是能够对具有一般证券期货市场知识的普通投资者(投机者)的资本配置决策产生重大影响的事实或事件内容的信息化反应,只是这种反应是证券期货市场中人为编造、虚幻失实的干扰性价格信号。在认定蛊惑交易操纵犯罪虚假信息重大性的过程中,应当注重从其他证券期货市场犯罪中与重大信息有关的个罪中,对信息重大性的基本规范标准进行定位。内幕交易、泄露内幕信息罪、利用未公开信息交易罪中涉及内幕信息与内幕信息之外的其他未公开信息。《证券法》《刑法》中内幕信息与未公开信息所覆盖的证券、期货法律规范,已经内含了相对全面的信息重大性判断规则,完全可以

[1] 参见《立案追诉标准(二)》第39条第7项。

在蛊惑交易操纵犯罪信息重大性的分析中予以适用。[1]

蛊惑交易操纵犯罪案件中的虚假信息在内容上通常与上市公司资产、财务、经营、管理等重大事项有关,信息重大性判断一般不存在很大的争议。

例如,2012 年散布网络信息攻击上市公司伊利股份案是在我国证券期货市场中引发高度关注的编造并传播证券交易虚假信息罪判决。张某林(在逃)、李某晓、张某军、周某、姜某等人炮制了名为《内幕惨不忍睹:伊利被这样掏空》的文章并在互联网上广泛传播。虚假信息公开后不到 1 小时就导致市场出现恐慌性抛盘,伊利股份旋即跌停。[2] 信息内容涉及上市公司资产被掏空这样的敏感且重大问题,决定了该案中的虚假信息具备重大性。

再如,1997 年《刑法》实施后我国首例编造并传播虚假证券交易信息罪案件中,被告人李某某连续向深圳证券交易所、上市公司江苏三山实业股份有限公司(以下简称三山实业,现更名为四环生物)、《深圳特区报》《特区证券报》等单位电话告知、邮寄、传真虚假信息,谎称"广西北海正大置业有限公司"共收购三山实业股票 250.33 万股,占三山实业流通股的 5.006%,要求予以信息披露。后《特区证券报》原文刊登了被告人李某某提供的虚假收购信息。经查证,工商登记系统中并不存在"广西北海正大置业有限公司"的信息,证券交易所交易记录中亦不存在被告人李某某编造的收购信息与交易数据。[3] 信息内容涉及上市公司收购意味着该案中的虚假信息显然具备重大性。

在蛊惑交易操纵犯罪司法实践中,相对困难的法律适用问题是行为人所编造并传播的信息内容虚假性颇为明显、信息所内含的事件发生概率非常低、信息实际上很难令人相信,但是,相当数量的市场参与者受到信息影响改变资本配置决策,相关金融商品市场价格基于虚假信息所指向的方向进行明显调整时,此时应当如何判断虚假信息重大性?

日本金融市场中发生的占星术操纵股价事件就是一起非常典型的、由显而易见的

---

〔1〕 详细的信息重大性判断规则参见谢杰:《操纵证券期货市场犯罪刑法规制研究》,上海人民出版社 2013 年版,第 259~270 页;谢杰:《利用未公开信息交易罪的规范解释与实践应用》,载彭东主编:《刑事司法指南》(总第 51 集),法律出版社 2012 年版,第 99~102 页;谢杰:《内幕信息形成时间判断规则研究》,载《证券市场导报》2013 年第 8 期。

〔2〕 法院认为,被告人李某晓等 4 人故意编造并传播影响证券交易的虚假信息,扰乱证券交易市场,造成严重后果,其行为均构成编造并传播证券交易虚假信息罪,分别判处 4 人 8 个月至 1 年 6 个月的有期徒刑,并处以 1 万~3 万元罚金。参见李静:《"网络攻击"伊利案 4 人一审获刑》,载《新京报》2012 年 1 月 18 日,第 B4 版。

〔3〕 法院审理查明,被告人李定兴编造并传播的虚假信息由报纸披露之后,三山实业股票价格随即上涨每股 3.2 元,当日收盘上涨每股 3.1 元,当日成交量约 2000 万股,超过总流通股 42%,总成交额超 2 亿元。被告人李定兴先后抛售其持有的三山实业股票,共完成交易额近 150 万元。法院判决,被告人李定兴编造并传播虚假证券交易信息,造成三山实业股票价格异常波动,其行为构成编造并传播证券交易虚假信息罪,判处有期徒刑 2 年 6 个月,并处罚金 1 万元。参见湖南省株洲县人民法院刑事判决书(1997)株法刑初字第 230 号。

虚假信息引发的市场操纵案件。日本的一本博彩类杂志《赌博秘籍》主要发表与赌博、彩票、证券市场投机交易等有关的文章与信息。一位“星座学”(占星术)研究者连续3期在《赌博秘籍》发表文章,以星座分析方法向读者推荐“熊沢制油”等3家上市公司股票。经查证,文章中阐述的内容纯属作者虚构。但文章登载之后,熊沢制油等上市公司股票迅速上涨,该星座研究者卖出相关股票获利。东京简裁法院以传播虚假证券信息判决文章作者罚金50万日元。[1] 质疑该案判决合理性的观点认为,不能以虚假信息披露之后的股票价格剧烈波动直接认定信息具备重大性,基于星座等毫无根据的分析所形成的证券市场信息,明显是虚假的或者不可信的,投资者应当自担风险,信息发布者不应当承担蛊惑交易操纵犯罪的责任。[2]

笔者认为,信息的重大性确实是受到信息内容虚假性程度现实制约的。虚假信息之所以会对证券期货市场参与者产生影响进而引发金融商品市场价格波动,本质上是因为信息本身存在不确定性。如果信息内容具有显而易见的荒谬性或者非理性,信息的属性趋向于确定虚假性,或者说丧失了不确定性,理论上也就不应该对证券期货市场参与者以及金融商品市场价格产生影响。相应地,虚假信息也就丧失了具备重大性的客观基础。但是,正如行为金融理论关于证券期货市场参与者有限理性所分析的那样,投资者(投机者)在现实的金融市场操作中往往是非理性的,绝大多数市场参与者实施的金融交易通常表现出很强的随机性与混沌性。基于显而易见的、甚至是荒唐的虚假信息而引发的市场参与者关注,并导致金融商品价格波动或者金融资产出现高度的投机性泡沫,这种现实风险也不应当在蛊惑交易操纵犯罪的法律控制规范体系中予以彻底且绝对的排除。证券期货市场刑法规范将特定的蛊惑交易纳入犯罪化的范围,不仅对行为人施以最为严厉的刑罚震慑,也是对证券期货市场所有参与者的强化保护,更是对证券期货市场信息自由竞争环境的介入。在制度安排上,不应当遏制市场淘汰虚假信息的自主化能力,也没有必要为市场参与者的无知、甚至愚蠢而产生的非系统性损害设置蛊惑交易市场操纵犯罪的赔偿机制。所以,如果基于常识即可认为普通投资者(投机者)接触到相关虚假信息时不会予以关注,也不会基于该信息对金融商品配置决策予以调整的,则该信息不能认定为重大信息。但是,如果蛊惑交易者针对并利用市场参与者的非理性、易受操控性、交易行为的混沌性等金融行为心理,传播显而易见的虚假信息却引发市场参与者高度关注、金融资产价格剧烈波动并具有制造系统性风险危机的,则应当认定相关虚假信息具有重大性。

2. 信息欺诈行为的认定

蛊惑交易操纵犯罪在控制市场行为的实施过程中,客观上至少应当存在编造、传播

---

〔1〕 (判决)平成9.1.30(東京簡裁)罰金50万円(略式命令);金融庁証券取引等監視委員会『証券取引等監視委員会の活動状況〈平成15年〉』国立印刷局、2003年、154頁。

〔2〕 参见神山敏雄『日本の経済犯罪—その実情と法的対応』日本評論社、2001年、37页;张天一:《论证券交易法上散布流言或不实数据操纵价格罪》,载《中原财经法学》2008年第20期。

的行为，其本质就是证券期货市场信息欺诈。当然，操纵者可以不直接编造证券期货市场信息，而是明知并预见到虚假证券、期货、衍生工具交易信息对市场的影响，通过向市场传播并利用投资者可能出现的市场反应谋取市场波动之后的利润。

对于如何理解传播证券虚假信息行为，传统证券期货犯罪刑法理论一般认为，传递虚假的证券信息，范围应具有公众性、扩散性与拓展性，信息传播对象必须是不特定多数人。[1] 传播虚假证券市场信息的违法性本质根植于妨碍证券市场信息管理秩序，行为人传递虚假信息的范围如果限定于特定人，难以达到扰乱证券市场信息管理秩序的严重程度。[2]

上述意见具有一定的合理性。因为传播信息的行为就是向社会公众扩散，蛊惑交易操纵犯罪中的传播虚假证券信息行为显然应当包括向证券期货市场中的多数公众或者不特定投资者（投机者）传递虚假信息。

但是，蛊惑交易操纵犯罪的实质在于通过虚假证券、期货信息的传播诱导投资者的行为，从而通过期待的证券、期货市场波动谋取利润。只要能够产生证券、期货市场波动的效果，受到虚假信息欺诈的投资者是否具有公众性、多数性实际上并不是绝对的法律限制条件。这是证券、期货市场信息传播行为区别于普通信息传播行为的重要特点。证券、期货市场信息传播的关键在于实质上的市场价格效果，普通信息传播则侧重于形式上受众的不特定性与多数性。在证券、期货市场中，并非只有公众性、多数性的投资者才能影响金融商品交易价格或者交易量，个别投资者由于持有巨量证券、期货仓位或者掌握巨额资金，个别性的投资者行为负载了巨额交易量或者资金量，完全可以凭借一己之力，引起证券期货市场金融商品的价格波动。传统证券期货犯罪刑法理论中的部分观点认为，通过信息诱导个别投资者无法引起市场波动，显得比较片面与绝对，与金融实践中真实情况也不尽相符。

例如，投资银行经纪部门向特定客户发布内部邮件，传递虚假证券交易信息，相关持有巨额资金的客户根据邮件中发布的虚假信息从事相关交易，由于资金量巨大引发市场波动，投资银行自营业务部门事先建构仓位，从这种预期的市场效果中谋取巨额交易利润。从这个角度分析，蛊惑交易操纵犯罪中传播行为的实质内涵完全可以区别于刑法其他个罪（传播淫秽物品牟利罪等）传播行为，即可以不完全等同于向公众、不特定或者多数主体发布虚假信息，而是向特定、个别、少数证券市场投资者进行虚假信息引导。

实际上，我国《刑法》第 181 条第 2 款诱骗投资者买卖证券、期货合约罪中的一种客观行为，即提供虚假信息，尽管在大多数情况只能产生欺诈特定客户的效果，但是，如果特定客户资金量或者金融商品持仓量特别巨大，对特定客户的欺诈行为完全可能引发证券期货市场中相关金融商品交易的整体价格或者交易量。作为欺诈特定证券期货市场投资者的诱骗投资者买卖证券、期货合约罪，完全可能形成对证券期货市场中特定交

[1] 参见李宇先、贺小电：《证券犯罪的定罪与量刑》，人民法院出版社 2000 年版，第 101 页。

[2] 参见王晨：《证券期货犯罪的认定与处罚》，知识产权出版社 2008 年版，第 253 页。

易品种的非法控制。所以,根据我国《刑法》第181条第2款构成诱骗投资者买卖证券、期货合约罪,但具有影响证券期货市场交易量或者交易价格实质风险或者实害结果,且行为人实施的金融交易从价格波动中的获取利润的,本质上应当归属于蛊惑交易操纵犯罪。

3.上市公司内部人信息操纵行为的认定

蛊惑交易操纵犯罪的核心在于对与金融市场投资者决策具有重要影响的信息形成非法控制。这种非法控制表现为对虚假信息从无到有的内容控制(编造),以及从暗到明的范围控制(传播)。上市公司内部人对于上市公司的信息具有绝对的控制优势,所以,实施蛊惑交易操纵犯罪在操作上更为简捷,在实践中也比较常见。司法解释也对上市公司内部人信息操纵犯罪或者蛊惑交易操纵犯罪的认定规则进行了说明,但规定的内容并不十分明确。[1] 究竟什么是利用信息优势操纵证券交易价格、证券交易量?司法解释并没有进行准确的指引。信息优势是否包括内幕信息的知情优势?如何区分内幕交易行为与蛊惑交易操纵行为?这一系列问题都有必要在上市公司内部人信息操纵行为认定过程中进行阐释。

市场操纵犯罪中的信息优势完全可以包括内幕信息知情优势。蛊惑交易操纵者编造、传播的信息可以是具有欺诈性、虚假性的内幕信息。所以,上市公司内部人通过编造虚假内幕信息实施信息操纵行为,或者利用内幕信息知情优势从事相关证券交易谋利,可能涉及内幕交易犯罪与蛊惑交易操纵犯罪的行为属性辨识。区分两者的关键在于是否存在编造、传播、散布虚假重大信息,诱使投资者实施相关金融商品交易的事实。内幕交易属于"静观其变",即期待内幕信息所指向的事实或者评价得以执行,使相关证券交易价格实现符合自己预期的变动。蛊惑交易操纵属于"兴风作浪",即通过积极行为编造、传播没有实际依据却能够引起证券交易价格波动的信息,诱使投资者在不明真相的情况下作出投资决定并形成期待的市场性效应,从中谋取违规交易利益。当然,内幕交易犯罪与蛊惑交易操纵犯罪完全可能同时进行,在这种特殊情况下应当根据刑法原理准确认定行为性质。

其一,上市公司董事、经理、大股东、实际控制人等内部人利用信息优势操纵证券交易价格、交易量,其中的"信息优势"可以解释为明知与上市公司重大事件有关的信息系不真实的信息而仍然予以发布或者传播,并通过子虚乌有的"内幕信息"在市场上发散之后对投资者形成的干扰而影响本公司证券的交易价格、交易量,上市公司内部人利用对真实情况的把握而在虚假内幕信息披露前,买入或者卖出证券。在这种情况下,上市公司内部人即使利用了对真实内幕信息的知情优势,但信息操纵行为是影响证券市场投资者决策并进而引发市场波动的决定性因素,应当认定为蛊惑交易操纵犯罪。

[1] 根据《立案追诉标准(二)》第39条第6项的规定,上市公司及其董事、监事、高级管理人员、实际控制人、控股股东或者其他关联人单独或者合谋,利用信息优势,操纵该公司证券交易价格或者证券交易量的,应当以操纵证券市场罪追究刑事责任。

其二,上市公司董事、经理、大股东、实际控制人等内部人利用信息优势操纵证券交易价格、交易量,其中的“信息优势”也可以解释为在市场对于与上市公司有关的重大信息发布后没有引起任何有效反应,而通过新闻媒体进行夸大性宣传,在引起投资者关注与反应之后,通过市场的波动谋取交易利润。这种信息操纵最典型的表现形式就是内幕交易失败之后实施盅惑交易操纵。在实践中,并非所有上市公司重大事件在公开之后都会引发市场的高度关注从而引发证券交易价格、交易量的剧烈变化。此时,上市公司内幕信息知情人员在内幕信息公开前建构的仓位根本无法通过预期的市场波动谋取非法利益。并且,由于在内幕信息公开之前实施的证券交易可能已经支出了较大的融资、融券或者操作成本,如果内幕信息公开之后市场效果产生的证券价格变动利润不足以弥补行为人实施内幕交易的成本,内幕交易者也无法获取非法利润。在这种情况下,有的内幕交易者会通过新闻、网络等各种信息传播平台对与上市公司有关重大事件的效果进行夸大,刺激证券市场投资者对信息进行高度反应,导致证券交易价格、交易量上出现强势波动。例如,做空股票者通过媒体夸大上市公司利空事件的效果,引起投资者恐慌后大量抛售急速打压股价,做空者低位回补获利;做多股票者通过媒体夸大上市公司利好事件的效果,引起投资者跟进买入之后高位抛售获利。对于这种内幕交易获利机制失败之后通过发布不真实的信息夸大重大信息实际效果的,在信息操纵过程中实际上存在性质不同、时间先后的内幕交易与盅惑交易操纵两种行为,交易量、违法所得等情节标准符合追诉条件的,应当分别认定为内幕交易罪与操纵证券市场罪。

其三,上市公司董事、经理、大股东、实际控制人等内部人利用信息优势操纵证券交易价格、交易量,其中的“信息优势”还可以解释为明知与上市公司重大事件有关的信息系不完整、不确定的信息而仍然予以发布或者传播,并通过证券市场投资者对于信息全貌并不完全知悉的信息劣势影响投资者行为,而上市公司内部人或者其他相关知悉内幕信息的人从期待的市场波动中受益。在这种情况下,内幕交易与盅惑交易操纵的界限是很模糊的。

典型案例:2011 年年底上市公司重庆啤酒“疫苗门”疑似信息操纵事件引起证券期货市场与社会各界高度关注,〔1〕但对于其行为性质究竟属于盅惑交易操纵还是内幕交

〔1〕 市场公开信息显示,2011 年 11 月 23 日晚(周三),重庆啤酒公告称,公司控股的重庆佳辰生物工程公司研发将近 13 年的治疗用(合成肽)乙型肝炎疫苗将于 2011 年 11 月 27 日(周日)召开揭盲工作会议,公司股票将于 11 月 28 日(周一)至 12 月 2 日(周五)停牌,在 12 月 5 日公告揭盲工作会相关信息后复牌。受此消息刺激,重庆啤酒股价 11 月 24 日涨停,11 月 25 日上涨 7.28%,两日累计涨幅达 18%,卖单基本出自机构席位。12 月 7 日晚,重庆啤酒发布揭盲信息:安慰剂组有效反应率为 28.2%;治疗用(合成肽)乙型肝炎疫苗 600μg 组有效反应率为 30.0%;治疗用(合成肽)乙型肝炎疫苗 900μg 有效反应率 29.1%。这组数据意味着疫苗研发几乎等于失败。12 月 8 日重庆啤酒复牌后连续 11 个交易日跌停,市值蒸发逾 260 亿元,包括证券投资基金在内的部分机构者以及个人投资者均造成重大损失。参见谢杰:《动态判断内幕信息的形成》,载《财经》2012 年 3 月 19 日第 27 期;张珈:《重庆啤酒流通股东质疑信息操纵》,载《证券时报》2011 年 12 月 15 日,第 B1 版。

易,各方观点并不明确。从重庆啤酒重大信息披露以及停牌的时间节点来看,2011年11月27日(周日)揭盲工作会议是对乙肝疫苗研发情况的分析和讨论,而上市公司重大研发项目信息的具体内容实际上已经客观形成。在没有使用停牌机制对于潜在的内幕交易行为进行限制的情况下,11月24~25日两个交易日出现巨幅上涨,难免引发市场对于乙肝疫苗研发信息可能泄露并引发内幕交易的怀疑。同时,上市公司在11月23日晚间公开的疫苗研发数据揭盲工作会议将于12月5日召开,实际上是将一个高度不确定、不完整且极易引发市场猜想的信息留给市场,加之根据之前的市场惯性,在相关研发数据公开之后均会有一个股价的上升性波动,这种模糊、不确定、不完整的信息披露对证券市场中的投资者将会产生重大影响,事实上也确实在两天内连续推高了证券交易量和交易价格。这种利用不完整、不确定信息影响投资者决策的行为同样符合蛊惑交易操纵的行为特征。在知悉内幕信息与不完整信息发布并存的信息优势情况下,相关交易行为在形式上可能出现内幕交易与蛊惑交易操纵的交织。因此,上市公司内部人或者其他明知揭盲数据的行为人,于11月24~25日两个交易日进行减持重庆啤酒的证券交易,存在内幕交易的问题;由于在减持证券的过程中,行为人通过对信息的绝对控制优势,利用市场投资者对信息知悉存在的不完整性、不确定性,在持续暴涨的市场环境下使其在一个快速拉升的高位进行减持,整个行为过程在客观上又存在蛊惑交易操纵的性质。在根据相关证据以及信息披露规则能够确认上市公司发布不确定、不完整信息以及上市公司内部人利用市场波动效果高位减持的情况下,应当认定其行为同时符合内幕交易犯罪与蛊惑交易操纵犯罪,内幕交易与蛊惑交易操纵互为手段与目的的牵连,应当根据牵连犯原理从一重罪论处。比较内幕交易罪与操纵证券市场罪的法定刑,操纵证券市场罪的罚金刑是无限额罚金,重于内幕交易罪以违法所得为基础的倍比罚金,故操纵证券市场罪应当是重罪。同时,由于市场操纵犯罪中“利用信息优势”整体覆盖了利用内幕信息从事相关交易,应当以构成要件覆盖面更广的操纵证券市场罪认定这种蛊惑交易操纵与内幕交易同时实施的、在结构上相对复杂的上市公司内部人信息操纵犯罪行为。

上市公司内部人员实施的信息操纵行为判断还存在一个疑难问题,即上市公司董事、经理等高级管理人员在没有完整、全面、准确的财务依据的情况下,向市场公布重大盈利预期,意图从市场价格波动中谋取金融交易利润的,能否认定为蛊惑交易操纵。

上市公司内部人员实施的信息操纵行为,在行为内容上主要表现为不正当地控制与上市公司财务有关的信息向市场公开的方式、时间、表述等。由于上市公司内部人信息操纵属于一个相对广义的行为概念,在判断行为属性时,应当严格区分非法信息披露与蛊惑交易操纵的界限。上市公司内部人员向市场传递夸张的财务预期与虚假的财务报告,都属于对上市公司重大信息的操纵,并且都具有引发证券交易价格剧烈波动的重要影响力,但两者的核心差异在于——财务信息披露不实是对上市公司重大信息进行造假的行为,客观上能够根据财务报告、实际经营数据与会计材料等予以证明。上市公司内部人员通过财务造假并向市场传递虚假财务信息，意图从虚假财务数据引发的市场价格波动中谋取金融交易利润的，应当构成蛊惑交易操纵。而传递夸张财务预期只是对上市公司未来盈利能力、现金流水平的估计，尽管信息操纵者不能提供有效的证据证明其向市场传递的信息具有真实性、准确性、全面性，但指控其构成蛊惑交易操纵的控方实际上也没有能力排除合理怀疑地证明这种预期就是虚假的。在信息真实性与虚假性均无法被彻底或者有效证明的前提下，承担证明责任的控方显然应当承担不利的诉讼结果，即不能认定上市公司内部人员向市场公布夸张的财务预期构成蛊惑交易操纵。

第五节　证券期货犯罪预防控制对策

资本市场监管部门在现阶段一直致力于证券期货犯罪的预防与控制，严打证券期货犯罪势必掀起一轮又一轮的高潮。但应当看到，优化反证券期货犯罪惩防体系并不是通过宣誓性地呼吁加大执法力度就能简单完成的。有必要通过完善证券期货法关于反证券期货犯罪的惩防体系、优化打击证券期货违法犯罪的实体规范与程序应对、建构立体化的证券期货犯罪防控机制等一系列综合性的反证券期货犯罪法律制度改革与探索，实现有效控制反证券期货犯罪的立法、执法以及司法效果。

一、完善反证券期货犯罪实体性规范

通过法律完善进一步解决我国反证券期货犯罪实体性法律规范的缺陷，有利于我国执法、司法机构把握此类法律实践的发展脉动，推动监管政策优化。

1. 拓展监管范围

当前资本市场价格关系与过去的金融实践经验存在显著的差别，资本市场中的预期标准行为并不受历史性经验所控制。[1] 例如，在市场操纵案件中，通过历史性的数据分析与经济学论证解释人为价格存在与否，实际上几乎没有可能证明交易价格的人为操控性。通过统计学与经济学专业技术而形成的专家鉴定报告一直被认为是操纵案件中的关键性证据，这在很大程度上虚化了操纵司法判断规则的重要性。市场操纵始终是法律判断问题，金融技术分析不应当替代法律技术判断。实际上，资本市场证券期货产品的定价机制决定了价格综合了与供求关系有关的所有市场信息，信息充分地消化于所有市场参与者的行为以及互动关系之中，导致难以仅仅凭借统计与经济分析收集、整合、分理所有操纵案件中的所谓人为价格因素。我国《证券法》《期货交易管理条例》等，完全以禁止价格操纵为核心建构反操纵监管规范体系。尽管刑法修正案对操纵犯罪进行了显著修改，将罪名修正为操纵证券、期货市场罪，形成了以价量操纵为核心的期货操纵犯罪认定规范体系。然而，上述规定完全以机械化的持仓量、交易量标准

〔1〕 John Kern, Price Manipulation in the Commodity Futures Markets, 34 *UCLA Law Review* 1305 (1997).

替代法律分析标准,势必造成刑法设置的操纵证券、期货市场罪不具有可操作性。以期货市场操纵为例,在司法实践中鲜有操纵期货市场罪适用的事实,客观上也证明了以价格(价量)为核心的统计与经济分析模式,只能成为判断期货操纵行为性质的一种分析视角。

同时,我国《刑法》规定的证券期货犯罪行为模式,在金融同行实务中实际上属于相对低端的行为模式。其行为性质在法律判断上没有争议,相关犯罪事实的证据获取完全能够由证券期货交易所、证券期货公司予以固定。《刑法》以及司法解释单纯规定传统的证券期货犯罪行为模式而没有对金融创新过程中形成的全新行为进行具体规定,会造成反证券期货犯罪监管无法应对现实挑战。

我国反证券期货犯罪法律实践有必要制定禁止利用未公开信息、虚假信息、程序化交易技术、庞大资金支持等所形成的不对等优势谋取欺诈性、操纵性利益的原则性规定。以利用程序化交易技术操纵期货市场为例,国外期货交易实践中早已出现高频交易行为,即职业交易者凭借专有性的数理模型运用、高速自适应计算系统、快速信息反应机制等,在以微秒、毫秒为时间计算单位的信息反馈与交易指令下达的基础上,从事大笔、连续、密集证券期货交易并从中获取高额利润。据统计,在美国拥有此类技术的交易者占市场参与者的2%,部分高频交易模式涉嫌市场操纵。[1] 中国期货市场上也存在运用复杂数学模型、以毫秒为单位下单、持仓时间以秒计算的高频交易。[2] 美国将闪电指令[3]等具有潜在操纵期货市场危险的高频交易列为禁止行为。[4] 我国期货法规以及期货交易所规则禁止扰乱交易系统安全、交易秩序的高频交易,而未从利用信息优势控制期货交易的角度确定其操纵性质。我国《刑法》以及证券期货犯罪追诉标准只规定了上市公司及其内部人、金融机构从业人员利用信息优势操纵证券市场,没有规定期货市场中的信息操纵行为。这显然不利于规制利用信息优势操纵期货市场等新类型的操纵行为。因此,我国必须通过深入的期货监管与司法实践充实反期货操纵原则性规范的发展性内涵,对不断更迭的期货操纵行为类型形成及时的政策反应。

2. 建构预防性与惩罚性并重的反证券期货犯罪法律政策体系

2010年美国金融改革法案针对证券期货市场中的犯罪行为建构了相对宽泛的惩罚性法律规范体系,加之原有的持仓量限制、准入条件限制、交易所紧急介入等预防性

---

〔1〕 See Tara Bhupathi, High Frequency Trading: The Strategies, Tools, Risks, and Responses [J]. 11 *North Carolina Journal of Law & Technology* 377(2010).

〔2〕 参见李东亮:《期货公司重点监控日内高频交易》,载《证券时报》2010年6月11日,第9版。

〔3〕 闪电指令(Flash Orders),又称闪单,即交易者提前于市场掌握到报单信息或者某些交易所内部还未向市场公开的报单信息,其利用所掌握该私有信息极为短暂的时间优势在市场中发现可交易机会,在毫秒、微秒的时间单位内完成交易从而获得收益。期货交易所公平地向市场公开信息,按照"价格优先、时间优先"规则撮合交易,但闪电交易利用信息传输过程中以微秒计算的时间差抢先攫取市场信息,利用信息优势控制交易价格谋取收益。参见 Keith Spence, Flash Trading, 28 *Review of Banking & Financial Law* 98(2009)。

〔4〕 Charles Duhigg. SEC Starts Crackdown on Flash Trading, *New York Times*.

法律规范体系,形成了惩防兼备的反证券期货犯罪法律监管框架。

对比分析我国监管规范体系,规范优化空间较大。以期货犯罪为例,《期货交易管理条例》暂时没有放开期货业务范围。期货交易所针对投机头寸持仓量限制、大户持仓报告、异常交易等问题实行严格的控制措施。可见,我国监管实践极为重视预防性规范的建构与完善。然而,在惩罚性监管层面,刑法对操纵期货市场罪设置了相当严格的构成要件限制,造成刑事司法实践难以通过适用操纵期货市场罪进行事后责任追究。我国反期货操纵规范体系重预防轻惩罚的基础定位,实际上并不契合期货市场对监管措施特有的合效率性要求。

实际上,投机者是资本市场最富效率的风险承担主体与流动性来源。当前,各类投资资本市场的机构投资者深化了投资的多样化,在一定程度上执行着承担风险与提供流动性的功能。但是,严格的持仓量规定、大户报告等制度限制了风险承担者参与资本市场的深度与广度,导致资本市场风险承担与流动性不充分。投机者是独立探索期货产品供求关系的基本群体。投机交易促使期货价格沿着独立信息所指向的位置运行。以期货市场为例,商品期货市场上的制造、仓储、消费环节以及金融期货市场上的套保者与投资者都依赖经过充分竞争的价格指导其交易策略,故期货价格所包含的信息含量越丰富,价格的指导性就越强。但严格的期货操纵预防性措施实质性地降低了期货市场的信息流转。在期货市场全球化交互的背景下,期货交易所之间的竞争、并购、合作日益深化推进,期货操纵预防性监管措施过度严格的政策定位并不利于参与国际竞争。[1] 因此,单一化与能动性较强的期货操纵预防性监管措施导致风险承担、流动性以及信息传递的不充分,降低了期货市场优化资源配置的效率、弱化了期货交易所的竞争能力。

因此,适度放宽证券期货犯罪惩罚性规范的标准更能适应提升监管效率的价值目标。有必要在适度放宽持仓量限制、大户报告标准、风险控制指标等预防性监管措施的基础上,强化事后监管的执行力度,通过具有权威性的执法与司法,对证券期货违法犯罪行为进行震慑。这不仅有利于防止过于严苛的单一化预防性监管措施限制资本市场优化资源配置的功能发挥,而且能够提升震慑证券期货违法犯罪的效率。

3. 强化期货违法犯罪法律监管的针对性

各国证券期货犯罪预防控制实践都不同程度地存在反期货违法犯罪监管立法、执法、司法活动,不同程度地凸显出偏向性规制的特点。也就是说,证券领域法律严密、立法技术发达、司法实务较为成熟,期货以及金融衍生品领域法治发达程度相对滞后。国外相关研究也指出,期货、期权以及衍生品交易环节的操纵类违法犯罪行为相对于证券环节的同质行为而言更难起诉;[2] 现有的金融交易法律规范体系的规制范围过于狭

---

〔1〕 Robert W. Kolb & James A. Overdahl, *Understanding Futures Markets*, Blackwell Publishing, 2006, 20.

〔2〕 Jerry W. Markham, "Front-Running"-Insider Trading under the Commodity Exchange Act, 38 *Catholic University Law Review* 69(2010).

窄,实难有效禁止期货以及衍生品市场中的犯罪行为。[1]

从期货保证金交易的杠杆属性出发,完全可以推论期货市场犯罪行为的破坏性远甚于证券犯罪,期货领域的犯罪行为理应成为金融市场犯罪法律规范惩治的核心甚至是主要对象。在司法上,期货交易环节理应成为刑法的重点规制领域。期货交易环节中的犯罪行为继续在传统证券违法犯罪的法律框架内进行类比分析与规范调整是不可想象的。有必要在监管规则的制定上彰显期货及金融衍生品交易环节中违法犯罪行为的特质,提升监管技术。在不断积累行政执法与刑事司法实践经验的基础上,可以进一步在刑事立法上进行改革与突破,将证券犯罪与期货犯罪分离,独立设置期货犯罪。自成体系的期货犯罪的构成要件对期货违规行为能够进行有针对性的法律评价。设置独立的期货犯罪可以为系统性惩治证券、期货以及金融衍生品市场中的犯罪行为提供更为完备的规范依据,可以此为契机,着重在期货领域实现司法实践的突破。[2] 由此,我国刑法证券期货犯罪规范体系的完备性将得到显著提升。

4. 有针对性地修改证券法

内幕交易罪是证券期货犯罪司法实践中数量最多、影响最大、对投资者造成损害最严重的犯罪类型之一。完善内幕交易针对性防控措施是丰富证券期货犯罪对策极为重要的组成部分。高效规制资本市场内幕交易,重在根据内幕交易的违法犯罪行为规律及其特点,构建与完善制度性的预防体系,而优化证券法中的内幕交易防控制度则是重中之重。

(1)提高信息披露效率。证券法应当缩减上市公司中期报告、年度报告等重大信息形成、发展直至最终披露的时间,提高信息披露效率,缩短资本市场内幕信息流传与内幕交易实施的时间机会。

对证券交易价格变化敏感信息实施早期披露,是缩短内幕信息垄断性价值与实施内幕交易违法犯罪行为选择时间的有效手段。在这一层面的制度防控上,我国《证券法》的规定有所欠缺。根据我国《证券法》第 79 条的规定,上市公司和公司债券上市交易的公司,应当在每一会计年度的上半年结束之日起 2 个月内,向国务院证券监督管理机构和证券交易所报送财务会计报告等中期报告;在每一会计年度结束之日起 4 个月内向国务院证券监督管理机构和证券交易所报送年度报告。

笔者认为,包含上市公司重要信息的中期报告、年度报告的报送时间在技术上显得过长,为利用内幕消息进行非法证券交易的行为人提供了较为充分的时间信息准备。上市公司中期、年度报告集中反映上市公司阶段性的经营财务状况、分配方案、未来展望等重要信息。我国《证券法》对于此类重大信息报告不设定严格的迅捷披露要求,可能导致内幕信息知情人员在相对稳定的时间内垄断信息优势,有利于其从容地从事内

---

〔1〕 Gary Rubin. CFTC Regulation 1.59 Fails to Adequately Regulate Insider Trading, 53 *New York Law School Law Review* 599(2008).

〔2〕 参见谢杰:《美国反期货操纵法律监管改革及其启示》,载《江西警察学院学报》2011 年第 5 期。

幕交易。根据上市公司审计经验可知,投资业务相对简单的上市公司年度报告最多1个月就可以编制完成;投资关系比较复杂的上市公司3个月之内也可以编制完成年度报告。上市公司中期报告、年度报告制作完成后不进行迅捷披露,容易泄露内幕信息,产生内幕交易现象。因此,建议《证券法》将上市公司中期报告、年度报告的提交时间限定在上半年会计年度结束之日起30日内和每一会计年度结束之日起90日内,压缩内幕信息沉淀的时间,减少内幕交易的准备与实施时间,在信息披露制度上有效控制与预防内幕交易。

(2)强化高管戒绝交易义务。有必要强化《证券法》对于内幕信息知情人员戒绝交易的法律规范要求,在更深层次上严格抑制内幕交易行为的经济收益。

我国《证券法》对于内幕交易违法犯罪行为控制制度的设置与完善,必须着眼于提升资本市场的整体公开性。这样使通过不正当手段获取内幕信息的行为人或者上市公司内部的相关内幕信息知情人员在实施具体证券期货交易之前,丧失攫取收益与规避风险的信息优势与内幕交易违法犯罪机会。

实施内幕交易违法犯罪行为的多发性主体主要集中在上市公司内部的董事、经理、财务主管、多数股东等人员。[1] 而我国《证券法》对于上述关键主体的限制性交易规定只体现为第47条的短线交易归入权,即上市公司董事、监事、高级管理人员、持有上市公司股份5%以上的股东,将其持有的该公司的股票在买入后6个月内卖出,或者在卖出后6个月内又买入,由此所得收益归该公司所有,公司董事会应当收回其所得收益。这显然不足以高效控制内幕交易行为的经济收益,且没有针对资产重组、公司并购等内幕交易多发环节的具体特点设置有针对性的内幕交易防控制度。笔者建议,《证券法》有必要强化上市公司高管以及多数股东的在内幕信息形成期间的绝对性戒绝交易义务,设置全新的证券交易限制性规则,明确规定董事、经理、财务主管、持有公司股份5%以上的股东等行为主体在上市公司披露年度报告之前2个月、半年报告之前1个月、价格敏感信息15日之前,禁止从事与本上市公司有关的证券交易。

同时,有必要优化资本市场普通投资者对于上市公司高管持股变化情况的知悉权与监督权。根据我国《证券法》第67条的规定,持有公司5%以上股份的股东或者实际控制人,其持有股份或者控制公司的情况发生较大变化的,上市公司应当立即将有关该重大事件的情况向国务院证券监督管理机构和证券交易所报送临时报告,并予公告,说明事件的起因、目前的状态和可能产生的法律后果。该条规范在持股主体与变动程度上对临时报告制度作出了限制。笔者建议,应当同时要求上市公司董事、经理、财务主管等高级管理人员的持股数量发生变动时,进行临时报告,以此保障公众股东对上市公司高级管理人员持股情况及其变动的全面知晓,在充分披露高管股权变动信息的层面拓展资本市场的社会公众监督范围,强化内幕交易违法犯罪防控的制度力度。

(3)提高内幕交易犯罪成本的确定性。必须高度重视加强证券内幕交易违法犯罪

---

〔1〕 参见张小宁:《内幕交易罪犯罪主体研究》,载《山东社会科学》2009年第6期。

执法信息与司法信息有效互动与沟通的必要性,坚决落实内幕交易案件移送制度。

内幕交易违法犯罪成本的不确定性是内幕交易屡禁不绝的根源。而我国证券法相关的制度设置没有从违法犯罪行为经济学的角度进行有针对性的思考。在现阶段的司法实践中,司法机关对于内幕交易罪案件的查办数量相对较少,直接影响内幕交易者接受违法犯罪成本的震慑。[1] 内幕交易罪刑事追诉的不确定性极大地削弱了刑罚控制内幕交易犯罪的实用性功能发挥。行政执法与刑事司法机制衔接不畅更是内幕交易犯罪案件数量较少的制度原因。

根据我国《证券法》第179条、第186条的规定,证监会有权依法对违反证券市场监督管理法律、行政法规的行为进行查处,发现证券违法行为涉嫌犯罪的,应当将案件移送司法机关处理。但是,内幕交易违法行政执法与内幕交易犯罪刑事司法的脱节却成了实践中的常态现象,大多内幕交易者在受到行政处罚后并未经过后续刑事司法程序的审查。在证监会官方网站上公布的内幕交易行政处罚案件的违法数额基本上都远远超过了内幕交易刑事犯罪的立案追诉标准,但在实践中作为犯罪处理的案件却寥寥无几。

笔者建议,基于提高对内幕交易违法犯罪行为进行刑事追诉的制度确定性,《证券法》有必要明确提出建立"证券违法案件行政执法与刑事司法信息共享平台",由行政执法机关将查处的内幕交易违法案件的相关信息传递至共享平台,方便司法机关及时获得信息。对于达到犯罪标准的内幕交易违法犯罪案件,由系统直接生成案件数据移送司法机关,由司法机关根据犯罪证据标准、立案标准的尺度考察行政机关查处的内幕交易违法案件,符合标准的予以刑事立案,正式进入刑事追诉程序。启动刑事追诉是对内幕交易罪等证券犯罪予以刑罚震慑的前置程序,在证券法内幕交易防控制度层面保障司法机关对内幕交易顺畅地进行刑事追诉,是提高内幕交易违法犯罪成本,从而遏制内幕交易违法犯罪的有效路径。

二、优化反证券期货犯罪程序性规范

实现提高证券期货犯罪执法司法的有效性、完善证券期货犯罪惩防体系、严格规范证券市场秩序等目标价值,必须立足于反证券期货犯罪程序性规范的优化。

1. 优化证据规则

在证据规则的层面,同样有必要进行集中优化,通过系统的举证责任倒置、事实推定、辩方对推定进行反驳等证据规则完善惩治证券期货犯罪的程序法体系。

以内幕交易的执法、司法实践为例,监管部门以及司法机关查处内幕交易时,最为棘手的问题集中表现为"查证难"。内幕交易实际上与商业贿赂等隐秘性极强的违法犯罪行为具有同质性,即定案的直接证据主要是行为人口供以及相关证人证言。如果没有相关言词证据,内幕交易违法犯罪行为往往会在调查阶段就处于搁浅状态。在实践中,有相当多的意见呼吁内幕交易违法犯罪案件实行举证责任倒置,在查处内幕交易

[1] 参见郑高键、闫艳:《内幕交易罪的经济学分析》,载《中国刑事法杂志》2010年第2期。

案件过程中,由相关内幕人员对其行为的合法性作出合理解释并举证,否则将由其承担不利的法律后果。实际上,证监会在2007年发布的《关于规范上市公司信息披露及相关各方行为的通知》也已经提出了上市公司在向中国证监会提起行政许可申请时,应充分举证相关内幕信息知情人及直系亲属等不存在内幕交易行为。

笔者认为,通过零散的监管文件设定不完整的内幕交易案件举证责任倒置规则,显然不符合惩治内幕交易违法犯罪行为的实践需要。在民事诉讼中,有必要将内幕交易侵权行为明确纳入特殊侵权行为的范畴,适用特殊侵权行为的举证责任倒置规则。同时,在刑事诉讼中,对内幕交易犯罪案件设定明确的举证责任分配规则,对于内幕交易犯罪行为的认定,先由控方提出初步证据证明存在内幕交易行为,再由辩方进行反驳,提出优势证据证明其行为不符合内幕交易罪的犯罪构成,否则必须承担不利的刑事诉讼后果。

2. 突出证券期货违法犯罪实时监控程序

当前证券期货违法犯罪监管程序主要属于被动性执法,只能在形成证券期货违法犯罪相关线索的情况下启动调查程序,通过事后追究的方式惩罚犯罪主体。但是,基于取证难以及执法效率低的现实,被动性监管措施实际上无法应对证券期货违法犯罪猖獗的挑战。笔者认为,必须加强一线监管,逐步形成证券期货违法犯罪实时监控主动性执法与证券期货违法犯罪责任追究被动性执法并重的监管格局。目前,证监会及其各地派出机构属于证券期货违法犯罪一线监管的主体,但由于其并未直接参与证券期货市场交易,监控证券期货违法犯罪的反应较为迟钝,事实上并非证券期货违法犯罪实时监控主动性执法的最优监管主体。欲实现证券期货违法犯罪一线监管与实时监控,则必须赋予证券交易所更为广泛、直接、主动的监控权与调查权。

证券期货交易所直接组织证券期货交易,紧贴市场、反应灵敏。并且,证券交易所配备了远远优于证监会的实时监控技术设备,能够主动发现异常交易行为、时时锁定异常交易数据、快速跟踪异常交易资金动向。证券期货违法犯罪经过事后分析往往可以得出交易极度异常的客观数据性结论。事先高度关注异常交易数据往往能够发现并跟踪证券期货违法犯罪的幕后黑手,及时采取措施进行警告,有利于高效预防证券期货违法犯罪。现阶段证券交易所只有价格异常波动停牌措施且异常波动数据标准过于严格。有必要细化数据标准,制定异常交易中的价格波动偏离值、换手率等指标,并公告异常交易时段所有会员营业部的名称及交易数额。

证券交易所有必要加强证券期货违法犯罪规律实证研究,通过大量数据分析证券期货违法犯罪行为集中滋生的高概率时间点,为执法提供便利。例如,通过对现有并购重组缓解查处的内幕交易案件进行数据评估,摸索其内幕信息形成至公布期间证券价格变动的规律,判断内幕交易集中行为期间,强化内幕交易实时监控力度与预判能力。实时监控必须与高强度的执法力度相结合。证监会可以授权证券交易所对异常交易行为主体实施警告、要求提供材料、说明情况等执法权。同时明确异常交易行为主体妨碍调查的违法责任。证监会有必要与证券交易所共享异常交易信息,建构信息共享平台,保证证监会及时掌握异常交易的一线监管信息。异常交易一旦涉及严重证券期货违法犯罪,证券交易所应进行先期调查准备,同时移送执法信息。

三、内化生成市场性监督力量

预防与控制证券期货违法犯罪,必须重视优化合规程序、举报机制以及与证券期货违法犯罪有关的民事诉讼机制,通过优化执法手段与民事维权途径,在打击证券期货违法犯罪过程中取得更为全面与有效的证据,直接提升证明证券期货违法犯罪的执法与维权能力。因此,建构内外兼备的内幕交易立体化防控机制与市场监督力量是理性选择。

1. 通过严格的合规与内控程序控制证券期货违法犯罪

监管层查处证券期货违法犯罪案件,不应当遵从一元化查处主体的办案原则。这会在很大程度上孤立执法部门,无法发挥相关单位对本机构证券期货违法犯罪进行内控的主观能动性。在查处证券期货违法犯罪的执法理念上,监管层应当积极与涉嫌证券期货违法犯罪的行为人所在的单位,包括相关上市公司、基金公司、证券期货公司、信托公司、证券公司、投资银行、会计师事务所、审计师事务所、律师事务所等单位形成良好的信息互动,要求上述单位通过内部合规程序发现证券期货违法犯罪的相关证据,提供给执法部门。

从理论上与规范上分析,上市公司以及相关证券行业中介机构都设置了严格的内控机制与合规程序。上述程序没有发挥控制证券期货违法犯罪的作用,显然存在程序虚置的问题。这不仅是上市公司以及证券机构自身的问题,监管层不重视运用证券期货市场主体合规程序的力量进行主动性监管,不重视运用合规程序获取证券期货违法犯罪案件的证据,也是合规程序虚置的重要因素。

上市公司、证券公司等证券市场经营主体通常通过严格的证券交易计划对证券期货违法犯罪进行内部控制。相关的高管、董事、监事、大股东、实际控制人在购买证券之前,必须按照规定向监管部门申报并公示其持有该公司股票数量和买卖变动情况。证券中介机构、证券监管部门工作人员,禁止持有任何与工作相关公司的股票,其投资行为通常必须根据合规程序在单位备案。[1] 但是,上述合规程序在执行过程中,显然在不同程度上被弱化,没有切实发挥其控制证券期货违法犯罪的作用。监管层必须优化合规机制,针对上市公司等机构没有有效执行合规程序的问题,明确追究单位的法律责任,强制证券市场经营主体加强单位内部的证券期货违法犯罪控制与管理。例如,上市公司等经营主体中的个人实施内幕交易违法犯罪行为,确实是其个人责任,但是,如果上市公司等单位无法提供有效执行合规程序的证据,单位必须承担相应的行政责任。通过强化合规程序的有效性,监管层将事发单位与内幕交易自然人之间进行责任捆绑,不仅能够运用上市公司等单位的力量有效防止内幕交易,而且能够在事发之后,发挥事发单位的能动性,积极提供相关证据。

---

[1] 参见汪劲松:《证券公司融资融券业务风险控制及内控制度建设》,载《金融经济》2006 年第 14 期。

2. 强化民事诉讼机制

市场化防控机制最重要的方式显然应当是民事诉讼。我国《证券法》第 77 条第 2 款明确规定:“操纵证券市场行为给投资者造成损失的,行为人应当依法承担赔偿责任。”因此,针对操纵证券市场的民事诉讼具有坚实的法律基础。然而,在司法实践中,我国操纵证券市场民事诉讼的进程则困难重重。2011 年 12 月 15 日,北京市第二中级人民法院对我国首起操纵证券市场赔偿纠纷案——18 名投资者诉程某某、刘某某 2 人操纵 * ST 钛白(原中核钛白,股票代码:002145. SZ)民事赔偿案作出了一审驳回原告诉讼请求的判决。12 月 16 日,北京市第二中级人民法院以相同的理由,驳回了股民王某诉北京首放投资公司、汪某某操纵证券市场赔偿纠纷案中原告的损害赔偿请求。

应当看到,操纵证券市场与损害结果之间因果关系的确定以及行为人承担赔偿责任数额的范围、损失的计算方法,我国《证券法》以及相关司法解释均无明文规定。在上述案件中,原告及其代理律师均主张参照最高人民法院《关于审理证券市场因虚假陈述引发的民事赔偿案件的若干规定》认定操纵证券市场的民事赔偿责任和损失的计算数额。从法理上分析,这显然是缺乏程序性法律依据的。因为,虚假陈述与操纵证券市场是两种不同的违法行为,两者在违法主体、行为表现、持续时间、影响范围方面均不同,操纵证券市场案件确实不能参照虚假陈述的司法解释进行法律适用。同时,从侵权责任的实体法律层面进行分析,买卖股票系投资行为,投资本身即存在盈亏风险,股票的涨跌受该上市公司的财务、经营状况、所属行业景气程度以及大盘指数等因素影响,投资股票产生的损失,能否认定是由相关操纵行为造成的,在证券法理论与实践中均未达成共识。

由此可见,在中国司法实践中,针对操纵证券市场的民事诉讼的受理、胜诉存在很大的障碍。主要根源在于《证券法》实施之后的民事诉讼救济机制迟迟没有出台,以及操纵证券市场侵权责任认定存在争议。合理借鉴国外操纵证券市场民事诉讼立法与司法经验是实现我国资本市场投资者保护的必要路径。美国证券法以及判例作为全球最为成熟的证券市场的法律规范体系,赋予证券市场投资者通过民事诉讼的途径获取市场操纵损害赔偿。尽管操纵证券市场民事诉讼程序在诉讼主体资格以及各类证明要素的把握上也存在不同程度的困惑,但对于建构我国操纵证券市场民事诉讼机制而言,其优质内核无疑具有重要的参考价值与启示作用。

美国《证券交易法》主要以反欺诈条款规制操纵证券市场行为,该法第 10 条 b 项规定(以下简称 10b 规定):禁止任何人直接或者间接地通过州际商务、邮电通信、证券交易等设施,使用操纵、欺诈或违反证券监管部门基于保护市场和投资者利益所制定的法规的方式,从事注册证券、非注册证券、以证券为基础的掉期合约等交易。美国大多数反证券市场操纵诉讼均基于 10b 规定而提起。各级联邦法院在判例中始终强调,10b 规定在法律解释上必须具有灵活性,不能以一种限制性的视角严格解释 10b 规定的字面含义。根据 10b 规定对抗操纵证券市场的行为具有多方面的便捷诉讼效果:在美国,只有基于 10b 规定才能提起民事赔偿诉讼,而在美国《证券交易法》其他的可诉性条款中没有民事诉讼的法律依据;反操纵民事诉讼即可针对发行市场中的欺诈行为,也可针对交易市场中的违规行为;反操纵诉讼标的不仅包括注册证券,而且包括非注册证券。美国联邦最高法院在1971年纽约保险管理机构诉纽约人寿与灾害保险公司案中首次确认,当事人有权根据10b规定提起操纵证券市场民事赔偿诉讼,美国《证券交易法》保护投资者根据侵权责任法的一般原理制裁操纵证券市场者的权利。自此,操纵证券市场民事赔偿诉讼逐渐成为投资者成功弥补损失的有效法律救济途径。美国联邦最高法院在1971年凯斯公司诉布洛克案中提出了证券市场操纵民事诉讼的重要价值:尽管美国《证券交易法》没有明确且详细地设定民事诉讼机制,但证券法保护投资者权益的立法目的当然地内含着民事赔偿司法救济的正当性与有效性。因为民事赔偿诉讼不仅是实现投资者利益保护目标的实用性机制,也是反操纵行政、刑事诉讼的必要补充。

投资者基于10b规定弥补操纵证券市场行为对其产生的损失,应当在民事诉讼程序中证明自己属于适格原告、被告实施了操纵行为并具有主观明知、操纵行为与投资者损失具有因果关系、损害赔偿合法且合理等法律要素。

一是适格原告。在美国证券诉讼实践中,市场操纵民事案件中的适格原告一般是指在操纵行为发生后直至揭露前与操纵者实施相反操作的证券投资者。美国联邦第二巡回上诉法院在1974年夏皮罗诉美林集团案件中首次以判例的形式提出了该项规则。美国证券法理论上有一些观点质疑这种规则的公平性,认为其过于宽泛,明显拓展了证券操纵者承担民事责任的范围。大量的投资者将会以适格原告的身份加入证券集团诉讼,导致被告实际支出的赔偿数额超过操纵行为对证券市场造成的损失。但是,美国联邦第二巡回上诉法院的这项适格原告判断标准在诉讼实践中获得了广泛认同。因为其不仅为证券投资者寻求民事法律救济提供了相对宽松的准入门槛,而且,被告支付损害赔偿数额层面的不公平缺陷在实践中可以由法院设定赔偿总额限制的方式(或称赔偿帽)予以纠偏。对于适格原告的准入标准而言,确保投资者法律救济途径的价值考量显然应当超过精准赔偿的目标追求。

二是操纵行为。原告必须证明被告使用了欺诈性手段对证券供求关系制造重大的虚假性或者误导性影响,从而操纵证券市场。例如,操纵者使用洗售、对敲等方式影响市场形成错误的证券价格。操纵市场行为还可以与虚假陈述相结合。也就是说,行为人向市场公布事先明知是虚假的、误导性的、未经尽职调查明确真伪的或者具有利益冲突的信息,引起证券交易价格波动。没有经过法律量化评估的操纵行为本身并不足以构成10b规定层面的操纵证券市场。符合实质性标准的操纵行为是确认民事责任的客观行为基础,即操纵行为应当达到显著影响证券交易价格的重要程度。判断操纵行为是否具有实质性的标准,以理性投资者在决定是否进行证券交易时会将涉案行为作为重要的根据或参照。美国联邦法院系统的操纵证券市场判例一般认为,如果投资者的证券交易行为与涉案操纵行为具有一定关联,就可以确认当事人具有证券操纵赔偿的请求权;至于操纵行为对于投资者的证券交易行为是否确实具有重大影响,则必须根据每个操纵证券市场案件的具体情况予以综合判断。

三是主观明知。明知是操纵证券市场民事赔偿诉讼的主观要素，即原告应当证明被告对于涉案行为的不正当性及其结果具有认识。美国联邦最高法院在 Ernst & Ernst 会计师事务所（安永会计师事务所前身之一）诉霍奇菲尔德案中将明知界定为“内含欺诈与操纵意图的一种心理状态”。对于操纵证券市场案件中的原告而言，主观明知要素是一项具有较为严格法律标准的证明责任。根据美国《证券民事诉讼改革法》的规定，原告必须基于被告在证券交易过程中的一系列客观行为与事实进行“强有力的明知推论”。美国联邦最高法院在 2007 年泰乐集团（Tellabs Inc.）诉马克公司有限公司案件中将“强有力的明知推论”解释为原告应当出示使人信服的证据证明被告在主观上具有明知。美国联邦最高法院该项判决意见一般可以理解为证券操纵案件主观明知要素的“显著优势证据标准”。也就是说，当推论操纵者主观上存在明知的证据明显比反驳证据具有说服力时，法官应当认定明知推论成立。

四是因果关系。投资者损失与操纵行为之间具有因果关联是操纵证券市场民事赔偿责任的客观基础。但毋庸置疑的是，因果关系的证明对原告而言是一个艰难的诉讼过程。在美国操纵证券市场民事诉讼实践中，原告应当提供证据证明“交易关联”与“损失关联”两种类型的因果关系。“交易关联”是指原告从事的证券交易行为与被告实施的操纵行为之间具有客观且合理的因果联系。美国证券法理论上有一种观点认为，投资者从事证券交易过程中应当承担注意义务与勤勉责任，如果其本身忽视了保护投资安全的注意义务，法院就不能认定操纵行为与投资者的交易行为之间存在欺诈与被欺诈的因果关系。这种意见在某种情况下显然具有合理性。例如，投资者忽视显而易见的风险警示从事相关证券交易并由此造成损失。然而，更有必要强调的是，证券市场是一个发达且开放的交易系统。证券交易价格是由与该证券及其发行人有关的重要信息所决定的，故操纵证券市场行为本身并不直接与投资者发生关系，而是经由市场信息传递机制作用于投资者的资本配置行为。因此，谋求损害赔偿的投资者实际上不需要证明其投资行为与操纵行为之间具有直接性关联，只要有证据表明操纵行为影响证券交易价格，就可以认定操纵证券市场案件存在“交易关联”这种因果关系类型。美国证券法判例将这种因果关系解释原理概括为“市场欺诈论”，即操纵行为影响证券价格，从而对依赖于该证券价格判断投资价值的证券市场参与者形成欺诈。“市场欺诈论”本质上是对“交易关联”的一种可反驳推定，如果被告能够证明原告以合理的市场价格从事相关证券交易或者涉案操纵行为对证券市场没有产生重大影响，则可阻断操纵行为与投资行为之间的因果关系。例如，投资者在证券市场对于疑似操纵行为没有发生实质性反应的时间节点买入或者卖出相关证券。“损失关联”是指原告应当证明其基于被告实施的操纵行为而进行的相关证券交易实际产生损失。操纵行为是投资者发生损失的原因之一即可，至于如何量化操纵行为与损失结果之间的因果关联度，则由法院根据具体案件情况予以判定。同时，这也更倾向于一个损害赔偿的计算问题。

五是损害赔偿。因操纵行为而造成的实际财产损失的证券市场投资者有权主张损害赔偿。对于如何计算损害赔偿数额，在美国证券诉讼实践中一般适用实际赔偿规则，即以原告实际买卖证券的价格与该证券的真实价值之差作为损害数额。原告实际买卖证券价格以该投资者在操纵行为实施之后、操纵信息揭露之前的交易平均价格计算；原告在操纵信息揭露之后仍持有相关证券的，以操纵信息披露之后、法院认定的基准日之前该证券的平均交易价格认定。受操纵证券的"真实价值"通过推定的方式予以计算，实践中通常以操纵行为揭露后一段时间内(一般为30天)的平均交易价格进行认定。但是，证券诉讼具有多样化的特点，在证券操纵民事案件中，不仅表现为操纵行为类型多样化，而且体现在同一集团诉讼中不同原告的受害情形各不相同。因此，实际赔偿规则只是一种较有代表性的赔偿计算方式。不能绝对地排斥其他损害赔偿认定规则。在实践中，法院允许原告合理地选择有利于恢复损害且非投机性的赔偿计算方式。当然，一旦法院认可，则原告无权更改。对于损害赔偿计算而言，美国联邦法院尽量尝试在全面弥补投资者损失与避免极端地处罚操纵者之间寻求理性平衡。

尽管资本市场监管层充分认识到了操纵证券市场对投资者利益的损害，致力于采取稽查措施防控操纵行为，并将严重的操纵证券市场违法犯罪行为移送司法机关追究刑事责任。但是，由于缺乏有效的民事救济措施，广大投资者的利益无法通过司法途径进行全面的救济。同时，对于资本市场中的疑似操纵证券行为，无论是资深市场人士，还是一般投资者，其惯性思维通常是建议或者呼吁监管部门进行调查。然而，资本市场行政监管资源与效率都是有限的。在资本市场信息加速生成的时代背景下，以行政监管为主导进行反操纵监管显然是不切实际的。应对市场操纵的挑战，必须充分发挥市场监管外部性、独立性、效率性的特点，以证券集团诉讼为核心的操纵证券市场民事诉讼制度作为市场化监管的核心机制。

由于我国《证券法》有关操纵证券市场民事责任条款的不明确，我国操纵证券市场民事诉讼机制在实践中始终处于艰难探索状态。操纵证券市场民事赔偿诉讼程序长期处于证券监管层与最高人民法院共同调研状态，迟迟无法出台操纵证券市场民事赔偿司法解释。操纵证券市场民事赔偿救济途径长期处于缺位状态，使我国资本市场难以形成庞大且有力的市场化监督力量惩防市场操纵违法行为。此外，在我国证券诉讼实践中已经涌现了部分有影响的代表人诉讼案例，但由于我国《民事诉讼法》中仅规定了简易的共同诉讼制度，不能适应市场操纵等证券赔偿案件受害者极为广泛的实际情况，造成操纵证券市场民事侵权诉讼救济无路可循。律师征集委托权困难、证券集团诉讼机制尚未全面确立、损害赔偿范围有限等，实质上影响了广大投资者集合力量起诉在资本、信息等资源上具有显著优势的操纵者的诉讼效果。

从美国操纵证券市场民事诉讼的法律框架与判例实践来看，主要是以《证券交易法》上的一般性反欺诈条款作为证券民事赔偿诉讼的规范依据，并在传统侵权法的责任原理上确定原告求偿的法律要素与被告承担损害赔偿的合理限度，以原则性的法律条文与长期的判例实践建构了操纵证券市场民事赔偿诉讼机制。尽管侵权责任法的实体规范结构并不一定能够完美地与操纵证券市场案件特点进行对接，但其至少为广大证券市场投资者提供了获取赔偿救济的法律途径；尽管美国操纵证券市场集团诉讼也存在投资者个体选择权受限、律师费用高企、潜在恶意诉讼比例较高等缺陷，但证券集团诉讼使原本处于劣势地位的证券市场投资者能够有效对抗具有信息、资金、技术等各方面资源优势的操纵者，从而建构起原告与被告力量均衡的民事诉讼。

所以，我国《证券法》应当细化规定操纵证券市场民事赔偿制度。明确适格原告、因果关系、赔偿标准等疑难问题，并根据操纵证券市场的特点规定证券集团诉讼制度，促进我国《民事诉讼法》有关证券诉讼机制的改革，从而使因操纵证券市场行为遭受损失的广大资本市场投资者能够形成合力，维护合法权益，通过规范化的民事诉讼程序追究证券市场操纵者的民事责任。通过有效的民事诉讼机制形成市场化的防控力量，理应是一种具有效率的市场操纵防控制度。只有设置程序简捷、诉讼成本与风险合理、维权效率较高的资本市场诉权运行程序，我国资本市场才能实现操纵证券市场的有效监管与投资者权益的充分保护。

3. 通过积极的举报激励机制瓦解证券期货违法犯罪

美国证监会针对证券期货违法犯罪难于举证的特点，通过数额极为可观的举报激励机制，建构起了强大的证券期货违法犯罪自发性监督机制。例如，美国证券交易委员会有权将内幕交易案件中民事罚款的10%作为举报奖励，对举报者进行巨额经济奖励。如此丰厚的经济激励，在很大程度上鼓励了证券市场上的很多参与主体高度关注内幕交易事件。美国证券史上很多重大的内幕交易案件实际上都是通过举报查处的。例如，在美国著名的伊凡·博伊斯基（Ivan Boesky）内幕交易案中，举报人的举报奖励竟然高达1千万美元。[1]

我国有必要积极发挥市场主体的监督力量，不仅鼓励一般股民关注证券期货违法犯罪案件，更为重要的是，必须通过高额的经济奖励机制，鼓励投资银行的工作人员、律师、会计师等专业人员，通过高度专业化的研究，对涉嫌违规的交易进行专业判断，进行专业分析性举报。强有力的举报奖励机制实际上等于对证券期货违法犯罪行为设置了“天罗地网”，调动了社会各界人士全方位监管的力量。这为监管层查处证券期货违法犯罪、固定证据积累了坚实的证据与信息基础。

---

〔1〕 徐冬根、刘丽娟：《金融危机与美国证券监管体制改革》，载《法治研究》2010年第4期。

第五章　融资犯罪对策研究

融资犯罪，是指非法从事融资活动，严重侵害金融市场机制与投资者权益，根据刑法规定应当予以刑事处罚的犯罪行为。根据非法融资犯罪行为形式以及融资犯罪所侵害的金融市场机制进行区分，融资犯罪包括直接融资犯罪与间接融资犯罪两种类型。直接融资犯罪是融资者与投资者直接就资金吸收与交付非法达成协议，侵犯直接融资市场机制的犯罪行为。本章着重从融资的角度系统性地解释刑法分则中与社会融资环节紧密关联的相关犯罪行为类型。根据我国《刑法》分则的规定，融资犯罪可以进一步类型化为以下层次：(1)非法集资犯罪，包括非法吸收公众存款罪、集资诈骗罪，通过变相吸收公众存款的方式汇集资金是间接融资的表现形式。(2)非法发行证券犯罪，包括我国《刑法》第160条[1]欺诈发行股票、债券罪，第161条违规披露、不披露重要信息罪，第179条[2]擅自发行股票、公司、企业债券罪，第225条[3]非法经营罪，通过发行证券的方式获取资金是直接融资的表现形式。(3)贷款犯罪，包括我国《刑法》第175条之一[4]骗

---

〔1〕 我国《刑法》第160条规定：在招股说明书、认股书、公司、企业债券募集办法中隐瞒重要事实或者编造重大虚假内容，发行股票或者公司、企业债券，数额巨大、后果严重或者有其他严重情节的，处5年以下有期徒刑或者拘役，并处或者单处非法募集资金金额1%以上5%以下罚金。单位犯前款罪的，对单位判处罚金，并对其直接负责的主管人员和其他直接责任人员，处5年以下有期徒刑或者拘役。

〔2〕 我国《刑法》第179条规定：未经国家有关主管部门批准，擅自发行股票或者公司、企业债券，数额巨大、后果严重或者有其他严重情节的，处5年以下有期徒刑或者拘役，并处或者单处非法募集资金金额1%以上5%以下罚金。单位犯前款罪的，对单位判处罚金，并对其直接负责的主管人员和其他直接责任人员，处5年以下有期徒刑或者拘役。

〔3〕 我国《刑法》第225条规定：违反国家规定，有下列非法经营行为之一，扰乱市场秩序，情节严重的，处五年以下有期徒刑或者拘役，并处或者单处违法所得1倍以上5倍以下罚金；情节特别严重的，处5年以上有期徒刑，并处违法所得1倍以上5倍以下罚金或者没收财产：(1)未经许可经营法律、行政法规规定的专营、专卖物品或者其他限制买卖的物品的；(2)买卖进出口许可证、进出口原产地证明以及其他法律、行政法规规定的经营许可证或者批准文件的；(3)未经国家有关主管部门批准非法经营证券、期货、保险业务的，或者非法从事资金支付结算业务的；(4)其他严重扰乱市场秩序的非法经营行为。

〔4〕 我国《刑法》第175条之一规定：以欺骗手段取得银行或者其他金融机构贷款、票据承兑、信用证、保函等，给银行或者其他金融机构造成重大损失或者有其他严重情节的，处3年以下有期徒刑或者拘役，并处或者单处罚金；给银行或者其他金融机构造成特别重大损失或者有其他特别严重情节的，处3年以上7年以下有期徒刑，并处罚金。

取贷款票据承兑、金融票证罪，第 193 条[1]贷款诈骗罪等，贷款显然是资金融通手段（主要适用于公司等机构）。（4）信用卡犯罪，包括妨害信用卡管理罪、信用卡诈骗罪等，信用卡是个人的主要短期融资工具。

第一节　融资犯罪的基本问题

一、非法占有目的

通过分析融资犯罪刑法规范体系的纵深结构可知，欺诈发行、擅自发行证券犯罪以及非法吸收公众存款罪、骗取贷款罪系不具有非法占有目的且在行为上表现为欺诈的直接或者间接非法集资犯罪；集资诈骗罪、贷款诈骗罪是基于非法占有目的且使用欺诈方法的直接或者间接非法集资犯罪。欺诈与诈骗、非法融资目的与非法占有目的分别从客观与主观构成要件的角度确定了融资欺诈犯罪与融资诈骗犯罪的界限。只有符合诈骗行为与非法占有目的主客观双重核心要件的非法融资行为才能认定为集资诈骗犯罪，而其中的非法占有目的显然应当是一个主观见之于客观的证明过程，故理论上非法集资犯罪客观构成要件的证明压力应当略强于主观构成要件。然而，从现阶段非法集资犯罪刑法理论与实践中的争议焦点来看，各方观点集中于非法占有目的的推定与反驳问题，[2]对于诈骗行为的论证存在明显不足，导致非法集资犯罪主观构成要件证明压力过大，这在所有的融资犯罪中都有体现。

尽管最高司法机关制定的司法解释[3]在很大程度上强调通过客观事实推定非法占有目的，但融资者主观上的犯罪目的更倾向于一个基于个案具体情形下的区别化判断规则论证问题，司法解释有关非法占有目的的规定仍然存在过于原则、过于依赖实质判断或者价值判断、以客观结果机械化反推主观目的等重重弊端，有必要从非法集资犯

---

〔1〕　我国《刑法》第 193 条规定：有下列情形之一，以非法占有为目的，诈骗银行或者其他金融机构的贷款，数额较大的，处 5 年以下有期徒刑或者拘役，并处 2 万元以上 20 万元以下罚金；数额巨大或者有其他严重情节的，处 5 年以上 10 年以下有期徒刑，并处 5 万元以上 50 万元以下罚金；数额特别巨大或者有其他特别严重情节的，处 10 年以上有期徒刑或者无期徒刑，并处 5 万元以上 50 万元以下罚金或者没收财产：（1）编造引进资金、项目等虚假理由的；（2）使用虚假的经济合同的；（3）使用虚假的证明文件的；（4）使用虚假的产权证明作担保或者超出抵押物价值重复担保的；（5）以其他方法诈骗贷款的。

〔2〕　参见侯婉颖：《集资诈骗罪中非法占有目的的司法偏执》，载《法学》2012 年第 3 期。

〔3〕　司法解释是中国最高人民法院、最高人民检察院对法律、法规具体应用问题所作出的解释与说明。《法律解释工作决议》第 2 条规定，凡属于法院审判工作中具体应用法律、法令的问题，由最高人民法院进行解释。凡属于检察院检察工作中具体应用法律、法令的问题，由最高人民检察院进行解释。最高人民法院和最高人民检察院的解释如果有原则性的分歧，报请全国人民代表大会常务委员会解释或决定。2007 年最高人民法院《关于司法解释工作的规定》第 2 条规定：人民法院在审判工作中具体应用法律的问题，由最高人民法院作出司法解释。2006 年《最高人民检察院司法解释工作规定》第 2 条规定，人民检察院在检察工作中具体应用法律的问题，由最高人民检察院进行解释。

罪的角度切入进行深入解释,尝试解决这一实践难题。

我国非法集资犯罪相关刑法条文本身实际上对融资欺诈犯罪与融资诈骗犯罪之间的界限设定了确定的主观与客观构成要件标准,刑事司法实践应当充分运用准确的司法解释予以深入阐释,不能异化非法集资犯罪构成要件的题中应有之义。

其一,是否存在诈骗犯罪行为是界分融资欺诈犯罪与融资诈骗犯罪的第一层甄别机制。

在刑法理论与司法实践中,一般认为贷款诈骗罪、集资诈骗罪与欺诈发行股票、债券罪、非法吸收公众存款罪、骗取贷款罪之间在客观上的差异并不明显,均表现为不同欺骗形式的非法融资行为,区别的关键在于行为人是否具有非法占有的目的。但是,我国《刑法》非法集资犯罪条文实际上严格区分诈骗方法与欺诈(欺骗)方法。对于侵害间接融资市场机制的贷款诈骗罪而言,我国《刑法》第 193 条明确将诈骗行为类型化为编造引进资金、项目等虚假理由的,使用虚假的经济合同的,使用虚假的证明文件的,使用虚假的产权证明作担保或者超出抵押物价值重复担保的以及其他与上述行为手段具有同质性的贷款诈骗行为,疑难问题表现为我国《刑法》第 192 条以及相关司法解释均未细化规定或者解释的集资诈骗罪中的"诈骗方法"。〔1〕 1996 年最高人民法院《关于审理诈骗案件具体应用法律的若干问题的解释》(以下简称《诈骗解释》)第 3 条尽管将集资诈骗罪中的"诈骗方法"规定为"行为人采取虚构集资用途,以虚假的证明文件和高回报率为诱饵,骗取集资款的手段"。但是,由于《诈骗解释》内容上的原则性以及诈骗犯罪司法解释文本上的频繁更迭性,造成集资诈骗犯罪司法实践习惯性忽视该司法解释对"诈骗方法"的规范解释,从而导致部分存在不符合《诈骗解释》规定的"诈骗方法"情形,在没有经过充分法理论辩的情况下被直接认定为构成集资诈骗犯罪中的诈

〔1〕 2010 年最高人民法院《关于审理非法集资刑事案件具体应用法律若干问题的解释》(以下简称《非法集资解释》)第 2 条规定:实施下列行为之一,符合本解释第 1 条第 1 款规定的条件的,应当依照《刑法》第 176 条的规定,以非法吸收公众存款罪定罪处罚:(1)不具有房产销售的真实内容或者不以房产销售为主要目的,以返本销售、售后包租、约定回购、销售房产份额等方式非法吸收资金的;(2)以转让林权并代为管护等方式非法吸收资金的;(3)以代种植(养殖)、租种植(养殖)、联合种植(养殖)等方式非法吸收资金的;(4)不具有销售商品、提供服务的真实内容或者不以销售商品、提供服务为主要目的,以商品回购、寄存代售等方式非法吸收资金的;(5)不具有发行股票、债券的真实内容,以虚假转让股权、发售虚构债券等方式非法吸收资金的;(6)不具有募集基金的真实内容,以假借境外基金、发售虚构基金等方式非法吸收资金的;(7)不具有销售保险的真实内容,以假冒保险公司、伪造保险单据等方式非法吸收资金的;(8)以投资入股的方式非法吸收资金的;(9)以委托理财的方式非法吸收资金的;(10)利用民间"会""社"等组织非法吸收资金的;(11)其他非法吸收资金的行为。第 4 条中规定:以非法占有为目的,使用诈骗方法实施本解释第 2 条规定所列行为的,应当依照《刑法》第 192 条的规定,以集资诈骗罪定罪处罚。可见,尽管该司法解释明确了"诈骗方法"是集资诈骗罪的构成要件,但仅对非法集资行为的主要表现形式进行了细化规定,并未对"诈骗方法"进行实质性的解释。

骗行为。[1]

笔者认为,融资诈骗犯罪在客观行为上的实质特征在于编造不存在或者无法成立的资本运作项目或者资金经营计划,以给付高额融资利益为诱饵骗取融资款项。其中,贷款诈骗方法具体表现为隐瞒确定坏账或者高度坏账风险,骗取金融机构贷款;集资诈骗方法具体表现为虚构根本不存在的集资用途或者完全不可能盈利的投资计划,骗取社会公众集资款。因此,司法解释有必要对集资诈骗罪中的诈骗方法予以类型化,建议将以下行为方式认定为诈骗方法:虚构投资项目,以后续投资者资金作为盈利给付先前投资者;[2]严重资不抵债,编造经营项目,以集资款项归还债务;[3]恶意建构投资或者经营项目,诱使投资者购买不具有使用价值或者交换价值的实物资产或者金融资产。[4]

其二,应将客观行为作为核心依据分析融资者是否具有非法占有目的。

根据2010年最高人民法院《非法集资解释》第4条的规定,使用诈骗方法非法集资,具有下列情形之一的,可以认定为"以非法占有为目的":(1)集资后不用于生产经营活动或者用于生产经营活动与筹集资金规模明显不成比例,致使集资款不能返还的;(2)肆意挥霍集资款,致使集资款不能返还的;(3)携带集资款逃匿的;(4)将集资款用于违法犯罪活动的;(5)抽逃、转移资金、隐匿财产,逃避返还资金的;(6)隐匿、销毁账目,或者搞假破产、假倒闭,逃避返还资金的;(7)拒不交代资金去向,逃避返还资金的;(8)其他可以认定非法占有目的的情形。在司法实践中对于第3~7项规定的非法占有目的情形争议不大,疑难问题集中于在集资款无法返还的情况下,如何根据融资者的

---

〔1〕 例如,在吴英案中,吴英在融资过程中并没有伪造虚假的证明文件,没有编造实际上并不存在的企业或项目,其借款时只是称做生意,或者称缺少资金,在行为特征上并不符合1996年《诈骗解释》的规定,故不能直接认定其实施了虚构事实或隐瞒真相的行为。参见吴英案一审判决书:(2009)浙金刑二初字第1号;吴英案二审刑事裁定书:(2010)浙刑二终字第27号。

〔2〕 这种诈骗方法实际上就是"庞氏骗局"。"庞氏骗局"是美籍意大利裔投机商查尔斯·庞兹(Charles Ponzi)于1919年"发明"的一种诈骗手段。庞兹欺骗他人向一个子虚乌有的企业投资,虚构该企业购买欧洲的邮政票据再转卖至美国,许诺投资者将在3个月内得到40%的巨额利润回报。实际上,庞兹是把新投资者的钱作为快速盈利付给最初投资人,以诱使更多人上当。庞兹欺骗了数万投资者,诈骗数额高达1500万美元。参见Robert Sobel, The Great Bull Market: Wall Street in the 1920's, New York: Norton, 1968, p. 17。尽管"以新还旧""拆东补西"的"庞氏骗局"是一种传统的诈骗方法,但至今仍是一种最为主要的集资诈骗犯罪行为模式。2008年,纳斯达克股票市场公司前董事会主席伯纳德·麦道夫因其运营的同名证券投资公司涉嫌500亿美元的证券欺诈(Securities Fraud)而被逮捕,最后美国纽约南区联邦法院认定麦道夫编制"庞氏骗局",利用没有断裂的后期资金滚动支付前期投资,判处其150年监禁。参见Jack Healy, Madoff Sentenced to 150 Years for Ponzi Scheme, The New York Times, June 29, 2009。

〔3〕 例如,向被害人编造、虚构募集资金是因为公司经营或者对外投资缺少资金,同时隐瞒公司的实际经营状况为严重资不抵债的事实以及所募集资金的真实用途,以支付高额利息为诱饵,公开募集大量资金并支付前期债务。

〔4〕 例如,设立完全不具有资产价值或者股权流动性的空壳公司,在美国纳斯达克OTCBB、OTCQX等自动报价系统挂牌,诱使投资者购买此类公司股权。

资金使用情况推定非法占有目的。

笔者认为,在司法实践中,首先,应当避免根据事后造成的损失来倒推“非法占有目的”,从而倾向于将造成较大损失的案件认定为集资诈骗罪,而将损失较小的案件认定为非法吸收公众存款罪。其次,资金无法归还与明显非法占有资金行为之间应当具有因果关系,基于市场风险、经营判断失误等原因造成集资款无法收回的,不能推定其具有非法占有目的,而应当通过民事诉讼程序予以追偿。再次,推定融资者具有非法占有目的的基础事实应当具有典型性与明确性,用于生产经营活动与筹集资金规模明显不成比例以及肆意挥霍情形中的“明显”“肆意”等应当综合个案事实予以重点分析,不能简单地根据“不成比例”“挥霍”等基础事实对非法占有目的进行推定。最后,应当充分允许涉嫌融资诈骗犯罪的行为人就其不具有非法占有目的进行反驳。应当看到,2001 年《全国法院审理金融犯罪案件工作座谈会纪要》不仅从正面规定了非法占有目的的客观表现形式,即推定行为人具有非法占有目的的客观行为类型,而且从反面强调了应当谨慎认定或者不认定非法占有目的的两个要点:一是不能仅凭较大数额的非法集资款不能返还的结果,推定行为人具有非法占有的目的;二是行为人将大部分资金用于投资或生产经营活动,而将少量资金用于个人消费或挥霍的,不应仅以此便认定具有非法占有的目的。但 2010 年《非法集资解释》只是从正面强调了推定非法占有目的的情形,并没有从反面论证或者突出反驳非法占有目的的行为事实类型,在实体规范层面存在一定程度弱化非法占有目的推定与反驳对抗性的问题。故在司法实践中,有必要彰显非法占有目的反驳的作用与意义,防止非法集资犯罪司法解释出现技术性倒退。

二、刑事违法性认定问题

超越金融机构垄断存贷款业务框架寻求融资渠道,在很大程度上具有融资市场竞争与多层次金融市场创新探索的性质,但是,我国《证券法》《商业银行法》等法律法规明确禁止违法证券发行核准制度与存贷款业务审批制度的情况下,违法法律规定的融资行为符合刑事处罚标准的,即构成非法集资犯罪。可见,非法集资犯罪刑事违法性认定,即合法融资(合法民间融资、私募等)与非法融资(非法发行证券、非法集资等)判断问题,是划分非法集资犯罪的罪与非罪界限的基础。但是,非法集资犯罪刑事司法实践对于合法融资与非法融资的界限认定问题一直没有摆脱司法机制扭曲的状态。

在刑事司法规范建构与适用层面,非法集资犯罪司法实践始终难以明晰地梳理融资自由与金融安全两种法律所保护的社会利益的关系,最终导致司法规范文本受制于行政调控为主导的金融政策。一方面,刑事司法实践通过严厉打击非法集资等犯罪稳定金融秩序与维护金融垄断;另一方面,通过不同程度地认可民间融资的合法性保障民间资本最低限度的流动性。在融资自由与金融安全两种价值不断冲突与企图调试的过程中,现有金融体系稳定在持续处于优先保护价值地位的同时,深刻地凸显刑事司法规范文本的摇摆性与非独立性。1995 年全国人大常委会《关于惩治破坏金融秩序犯罪的决定》设立非法吸收公众存款罪和集资诈骗罪之后,基于对国有垄断金融机构的保护需要,刑事司法实践对非法集资案件持续进行严厉打击。[1] 尤其是在通过大量投资推动增长的经济过热时期,刑事司法解释文本对于非法集资犯罪的刑事控制尤为严厉。例如,2004 年宏观调控时期,我国政府提出严格控制新开工项目,认真清理在建项目,加强金融调控和信贷管理,适度控制货币信贷增长等针对性调控措施。[2] 2004 年 11 月最高人民法院发布《关于依法严厉打击集资诈骗和非法吸收公众存款犯罪活动的通知》,该通知提出:坚决贯彻依法严惩集资诈骗和非法吸收公众存款犯罪的方针,加大对集资诈骗和非法吸收公众存款犯罪的打击力度。法院要积极配合有关部门,开展严厉打击这类犯罪的专项行动,切实维护金融市场秩序和社会政治稳定。贯彻依法严惩的方针,保持对犯罪的高压态势,以有效震慑不法分子,保护人民群众利益。对集资诈骗数额特别巨大并且给国家和人民利益造成特别重大损失,罪行极其严重的犯罪分子,依法应该判处死刑的,要坚决判处死刑,绝不手软。[3]

在非法集资犯罪行为刑事违法性实践判断层面,以行政主管部门行为违法性认定为主导的实体性判断结论与程序性运作流程更是实际控制了合法融资与非法融资的界限甄别。尽管 2011 年最高人民法院《关于非法集资刑事案件性质认定问题的通知》(以下简称《非法集资性质认定通知》)明确规定:行政部门对于非法集资的性质认定,不是非法集资案件进入刑事程序的必经程序。行政部门未对非法集资作出性质认定的,不影响非法集资刑事案件的审判;对于案情复杂、性质认定疑难的案件,人民法院可以在有关部门关于是否符合行业技术标准的行政认定意见的基础上,根据案件事实和法律规定作出性质认定。但是,《非法集资性质认定通知》又规定,非法集资刑事案件的审判工作涉及领域广、专业性强,法院在审理此类案件当中要注意加强与有关行政主(监)管部门以及公安机关、人民检察院的配合。这实际上意味着司法机关在坚守非法集资犯罪行为刑事违法性认定独立判断的同时,仍然基于权力配置、技术条件、影响领域等各方面障碍与困惑而出现摇摆。

在实践中,对于侵害间接融资市场机制的非法吸收公众存款、集资诈骗行为违法性认定,现阶段形成了以银监会牵头成立的处置非法集资部际联席会议[4] 以及省政府为核心进行判断的行政管理模式,此类非法集资犯罪行为刑事违法性的司法审查对于行政认定程序与结论具有实质性的依赖。根据《处置非法集资部际联席会议制度》的规

---

[1] 参见彭冰:《治理之道更在法律之外》,载《财经》2012 年第 6 期。

[2] 参见新华社北京 4 月 11 日电:《继续加强宏观调控 控制投资过快增长保持经济平稳较快发展》,载《人民日报》2004 年 4 月 12 日,第 2 版。

[3] 参见 2004 年最高人民法院《关于依法严厉打击集资诈骗和非法吸收公众存款犯罪活动的通知》第 2 条。

[4] 处置非法集资部际联席会议是经国务院同意建立,由银监会牵头,国家发改委等 18 个部门参加,负责处置非法集资活动组织协调的工作机制。其主要职责是,在国务院的领导下,组织协调有关部门和省级人民政府,建立"疏堵并举、防治结合"的综合治理长效机制,切实有效地贯彻落实党中央、国务院处置非法集资的方针和政策。

定,处置非法集资部际联席会议组织有关部门对涉嫌非法集资案件进行性质认定,由有关部门依法作出认定结论。重大案件的认定意见按程序报批。同时,根据《处置非法集资部际联席会议工作机制》的规定,事实清楚、证据确凿、政策界限清晰的,由案发地省级人民政府组织当地银监、公安、行业主管或监管等部门进行认定。性质认定后,由当地省级人民政府组织进行查处和后续处置。重大案件,跨省(区、市)且达到一定规模的案件,前期调查取证事实清楚且证据确凿,但因现行法律法规界定不清而难以定性的,由省级人民政府提出初步认定意见后按要求上报,由联席会议组织认定,由有关部门依法作出认定结论。同样,对于侵害直接融资市场机制的擅自发行证券、非法经营证券业务等非法集资犯罪行为的违法性认定,司法机关通常将证监会对涉案经营行为的性质所出具的书面结论(一般以复函的形式出现),作为认定涉案直接融资行为或者非法经营证券融资业务行为违法性的核心依据。

犯罪的违法性始终被认为是理所当然的特征。[1] 非法集资犯罪行为刑事违法性的认定不能仅仅是对我国《商业银行法》《证券法》等相关行政法律规定的静态援引,而是必须对整个融资过程中行为的刑事违法性进行全面的证明,即司法机关通过严格的司法审查,论证非法集资犯罪行为的违法事实及其规范依据。司法机关自主性地对非法集资犯罪行为刑事违法性问题进行论证与分析的能动性作用受到了明显的限制,不仅是源于外部性行政力量与金融利益的压制,而且在一定程度上是因为司法机关面对金融专业性问题时主动采取"司法克制"的态度,转而依托专业性行政部门的力量判断非法集资犯罪行为的刑事违法性。在实际操作中,银监会负责非法集资的认定、查处和取缔及相关的组织协调工作;公安部、工商总局、证监会、保监会、人民银行等有关部门及非法集资行为发生地的地方政府密切配合银监会开展有关工作。具体而言,涉及银行业金融机构的,由银监会负责认定、查处、取缔;涉及证券期货、保险机构、工商企业的,由银监会会同证监会、保监会、工商总局以及有关部门负责认定、查处、取缔。[2] 但是,犯罪行为的刑事违法性与违法行为的行政违法性明显处于两种实体性质与两种程序判断下的法律判断问题,在非法集资犯罪行为刑事违法性认定程序中,以银监会主导形成的处罚决定、书面复函、调查笔录、认定函等文件材料,只能在行政处罚程序中具有行政法律效力,在刑事司法程序中不具有司法效力,不应当以此为依据认定非法集资犯罪行为的刑事违法性。

同时,基于涉案行为刑事违法性认定而产生的争议、困惑、分歧等频繁见诸非法集资犯罪案件司法实践:其一,融资行为违法性认定证据合法性争议。在非法集资犯罪实践中,辩方经常提出的一种辩护意见是,银监会出具的《认定函》等文件不属于我国《刑事诉讼法》规定的7种证据之一,证据形式不合法,不能作为定案依据。但是,控方通常

---

〔1〕 参见[德]李斯特著、施密特修订:《德国刑法教科书》,徐久生译,法律出版社2006年版,第202页。

〔2〕 参见2005年中央机构编制委员会办公室《关于明确认定、查处、取缔非法集资部门职责分工的通知》。

坚持认为证监会出具的《认定函》等从形式上看属于公文书证，具备证据能力，依法可以采信作为定案的依据。其二，非法集资犯罪二次违法性认定障碍与矛盾。根据犯罪二次违法性理论，刑法具有二次性规范的属性，犯罪具有二次性违法的基本特征。[1]在认定犯罪的过程中，涉案行为的违法性依据根植于前置性规范，违法行为只有在超越其他法律规范的情况下，才能通过刑法规范进行二次评价与检讨。故银监会对涉案融资行为提出的行政违法认定意见尽管在刑事违法性证明环节没有司法效力，却是非法集资犯罪行为二次违法性判断中不可或缺的第一次违法性判断基础。《非法集资性质认定通知》规定的行政部门对于非法集资的性质认定不是非法集资案件进入刑事程序的必经程序，实际上明显违背犯罪二次性违法原理。这就导致非法集资犯罪行为刑事违法性判断出现重大的内部冲突与矛盾：在部分案件中，行政违法认定程序与实体结论完全替代刑事违法判断；在部分案件中，司法机关在没有行政违法认定意见的基础上直接判定相关行为构成非法融资。[2]

笔者认为，融资行为违法是认定非法集资犯罪刑事违法性的基础，行政程序中的融资行为违法认定意见可以直接作为非法集资犯罪第一次违法性判断的依据。但是，对于非法集资、非法发行证券等直接或者间接非法集资犯罪案件中相关行为的刑事违法性认定问题，司法机关必须进行独立且全面的司法审查与判断。金融监管部门制作的行政处罚决定书、行政复函等可以作为涉案行为刑事违法性司法判断的证据，但不能直接作为定案依据，而应当对此类证据的合法性、关联性等进行刑事转化、综合论证、分析以及司法释理。

其一，金融监管部门提供的书面文件可以作为公文书证纳入非法集资犯罪全案的证据体系，具有可采性。国家机关在法定职权范围内行使职权所制作的书面文件，包括各种命令、决定、通告、指示、信函、证明文书等，属于公文书证，可以作为刑事案件的证据。银监会、证监会等作为国务院银行业、证券业等监督管理机构，依照中国相关金融行政法律规定，具有认定非法融资行为的法定职权。银监会、证监会等根据稽查的事实、证据，并结合我国《商业银行法》《证券法》的有关规定出具《认定函》《批复》等，对涉案行为的行政违法性进行说明，符合法律规定，应当作为非法集资犯罪第一次违法性的直接认定依据以及第二次违法性（刑事违法性）的判断基础。

---

〔1〕 参见杨兴培：《犯罪的二次性违法理论探究》，载本书编辑委员会编：《社会转型时期的刑事法理论》，法律出版社 2004 年版，第 415 页。

〔2〕 例如，在中富证券有限公司、彭军等非法吸收公众存款案中，中富证券在从事资产管理过程中具有资质，对与此类有资产管理资质的证券机构吸收资金的行为（明知从事资产管理业务不得向客户作出保证其资产本金不受损失或者取得最低收益的情况下，故意采取上述方法吸收存款）是否可认定为非法吸收公众存款，显然应当由银监会先行认定其行政违法性。但该案在未经行政确认涉案行为违法性的情况下，一审、二审均认定非法吸收公众存款罪成立。参见中富证券有限责任公司、彭军等非法吸收公众存款案一审判决书：（2005）沪二中刑初字第 117 号；中富证券有限责任公司、彭军等非法吸收公众存款案二审刑事裁定书：（2005）沪高刑终字第 160 号。

其二,金融监管机构在行政程序中形成的相关证据及其在刑事程序中出具的文书具有证据可采性,并不意味着司法机关可以直接按照公文书证中的结论性意见认定案件事实与相关行为的刑事违法性。金融监管机构认定非法融资的法定职权限于行政程序,其对融资行为违法性进行确认的行政法律文件具有的既定效力仅覆盖行政程序环节,是一种行政违法性的认定,金融监管机构无权对涉案融资行为的刑事违法性进行认定。所以,在金融监管机构出具认定函件等公文书证的情况下,司法机关必须对其所阐释的理由与结论进行独立分析,不能直接按照证监会提供的意见认定案件事实与法律性质。司法机关不得以节省司法资源、金融技术性知识能力低于金融监管机构等理由直接将行政文件作为认定非法集资犯罪行为刑事违法性的依据。

其三,金融监管机构在查处融资违法案件过程中形成的证据材料,经过合法性认定与转化之后,可以作为刑事案件的证据使用。在司法实践中,非法集资犯罪案件通常由行政执法部门在调查结束后移送司法机关。非法集资犯罪行为刑事违法性司法审查必然滞后于行政调查。大量的能够证明非法集资犯罪行为刑事违法性的证据势必都由证监会等行政执法部门先行调取、采集、固定、制作。[1] 对于非法集资犯罪涉及大量融资数据、资金流动、账户信息、被害人证言等证据材料,司法机关只能在经过审查认可这些证据合法性的基础上,对涉案行为的刑事违法性进行判断,不可能作为取证主体重新收集与固定非法集资犯罪的证据。因此,认定非法集资犯罪行为刑事违法性的具体依据只能是金融监管机构移送司法机关的证据。此类能够证明非法集资犯罪行为刑事违法性的依据进一步可以区分为直接依据与间接依据:金融监管机构向证券公司、证券交易所、银行、工商行政执法机构等调取的记录资金走向、账户资料、工商登记等信息的书证、物证、电子证据等客观性材料,经司法机关确认具备证据合法性的,可以直接作为司法机关判断非法集资犯罪行为刑事违法性的依据。金融监管机构在办案过程中形成的涉案人员供述、证人证言、调查笔录等主观性材料,在刑事司法中不具有证据合法性,必须经过司法机关依法转换为刑事诉讼证据,从而成为判断非法集资犯罪行为是否刑事违法的间接依据。

第二节　非法集资犯罪法律适用对策

吴英集资诈骗案在中国引发了一场跨越市民社会、普通民众与金融精英、自由市场与金融垄断、规范现实与体制改革、生存与死亡的广泛讨论。相关法治论辩涉及金融犯

[1] 在非法集资犯罪案件中,涉案的融资行为通常涉及相关地区甚至是全国投资者,涉案投资者动辄成千上万,涉案金额动辄千万元甚至上亿元,金融监管机构移送司法机关的资金流向、投资者证言等证据繁多。参见王晓林:《集资诈骗罪和非法吸收公众存款罪的构成及异同》,载陈辐宽主编:《金融证券犯罪疑难问题解析》,中国检察出版社 2009 年版,第 275 ~ 284 页。

罪刑法适用与完善、民间金融与法律规制、金融体制改革等一系列问题。应当看到，吴英集资诈骗案实际上是在信息互动高度发达时代背景下，通过个案将现有金融监管制度下的投资冲动、融资困境以及法律控制之间的冲突问题予以极度放大，民间融资、非法吸收公众存款罪以及集资诈骗罪的规范界限模糊在我国刑法理论与实务中长期存在并持续形成争议。随着社会经济的发展，近年来非法集资犯罪数量与危害持续攀升。根据上海市人民检察院发布的《2015 年上海金融检察白皮书》统计，非法集资犯罪持续增长。2015 年，非法金融活动犯罪加剧，特别是非法集资案件连续 4 年出现增长，非法吸收公众存款案 101 件、集资诈骗案 37 件。案件还呈现以下特点：非法集资犯罪主体多为投资管理类公司，采用多层级、跨区域、集团化运作的新模式；销售产品多为性质模糊的"理财产品"，多借用保障安置房、养老产业等国家政策扶持项目等名义混淆视听；传播手段仍使用常见手段，部分借助公众媒体传播集资虚假信息。

一项针对 1995～2008 年我国 311 起非法集资案件的实证研究指出，个人集资与"债权"型财产关系的高度重合，反映的实质问题是刑法对待非法集资和民间借贷的界限问题所持的模糊态度。由于现行刑法及其配套规定缺乏区分民间借贷和非法集资的明确且具有可操作性的标准，导致司法裁量权呈现滥用的趋势，使各地处理非法集资案件的实践极为混乱。〔1〕同时，近 10 年来我国接连发生的数额特别巨大的非法集资个案也深刻地体现出民间融资事前与事中监管机制阙如与事后刑法规制严苛的法律监管错位状态。

例如，孙大午非法吸收公众存款案：河北省响水县孙大午创办的民营农业企业大午集团向银行贷款遇到困难，孙大午动员本企业职工及附近的乡镇村民将钱存在大午集团，用于企业经营。2003 年 7 月 5 日，徐水县检察院以涉嫌非法吸收公众存款罪批准逮捕孙大午。法院审理认定，大午集团未经人民银行批准，经孙大午决策，大午集团招收代办员，设立代办点，于 2001 年 1 月至 2003 年 5 月，以高于银行同期存款利率、承诺不交利息税等方式，向社会公众变相吸收存款 1627 单，共计 1300 多万元，涉及 611 人。2003 年 11 月 17 日法院以非法吸收公众存款罪判处孙大午有期徒刑 3 年，缓刑 4 年。〔2〕但是，提供存款者与大午集团从未发生信用纠纷，甚至在孙大午案发后也没有出现储户挤兑，储户非但没有出现投资损失反而有相当数量的投资者获利。由于孙大午吸收存款的利息、用途均不存在违法情形，加之吸收存款对象是否具有不特定性较难明确，导致其行为是构成非法吸收公众存款罪还是属于合法的民间借贷存在极大争议。

再如，曾成杰集资诈骗案：原湖南三馆房地产开发集团有限公司（以下简称三馆公司）总裁曾成杰以非法占有为目的，采用诈骗方法非法集资总金额 34.5 亿余元，集资诈骗金额近 8.3 亿元，金额特别巨大，且情节严重，被告人曾成杰犯集资诈骗罪，于 2012

---

〔1〕参见王开元、施东沂、骆梅婷：《非法集资实证研究》，载《金融法苑》2010 年第 1 期。

〔2〕参见邱伟：《孙大午案一审落定》，载《21 世纪经济报道》2003 年 11 月 3 日，第 5 版。

年1月19日被湖南省高级人民法院判处死刑。[1] 然而,在剔除已退本息及集资奖励的情况下,三馆公司实际可以用于生产经营活动的融资总额是7.1亿元,且经湖南省华信司法鉴定所出具的司法会计鉴定意见书鉴定书显示,三馆公司的资产总计7.7亿元,即实际投入生产活动的资金就是7.7亿元,所以,在三馆公司实际投入生产活动的资金大于可以使用的资金将近0.6亿元的情况下,认定其非法占有集资款存在疑问。同时,该案集资行为是以三馆公司等单位的名义实施的,集资款项用于单位经营、建设项目,符合单位犯罪的两个构成要件;三馆公司具有合法的公司主体资格,从事的经营活动合法,对外集资的决策由公司集体作出或者公司负责人依据公司决策程序作出,集资所得款归单位使用,认定为自然人集资诈骗犯罪同样存在争议。

可见,以吴英集资诈骗案为典型代表的与民间融资有关的犯罪案件在凸显我国金融监管不力(金融法律规范不明确、融资监管信息收集与披露机制缺失、民间融资风险预警与防控不健全)的同时,均不同程度地体现出刑法控制过度与刑法规范适用不明确的问题。在面对民间融资合法与非法的界限、非法集资犯罪构成要件的解释、违法吸收资金故意与诈骗故意的判断等疑难问题时,刑法理论往往难以通过全面且有效的论证在刑法规范条文与民间融资现实冲突之间化解个案争议或者弥合制度断裂。对此,笔者认为,刑法理论有必要超越民间融资、非法吸收公众存款、集资诈骗等非法集资犯罪案件的传统规范思维框架,从此类案件频发的金融动因,即市场融资需求的角度出发,拓展刑法规范分析视野。深度反思刑法分则非法集资犯罪的规范本文、理论探索以及司法实践,不仅对参与我国金融市场的交易者起到了重要的规范指引作用,而且对非法集资犯罪刑法理论亦有重大意义。

《非法集资解释》第4条规定以非法占有为目的,使用诈骗方法实施本解释第2条规定所列行为的,应当依照我国《刑法》第192条的规定,以集资诈骗罪定罪处罚。可见,集资诈骗罪与非法吸收公众存款罪的唯一界限在于是否具有非法占有目的,而上文已对此进行论述,故在非法集资犯罪的解释部分我们集中论述非法吸收公众行为。

一、非法集资犯罪中社会公众性的界定

根据《非法集资解释》第1条的规定,违反国家金融管理法律规定,向社会公众(包括单位和个人)吸收资金的行为,同时具备下列4个条件的,除《刑法》另有规定的以外,应当认定为《刑法》第176条规定的"非法吸收公众存款或者变相吸收公众存款":(1)未经有关部门依法批准或者借用合法经营的形式吸收资金;(2)通过媒体、推介会、传单、手机短信等途径向社会公开宣传;(3)承诺在一定期限内以货币、实物、股权等方式还本付息或者给付回报;(4)向社会公众即社会不特定对象吸收资金。未向社会公开宣传,在亲友或者单位内部针对特定对象吸收资金的,不属于非法吸收或者变相吸收公众存款。

---

[1] 参见张力、万涛:《湘西曾成杰"集资诈骗"获死刑类"吴英案"再引争议》,载《21世纪经济报道》2012年3月19日,第9版。

根据2014年最高人民法院、最高人民检察院、公安部《关于办理非法集资刑事案件适用法律若干问题的意见》第2条关于“向社会公开宣传”的认定问题的规定，最高人民法院《关于审理非法集资刑事案件具体应用法律若干问题的解释》第1条第1款第2项中的“向社会公开宣传”，包括以各种途径向社会公众传播吸收资金的信息，以及明知吸收资金的信息向社会公众扩散而予以放任等情形。

结合上述法律与司法解释的规定可知，如果没有证据证明行为人向社会进行公开宣传，其只是向少量客户或者长期交往的朋友吸收资金，也没有证据证明行为人进一步利用这些客户或者朋友扩散募资信息，应当认为募资行为非公开、特定的。

并且，非法吸收公众存款罪要求的社会公众性表明，公众是由自然人构成的公众，而不包括公司、企业等法人或者单位。2015年8月6日最高人民法院《关于审理民间借贷案件适用法律若干问题的规定》第11条规定：“法人之间、其他组织之间以及它们相互之间为生产、经营需要订立的民间借贷合同，除存在合同法第五十二条、本规定第十四条规定的情形外，当事人主张民间借贷合同有效的，人民法院应予支持。”第12条规定：“法人或者其他组织在本单位内部通过借款形式向职工筹集资金，用于本单位生产、经营，且不存在合同法第五十二条、本规定第十四条规定的情形，当事人主张民间借贷合同有效的，人民法院应予支持。”第26条规定：“借贷双方约定的利率未超过年利率24%，出借人请求借款人按照约定的利率支付利息的，人民法院应予支持。借贷双方约定的利率超过年利率36%，超过部分的利息约定无效。借款人请求出借人返还已支付的超过年利率36%部分的利息的，人民法院应予支持。”1999年1月26日最高人民法院《关于如何确认公民与企业之间借贷行为效力问题的批复》规定，公民与非金融企业之间的借贷属于民间借贷，只要双方当事人意思表示真实即可认定有效。可见，法律法规对于自然人与单位之间借贷的法律规制是并无明显限制。所以，向公司、企业等单位募集资金并不涉及非法吸收公众存款的刑事法律风险问题。

二、资产管理、财富管理、委托理财与非法吸收公众存款

当前金融市场中存在名目繁多的资产管理、财富管理、委托理财等业务，各种金融机构、类金融机构基于各法的牌照从事相关业务。例如，证监会《基金管理公司特定客户资产管理业务试点办法》第2条规定，基金管理公司向特定客户募集资金或者接受特定客户财产委托担任资产管理人，由托管机构担任资产托管人，为资产委托人的利益，运用委托财产进行投资的活动，适用本办法。证监会《关于规范证券公司受托投资管理业务的通知》第1条规定，受托投资管理业务，是指证券公司作为受托投资管理人（以下简称受托人），依据有关法律、法规和作为投资委托人（以下简称委托人）的投资意愿，与委托人签订受托资产管理合同，把委托人委托的资产在证券市场上从事股票、债券等金融工具的组合投资，以实现委托资产收益最优化的行为。可见，基金公司、证券公司可以代理客户进行资产管理，由公司通过向客户提供投资方法和投资时机的建议，让客户参考建议自己操盘或者由客户全权委托公司操盘等形式进行投资理财，以实现客户资产保值、增值的业务。但是，实践中也存在大量的公司不具有资管资质，而以委托理财等名义从事非法集资行为。

笔者认为,资管业务、委托理财的本质在于合法建立委托关系,基于客户利益代理客户从事金融交易,风险由客户自行承担,而非法吸收公众存款实际上是违法从事本质上应当由银行实施的吸存、揽储业务,违反法律规定与社会公众约定或者承诺本金与利息(收益)。

在实践中,在没有资管、委托理财等资质的情况下,一般很容易即可辨识承诺本息的非法吸收公众存款行为,疑难问题在于部分有资管、理财牌照的机构,以各种形式客观上保本付息从事资产管理、财富管理、委托理财行为,对此究竟能否认定为非法吸收公众存款犯罪行为?

在刑法理论与实务中通常认为,保本付息的所谓委托理财活动,已经脱离了委托理财的内在含义,与委托理财的本质特征也不相符合,其实质是变相的非法吸收公众存款行为。因为在保本付息的活动中不存在有委托关系。保本付息的行为虽然形式上也存在所谓的委托,但是,资管公司与客户之间实质上不存在委托代理关系。公司与客户之间签订的资产管理合同不是真正的委托代理协议,其实质是公司向客户约定到期兑现的承诺书。正因为资管公司与客户之间不存在委托关系,因此,保本付息活动不具有委托理财的最本质的特征。同时,在保本付息活动中的投资行为并未体现客户的意愿。保本付息的活动中,公司在取得客户投资的资产后,完全是以自己名义进行对外投资的,投资方法和投资时机等都是由资管公司自己决策或决定的,这种活动体现的是公司的意愿,而并没有体现客户的意愿。客户关注的是公司向其所作出的承诺,但并不关心公司如何使用其投入的资产。由于体现客户意愿是委托理财内在的题中应有之义,因此,保本付息活动难以归入正常的委托理财业务范围之中。此外,客户在保本付息活动中并不承担投资风险。委托理财的重要特征之一在于客户须承担投资风险,但是,在保本付息活动中,由于公司无论盈亏情况如何,都要在约定期限内兑现承诺保本付息,即客户投入资产的风险不是由客户而完全是由公司承担的。[1]

然而,主张委托理财保本付息就是非法吸收存款的理论观点在司法实践中很容易被各种形式的合约安排所架空,从而丧失据此追究非法吸收公众存款罪刑事责任的空间。从当前的各类资管产品合约安排分析,所谓的承诺利息实际上都是关于预期收益(率)的合约设计。从法律属性上讲,预期收益就是一种不确定性,显然是客户自己应当承担的风险,不能据此否定资管机构与客户之间的委托代理关系。资管公司通过各种历史收益数据或者刚性兑付巧妙地淡化合约中具有法律效力的"预期"收益,强化客户认为其肯定会保本付息的预期。在这个过程中,资管机构在法律层面规避了承诺保本付息的非法集资风险,在商业上也没有因此造成客户的顾虑而损失客源。所以,将证券公司、基金公司等金融机构实施的保本付息行为定性为吸收公众存款并无实际意义,实践中也鲜见具有合法资管牌照的机构因此而被认定为非法吸收公众存款罪。更为合

[1] 参见王拓:《P2P网贷平台非法吸收公众存款行为的司法认定》,载《中国检察官》2016年第2期。

理的规制路径应当是通过强化金融监管控制这种变相吸收公众存款行为。同时，刑法规制的重点应当是那些并无资管资质的机构承诺保本付息的行为。

三、私募与非法吸收公众存款

近年来，私募基金行业发展迅速，截至2016年4月26日，登记备案的私募基金2.58万家，运作产品2.8万只，其中，机构数量多、增数快，但质量不高，100亿元以上管理规模的有94家，50亿元以上的有216家，20亿元以上是538家。在2万多家私募管理人中有产品的是8500家，平均规模是6.7亿元。与此同时，私募基金行业暴露出很多问题，尤其是私募基金变相公募，向不特定对象公开推介，变相降低投资者门槛，跑路事件时有发生，最突出的问题表现在非法集资的风险。从2016年第一季度发生的私募基金非法集资来看，涉案的备案登记的私募基金规模有5.7亿元，涉及投资者1700多人。[1]

私募的宣传范围有限、宣传对象有限。这种有限性是启动民间资本又同时防范民间炒作，最大限度地防范法律风险的题中应有之义。然而，目前私募基金为募集资金所雇佣的投资理财顾问、咨询平台无疑打破了这种限制。制作私募基金网站、理财讲座、投资研讨会等宣传形式无形当中把私募基金资金募集行为推向了犯罪的边缘。同时，"代持"是私募基金在资金募集过程中常见的现象。所谓"代持"是指受托人(股东)以本人名义代替多名投资人出资。代持股人为显名投资人，出资人为隐名投资人。在实践中，某些私募基金为了扩大"资金池"规模，同时规避我国对私募基金投资数额的最低门槛限制以及投资人数量的上限限制，采用"代持股"的方式，汇集小额资金参与私募投资。实质上，"代持股"行为改变了投资人结构的一元化状态，形成了投资人群体的二元化多层次的结构。形式上的投资人为发起人、有限合伙人，实质上还包含不特定的实际投资人。这种看似平淡无奇的行为，实则隐藏着巨大的形成非法集资犯罪的风险。"代持股"现象产生于发起人邀约有限合伙人参与投资阶段，由于缺乏对投资资金来源的合法性保障机制，实践中主要依靠商业银行的客户信誉保障。对于部分股东的出资行为是否存在非法集资行为的可能性难以作出准确的判断，无形当中为私募基金带来了产生非法集资犯罪的风险。以委托方式募集集资的行为容易产生"代持股"现象。我国现行法律并未明文承认"代持股"行为。因此，代位持股在给当事人带来便利的同时，也给代持股带来某些麻烦。虽然国家发展和改革委员会2009年发布的《加强创业投资企业备案管理严格规范创业投资企业募资行为的通知》明确规定，存在代持股方式的将不予备案。但目前尚无法律法规将私募基金中的"代持股"行为界定为违规甚至非法行为，仅在备案门槛中加以限制。"代持股"也就成为投资人与发起人以暂时性规避法律为代价，实现增资扩容与保本增值的有效途径。在实践中，某些私募发起人为了获取注册，默许甚至明示投资能力不足的投资者，借助"代持股"的方式进入企

[1] 参见李丹丹：《私募基金行业暴露四大问题　非法集资高发态势未根本扭转》，载《上海证券报》2016年4月30日，第2版。

业作为隐名股东，募集对象的实际人数远超过特定投资人人数的标准。特定投资人以显名方式参与投资，而不特定投资人以隐名方式参与投资或者通过"保本付息"的方式获取收益，无形中为非法集资犯罪的生成创造了空间。[1] 可见，通过私募有限合伙等形式公开宣传并违反监管规则超越人数限制地吸收投资，以行公募之实的，应当认定为非法吸收公众存款。

然而，应当看到，在司法实践中并非所有参与私募环节的行为人都对于整个利用私募平台公开推介的事实具有明确认知。例如，私募基金在推介金融产品过程中，除了通过公司内部的自有销售团队进行推介之外，还大量通过外部中介机构、独立中介人员等中间渠道进行销售，而这些外部销售渠道实际上并不知悉其募集资金的模式。对于这些外部行为人的刑事责任问题，就应当进行谨慎的分析。

中介渠道并不明知或者应知本案中的募资模式涉嫌利用有限合伙的形式非法吸收公众存款，其在行为过程中一直认为从事的是私募的推介与中介行为，不能认定为非法吸收公众存款共犯。如果没有证据能够证明中间渠道人对假借私募形式实质进行公开发行的行为模式、经营方式、管理结构、吸收资金的具体操作等信息具有任何形式、程度的知悉，没有任何书证能够证明其参与了公司内部的特定环节，没有任何证人证言能够证明其对公司及其相关人员的行为本质与具体内容具有明知或者应知，就不能认定其具有实施非法吸收公众存款罪的共同故意。

从行为角度分析，一般而言，参与中介的有限合伙私募合同，实际上都是审阅过合法的律师事务所拟定的协议，相关财务信息也是经过会计师事务所审计的，同时也会通过实地考察对私募资金所投入的项目进行评估，基于其行业经验与合理的审慎调查，认为其行为是在推介、中介合法的私募。在这种情况下，不能认定中介渠道人利用私募有限合伙非法吸收公众存款。

从合规性的角度分析，中介渠道人的行为符合我国《证券投资基金法》《合伙企业法》《私募投资基金监督管理暂行办法》等法律法规规章对以有限合伙形式进行私募的规定，则并不具备非法性，不应当认定为非法吸收公众存款。《证券投资基金法》第 87 条规定：非公开募集基金应当向合格投资者募集，合格投资者累计不得超过 200 人。前款所称合格投资者，是指达到规定资产规模或者收入水平，并且具备相应的风险识别能力和风险承担能力、其基金份额认购金额不低于规定限额的单位和个人。合格投资者的具体标准由国务院证券监督管理机构规定。2014 年 6 月 30 日《私募投资基金监督管理暂行办法》第 12 条规定：私募基金的合格投资者是指具备相应风险识别能力和风险承担能力，投资于单只私募基金的金额不低于 100 万元且符合下列相关标准的单位和个人：(1)净资产不低于 1000 万元的单位；(2)金融资产不低于 300 万元或者最近 3 年个人年均收入不低于 50 万元的个人。如果中介业务的对象基本上都是高净值的合格投资者，符合私募投资的法律法规规章的规定，则无论私募基金公司本身公开募集了

---

[1] 参见王荣芳：《合法私募与非法集资的界定标准》，载《政法论坛》2014 年第 6 期。

多少数额、向多少不特定人吸收资金,中介渠道者推介成功的相关数额不应当认定为非法吸收公众存款数额。因为这与实践中典型的利用有限合伙形式向不具有合格的投资资质与风险承担能力的人非法吸收50万元或者100万元以下投资款的行为存在明显的差异。我国《合伙企业法》第61条规定,有限合伙企业由2个以上50个以下合伙人设立。根据《私募投资基金监督管理暂行办法》第13条的规定,以合伙企业、契约等非法人形式,通过汇集多数投资者的资金直接或者间接投资于私募基金的,私募基金管理人或者私募基金销售机构应当穿透核查最终投资者是否为合格投资者,并合并计算投资者人数。市场中的独立中间人,在履行合理审查义务的前提下,如果并未发现公司存在汇集多数投资者资金投资于有限合伙,规避50人人数上限的法律规定。同时,其本人推介的投资者也不存在汇集资金投资有限合伙的问题,则显然并不存在通过其中介行为默认、协助等汇集多人资金投资于有限合伙。

对非公开募集基金(私募)进行推介、中介,与非法吸收公众存款罪中的公开募集公众资金存在本质区别。我国《证券投资基金法》第91条规定,非公开募集基金,不得向合格投资者之外的单位和个人募集资金,不得通过报刊、电台、电视台、互联网等公众传播媒体或者讲座、报告会、分析会等方式向不特定对象宣传推介。如果并无证据表明中介渠道人向合格投资者之外的单位和个人募集资金,也无证据表明其通过公开宣传方式向不特定人募集资金,则推介、中介完全局限于非公开募资的范畴。

中介渠道人向特定的、合格的投资者推介、中介的私募基金,如其合同内容是符合法律规定的,不应当认定为非法吸收公众存款。根据《证券投资基金法》第3条的规定,通过非公开募集方式设立的基金的收益分配和风险承担由基金合同约定。在实践中,作为中介人参与的、相关投资者签署的有限合伙投资协议,其所审阅的合同一般均是经过合法的律师事务所出具的文本,相关财务资料都是合法的会计师事务所出具的信息内容,相关收益和风险承担均由基金合同按照意思自治原则进行约定。在中介渠道人已履行中介人合理的注意义务、审查义务的情况下,不能基于基金投资出现风险、私募公司及其负责人、业务员等存在涉嫌非法吸收公众存款罪的问题等原因,而对中介人追究非法吸收公众存款罪的刑事责任。

四、非法吸收公众存款罪与非罪的界定及其数额边界

《非法集资解释》第3条对非法吸收公众存款罪的数额边界进行了量化规定,即非法吸收或者变相吸收公众存款,具有下列情形之一的,应当依法追究刑事责任:(1)个人非法吸收或者变相吸收公众存款,数额在20万元以上的,单位非法吸收或者变相吸收公众存款,数额在100万元以上的;(2)个人非法吸收或者变相吸收公众存款对象30人以上的,单位非法吸收或者变相吸收公众存款对象150人以上的;(3)个人非法吸收或者变相吸收公众存款,给存款人造成直接经济损失数额在10万元以上的,单位非法吸收或者变相吸收公众存款,给存款人造成直接经济损失数额在50万元以上的;(4)造成恶劣社会影响或者其他严重后果的。具有下列情形之一的,属于我国《刑法》第176条规定的“数额巨大或者有其他严重情节”:(1)个人非法吸收或者变相吸收公

众存款,数额在 100 万元以上的,单位非法吸收或者变相吸收公众存款,数额在 500 万元以上的;(2)个人非法吸收或者变相吸收公众存款对象 100 人以上的,单位非法吸收或者变相吸收公众存款对象 500 人以上的;(3)个人非法吸收或者变相吸收公众存款,给存款人造成直接经济损失数额在 50 万元以上的,单位非法吸收或者变相吸收公众存款,给存款人造成直接经济损失数额在 250 万元以上的;(4)造成特别恶劣社会影响或者其他特别严重后果的。非法吸收或者变相吸收公众存款的数额,以行为人所吸收的资金全额计算。案发前后已归还的数额,可以作为量刑情节酌情考虑。非法吸收或者变相吸收公众存款,主要用于正常的生产经营活动,能够及时清退所吸收资金,可以免予刑事处罚;情节显著轻微的,不作为犯罪处理。

五、集资诈骗罪

集资诈骗犯罪活动严重危害市场经济秩序、损害人民群众利益、影响社会稳定,属于典型的涉众型金融诈骗犯罪,具有极为严重的社会危害性。重大的集资诈骗刑事案件,涉案金额大,受害人数多,作案周期长,案发后大部分集资款已被挥霍、转移、隐匿,资金返还率低,集资群众损失惨重,频频引发聚众上访等大规模群体性事件和受害群众自杀等恶性事件。当前集资诈骗犯罪活动持续高发,涉及各个领域,形势严峻。据统计数据显示,2005～2010 年 6 月,非法集资类案件共计超过 1 万起,涉案金额 1000 多亿元,每年约以 2000 起、集资额 200 亿元的规模快速增加。特别是自 2008 年以来,受全球金融危机影响,国内资金供需紧张,不但引发催生了各种新型集资诈骗犯罪活动,原有的集资诈骗犯罪活动也在加速暴露。犯罪分子往往依托合法注册的公司、企业,以响应国家产业政策、支持新农村建设、项目投资、委托理财等为幌子,巧妙伪装,故意混淆非法集资与合法融资的界限;新的非法集资手法层出不穷,利用经营投资、商品销售、电子商务、基金运作、风险投资、新能源开发、外汇交易、消费返利、黄金期货交易等形式的非法集资纷纷涌现,并不断由传统的种植业、养殖业向房地产、商贸、金融、旅游、医疗卫生、教育等行业渗透,极具隐蔽性和欺骗性。[1] 对于各种集资诈骗犯罪活动,实践中其他相关的法律规定不够明确、具体,政策法律界限不易把握,法律适用疑难问题较多,有必要研究集资诈骗犯罪的法律适用问题。

(一)数额标准问题

对于数额较大的起点,《非法集资解释》起草过程中存在两种不同意见:一种意见主张降低集资诈骗罪数额较大的起点标准,其理由是与其他诈骗的数额标准协调平衡;有利于司法机关及早介入,“打早打小”。另一种意见主张调高数额较大的起点标准,其理由是多数集资诈骗犯罪属于单位犯罪,有一定的生产经营规模;有利于重点打击严重犯罪,控制打击面。经研究,确定入罪门槛,既要考虑与其他诈骗犯罪的平衡,更要考虑与非诈骗类集资犯罪如非法吸存罪的内在平衡。鉴于当前集资诈骗案件动辄上千万

---

〔1〕 参见刘为波:《〈关于审理非法集资刑事案件具体应用法律若干问题的解释〉的理解与适用》,载《人民司法》2011 年第 5 期。

元这一实际情况,降低追诉标准所希望的“打早打小”的初衷能否如愿,会不会因标准降低而导致罪刑失衡,均不无疑问。考虑到上调的空间已经极为有限,故两种意见均未采纳。同时,考虑到实践中在集资诈骗数额的具体认定上存在各种意见分歧,《非法集资解释》明确规定:“集资诈骗的数额以行为人实际骗取的数额计算,案发前已归还的数额应予扣除。行为人为实施集资诈骗活动而支付的广告费、中介费、手续费、回扣,或者用于行贿、赠与等费用,不予扣除。行为人为实施集资诈骗活动而支付的利息,除本金未归还可予折抵本金以外,应当计入诈骗数额。”〔1〕

在适用集资诈骗犯罪的定罪量刑标准过程中,应当注意对集资诈骗犯罪数额的认定。在实践中,有的观点认为,诈骗数额指犯罪行为获取的全部数额,但也有观点认为,诈骗数额包括犯罪行为所指向的数额。实际上,集资诈骗罪属于目的犯,应当从非法占有目的实现的角度来认定诈骗数额。非法集资的规模或者非法集资的标的数额可以作为量刑情节适当予以考虑,但是,集资诈骗数额应以行为人实际骗取的数额计算。据此,集资诈骗犯罪当中已返还部分没有实际占有,也难以根据客观情形认定行为人具有非法占有目的,不应计入诈骗数额。

(二)集资诈骗犯罪的规范界限把握

总体上,集资诈骗犯罪表现为行为人使用诈骗的方法非法集资,数额较大的行为。所谓集资,使指在社会上募集资金。集资诈骗,就是使用诈骗的方法募集资金,例如,虚构集资单位、集资用途,或者许诺高利率汇报等,使他人轻易交付资金,以致上当受骗。集资诈骗犯罪主观方面表现为故意的罪过性质,即行为人是明知而故犯,并且具有非法占有的目的。

集资诈骗犯罪的典型案例表现为:2003 年 10 月至 2010 年 8 月,明大公司等 8 家单位经工商行政管理局批准先后成立,上述单位实际均由被告人林某控制并负责经营。林某为筹措资金,先于 2004 年起,以金冠公司、早木公司等单位名义分别购买或租赁多处房产,并开设相应的 24K 连锁酒店及明大商业广场,后于 2005 年 2 月至 2007 年 12 月通过报刊刊发信息、组织展览会、现场咨询等方式称,只要出资人购买、承租上述房产,便可通过林某控制的其他关联单位回租、受托经营等获取 8% ~36% 的高额年息作回报。其间,林某就以明大公司、明大市场等单位名义分别向上海、浙江等地 800 名个人筹集资金计 2.38 亿余元。该款除 1351 万元被林某以个人名义投资浙江某医疗设备公司和某物资公司外,其余主要用于返还出资人本金、支付出资人高额利息和所在单位购房、租房、经营等。至案发,仍有 1.6 亿余元无法归还出资人。2008 年 3 月,林某已无资金支付前述出资人的高额回报,为了继续筹措资金,其通过朋友介绍与某业发展公司实际控制人龙某相识,并有意购买该公司名下的北京京港城市大厦地下 1 层和地

〔1〕 刘为波:《〈关于审理非法集资刑事案件具体应用法律若干问题的解释〉的理解与适用》,载《人民司法》2011 年第 5 期。

上1~6层的商业用房,以便改成商铺对外销售。2009年4月1日,林某与龙某签订了《框架协议书》,以7.2亿元价格购买上述房产,但林某在未取得招商资格的情况下,于同年4~5月擅自以金冠公司作担保,以明大市场名义先后与杨某等34名被害人签订了《商铺预订单》,获取资金计1300余万元,且承诺预订保留期满后将退还本金并以本金额的12.5%~30%支付回报。后林某将所获资金中的600万余元作为购买北京京港城市大厦定金支付给龙某,9万余元支付其个人房产典当综合费,189万余元作为回报支付给前述出资人,其余资金用于所在单位还债、经营等。明大公司等单位违反国家规定,以支付高额利息为名,向社会不特定人员变相吸收资金2.38亿余元,扰乱金融秩序,作为上述单位直接负责的主管人员林某的行为已构成非法吸收公众存款罪,且数额巨大;明大市场还以非法占有为目的,使用诈骗方法非法集资1300余万元,作为该单位直接负责的主管人员林某的行为又构成集资诈骗罪,且数额特别巨大,故对林某应两罪并罚予以惩处。此外,林某以明大公司、明大市场等单位名义对外签订涉案合同,所获资金又主要用于公司支付高额回报、购房、经营等,因此,明大公司等单位的行为已构成犯罪,林某应以单位犯罪中直接负责的主管人员承担刑事责任。

在认定集资诈骗罪时,应该注意以下问题:(1)集资诈骗犯罪的罪质界限。这主要是指本罪与集资借贷的民事纠纷之间的区别。如果为了正常的经济需要,临时性集资借贷,后因客观原因无力归还或未能及时按约归还而发生纠纷,应通过民法调整加以解决。(2)集资诈骗犯罪的罪量界限。集资诈骗罪和欺诈发行股票、债券罪、非法吸收公众存款罪在客观上均表现为向社会公众非法募集资金。区别的关键在于行为人是否具有非法占有的目的。对于以非法占有为目的非法集资,或者在非法集资过程中产生了非法占有他人资金的故意,均构成集资诈骗罪。但是,在处理具体案件时要注意以下两点:(1)不能仅凭较大数额的非法集资款不能返还的结果,推定行为人具有非法占有的目的。(2)行为人将大部分资金用于投资或生产经营活动,而将少量资金用于个人消费或挥霍的,不应仅以此便认定具有非法占有的目的。同时,要区分本罪与非法吸收公众存款罪的区别。两者的区别主要表现在:(1)主观方面的目的内容不同。本罪具有非法占有的目的,而非法吸收公众存款罪则不具有如此目的。(2)客观方面的行为表现不同。本罪具有诈骗的特征,而非法吸收公众存款罪,则是违法吸收公众的存款。

在处罚上,还应当注意,金融诈骗犯罪是图利型犯罪,惩罚和预防此类犯罪,应当注重同时从经济上制裁犯罪分子。刑法对金融诈骗犯罪都规定了财产刑,人民法院应当严格依法判处。罚金的数额,应当根据被告人的犯罪情节,在法律规定的数额幅度内确定。对于具有从轻、减轻或者免除处罚情节的被告人,应并处的罚金刑原则上也应当从轻、减轻或者免除。单位金融犯罪中直接负责的主管人员和其他直接责任人员,是否适用罚金刑,应当根据刑法的具体规定。刑法分则条文规定有罚金刑,并规定对单位犯罪中直接负责的主管人员和其他直接责任人员依照自然人犯罪条款处罚的,应当判处罚金刑,但是对直接负责的主管人员和其他直接责任人员判处罚金的数额,应当低于对单位判处罚金的数额;刑法分则条文明确规定对单位犯罪中直接负责的主管人员和其他直接责任人员只判处自由刑的,不能附加判处罚金刑。

第三节 非法发行证券犯罪法律适用对策

通过发行股票、债券的方式募集资金是直接融资的重要模式,为了保护融资市场的效率与投资者的权益,刑法对证券发行市场设置了相关犯罪类型。其中,擅自发行股票、债券罪,欺诈发行股票、债券罪,违规披露、不披露重要信息罪等各自从不同的侧面对证券发行市场提供了刑法保护。

一、擅自发行股票、债券罪

擅自发行股票、债券罪在相当长的一段时间是与非法集资犯罪同时存在的融资犯罪行为类型,前者主要侵害直接融资市场,后者主要侵害间接融资市场。擅自发行股票、债券罪主要是通过编造公司即将在境内外上市或股票发行获得政府批准等虚假信息,以转让股份的面目出现,通过中介机构以各种公开方式向社会公众销售所谓"原始股"。

2008 年最高人民法院、最高人民检察院、公安部、证监会 4 部门联合下发《关于整治非法证券活动有关问题的通知》(以下简称《非法证券通知》),严打非法证券活动。根据《非法证券通知》的规定,公司、公司股东违反有关规定,擅自向社会公众转让股票,应当追究其擅自发行股票的责任,公司与其股东合谋实施上述行为的,公司与其股东共同承担责任。擅自发行证券的,根据犯罪事实,依照刑法分别追究擅自发行股票罪、非法吸收公众存款罪、集资诈骗罪等;未经批准经营证券业务,涉嫌犯罪的,以非法经营罪追究刑事责任;未构成犯罪的,依照证券法和有关法律的规定给予行政处罚。关于非法证券活动受害人的救济途径问题,通知明确规定,如果非法证券活动仅是一般违法行为而没有构成犯罪,当事人符合民事诉讼法规定的起诉条件的,可以通过民事诉讼程序请求赔偿。据不完全统计,非法证券活动中 90% 以上都涉嫌犯罪,而最终被追究刑事责任的只占很小一部分。2007 年证监会协助公安部督办的 8 起重点案件均已侦查终结,8 起案件共抓获犯罪嫌疑人 48 人,取缔非法中介机构 19 家。由于非法证券行为具有智能性、专业性、隐蔽性、手段多样性的特点,在实践中仍然存在查处案件难、法律适用理解难、监管部门等行政机关与司法机关协调难等问题,这在一定程度上影响了对非法证券活动的打击力度,损害了法律的权威。[1]

《非法证券通知》实施后,随着刑事规制力度的强化,擅自发行股票、债券罪的构成要件与刑事违法性边界也在司法实践中不断明晰。

擅自发行股票、债券罪,是指未经国家有关主管部门批准,擅自发行股票或者公司、

[1] 参见肖中华:《〈通知〉强调严惩非法证券违法犯罪》,载《中国证券报》2008 年 1 月 10 日,第 2 版。

企业债券,数额巨大、后果严重或者有其他严重情节的行为。在客观方面,本罪表现为未经国家有关主管部门批准,擅自发行股票或者公司、企业债券,数额巨大、后果严重或者有其他严重情节的行为。根据国家的有关规定,发行股票、债券的主体必须具有法定的资格;发行股票、债券必须具备国家规定的条件;发行股票、债券必须获得国家主管部门的批准。擅自发行股票、公司、企业债券的行为就是违法的行为,数额巨大、后果严重或者具有其他严重情节的行为,就构成了刑法规定的犯罪。最高人民检察院、公安部《关于经济犯罪案件追诉标准的规定》第28条规定,未经国家有关主管部门批准,擅自发行股票或者公司、企业债券,涉嫌下列情形之一的,应予追诉:(1)发行数额在50万元以上的;(2)不能及时清偿或者清退的;(3)造成恶劣影响的。根据我国《刑法》第179条的规定,犯擅自发行股票、公司、企业债券罪的,处5年以下有期徒刑或者拘役,并处或者单处非法募集资金金额1%以上5%以下罚金。单位犯前款罪的,对单位判处罚金,并对其直接负责的主管人员和其他直接责任人员,处5年以下有期徒刑或者拘役。

典型案例:2001年12月至2007年8月,被告人郑某担任被告单位安基公司的董事长、法定代表人,为了给单位募集资金,经股东会集体决定,在未经证券监管部门批准的情况下,擅自委托中介公司与个人代理,向社会不特定公众转让安基公司自然人股东的股权,共计向260余人发行股票322万股,募集资金人民币1109万余元,用于单位的经营活动及支付代理费用。

上述案件中,非上市股份有限公司为筹集经营资金,在未经证券监管部门批准的情况下,委托中介机构向不特定社会公众转让公司股东的股权,其行为属于未经批准擅自发行股票的行为,数额巨大、后果严重或者有其他严重情节的,应当以擅自发行股票罪定罪处罚。[1]

在司法实践中,还存在非法发行销售非上市公司股票涉嫌共同犯罪如何确定罪名的疑难问题。《非法证券通知》第2条第3项"关于非法经营证券业务的责任追究"规定,非上市公司和中介机构共谋擅自发行股票,构成犯罪的,以擅自发行股票罪的共犯论处。运用刑法共犯原理对该条规定进行解析,不仅有利于在司法实践中正确贯彻执行《非法证券通知》,而且能够有效解决非法公开发行销售非上市公司股票共同犯罪的罪名确定难题。

在司法实践中存在两个规制非法发行销售非上市公司股票行为的重要文件,即国务院办公厅《关于严厉打击非法发行股票和非法经营证券业务有关问题的通知》和国务院《关于同意建立整治非法证券活动协调小组工作制度的批复》。相当一部分公开

---

〔1〕 参见上海市浦东新区人民检察院诉上海安基生物科技股份有限公司、郑戈擅自发行股票案,载《中华人民共和国最高人民法院公报》2010年第9期。

发行销售非上市公司股票案件进入刑事司法程序。此种破坏社会主义市场经济秩序的犯罪行为通常由非上市公司与中介销售机构经事先约定后分步实施，涉及刑法分则擅自发行股票罪与非法经营罪两个罪名。司法机关对于如何确定不同行为主体的犯罪性质问题存在较大争议。

否定共同犯罪的观点认为，非上市公司与中介销售机构虽有事先约定，却非犯意联络，行为双方存在不同的犯罪故意内容，应当分别认定为擅自发行股票罪与非法经营罪。肯定共同犯罪中有观点认为，非上市公司制作发行股票、向不特定对象转让股权，属于中介公司公开销售股票的准备行为与实现销售收益的必经环节，其行为构成擅自发行股票罪实行犯与非法经营罪共犯的想象竞合。所以，行为双方均应当按照重罪即非法经营罪定性。但也有观点认为，应当根据犯罪事实支配理论确定公开发行销售股票共同犯罪的性质。非上市公司发行股票在共犯结构中处于核心地位、实施核心行为，代理公司是实现利益的一个中间环节。故应当以擅自发行股票罪追究行为双方的刑事责任。

《非法证券通知》出台后，实践中有观点指出，公开发行销售非上市公司股票共同犯罪性质确定问题已有操作规则，司法机关应当统一按照擅自发行股票罪定性。笔者认为，《非法证券通知》对非法发行销售非上市公司股票共犯定性问题作出了定纷止争的规定，但并没有涵盖此类共同证券犯罪罪名确定的全部问题。以擅自发行股票罪共犯论处的前提是非上市公司与中介机构进行“共谋”，且犯意联络的内容是“擅自发行股票”。因此，适用擅自发行股票罪追究共犯刑事责任具有高度限定性，只有在行为主体共同策划向社会公众擅自转让非上市公司股票的情况下才能按照擅自发行股票罪共犯定罪处罚。

在实践中，非上市公司与中介机构共谋的内容并不限定于发行股票，司法机关需要区分情况进行定性。(1)非上市公司与中介机构共谋向社会公众发行股票募集资金进行投资活动的，构成非法吸收公众存款罪共犯；(2)非上市公司与中介机构共谋发行销售虚假股票，利用空壳公司骗取公众投资股票，或者募集资金后卷款潜逃的，构成集资诈骗罪共犯；(3)非上市公司与中介机构共谋，通过编造即将在国外上市或公司良好业绩等虚假陈述的方式欺诈不特定对象，诱使其购买非上市公司股票的，股权交易价格严重偏离公司股票实际价值的，应当以非法经营罪共犯论处；(4)非上市公司与中介机构事先约定，前者每股收取固定价款，后者自行处理销售股票剩余利润的，应当分别以擅自发行股票罪与非法经营罪论处。上述情形在某种程度上均对非法发行销售非上市公司股票进行了共谋，但由于意思联络的内容不同，能否以及如何按照共犯论处在实体上应当具有不同的处理结果。

此外，随着互联网金融的发展，利用互联网擅自发行证券的问题在实践中有所展现。证监会于 2013 年 5 月 24 日通报了淘宝网上部分公司涉嫌擅自发行股票的行为。作为首次利用网络平台向社会公众非法发行股票的案例，证监会提示投资者提高对网络非法证券活动的风险防范意识和识别能力，自觉远离非法证券活动。互联网上出现了一种新的非法证券活动模式,部分公司利用淘宝网等平台,擅自向社会公众转让股权。如北京某文化传播公司在淘宝网上开设"会员卡在线直营店",公开销售"凭证登记式会员卡"。2013年1月先后两次以销售会员卡附赠股权的方式转让其"原始股"。据统计,其通过淘宝网公开转让原始股共161笔,涉及153人,累计获得转让款18万余元。几乎与此同时,另有一家公司在微博上声称将通过淘宝网募集资金,组成私募股权投资基金。经查明情况后,证监会立即约谈该文化传播公司负责人,告知其行为涉嫌擅自发行股票,要求其立即停止违法行为并及时纠正,责令其按照募资说明承诺的条款主动退还所募集资金,通过互联网对其行为进行公开澄清并消除不良影响。随后,该公司通过微博公开发表声明,称认识到其募资行为的错误性,并及时组织退款。截至2013年4月底,已将所获转让款全部退还投资者。对于另一家公司的募资行为,证监会及时协调淘宝网叫停该业务,直接删除相关商家和商品信息,由于处理及时,没有交易成交。淘宝网承诺,以后将加强对包含"股权""股票"等关键字商品的监控,禁止该类商品上架销售。[1]

应当看到,由于互联网行为先在性地具有受众不特定的特点,通过网络平台发布证券发行信息,其潜在受让人的不特定性非常明确。当然,通过互联网发行证券并非完全都属于擅自发行。私募机构通过有条件的网页宣传,设置投资者的选择程序、承担风险能力与人数等因素综合分析,不通过相关筛选,网民无法浏览发行信息的,就不能一概认定为擅自公开发行。因为网络筛选机制已经甄别了合适的投资人,审查投资人的资产价值与申报财产内容的真实性、是否具备识别并承担风险能力等内容,明确提示投资风险,有明确的人数和资金总量的限制。这种情况实际上就属于私募互联网化,并不能认定为擅自发行证券犯罪。

二、虚假陈述犯罪:欺诈发行股票、债券罪与违规披露、不披露重要信息罪

欺诈发行股票、债券罪与违规披露、不披露重要信息罪具有一个共性,那就是都属于直接融资市场中的虚假陈述行为,在证券发行或者交易过程中对财务、资产交易等重大信息进行虚假、欺诈或者不实披露,严重损害融资市场信息效率、严重侵害投资者权益。

其中,欺诈发行股票、债券罪,是指违反公司管理法规,在招股说明书、认股书,公司、企业债券募集办法中隐瞒重要事实或者编造重大虚假内容,发行股票或者公司、企业债券,数额巨大,后果严重或者有其他严重情节的行为。在客观方面,违反《公司法》《证券法》等上市公司管理法律法规,在招股说明书、认股书,公司、企业债券募集办法中隐瞒重要事实或者编造重大虚假内容、发行股票或者公司、企业债券,数额巨大,后果严重或者有其他严重情节的行为。公司经核准向社会公开发行证券,必须公告新股说明书和财务会计报表及附属明细表,并制作认股书。发行公司、企业债券的申请经核准后,应当公告公司、企业债券募集办法。欺诈发行公司、企业股票、债券的行为,首先违

[1] 参见袁定波:《证监会叫停借淘宝网擅发股票》,载《法制日报》2013年11月28日,第5版。

反了国家对公司、企业发行股票、债券的有关规定。同时,欺诈发行的行为集中表现为在招股说明书、认股书、公司、企业债券募集办法中隐瞒重要事实或者编造重大虚假事实。

根据《立案追诉标准(二)》第5条的规定,在招股说明书、认股书、公司、企业债券募集办法中隐瞒重要事实或者编造重大虚假内容,发行股票或者公司、企业债券,涉嫌下列情形之一的,应予立案追诉:(1)发行数额在500万元以上的;(2)伪造、变造国家机关公文、有效证明文件或者相关凭证、单据的;(3)利用募集的资金进行违法活动的;(4)转移或者隐瞒所募集资金的;(5)其他后果严重或者有其他严重情节的情形。

违规披露、不披露重要信息罪,指依法负有信息披露义务的公司和企业,向股东和社会公众提供虚假的或者隐瞒重要事实的财务会计报告,或者对依法应当披露的其他重要信息不按照规定披露,严重损害股东或者其他人利益的行为。根据《立案追诉标准(二)》第6条的规定,依法负有信息披露义务的公司、企业向股东和社会公众提供虚假的或者隐瞒重要事实的财务会计报告,或者对依法应当披露的其他重要信息不按照规定披露,涉嫌下列情形之一的,应予立案追诉:(1)造成股东、债权人或者其他人直接经济损失数额累计在50万元以上的;(2)虚增或者虚减资产达到当期披露的资产总额30%以上的;(3)虚增或者虚减利润达到当期披露的利润总额30%以上的;(4)未按照规定披露的重大诉讼、仲裁、担保、关联交易或者其他重大事项所涉及的数额或者连续12个月的累计数额占净资产50%以上的;(5)致使公司发行的股票、公司债券或者国务院依法认定的其他证券被终止上市交易或者多次被暂停上市交易的;(6)致使不符合发行条件的公司、企业骗取发行核准并且上市交易的;(7)在公司财务会计报告中将亏损披露为盈利,或者将盈利披露为亏损的;(8)多次提供虚假的或者隐瞒重要事实的财务会计报告,或者多次对依法应当披露的其他重要信息不按照规定披露的;(9)其他严重损害股东、债权人或者其他人利益,或者有其他严重情节的情形。

因欺诈发行、违规披露重大信息等虚假陈述犯罪行为而被追究刑事责任的融资犯罪案例在我国极为鲜见。

早期的代表性案例:2005年3月28日,山东省潍坊市奎文区人民法院刑事判决,山东巨力因虚增利润骗取配股资格,犯欺诈发行股票罪,判处罚金160万元。公司原董事长王某某犯欺诈发行股票罪,被判处有期徒刑2年缓刑3年。财务处原副处长张某某犯欺诈发行股票罪,判处有期徒刑1年缓刑2年,成为国内首例上市公司及其高管因欺诈配股而被追究刑事责任的案件。[1]

近年受到各界高度关注的绿大地虚假陈述犯罪案:2004~2009年,绿大地在不具

[1] 参见徐玉海:《山东巨力及原高管被判欺诈发行股票罪》,载《中国证券报》2005年3月29日,第5版。

备首次公开发行股票并上市的情况下,未达到在深圳证券交易所发行股票并上市的目的,经过被告人何某某、蒋某某、庞某某的共谋、策划,由被告人赵某丽、赵某艳登记注册了一批由绿大地实际控制或者掌握银行账户的关联公司,并利用相关银行账户操控资金流转,采用伪造合同、发票、工商登记资料等手段,少付多列,将款项支付给其控制的公司组成人员,虚构交易业务、虚增资产、虚增收入。其中,在上市前的2004年至2007年6月,绿大地使用虚假的合同、财务资料,虚增马龙县旧县村委会960亩荒山使用权、马龙县马鸣乡3500亩荒山使用权以及马鸣基地围墙、灌溉系统、土壤改良工程等项目的资产共计7011.4万元。绿大地还采用虚假苗木交易销售,编造虚假会计资料,或通过绿大地控制的公司将销售款转回等手段,虚增营业收入总计2.96亿元。绿大地的招股说明书包含了上述虚假内容。绿大地欺诈发行股票一案曾经由昆明官渡区人民法院审理,官渡区人民法院判决何某某有期徒刑3年,缓期4年,判决宣布后市场普遍认为量刑过轻,这一结果随后引发检方抗诉。2012年3月,昆明市中级人民法院做出裁定,撤销了官渡区人民法院对绿大地案的刑事判决,发回重审。2013年云南省昆明市中级人民法院对绿大地欺诈发行股票一案进行宣判。法院认定被告单位云南绿大地公司犯欺诈发行股票罪、伪造金融票证罪、故意销毁会计凭证罪,对其判处罚金1040万元。被告人何某某被判处有期徒刑10年,被告人蒋某某、庞某某、赵某丽、赵某艳等分别被判处相应刑期及罚金。[1]

虚假陈述犯罪在司法实践中之所以较少出现刑事判例,一方面,是因为证券发行环节受控于监管机构的审批与信息披露监管,刑事司法大规模查处虚假陈述犯罪等于是说明证券监管的失控,融资市场的证券监管与金融司法主要或者也只能聚焦于内线交易、市场操纵等交易环节的犯罪类型。另一方面,虚假陈述犯罪的构成要素与抗辩事由的刑法解释缺乏广度与深度。

“信息公开是现代工业社会综合治理的良方;阳光是最好的防腐剂;黑夜中的明灯是最好的警察。”[2]上市公司信息全面公开与强制性披露义务是证券市场监管最为重要的组成部分。所以,虚假陈述犯罪应当成为最普遍的证券刑事诉讼案由。虚假陈述犯罪包括虚假陈述与隐瞒信息两种行为方式。前者属于积极作为——发布重要且失实的证券信息误导投资者;后者属于消极不作为——具有信息披露义务的上市公司及其高级管理人员掩盖重要证券信息,导致投资者在非透明的情况下进行证券交易。在虚假陈述犯罪的构成要素中,犯罪故意、重要性标准、连带责任等问题的具体认定值得深入分析。我国融资市场正逐步走向成熟,为了获取更为广阔的发展空间,国内公司也不断寻求在境外证券市场上市,以图筹集资金、大展宏图。所以,有必要细致分析虚假陈述犯罪的构成要素与抗辩事由,为规范我国融资市场信息披露、完善刑事罚则的制度设

〔1〕 参见王翁阳、魏文静:《云南绿大地公司欺诈发行股票案一审宣判》,载《人民法院报》2013年2月8日,第3版。

〔2〕 Louis Brandeis, Other People's Money, Harper Torch Books, 1967, p. 92.

计提供借鉴思路,同时为已经或期望上市公司提供刑法指导、及早考虑进行证券犯罪风险控制。

(一)虚假陈述犯罪的构成要件

1. 犯罪故意

犯罪故意虽然隐藏于行为主体的内心世界,但在司法判断层面,可以从行为人一系列客观行为进行证券犯罪故意的法律推断:上市公司错误的经营判断是经济行为的普遍风险,不能因此认定被控公司及其管理者具有犯罪故意;上市公司执行会计准则时的计算误差、财务记录混乱等不规范行为属于业务疏忽,不具欺诈证券投资者的意图;上市公司执行官、运营官或财务总监伪造文件影响证券价格,明显属于蓄意欺诈。特定的犯罪性认识并不是虚假陈述犯罪的故意内容,但控方必须证明行为人对涉嫌证券犯罪行为的概括认识。行为人只有认识到涉嫌犯罪的虚假陈述或隐瞒信息行为的违法性质才构成犯罪。但事实上部分主体对于行为的违法性认识可能出现偏差,会在非法行为与犯罪行为、此罪与彼罪、重罪与轻罪之间产生模糊。因此,控方无须证明行为人认识到了涉嫌证券犯罪行为的违法性,证明概括性地认识到自己从事的行为偏离了证券从业制度的规范性要求即可。

2. 重要性标准

上市公司虚假陈述或隐瞒的信息只有在达到重要性标准时才构成证券犯罪。重要性信息的基本界定为正常且理性的投资者在其从事证券投资行为时应当被适度告知的事件。当然,抽象的法律规则势必无法应对证券犯罪司法实践所面对的层出不穷的案例。审查证券信息是否满足重要性犯罪要素的要求,需要根据客观标准精确地估算一个理性的投资者在当时的情况下基于相关信息所能做出的合理推论,进而评价该推论对理性投资者的影响及其与其他证券信息组合的互动性作用。如果理性的投资者认为某证券信息决定了其是否补仓,该信息便具有重要性;〔1〕上市公司公布失实的合同交易费用,对投资者的证券交易行为而言不属于重要信息。〔2〕

首先,准确区分并梳理完整性、误导性、重要性三大衡量尺度的关系是最为重要的。并不是所有与买卖证券相关的信息都必然满足重要性标准——仅欠缺完整性而非误导性的信息,纵然可能引起投资者建仓或抛售,却不属于重要性信息。其次,证券市场上市公司业绩预期分析汗牛充栋,部分预期报告涉嫌虚假陈述犯罪,因此,在实践中,区分“概览式的乐观前景估计”〔3〕与“数据性的特定业绩预报”〔4〕是分辨一般侵权行为与犯罪的关键。“概览式的乐观前景估计”是一种上市公司远期发展的模糊叙述,通常在罗列盈利项目的同时作出投资风险提示,对证券投资决策而言属于非重要性信息。偏

〔1〕 United States v. Cannistraro, 800 F. Supp. 30(D. N. J. 1992).

〔2〕 Feinman v. Dean Witter Reynolds, 84 F. 3d 539(2d Cir. 1996).

〔3〕 Pension Trust Fund v. Clorox Co. 353 F. 3d 1125, 1132(9th Cir. 2004).

〔4〕 Brody v. Transitional Hospitals Co. , 280 F. 3d 997, 1006(9th Cir. 2002).

离事实的“概览式的乐观前景估计”充其量是上市公司对经营状况的鼓吹,面对诸如“显著的销售额增长预期”“零售业最优质的管理之一”“具有高附加值及高增长率的新兴业务”等措辞,资本市场的一般投资者能够进行理性分析与风险判断。“数据性的特定业绩预报”以细化且具有表面说服力的数据与事实对上市公司财务状况进行乐观预期,暗示了证券价格变化的动向与脉络,属于重要性信息。除去基本面的宏观考察,以上市公司财务数据为核心的技术面分析是证券市场投资者从事风险行为的基础,若对此类预期予以虚假陈述,必然撼动广大投资者正确决策的理性依据。

3. 相关性判断

在因果关系层面刑法理论一般坚持“除外条款”规则:如果没有必要条件中的一个因素的存在,另一个事件便不会发生,那么这个事件就是由那个因素造成的。虚假陈述犯罪相关性要素是检验上市公司虚假陈述或隐瞒信息行为与投资者财产损失之间因果关系的法律标准,整体上亦遵循“除外条款”规则的要义,强调控方无须证明投资者买卖证券行为与上市公司违反信息披露义务行为特定且直接的相关性,但必须证明虚假陈述或隐瞒信息对证券投资者的实质影响。由于证券价格走向的多变性与证券交易行为的特殊性,控方在实践中根本无法直接证明最低限度地实质性影响,可能导致虚假陈述犯罪刑事条款整体虚置的尴尬局面。故美国联邦最高法院通过判例建构了市场欺诈理论,并以此为中心形成了虚假陈述犯罪可辩驳的相关性推定规则。

美国判例在此可供参考:在列文森案件[1]中,美国联邦最高法院认为,证券投资者即使没有依靠误导性陈述进行具体的决策行为,上市公司在事实上仍然对投资者进行了欺骗。经过大量判例[2]的实践总结,可以将适用可辩驳的相关性推定的前提条件归纳为:(1)存在公开的虚假陈述行为或者隐瞒应当进行披露的证券信息;(2)违反公开披露义务的信息符合重要性标准;(3)误导性或被隐瞒的信息可能促使投资者错误判断证券价格;(4)涉及的相关证券在市场上进行了交易;(5)证券交易发生的时间在涉嫌犯罪的信息发布或隐瞒行为之后、真实信息被公开之前。对于充分公开且成熟稳健的高效率证券市场环境而言,证券价格由上市公司的业绩与市场信息决定,因此误导性信息应当被推定为投资行为的影响力要素。可见,可辩驳的相关性推定规则得以产生并不断发展的基础是存在一个高效率证券市场环境,其高效性主要体现在:(1)巨大的交易量;(2)数量可观的证券分析机构的信息报告;(3)充沛的证券交易经纪体系;(4)根据公司业绩与财政情况发布而同步启动的证券价格运行机制;(5)证券价格对上市公司信息敏锐的反应能力。

4. 上市公司与市场分析机构虚假陈述的连带责任

为了强化上市公司与市场分析机构的财务状况、业绩前景预期信息发布的管理,有

---

〔1〕 Basic Inc. v. Levinson, 485 U. S. 224(1988).

〔2〕 Bell v. Ascendant Solutions, 422 F. 3d 307(5th Cir. 2005); Molecular Tech. Corp. v. Valentine, 925 F. 2d 910(6th Cir. 1991); Freeman v. Laventhol & Horwath, 915 F. 3d 193(6th Cir. 1990).

必要运用连带责任理论追究虚假陈述的刑事责任。根据传统证券犯罪判例，上市公司及其高级管理人员仅可基于自身的虚假陈述或者隐瞒信息行为承担刑事责任，相关证券市场管理条例规定的信息披露文件若是由他人制作，并不存在对上市公司及其高级管理人员进行归责的客观基础。但是，美国联邦第二巡回上诉法院的判例[1]提出了充分卷入判断规则，缔造了虚假陈述证券犯罪连带责任的归责模式，可以供我们参考：当上市公司及其高管在呈递公司利润预期过程中明知、纵容、漠视预期业绩报告分析机构的行为时，上述所有当事人均应当对此承担虚假陈述的刑事责任。

充分卷入判断规则的法理依据在于：上市公司及其高管在公司业绩预期报告发布前，应当知晓业绩预期对证券价格波动的影响，有义务对报告结论进行谨慎审查，对疑惑问题进行必要询问。上市公司有责任纠正分析报告的明显错误，应对过度乐观的利润预期进行评注或者风险警示。考虑到充分卷入判断规则所设定的连带责任打击范围过度，美国联邦法院系统通过判例[2]对充分卷入适用的前提条件作出解释。追究虚假陈述证券犯罪连带责任的基础是：公司内部人与报告实际披露人之间的存在双向信息交流；或上市公司明示采纳由他方制作的证券披露文件；或发行证券的公司在先地、不计后果地向财务报告的制作者提供失实的分析性信息。这意味着容易引起市场虚假信息本身并不能直接导致上市公司证券犯罪连带责任，控方还须证明：(1)上市公司向证券分析机构提供了易误解的初步材料；(2)上市公司旨在将分析机构以上述初步材料为基础作出的业绩预期传达至资本市场；(3)上市公司在相关信息披露前对分析机构的失实报告传递至证券市场存在明知或者不计后果的犯罪意图；(4)上市公司高级管理人员在虚假报告公布之前或之后认可或核准其“真实性”。

(二)虚假陈述犯罪的抗辩

1.故意抗辩

在实践中，行为人通常会辩解对证券市场管理规则要求报送的信息披露文件的性质没有认识。实际上，因无知而脱卸罪责的前提是行为人无须对认识对象承担“真实性的正确认识义务”[3]。故意无视信息披露文件的真实性或应当审查而不予审查，不能作为虚假陈述的抗辩事由；行为人在已经意识到待披露文件存在虚假可能性的情况下人为地避免知悉虚假文件的性质，不得在事后的指控中以欺诈故意缺失为由进行辩护。并且，证券欺诈的故意不必完全通过直接证据予以证明，间接证据亦可推断出行为人的欺诈意图。

如果行为人证明其对证券市场规则产生认识错误，并且基于此违反了对应的证券市场规则，行为人对此不受自由刑的刑事处罚。行为人不受自由刑处罚，但必须接受罚

---

[1] Albind v. Cigmetty & Myners Co. ,635 F. 2d 156,163(2d Cir. 1995).

[2] Eisenstadt v. Allen,1997 WL 2113(9th Cir. 1999);In re Syntex Corp. ,95 F. 3d 922(9th Cir. 1997).

[3] United States v. Mabrook,301 F. 3d 503,508(7th Cir. 2002).

金刑。[1] 传统刑法理论认为,法律认识错误原则上不阻却犯罪故意,所以不能基于法律认识错误脱卸罪名。对此,应当认识到,证券市场规范性法律文件的认识错误虽然不能作为无罪的犯罪性抗辩,却可作为不受自由刑处罚的刑罚性抗辩。[2] 但此类实践拓展在实体与程序上仍旧存在前后关联的疑问:(1)对证券市场规则的认识错误抗辩是否完全阻却犯罪故意?(2)该抗辩究竟是属于否定性抗辩还是肯定性抗辩?(3)在刑事诉讼中由谁对此承担证明责任?一种解决方案是,刑罚性抗辩的存在基础是被告人承认其行为充足了受控罪名的所有犯罪构成要素,故证券市场法律规则认识错误本质上属于肯定性抗辩,并不是对犯罪故意的直接否定,应当由辩方承担达到优势证据的证明标准。[3] 证券市场规则认识错误抗辩要求被告人证明确实不知其行为与证券法律规则相悖,而非仅证明其对于特定的证券市场规范缺少认识。

2. 善意抗辩

成功的善意抗辩可以直接阻却虚假陈述的犯罪故意。善意是指行为人诚恳地相信由其提供的误导性证券信息是真实的。[4] 如果行为人基于其所处的环境无从怀疑上市公司相关报告的真实性进而做出相关陈述,即使客观上误导了上市公司的股东,但在本质上仍然不存在欺诈证券市场投资者的犯罪故意。行为人未能承担正当的勤勉义务对证券信息真实性进行审查的事实将否定善意抗辩的有效性;不计后果地漠视公众证券信息是否准确,无法符合善意的标准。由于善意抗辩与故意犯罪要素属于一个问题的两个方面,控方对行为人在实施虚假陈述行为过程中不存在善意承担排除一切合理怀疑的证明责任。

由于证券市场涉及众多专业性的技术规定,上市公司及其高级管理人员无法完全知悉所有的技术性规范,聘用顾问负责专项证券业务的操作成为普遍现象。事实上,相当部分的上市公司及其高级管理人员是在毫无认识的情况下听从了顾问的建议,实施了涉嫌证券犯罪的行为。采纳顾问建议是一种特殊的善意抗辩。[5] 有效的采纳顾问建议抗辩,要求被告人提供以下事实的优势证据:(1)曾就涉案行为的合法性征求过顾问意见;(2)向被询问的顾问披露了所有相关的事实;(3)顾问确信涉案行为合法;(4)基于顾问提供的解释合理地采纳了建议。对于顾问显然非法的证券信息披露或者证券交易建议,被告人无权提出抗辩。如果提供建议的顾问与证券交易具有利害关系,则行为人根本不应当予以采纳,所以不存在适用采纳顾问建议抗辩的基础。

3. 市场真实规则

市场欺诈理论认为,在有效率的资本市场中,证券欺诈行为直接影响证券价格,但

---

〔1〕 United States v. Peltz, 433 F. 2d 48, 54 (2d Cir. 1970); United States v. Schaefer, 299 F. 2d 625, 629 (7th Cir. 1962).

〔2〕 United States v. Dixon, 536 F. 2d 1388, 1395 (2d Cir. 1996).

〔3〕 United States v. O'Hagan, 139 F. 3d 641, 647 (8th Cir. 1998).

〔4〕 United States v. Mabrook, 301 F. 3d 503, 509 (7th Cir. 2002).

〔5〕 United States v. Surgical Supply Corp., 989 F. 2d 1390, 1403 (4th Cir. 1993).

证券投资者基于可信赖的证券交易市场并不怀疑证券价格受到虚假陈述或者隐瞒信息行为的不正当影响,从而自愿地从事证券交易。当上市公司及其高级管理人员进行虚假陈述或者隐瞒信息行为时,证券价格产生波动,投资者根据价格变化改变投资策略。这说明涉嫌犯罪的证券信息欺诈行为与投资者财产损失之间存在因果关系。市场欺诈理论诞生于1975年联邦第九巡回上诉法院巴瑞克案。[1] 该案的法院意见主张:证券投资者间接从股票价格所依据的市场信息或上市公司陈述进行证券交易,无论其是否确切意识到了虚假陈述或隐瞒信息行为对其产生的因果作用,存在证券欺诈行为与证券投资损失之间的普适性推定。在此之后,各巡回上诉法院纷纷采纳市场欺诈理论;联邦最高法院于1988年列文森案[2]予以全面确认。

市场欺诈理论所建构的是相关性的可辩驳推定,从判例中发展而成的市场真实规则可以相关性的否定性抗辩事由。联邦第七巡回上诉法院在维尔古斯案[3]中首次提出了市场真实的概念。有效的市场真实抗辩必须证明:(1)虚假陈述或隐瞒信息行为与证券交易价格变动之间的相关性切断;(2)虚假陈述或隐瞒信息行为与投资者证券交易决定之间的相关性切断;(3)证券投资者进行的交易与证券价格之间的相关性切断。当行为人提供信息以纠正原始的虚假陈述时,证券市场即可通过真实渠道获取决定证券价格变动方向的可信资讯,以切断证券欺诈与投资者损害之间的相关性。例如,联邦第九巡回上诉法院在苹果公司案[4]中判决,稀释虚假陈述所导致的损害影响,行为人必须证明证券市场接受了由其事后提供的相当正确的纠正信息。如果行为人披露的虚假信息或者隐瞒的重要信息经由自己通过其他透明且畅通的市场渠道予以撤回或纠偏,市场欺诈状态便被市场真实状态所代替,证券市场从虚假陈述与隐瞒信息中恢复,相关性随之被切断。部分联邦巡回上诉法院在新近的判例中主张拓展市场真实规则:行为人若能呈递客观上已经向证券市场披露了与虚假陈述相反的信息的证据(不要求业已纠正虚假陈述的负面效果),就有权根据市场真实理论作出有效的相关性抗辩。[5] 若能证明投资者从事证券交易时并没有依据证券价格的变动,那么市场真实规则能够对抗市场欺诈理论的相关性推定。因为虚假陈述等欺诈行为并未对上市公司的股东产生影响。

4.预期警示

上市公司预期是证券市场不可分割的组成部分。在对预期行为进行严格规范的同时,联邦法院同样允许被告人以预期警示为由作出否定重要性的抗辩。有权主张预期警示抗辩事由的主体限定在处于证券发行阶段的公司及其高级管理人员,应当证明业

---

〔1〕 Blackie v. Barrack,524 F. 2d 891,907(9th Cir. 1975).

〔2〕 Basic Inc. v. Levinson,485 U. S. 224(1988).

〔3〕 Wielgos v. Commonwealth Edison Co. ,892 F. 2d 509,516(7th Cir. 1989).

〔4〕 In re Apple Computer Sec. Litig. ,886 F. 2d 1109,1115(9th Cir. 1989).

〔5〕 Edwards v. ETS Payphones,Inc. ,408 F. 3d 727(11th Cir. 2005);United States v. Ginsburg,362 F. 3d 1292(9th Cir. 2004).

已通过明示的方法警示投资者关注以下事实——证券发行人无法保证预期性陈述完全兑现。预期性虚假陈述若在发布时附带了警戒式的措辞,能够实质性地削减证券信息的重要性。

司法实践中发展出两套模式认定预期警示抗辩的有效性。(1)直接模式。预期警示措辞直接否定了行为人虚假陈述证券信息的重要性,使该犯罪构成要素不再成为需要控辩双方论证的法律争点。证券信息本身可能符合重大虚假的客观标准,但警示性语言揭示了业经披露信息的风险,消解了虚假陈述行为的严重性。格罗斯曼案〔1〕采用了直接模式:被告公司宣布收购一家软件行业的领头企业并在此过程中发行新股。在向证券交易委员会披露的登记文件中,被告公司预告了两家公司成功整合的高度可能性、被告公司本身在软件制造市场并无相对竞争优势、并购目标公司的财务困境等信息。后被告公司因该项收购出现资金缺口,不仅影响主营业务的增长,而且需要承担被收购的软件公司的高额债务,加之软件开发不见起色,证券价格顺势大幅下挫。法院认为,被告公司在陈述企业整合效果的层面纵然属于不计后果的乐观预期,但同时附带了相当细致与客观的风险预期。这些预期警示不应当被任何理性的投资者忽略。所以,虚假陈述的重要性因明示的风险提示而降低,未能达到构成证券犯罪的标准。(2)间接模式。当发行证券的公司所明示的预期警语的强度足以认定虚假陈述对于理性的投资者将不产生误导性效应时,行为人的虚假陈述行为就无法构成犯罪。间接模式通过排除虚假陈述的误导性间接消解虚假证券信息的重要性。在星泰克斯药业集团公司案〔2〕中,被告公司在发行新股过程中接到了美国食品药品局的调查令。星泰克斯药业集团公司在年度报告内预期此次调查将不会对上市公司的业绩产生负面影响,但明示投资者关注调查的进程、重视可能出现的处罚决定。后星泰克斯药业被查出从事商业贿赂,承受巨额罚款,股票价格下跌。法院判决被告公司的年度报告构成预期警示,因为其明确表达了调查结果及其负面影响的不确定性,不可能具有误导性。

第四节 贷款犯罪法律适用对策

贷款犯罪主要包括贷款诈骗罪与近年来增设的骗取贷款罪。根据《刑法》第193条的规定,贷款诈骗罪,是指诈骗银行或者其他金融机构的贷款,数额较大的行为。贷款诈骗犯罪在客观方面表现为诈骗银行或者其他金融机构的贷款,数额较大的行为。具体的犯罪行为形式有:(1)编造引进资金、项目等虚假理由的;(2)使用虚假的经济合同的;(3)使用虚假的证明文件的;(4)使用虚假的产权证明作担保或者超出抵押物价值重复担保的;(5)以其他方法诈骗贷款的。根据《刑法》第175条之一的规定,骗取贷

〔1〕 Grossman v. Novell Inc. ,120 F. 3d 1112(10th Cir. 1997).

〔2〕 In re Syntex Corp. Securities Litigation,95 F. 3d 922(9th Cir. 1996).

款、票据承兑、金融票证罪在客观方面表现为以欺骗手段取得银行或者其他金融机构贷款、票据承兑、信用证、保函等,给银行或者其他金融机构造成重大损失或者有其他严重情节。

如何区分贷款诈骗与骗取贷款犯罪的界限,同时,如何明确贷款诈骗犯罪与一般贷款欺诈行为的界限,一直是司法实践中的难点,需要在刑法适用上探索解释规则。

一、改变贷款用途是否构成贷款诈骗犯罪

实践中经常出现行为人获取贷款后改变贷款用途并造成重大损失的案件,这种获取贷款后的事后行为是否影响贷款诈骗犯罪的认定,一直存在争议。一般而言,这种行为在理论上归属于"事后骗贷"。所谓"事后骗贷",是指行为人取得银行或者其他金融机构的贷款以后,产生非法占有的目的,企图占有贷款的情形。

对事后骗贷是否构成贷款诈骗罪,理论上主要有以下两种不同的观点:一种意见认为,非法占有的目的产生于贷款交付之前且符合贷款诈骗罪的其他要件的,才能按贷款诈骗罪论处。[1] 另一种意见认为,如果行为人在贷款的初期并无非法占有贷款的目的,而随着后来情况的变化,产生了非法占有目的,因而拒不归还贷款的,仍是贷款诈骗罪。这意味着作为本罪主观方面的非法占有目的,既可以形成于事前,也可以形成于事中。[2]

实际上,贷款诈骗犯罪的本质在于通过虚构事实、隐瞒真相的方式非法占有贷款,这决定了诈骗行为与诈骗目的必须具有同时性,或者至少具有同阶段性。所谓的"事后骗贷"实际上出现了主观故意与客观行为的分离,因此,不能认定为贷款诈骗罪。如果肯定事后骗贷成立贷款诈骗,将割裂"行为"的主客观两个方面。因为,非法占有目的是金融诈骗犯罪的一部分,行为人具有诈骗的目的,同时实施了诈骗的行为,才构成贷款诈骗,如果行为人只具有主观或者客观的一个方面,就不能是诈骗行为。同时,应当明确以行为人的事后行为推定行为人的主观目的与行为人的主观目的产生时间的区别。例如,行为人在设定抵押获取贷款后,减少或者隐匿、转移抵押财产,实现诈骗贷款的目的。一般可以认定行为人具有非法占有的目的,但不能认为行为人的非法占有目的产生于取得贷款之后,因为主观目的实际上决定了行为的性质。

二、骗取贷款罪与贷款诈骗罪的规范界限

我国《刑法》第 175 条规定的骗取贷款罪是《刑法修正案(六)》增设的信贷犯罪。根据《刑法》规定,骗取贷款罪是指以欺骗手段取得银行或者其他金融机构贷款、票据承兑、信用证、保函等,给银行或者其他金融机构造成重大损失或者有其他严重情节的行为,应当追究刑事责任。当骗取金融机构信用罪的行为人实施了骗贷行为,且给金融机构造成严重损失时,与贷款诈骗罪较难区分。

两罪侵犯的客体虽然不同,骗取贷款罪侵犯的客体是国家的信贷管理制度,贷款诈

---

〔1〕 参见刘远:《金融诈骗罪研究》,中国检察出版社 2002 年版,第 362 页。

〔2〕 周振想主编:《金融犯罪的理论与实务》,中国人民公安大学出版社 1998 年版,第 410 页。

骗侵犯的客体是资金市场秩序和公共财产所有权,但在实践中,这些方面都是相互交织,难以区分的。客观方面也是如此,从条文规定上看,贷款诈骗仅包括法定的5种方式,骗取贷款的方式并没有限制,实质上,实践中表现出来的骗取的方式都在这5种方式之内(贷款诈骗的第5种方式为兜底性规定)。因此,骗取贷款罪与贷款诈骗罪最主要的区别仍在于主观方面,前者为过失,或间接故意,而后者是直接故意,且具有非法占有的目的。司法实践中在认定主观故意时,不能仅凭行为人的供述和辩解,因为从趋利避害的角度,行为人都会选择处罚较轻的骗取贷款罪,而不是贷款诈骗罪,因此还要结合案件的实际情况表现作具体的分析。

第五节　信用卡犯罪法律适用对策

信用卡本质上是金融机构对个人或者企业消费行为的短期融资,因此,信用卡犯罪也是融资犯罪的主要类型之一。信用卡犯罪,是指针对信用卡而实施的伪造、盗窃、妨害信用卡管理等犯罪以及利用信用卡实施的诈骗犯罪,主要罪名包括我国《刑法》第177条之一妨害信用卡管理罪,窃取、收买、非法提供信用卡信息罪,第196条信用卡诈骗罪。

一、妨害信用卡管理罪

全国人大常委会于2005年2月28日颁布了《刑法修正案(五)》,在《刑法》第177条后增加1条,作为第177条之一,明确增设规定了妨害信用卡管理罪。经修正后的刑法第177条之一规定:有下列情形之一,妨害信用卡管理的,处3年以下有期徒刑或者拘役,并处或者单处1万元以上10万元以下罚金;数量巨大或者有其他严重情节的,处3年以上10年以下有期徒刑,并处2万元以上20万元以下罚金:(1)明知是伪造的信用卡而持有、运输的,或者明知是伪造的空白信用卡而持有、运输,数量较大的;(2)非法持有他人信用卡,数量较大的;(3)使用虚假的身份证明骗领信用卡的;(4)出售、购买、为他人提供伪造的信用卡或者以虚假的身份证明骗领的信用卡的。

2009年最高人民法院、最高人民检察院联合发布《关于办理妨害信用卡管理刑事案件具体应用法律若干问题的解释》(以下简称《信用卡犯罪解释》),对本罪的量化标准进行了规定。《信用卡犯罪解释》第2条规定:明知是伪造的空白信用卡而持有、运输10张以上不满100张的,应当认定为《刑法》第177条之一第1款第1项规定的"数量较大";非法持有他人信用卡5张以上不满50张的,应当认定为《刑法》第177条之一第1款第2项规定的"数量较大"。有下列情形之一的,应当认定为《刑法》第177条之一第1款规定的"数量巨大":(1)明知是伪造的信用卡而持有、运输10张以上的;(2)明知是伪造的空白信用卡而持有、运输100张以上的;(3)非法持有他人信用卡50张以上的;(4)使用虚假的身份证明骗领信用卡10张以上的;(5)出售、购买、为他人提供伪造的信用卡或者以虚假的身份证明骗领的信用卡10张以上的。违背他人意愿,使用其居民身份证、军官证、士兵证、港澳居民往来内地通行证、台湾地区居民来往大陆通行证、护照等身份证明申领信用卡的,或者使用伪造、变造的身份证明申领信用卡的,应当认定为我国《刑法》第 177 条第 1 款第 3 项规定的“使用虚假的身份证明骗领信用卡”。

二、信用卡诈骗罪

信用卡诈骗罪是实践中最为多发的金融诈骗犯罪,实际上也是数量最多的金融犯罪行为类型。根据《2015 年度上海金融检察白皮书》的统计,2015 年,上海市检察机关共受理金融犯罪审查逮捕案件 1387 件 1725 人,金融犯罪审查起诉案件 2140 件 2684 人。案件共涉及 6 类 28 个罪名,包括金融诈骗类犯罪 1793 件 1933 人,破坏金融管理秩序类犯罪 296 件 684 人,扰乱市场秩序类犯罪 31 件 46 人,金融从业人员犯罪 29 件 52 人。信用卡诈骗案件连续七年居金融犯罪首位,计 1701 件,占总量的 79.5%。

我国 1997 年《刑法》将信用卡诈骗罪作为一个独立的罪名明确规定在刑法中,只是在原第三档法定刑中增加了“并处五万元以上五十万元以下罚金”的规定,并对“恶意透支”进行了解释。刑法生效实施后,由于在涉及信用卡犯罪领域的司法实践中又出现了一些新的现象,全国人大于 2005 年 2 月 28 日通过了《刑法修正案(五)》对信用卡诈骗罪进行了一些修正。《刑法修正案(五)》第 2 条在《刑法》第 196 条第 1 款第 1 项中增加了“使用以虚假的身份证明骗领的信用卡”的行为方式。修正以后的《刑法》第 196 条第 1 款规定:有下列情形之一,进行信用卡诈骗活动,数额较大的,处 5 年以下有期徒刑或者拘役,并处 2 万元以上 20 万元以下罚金;数额巨大或者有其他严重情节的,处 5 年以上 10 年以下有期徒刑,并处 5 万元以上 50 万元以下罚金;数额特别巨大或者有其他特别严重情节的,处 10 年以上有期徒刑或者无期徒刑,并处 5 万元以上 50 万元以下罚金或者没收财产:(1)使用伪造的信用卡,或者使用以虚假的身份证明骗领的信用卡的;(2)使用作废的信用卡的;(3)冒用他人信用卡的;(4)恶意透支的。为了明确条款中“恶意透支”的内容,《刑法》第 196 条第 2 款还专门为其下了一个定义:前款所称恶意透支,是指持卡人以非法占有为目的,超过规定限额或者规定期限透支,并且经发卡银行催收后仍不归还的行为。针对实践中发生盗窃他人信用卡后并加以使用的案件在定罪问题上的分歧意见,该条第 3 款还明确规定:盗窃信用卡并使用的,依照本法第 264 条(盗窃罪)的规定定罪处罚。随着信用卡犯罪案件在实践中呈现数量激增与类型多样的发展态势,《信用卡犯罪解释》解决了当前实务部门办案中遇到的困惑,有利于进一步规范各种新类型的信用卡犯罪案件的司法认定。但由于司法实践中信用卡犯罪案件具有一定复杂性,有必要结合具体案件深入分析《信用卡犯罪解释》相关规定并提出操作办法,从而为实务部门切实把握信用卡犯罪案件定罪量刑规则与尺度、准确适用最新信用卡犯罪司法解释提供对策。

(一)信用卡诈骗犯罪司法解释的法律适用规范基础

《信用卡犯罪解释》的出台是司法机关贯彻落实中央部署,为国家大局服务的重要方面,也是保民生、保增长、保稳定,从司法工作实际出发,切实解决群众反映强烈的突出问题的重要举措。《信用卡犯罪解释》的公布施行,将对打击伪造信用卡、信用卡诈骗、信用卡套现等信用卡犯罪活动,保障金融市场秩序和人民群众财产安全,产生积极的影响。一般认为,《信用卡犯罪解释》的主要特点:(1)填补了空白,在司法层面实现了对信用卡犯罪全流程的刑法规制;(2)完善了标准,明确了使用虚假身份证明骗领信用卡的认定条件;(3)明确了信用卡非法套现行为的刑事责任。〔1〕

《信用卡犯罪解释》所传递出的刑事政策的导向亦十分明显,其中之一便是严格规制伪造信用卡犯罪。伪造信用卡行为不仅严重扰乱国家的金融管理秩序,而且严重威胁持卡人的财产安全,兼具妨害信用卡管理、侵犯持卡人财产安全两种社会危害性,对此必须予以设置"零容忍"的司法实践规则,即使伪造1张信用卡也应当追究刑事责任。同时,伪造空白信用卡和伪造他人实际使用的信用卡具有同样的危害效应,行为人只要把个人信用卡磁条信息输入,就是一张可以使用的信用卡,社会危害性同样严重。伪造信用卡是信用卡犯罪过程中的一个极为重要的环节,司法机关对这类犯罪行为必须坚持依法予以严厉打击。

《信用卡犯罪解释》对"恶意透支""非法套现"构成犯罪的条件作了严格界定,既突出刑事打击重点,又严格控制刑事打击面,充分体现了"宽严相济"刑事政策的要求。透支是信用卡的基本功能,持卡人与发卡行之间存在民事借贷关系,有必要在符合《刑法》规定的前提下,明确从轻处罚的事由。严格按照我国《刑法》第13条情节显著轻微危害不大的、不认为是犯罪的规定,以及《刑法》第37条犯罪情节轻微不需要判处刑罚、可以免予刑事处罚的规定,对恶意透支等行为设置出罪机制,不仅有利于挽回经济损失,又能严格控制刑事制裁面。《信用卡犯罪解释》明确要求贯彻宽严相济刑事政策,规定对持卡人在人民法院判决宣告前和公安机关立案前已偿还全部透支款息的,可以从轻处理或者不追究刑事责任。当然,不追究刑事责任的规定仅适用于恶意透支数额较大的情形,即恶意透支1万元以上不满10万元的。对于恶意透支数额巨大或者数额特别巨大的,不能适用不追究刑事责任的规定。〔2〕

《信用卡犯罪解释》对利用信用卡从事非法经营的犯罪,采取了严厉震慑与适度打击并重的策略。利用信用卡非法套现本质上属于非法经营金融业务,容易滋生地下金融活动,扰乱国家金融秩序,进而威胁社会正常经济秩序。同时,套现行为制造的虚假交易会导致虚假的经济统计数据和虚假的经济繁荣景象,容易误导经济决策。非法经营型信用卡犯罪侵犯金融机构信用卡业务的正常秩序,给发卡银行带来巨大的信贷风险,并导致部分个人及中小企业处于高度负债状态,威胁社会安定和谐。为了防止信用卡套现行为将金融机构资金置于高度风险之中,《信用卡犯罪解释》合理确定非法套现

---

〔1〕 参见刘涛:《〈关于办理妨害信用卡管理刑事案件具体应用法律若干问题的解释〉的理解与适用》,载《人民司法》2010年第1期。

〔2〕 参见陈国庆、韩耀元、吴峤滨:《〈关于办理妨害信用卡管理刑事案件具体应用法律若干问题的解释〉理解与适用》,载《人民检察》2010年第2期。

的数额标准，既能有效地惩治已造成严重危害的套现商户，对社会上其他潜在的套现商户形成极大的威慑，又避免因刑事打击面过宽而引起不良影响。

（二）为持卡人办理信用卡套现业务并收取手续费行为的司法认定

为他人非法办理信用卡套现业务从中收取手续费谋利的行为，属于当前司法实践中较为多发的新型信用卡犯罪案件。由于其行为模式、结果牵涉信用卡诈骗罪、妨害信用卡管理罪、非法经营罪等多个经济犯罪罪名，且实务部门对于上述个罪之间的法条关系存有不同认识，造成案件定性困难，有必要结合案例进行细致分析，为如何准确适用《信用卡犯罪解释》第 7 条认定此类信用卡犯罪案件提供参考。

非法信用卡套现的典型案例：犯罪嫌疑人乔某、董某以上海文吉信息咨询有限公司的名义申领 POS 机 4 台，以此为他人提供信用卡套现服务。操作流程为：持卡人将信用卡交给乔某、董某，由后者在上述 POS 机上进行虚假的刷卡消费，根据持卡人的现金需求输入消费金额。扣取 1% ~5% 的套现手续费后，乔某、董某将刷卡数额与手续费之间的差额及信用卡交还持卡人，并于结算日向相关银行结算信用卡消费资金。由于部分套现的持卡人构成信用卡诈骗罪，公安机关根据其提供的线索将乔某、董某抓获，当场查获信用卡 500 余张、现金 16 万余元。侦查后固定的证据证明，两名犯罪嫌疑人共为 1847 张信用卡提供套现服务 2200 余次，收取手续费 10 万余元。上述虚假刷卡消费套取现金行为造成 200 余万元透支金额逾期且未能追回。

《信用卡犯罪解释》第 7 条规定，违反国家规定，使用销售点终端机具（POS 机）等方法，以虚构交易、虚开价格、现金退货等方式向信用卡持卡人直接支付现金，情节严重的，应当依据我国《刑法》第 225 条的规定，以非法经营罪定罪处罚。但是，对于非法办理信用卡套现业务并收取手续费的行为如何定性，在司法实践中仍然存在认识分歧。比如，关于上述案件的定性问题，实务部门主要提出以下几种意见：

第一种意见认为，乔某、董某构成信用卡诈骗罪（共犯）。行为人虚构消费事实、隐瞒信用卡消费的真相，在没有任何基础消费关系的情况下，利用本人申领的 POS 机为他人套取现金，谋取非法利益，造成巨额透支金额无法追回，应当与恶意透支的持卡人共同认定为信用卡诈骗罪。

第二种意见认为，乔某、董某构成妨害信用卡管理罪。案发时，行为人非法持有 500 余张信用卡从事非法套现业务，完全符合妨害信用卡管理罪“非法持有他人信用卡，数量较大”的犯罪行为要件，客观上扰乱了信用卡管理秩序、破坏银行金融安全，应当认定为妨害信用卡管理罪。

第三种意见认为，乔某、董某构成非法经营罪。行为人虚构基础性消费事实，利用信用卡短期贷款的特点进行套现服务，本质上属于非法从事银行结算业务，符合《刑法修正案（七）》第 5 条增设的“非法从事资金支付结算业务”的行为要件，构成《刑法》第 225 条非法经营罪。

笔者支持第三种意见，具体理由：

第一，为他人办理信用卡套现业务是否构成信用卡诈骗罪，关键在于判断帮助套现的行为人与持卡人之间是否存在共同诈骗故意。

持卡人以非法占有为目的,利用虚构的消费事实刷卡消费套现,超过规定期限透支经催收后不还的,属于恶意透支行为,构成信用卡诈骗罪。毋庸置疑,利用本单位申领的 POS 机帮助持卡人虚拟消费关系、向持卡人支付扣除手续费的消费金额后向银行另行结算,结果造成巨额透支逾期的,客观上应当评价为信用卡诈骗的帮助行为。但提供套现服务的行为主体是否构成信用卡诈骗罪共犯不能一概而论,仍然应当重点考察其主观故意。行为人与持卡人形成非法占有套现款各自获利(手续费、挥霍透支额)意思联络的,属于信用卡诈骗罪共犯。

在上述案件中,乔某、董某对于部分持卡人通过套现行为恶意透支的目的应当说是具有明知或者应知的认识要素,其客观上对持卡人的信用状况、刷卡意图、支付能力等不予询问的行为也证实了上述主观心态。但是,这些证据只能证明乔某、董某放任持卡人恶意透支及其巨额透支逾期,属于间接故意的范畴,没有证据进一步证实其与持卡人形成意思联络的共犯关系,并不符合直接故意的信用卡诈骗罪的主观要件。事实上,从本案相关的交易记录来看,部分非法套现人员还是按时还款的。因此,基于行为人放任他人非法占有套现金额、恶意透支的主观故意,尚且无法认定其构成信用卡诈骗罪共犯。

第二,申领 POS 机的商户或者借用他人 POS 机非法为他人办理信用卡套现业务收取手续费谋利的,本质上属于非法从事资金支付结算业务,应当认定为非法经营罪。

《刑法修正案(七)》第 5 条在《刑法》第 225 条第 3 项中增加了"非法从事资金支付结算业务"的规定。资金支付结算属于金融业务,是指通过银行账户资金转移实现收款支付的金融行为,即银行接受客户委托代收代付,从付款单位存款账户划出款项,转入收款单位存款账户,以此完成经济主体之间债权债务的清算或者资金调拨。我国《商业银行法》第 3 条、第 11 条明确规定,国内外结算、银行卡业务属于商业银行业务,未经国务院银行业监督管理机构批准,任何单位或者个人不得从事商业银行业务。

可见,申领 POS 机的商户或者非法借用他人 POS 机的行为主体基于虚假的消费事实利用信用卡套现收取手续费的行为,违反了《商业银行法》等国家规定,具备了经济犯罪违反前置性法律规范的违法性要素,实际上属于非法从事只有商业银行才能开展的信用卡资金支付结算业务,应当定性为非法经营行为。在没有真实的基础性交易关系的基础上利用 POS 机刷卡直接套现,是《信用卡犯罪解释》第 7 条明确规定的以虚构交易的方式向持卡人直接支付现金的非法经营犯罪行为。

在上述案件中,乔某、董某的行为明确构成"非法从事资金支付结算业务",违法所得数额 10 万余元,达到情节严重的标准,应当认定为非法经营罪。

第三,作为妨害信用卡管理罪实行行为的非法持有信用卡与作为非法经营罪实行行为的非法从事信用卡结算业务之间形成吸收关系,应根据吸收犯处断原则,对为他人办理信用卡套现并收取手续费行为以吸收之罪(非法经营罪)论处。

《刑法修正案(七)》施行前,以非法经营罪论处的非法从事金融行为并不包括非法从事资金支付结算业务。所以,在司法实践中倾向于将没有诈骗故意的办理信用卡套现业务收取手续费行为认定为妨害信用卡管理罪。这主要是基于办理信用卡套现业务必定持有信用卡,符合妨害信用卡管理罪的行为要件之一,即“非法持有他人信用卡,数额较大的”。在《刑法修正案(七)》第5条已经明确规定非法经营罪的实行行为包括非法从事资金支付结算业务的情况下,妨害信用卡管理罪中的非法持有数量较大信用卡行为实际上成为非法经营信用卡结算行为的当然过程。《信用卡犯罪解释》将使用销售点终端机具(POS机)以虚构交易、虚开价格、现金退货等方式向信用卡持卡人直接支付现金的行为规定为非法经营犯罪行为具有坚实的法理依据。基于行为之间的吸收关系可知,非法持有信用卡属于被吸收行为,利用信用卡非法套取现金属于吸收行为;妨害信用卡管理罪属于被吸收之罪,非法经营罪属于吸收之罪。

在上述案件中,乔某、董某共为1847张信用卡提供套现服务2200余次,势必持有大量信用卡,显然构成妨害信用卡管理罪,但后续信用卡非法套现行为吸收非法持有行为,应当以吸收之罪即非法经营罪定性。

(三)骗领信用卡诈骗与恶意透支均达“数额较大”行为的认定

根据《信用卡犯罪解释》第5条与第6条的规定,使用伪造的信用卡、以虚假的身份证明骗领的信用卡、作废的信用卡或者冒用他人信用卡,进行信用卡诈骗活动,数额在5000元以上不满5万元的,属于“数额较大”。恶意透支,数额在1万元以上不满10万元的,属于“数额较大”;数额在10万元以上不满100万元的,属于“数额巨大”。

由于恶意透支行为与骗领信用卡实施诈骗等行为是信用卡诈骗罪中独立的犯罪行为类型,根据社会危害性不同设置不同的数额标准。对于行为人实施数额标准不同的信用卡诈骗行为的,司法机关在计算数额时应当予以认定,现阶段存在较多争议。在《信用卡犯罪解释》出台后的信用卡诈骗犯罪案件的认定中,各方观点相持不下。例如,2008年4月起,被告人陈某某先后在中国民生银行上海分行与广东发展银行上海分行申领两张信用卡,明知没有还款能力,先后透支取款、消费人民币5.7万元,经发卡行多次催收后仍不归还。2008年9~12月,被告人张甲、俞某某、陈某某结伙,经预谋,张甲、俞某某利用银行工作人员的工作便利获取客户资料,分别冒用客户和某、武某、张某名义至光大银行办理3张信用卡,由被告人陈某某谎称申请人系其公司职员,通过银行核卡程序。张甲、俞某某、陈某某以非法占有为目的,共从上述3张信用卡中套取现金人民币4.8万元,陈某某分得2000元,其余赃款被张甲、俞某某分赃挥霍。案发后张甲、俞某某全额退赔赃款。另查明,被告人陈某某、张甲、俞某某在接到公安机关电话传唤后主动到案,并如实交代上述犯罪事实。

本案犯罪事实相对简单,被告人陈某某等3人构成信用卡诈骗罪不存在疑问,在审理过程中,核心争点在于对被告人陈某某的信用卡诈骗行为如何量刑。由于《信用卡犯罪解释》对以虚假身份证明骗领信用卡进行诈骗与恶意透支本人信用卡规定了不同数额认定标准,司法实践中对于陈某某的行为如何量刑问题争议极大。

第一种意见认为,应认定陈某某信用卡诈骗“数额巨大”,法定刑为“五年以上十年以下有期徒刑,并处五万元以上五十万元以下罚金”。虽然陈某某恶意透支数额与骗领信用卡诈骗数额均属“数额较大”,未达“数额巨大”,但其连续信用卡诈骗数额累计已达10.5万元,超过恶意透支“数额巨大”标准,根据罪刑均衡原理,有必要认定为“数额巨大”。

第二种意见认为,应认定陈某某信用卡诈骗“数额较大”,法定刑为“处五年以下有期徒刑或者拘役,并处二万元以上二十万元以下罚金”。不能类推适用“数额巨大”标准,只能选择情节较重的骗领信用卡诈骗数额确定法定刑,将恶意透支数额作为酌定从重量刑要素。

第三种意见认为,应当区分认定陈某某恶意透支数额“数额较大”与骗领信用卡诈骗数额“数额较大”,并通过同种数罪并罚的方式合并量刑。恶意透支与骗领信用卡进行诈骗属于信用卡诈骗罪中的两种独立行为模式,无法累计或者统一认定信用卡诈骗数额,只能通过同种数罪一般不予并罚例外规则进行量刑。

笔者同意第三种意见,具体理由:

第一,以性质不同的行为类型实施信用卡诈骗罪,各种犯罪数额不能经过累计统一认定为“信用卡诈骗数额”。

在实践中有观点认为,对于连续实施信用卡犯罪行为的连续犯而言,其信用卡诈骗数额应予以累计计算,根据数额较大、数额巨大、数额特别巨大确定法定刑档次。但是,笔者认为,以性质不同的行为类型实施信用卡诈骗罪,各种犯罪数额不能经过累计统一认定为“信用卡诈骗数额”。

诚然,连续犯数额累计计算完全正确,但关键问题是多次连续实施信用卡诈骗罪行为并不必然是连续犯。连续犯是指基于同一或者概括故意,连续数次实施犯罪行为,触犯同一罪名的情形。[1] 其中的连续犯罪行为必须具有同质性或者一致性,而触犯同一罪名并不必然决定其连续犯罪行为具有同一性。行为人必须多次实施同一的、符合刑法构成要件规定的构成要件行为要素,才能够认定为连续犯罪行为。对于信用卡诈骗罪而言,《刑法》第196条规定了恶意透支、以虚假的身份证明骗领信用卡进行诈骗等不同的构成要件行为要素,且司法解释就此设定了不同的犯罪数额标准。因此,行为人实施恶意透支行为后又实施骗领信用卡诈骗行为的,不属于信用卡诈骗罪的连续犯,不能直接认定其不同信用卡犯罪行为类型所对应的犯罪数额可以累计。

在上述案件中,陈某某恶意透支信用卡5.7万元,伙同他人以虚假的身份证明骗领信用卡套取现金4.8万元,实际上属于实施不同行为类型的信用卡诈骗行为,不能根据连续犯原理以累计的方式统一认定信用卡诈骗数额,或者在定罪阶段只认定一种信用卡诈骗数额较大行为模式,将另一种信用卡诈骗数额较大行为模式作为量刑基准确定后的量刑调整要素,而是应当严格按照《信用卡犯罪解释》规定分别认定恶意透支数额

---

〔1〕 参见张明楷:《刑法学》(第3版),法律出版社2007年版,第376页。

与骗领信用卡诈骗数额。

第二,同种数罪原则上不应进行并罚,但在数个犯罪行为形式上触犯同一罪名但实质上具有异种数罪核心特征的情况下,可以例外地进行同种数罪并罚。

在刑法理论上对于同种数罪是否能够并罚存在不同看法。肯定说认为,刑法只规定了数罪并罚,并没有规定只有异种数罪并罚;否定说认为,一人多次实施犯罪触犯同一罪名,本身就是从重或加重情节,没有必要通过同种数罪并罚处理;折中说认为,同种数罪原则上应在该罪条文规定的法定刑中解决刑罚问题,但如果不并罚不能体现数罪从重原则,应当进行同种数罪并罚。[1]

笔者认为,同种数罪原则上不应进行并罚,但在数个犯罪行为形式上触犯同一罪名但实质上具有异种数罪核心特征的情况下,可以例外地进行同种数罪并罚。

行为人重复实施同一种犯罪构成要件行为,原则上没有必要多次重复援引同一条文、定同一罪名、多次量刑、最后通过并罚确定刑罚,完全可以在个罪条文的框架中,在确定量刑基准的情况下,考虑多次犯罪的从重、加重量刑要素。但是,行为人虽然多次触犯同一罪名,但其实施的犯罪构成要件行为存在本质区别,并且,根据法律或者司法解释的规定,不同的犯罪构成要件行为具有不同的量刑标准的,实质上已经符合了异种数罪的核心特征,可以数罪并罚。例如,信用卡诈骗罪规定了骗领信用卡诈骗与恶意透支两种截然不同的犯罪构成行为要素,两种行为模式所对应的数额标准也并不相同,行为人先后实施恶意透支行为与骗领信用卡诈骗行为,符合实质数罪的特征。只是刑法根据集中打击信用卡诈骗犯罪的现实需要,才将其统一归入信用卡诈骗罪项下进行认定。再如,刑法分则中规定了大量单位犯罪中的自然人与个人触犯相同罪名区别处罚的犯罪,例如,走私普通货物罪,行为人既是单位走私普通货物罪的直接负责主管人员,又是个人犯走私普通货物罪的,虽然行为人所犯数罪的罪名同一,但从实质上分析,两个行为的犯罪构成特征及其量刑标准均有明显区别,故符合实质上异种数罪的基本特征,应当分别定罪,实行数罪并罚。

当然,有的经济犯罪刑法条文也区分不同的行为类型,例如,贷款诈骗罪规定了编造虚假理由、使用虚假合同、使用虚假证明文件等多种犯罪行为类型,但由于这些犯罪行为类型均使用同样的数额计算标准,即使行为人连续实施不同行为类型的贷款诈骗罪,也不具有实质意义上的异种数罪特征,没有必要进行并罚。可见,正是由于信用卡诈骗罪恶意透支行为数额较大、数额巨大、数额特别巨大标准的特殊性,决定了先后实施恶意透支行为与其他信用卡诈骗行为应当进行同种数罪并罚。

在上述案件中,陈某某多次行为虽然只触犯信用卡诈骗罪一个罪名,但由于其犯罪构成要件行为类型存在实质性区别,异种行为对应的犯罪数额标准不同,通过同种数罪并罚例外规则进行处理,在刑法解释论上具有合理性。

第三,先后实施恶意透支、骗领信用卡进行诈骗等不同构成要件行为但触犯同一罪

---

〔1〕 参见陈兴良:《刑法适用论》(上卷)(第2版),中国人民大学出版社2006年版,第481页。

名的,以同种数罪并罚的方式进行量刑,符合罪刑均衡的要求。

应当承认,在信用卡诈骗罪中,以虚假的身份证明骗领信用卡后进行诈骗活动,其社会危害性显然较恶意透支行为更为严重。这也是《信用卡犯罪解释》第 5 条、第 6 条区分情况设置数额标准的原因。如果从静态的刑法规范层面进行分析,恶意透支 5.7 万元、骗领信用卡诈骗 4.8 万元,其信用卡诈骗犯罪行为的社会危害性显然重于恶意透支信用卡 10.5 万元(两次犯罪数额相加总额)。按照分别认定犯罪数额的方法进行量刑,两次信用卡诈骗数额均属于"数额较大",即使并罚,也只能在 5 年以下有期徒刑的幅度内予以量刑。如果将骗领信用卡诈骗数额与恶意透支数额相加,参照恶意透支 10 万元以上属于"数额巨大",则应在 5 年以上 10 年以下有期徒刑的档次量刑。

基于上述考虑,实践中有观点认为,同种数罪并罚的司法操作似乎存在重行为轻处理的罪刑失衡疑问。但也有反对意见认为,先后实施恶意透支、骗领信用卡进行诈骗等不同构成要件行为但触犯同一罪名的,以同种数罪并罚的方式进行量刑,符合罪刑均衡的要求。

笔者认为,在构成要件行为与对应的量刑标准不同的情况下,同种数罪并罚能够根据具体案件的情况准确地确定量刑基准与各种量刑要素,实现罪刑均衡。虽然刑法对信用卡诈骗罪设置了数额较大、数额巨大、数额特别巨大三档法定刑,但由于骗领信用卡诈骗等行为与恶意透支行为的数额标准不同,在行为人先后实施骗领信用卡诈骗行为与恶意透支行为且均达到数额较大的情况下,如果不进行同种数罪并罚,在直接确定数额较大的法定刑档次后酌定从重,无法在量刑过程中对社会危害性所应当对应的刑罚进行精确评价。

同时,在本案中,陈某某在骗领信用卡进行诈骗活动中属于从犯,虽然应当对共犯数额承担全部责任,但如果直接将陈某某共同骗领信用卡诈骗 4.8 万元的数额加上其个人恶意透支数额一并作为信用卡诈骗数额按照数额巨大的法定刑档次进行量刑,等于是在提升法定刑档次的基础上再考虑从犯的从轻型量刑因素,反而出现量刑失衡结果。并且,在司法解释已经明确对骗领信用卡诈骗与恶意透支设置不同数额标准的情况下,按照类推规则累计计算信用卡诈骗罪数额,得出不利于被告人结论的,不能坚持类推解释。

因此,本案合法且合理的量刑方法:首先,认定陈某某恶意透支数额较大,于"处五年以下有期徒刑或者拘役,并处二万元以上二十万元以下罚金"法定刑档次确定刑罚。根据《人民法院量刑指导意见(试行)》,数额型犯罪,以犯罪数额比对相应的法定刑幅度确定量刑基准。恶意透支 1 万元以上不满 10 万元的,属于数额较大。陈某某恶意透支 5.7 万元,量刑基准可以确定为 3 年有期徒刑。此节犯罪事实除自首以及认罪态度较好外,没有其他量刑因素,在量刑基准的基础上调整为有期徒刑 2 年 6 个月。其次,认定陈某某共同骗领信用卡诈骗数额较大,在"处五年以下有期徒刑或者拘役,并处二万元以上二十万元以下罚金"法定刑档次上确定量刑基准为 4 年 6 个月,加入从犯、自首的法定从轻量刑情节,确定该行为对应的刑罚为 2 年。最后,将上述两个刑罚根据数罪并罚规则确定最后刑罚,自由刑部分确定为4年有期徒刑应当是适当的。

（四）冒用他人信用卡取现后返还被害人损失行为的认定

随着信用卡犯罪的手段不断翻新,防范和打击难度进一步加大,现有的法律难以满足实践中信用卡犯罪活动的需要。《信用卡犯罪解释》的出台强化了对信用卡犯罪的打击力度。[1] 但是,笔者认为,在数额相对较低且具有自首情节的信用卡犯罪案件中,司法机关在依法履行司法职能过程中应当综合把握信用卡犯罪案件情况,区别对待行为事实,特别注重社会效果,要从有利于恢复社会关系的角度合理实现轻微信用卡越轨犯罪行为的非刑罚化。虽然被害人对公诉案件是否作出不起诉决定没有建议权,但是,检察机关在轻微信用卡犯罪案件中应当积极考虑被害人的态度,充分重视被害人对信用卡犯罪案件的实体处分权。对于构成信用卡犯罪但行为人实际通过返还钱款弥补被害人损失的案件,应当积极适用相对不起诉。

在实践中发生如下案例:某日下午5时许,李某在使用ATM时发现潘某遗忘在机器内的信用卡(余额20,000元)后,从卡内取现6300元。当晚7时许李某致电银行服务热线咨询还款方式,并于次日上午9时许将6300元现金存回被害人潘某信用卡账户,并留下真实电话以备联系。公安机关根据存款人电话联系李某,后其主动到案并交代上述事实。公安机关仍然按照信用卡诈骗罪的罪名予以立案侦查,并将案件移送检察机关审查起诉。检察机关案件承办人在审查案件过程中,认为行为人的基本犯罪事实符合信用卡诈骗罪的构成要件,但由于社会危害性较为轻微,存在适用不起诉的可能性,遂向被害人征求意见,由此作为是否适用不起诉的基本考察条件。被害人潘某向区检察院表示不希望追究李某刑事责任。

对于此类冒用信用卡取现后归还被害人财物的行为,在实践中存在不同的司法认定观点。有的办案人员认为:李某冒用他人信用卡,数额较大,构成信用卡诈骗罪。取款后的归还行为属于退赃,主动到案交代罪行属于自首,是刑罚裁量过程中的从宽情节,不影响定罪,应当依法提起公诉。但也存在反对意见:根据《刑法》第13条的规定,李某冒用他人信用卡取款后存回被害人账户的行为属于情节显著轻微危害不大,可以不认为是犯罪。应当根据《刑事诉讼法》第177条第2款的规定,对李某作出不起诉决定。

笔者同意第二种意见。具体理由:

第一,犯罪嫌疑人李某的信用卡诈骗行为属于情节显著轻微。李某在此之前没有任何犯罪前科,并非蓄意冒用他人信用卡取款,而是无意中发现信用卡留在取款机内,案件的发生具有较大的偶发性。李某的信用卡诈骗行为表现为占有并使用他人遗忘在ATM内的信用卡,这与采用秘密窃取、伪造信用卡等方式非法占有他人信用卡内财物的行为存在明显区别。在完全可以分次、分日提取卡内全部钱款的前提下,李某在查询

---

[1] 参见徐日丹:《〈信用卡犯罪解释〉为打击信用卡犯罪提供坚强后盾》,载《检察日报》2009年12月16日,第3版。

卡内余额后仅提取了部分钱款。李某在全额归还钱款后不仅留下了真实的电话,而且经公安机关联系,李某在第一时间到案并交代全部事实。其及时地自首有助于司法机关全面掌握犯罪事实,有效地节省了司法资源。

第二,上述案件中的信用卡诈骗行为危害不大。《信用卡犯罪解释》第 5 条规定,冒用他人信用卡,进行信用卡诈骗活动,数额在 5000 元以上不满 5 万元,应当认定为我国《刑法》第 196 条规定的"数额较大"。李某冒用他人信用卡所提取钱款的数额略超起刑点,说明其社会危害相对不大。根据《盗窃犯罪解释》第 6 条的规定,对盗窃数额较大超过起刑点,但是情节轻微,并具有全部退赃、退赔、主动投案等规定情形的,可不作为犯罪处理。虽然上述司法解释是针对盗窃罪的规定,但并不绝对排斥在信用卡诈骗案件中予以合理参照。在本案中,李某在取款 2 个多小时后即通过手机向银行热线咨询还款事宜,并在次日将 6300 元悉数存回被害人账户并主动留下真实电话,客观上没有造成任何经济损失,尽力将社会危害控制在最小范围内。本案相关事实及情节完全可以参照上述盗窃罪司法解释中不作为犯罪处理的情形。

第三,潘某向检察机关表示并不希望追究李某的刑事责任,更是从被害人的角度证明本案属于情节显著轻微危害不大。在数额相对较低且具有自首情节的信用卡犯罪案件中,检察机关在依法履行法律监督职能过程中应当综合把握案件情况,区别对待行为事实,特别注重社会效果,要从有利于恢复社会关系的合理实现轻微越轨行为的非刑罚化。虽然被害人对公诉案件是否作出不起诉决定没有建议权,但检察机关在轻微刑事案件中应当积极考虑被害人的态度。上述案件中,被害人事后提出了不追究犯罪嫌疑人李某刑事责任的想法,证明李某在案发后通过积极的悔罪表现、全额退赔赃款等行为取得了被害人的谅解。根据《刑法》第 13 条的规定,认定李某信用卡诈骗行为不是犯罪并适用绝对不起诉,更能达到教育挽救、修复被侵害的社会关系等刑法规范的适用目的。

第四,对于信用卡刑事案件的犯罪人真诚悔过尽其全力赔偿被害人损失,与被害人要求存在差距但并无极度偏离的,不妨碍对犯罪人适用相对不起诉或者免予刑事处罚。在司法实践中,并非所有案件的被害人均对信用卡犯罪人的行为有所谅解,经常出现被害人对犯罪人的赔偿损失不满意的状况。笔者认为,如果数额没有极度偏差的,并不直接排除适用绝对不起诉或者相对不起诉,但司法机关应当做好协调工作,向被害人说明情况并督促犯罪人在有条件的情况下全面弥补被害人损失。对于被害人提出过高赔偿金额要求的,应当耐心做好疏导工作,确实无法解释清楚的,可以由司法机关确定合理的赔偿数额并要求犯罪人先期全额履行,对于与被害人要求存在差距的部分,在协议中予以明确,告知被害人对于此部分的请求可以另行通过民事诉讼解决。

(五)盗取支付宝账号与密码后使用绑定信用卡行为的性质认定

典型案例:(1)2014 年 8 月 8 日,何先生在顺德区某饭店吃饭,临走时将背包遗留在包房内,该饭店员工廖某捡到包后藏了起来,待下班后查看发现包内有手机,手机上装有支付宝软件，无须密码且绑定着一张银行卡，廖某遂使用该手机从其银行卡内转出8000元人民币至本人账户。2014年2月，佛山市顺德区人民检察院以涉嫌盗窃罪对廖某提起公诉，顺德区人民法院审理后认为控方指证的罪名成立。鉴于廖某归案后如实供述犯罪事实并以退赃退赔取得谅解，一审判处其拘役6个月并处罚金人民币1000元。宣判后，廖某提起上诉，认为其行为并非秘密窃取，不应构成盗窃罪。佛山市中级人民法审理后作出终审裁定，维持原判。[1]

(2)2012年8月，被告人李某在移动营业厅购买到了姚某已放弃使用的手机卡号，使用过程中发现该手机号绑定着姚某的支付宝和银行信用卡账号，被告人李某遂利用该手机号重置了支付宝账户密码，并利用支付宝账号与信用卡的绑定关系，通过支付宝账号进行网上消费或转账取现，姚某支付宝账号所绑定的两张信用卡被李某消费、转账共计15,000余元。上海市金山公安分局以李某涉嫌盗窃罪移送审查起诉，金山区人民检察院以信用卡诈骗罪对李某提起公诉，法院采纳检察机关意见，以信用卡诈骗罪判处李某有期徒刑7个月，并处罚金人民币20,000元。

对于利用支付宝所绑定的银行卡消费的行为应否认定为信用卡诈骗罪的问题，司法实践中主要存在以下两种意见：第一种意见认为，此类案件应定性为盗窃罪。理由是：行为人掌握被害人支付宝账户密码后，由于被害人在事先绑定银行卡时已经输入银行卡密码，故行为人仅需要输入支付密码就可以支取所绑定的银行卡资金，支付密码并非银行卡密码，支付密码撬动的指令是支付宝公司，通过该公司之前和银行绑定信用卡时的协议，银行卡会当然的支付。因为原先绑定时原卡主已经输入过银行卡密码，授权完成。在此种情况下，行为人擅自冒用他人的支付宝账户，违反支付宝的使用规则，而银行根据先前的绑定协议，确认账户密码正确后再向支付宝账户进行支付，并不存在任何错误认识，也就不存在被骗，而且让银行支付的指令来自支付宝公司，并不是犯罪分子直接的跟银行卡进行关联，未妨害银行对银行卡的管理，所以不能认定为信用卡诈骗罪，应当以盗窃罪进行处理。第二种意见认为，此类案件认定为信用卡诈骗罪。因为使用支付宝账号所绑定的银行卡进行支付消费时与仅使用支付宝账户原有余额在流程上有明显的区别。被告人李某是在被害人姚某不知情的情况下，因购买、使用手机卡号，无意中获悉姚某先前绑定使用的支付宝账号，继而进行消费、提现，造成被害人姚某与该支付宝账号绑定的建设银行信用卡、招商银行信用卡上的现金损失，系采用冒用他人信用卡的手段，进行信用卡诈骗活动，符合信用卡诈骗罪的犯罪特征，构成信用卡诈骗罪。

笔者认为，利用支付宝账号与银行卡的绑定关系从银行卡中支付消费的行为应认定为信用卡诈骗罪。

我国《刑法》第196条第3款中的“盗窃信用卡并使用”，是指盗窃他人信用卡后使

---

[1] 参见佛山市中级人民法院(2015)佛中法刑二终字第100号。

用该信用卡购买商品、在银行或者自动柜员机上支取现金以及接受用信用卡进行支付结算的各种服务,诈骗财物的行为。根据该款规定,对这种犯罪行为应当以盗窃罪定罪处罚。一般认为,该款规定属于法律拟制而非提示性规定,否则,以欺骗手段获取他人信用卡并加以使用的,就应当以诈骗罪定罪处罚。而事实上,根据《信用卡犯罪解释》第5条第2款第2项的规定,骗取他人信用卡并使用的,属于"冒用他人信用卡",如果骗取财物数额较大的,构成信用卡诈骗罪。此外,"盗窃他人信用卡并使用"中的"信用卡",仅限于他人的真实有效的信用卡,不包括伪造或者作废的信用卡,而且还要求是有形的信用卡卡片。2010年《非金融机构支付服务管理办法》将包括支付宝在内的第三方支付平台定位为非金融机构。而2004年全国人大常委会通过的《关于〈中华人民共和国刑法〉有关信用卡规定的解释》中规定,信用卡是指由商业银行或者其他金融机构发行的具有消费支付、信用贷款、转账结算、存取现金等全部功能或者部分功能的电子支付卡。因此,由于支付宝的开发公司不是金融机构等原因,支付宝不属于刑法中的信用卡。

有观点提出,虽然支付宝的"发卡单位"不属于金融机构,但考虑到支付宝确实发挥了类似银行卡的功能,如消费支付、转账结算,且随着支付宝的功能完善,其中的蚂蚁花呗、余额宝等新"产品"更是具有了类似信用贷款、存取现金的功能。故可以对信用卡诈骗罪中的信用卡做扩大解释,将支付宝作为信用卡看待。笔者认为,信用卡诈骗罪属于我国《刑法》分则第三章第五节金融诈骗罪中的罪名,其保护的共同客体为金融机构的管理秩序,非侵犯金融机构管理秩序的行为不宜适用本节罪名。如将支付宝也解释为这里的信用卡,明显忽略了"金融机构"这一法定限定条件,突破了扩大解释的边界,有延伸至类推解释之嫌。

虽然不能将支付宝认定为银行卡,但利用支付宝账号与银行卡的绑定关系从银行卡中支付消费的行为应当认定为信用卡诈骗罪。《信用卡犯罪解释》将"窃取、收买、骗取或者以其他非法方式获取他人信用卡信息资料,并通过互联网、通讯终端等使用的"认定为"冒用他人信用卡"。冒用他人的信用卡,是指非持卡人以非法占有为目的,未经持卡人同意或者授权,擅自以持卡人的名义使用信用卡,进行信用卡业务内的购物、消费、提取现金等诈骗行为。

支付宝账户绑定银行卡支付消费流程,首先是从银行卡中划出钱款,其次入账到支付宝账号,最后从支付宝账号中支出消费金额。上述案例中,被告人利用非法手段掌握了被害人的支付宝账号及密码后,支付宝账号已处于其实际控制之下,将被害人所绑定的银行卡内的钱款划入支付宝账号后,被告人至此已实际完成财产转移,之后使用支付宝账号进行消费和取现的行为,只是其对赃款的一个后续处理行为,实际上并未再侵犯新的法益,可以从事后不可罚行为的角度予以看待。从支付宝利用银行卡支付消费的过程可以看出,被告人真正实现获利的是冒充持卡人从银行卡中划款的欺骗行为,此行为符合信用卡诈骗罪的构成要件,理应以信用卡诈骗罪定罪处罚。

从行为属性的角度分析,盗取支付宝账号及密码并使用其中绑定得银行卡的行为,完全符合刑法中规定的冒用行为的特征。尽管在这种情况下,支付宝是真实的,信用卡是真的,密码也是真的,但实际使用者却是虚假的。支付宝、银行对于行为人冒用他人信用卡无法加以识别,是因为行为人掌握了他人支付宝的密码,而支付宝又绑定了银行卡,在这种实际使用者冒充持卡人的虚假情况下,支付宝、银行等结算机构以为是信用卡的主人而"自觉自愿"实施付款行为。其中,银行是最终信用卡的支付渠道,处于被骗者的地位是显而易见的,至于在整个行为过程中支付宝、银行是否要承担因为监管资金过失的民事责任则不是刑法评断过程中需要考虑的问题。事实上,在司法实践中被骗者与民事责任承担者并非一定要求一致,而且谁是被害人的问题不应该成为行为人构成犯罪的障碍。就刑法而言,认定犯罪主要是看行为人的行为和主观方面,而不在于分析当事人之间的法律关系。信用卡诈骗罪属于广义上的诈骗犯罪。在诈骗犯罪中,只要行为人实施了虚构事实、隐瞒真相的行为,被骗者是谁(有可能是财产所有人,也有可能是财产持有者,甚至可能是与财产所有人或持有人有联系的其他人)其实对于行为人诈骗行为的认定并没有多少决定意义,对行为人而言,被骗者无论是谁,只要其实施了诈骗行为,均可能构成诈骗类的犯罪。至于最终谁是实际损失的承担者,则应该由民法理论加以研究。

控制支付宝及密码并不等于已经获取了绑定信用卡上的资金。这是因为,信用卡与支付宝具有一定的联系,但信用卡充其量只是记载财产为内容的一种载体,其本身并不等于财产,如果要转化为财产必须有兑现的过程,即使用支付宝。正如在司法实践中,对于盗窃信用卡后并加以使用的,以盗窃罪论处,而认定盗窃的数额则是以行为人实际使用占有(兑现)的数额作为依据,并非以信用卡上存在的数额作为标准。可见,支付宝中绑定的信用卡与支付宝余额不能完全等同。同样的情况,在有关盗窃罪的司法解释中曾明确规定,盗窃能兑现的金融票证(包括信用卡),而行为人不兑现或予以销毁的,则不能计算数额。以此分析,如果行为人盗窃了他人的钱款而加以销毁的话,当然不可能不计算数额的。正因如此,笔者认为,控制支付宝和密码并不等于已经获取了支付宝绑定信用卡上的资金,虽然这种情况要比没有知悉密码的情况离获取财产距离更近,但无论如何,行为人要真正占有财产还必须通过冒用行为。所以,窃得支付宝及其密码后使用绑定信用卡的行为,构成冒用他人信用卡,认定为信用卡诈骗罪是符合刑法规定的。

三、恶意透支型信用卡诈骗犯罪的反思

随着近年来信用卡风险问题日益突出,信用卡违法犯罪活动不断增多,恶意透支型信用卡诈骗更是占据主要部分。其中,亦不乏情节较为严重、社会危害性较大的恶意透支行为。但仍然有相当数量的恶意透支犯罪行为,实际上并没有明显的严重情节,本质上就是基于对本人还款能力的错误预期而导致其欠下发卡机构巨额债务,甚至在很多案件中,家人已经帮助行为人全部归还了本金与利息,行为人仍然被处以实刑。对于本质上属于"欠债不还"的行为以金融诈骗犯罪这种非常严厉的犯罪进行评价,似乎存在疑问。

在刑法理论与实务中一直有观点认为,有必要为恶意透支信用卡行为提供出罪机制。但也有观点认为,在立法上“一刀切”式将恶意透支型信用卡诈骗罪予以出罪并不具有正当性。稳妥的做法是,在遵循立法的前提下,通过司法非犯罪化的方式对特定恶意透支型信用卡诈骗行为予以出罪。除了司法解释中明确规定的司法上的犯罪化与非犯罪化之情形,还存在司法解释之外、自由裁量权之内的刑事诉讼活动中的犯罪化与非犯罪化。[1] 但长期以来,恶意透支仍然是金融犯罪最为主要的类型,可见,传统刑法理论并没有提供充分的理由说服立法机关或者司法机关对恶意透支进行非犯罪化,甚至刑事司法体系没有能够提供明显较轻的刑事处罚框架。或者说以信用卡发卡机构为核心的既有的金融市场架构足以强大,以至于作为金融消费者的恶意透支者必须因为其损害发卡机构的行为而承担严重的刑事责任。

笔者认为,在传统刑法解释框架难以提供充分逻辑供给的情况下,有必要使用不同的分析视角尝试探索。从行为心理的角度分析,使用信用卡支付比传统现金支付会使得消费者花费更多的钱。例如,实证研究表明,信用卡持有人会在百货商场花更多的钱。[2] 在面对具有融资功能的信用卡与直接现金支付时,消费者于前者的情景下更具有消费意愿,也合理地解释了广大商户宁可向信用卡机构支付结算手续费,也要接受顾客进行信用卡支付。[3] 为了让客户更多地激活并使用信用卡,信用卡机构提供多种免费商品或者服务作为奖品引导消费者办卡,并设计林林总总的刷卡奖励,例如,特定商品、商铺、地区的刷卡返现、折扣活动等。当然,多数消费者能够全额还款,但也有相当数量的人变得入不敷出,从而需要支付相当高的信用卡使用成本(支付最低还款额后承担高昂利息、分期手续费等),最后形成无法还款后的恶意透支犯罪风险。信用卡构成了个人高负债甚至破产的主要原因。[4] 可见,信用卡本身的诞生、发行、使用等就是导致人们容易出现财务管理不善的重要诱因,信用卡机构本身的市场行为系统化地对金融消费者的行为心理进行了操纵。在这样的情况下,刑事立法与司法完全有理由重新评价信用卡在刑法上的意义以及恶意透支行为应当在刑法上配置的罪名与法定刑。

---

〔1〕 参见张建、俞小海:《恶意透支型信用卡诈骗罪出罪之实践反思与机制重构》,载《中国刑事法杂志》2013 年第 6 期。

〔2〕 See Elizabeth C. Hirschman, Differences in Consumer Purchase Behavior by Credit Card Payment System, 6 Journal of Consumer Research 58(1979).

〔3〕 See Richard A. Feinberg, Credit Cards as Spending Facilitating Stimuli, 13 Journal of Consumer Research 349(1986).

〔4〕 See Michelle J. White, Bankruptcy Reform and Credit Cards, 21 Journal of Economic Perspectives 178(2007).

第六节　融资犯罪防控对策

融资犯罪中最为严重的便是金融诈骗犯罪,故融资犯罪风险防控对策主要聚焦于金融诈骗犯罪的防控。金融诈骗犯罪生成与发展是由于多方面原因造成的。因此,在应对与处理金融诈骗犯罪的对策层面,应当注重预防与控制相结合,重点从法律制度、金融机制、心理预防等角度形成金融诈骗犯罪的惩防系统,保障金融市场机制的合理运行。

一、尊重金融市场规律

金融诈骗犯罪不只是新兴市场的产物,成熟金融市场的金融诈骗犯罪的规模与危害性甚至更为严重。例如,2008 年 12 月,纳斯达克股票市场公司前董事会主席伯纳德·麦道夫,因其运营的同名证券投资公司涉嫌 500 亿美元的证券欺诈(Securities Fraud)而被逮捕。进入 2009 年,美国金融界又曝出得克萨斯州富豪艾伦·斯坦福运营的同名银行涉嫌金融欺诈(Financial Fraud)80 亿美元。巨额金融诈骗背后隐藏的只是一个毫无新意的老式骗术——“庞氏骗局”。“庞氏骗局”的“原创人”是美籍意大利裔投机商查尔斯·庞兹(Charles Ponzi)。其于 1919 年欺骗他人向一个子虚乌有的企业投资,虚构该企业购买欧洲的邮政票据再转卖至美国,许诺投资者将在 3 个月内得到 40% 的巨额利润回报。实际上,庞兹是把新投资者的钱作为快速盈利付给最初投资人,以诱使更多人上当。庞兹欺骗了数万投资者,诈骗数额高达 1500 万美元。

作为金融诈骗犯罪的历史鼻祖,“庞氏骗局”的本质就是拆东补西、空手套狼,其核心在于号称高额投资回报,其实只是偶尔或者完全不进行经营。初期投资者赎回资金和获取收益的金钱并非来自“运营者”投资盈利,而是后期投资者的资金。国内的部分集资诈骗刑事案件经常套用“庞氏骗局”的犯罪模式。虽然现阶段“庞氏骗局”案发的原因在于经济形势急转直下投资者大量赎回投资,造成诈骗者资金断裂,在一定程度上促使骗子纷纷“显形”。但是,应当倍加警惕的是,市场上依然存在巨额剩余资金。现金持有者具有使资产保值增值的内在冲动,在金融危机、实体经济停滞不前而导致的超低利率大背景下,“庞氏骗局”的高额收益许诺具有可乘之机。同时,从金融诈骗犯罪预防与控制的角度,我们更应当进一步深刻反思“庞氏骗局”的实质、持续隐藏的原因、案件多发的经验教训,避免频繁重蹈覆辙。

金融诈骗犯罪脱离不了其历史的根源——“庞氏骗局”。这种传统又现代的金融诈骗犯罪屡现且深藏的原因在于犯罪分子利用了人们的经济行为及心理。传统“庞氏骗局”编织高额回报率的谎言,吸引懵懂的投资者“入瓮”。而现今自持理性的投资者早就不吃这套,一般不会轻易地被巨额投资收益忽悠得失去方向。因此,新型“庞氏骗局”在谎言编造过程中紧贴人们特别是部分“成功人士”自以为是、自作聪明的优越心理,利用诈骗对象不求高额回报仅求低风险稳定收益的“理财理念”,承诺高于一般的合法理财产品的收益率,但高得并不离谱。骗子们甚至在稳定回报的掩护下添加少许小额亏损,更是使得原本还带有一定防备和疑虑的投资者深信其理财能力。事实也证明,对于麦道夫、斯坦福等流编织的谎言,就连部分美国金融工程师也相信,有可能在低风险的条件下获得15%左右的长期稳定回报。当然,获取具有吸引力的投资回报是需要付出代价的,所谓的吸引力在骗局结束后,转瞬成为杀伤力。

在金融危机与实体经济困难的背景下,“庞氏骗局”案例对于金融诈骗犯罪防控对策方面的启示,是必须尊重理财产品的定价规律,重视市场预警机制,强化多渠道宽领域的监管与监督。

首先,投资者应当清醒地认识到,投资有风险,任何承诺高于银行存款利率的金融理财产品都具有无可否认且不应掩饰的先在性风险。并且,从金融操作实务角度分析,承诺的收益越高,其操作手法越激进,相对应的投资风险也就越高。高收益高风险的规律从一个侧面提醒投资者,巨额收益承诺在一定程度上意味着血本无归,而隐藏在背后的就是根本不存在任何理财经营,而只是一个赤裸裸的金融诈骗谎言。与此同时,投资者进行理财产品选择的过程中应当寻求与自身风险抵抗能力对称的项目。规范的金融理财产品应当包含对投资者的风险测试,通过分类标准判断投资者应当对应于何种档次的理财产品,从而保证投资者购买的风险产品与其自身所具备的风险适应性相匹配。

其次,资本市场本身所具备的风险提示能力以及由独立研究人员或者市场专业人员发出的预警信号是提前辨别金融骗局的重要窗口。虽然市场具有盲目性,但也具有自主性的预警机制与纠错功能。投资者被通过按揭方式支持的证券期货等所谓金融理财产品高额回报率所诱惑而上当受骗时,资本市场的运行数据能够在一定程度上警示投资者反思自己当下选择的投资项目是否具有合理性。当资本市场形势急转直下且基金行业赎回潮逐渐显现时,“庞氏骗局”制造者仍旧提供与市场价格不相吻合的数据,就能够提示投资者应当进一步核实或者立即抽身逃离陷阱。此外,资本市场上的独立研究人员以及“唱空”的分析人员能够起到头脑发昏时泼泼冷水的效果,投资者以及相关金融证券监管部门有必要予以充分关注。对于号称史上最大诈骗的麦道夫“庞氏骗局”案,华尔街高级投资分析专家哈里·马科普罗斯早在20世纪90年代就已经针对其证券投资公司的回报率提出质疑,并持续分析麦道夫声称的能够带来稳定回报的投资交易类型。马科普罗斯明确指出麦道夫高额回报率仅有的可能性解释:(1)通过证券投资业务与证券经纪业务的资金混同经营,利用投资业务建构“老鼠仓”实现经纪业务的稳定盈利,涉嫌非法证券交易;(2)精心编制“庞氏骗局”,利用至今没有断裂的后期资金滚动支付前期投资,涉嫌金融诈骗;(3)第二种解释的概率大于第一种解释。然而,独立研究人员与市场分析人士的预警信号并没有为人们所认可,也没有被监管机构采纳,这是我们在事后所应当引起重视的。

最后,金融证券监管部门的执法性监督并非控制金融诈骗犯罪的单一化途径。充分利用法律服务机构、独立审计机构等外部监督能够有效保护投资者免受欺诈的困扰。

在麦道夫与斯坦福欺诈案件中,号称监管的力度最大、监管的市场最透明、监管的效率最高的美国证监会全然没有发现诈骗问题,甚至对各界提出的合理质疑与预警置若罔闻。在斯坦福欺诈案后,美国国会议员对证监会失去信心,主张国会将对证监会进行调查问讯。可见,执法性监管具有反应迟钝的弊端,有必要通过多渠道的外部监督进行积极配合。应当注意对理财产品进行独立审计,特别是在受托进行资金管理的行为人或者公司自行聘请小型会计师事务所的情况下,外部独立审议显得尤为必要。在个别投资者发现受托人具有诈骗嫌疑但无力对抗犯罪分子时,可以联合聘请律师提起集体诉讼,在引起市场与监管部门关注的同时,及时通过合法途径弥补损失,揭穿骗局。

二、建构惩防体系

金融诈骗犯罪严重危害了社会经济秩序。一方面,要继续依法严厉打击金融犯罪,维护金融行业的健康发展以及社会的和谐稳定;另一方面,要注意对典型案件的广泛宣传,既提高群众的防范意识,又将“诚信为本”的原则融入公民道德建设中,构筑全社会的诚信体系。

1. 金融机构应加强内部管理,规范操作流程,并建立健全技术防范措施

例如,在办理发放信贷、理赔保险等业务中应加强相关材料真实性的审查;在审查金融单据过程中应逐渐完善甄别制度;通过现代防伪技术和手段,改善和提高货币、票证、公文、证件、印章、软件制作技术和水平,加大其伪造难度,预防和减少犯罪。尤其是对于信用卡诈骗犯罪的惩防,应当加强对特约商户 POS 机管理,严厉打击套现违法行为。根据我国《信用卡犯罪解释》第 7 条的规定,套现行为情节严重的,以非法经营罪定罪处罚。“情节严重”的认定标准是非法经营数额在 100 万元以上的,或者造成金融机构资金 20 万元以上逾期未还的,或者造成金融机构经济损失 10 万元以上的。应当看到,上述司法解释对套现行为以非法经营罪论处的门槛太高,导致取证、查处难度较大。而且目前对 POS 机主虚假交易、套现违规行为的处罚缺少行政处罚的法律依据,无法有效打击和遏制信用卡诈骗的后续获取赃款行为,需加强监管、完善行政立法,增强实际可操作性。

2. 加强监管执法与刑事司法部门协作配合

金融诈骗犯罪案件涉及金融、税务、审计、工商、海关等部门,司法机关办理此类案件时应与上述部门建立工作联系制度和案件移交制度,实现资源共享,提高监管效率,充分发挥整体作战的优势。同时要和纪检、监察等部门加强协作,对执法人员徇私枉法、放纵犯罪分子的行为,构成犯罪的要及时追究刑事责任。司法机关、工商等职能部门主动出击,才能对金融诈骗犯罪发挥积极的预防作用。近年来,金融诈骗犯罪发案量节节攀升,涉及面广,呈现复杂性和多样性。虽然目前国家法律、法规的滞后属于常态,但是绝大多数犯罪的根本法律属性是相通的,金融诈骗犯罪也不例外。在新情况、新问题出现时,司法部门和工商等职能部门可根据法律原理初步评判,一方面,提请立法支持;另一方面,发出投资警示,发挥积极预防功能,减少可能造成的经济损失,规避金融风险。

3. 优化金融诈骗犯罪的综合治理机制

在打击金融诈骗犯罪的同时要充分运用检察建议、司法建议等形式,把打击同预防、治理有机结合起来。注重发现和分析金融市场管理中存在的漏洞和薄弱环节,查找发案原因,掌握金融诈骗犯罪特点、规律。及时向有关部门通报经济犯罪新情况、新问题,共同研究建立预防金融犯罪的长效机制。同时,金融行业应当对市场投资者普及理财知识,丰富理财产品,畅通理财渠道。针对当前民众理财的迫切要求,而且许多客户都是相对欠缺理财经验、知识的中低端客户,为避免这部分人群的理财盲目性,尚需普及基本的理财常识,尤其要告知客户明确理财的对象是闲钱,而非生存、养老的基础。这样即使有所亏损也不影响其生活质量,不动摇生存的根本。若将理财的风险以通俗易懂的方式事先告知,引导客户理性消费,或许有些客户会有所犹豫而影响业务量,但从长远来看,不仅在一定程度上避免了不稳定因素,而且也普及了金融知识,总体来讲利大于弊,也是金融市场成熟和理性的表现。在社会舆论层面,加强传媒的法律意识,把好广告审核关。现代社会人们获取信息的渠道广泛,涉及网络、电视、广播、报刊等各类传媒。作为主流及正规传媒,理应当由部门的法律顾问对所投放的广告进行合法性审核,切莫唯利是图,抱着打"擦边球"的侥幸心理,一边赚得盆满钵满,一边则充当了犯罪分子的帮手。作为传媒企业,经济利益要顾全,但也要尽到必需的社会责任。

三、强化专业职能

金融诈骗犯罪发生于金融领域,具有高度的专业性。对于预防与控制金融诈骗犯罪而言,执法、司法机关应当强化专业职能培训,形成专业化的执法司法机制。有必要在执法司法部门设置金融专业办案机构,配备有金融法或金融专业法背景的人员与办案经验丰富的人员,相互学习,促进知识的融会贯通,优化队伍结构。借鉴国外吸收专业人士共同参与金融诈骗犯罪案件调查的经验,在发生重大疑难案件时,组成由司法系统内部具有金融、审计等专业知识的人员共同参加的办案组,必要时可以吸收外部专家参与。在业务能力积累层面,必须加强有针对性的金融知识培训,夯实打击金融诈骗犯罪的专业知识与法律技能。有必要通过邀请金融系统内业务骨干或相关机构、专业的专家授课,普及与培养金融知识,拓展办案思路。

四、控制重点风险

在金融诈骗犯罪中,信用卡诈骗犯是最为重要且普遍的金融风险爆发点。因此,优化信用卡诈骗犯罪的惩防效率是金融诈骗犯罪防控的重点。

1. 完善立法,优化信用卡诈骗犯罪的刑事法网

针对当前在司法实践中使用信用卡循环透支、以卡养卡、网络信用卡诈骗犯罪等新类型违法犯罪行为,有必要厘清信用卡的功能中值得动用刑法保护的部分。从而制定新的法律规范予以调整,以强化金融风险防范和培育社会信用。必须优化网络信用卡违法犯罪行为的刑事法网。我国《刑法》没有针对网络信用卡犯罪的特点专门设置刑法规范,《刑法》第 287 条虽规定了"利用计算机实施金融诈骗、盗窃、贪污、挪用公款、窃取国家秘密或者其他犯罪的,依照本法有关规定定罪处罚"。在实践中,利用计算机

网络实施的针对信用卡违法犯罪行为,具有的严重社会危害性,尚不能被现有的信用卡犯罪所包含。因此,有必要从完善网络犯罪立法角度,增强对电子信用卡、金融机构以及客户信息网络安全的保护。据此,可将违反国家规定,非法侵入金融机构、金融机构客户的计算机信息系统的行为,纳入《刑法》第 285 条非法侵入计算机信息系统罪范围;将"故意制作、传播计算机病毒等破坏性程序,影响金融机构、金融机构客户、与信用卡有关的信息安全的行为",纳入《刑法》第 286 条规定的破坏计算机信息系统罪范围。

2. 区别对待,从严惩处危害严重的信用卡诈骗犯罪

在严密法网的前提下,可根据不同类型的信用卡犯罪对社会关系侵害程度,实行区别对待。对于侵财型的信用卡犯罪,具有侵犯公民、金融机构财产权的法益侵害特性,而且在客观上扰乱了信用卡管理秩序,网络侵财类信用卡犯罪还直接损害了网络平台的支付秩序。因此,对于使用伪卡、废卡和冒领、冒用信用卡进行诈骗的行为,因其严重侵犯信用卡管理秩序和他人财产,应当予以进行严格规制。对于恶意透支的犯罪,其主要侵害金融机构财产权,可视情降低处罚的强度,并根据出罪机制,依法对符合条件的轻微犯罪行为进行非犯罪化或免除刑罚。对于兼有数种信用卡诈骗情形的犯罪,在认定其犯罪数额时,应当区分高度行为与低度行为,在合计数额后适用低度行为的量刑标准量处刑罚;当合计数额不影响量刑档次的情况下,可采用从一重处断原则,择其重行为予以处罚,以实现对侵害的行为的全面评价。同时,在刑事诉讼过程中更加关注民事追偿的便捷性,努力挽回银行损失。

妨害管理型信用卡犯罪属于信用卡诈骗犯罪的上游犯罪。将妨害信用卡管理的行为犯罪化,本质上是基于此行为具有造成经济社会生活更大风险的现实可能性而实行提前性防御。当妨害信用卡管理的客观行为已显露社会危害性,即使终极犯罪目的尚未显现,仍应通过刑法予以有效规制,这具有极强的针对性和可操作性。因此,在执法时应当用足相关规定,从源头上遏制下游犯罪的发生。侵犯其他经济秩序型信用卡犯罪,不仅损害信用卡业务的管理体系,而且严重侵害其他经济秩序。其危害性具有系统性、规模性、辐射性,应当根据其主要侵犯的经济秩序,正确适用法律规定予以处罚,尤其及时发现利用信用卡从事或变相从事各种支付结算和资金融通等金融活动,充分运用刑法进行规制。

3. 细化适用意见,彰显刑法谦抑原则

司法解释设置的相应规则有必要予以细化,对于情节轻微的信用卡犯罪行为应当遵循谦抑节俭的刑事政策方向,严格入罪条件,减少不必要的刑罚资源支出。《信用卡犯罪解释》对恶意透支规定了"两次催收"的限制条件,应从当前社会人员流动性大等现实出发,将"两次催收"解读为两次"有效性催收"而非两次"程序性催收"。也就是说,除了有证据证实持卡人故意逃避催收外,以其收到催收为有效,以契合立法本意。同时,合理确定"两次催收"之间的时间间隔。司法解释所以规定"两次催收",其目的是让透支人有相应的准备时间以筹款、还款,因此确定合理的间隔时间是合目的解释的

结果。倘若未能满足这一要求,则应作出对透支人有利的解释。此外,《信用卡犯罪解释》规定"恶意透支数额较大,在公安机关立案前已偿还全部透支款息,情节显著轻微的,可以依法不追究刑事责任"。在实践中还存在立案程序期限短,公安机关立案前无法接触透支人,也不具备接收本息的条件,使这一机制设计面临行为人知情难和归还难的尴尬,容易导致出罪条件虚置。有必要对透支人设置立案前的最后告知程序,以实现对行为人的合理处罚与对银行合法财产有效保护之间的平衡。也就是说,在出罪时,应当尽可能照顾银行的利益;在入罪时,应当尽可能顾及嫌疑人的处境。

4. 创新信用卡业务内控机制

由于部分信用卡犯罪案件表现为金融机构内部人员与外部人员勾结,骗取、侵占、盗取金融机构巨额资金。有的国家建立信用卡犯罪强制性检察监管制度,在检察机关设立专门的信用卡犯罪控制与预防部门,强制要求信用卡犯罪案发单位接受其工作人员担任内部监管职务,协助单位保证合规程序的正常运转,降低单位信用卡犯罪的案发可能。可以借鉴国外经验,尝试检察机关参与发生严重信用卡犯罪的金融机构内部监管。对其内部监管进行评估,通过修改单位治理的规章、建议解雇违纪违法职员,针对审计、法律问题开展调查,快速提高案发单位治理效率,控制信用卡犯罪风险。当然,检察机关参与内部监管势必耗费高昂成本。例如,美国司法部率先探索实施经济犯罪检察机关内部强制性监管,大型的涉案公司仅监管费用一项平均高达600万美元。[1] 此外,检察机关介入金融机构内部监管还存在正当性疑虑。因此,可以采取先行试点的方式进行探索。

5. 优化网络信用卡犯罪惩防措施,突出信用卡犯罪实时监控与信息共享

网络信用卡犯罪的发展趋势决定了信用卡监管部门以及司法机关必须高度重视优化惩防信用卡犯罪的技术性应对措施。当前信用卡犯罪监管主要属于被动性执法。所以只能在形成信用卡犯罪相关线索的情况下启动调查程序,通过事后追究的方式惩罚信用卡犯罪主体。但是,基于取证难以及执法效率低的现实,被动性监管措施实际上无法应对信用卡犯罪猖獗的挑战。必须加强信用卡犯罪的一线监管,逐步形成信用卡犯罪实时监控的主动性执法与信用卡犯罪责任追究的被动性执法并重的监管格局。目前,银监会及其各地派出机构属于信用卡业务的监管主体。但由于其并未直接参与信用卡业务,对于防控信用卡犯罪实际上难以取得工作实效。事实上,对于信用卡违法犯罪行为的防控而言,行政监管部门并非主动性执法的最优监管主体。信用卡犯罪一线监管与实时监控必须强化银行等金融机构更为广泛、直接、主动的防控能力。

信用卡诈骗犯罪是新型的经济犯罪类型,具有跨国犯罪的性质;信用卡犯罪也有较强的专业特色和技术特色,信息的畅通与否往往决定对犯罪打击的及时性。由此,需要金融机构的密切配合、协作。公安机关经侦部门、检察机关审查逮捕,公诉部门以及金

---

〔1〕 See Vikramaditya Khanna & Timothy Dickson, The Corporate Monitor: The New Corporte Czar [J]. 105 *Michigan Law Review* 1713(2007).

融机构的相关部门应建立沟通便捷、信息互享的联系协作机制，及时发现涉嫌信用卡犯罪的线索及嫌疑人。金融机构利用日常工作发现和收集各类金融犯罪线索、苗头和异常动态，可及时传输至公安经侦部门，以便经侦部门全面收集、研判涉嫌金融犯罪的情报信息、线索，适时向金融机构报送预警信息。同时，向检察机关传送最新的信用卡犯罪情况和动向，携手打击犯罪，提高信用卡犯罪惩防效率。

第六章　知识产权犯罪对策研究

知识产权已经成为推动我国经济社会持续、稳定、健康、高速、可持续发展的主要经济与权利形态。随着国家知识产权战略的深入实施及后金融危机时代背景下知识产权的特殊价值的日益显现，惩治与预防侵犯知识产权犯罪的任务越来越重，在实践中，新情况、新问题层出不穷。有必要细致梳理知识产权犯罪的基本问题，重点把握知识产权司法实践中的难点问题，并在此基础之上提出具有可操作性的知识产权犯罪刑事司法规则。

第一节　知识产权犯罪基本问题

以实践性的视角把握知识产权犯罪的规范依据、司法情况、案件特点等基本问题，不仅有助于深度审视知识产权犯罪的最新发展趋势，而且是研究知识产权犯罪法律适用与防控对策的现实基础。

一、知识产权犯罪的法律依据

知识产权属于一种极为重要的产权形态。对知识产品的利和使用，能够获得巨大的经济效益。有利益的存在，就会有对利益的追逐；有对利益的追逐，就会有甘冒触犯法律也要满足对利益追逐目的的行为。因此，侵犯知识产权的犯罪在当前市场经济条件下还很难避免，有时表现得十分突出。为了预防、遏制和惩治侵犯知识产权的犯罪，我国《刑法》第三章“破坏社会主义市场经济犯罪”第七节专门规定了侵犯知识产权罪。根据刑法规定，侵犯知识产权罪主要包括以下犯罪类型：

(一)假冒注册商标罪

假冒注册商标罪，是指未经注册商标所有人许可，在同一种商品上使用与其注册商标相同的商标，情节严重的行为。商标，是指通过文字、图形、色彩或者文字、图形、色彩组合表明某种商品的标记。为了保护注册商标的专有使用权，促进生产者保证商品质量和维护商标信誉，保护消费者的合法权益，国家实行注册商标专用权制度。非法使用他人已注册商标的行为是一种违法行为，情节严重的，就构成了犯罪。

(二)销售假冒注册商标的商品罪

销售假冒注册商标的商品罪，是指销售假冒注册商标的商品，销售金额数额较大的行为。在司法实践中，销售假冒注册商标的商品罪与假冒注册商标罪具有一定的联系与区别。两者的区别主要在于本罪强调的是销售行为，商品的来源，注册商标是谁假冒的，在所不问。而假冒注册商标罪则强调的是假冒行为，假冒以后的商品由谁销售，在所不问。如果行为人既假冒注册商标,又销售假冒注册商标的商品,则属于刑法上的牵连犯,按从一从重原则处理。

(三)非法制造、销售非法制造的注册商标标识罪

非法制造、销售非法制造的注册商标标识罪,是指伪造、擅自制造他人注册商标标识或者销售伪造、擅自制造的注册商标,情节严重的行为。商标标识包括了商标纸,商标标牌、商标织带等标志性识别物品。

(四)假冒专利罪

假冒专利罪,是指行为人违反专利管理法规,假冒他人专利,情节严重的行为。专利是国家专利机关授予发明人、设计人或者其所在单位对某种发明创造在一定期间享有的专用权。国家实行专利权保护制度。任何单位或者个人未取得专利权人许可,不得使用其专利。假冒他人专利的行为是一种违法行为,情节严重的,就构成了犯罪。

(五)侵犯著作权罪

侵犯著作权罪,是指行为人以营利为目的,侵犯他人著作权,违法所得数额较大或者有其他严重情节的行为。著作权是作者(包括单位和个人)依法对文学、艺术和科学作品享有的专有权利,它包括作品的发表权、署名权、修改权、保护作品的完整权以及使用权和获得报酬权。国家实行著作权保护制度,侵犯他人著作权是一种违法行为,违法所得数额较大或者有其他严重情节的,就构成了犯罪。本罪的具体侵犯的行为表现有:(1)未经著作权人许可,复制发行其文字作品、音乐、电影、电视、录像作品、计算机软件及其他作品的;(2)出版他人享有专有出版权的图书的;(3)未经录音录像制作者许可,复制发行其制作的录音录像的;(4)制作、出售假冒他人署名的美术作品的。侵犯著作权罪与一般著作权侵权行为存在明显的区别。我国《著作权法》规定,较为严重的著作权侵权行为包括剽窃、抄袭他人作品的;未经著作权人许可,以营利为目的,复制发行其作品的;出版他人享有出版权的图书的;未经表演者许可,对其表演制作录音录像出版的;未经录音录像者许可,复制发行其制作的广播、电视节目的;未经广播、电视台许可,转播复制发行其制作的广播、电视节目的;制作、出售假冒他人署名的美术作品的。我国《刑法》明文规定上述侵权行为中只有4项行为在违法所得数额较大或者有其他严重情节时,才可以构成犯罪,其他3项行为无论情节轻重或违法所得数额大小,均不属犯罪的范围。这是刑法罪刑法定原则的必然要求。

(六)销售侵权复制品罪

销售侵权复制品罪,是指行为人销售侵犯著作权的复制品的行为。这里的复制品既包括侵犯著作权的复制品,也包括侵犯邻接权的复制品。所谓邻接权,是指艺术表演人、录音录像制作人或者广播、影视对其表演、录制或广播、影视智力作品的活动依法享有的权利。

(七)侵犯商业秘密罪

侵犯商业秘密罪,是指行为人采取不正当手段,侵犯他人的商业秘密,给商业秘密

的权利人造成重大损失的行为。所谓的商业秘密,是指不为公众所知悉,能为权利人带来经济利益,具有实用性并经权利人采取保密措施的技术信息和经营信息。技术信息包括技术水平、技术潜力、技术图纸、技术资料等信息;经营信息包括营销策略、营销计划、营销手段、营销对象、产品市场占有率、产品的发展方向等信息。商业秘密一旦被盗窃、披露或他人不法使用,就会给商业秘密的权利人带来不可弥补的损失。因此,我国实行商业秘密的保护制度,规定侵犯他人商业秘密、给商业秘密的权利人造成重大损失的行为为一种犯罪。根据我国《刑法》的规定,本罪的具体行为特征有:(1)以盗窃、利诱、胁迫或者其他不正当手段获取权利人的商业秘密的行为;(2)披露、使用或者允许他人使用以上述手段获取的权利人的商业秘密的行为;(3)违反约定或者违反权利人有关保守商业秘密的要求,披露、使用或者允许他人使用其所掌握的商业秘密的行为;(4)明知或者应知上述所列行为,获取、使用或者披露他人的商业秘密的行为。在司法实践中,应当正确区分本罪与一般商业秘密侵权行为的区别。两者的区别主要在于:(1)两者的行为范围有所不同。本罪的行为范围是指刑法明文规定4种严重侵权行为(3种为直接侵权行为,1种为间接侵权行为);而一般商业秘密侵权行为是指这4种侵权行为以外的其他行为,其只承担民事、经济或行政责任。(2)两者危害的程度要求不同。本罪要求必须给商业秘密的权利人造成重大的损失;一般商业秘密侵权行为则限定在造成一般的损失范围之内。

从上述知识产权犯罪的刑法规定分析,1997年《刑法》将知识产权犯罪进行了系统的整合,对知识产权各个领域中的犯罪作出了全面而系统的规定,在一定程度上体现了我国对知识产权进行全面保护的刑法体系的建立。

二、知识产权犯罪司法实践现状

调查显示,知识产权司法实践在实体法与程序法适用层面存在较多疑难问题,值得进行重点关注。

(一)民事侵权、行政违法与刑事犯罪之间的界限模糊

抽样调查中,3例案件的案由为违反商标许可合同中有关商品生产数量及销售方式的约定,或超越数量或在合同终止后生产、销售侵权商品。其中,实务部门对于犯罪数额、“未经注册商标所有人许可”等民刑实体界限问题存在争议。调查发现,知识产权违法行为查处力度较大,但移送司法机关并最终被处以刑罚的案件很少,应办理的知识产权刑事案件数量和实际办理数量之间的差距很大。犯罪数额标准的弹性空间及职能部门对定罪标准的认识偏差是主要原因。

(二)共同犯罪认定不统一

对于如何把握处于辅助地位的知识产权犯罪涉案人员的入罪范围是否应认定为共犯已不存在法律障碍,实务部门存在一定认识分歧。有的知识产权犯罪辅助人员被公安机关撤销案件,有的未被批捕,有的未被起诉,有的被判处免刑,有的则被定

罪判刑。[1] 此类人员的定罪量刑存在分歧的主要原因是对“犯罪情节较轻”“情节显著轻微”的把握不一。

(三)单位犯罪认定存在偏差

抽样调查显示,在4例一人公司知识产权犯罪案件中,法院均以自然人犯罪追究单位领导的刑事责任;在1例具备营业执照的商铺售假案件中,判决否定辩护人提出的犯罪主体具有单位犯罪因素的意见,认定为自然人犯罪,而未详述不认定为单位犯罪的理由;另有1例案件,单位犯罪后即被吊销营业执照,判决虽肯定了其单位犯罪性质,但对该种情况如何处理语焉不详。

(四)知识产权犯罪交叉竞合定性差异较大

侵犯商标权犯罪与生产、销售伪劣产品罪、非法经营罪交叉竞合情况集中于假烟、假酒、假药类案件。抽样调查显示,此类案件占侵犯商标权犯罪案件总数的近30%。根据相关司法解释,以上罪名竞合时应择一重罪处罚,但从判决情况看,此类案件的定性仍有较大差异。不少案例表明,当犯罪嫌疑人不具备合法经营资格而制造假冒伪劣产品时,因种种原因无法收集到达到定罪要求的证据证明涉案商品是侵权商品的,均以生产、销售伪劣产品罪、非法经营罪定罪,以侵犯商标权犯罪定罪处罚的约占此类案件总数的20%。

(五)知识产权犯罪数额认定争议较大

一是“销售金额”(销售假冒注册商标的商品罪)的范围界定。销售金额不仅包括既得利益,也包括期待利益。对于应得利益数额计算是否要求货物已经交付,实践中尚存争议。在调查中,1起销售假冒注册商标的商品案中的辩护人提出交付定金而未实际交付的,应认定为销售行为尚未实施完毕,无销售金额。控方不予认可该种意见。

二是“货值金额”(假冒注册商标罪、销售假冒注册商标的商品罪)的判定。在实践中,尚未销售的假冒注册商标商品的“货值金额”,按照标价或者已经查清的假冒商标商品的实际销售平均价格计算。标价与实际销售平均价格不一致的,按照实际销售平均价格计算。尚未销售的假冒注册商标商品没有标价的,按照被假冒注册商标商品的市场中间价格计算。但是,待销产品“标价”往往是明显不合理低价,实际上无法以此为数额认定标准。

(六)侵犯商业秘密罪“重大损失”“特别严重后果”“采取保密措施”难以认定

实务部门对于侵犯商业秘密罪中的“直接经济损失”是指被盗窃商业秘密本身及

---

[1] 以上海市某区的办案情况为例:在詹某假冒注册商标案中,3名受主犯雇佣、负责包装生产、运输等帮助行为的嫌疑人,虽因情节较轻未被批捕,但仍以假冒注册商标罪被起诉判刑。在王某假冒注册商标案中,公安机关未对参与制假的小工作任何处理,检察机关亦未追诉。在李某销售假冒注册商标的商品案中,2名受李某雇佣、负责开车、搬运的辅助人员,被公安机关取保候审,但检察机关认为情节轻微,审查后决定不起诉。在涂某销售假冒注册商标的商品案中,许某明知涂某非法经营假冒香烟,为赚取运费,而提供车辆和运输等帮助行为,公安机关提请检察机关批准逮捕,但因其帮助行为情节显著轻微,不构成犯罪,未予批捕。

其载体的价值,还是权利人的实际损失,存在疑问。例如,陈某擅自下载由公司自主开发并登记版权的软件程序,后基于该程序开发出新软件,欲以销售时被公司制止。被害单位认为,陈某虽交易未果,但却造成其与另一公司谈妥的软件销售买卖落空,故直接经济损失应按该公司的销售价格388万元予以计算。但是由于法律规定较为原则,导致意见分歧,判决最终认定商业秘密的鉴定价格45.4万元为本案的直接经济损失,并考虑到陈某交易行为未成,最后决定对陈某的行为不作犯罪处理。此外,达到何种程度可认为权利人采取了合理的保密措施,尚无相关的法律规定。当事人之间无保密协议或未就具体事项提出保密要求,仅就信息的保密属性加以提示的,职工是否负有保密义务,均存在疑问。

(七)销售假冒注册商标的商品罪、销售侵权复制品罪中“明知”的认定存在分歧

在实践中,除有证据证明行为人“确知”假冒注册商标的商品等犯罪对象外,犯罪嫌疑人的主观心态只能推定其“应知”。调查中,承办人员普遍反映“推定”的程度难以把握,推定程度过大可能致使疏忽大意过失纳入“明知”范围,甚至导致“明知”要件虚设,造成客观归罪。

(八)侵犯著作权罪等罪中“以营利为目的”要件设置存在质疑

在实践中,某些无营利目的的侵权行为社会危害性较大,如为诋毁他人名誉而复制他人作品、在网络环境下将他人作品复制后登载在网络上,供不特定的多数人无偿下载的行为。因此,普遍存在对“以营利为目的”要件设置的质疑。

(九)管辖设置不尽合理

调查显示,侵犯知识产权案件的管辖规则由于犯罪集团化、网络化等趋势,产生了诸多弊端,导致此类案件出现管辖缺位,立法与实践需要脱节,致使部分犯罪分子无法被追究刑事责任。就网络管辖权而言,一方面,网络犯罪的无地域性导致运用犯罪地原则确定管辖权出现矛盾和冲突,使地域管辖落空;另一方面,无侵害或影响关联性的地点成为管辖地造成司法资源的虚耗,如何确定既便利又经济的管辖地点是实践难题。

(十)调查取证困难

目前制假售假已经趋于组织化、智能化,逐步形成了专业化分工及“一条龙”服务。制假售假隐蔽性强,由公开、半公开转入地下、半地下状态,给取证带来极大困难。调查中案件承办人员普遍反映,在烟草类案件中,目前的执法和司法往往难以查处“幕后黑手”,刑事判决只列从犯而无主犯的案件时有发生。同时,网络犯罪的出现也给取证技术和时效提出了更高要求,实践中被害人(单位)证据保全愿望无法得到实现,电子证据短时间内被销毁加大了取证难度。

(十一)涉外程序规则缺失

涉外知识产权刑事诉讼程序应用日益频繁,但立法跟不上实践形势,出现了程序规则盲点:一是文书送达。实践中多数被害单位为外国企业,但只有少数委托了境内代理人参与诉讼。未委托境内代理人的,一般采取向其境内商标代理商送达诉讼文书的补

救措施，但通过刑事司法协助途径向境外机构送达又将增加诉讼成本，诉讼效率降低。二是境外取证。刑事调查取证协作机制尚未充分发挥效能，其原因主要在于实务部门担心可能耗费大量司法资源却收效甚微，而缺乏启动涉外程序的主动性。另外，联系渠道不畅通、组织机构不落实、条约规定与国情不相适应等也是主要原因。三是证据公证。根据最高人民法院《关于执行〈中华人民共和国刑事诉讼法〉若干问题的解释》第320条的规定，涉外当事人委托律师代理诉讼，提供证据应当经过公证认证程序。在实践中，部分辩护律师提出被害单位聘请代理公司、诉讼代理人、提供的证据未经公证认证程序，对证据合法性提出质疑。

（十二）被害人（单位）提供假冒产品鉴定证明的法律效力存在瑕疵

在实践中，通常根据权利人的证明文件确认作为刑事证据的假冒注册商标商品、版权侵权复制品，由此产生如下疑问：一是该证明是否可作为定案的直接依据。肯定意见认为，权利人最了解自身权利的情况，对于产品是否"授权"的认定，权利人最有发言权；否定意见认为，鉴定应由中立第三方进行，如由权利人作出，有效性和客观性存在瑕疵。二是即使权利人有权鉴定，如何落实权利人则存在问题。市场上查获的涉嫌侵权光碟数量从千余张至上万张，涉及大量权利人，有本地的，有外地的，甚至有境外的，履行告知程序尤为烦琐，加之回馈意见的返回耗时很长，一个相对较小的案件就可能花费巨大成本。

三、知识产权犯罪案件及其司法疑难问题的成因

知识产权犯罪数量激增与法律适用疑难有着各方面的原因，归纳起来，主要包括以下几个方面：

第一，知识产权犯罪案件与科学技术的进步和推广息息相关。随着技术更新及人民生活需求的提高，知识产权类犯罪的罪名和侵权对象不再单一，服装箱包、化妆用品、灯具五金……甚至日本酱油等食品都成为犯罪分子的仿冒目标，因而导致知识产权案件涉案罪名多样化、侵权对象多种化的趋势。同时网络技术日益发达，便捷而多元化的犯罪渠道，为案件侦破带来巨大挑战。民众日益增长的物质需求与追求品牌的心理，也为侵权产品提供了潜在市场，故使知识产权类犯罪逐步渗透至郊区、城乡。

第二，知识产权犯罪案件监管不力系该类案件易处于两法衔接地带的结果。知识产权犯罪案件的侦破大都是在质监、工商、公安等行政执法机关及法律法规授权组织联合执法过程中被查获的，而直接经质监、工商部门处罚后再移送至公安的案件则相对较少，这主要是由于知识产权类案件往往处于两法衔接地带，相关职能机构在查获此类案件后，虽进行了行政处罚，但因各种原因有部分案件并未向公安机关移交；公安机关亦缺乏相应信息公开的平台，不能进行有效监督，导致部分已达到刑事立案标准的案件成为漏网之鱼，客观造成以罚代刑的局面，使某些涉案人员产生逃避刑罚处罚的侥幸心理，不利于对知识产权类案件的打击。

第三，知识产权犯罪案件定罪量刑分歧较大反映出现行法律仍然存留一定模糊与空白。例如，在假冒注册商标犯罪案件中，在定性方面容易与生产、销售伪劣产品罪相混淆。其中较为典型的即是有关假冒伪劣卷烟案件的定性问题,如对于运输假烟的行为,特别是犯罪嫌疑人仅辩解作为帮工帮助搬运卷烟的行为人,其主观上是否“明知”所搬运的系待售假烟,在证据把握上存在很大难度,进而影响案件的认定。尽管最高人民法院、最高人民检察院、公安部、国家烟草专卖局《关于办理假冒伪劣烟草制品等刑事案件法律适用问题座谈会纪要》对“明知”作了列举性规定,但在司法实践中司法机关往往由于案情的复杂多样而产生分歧。再如,知识产权犯罪数额的认定仍然存在争议,市场价格有的是根据被侵权单位出具“价格证明”,有的是根据物价部门出具的“估价鉴定”,而物价部门的估价鉴定也是依据被侵权单位出具的“价格证明”作出的,通常又分为两种情况,一种是完全根据被侵权单位的“价格证明”作出的,如LV名牌包;另一种是在被害单位“价格证明”的基础上进行折算,如飞利浦灯泡、五金扣件,折算结果要明显低于被侵权单位的“价格证明”,从而导致对这一类案件数额认定方面的证据标准不一致。

第二节　商标权类知识产权犯罪法律适用对策

商标权类知识产权犯罪是实践中极为多发的犯罪类型,刑法规定了假冒注册商标罪、销售假冒注册商标的商品罪等犯罪。同时,这类知识产权犯罪往往与我国《刑法》分则第3章破坏市场经济秩序犯罪中的伪劣产品犯罪交织,导致司法实践中存在一系列疑难问题,有必要提出具有针对性的司法对策。

一、与注册商标“相同的商标”的认定

在假冒注册商标罪中,一个重要的问题是与注册商标“相同的商标”的判断。最高人民检察院、最高人民法院2004年出台的《关于办理侵犯知识产权刑事案件具体应用法律若干问题的解释》(以下简称《知识产权犯罪解释》)第8条规定,“相同的商标”,是指与被假冒的注册商标完全相同,或者与被假冒的注册商标在视觉上基本无差别、足以对公众产生误导的商标。2011年最高人民法院、最高人民检察院、公安部《关于办理侵犯知识产权刑事案件适用法律若干问题的意见》(以下简称《知识产权犯罪意见》)对这一标准进一步细化为:“改变注册商标的字体、字母大小写或者文字横竖排列,与注册商标之间仅有细微差别的;改变注册商标的文字、字母、数字等之间的间距,不影响体现注册商标显著特征的;改变注册商标颜色的;其他与注册商标在视觉上基本无差别、足以对公众产生误导的商标”。

可见,司法解释中对“相同的商标”的判断标准作出了细致规定,实践中应当予以贯彻。同时,还需要注意的问题是,“相同的商标”的判断主体需要进行确定。在司法实践中,行政案件由工商行政部门判断,刑事案件由司法机关判断。但判断标准的一个关键点是“足以对公众产生误导”,工商行政机关、司法机关的判断能否代表公众的感受?一种观点认为,工商行政机关、司法机关的判断不能够代表公众的判断,建议由国

家商标局或有资质的中介组织承担“相同的商标”判断的鉴定；另一种观点认为，要给法官留出足够的判断空间。笔者倾向于后一种观点。具体原因：首先，国家商标局没有做出是否“相同的商标”鉴定的义务。其次，社会中介组织也有其利益需求，虽然法官的判断也会有分歧，但已有严谨的司法程序来平衡分歧，而社会中介组织的鉴定还没有相关的平衡机制。司法机关理应对于这类价值判断问题行使裁量权。

二、未售出的侵权商品的价值计算

在商标权类知识产权犯罪案件中，大量侵权商品实际上并未销售，而是在仓库中被公安机关或者工商行政机关查获。对于此类尚未出售的侵权商品如何计算犯罪数额，实践中存在极大的认识分歧。

根据2004年《知识产权犯罪解释》的规定，制造、储存、运输和未销售的侵权产品的价值，按照标价或者已经查清的侵权产品的实际销售平均价格计算；侵权产品没有标价或者无法查清其实际销售价格的，按照被侵权产品的市场中间价格计算。这里首先是“无法查清侵权产品的实际销售价格”如何界定以及如何衡量司法成本的问题。例如，犯罪嫌疑人没有记账或者没有在案发现场搜查到侵权商品的销售账目，但犯罪嫌疑人供述了较低的实际销售价格，能否认定其属于无法查清侵权商品的实际价格？再如，侵权商品的买受公司或个人远在外地，有的甚至在国外，在犯罪嫌疑人辩解不能说清侵权商品买受公司或个人的名称、地址等具体信息但却指出可以辨认的情况下，司法机关是否必须付出成本带其到买受公司所在地去查清销售价格？对此，应当按照刑事司法实践的一般原理以及事实存疑有利于被告人的刑法原则，要求司法机关全面承担侵权商品价值计算的证明责任，不能随意认定相关侵权商品无法查清实际销售价格。

侵权产品没有标价或者无法查清其实际销售价格的，根据司法解释的规定，应按照被侵权产品的市场中间价格计算，但假冒商品与真品之间价格悬殊，特别是假冒国际知名商标的商品与真品（奢侈品）之间售价差额达到十几倍甚至几十倍，案值动辄上百万元、上千万元，有的甚至过亿元，与假冒注册商标的商品的真实售价差距过大，量刑时难以选择适当的刑罚，还会造成既遂、未遂犯罪被告人罪刑不均衡，可能出现对未遂犯的量刑反而过重的情况。因此，从这一角度分析，“按照被侵权产品的市场中间价格计算”的方法，既不符合实事求是的基本原则，也不符合罪责刑相适应的刑法原则。笔者认为，在以市场中间价格严重偏离有证据证明的犯罪嫌疑人部分实际销售价格的，有必要以实际销售价格的平均值认定尚未销售侵权商品的价格。

三、知识产权犯罪与其他商品犯罪竞合的法律适用

当侵犯商标类的知识产权犯罪与生产、销售伪劣商品罪出现竞合时如何处理，处理的法律、法理依据是什么？实践中常遇到销售假冒注册商标的商品同时又是伪劣产品的情况，对此，《知识产权犯罪意见》明确规定“依照侵犯知识产权犯罪与生产、销售伪劣商品犯罪中处罚较重的规定定罪处罚”。对这一规定的法理依据，一种观点认为，行为人实施侵犯知识产权犯罪同时构成生产、销售伪劣商品罪的，这种情况属于法条竞合，应择一重罪处罚；另一种观点认为，这属于行为人一个行为触犯数个罪名的想象竞

合犯。笔者认为,侵犯知识产权犯罪的构成要件不要求是生产、销售伪劣商品,而生产、销售伪劣商品也不以侵犯知识产权为要件,故两罪在法条上并没有重合关系,不属于法条竞合。销售假冒注册商品的伪劣产品,属于一个行为既侵犯他人注册商品专用权,又侵犯了消费者利益,同一行为同时违反了商标法和产品质量法,应属于想象竞合犯,应择一重罪处罚。

四、商标权类知识产权犯罪与其他商品犯罪的规范界限

销售假冒商品属于多发性案件,由于犯罪行为交织知识产权犯罪与商品犯罪,需要根据《药品管理法》《产品质量法》《商标法》等前置性法律规范进行多方面与多层次的违法性判断,在刑法适用上涉及较多分则规定,司法实践中定性争议较大。有必要在梳理相关刑法规范之间的法条关系的基础上明确此类行为的定性规则。

司法实践中的典型案例表现为:犯罪嫌疑人盛某为谋取非法利润,未经药品监督管理部门批准、未取得《药品经营许可》、未获得权利人美国辉瑞制药公司授权许可,低价购入假冒的"万艾可"(VIAGRA)药片,先后5次向他人出售药片共计24,730粒,销售金额23万余元。经鉴定,涉案的假冒"万艾可"药片成分与正品"万艾可"无异,具有相当的药理功能。

对于犯罪嫌疑人的行为如何定性,实践中存在以下4种意见:第一种意见认为,盛某构成销售假药罪。根据《药品管理法》的规定,假冒"万艾可"属于未经检验而予以销售的药品,应以假药论处。盛某在明知的情况非法销售,构成销售假药罪。第二种意见认为,盛某构成销售假冒伪劣产品罪。假药可以归入伪劣产品的范畴,盛某销售假药,没有产生危害人体健康危险的,但销售金额达23万余元,构成销售假冒伪劣产品罪。第三种意见认为,盛某构成非法经营罪。在未经药品监督管理部门批准、未取得《药品经营许可证》的情况下,盛某购入假冒"万艾可"并向他人销售,侵犯了药品专营专卖制度,扰乱了药品经营管理秩序,应当以非法经营罪论处。第四种意见认为,盛某构成销售假冒注册商标的商品罪。"万艾可""VIAGRA"文字和图形均为注册商标,盛某在明知假冒片剂的表面及其外包装非法使用上述注册商标的情况下予以销售,销售金额达23万元,构成销售假冒注册商标的商品罪。

笔者支持第四种意见,具体理由如下。

第一,盛某的行为不构成销售假药罪或者销售伪劣产品罪。

根据"两高"《关于办理生产、销售伪劣商品刑事案件具体应用法律若干问题的解释》(以下简称《伪劣商品解释》)第3条的规定,具有以下4种情况之一,应认定为《刑法》第141条规定的"足以严重危害人体健康":含有超标准的有毒有害物质的;不含所标明的有效成分,可能贻误诊治的;所标明的适应症或者功能主治超出规定范围,可能造成贻误诊治的;缺乏所标明的急救必需的有效成分的。本案中的假冒"万艾可"药片并不存在《伪劣商品解释》第3条规定的有毒性、有害性、危险性特征,且具有正品"万艾可"的药理功能,无法认定其危害人体健康。因此,盛某的行为不构成销售假药罪。

本案中的假冒"万艾可"也不属于伪劣产品。根据我国《刑法》第140条销售伪劣

产品罪以及《伪劣商品解释》的规定，伪劣产品具体表现为在产品中掺杂、掺假，或者以假充真，或者以次充好，或者以不合格产品冒充合格产品。在产品中掺杂、掺假，是指在产品中掺入杂质或者异物，致使产品质量不符合国家法律、法规或者产品明示质量标准规定的质量要求，降低、失去应有使用性能的行为。以假充真，是指以不具有某种使用性能的产品冒充具有该种使用性能的产品的行为。以次充好，是指以低等级、低档次产品冒充高等级、高档次产品，或者以残次、废旧零配件组合、拼装后冒充正品或者新产品的行为。不合格产品，根据《产品质量法》第26条的规定，是指存在危及人身、财产安全的不合理危险，或者不符合保障人身、财产安全的国家、行业标准，或者不具备相关使用性能，或者不符合产品及包装上注明的标准与质量状况。

可见，销售伪劣产品罪的罪质特征在于销售的产品本身在成分上具有虚假性，在性能上具有缺失性，在使用上具有危险性，在标准上具有不符性，实质上强调的是产品的劣质性。并且，本罪的违法性判断的依据是《产品质量法》。而涉案物品假冒"万艾可"药品虽然属于《药品管理法》上的假药，但实质上是基于应检验而没有检验的事实，被认定为以假药论处。本案中的假冒"万艾可"虽在《药品管理法》上以假药论处，但根据其实质上具备相关成分与药理功能的事实，并不是《产品质量法》上的劣质产品，不能当然地归入《刑法》第140条销售伪劣产品罪意义上"伪劣产品"的范畴。因此，盛某也不构成销售伪劣产品罪。

第二，销售假冒注册商标的商品罪与非法经营罪之间属于包容竞合关系。

未取得《药品经营许可证》以及未经注册商标权利人许可的盛某，非法销售假冒注册商标的商品，应当认定为销售假冒注册商标的商品罪，还是非法经营罪？明确该问题的前提在于梳理两罪之间的法条关系。

笔者认为，销售假冒注册商标的商品罪与非法经营罪之间形成法条竞合关系，并且属于包容竞合。首先，从罪质内涵进行分析，销售假冒注册商标的商品罪具备非法经营罪的整体性质。不具有合法经营特定商品资质的个人或者单位，销售假冒注册商标的商品，违反了国家保护知识产权的法律法规，严重扰乱市场经济秩序，具有明显的非法经营性质。其次，从两罪的客体要件分析，销售假冒注册商标的商品罪所侵犯的客体是他人的商标权以及国家的知识产权管理秩序，非法经营罪侵犯的客体是国家对市场活动的管理秩序，知识产权的管理秩序属于市场秩序的一部分。因此，两罪侵犯的客体具有包容关系。最后，从两罪的行为要件分析，销售行为显然属于非法经营行为，同样具有包容关系。

除了上述理由之外，还有必要从打击假冒注册商标行为刑事司法实践的沿革角度，分析销售假冒注册商标的商品罪与非法经营罪之间的法条关系。实务部门对于销售假冒注册商标的商品罪与非法经营罪之间的法条关系经历了认识上的反复，最终还是认同了包容竞合关系的结论。

销售假冒注册商标的商品罪的前身，是我国1979年《刑法》第127条假冒商标罪，非法经营罪的前身，是我国1979年《刑法》第117条投机倒把罪。在新刑法实施前，司法实践中对于假冒商标罪与非法经营罪之间的法条关系就存在极大争议,直接影响相关案件的定性。

根据1985年5月9日最高人民法院《关于个人非法制造、销售他人注册商标标识而构成犯罪的应按假冒商标罪惩处的批复》(以下简称《批复一》)的规定,非法制造、购买名牌产品的商标标识,用于其他产品上,冒充名牌产品出售,均构成对商标专用权的侵犯,可以直接依照假冒商标罪定罪判刑。对此,1985年10月5日最高人民检察院《关于个人非法制造、销售他人注册商标标识而构成犯罪的能否按照假冒商标罪惩处的批复》(以下简称《批复二》)进一步补充:没有营业执照的个人非法制造、销售他人注册商标标识,构成犯罪的,按投机倒把罪追究刑事责任。该批复认为没有营业执照的个人实施的假冒商标行为,侵犯的是专营专卖的市场管理秩序。可见,当时的实践观点认为,假冒注册商标罪与投机倒把罪之间并不是缜密的包容竞合关系,而是存在规制范围的空隙,相关空隙应当由投机倒把罪进行填充。

然而,1988年2月26日最高人民法院《关于假冒商标案件两个问题的批复》(以下简称《两个问题批复》)指出:(1)对于没有营业执照的个人违法商标法规,假冒他人注册商标,包括非法制造或者销售他人注册商标标识,构成犯罪的,今后也应按照假冒商标罪论处。(2)为获取非法利润,假冒他人注册商标,包括非法制造或者销售他人注册商标标识,非法经营或者非法获利的数额巨大,情节严重的,其行为触犯了假冒商标罪,也触犯了投机倒把罪,应当按照其中的重罪即投机倒把罪定罪处刑。暂时抛开从重法处断原则不谈,《两个问题批复》改变了《批复一》与《批复二》的观点,认为假冒商标罪与投机倒把罪属于包容法条竞合关系,销售假冒注册商标的商品行为,同时符合两个犯罪的构成要件。

1997年修订《刑法》时吸收了上述司法解释观点沿革的内容,对投机倒把罪的行为内容予以细化,设置具有相对兜底功能的非法经营罪替代投机倒把罪。假冒商标罪则转置为假冒注册商标罪、销售假冒注册商标的商品罪、非法制造、销售非法制造的注册商标标识罪,与其他侵犯专利犯罪、著作权犯罪并入侵犯知识产权罪。由此可见,销售假冒注册商标的商品罪与非法经营罪之间是特殊法与一般法的法条竞合关系。本案中盛某非法销售假冒"万艾可"的行为同时符合销售假冒注册商标的商品罪与非法经营罪的构成要件。

第三,法条竞合的处断原则应当是特别法优于普通法。

在承认销售假冒注册商标的商品罪与非法经营罪之间属于包容竞合关系的基础上,对于销售假冒"万艾可"行为应当是从重法(非法经营罪)处断,还是从特别法(销售假冒注册商标的商品罪)处断,实践中存在争议。笔者认为,法条竞合犯的处断原则应当是特别法优于普通法,不能将刑罚轻重作为法条竞合犯的择法因素。

从本质上分析,法条竞合犯的处断原则是选择最适合的刑法规范对犯罪行为进行整体评价问题,即在一行为触犯数法条的情况下,为避免重复评价,选择最优法条评价行为。法条评价的充分性、完整性、适当性、贴切性是第一位的考量因素。

在逻辑结构上，特别法不仅能够执行特别评价功能，由于内括于普通法，还能够对涉案行为进行普通评价。而普通法由于缺少针对性，显然无法执行特别评价功能。根据充分评价的法条取舍原则，法条竞合犯的处断原则应当是从特别法论处。特别法的立法意图在于针对特定的犯罪对象、行为模式、犯罪主体，设置严格符合罪刑法定原则的针对性条款进行特别的明确性保护，而非通过普通法进行模糊性规制。这是罪刑法定原则明确性内涵在法条竞合犯语境下的具体展现。既然是一种特别保护，特别法当然处于优先适用的地位，不应让位于处刑较重的普通法。

法条竞合犯区别于想象竞合犯，后者属于选择最适合的刑法规范对犯罪行为进行定罪量刑以实现罪刑相适的实用性价值问题。故想象竞合犯的处断原则是重法优于轻法。如果法条竞合犯同样选择重法优于轻法的处断原则，特别法将持续处于虚置状态，丧失了规范存在的必要性，显然有悖于立法意图。

实践中有观点强调，适用法定刑明显较轻的新法追究行为人的刑事责任，在很大程度上未能有效地惩处犯罪行为，不利于打击与预防犯罪。类似于本案中的销售假冒“万艾可”行为在实践中较为普遍，销售假冒注册商标的商品罪的两档法定刑明显低于非法经营罪。如果不根据非法经营罪予以严惩，此类犯罪行为将愈演愈烈。

笔者认为，实践中部分经济犯罪案发率较高是否可以归结为处罚太轻、打击力度不够，应当属于经过科学调查后的量化分析问题，而不是可以根据司法经验直接做出的定性判断问题。实务部门不能单纯基于尚未经过调查的打击犯罪的必要性考量而突破法条竞合犯的刑法解释规则，按照重法优于轻法原则进行定性。即使经过量化调查确定特别法刑罚过轻，不利于打击犯罪，也不能通过司法权的变通行使而对法条竞合犯适用处罚较重的普通法。定罪量刑的依据应当是刑法规范以及罪刑法定原则下合法性与合理性兼备的刑法解释规则。基于法定刑配置明显失衡而出现犯罪控制不利的，应当通过立法修正的方式协调罪刑关系。

因此，本案中盛某非法销售假冒“万艾可”，销售金额达 23 万元，同时触犯了销售假冒注册商标的商品罪与非法经营罪，属于法条竞合犯，应当根据特别法优于普通法的规则，认定为销售假冒注册商标的商品罪。

五、诱惑侦查对商标权类知识产权犯罪认定的影响

由于商标权类侵犯知识产权犯罪比较隐蔽，打击查处难度大，取证也更加复杂，实践中存在犯意引诱、数量引诱等侦查手段。例如，权利人发现自己的商品被假冒侵权销售后报案，经公安机关同意后进行数量引诱，双方交易时公安机关当场抓获嫌疑人。此时能否将全部交易额作为定罪量刑的依据？目前司法解释或规范性指导意见中仅对毒品犯罪中的犯意引诱、数量引诱如何适用作出规定，对侵犯知识产权犯罪中能否适用这类诱惑侦查手段则没有规定，司法实践中一般不认可犯意引诱，对数量引诱也仅是作为一个情况加以考虑。应当坚持的是，刑事案件有着严格的证据标准，数量引诱作为一种特殊的侦查手段，在国外也仅适用于特殊案件，并有严格的适用条件加以约束，不能因为取证困难而不受约束地使用，更不能作为定罪依据，应设立适用条件限制，在实践中不断完善。

第三节　著作权类知识产权犯罪法律适用对策

著作权犯罪的司法认定一直是司法实践中的疑难问题,尤其是侵犯著作权罪的发行行为与销售侵权复制品罪的销售行为的认定,以及侵犯著作权罪的帮助犯责任问题,长期困扰实务部门,有必要予以深入解释。

一、侵犯著作权罪中的发行行为

2004 年《知识产权犯罪解释》第 11 条、2007 年最高人民法院、最高人民检察院《关于办理侵犯知识产权刑事案件具体应用法律若干问题的解释(二)》(以下简称《知识产权犯罪解释二》)第 2 条以及 2011 年《知识产权犯罪意见》第 12 条分别就信息网络传播是否属于发行行为、"复制发行"的理解以及发行行为的具体认定等问题进行解释。

上述司法解释就发行行为的认定及其实质边界问题制定了层层深入、环环相扣的实践判断规则。但是,由于刑法司法解释与《著作权法》关于"发行"的解释存在明显差异,加之刑法理论与实务中对与"发行"有关的知识产权犯罪系列司法解释的理解存在分歧,导致实践中出现法律适用不统一:对于销售盗版图书、光碟、通过网络传播盗版软件等严重侵犯著作权的行为,有的认定为"发行"而以侵犯著作权罪定罪处罚,有的认定为"销售"而以销售侵权复制品罪定罪处罚。因此,有必要以层进式的逻辑进路对侵犯著作权罪发行行为进行符合罪刑法定原则的刑法解释,在证成发行行为的刑法解释区别于知识产权法规定具有正当性的基础上,阐释发行行为在刑法上的实质内涵,明确侵犯著作权罪发行行为与销售侵权复制品罪销售行为的规范界限,为实务部门准确认定侵犯著作权犯罪行为提供对策。

(一)知识产权法与刑法有关"发行"解释差异的正当性基础

根据《知识产权犯罪解释》第 11 条的规定,通过信息网络向公众传播他人文字作品、音乐、电影、电视、录像作品、计算机软件及其他作品的行为,应当视为侵犯著作权罪中的发行或者复制发行。《知识产权犯罪意见》第 12 条进一步将信息网络传播明确规定为发行行为。故信息网络传播在刑法上属于发行行为的一种表现形式。而《著作权法》第 10 条明确将"发行权"与"信息网络传播权"进行区分。对此,知识产权法理论上有观点质疑刑法司法解释的合法性与正当性:网络传播毕竟是与发行在构成上截然不同的行为,按照罪刑法定原则,仅仅适用于"复制发行"行为的侵犯著作权罪根本就不可能被具体应用于网络传播行为。在我国刑法已经废除类推制度的情况下,司法解释将信息网络传播认定为发行,有越权之嫌。惩治严重侵犯网络传播权的行为,其前提在于全国人大或其常委会在广泛征求意见的基础上将此类行为犯罪化。[1]

同时,根据我国《著作权法》第10条第6项的规定,发行权是指以出售或者赠与方式向公众提供作品的原件或者复制件的权利。基于法律的明确规定,知识产权法理论中的代表性观点认为,发行包括向公众出售或赠与作品原件或复制件两种行为方式,由于以赠与形式或者出售原件形式出现的发行行为在实践中极为罕见,故发行基本上可以等同于销售。[2] 根据法律解释的一般规则,在发行行为具有确定性民事法律定义且刑法没有具体概念解释的情况下,侵犯著作权罪中"发行"的内涵不应与《著作权法》相矛盾,也应当包含销售行为。刑事司法实践中的不少判例也持相同观点,认为我国《刑法》第217条中"发行"的含义与《著作权法》第10条中的"发行"是一致的。根据《知识产权犯罪解释二》第2条的规定,侵犯著作权罪中的"复制发行"包括复制、发行或者既复制又发行的行为,即独立的发行行为可以构成侵犯著作权罪"复制发行";根据《知识产权犯罪意见》第12条的规定,非法出版、复制、发行他人作品,侵犯著作权构成犯罪的,按照侵犯著作权罪定罪处罚,不认定为包括非法经营罪、销售侵权复制品罪等在内的其他犯罪。这就意味着非法发行涵盖非法销售他人作品,按照司法解释统一认定为侵犯著作权罪,销售侵权复制品罪完全丧失了适用空间。

在知识产权法上不能归属于发行的信息网络传播却被刑法评价为发行而将网络传播侵权产品的行为认定为侵犯著作权罪。并且,刑法设置侵犯著作权罪与销售侵权复制品罪的目的在于从不同角度对著作权进行充分的刑事保护。但经由一系列法律解释后,形成了虚置销售侵权复制品罪的结论。在理论与实践中出现上述疑问的根源在于刑法与知识产权法关于"发行"的解释存在差异。

刑法解释理论中的主流观点认为,民法和刑法在对行为性质判断上采取的方法有所不同,民法更注重形势判断,刑法则更强调实质判断;刑法司法解释的某些规定可能凸现出民法与刑法的规定冲突,在民刑关系产生"摩擦"时,认定犯罪应当以刑法实质判断为依据。[3] 刑事司法应当谨慎地处理好刑事法律与行政法规的关系,要保障刑法的独立性,刑法与前置性法律法规具有不同的目的,两者即使使用了相同的用语,也可以作不同解释,构成犯罪不以违法行政法律法规的刑事罚则为前提。[4] 在知识产权犯罪认定中,刑法与知识产权法之间也完全可能存在对相同行为的不同法律判断,不能直接根据知识产权法的规定解释知识产权犯罪行为的内涵,而是应当通过刑法及其司法解释进行独立于知识产权法的实质判断。基于上述刑法解释理论的逻辑,侵犯著作权

---

〔1〕 参见王迁:《论著作权法中"发行"行为的界定——兼评"全球首宗BT刑事犯罪案"》,载《华东政法学院学报》2006年第3期。

〔2〕 参见王迁:《论著作权意义上的"发行"——兼评两高对〈刑法〉"复制发行"的两次司法解释》,载《知识产权》2008年第1期。

〔3〕 参见陈兴良:《惩治受贿犯罪,刑法需要实质判断》,载《检察日报》2007年12月31日,第3版。

〔4〕 参见张绍谦:《试论行政犯中行政法规与刑事法规的关系——从著作权犯罪的"复制发行"说起》,载《政治与法律》2011年第8期。

罪中的发行行为不能直接根据我国《著作权法》的规定解释为可以包含销售行为,而应具有独立的刑法内涵。

笔者认为,以刑法注重实质判断而民法注重形势判断或者刑法独立性为由,主张刑法可以超越民事、商事、行政等前置性法律法规对相关行为进行实质判断判断,其法律理论上的说服力、刑法解释上的准确性、实践认定上的针对性都是存在疑问的。对于特定行为的刑法判断是否应当采用与前置性法律法规相同的规定与理解,不仅应当形成确定的法律解释原则,而且必须根据具体的犯罪类型与法律规定总结明确的司法认定规则。

刑法解释是综合运用现有的法律法规等对特定要素内涵和外延的具体阐释,显然应当遵循法律解释的合法性原则。刑法解释本身应当符合法律规定,不能超越民法、商法、行政法等前置性法律法规的规定。例如,在财产犯罪中,所有动产、不动产的权利及其价值等需要按照民法进行界定;在证券期货犯罪中,金融从业人员的特殊主体身份、金融交易行为等需要根据商法、经济法进行判断;在职务犯罪中,国家工作人员主体身份、职务行为的合法性等问题需要依照行政法进行认定。所以,对于特定要素的解释,刑法判断不能突破既有的民商、经济、行政法律法规以及相关法律理论。只有在非刑事法律规范与刑法所进行解释的具体问题具有实质差异或者解释的角度具有明显区别的情况下,刑法才能够进行独立且合理的解释与判断,以实现刑事司法的公平与效率。

对于侵犯他人著作权这一犯罪类型而言,"作品""著作权人""许可""出版"等法律要素的刑事司法认定必须遵循《著作权法》及其配套法规的规定。但是,对于侵犯著作权罪中"发行"的认定问题,由于《著作权法》所规定的具体问题以及解释的视角与刑法存在实质性差异,刑事司法实践具有进行独立刑法判断的正当性基础。知识产权法是权利法,这就决定了《著作权法》第 10 条应当且事实上是从权利的角度对"发行权"设置法律定义。刑法是行为法,侵犯著作权罪是通过界定国家刑罚权的实体边界禁止包括"复制发行"侵犯他人著作权产品在内的犯罪行为。《著作权法》对发行权的规定,重在把握其于其他类型的著作权之间的边界,而运用刑法解释原理对侵犯著作权罪发行行为进行判断,关键在于形成符合社会一般公众以及公平正义理念有关发行行为本质认识的法律理解。知识产权法与刑法有关"发行"的规定归属于两个问题(发行权与发行)、演绎为两种视角(权利解释与行为解释),这才是刑法及其司法解释超越知识产权法对侵犯著作权罪发行行为作出独立判断的法理基础。

(二)侵犯著作权罪中发行行为的实质解释

在方法论上确立了刑法对侵犯著作权罪中的发行行为进行独立解释的正当性基础之后,应当进一步探求发行行为的实质内涵。根据《知识产权犯罪意见》第 12 条的规定,"发行"包括总发行、批发、零售、通过信息网络传播以及出租、展销等活动。据此,实践中有观点认为,《知识产权犯罪意见》在司法解释层面规定了刑法中侵犯著作权罪发行行为的含义,明确了发行是包括批发、零售、出租、展览等在内的传播作品原件或者复制件的行为,即发行包括销售,在司法实务中应当予以执行。司法解释虽然没有直接按照我国《著作权法》第10条的规定认定侵犯著作权罪中的"发行",但仍然作出了发行行为整体涵盖销售行为的规定。在这种情况下,单纯销售侵权复制品的行为还是要认定为侵犯著作权罪,依旧不可避免地侵占、甚至消除销售侵权复制品罪的适用空间。[1]

上述意见仅从表面上理解《知识产权犯罪意见》第12条,认为该规定就是发行行为在刑法上的实质内涵,并进而主张发行包含批发、零售等销售形式意味着发行行为整体涵盖销售行为。然而,应当注意的是,《知识产权犯罪意见》对"发行"的解释实际上是一种形式定义或者外延列举,即通过罗列发行的具体方式指导司法人员辨识发行行为的各种类别。系统分析《著作权法》第10条可以发现,《知识产权犯罪意见》不仅没有将知识产权法中的"发行权"与刑法中的"发行"进行等同化解释,而是整体考量发行权、信息网络传播权、出租权、展销权等各种具体著作权的规定,将这种向社会发出作品原件或复制件的权利转化为行为方式整体纳入"发行"的范围,统一整合为发行行为的具体手段,并细致地将转移所有权的发出作品行为拆分为"总发行""批发""零售"。可见,《知识产权犯罪意见》第12条没有对发行行为的内涵进行实质化限定。从逻辑层面分析,发行包括批发、零售、出租、展览等多种形式,销售包括批发、零售两种形式,在规范解释上只能得出发行形式整体涵盖销售形式的合逻辑结果,而不能臆断侵犯著作权罪中的发行行为包括销售行为。

司法解释并未对侵犯著作权罪中的发行行为进行正式的刑法定义,应当在刑法解释理论上对发行的实质内涵做出界定。根据社会公众的一般理解,发行是指发出新印刷的货币、债券或新出版的书刊、新制作的电影等。[2] 发行的行为内涵是"发出",行为指向是"新"制成的作品原件或复制件,日常生活中发行行为的本质是"发出"新原件或新复制件。故刑法上侵犯著作权罪发行行为的实质内涵就是将制作完成的侵权复制品发出。侵犯著作权罪发行行为的实质定义包括了以下具体内容:(1)关系性内涵。发行行为与侵权复制品的生产行为紧密联系,使侵权复制品从制作完成到流向市场的中间环节。(2)时间性内涵。发行行为在时间上具有严格的限定性,一旦侵权复制品被发出,发行行为即告终了,即使该批侵权复制品在市场上仍然以与发行行为相同的方式进行流转,侵权复制品发出之后的行为不能再被刑法评价为发行。(3)功能性内涵。在主观功能层面,发行行为是通过发出侵权复制品完成非法制作侵权复制品所意图实现的赢利目的;在客观功能层面,发行行为一方面为侵权复制品生产行为获取非法所得;另一方面为侵权复制品的后续销售等流通行为提供物质基础。

以不同的标准可以将刑法上的发行行为区分为不同类型。以转移产权的形式为标

---

〔1〕 参见张远煌、余浩:《论刑法中"销售"与"复制发行"之关系》,载《中国刑事法杂志》2011年第6期。

〔2〕 中国社会科学院语言研究所词典编辑室编:《现代汉语词典》(修订本),商务印书馆2001年版,第340页。

准,可以分为转移产品所有权的发行(批发、零售等)与转移产品使用权的发行(展览、出租等);以权限是否具有排他性为标准,可以分为总发行(统购、包销、独家经销等)与非排他性授权经销(一般经销、定销等);以传播载体为标准,可以分为传统载体发行(纸质、磁带、光盘等)与信息网络传播。所以,《著作权法》虽然规定了发行权包括销售权、信息网络传播权属于独立于发行权之外的著作权之一,但由于批发、零售等销售行为、信息网络传播行为均系侵权复制品被非法制作后流入市场的第一道环节,本质上都是发出新产品,在刑法解释上应当将其整体归入发行的具体表现形式。

(三)侵犯著作权罪发行行为与销售侵权复制品罪销售行为的刑法界限

在刑法解释上明确侵犯著作权罪发行行为的实质是发出侵权复制品,结合《知识产权犯罪意见》第12条列举的发行行为的6种表现形式,能够确认发行仅在形式上包括销售,不会出现侵犯著作权罪整体覆盖销售侵权复制品罪的情况。但是,知识产权犯罪刑事实践中正确适用侵犯著作权罪与销售侵权复制品罪,不仅需要梳理发行行为与销售行为的形式关系,更为关键的是廓清两者在刑法上的实质界限。

在刑法理论与实务中一直有观点认为,应当根据主体类型区分发行行为与销售行为,复制者自己销售侵权复制品,属于发行行为;复制者之外的他人销售侵权复制品,属于销售行为。[1] 作为侵犯著作权罪客观方面的发行必须借助销售行为实现其分散侵权制品的目的,故复制著作权人作品与销售行为构成"发行"这一侵犯著作权罪的客观要件。销售侵权复制品罪中的"销售"在形式上包括批发、零售代销、推销、贩卖等行为,是把发行者制作或出售的作品通过再次出售的方式流向社会,是连接复制著作权人作品者与消费者之间的一个中间环节。[2]

这种观点以实质的分析视角对发行行为进行限定从而明确发行与销售的界限,其"复制者销售侵权产品系发行"的主张实际上就是否定《知识产权犯罪解释二》第2条的意见,重新解释侵犯著作权罪中的"复制发行",坚持复制且发行的行为属于"复制发行",将独立的发行行为排斥在"复制发行"之外。[3] 质疑《知识产权犯罪解释二》第2

---

〔1〕 参见逄锦温、刘福谦、王志广、丛媛:《〈关于办理侵犯知识产权刑事案件适用法律若干问题的意见〉的理解与适用》,最高人民法院刑事审判一至五庭主办:《刑事审判参考·总第78集》,法律出版社2011年版,第162页。

〔2〕 参见侯艳芳、何亚军:《侵犯著作权罪界限划定疑难问题探析》,载《法学杂志》2008年第6期。

〔3〕 刑法理论中一直存在类似观点。参见龚培华:《刑法法条关系研究》,上海交通大学出版社2011年版,第189页;张绍谦:《试论行政犯中行政法规与刑事法规的关系——从著作权犯罪的"复制发行"说起》,载《政治与法律》2011年第8期;朱华:《侵犯著作权罪中"发行行为"宜分解认定》,载《检察日报》2010年6月9日,第3版;刘远山:《论我国著作权犯罪的定罪和处罚及其刑法完善》,载《河北法学》2006年第4期;刘力、单民:《侵犯知识产权犯罪的定罪与量刑》,人民法院出版社2001年版,第218页等。在《知识产权犯罪解释二》出台之前,实践中也有采纳此种观点的操作规则。例如,2006年上海市高级人民法院刑二庭、上海市人民检察院公诉处《关于贩卖盗版光盘案件如何适用法律意见(试行)》第1条规定:对于贩卖光盘的行为应当依照《刑法》第218条的规定,以销售侵权复制品罪定罪处罚;如果行为人同时具有复制盗版光盘行为的,应当依照《刑法》第217条的规定,以侵犯著作权罪定罪处罚。

条合理性的典型论据是：(1)侵犯著作权罪中的“制作、出售”之间使用顿号而“复制发行”没有，根据刑法规范文义解释与体系解释原理，复制与发行必须同时具备才构成侵犯著作权罪；[1](2)我国《刑法》第217条第2项规定的“出版”，本质上就是在编辑加工的基础上对作品进行复制后向公众发行，其内涵等同于复制且发行，相同条文中的“复制发行”不应作不同解释。[2] 单纯对《刑法》第217条侵犯著作权罪的规范内容进行静态理解，上述刑法解释方法与结论均属合理。但是，局限于单一刑法条文内部的形式化解构必须放置于法律体系之中进行解释的合目的性检验，形式化解构一旦与立法目的冲突，即应让位于符合罪刑法定原则的实质解释。根据我国《著作权法》第48条的规定，未经著作权人许可，复制、发行、表演、放映、广播、汇编、通过信息网络向公众传播其作品，情节严重构成犯罪的，依法追究刑事责任。显然，《著作权法》刑事罚则已经确认了复制或者发行侵权产品的行为构成犯罪，《知识产权犯罪解释二》第2条的规定完全符合立法本意。同时，根据本文前述知识产权法与刑法同时对“发行”问题作出规定情况下的法律解释方法论铺垫，《著作权法》第48条与侵犯著作权罪刑法规范均属发行行为性质的规定，刑法解释不应当桎梏于刑法条文字面意思从而得出明显违背立法本意的结论。因此，不能从销售侵权产品的主体是否为复制者的角度区分发行行为与销售行为。

也有观点认为，应当根据盗版犯罪行为体系中的等级梯次区分发行与销售，生产商、代理商、批发商等处于盗版链条上位环节的行为主体销售盗版，应当认定为发行行为；处于盗版下位环节或者终端环节的销售商贩卖盗版，应当认定为销售行为。[3]

这种观点在现有的知识产权犯罪司法解释框架下探究发行与销售的界限，固然值得肯定，但其提出的判断标准不具有可操作性、规范性及逻辑性。盗版犯罪生态的链条冗长、结构复杂，侵权复制品多级代理、多级批发的情况较为普遍，在实践中无法区分上位环节与下位环节。如果将分隔标准硬性设置在销售终端，生产商、代理商、批发商的上游分销行为认定为发行，向消费者转让侵权复制品的终端贩卖行为认定为销售，将会导致罪刑关系严重失衡。因为批量销售与终端零售均属销售行为，没有质的区别而仅有单次行为的销量区别，在侵权复制品总销量相同的情况下，批发与零售的社会危害性相当，如果批发盗版构成重罪侵犯著作权罪而零售盗版构成轻罪销售侵权复制品罪，罪刑明显失衡。同时，根据批发、零售分属发行、销售的观点，行为人批发且零售盗版，符合不同性质的行为构成，应当同时构成侵犯著作权罪与销售侵权复制品罪。结合相关司法解释的数额标准举例分析：如果单纯批发盗版违法所得32万元，应以侵犯著作权罪判处3年以上7年以下有期徒刑；如果批发盗版违法所得20万元、零售违法所得12

---

〔1〕 参见龚培华：《刑法法条关系研究》，上海交通大学出版社2011年版，第189页。

〔2〕 参见张远煌、余浩：《论刑法中“销售”与“复制发行”之关系》，载《中国刑事法杂志》2011年第6期。

〔3〕 参见左杰：《从一起案例谈如何认定侵犯著作权罪中的“发行行为”——兼论我国侵犯著作权罪法律法规的完善》，载《金卡工程》2010年第4期。

万元,应以侵犯著作权罪判处3年以上7年以下有期徒刑、以销售侵权复制品罪判处3年以下有期徒刑,数罪并罚。按照上述观点,批发数额在被零售分流部分数额后,其社会危害性应轻于总额相同的纯粹批发行为,而其刑罚结果却形成倒挂,明显逻辑混乱。所以,不能从盗版犯罪链条网络上分解发行行为与销售行为。

笔者认为,侵犯著作权罪发行行为与销售侵权复制品罪销售行为的实质界限在于:我国《刑法》第217条规定的侵犯著作权的产品被非法复制后的首次销售行为构成"发行";首次销售后,针对该批侵权复制品的批发、零售行为构成"销售"。

实质性界分"发行"与"销售"的关键在于定位参照系,而"复制"就是符合知识产权犯罪刑法原理与实践操作需求的唯一合理参照——发行是侵权产品被复制后的首次销售行为;销售是该批侵权复制品的后续销售行为。这意味着发行行为的形式范围虽然宽泛,但其实质限定相对严格。在所有以销售方式进行发行的行为形式中,之所以复制后的首次销售行为才能构成发行,是因为"发行"彰显的是"发出"与"新制品"两个概念,而"销售"商品与货币的互换,更多地体现的是社会生活中的"交易"与产品的"流通"。发出新制品其所指并非侵权复制品本身的新旧,而是强调复制与销售之间形成紧密联系且该种联系具有首次性或者一级性。侵权复制品首次销售之后的二级、三级等后续批发、零售所承担的显然只是交换、流通功能而不具发出意义。侵犯著作权罪中以销售形式出现的"发行",其具体内容可以包括:(1)非法复制者本人直接且统一批量或者零散销售侵权复制品;(2)经过共谋,非法复制者将侵权产品交由他人销售或者与他人共同销售;(3)没有证据证明行为人明知侵权产品直接来源于非法复制者或与非法复制者之间存在共谋,其客观上将该批侵权复制品统一进行销售,或者其客观上将该批侵权复制品的一部分进行销售,其余部分由非法复制者直接销售;(4)非法复制者生产侵权产品后设置多个销售代理,没有证据证明盗版代理商明知该批侵权产品直接来自非法复制者或与非法复制者之间存在共谋,代理商完成销售,或者代理商完成部分销售,其余部分由非法复制者直接销售。可见,"发行"止步于侵权复制品首次销售,"销售"起始于"发行"结束;"发行"的司法认定无关乎侵权复制品的经销方式、复制者与发行者是否分离以及行为人的主观意图。判断是否完成首次销售的标准只能是侵权产品被复制后是否进行了第一次所有权转移。代理侵权产品复制者销售不转移所有权,无论从复制者开始连续延展成多少层级的代理商,以该批次侵权复制品转移所有权为发行的终了,该链条上的所有代理商均构成发行。名义上为盗版代理商,实际承担包销责任的,侵权复制品非法制造者构成复制发行,包销者构成销售。侵权复制品生产情况无法查清的,即不能证明相关销售行为具有首次性,故不能认定为发行。

二、侵犯著作权犯罪帮助犯的刑事责任

帮助犯,是指帮助正犯的情况。成立帮助犯,要求有帮助的行为与帮助的故意。[1]网络侵权著作权犯罪的帮助犯,是指在侵犯著作权共同犯罪中,以网络为手段,辅助实

---

〔1〕 参见张明楷:《刑法学》(第3版),法律出版社2007年版,第346页。

施犯罪的行为人。在网络环境中,最为常见的著作权种类就是在网络中传播其作品。本文所探讨的“网络侵权著作权犯罪的帮助犯”限于网络服务提供者,即是为各类开放性网络提供信息传播中介服务的人。[1] 而本文所称“通过网络传播作品”行为,是指登载在互联网上或者通过互联网发送到用户端,供公众浏览、阅读、使用或者下载,在客户端形成新的作品复制件的在线传播行为。从现有的刑事司法实践看,争议焦点主要在于对通过网络传播作品的手段的理解和判定,而最终的分歧点则在于对我国《刑法》第217条第3项“未经录音录像制作者许可,复制发行其制作的录音录像的”中“复制发行”的界定。为了规范法律适用标准,《知识产权犯罪解释》和《关于办理侵犯著作权刑事案件中涉及录音录像制品有关问题的批复》均明确指出:通过信息网络传播作品的行为,应当视为《刑法》第217条第3项规定的“复制发行”。因此,以营利为目的,通过网络传播作品,违法数额较大或者有其他严重情节的,构成侵犯著作权罪,并不存在司法认定的障碍。但是此类犯罪具有深厚的民商法渊源,有必要在明晰相关民事法律关系的基础上提出符合刑法原理的司法判断规则。本文针对是否应当追究将他人作品置于网络中供用户在线欣赏或下载的网络服务提供者侵犯著作权罪帮助犯的刑事责任问题,从知识产权民事法律关系中的间接侵权入手,对行为性质、犯罪故意、意思联络等角度展开层进式解析。

（一）间接侵权理论的民商法基础

对于网络服务提供者间接侵权的法律责任,除了刑法的原则性规定外,目前具有针对性的法律规定,主要是2006年《最高人民法院关于审理涉及计算机网络著作权纠纷案件适用法律若干问题的解释》(以下简称《网络著作权纠纷解释》)第3条[2]、第4条[3]的规定及2006年《信息网络传播权保护条例》第23条[4]的规定,另外2008年12月提交全国人大常委会审议的《侵权责任法(草案)》第34条[5]亦作出了相应规定。其中最具代表性的规定是《网络著作权纠纷解释》第3条、第4条。笔者认为,《网络著

---

〔1〕参见薛虹:《网络时代的知识产权法》,法律出版社2000年版,第205页。

〔2〕《网络著作权纠纷解释》第3条规定:“网络服务提供者通过网络参与他人侵犯著作权行为,或者通过网络教唆、帮助他人实施侵犯著作权行为的,人民法院应当根据《民法通则》第一百三十条的规定,追究其与其他行为人或者直接实施侵权行为人的共同侵权责任。”

〔3〕《网络著作权纠纷解释》第4条规定:“提供内容服务的网络服务提供者,明知网络用户通过网络实施侵犯他人著作权的行为,或者经著作权人提出确有证据的警告,但仍不采取移除侵权内容等措施以消除侵权后果的,人民法院应当根据《民法通则》第一百三十条的规定,追究其与该网络用户的共同侵权责任。”

〔4〕《信息网络传播权保护条例》第23条规定:“网络服务提供者为服务对象提供搜索或者链接服务,在接到权利人的通知书后,根据本条例规定断开与侵权的作品、表演、录音录像制品的链接的,不承担赔偿责任;但是,明知或者应知所链接的作品、表演、录音录像制品侵权的,应当承担共同侵权责任。”

〔5〕《侵权责任法(草案)》第34条规定:“网络服务提供者明知网络用户利用其网络服务实施侵权行为,未采取必要措施的,与该网络用户承担连带责任。网络用户利用网络服务实施侵权行为的,受害人有权向网络服务提供者发出要求删除、屏蔽侵权内容的通知。网络服务提供者得到通知后未及时采取必要措施的,对损失的扩大部分与该网络用户承担连带责任。”

作权纠纷解释》第3条规定与《侵权责任法(草案)》第34条第1款的规定互为补充,前者述及的间接侵权形式是主动参与型,后者则系规定消极的放任,但是两者的主观过错均为故意,且均需为他人的"直接侵权"行为承担责任,即"间接侵权"。

"直接侵权"顾名思义,是指行为人基于其本身计算机系统或其他设施存储和传播的侵权内容承担的侵权责任。直接侵权人往往对信息的初始发送、信息的接收、传输内容的接受享有不同程度的控制力。与"直接侵权"中侵权人为自己的行为承担责任不同,"间接侵权"中的侵权人系替代他人承担责任。"间接侵权"的含义是行为人没有直接的实施专有权利的控制行为,而是故意引诱、教唆他人实施直接侵权或者是在知晓他人侵权或直接侵权时,提供实质性的帮助,此时间接侵权人和直接侵权人承担连带责任。间接侵权人的责任不仅来自其传输平台的作用及系统缓存行为,也来自他人的侵权行为。间接侵权人虽未直接实施侵犯著作权的行为,但是其提供的网络服务帮助他人实施侵权行为,使作品得以在未经著作权人许可的情况下在网络空间向公众传播,因此,间接侵权人在特定条件下,在他人实施的侵权行为中起到了帮助作用,产生被追究侵权责任的可能性。而网络服务提供者是最为典型的间接侵权人。虽然"间接侵权"在1998年美国《跨世纪数字化版权法》(DCMA)中已有表述,而在我国是一个新概念,在《侵权责任法(草案)》中对"间接侵权"加以引用实为立法的亮点之一。

1.《网络著作权纠纷解释》第3条与《侵权责任法(草案)》第34条

对《网络著作权纠纷解释》第3条(网络服务提供者通过网络参与他人侵犯著作权行为,或者通过网络教唆、帮助他人实施侵犯著作权行为的,人民法院应当根据我国《民法通则》第130条的规定,追究其与其他行为人或者直接实施侵权行为人的共同侵权责任)及《侵权责任法(草案)》第34条第1款(网络服务提供者明知网络用户利用其网络服务实施侵权行为,未采取必要措施的,与该网络用户承担连带责任)加以综合分析:

第一,"明知"表明侵权人的主观心态是出于故意。[1] 在民商法语境下表述为,侵权人侵犯知识产权存在过错,且该过错是故意而非过失。[2] 具体到侵犯网络著作权的行为,不包括预见他人有侵权可能性,却因疏忽或懈怠而未加以应有注意或管理的情形。第二,"利用其网络服务"和"通过网络"表明网络服务提供者在侵权行为中处于帮助地位,即在明知他人将构成著作权侵权的情况下,实质性地帮助他人从事侵权行为。第三,"参与""教唆""帮助""未采取必要措施"这一条件是至关重要的,表明网络服务提供者所承担的责任性质是间接的、替代的,而非直接侵权责任。第四,"连带"责任则意味着在美国被承认的间接侵权是中国法意义上的共同侵权,即《民法通则》第130条

---

[1] 现阶段,世界范围内判断间接侵权责任的归责原则主要为严格责任和过错责任两种。由于严格责任不需要过错的存在,因而会使间接侵权人责任负担过重,进而可能损害网络服务业及网络的健康发展。因而,大多数国家采用了过错责任的标准。这里体现为对侵权过错的限制,即要求"明知"。

[2] 过错的基本形态可分为故意和过失,故意体现在法律条文上,通常表达为"已知""明知""确知"等,过失通常表达为"应知""有充分理由应知"等。

的规定。

2.《网络著作权纠纷解释》第 4 条与《侵权责任法(草案)》第 34 条第 2 款

承接以上分析,《网络著作权纠纷解释》第 4 条与《侵权责任法(草案)》第 34 条第 2 款表述的是一种具体化情形。鉴于“明知”在实践中存在证明和判断的障碍,因此《数字千年著作权法》设计了“通知”规则以证明间接侵权人(网络服务提供者)已知道侵权事实的存在。而《侵权责任法(草案)》第 34 条第 2 款的后半部分仅规定了对“未及时”采取措施而扩大的损失承担连带侵权责任,对间接侵权人(网络服务提供者)的主观心理则未有提及。笔者认为,《信息网络传播权保护条例》第 23 条即是在相关领域对该项空白的补充,即不以“明知”为限,“应知”也当承担连带责任。

3. 我国与美国法律相关规定的比较

以上规定与美国法上间接侵权的相关规定仍存在一定差异。在美国法上,间接侵权分为两种情况:一是因“帮助侵权”(contributory infringement)而承担责任,即如果在明知他人行为将构成著作权侵权的情况下,实质性地帮助他人从事侵权行为,应为他人的侵权行为承担责任。二是“替代责任”(vicarious liability),即当某人具有监督他人行为的能力和权利,却没有及时发现和制止他人的侵权行为,并从中获得了直接经济利益时,也应为他人的侵权行为承担责任。我国法律规定未就上述情况加以区分,上述现有规定更类似于“帮助侵权”,而对“替代责任”鲜有涉及。以下就具体差异展开分述:

就“帮助侵权”而言:为侵权行为提供“实质性帮助”是客观要件,一方面,我国法律规定的“参与”“教唆”“帮助”“未采取必要措施”在特定条件下可视为“实质性帮助”,主观意图则是一种心理状态,难以认定;另一方面,“未采取必要措施”归类不明,其并非列明的“实质性帮助”形式,但也不宜视为“替代责任”的要件之一。

就“替代责任”而言:一方面,我国法律未规定“直接经济利益”要求;另一方面,我国法律未明确规定间接侵权人(网络服务提供者)“具有监督他人行为的能力和权利”的要求,须在个案中加以具体认定。

从侵权过错的角度深入分析,我国法律规定与美国法的差异反映的是对主观心理认定问题的犹疑不定,也是“间接侵权”从理论回归实践的最大障碍。为此,美国法院通过判例确立了“实质性非侵权用途”标准和“红旗原则”等判断主观心态的标准。将视线放远,如果间接侵权人的侵权行为已达入罪标准,根据本文开头的论述,其罪名判定已不存在障碍,那么问题的关键就落到了与侵权过错相对应的犯罪行为性质、犯罪故意及意思联络上。同为主观方面的研究,以上从民商法视角对间接侵权的分析,对探讨刑事法领域内的相关问题颇具参考价值。

(二)犯罪行为性质:网络服务提供者系帮助犯

明确犯罪行为性质的前提是明确网络传播行为的实施者。主体的不同将导致犯罪故意的差异。间接侵权为研究网络侵犯著作权犯罪提供了一个全新的视角。基于网络著作权“间接侵权”理论及我国相关法律规定,侵权主体没有直接上传或传播作品。试举两个典型的间接侵权形式加以说明:一是对于并没有把任何侵权作品上传,只是提供链接的搜索引擎来说,网络传播是以数字化形式复制作品,并在互联网上向不特定公众提供作品的行为,搜索引擎提供链接的行为,并没有真正提供侵权作品,只是提供方便找到链接的行为,因此搜索网站行为不是网络传播行为,不构成直接侵权;二是在完全摆脱中心服务器依赖分散式点对点档案文件传输技术中,软件具有直接搜索其他同类软件用户计算机中"共享区"的功能,而无须通过任何中心服务器进行文件搜索,也不是网络传播行为,不构成直接侵权。但是,就第一种情况而言,设链行为直接起到了提供涉案歌曲下载的作用和效果,被链网站起到的外置存储器的作用;就第二种情况而言,P2P 网络服务用户下载并安装 P2P 软件,只有在运行 P2P 系统之后才能自动登录到 P2P 网站并在此平台上从事数据传输行为。

从技术层面分析,以上两种情形中的网络服务提供者协助网络传输服务与其网站用户成功地非法传输侵权作品之间形成因果关系,与侵犯著作权罪的帮助行为相吻合。具体来说,虽然间接侵权人的行为对侵权实质内容未有实际参与或有任何实际控制意图,因而并非直接侵权的主体。但在有过错的情况下,以营利为目的,未经著作权人授权,通过各类网络技术传输给其他终端用户,供其下载或者在线视听,在刑法视野内,从行为性质来说,网络用户构成侵犯著作权罪的实行犯,网站经营者或网络服务提供者等民商法意义上的间接侵权人由于提供高速数据传输技术,与《侵权责任法(草案)》第 34 条规定的"利用(通过)网络服务实施侵权行为"是一致的,在刑法上亦符合侵犯著作权罪的帮助犯的行为要素。

(三)犯罪主观方面:网络服务提供者存在帮助故意

追究符合入罪标准的间接侵权行为人帮助犯刑事责任,除了具有帮助犯的行为性质外,关键在于正确辨识帮助故意,而帮助故意又包括两个方面,即犯罪故意和帮助共犯的意思联络。

1. 犯罪故意

以"间接侵权"的情形为出发点,基于帮助通过网络传播侵权作品的主观心态而提供相应网络服务的犯罪故意表现为:

(1)直接故意。此处又可分为两种情况:①网络服务提供者明知相关用户通过网络传播侵权作品,决意提供技术支持的(作为的帮助犯);②提供传输服务经营者明知相关用户通过网络传播侵权作品,而不采取必要措施制止犯罪行为(不作为的帮助犯)。从刑法理论来说,帮助行为既可以是作为,也可以是不作为。在法律上,对正犯的犯罪行为具有防止义务的人,故意不履行该义务的,就是不作为的帮助犯。在间接侵权语境下,"未采取必要措施"是法定的客观条件,虽然法无明文规定"未采取必要措施"的前提条件是"具有监督他人行为的能力和权利",但是运用目的解释和体系解释理论可推知该义务是存在的。因为如果行为人不具有监督能力和权利,其对未采取必要措施就不存在过错,不构成侵权,亦会因缺乏犯罪故意而不构成犯罪。综上所述,间接侵权人明知网络用户利用其网络服务实施犯罪行为,未采取必要措施的,可构成不作为的帮助犯。

(2)间接故意。即网络服务提供者认为相关用户可能传输侵权复制品,放任侵犯著作权后果的发生。需要注意的是,《侵权责任法(草案)》第34条规定的侵权过错是“明知”,即只有在明知的情况下方可构成间接侵权。但是在刑法领域,在不“明知”的情况下,亦可构成间接故意。理由如下:根据《刑法》第217条的规定,侵犯著作权罪的构成须“以营利为目的”,如果行为人通过网络传播侵权作品的目的并不存在或不明确,但是由于追求商业利益目的的存在,其对自身的行为客观上帮助了侵权人传播侵权作品仍然是有明确认识的,根据刑法理论,与明知自己的行为可能发生危害社会的结果,并且放任这种结果发生的心理态度是相吻合的。

需要指出的是,《信息网络传播权保护条例》第23条系对提供搜索或者链接服务的网络服务提供者提出的“红旗原则”,即如果未收到通知,即使是收到通知后并将侵权内容移除后,只要著作权人可以提供证据证明设链人是明知第三方是侵权的,也一样应该承担侵权责任。根据该原则提供搜索或者链接的网络服务提供者在“应知”的情况下,犯罪的主观方面也是间接故意。

2. 意思联络

作为侵犯著作权犯罪的帮助犯,对共同故意的考察除了犯罪故意外,还需要对意思联络加以探讨,即共犯人认识到自己不是在孤立地实施犯罪,而是在和他人一起共同犯罪。网络环境的客观条件限制使得作为间接侵权人的网络服务提供者与侵犯著作权罪的实行犯无法进行面对面的意思联络,有必要区别情况加以分析。

从间接侵权的情形出发,在意思联络层面上需要探讨的是网络服务提供者“提供网络服务”的正当性和“提供实质性帮助”的主观心态,与上述两点相对应的意思联络理论分别是正当业务行为与片面共犯。

网络服务提供者提供网络服务是否为正当业务行为。美国法院在1976年环球电影制片公司诉索尼公司案中提出了“实质性非侵权用途”标准,只要产品“能够具有实质性的非侵权用途”,出售这种产品就不构成“帮助侵权”,因而此标准成了阻却间接侵权违法性的理由。在刑法领域,我国《刑法》仅将正当防卫与紧急避险规定为排除犯罪性行为,但刑法理论普遍认可执行命令、正当业务行为等超越规范的正当化事由。正当业务行为是与“实质性非侵权用途”相对应的概念,是阻却犯罪的事由,其范围必须依据客观事实与社会相当性,参考特定职业的知识、技术与经验,根据具体业务的性质、目的与执行方法进行综合判断。因此,正当业务行为并不需要在刑法原理的封闭性框架内加以判断,而是凭借被社会接受与遵守的职业规范进行解释。衡量是否属于正当业务行为的实质标准在于允许的风险,而风险是否具有可允许性必须从业务行为的社会意义进行分析。刑法规范并没有使业务行为在社会相当性与职业相当性层面失去正当效力,而是补充相关概念,使具体化的正当业务行为不会与刑法规范的禁止性内容相抵触。通过正当业务行为排除犯罪性质,对意思联络的存在加以否定,不仅为网络技术服务单位自由从事业务活动松解了犯罪风险桎梏,而且为刑事司法正义对社会关系与生活利益追求进行了谦抑规制与合理调整。

具体到网络环境下,对网络服务提供者提供网络服务是否为正当业务行为进行展开:提供网络服务确实为侵犯著作权的实行犯创造了条件,但是无论犯罪行为是否存在,间接侵权人仍须为不特定的公众提供网络服务,即如果向他人提供既可被用于犯罪,也具有合法用途的网络服务,而且服务实际被用于犯罪,提供者是否可以被推定具有帮助犯罪的意思联络,从而应为提供犯罪手段而承担刑事责任是个颇有研究价值的问题。

(1)正当业务行为的界定

笔者认为,就以上疑问而言,网络服务经营者能够基于不同形式的推广行为与经营方式而符合侵犯著作权共同犯罪的意思联络,不免引起知识产权犯罪刑事责任范围过度宽泛的疑虑,理应就网络服务中的正当业务行为予以明确,对入罪标准加以限制。

一是筛选促进实行行为的犯罪意图。网络服务行为往往不取决于用户的主体情况与传输情况,网站经营者完全出于自己的目的从事业务行为。网络服务经营者只是在考虑自身利益与市场竞争的前提下执行业务,并非完全具有促进用户非法数据传输行为的意思联络,故仅可抽离具备促进实行犯侵权意思的行为主体。网络传输属于中性技术,网络软件与技术服务本身并没有合法与非法的问题,关键是分析网站经营者怎样使用该项技术,即网络传输如果属于不具有集中帮助促进犯罪作用的中性行为,就没有意思联络。

二是通过刑法实质解释排除犯罪性质。尽管存在合理性争议,《刑法》第 13 条的"但书"规定,确实在规范层面为犯罪构成要件外的刑法实质解释提供了现实依据。网络服务作为提高传输速度的技术具有正当业务行为的社会相当性,根据利益权衡原则,能够认可其为社会创造的积极利益。网络服务协助快速传输侵权复制品符合侵犯著作权罪的构成要件,却可以通过超越规范的正当业务行为理论进行实质解释,排除犯罪性,亦无意思联络。

(2)正当业务行为的例外

"实质性非侵权用途"标准几经演变,美国最高法院在米高梅诉科罗科斯特案中将该标准的适用加上了一个严格的前提——除了产品被实际用于侵权行为之外,没有其他证据能够证明销售者有意教唆和引诱他人侵权。换言之,如果销售者帮助他人侵权的意图已得到了证明,则根本没有"实质性非侵权用途"标准的适用余地。[1] 具体到网络侵犯著作权罪帮助犯中,只有在网络服务提供者帮助他人的意思联络已被证实的情况下,方可排除正当业务行为的适用。其他情况下,应考虑间接侵权行为与犯罪的关联性,并对意思联络的认定加以限制。而网络服务提供者能否主张正当业务行为排除犯罪性,必须依据特定网站的经营形式来认定是否属于从事社会所允许的正当行为或者制造可允许的风险。笔者认为,网络服务提供者在提供网络服务过程中附带性地向

---

〔1〕 参见王迁:《P2P 软件提供者的帮助侵权责任——美国最高法院 Grokster 案判决评析》,载《电子知识产权》2005 年第 9 期。

用户介绍如何使用软件下载受著作权法保护的录音录像数据文件,可以认为其积极地鼓励用户非法下载或在线视听数据文件,超越了社会相当性的界限,“有意教唆和引诱他人侵权”,应认定具有意思联络,进而排除正当业务行为的适用。

网络服务提供者提供网络服务是否为片面共犯,就我国现有的相关法律规定而言,在刑事法律关系中可分为3种情况:一是网络服务提供者与实行犯拥有相同的犯罪故意,存在意思联络。二是网络服务提供者为了招揽用户或提高点击率等营利目的,在明知犯罪行为存在的情况下,而对侵犯著作权罪的实行犯加以帮助(或未采取必要措施),实行犯对此不知情。以上两种情况均可认定,作为间接侵权人的网络服务提供者对于侵犯著作权犯罪具有直接故意。三是网络服务提供者在不存在犯罪故意或犯罪意图不明确的情况下,对实行犯提供了网络服务,促成了犯罪结果的产生。在这种情况下,间接侵权人的犯罪故意是可能间接故意。

具体到意思联络层面,不难发现,除了第一种情况可直接认定网络服务提供者具有帮助犯的意思联络外,其他两种情况的意思联络相对复杂,有必要区分情况加以阐述:

对于第二种情况,由于实行犯单方面的意思联络缺乏,笔者认为属于典型的片面共犯,应对知情的作为间接侵权人的网络服务提供者适用共犯的处罚原则,对不知情的实行犯不实行共犯的处罚原则,单独定罪处罚;而对于第三种情况,在存在间接故意的前提下,实行犯与作为间接侵权人的网络服务提供者均无意思联络,不具有共同故意,对实行犯和间接侵权人均应当单独定罪量刑。

具体到司法实践层面,由于网络共同犯罪人之间的意思联络达成无论在方式上还是内容上均较传统共同犯罪远为复杂,意思联络的认定本身就相当困难,需要客观行为的印证。以下笔者列举应用最多的网络服务技术,以期使对间接侵权人的意思联络认定更具可操作性:第一,如果帮助行为的本意在于加快合法数据传输速度,有助于网站合法经营,即使享用网络服务的用户以此技术实现侵犯著作权罪,也能够排除意思联络的存在;第二,如果网络服务提供者的协助数据传输行为是消极的,在接受用户请求的情况下才提供网络服务,帮助行为的规范意义与社会价值就不局限于为实现侵犯著作权罪提供技术条件,由此不存在意思联络;第三,如果网络服务提供者有计划地利用商业广告等各种推广手段吸引网络用户使用其软件下载或在线视听受著作权保护的录音录像制品,或者在网站设置积分回馈机制,鼓励用户下载或者上传侵权音频、视频文件,帮助行为除促成犯罪外没有其他社会意义,则具有意思联络。

第四节 商业秘密类知识产权犯罪法律适用对策

侵犯商业秘密罪是我国现行刑法所设立的唯一的商业秘密类知识产权犯罪。根据我国《刑法》第219条的规定,有下列侵犯商业秘密行为之一,给商业秘密的权利人造成重大损失的,处3年以下有期徒刑或者拘役,并处或者单处罚金;造成特别严重后果的，处3年以上7年以下有期徒刑，并处罚金：(1)以盗窃、利诱、胁迫或者其他不正当手段获取权利人的商业秘密的；(2)披露、使用或者允许他人使用以前项手段获取的权利人的商业秘密的；(3)违反约定或者违反权利人有关保守商业秘密的要求，披露、使用或者允许他人使用其所掌握的商业秘密的。明知或者应知前款所列行为，获取、使用或者披露他人的商业秘密的，以侵犯商业秘密论。本条所称商业秘密，是指不为公众所知悉，能为权利人带来经济利益，具有实用性并经权利人采取保密措施的技术信息和经营信息。侵犯商业秘密罪的法律适用难点集中在商业秘密、侵权行为以及损害结果的认定。

一、商业秘密的认定

商业秘密包括技术信息和经营信息。技术信息，是指在产品的生产和制造过程中的技术诀窍或技术秘密、非专利技术成果、专有技术，如各种产品、化学制品、元件、食品、药品的生产方案，产品设计、供给流程、配方、质量控制和管理方面的技术知识等。经营信息，是指与生产经营、产品销售有关的保密资料、情报、计划、方法、经营决策等，如未公开的产品推销计划、顾客名单、进货渠道、销售网络、产品价格、供求状况、管理诀窍、招投标中的标底和标书内容等。技术信息和经营信息既可能以文字、图形为载体，也可能表现为实物形态。

商业秘密必须具备以下特征：一是不为公众所知悉（新颖性）；二是能够实际投入生产或者经营（实用性）；三是能够为权利人带来经济利益（价值性）；四是权利人对商业秘密采取保密措施（保密性）。

商业秘密的新颖性表现为"不为公众所知悉"。这里的"公众"，一般是指有可能从该商业秘密的利用中取得经济利益的同业竞争者，而不是泛指所有的自然人。所以，商业秘密的新颖性是相对而言的，有行业和地域的限制。判断商业秘密的新颖性，应当考虑以下因素：(1)技术信息是否在公开发行的出版物上发表。如果在出版物上将商业秘密公开或者将载有商业秘密的资料予以散布，将直接导致其秘密性和新颖性的丧失。当然，权利人只是在公开场合声明自己拥有某一技术，但公开程度极其有限，凭借该信息并不能付诸批量生产的，商业秘密的新颖性并未丧失。(2)技术信息是否被公开使用。商业秘密如果广泛应用于工商、教学或者科研等部门，或被权利人出示、销售或者交换利用，或被个人展览、实施、销售、转让等，原则上属于公开使用，即在可以为公众了解、掌握的条件下使用商业秘密。(3)以其他方式为公众所知悉。包括口头谈话、报告发言、视听报道等方式泄露商业秘密，也包括用模拟演示的方法使公众了解商业秘密的内容。

作为商业秘密的技术信息，不可能在整体上具有新颖性，权利人只能就其关键技术主张新颖性。最高人民法院在公布的侵犯商业秘密民事判决中，就对应当明确界定技术秘密的具体内容和范围这一问题有过指导意见，即法律对技术秘密的保护只能以该具体明确的内容和范围为对象。在司法实践中，不能将某个机器或产品的全部技术都看作商业秘密，商业秘密必须具体表现在产品中的个别部分、机体功能和作用原理。此外，还要注意，权利人就技术秘密的核心部分申请专利的，配套的附属设备一般不具有新颖性，商业秘密不存在。

某一技术信息是否能够成为商业秘密，还必须考虑该技术是否能够被推广使用，或者在经营活动中确实能够发挥作用，能为权利人带来经济利益。所以，商业秘密的价值性，是指技术信息和经营信息具有可确定的应用性，能够为权利人带来经济利益和竞争优势。商业秘密的实用性，是指其必须能够用于生产、贸易或管理，并能产生积极的效益。如果使用特征不具备，价值性就无从谈起，商业秘密自然就不存在。

由于商业秘密对权利人极其重要，为了避免商业秘密被泄露，权利人特别注意对其保密，尽量缩小知密人的范围。所以，要对商业秘密采取保密措施。商业秘密是否具有保密性，关键在于权利人是否采取保密措施。这些措施具体包括：(1)企业制定有关保守企业技术或者信息秘密的有关规定，明确商业秘密的种类、范围、密级、管理职责、违规处罚等；(2)企业与职工签订保密协议，用合同的方式约束知晓商业秘密的人；(3)在合作技术开发合同、技术转让合同中订立保密条款；(4)通过技术手段进行监控，如设立防盗装置、电子监视系统等。

二、侵权行为的认定

根据我国《刑法》的规定，侵犯商业秘密的侵权行为，可以概括为4种行为类型：一是采用非法手段获取权利人的商业秘密，既可能是采用不正当手段直接从权利人手中获取，也可能是从侵权行为人那里获取；二是非法披露商业秘密，既可能是采用不正当手段或非法途径获取者披露，也可能是合法知悉者违反保密义务而披露；三是非法使用商业秘密，既可能是采用不正当手段获取者直接使用，也可能是合法知悉者不经权利人许可而使用；四是非法允许他人使用商业秘密。其中的难点在于对非法获取的认定。

非法获取商业秘密，是指以盗窃、利诱、胁迫或者其他不正当手段获取权利人的商业秘密。盗窃，一般是指通过窃取商业秘密的载体而获取商业秘密，可能是以复印、照相、监听、模拟等先进技术手段窃取权利人的商业秘密，窃取的可以是反映商业秘密的材料原件，也可以是原材料的复制品。在特殊情况下，不窃取商业秘密的有形载体，如私下阅读权利人的商业秘密，然后凭记忆再现也不失为窃取。利诱，是指以物质利益或其他好处诱惑他人，使其告知商业秘密。实践中常见的是以高薪为诱饵，通过挖走知情雇员而获得商业秘密的情形。有观点认为，利诱包括引诱、欺骗两种手段。[1] 还有学者指出，从实践中看，利诱和欺骗的不同，关键在于诱惑的具体内容的真伪，但有时两者很难区分清楚。如果严格按照刑法规定，只能对利诱认定为犯罪，而采用欺骗者不能认定为本罪，这显然是不合适的，也不利于对商业秘密进行保护。虽然在解释方法上，不赞同将欺骗也作为利诱手段之一的观点，但对结论则持肯定看法。[2] 笔者认为，通过欺骗方法非法获取商业秘密的，完全可以看作以“其他不正当手段”获取权利人的商业

---

〔1〕 参见高晓莹：《侵犯知识产权罪的认定与处理》，中国检察出版社1998年版，第212页。

〔2〕 参见林亚刚：《侵犯商业秘密罪再探》，载《法制与社会发展》2000年第1期。

秘密的情形。利诱,是以能满足他人某种物质或者精神需求而进行诱惑;欺骗则是编造谎言或隐瞒真相,以事实上根本不存在或不可能实现的利益进行诱惑,它们之间有实质的不同。胁迫,是指对知悉商业秘密的人进行恐吓、威胁,以达到精神上的强制,从而迫使其提供商业秘密。其他不正当手段,是指盗窃、利诱、胁迫以外的其他非法手段,如侵占、抢劫、抢夺载有商业秘密的技术资料,或者通过虚假陈述、电子侦察、录音录像等手段获取商业秘密。

三、损害结果的认定

根据我国《刑法》第 219 条第 1 款的规定,侵犯商业秘密罪客观方面的要素之一是犯罪行为给商业秘密的权利人造成重大损失。本罪是结果犯,特定的损害结果不具备,就不成立犯罪。在司法实践中,重大损失一般是指被害人由于犯罪人的犯罪行为而遭受的物质损失。依照最高人民法院发布的《关于刑事附带民事诉讼范围问题的规定》第 2 条的解释,被害人因犯罪行为遭受的物质损失,是指被害人因犯罪行为已经遭受的实际损失和必然遭受的损失。

就侵犯商业秘密罪而言,刑法未对"重大损失"的含义作出界定和说明。最高人民检察院、公安部 2001 年发布的《关于经济犯罪案件追诉标准的规定》指出,侵犯商业秘密,涉嫌下列情况之一的,应予追诉:(1)给商业秘密权利人造成直接经济损失数额在 50 万元以上的;(2)致使权利人破产或者造成其他严重后果的。至于其中的"造成直接经济损失数额在 50 万元以上",是指被盗窃商业秘密本身及其载体的价值,还是指商业秘密被侵犯后给权利人造成的实际损失,在该规定中也未明确。从多数国家的立法看,显然应是指后者。刑法通说认为,重大损失,指致使权利人的经营活动受到严重损害的;造成权利人商品滞销,严重积压的;致使权利人的营利性服务严重受挫的;致使权利人经济损失巨大的;致使权利人丧失竞争优势、倒闭、破产的情形。由此可见,我国司法实践中据以认定"重大损失"的标准是很高的,绝非一般侵权行为能够达到,这也正是刑法上的侵犯商业秘密罪和民事侵权行为进行区别的重要标准。

第五节　知识产权犯罪预防控制对策

加大知识产权保护力度,惩防侵犯知识产权犯罪,对保障知识产权市场的健康发展及权利人的权益保护具有重要意义。在实践中,应当从理念、立法、司法和机制等方面探索知识产权犯罪预防控制对策。

一、知识产权犯罪防控理念的升级

知识产权相关产业作为金融、航运业的补充,越发凸显其潜在价值,成为经济持续健康发展的重要推动力。因此,知识产权犯罪的防控工作必须重视更新执法理念。应认识到,知识产权犯罪惩防工作也不再是单纯的刑法问题,知识产权案件的办理模式也不再局限于单纯的办案内,更是社会公共政策定位问题。知识产权执法司法工作也不仅是打击与惩罚问题，还是保护与服务的问题。所以，执法司法机关应在保持知识产权刑事司法力度的同时，找准知识产权公益性与私益性的平衡点；在坚持依法办案的前提下，充分运用刑事政策，实现全方位、立体式的维权护利服务模式。[1]

二、完善知识产权犯罪的法律解释与立法

1. 完善知识产权犯罪的法律解释

在知识产权犯罪共犯认定方面，应当明确处于辅助地位的涉案人员虽持一定的放任心态，但一般收取定期租金、运输费、加工费或固定工资，与非法获得数额无关。对其处理不宜一概作犯罪化处理，在坚持罪刑法定原则的前提下结合国情加以准确处理，避免对国内企业或人民生活造成不应有的过度伤害或新增过重负担。

在单位犯罪认定方面，在加强取证判明行为人在单位中实际地位及经济利益归属的同时，依托单位诚信档案等信息平台，加强对单位法律行为的监督，避免符合单位犯罪构成要件的一人公司规避刑罚，扼制地下工厂的增长势头，防止以单位借口工作人员个人侵权而掩饰单位犯罪的实质。

在知识产权法条关系问题上，应当明确对同一种犯罪行为，仅因证据问题就适用不同罪名的做法是不可取的。此类案件案情各异，有的属于质量问题，有的属于商标问题，还有的属于经营资格问题。对此，建议将质量、真伪鉴定作为前置程序，并根据鉴定结论准确梳理交叉竞合关系，区分典型构成与近似构成分别定罪。

在知识产权犯罪数额认定上，只要买卖双方签订合同、约定价款或支付定金，无论货物是否已经交付，都存在期待利益，可据此计算“销售金额”。标价与已查清的侵权产品实际销售价格相差不大的，可以作为认定依据；标价明显偏低，甚至低于生产成本，且实际销售价格又难以查清的，应当按照真品的市场中间价格计算。对被侵权产品未投入市场或无国内市场价格的情况，以及在无标价或无法查清实际销售价格时的认定：货值金额可将权利人从特定客户处收取的报酬作为参照，可稍低于这一报酬；在无国内市场价格、只有国际市场价格的情况下，应同时考虑商品进入中国市场的可能价格。

在知识产权犯罪损失结果认定上，应当明确“重大损失”主要指权利人由于犯罪行为而遭受的物质损失。在网络游戏领域，损失表现为现实利益和预期合理利益的丧失（如市场份额被削减、市场地位受打击）。这些数额的认定应以可认定为“情节严重”为前提。侵犯商业秘密罪中的“直接经济损失”宜以权利人利益损失为标准，且基于商业秘密潜在价值巨大等因素，同时应重点考察研发成本、利用周期、成熟程度、市场前景等直接因素，并综合考虑竞争优势丧失、商业信誉下降等相关因素。

在对知识产权犯罪对象“明知”的推定问题上，应当明确不仅包括对犯罪人认识因素的推定，同时包括对意志因素（犯罪故意）的推定。只要推定事实要素存在，即可认定属于故意犯罪，除非有确实证据证明行为人确实出于疏忽大意而不知情。建议将认

---

〔1〕 参见万海富、秦天宁：《上海检察机关办理侵犯知识产权犯罪案件调查》，载《中国刑事法杂志》2010年第6期。

定理由表述为3个层次:(1)对犯罪嫌疑人主观方面的考察不应完全依赖口供;(2)结合商品进货渠道、销售价格、会计账目、销售手段、经营史等开展全面调查取证;(3)基于犯罪嫌疑人的行业惯例及心智水平对是否"明知"加以司法推定。

2. 完善知识产权犯罪刑事立法

第一,增设商业性使用盗版软件罪。将未经许可"复制"作品的行为单独定罪,既可使"复制""发行"的内涵与著作权法相协调,也可避免销售侵权复制品罪可能的虚设局面。商业性使用盗版软件行为是复制行为中最具入罪合理性的。第二,增设运输、进出口侵权货物罪。在实践中存在运输、进出口侵权货物行为归罪难的问题。不能以走私普通货物、物品罪定罪处罚,以销售假冒注册商标的商品罪和销售侵权复制品罪移送刑事处罚也存在争议,且该行为客观上具有非常严重的社会危害性,应当犯罪化。第三,适当扩大相关犯罪的对象范围。适当扩大"相同的商标"的范围,将商标法中的"相似"概念引入。将驰名商标淡化作为假冒注册商标罪的一种情况。《商标法》给予驰名商标以全面保护,《刑法》保护也应与之相适应。第四,逐步完善定罪标准。既要考虑到侵权行为的实质危害性,还要考虑侵权行为量的规定性。(1)将"权利人损失"作为定罪标准的基础,逐步调整"非法所得数额"和"销售金额"的定罪依据,以使侵犯知识产权犯罪的定罪标准更加趋于一致与合理。(2)在严格遵循民事救济、行政处罚到刑事责任的程序进阶的基础上,完善民事、行政责任与刑事责任的衔接。(3)调整定罪标准之间的协调性。如将非法制造、销售非法制造的注册商标标识罪的未遂标准与其他侵犯商标权犯罪同一化。

3. 完善侵犯知识产权犯罪程序法运作

第一,完善管辖权设置。侵犯知识产权犯罪案件,尤其是网络犯罪跨国、省、市等犯罪行为较为常见,可以增设被害人(单位)所在地的特殊地域管辖规则。这样既利于司法机关查清事实,又便于被害方维护自身权益,方便参诉。第二,加强调查取证效率。探索在刑事诉讼中采用民事诉讼中的临时措施,包括停止涉嫌犯罪行为,查封、扣押、冻结行为人财产(财产保全)及证据保全。这样不仅有利于增强权利人参诉的积极性,也有利于加强固证的及时性与有效性。第三,强化知识产权犯罪案件的证据效力。建议被害人(单位)采用公证、保证、声明等方式,加强此类证明的法律效力。如果涉案产品来自非正常渠道,当事人又承认未被授权的,此类证明应视作被害人(单位)陈述,可据此认定涉案产品的侵权属性。建立相关产品权利的数据库,帮助司法机关确认权利。权利人应及时提供并更新相关数据。如果权利人怠于协助,导致司法机关无法落实法定程序的,将承担对其不利的诉讼后果。[1]

三、强化反知识产权犯罪的法律宣传

在集中打击知识产权犯罪的同时,应加强法律宣传,引导公民合理合法消费,切断

---

〔1〕 参见秦天宁、谢杰:《侵犯知识产权犯罪案件情况与法律适用问题调查》,载《福建警察学院学报》2010年第5期。

利益链条。经济活动中的根本驱动力是利益,侵权行为正因有利可图而越发猖獗。许多人为追求非法利益铤而走险,乃至走上违法犯罪的道路。因此,除了在加大力度集中打击知识产权犯罪的同时,更应加强法律宣传普及教育。一则通过对普通公民关于侵权产品危害的宣传,引导正确健康的消费观念,切勿为攀比盲目追求品牌仿冒品,或为贪图便宜而购买侵权产品,切断犯罪分子的利益链条;二则通过督促企业加强对知识产权相关法律规定的学习,采取一定措施(如与员工签订保密协议),提高自身防范意识,配合有关部门的治理行动,培养发现侵权问题及时报案并留存证据的意识,以利于尽快破案。

四、优化行政监管与刑事司法的职能协作

有效防控知识产权犯罪,必要完善各职能部门之间协作机制,充分发挥"两法"(行政法律与刑事法律)联动信息平台的作用。知识产权类案件涉及的监管部门较为广泛,包括质监、工商、海关等部门。在近年受理的知识产权案件中,涉及租用商场商铺为售假、囤假窝点的案件频发,正是多个执法部门联合行动集中有力打击的结果。然而,实践中仍有部分已达到刑事立案标准的案件因各种原因并未向公安机关移交,公安机关则缺乏相应监督平台和手段。故建议完善各监管部门内部自查制度,并加强其与公安部门之间相互信息的沟通、交流,建立工作联系制度和案件移交制度,完善信息共享。目前,行政执法机关与刑事司法机关已经建立"两法"联动信息平台,由行政执法机关填写数据,刑事司法机关整合梳理。对该"两法"联动信息平台的充分利用显然可以更好地实现各部门资源共享,提高监管效率,防止"以罚代刑"情况的发生。同时,司法机关在办理案件中也应充分运用司法建议等形式,进一步加强立案监督,对侵犯知识产权犯罪案件中存在的有案不立、有罪不究、以罚代刑等情况,及时予以监督、纠正,把打击同预防、治理有机结合起来。注重发现和分析监管中存在的漏洞和薄弱环节,查找发案原因、掌握犯罪特点及规律,共同研究建立预防知识产权犯罪的长效机制。在信息层面如果能够畅通渠道,就能够进一步完善行政执法与刑事司法的衔接机制。合理的建议是,在公安机关与行政执法机关之间建立相应的对口办案机制,打通行政执法中达到犯罪构成标准的案件向刑事司法程序转移的渠道,拓宽侵犯知识产权案件的来源。

五、夯实专业支撑

提高知识产权犯罪的防控效率必须建立在办案人员的知识产权专业水平基础之上。现阶段,在我国司法、行政执法机关中,熟悉知识产权的业务骨干相对较少,而知识产权案件涉及的领域专业性很强,因此办案人员需要及时补充知识产权专业知识,向技术研发人员、知识产权鉴定专家咨询,通过这些途径加深对专业技术的了解。另外,由于知识产权案件较少,办案人员在办案经验及对法律的理解、认知方面等都存在欠缺,为了合法合理地把握案件,还应加强对有关法律及司法解释、刑事政策等的学习。

六、合理把握知识产权犯罪防控的尺度

我国先后颁布了一系列保护知识产权的法律、法规及司法解释,尤其是加入 WTO 以来,我国认真履行承诺,建立健全了符合国际通行规则、门类比较齐全的知识产权法

律法规体系。应当说,我国目前的知识产权刑事立法已相对比较完备,与《与贸易有关的知识产权协议》(TRIPs)第61条强调的“各成员国规定至少将适用于具有商业规模的蓄意假冒商标或盗版案件的刑事程序和惩罚”的规定基本上是一致的。与许多国家相比,我国在有关罪名设定上是比较全面的;刑罚的幅度是相当严厉的;诉讼程序也是比较完备的。因此,在防控知识产权犯罪实践中,更应当注重坚持严格掌握法律界限,确实构成犯罪的才能追究刑事责任。打击知识产权犯罪要讲求“力度”。此处的“力度”应当理解为“力”与“度”的有机结合。既要有力打击侵犯优质品牌的知识产权犯罪行为又不能不加甄别地滥用刑罚手段。[1]

七、建构知识产权犯罪案件刑事赔偿协议制度

从我国《刑法》规定来看,侵犯知识产权犯罪7个罪名主刑都规定了3年以下有期徒刑或拘役、并处或者单处罚金的法定刑档次。相关生产销售伪劣产品犯罪的初始法定刑档次也与之相当。在知识产权犯罪案件司法实践中,较多案件适用3年以下短期自由刑以及罚金刑。但由于刑罚执行机制的局限性,短期自由刑执行对犯罪人回归社会后从事正当的经济活动产生较大影响。由于刑罚介入降低了犯罪人的法律认同,罚金刑经常成为“空判”,无法得到执行。所以,有必要积极建构知识产权犯罪案件刑事赔偿协议制度,通过非刑罚处罚的方式解决数量日益增长的知识产权犯罪。

知识产权犯罪案件刑事赔偿协议制度是指犯罪人与被害人之间以认罪、赔偿、道歉等形式达成和解协议,司法机关对犯罪人采取不起诉或者免予刑罚的方式处理知识产权犯罪案件的司法机制。

首先,从案件性质角度分析,知识产权犯罪案件具有极强的可调解性。知识产权犯罪侵犯的主要法益是权利所有人的知识产权。如果权利人的法益在犯罪后能够获得有效的事后弥补,知识产权犯罪的社会危害性势必实质性地降低。犯罪人希望通过积极的经济赔偿求得司法宽容与被害人谅解,从而可能获得免予刑罚处罚;被害人希望通过刑事诉讼的强制力保证受到侵害的权利在经济上得以恢复。因此,知识产权犯罪案件的可调解性大于一般经济犯罪案件,具有建构刑事赔偿制度的基础。

其次,建构知识产权犯罪案件刑事赔偿协议制度符合国际趋势。根据《与贸易有关的知识产权协议》(TRIPs)第61条的规定,知识产权刑事处罚程序应与对具有相应严重性的罪行法律补救措施的处罚程序相一致。在知识产权犯罪人已经就赔偿数额与被害人达成一致的前提下,知识产权犯罪的严重性实际上不需要另行通过严厉的监禁刑、罚金刑等刑罚措施进行处罚,完全可以转置为赔偿、公开赔礼道歉等非刑罚处罚方法进行谴责和纠正。

最后,从国内法的规范基础层面分析,知识产权犯罪完全可以适用刑事赔偿协议程序。1998年最高人民法院《关于执行〈中华人民共和国刑事诉讼法〉若干问题的解释》

---

[1] 参见万海富、秦天宁:《上海检察机关办理侵犯知识产权犯罪案件调查》,载《中国刑事法杂志》2010年第6期。

第1条规定，知识产权犯罪案件属于“被害人有证据证明的轻微刑事案件”（但是严重危害社会秩序和国家利益的除外）的范围，当事人具有自诉权。《知识产权犯罪解释（二）》第5条强调保障知识产权犯罪被害人的刑事自诉权。知识产权犯罪案件刑事赔偿协议程序正是被害人自诉权深入发挥作用的机制基础。

因此，有必要在我国《刑法》分则第3章第1节“生产销售伪劣商品罪”与第7节“侵犯知识产权罪”中确立知识产权犯罪案件达成刑事赔偿协议对犯罪人的实体效果。我们建议将相关条文增订为：对于法定刑3年以下有期徒刑以下的知识产权犯罪案件，如犯罪人与被害人达成刑事赔偿协议，充分弥补被害人损失的，可以免予刑罚，适用与犯罪行为及其危害性相适应的非刑罚处罚。同时，在检察环节以及审判环节，经知识产权犯罪案件刑事赔偿协议的主体，即犯罪人、被害人提出，可以进入赔偿协商程序。双方当事人有权委托诉讼代理人进行刑事赔偿协商。当事人可以提出检察机关与审判机关的承办人以及人民调解委员会担任调解人的申请。调解全程的合法性应当由检察机关或者审判机关进行监控。双方达成赔偿协议后，犯罪人必须予以执行。检察机关和审判机关根据协议执行情况予以不起诉或者免予刑罚。协议达成后，犯罪人反悔或者不履行协议的，经被害人申请，应当恢复刑事诉讼程序。[1]

---

〔1〕　参见周永年、杨兴培、谢杰：《非刑罚处罚方法的现实化路径》，载《法学》2010年第2期。

第七章　网络犯罪对策研究

网络犯罪是随着计算机技术的飞速发展和互联网的普及应用而出现的一种新型犯罪，它牵涉面广、社会危害性大，近年来案发数量呈快速增长的趋势。由于立法的不完善，司法解释难以全面解决疑难问题以及网络犯罪本身特点等原因的客观存在，使网络犯罪案件法律适用与预防控制对策具有相当的局限性。因此，研究网络犯罪对策问题具有重要的理论和实践价值。

第一节　网络犯罪基本问题

目前对于网络犯罪的内涵与外延等基本问题，在理论与实践中仍然存在一定的争议与分歧。因此，有必要在梳理网络犯罪基本问题的基础上，掌握网络犯罪司法实践中的基本情况，为研究与制定网络犯罪对策奠定基础。

一、网络犯罪的界定

网络犯罪不是一个刑法学概念，因为其既不是《刑法》所规定的个罪名，也不是《刑法》分则各章下属各节所规定的类罪名。网络犯罪仍是目前学界争议较大的问题之一。理论上有观点认为，网络犯罪并非法定概念，与经济犯罪、青少年犯罪一样都不是刑法中单独规定的罪名，而是犯罪学意义上对一种新型犯罪的统称。[1] 这种观点基本上代表了理论界的一般性认识，在这个基础之上，对于网络犯罪的具体内涵，目前主要存在以下几种观点：

“工具对象论”认为，网络犯罪是指以计算机为工具或以网络信息为侵犯对象的犯罪。有的学者认为，网络犯罪是指行为人利用网络专门知识，以计算机为工具对存在于网络空间里的信息进行侵犯的严重危害社会的行为。[2] 也有观点认为，所谓网络犯罪，主要指运用计算机技术借助于网络实施的具有严重社会危害性的行为。[3] 还有观点认为，网络犯罪既可以指以网络为侵害对象的犯罪，也可以指以网络作为犯罪工具的犯罪。但一般意义上的网络犯罪是指后一种，即以网络作为犯罪工具的犯罪。[4] 更有观点认为，网络犯罪是行为主体以计算机及计算机网络为犯罪工具或攻击对象，故意实

---

〔1〕 参见吴俊、穆萍萍：《浅析网络犯罪同计算机犯罪之异同》，载《法制与社会》2008 年第 11 期。

〔2〕 参见李双其：《网络犯罪防控对策》，群众出版社 2001 年版，第 2 页。

〔3〕 参见刘广三、杨厚瑞：《计算机网络与犯罪》，载《刑事法学》2000 年第 4 期。

〔4〕 参见张凯：《网络犯罪及侦查技术》，载《国外科技动态》2001 年第 10 期。

施的危害网络安全，侵害网络资源，危害他人或社会的、触犯有关法律规范的行为。[1] 甚至有观点认为，网络犯罪是指危害电子信息网络中信息系统及信息内容安全的犯罪行为和利用电子信息网络技术实施的各种危害社会的犯罪行为，可概括为针对电子信息网络的犯罪和利用电子信息网络的犯罪。[2]

"互联网犯罪论"认为，网络犯罪就是在互联网上进行的犯罪。例如，有观点认为，在互联网上运用计算机专业知识实施的犯罪行为为网络犯罪。[3] 这种观点的本质就是将网络犯罪所指的"网络"限定在了互联网的范畴之内。

"网上计算机犯罪论"认为，网络犯罪是指违反国家法律规定，利用信息技术在计算机网络上进行的妨害计算机信息交流或严重危害社会，依法应负刑事责任的行为。这里的网络包括互联网和局域网，犯罪必须在网络上进行或利用网络进行，这是网络犯罪的重要特征。[4]

实际上上述3种观点均有一定的道理，但也存在一定的缺陷，有的概念范围过窄，有的尚不够精确和完整。"工具对象论"将网络及计算机作为犯罪工具以或然性的条件提出，在概念上不免过于狭窄。因为，以"网络为工具说"不能揭示网络犯罪的本质特征，从专业性角度看似乎还不够严谨。将计算机为犯罪工具作为网络犯罪的本质特征，没有反映出犯罪分子通过无线通信技术或者非计算机终端实施的犯罪纳入，这实际上是计算机犯罪的概念，而非网络的关联性不足。网络的作用不仅在于传播信息，更应将其作为一个系统的处理功能来考量。"互联网犯罪论"最大缺陷在于没有注意到当前网络犯罪所侵害以及所利用的已不仅仅是针对互联网。众所周知，在互联网之外，还存在各种区域型的网络（如司法、政府各部门的公务内网），这些网络与互联网在物理上予以了隔断，但在这类网络上所实施的犯罪行为，造成的后果与在互联网上实施没有本质上的区别。从某种层面上讲，后果可能更严重，危害性可能更大。如果犯罪分子仅仅通过互联网传递信息，相互联络，若将此类行为也纳入网络犯罪的范围，其处延不免过大。

笔者认为，网络犯罪应当具有事实性与规范性。所谓事实性，主要体现在网络犯罪是危害信息网络安全的犯罪；所谓规范性，主要体现在我国《刑法》对于危害计算机信息网络系统规定了相关的具体犯罪类型。将事实性与规范性予以结合，应当可以得出科学规范的网络犯罪概念。从事实性出发，利用计算机信息技术与网络技术实施的犯罪行为，可以在较大的范围内归结为网络犯罪，其本质在于利用网络工具进行犯罪。从规范性出发，利用计算机信息技术对其他信息网络系统进行破坏的行为，我国《刑法》第285～287条已经明确规定了破坏计算机信息系统罪、非法侵入计算机信息系统罪等

---

[1] 参见靳娟娟：《网络环境中的网络犯罪和法律问题研究》，载《情报资料工作》2000年第6期。

[2] 参见卜安淳：《论网络犯罪及其防控》，载《安徽大学学报》（哲学社会科学版）2001年第1期。

[3] 参见刘守芬、孙晓芳：《论网络犯罪》，载《北京大学学报》（哲学社会科学版）2001年第3期。

[4] 参见王云斌：《网络犯罪》，经济管理出版社2002年版，第27页。

犯罪类型。根据我国《刑法》第 285 条的规定,违反国家规定,侵入国家事务、国防建设、尖端科学技术领域的计算机信息系统的,处 3 年以下有期徒刑或者拘役。违反国家规定,侵入前款规定以外的计算机信息系统或者采用其他技术手段,获取该计算机信息系统中存储、处理或者传输的数据,或者对该计算机信息系统实施非法控制,情节严重的,处 3 年以下有期徒刑或者拘役,并处或者单处罚金;情节特别严重的,处 3 年以上 7 年以下有期徒刑,并处罚金。提供专门用于侵入、非法控制计算机信息系统的程序、工具,或者明知他人实施侵入、非法控制计算机信息系统的违法犯罪行为而为其提供程序、工具,情节严重的,依照前款的规定处罚。根据《刑法》第 286 条的规定,违反国家规定,对计算机信息系统功能进行删除、修改、增加、干扰,造成计算机信息系统不能正常运行,后果严重的,处 5 年以下有期徒刑或者拘役;后果特别严重的,处 5 年以上有期徒刑。违反国家规定,对计算机信息系统中存储、处理或者传输的数据和应用程序进行删除、修改、增加的操作,后果严重的,依照前款的规定处罚。故意制作、传播计算机病毒等破坏性程序,影响计算机系统正常运行,后果严重的,依照第 1 款的规定处罚。根据《刑法》第 287 条的规定,利用计算机实施金融诈骗、盗窃、贪污、挪用公款、窃取国家秘密或者其他犯罪的,依照本法有关规定定罪处罚。这些刑法规范不仅明确了危害计算机信息系统安全的犯罪类型,而且明确规定了利用信息网络技术实施相关犯罪的规范定位。因此,网络犯罪是指利用计算机网络、无线通信网络实施的计算机犯罪以及其他犯罪的行为。

二、网络犯罪的特点

首先,网络犯罪具有时空限定性。网络犯罪既不是指某一种具体犯罪,也不是刑事立法上某类犯罪,而是从刑法理论上对基于网络而实施各种传统的和新型的犯罪归类。网络犯罪的一个共同特点是它必须在特定的空间内实施。传统犯罪空间一般认为除了陆地以外,空中、水上、水下都可能成为犯罪人实施犯罪的场所。网络被称为虚拟空间,这种虚拟空间的虚拟性是指网络的存在状态是无形的,它以知识、消息、信息、声音、图像、文字等作为自己的形式。这种空间是无国界的,与现实中的地域概念不同,每个用户就是虚拟世界中的一员。[1]

其次,网络犯罪具有平台关联性。任何一种网络犯罪都是在借助网络这一虚幻的介质平台,从事与现实世界无法割裂的犯罪行为。根据我国《刑法》的规定,将侵入、破坏计算机信息系统的犯罪以及提供侵入、非法控制计算机信息系统程序、工具罪纳入网络犯罪范围是正确的,而要求犯罪的行为和结果均在网络空间完成是没有必要的。因为有的犯罪既可以在网络空间实施完成,也可以将网络作为工具或方法实施,犯罪的行为与结果并非同时在网络空间完成。例如,金融诈骗犯罪,犯罪分子可以利用网络作为工具或者方法实施金融诈骗行为,可以直接在网络空间实施诱骗并通过网上银行获取赃款,也可以让受害者将钱款打进指定的网外的银行账户。

---

〔1〕 参见杨正鸣:《网络犯罪及其特征》,载《山东公安专科学校学报》2002 年第 1 期。

最后,网络犯罪具有国际性。随着网络等现代信息通信技术的普遍适用,借助网络的媒介,网络犯罪呈现出明显的国际化秉性。基于网络的非人格化、迅捷便利、隐蔽性、交互联系作用的虚拟化特点,也比较适宜于国际犯罪的衍生和发展。因为这决定了其可以不受时间、地域所限,能够通过网络延伸犯罪者的犯罪能力。网络犯罪的国际性在各个领域都有所体现。譬如,在政治领域,处于国外、境外的犯罪人可以利用网络煽动分裂或者鼓动种族、民族仇恨。在经济领域,可以表现为通信中的国际黑客窃取电信费用等犯罪活动。在文化领域,通过网络来传播淫秽色情信息更是诱发性犯罪的重要因素。正是由于网络犯罪国际性的特点,这也使得各国的网络立法与国际接轨,并且在司法中加强国际合作成为必要。

三、网络犯罪的类型

从上述分析可以看到,网络犯罪的种类实际上非常多。2000 年全国人民代表大会常务委员会《关于维护互联网安全的决定》中,就规定了利用计算机、互联网实施的 16 种可以构成犯罪的具体行为。这 16 种具体行为包括:(1)侵入国家事务、国防建设、尖端科学技术领域的计算机信息系统;(2)故意制作、传播计算机病毒等破坏性程序,攻击计算机系统及通信网络,致使计算机系统及通信网络遭受损害;(3)违反国家规定,擅自中断计算机网络或者通信服务,造成计算机网络或者通信系统不能正常运行;(4)利用互联网造谣、诽谤或者发表、传播其他有害信息,煽动颠覆国家政权、推翻社会主义制度,或者煽动分裂国家、破坏国家统一;(5)通过互联网窃取、泄露国家秘密、情报或者军事秘密;(6)利用互联网煽动民族仇恨、民族歧视,破坏民族团结;(7)利用互联网组织邪教组织、联络邪教组织成员,破坏国家法律、行政法规实施;(8)利用互联网销售伪劣产品或者对商品、服务作虚假宣传;(9)利用互联网损害他人商业信誉和商品声誉;(10)利用互联网侵犯他人知识产权;(11)利用互联网编造并传播影响证券、期货交易或者其他扰乱金融秩序的虚假信息;(12)在互联网上建立淫秽网站、网页,提供淫秽站点链接服务,或者传播淫秽书刊、影片、音像、图片;(13)利用互联网侮辱他人或者捏造事实诽谤他人;(14)非法截获、篡改、删除他人电子邮件或者其他数据资料,侵犯公民通信自由和通信秘密;(15)利用互联网进行盗窃、诈骗、敲诈勒索;(16)利用互联网实施其他构成犯罪的行为。

尽管《关于维护互联网安全的决定》表述了大量的网络犯罪行为,但实际上还不能涵盖所有网络犯罪。由于网络犯罪不是刑法学意义上的犯罪分类,所以刑法对网络犯罪的概念和范围也没法作出明文规定。因此,对于网络犯罪的类型划分,人们的认识也不尽相同。有的将网络犯罪分为针对网络的犯罪和网络扶持的犯罪两大类,或者分为网络上的犯罪和网络关联犯罪两大类;有的则把它分为以网络为工具的犯罪、以网络为攻击目标的犯罪和以网络为获利来源的犯罪;有的把网络犯罪分为信息窃取和盗用、信息欺诈和勒索、信息攻击和破坏、信息污染和滥用四大类型。还有学者主张将网络犯罪分为七大类型,即将网络犯罪归纳为危害网络安全的犯罪,危害国家安全或社会稳定的犯罪,危害社会经济秩序或管理秩序的犯罪,侵犯财产权的犯罪,侵犯人身权的犯罪,侵犯知识产权的犯罪及侵犯自然人、法人或其他组织其他合法权利的犯罪七类。从上述关于网络犯罪界定的事实性与规范性出发,网络犯罪分为以信息网络为手段或工具的网络犯罪以及危害计算机信息网络系统安全的网络犯罪两大类,是比较可行的一种分类方法,实践中也具有可操作性。[1]

四、网络犯罪的立法与司法实践情况

(一)网络犯罪国内立法情况

我国关于网络犯罪的立法主要包括:《刑法》、《刑法修正案(七)》、全国人大常委会《关于维护互联网安全的决定》、《关于审理扰乱电信市场管理秩序案件具体应用法律若干问题的解释》以及《计算机信息系统安全保护条例》、《计算机软件保护条例》等法律法规和司法解释。《计算机信息网络国际联网管理暂行规定》、《计算机信息网络国际联网出入口信道管理办法》、《计算机信息网络国际联网安全保护管理办法》、《互联网信息服务管理办法》以及《电信管理条例》等规范性文件中对其他一些网络犯罪也有所涉及。根据我国《刑法》的规定,网络犯罪的罪名主要包括:

一是危害信息网络安全犯罪。具体是指:(1)非法侵入计算机信息系统罪。《刑法》第285条规定,违反国家规定,侵入国家事务、国防建设、尖端科学技术领域的计算机信息系统的,处3年以下有期徒刑或者拘役。(2)破坏计算机信息系统功能罪。我国《刑法》第286条第1款规定,违反国家规定,对计算机信息系统功能进行删除、修改、增加、干扰,造成计算机信息系统不能正常运行,后果严重的,处5年以下有期徒刑或者拘役;后果特别严重的,处5年以上有期徒刑。(3)破坏计算机信息系统数据、应用程序罪。《刑法》第286条第2款规定,违反国家规定,对计算机信息系统中存储、处理或者传输的数据和应用程序进行删除、修改、增加的操作,后果严重的,依照前款的规定处罚。(4)故意制作、传播计算机病毒等破坏性程序罪。《刑法》第286条第3款规定,故意制作、传播计算机病毒等破坏性程序,影响计算机系统正常运行,后果严重的,依照第1款的规定处罚。(5)非法获取计算机信息系统数据、非法控制计算机信息系统罪。《刑法修正案(七)》规定,在我国《刑法》第285条中增加第2款规定:"违反国家规定,侵入前款规定以外的计算机信息系统或者采用其他技术手段,获取该计算机信息系统中存储、处理或者传输的数据,或者对该计算机信息系统实施非法控制,情节严重的,处三年以下有期徒刑或者拘役,并处或者单处罚金;情节特别严重的,处三年以上七年以下有期徒刑,并处罚金。"(6)提供侵入、非法控制计算机信息系统专门程序、工具罪。《刑法修正案(七)》规定,在我国《刑法》第285条中增加的第3款中规定:"提供专门用于侵入、非法控制计算机信息系统的程序、工具,或者明知他人实施侵入、非法控制计算机信息系统的违法犯罪行为而为其提供程序、工具,情节严重的,依照前款的规定处罚。"

二是利用信息网络技术实施的经济犯罪。我国《刑法》第287条规定,利用计算机

---

〔1〕 参见上海市人民检察院第二分院课题组:《网络犯罪相关问题研究》,载徐燕平主编:《检察实务前沿问题研究》,上海交通大学出版社2011年版,第72页。

实施金融诈骗、盗窃、贪污、挪用公款、窃取国家秘密或者其他犯罪的,依照本法有关规定定罪处罚。《关于维护互联网安全的决定》将之进一步规定为四类犯罪:利用互联网实施危害国家安全和社会稳定的行为,危害社会主义市场经济秩序和社会管理秩序的行为,侵害个人、法人和其他组织人身、财产等合法权利行为以及利用互联网实施的其他行为。

(二)网络犯罪国外立法情况

美国是世界上最早发现计算机犯罪和较早、较细制定有关计算机网络犯罪法律的国家。1978 年 8 月,美国佛罗里达州首先通过了《佛罗里达计算机犯罪法》,随后,美国有 48 个州相继颁布了计算机犯罪法。在联邦层面,美国国会于 1984 年 10 月正式通过了《非法入侵以及计算机诈骗与滥用法》,其后经数次修订而最后形成《计算机滥用修正案》。

英国于 1990 年 6 月颁行了第一部规制计算机网络犯罪的刑事法律,即《计算机滥用法》。该法的重点是保护计算机信息系统安全,规定了以下 3 类犯罪行为:一是未经授权故意侵入计算机网络系统的行为;二是有其他犯罪意图而非法侵入计算机网络接触资料的行为;三是故意损毁、破坏或非法修改计算机网络内程序或数据的行为。德国在世界各国中是最先将与计算机网络有关的犯罪完全纳入刑法体系中的国家。德国于 1986 年 8 月实行的《第一部经济犯罪防治法》对其刑法进行了修正,使其刑法中增加了有关防止计算机犯罪的条文,主要规定了计算机诈骗罪、资料伪造罪、资料刺探罪、资料变更罪、计算机破坏罪等罪名。

德国联邦议院于 1997 年通过了世界上第一部全面调整互联网的法律,即《信息和通信服务法》。2001 年 11 月 23 日欧洲理事会通过的《关于网络犯罪的公约》(以下简称《公约》)是针对网络犯罪的第一个国际刑事公约。其主要目标是寻求打击网络犯罪的共同的刑事政策,特别是建立适应网络犯罪的法律体系和国际协助。《公约》明确规定了网络犯罪的内涵,即“危害计算机系统、网络和计算机数据的机密性、完整性和可用性以及滥用这些系统、网络和数据的行为”。该公约将网络犯罪分为两类,第一类是危害计算机系统、网络、计算机数据安全的网络犯罪,包括非法侵入计算机系统、非法拦截计算机数据、非法干扰计算机数据、非法干扰计算机系统功能、滥用信息安全设备等;第二类是其他网络犯罪,《公约》将它进一步细分为三类:利用计算机、网络实施的犯罪;信息内容的犯罪;利用计算机系统实施的侵犯著作权及相关权力的犯罪。在网络犯罪的管辖方面,《公约》规定了网络犯罪的刑事管辖权。它采纳了传统的“属地优越权”和“属人优越权”原则(《公约》第 22 条),其中“属地优越权”的领域范围包含了“拟制领土”。《公约》规定:缔约国应通过必要的立法和其他措施,对本公约所规定的犯罪行使刑事管辖权,条件是当这些犯罪:(1)发生在本国领域内;(2)发生在悬挂本国国旗的船舶上;(3)发生在由本国注册的航空器上;(4)由本国公民所为,且依照犯罪地法应受刑罚或该犯罪不在任何国家管辖权范围以内。

除了专门的刑法典以及刑法规范以外,为保障网络信息的安全流动,世界各国都制定相应的前置性法律法规,以应对信息网络安全实践的现实需要。这些法律规定为预防与控制网络犯罪建构了完备的法律规范体系。例如,德国虽然没有对信息网络安全进行统一立法,但通过各方面的单行规范保护信息网络安全。德国的《媒体服务国家协议》《广播电台国家协议》《通讯媒体法》等均适用于信息网络安全领域。特别是德国《信息和通讯服务规范法》明确了互联网信息内容传播过程中各个环节、相关机构的安全保障责任和义务。

韩国早在1995年就颁布了《电信事业法》,提出对"危险通信信息"进行监管。2001年,韩国制定《不健康网站鉴定标准》和《互联网内容过滤法令》,确立了互联网信息过滤机制。近年来,韩国立法机关继续制定了《促进信息化进本法》《信息通信基本保护法》《促进信息通信网络使用及保护信息法》等法律,对在互联网上散布淫秽色情信息、污辱诽谤和损害他人名誉、反复发送可诱发恐怖或不安情绪的信息、网络赌博、发布对青少年有害信息等行为进行制裁。

日本《电讯事业法》《规范互联网服务商责任法》《规范电子邮件法》等专门性的互联网管理法律法规,在各个具体的环节界定了信息网络违法行为、网站责任等问题。日本《刑法》《著作权法》等,明确规定互联网违法信息的范围。

新西兰于2003年制定的《电讯(截收)法》应当属于颇具特色的互联网信息安全立法,该法律规定警察为开展调查科通过技术手段进入个人电脑,可对电子邮件进行过滤审查。警方根据案件调查需要,可以对单位或个人计算机信息进行调查。根据情报部门或警方要求,电讯公司、网络服务商应向其提供相关用户的网络地址、登录名及密码、个人身份等信息。如拒绝提供,将被追究其刑事责任。

欧盟对于信息网络安全的立法应当是最为全面和最值得研究的。最值得关注的是,欧盟通过拓展防御性的反恐怖袭击立法与执法措施应对恐怖袭击的挑战。欧盟于2006年就通过了《信息数据监管指引规则》(以下简称欧盟《指引》),其主要立法内容在于要求成员国控制与储存各类通信信息数据,以此促进欧盟范围内刑事侦查的高度信息化,建构统一的通信服务平台监管信息网络数据。欧盟《指引》有利于通过对各类信息数据的规范保存使用强化国土安全保障,值得我国信息网络立法予以借鉴。

1980～1990年制定的欧洲信息数据保护法律规范已经无法满足当前信息网络安全保障实践的需要。例如,欧盟《指引》针对公共安全的保障要点提出了具体的通信信息存储要求,而之前的欧盟网络信息监管立法均没有规定有针对性的执行措施。欧盟范围内的网络信息服务提供商一直按照相关信息网络监管法的规定存储信息数据,但是基于经营成本的考虑,过去的欧盟立法并没有要求其进行长时间保存。在实践中,部分网络服务提供商仅仅保存数小时或者一天,造成信息监管对象停留时间过短,信息监管出现较多盲点或盲区。

欧盟《指引》明确了通信数据的各项存储条件与要求。欧盟范围内的信息网络服务提供商存储各类电子信息数额(包括但不限于电话、电子邮件、书信、网络音频、视频信息、网络社区互动信息等)以备查询,信息存储期限为6个月至2年。欧盟《指引》并不要求直接监管信息的具体通信内容(例如,电子邮件的文本或者电话通信的内容记录），而是要求各类网络信息服务机构存储各类通信信息的基本情况：（1）信息发布者；（2）信息接收者；（3）发布信息所使用的设备性质；（4）信息最初发布的时间、持续的时间、最终接收的时间；（5）移动通信设备发布信息期间的地理位置等。

欧盟《指引》拓展了非信息情报执法部门接触与持有信息的权限，如有可能存在的事实表明行为人使用电信、网络等实施恐怖犯罪、金融犯罪、有组织犯罪、危害公共安全犯罪、侵犯公民人身安全等“严重犯罪”，相关的刑事案件调查部门（警察、检察、国土安全、各类欧盟区际司法合作组织等）有权直接调取信息内容。这在以往只能是各国情报部门的执法权限。“严重犯罪”限定在法定刑至少为5年监禁的犯罪。由于实践中各类严重犯罪所涉及的信息发布渠道或者发布过程可能牵扯与犯罪无关的第三人利益（如第三人身份信息的泄露等），欧盟《指引》规定不能基于技术上的信息删选能力缺失而使用涉及第三人利益的信息。在刑事案件调查、起诉、审判过程中调取涉及第三人利益的信息，必须经过审判机关的司法审查，以此判断执法部门调取相关信息是否严重侵扰第三人利益。

欧盟国家在执行欧盟《指引》的上述规定过程中，质疑其信息数据规范控制方式失当甚至非法的观点一直不绝于耳。部分理论与实务部门的网络信息法律专家指出，欧盟《指引》的执行实际上导致欧盟社会处于“合法化的信息怀疑”〔1〕状态，公民的信息自主权受到严重威胁。还有观点认为，欧盟《指引》通过国家信息储备的方式控制民间信息，潜在地或者明显地与欧盟区域各国宪法相抵触，欧盟立法机构必须说明各国基于何种理由有权存储处理公民信息。〔2〕但是，由于欧盟《指引》规定的应当储备的信息由市场主体网络信息服务提供商而非政府部门直接控制，警察、检察、国土安全等执法部门调取信息必须基于法定理由以及司法审查，在程序上已经符合正当性标准。同时，保护国土安全、公共安全等公共利益免受严重犯罪侵害的法益取向已经使欧盟《指引》储备信息的规定具有正当性基础。

当然，由于作为私营机构的网络信息服务提供商缺乏确保信息数据绝对安全的经济激励，各种非法调取信息的行为以及信息泄露难免会在实践中出现。〔3〕因此，欧盟《指引》要求欧盟各国政府承担保护信息数据安全的法律责任。除了信息数据安全责任之外，收集、存储、使用信息的程序必须坚持透明原则。刑事案件执法机关调取信息数据的，网络信息服务商原则上必须通知、告知信息发送者与接收者信息处理的过程。由于案件性质以及保密需要不能披露详细的信息处理过程的，必须告知其实用信息的目

---

〔1〕 Judith Rauhofer, Just Because You're Paranoid, Doesn't Mean They're Not After You: Legislative Developments in Relation to the Mandatory Retention of Communications Data in the European Union, 3 *Scripted* 322, 333(2009).

〔2〕 Rotraud Gitter & Christoph Schnabel, Die Richtlinie zur Vorratsspeicherung und ihre Umsetzung in das Nationale Recht, 7 *MulTimedia Und Recht* 411, 416(2007).

〔3〕 Sabine Leutheusser-Schnarrenberger, Damit wird ein Paradigmenwechsel engeleitet, *Berliner Zeitung*, Nov. 9 2008.

的。信息发送者与接收者有权向执法机关提出阻止信息处理与使用的抗辩;上述信息主体没有提出抗辩的,执法部门必须将信息处理过程向司法机关备案,接受事后司法审查。

欧盟《指引》要求各国的信息网络服务提供商自行承担存储信息的运营成本。欧盟各国有较多观点质疑这种操作办法,认为不应当由私营机构承担法律强行规定义务且没有具体对应权利的经济负担。[1] 但是,应当强调的是,欧盟各国制定欧盟《指引》的立法目的就在保障社会公共福祉。信息网络服务商作为直接经手信息交互的市场主体,从社会成本分配角度来看,是最适合的信息存储执行者。

毋庸置疑,欧盟《指引》显然是在某种程度上冲击着公民信息网络隐私权的法律保护机制。[2] 但是,该项欧盟范围内的信息网络监管立法却得到了广泛的公众支持。欧盟《指引》虽然属于相对激进与严厉的信息网络监管立法实践,但由于其客观上确实具有防范可能造成大规模伤亡的恐怖袭击,欧盟立法过程中出现的障碍并不明显。欧盟《指引》是由英国在欧盟委员会与欧洲议会的框架下积极推动成型的。震惊世界的马德里爆炸案发生之后的一个月,英国联合法国、瑞典等国政府提出有必要在欧洲范围内建立系统化的信息网络监管法律规范,并提交了通信信息数据存储管理的立法草案,其目的在于为各国执法部门调查与防止恐怖犯罪提供信息便利。欧盟各国一致认为,除了在信息网络安全层面对恐怖犯罪进行防范与打击的立法需求之外,从长远的角度来看,欧盟《指引》能够有效地契合信息技术迅猛发展趋势下的刑事侦查改革实践。[3]

第二节　网络犯罪对策

一、网络犯罪法律适用对策

网络犯罪基于其技术条件方面的特殊性,在法律适用层面具有较大的疑难性,尤其是结合知识产权犯罪、赌博犯罪、淫秽物品犯罪、财产犯罪等犯罪行为,司法认定上存在更多障碍,有必要深入研究法律对策。

(一)危害信息网络安全犯罪的法律适用对策

随着计算机信息技术的迅猛发展,司法实务中不断出现严重危害计算机信息系统安全的犯罪行为。此类案件主要表现为以下几种类型:(1)病毒类犯罪。行为人制作传播计算机病毒,制作病毒软件、黑客工具等。(2)攻击类犯罪。行为人攻击、入侵、非法控制计算机信息系统等。(3)信息类犯罪。行为人非法获取、销售计算机信息系统

[1] Patrick Breyer, Telecommunications Data Retention and Human Rights: The Compatibility of Blanket Traffic Data Retention with the ECHR, 11 *European Law Journal* 365, 369 (2009).

[2] Francesca Bignami, Protecting Privacy Against the Police in the European Union: The Data Retention Directive, 8 *Chicago Journal of International Law* 233, 234 (2009).

[3] 参见谢杰:《欧盟信息网络监管立法经验解析》,载《信息网络安全》2010年第9期。

数据、商业秘密数据等。我国《刑法》规定的非法获取计算机信息系统数据罪,非法控制计算机信息系统罪,提供侵入、非法控制计算机信息系统程序、工具罪,破坏计算机信息系统罪等对上述危害计算机信息系统安全的犯罪行为进行了法律规制。但是,由于实践中的情况较为复杂,司法机关在处理此类案件中存在较多法律障碍。为此,《计算机犯罪解释》针对危害计算机信息系统安全犯罪所涉及的定罪量刑标准、单位犯罪等问题,进一步明确了相关刑事案件的法律适用标准。在网络犯罪司法实践中,有必要深入分析《计算机犯罪解释》的相关规定,对与《计算机犯罪解释》有关的疑难问题进行细化理解,保证《计算机犯罪解释》的正确贯彻与执行。

1.危害计算机信息系统安全犯罪定罪量刑标准的基本分析

在早前计算机犯罪实践中,由于刑法条文仅对相关犯罪"情节严重""情节特别严重""后果严重""特别严重后果"等定罪量刑标准进行了原则性规定,司法解释一直没有对上述开放性的犯罪构成要件进行量化限定,造成刑事司法实务部门难以处理部分危害计算机信息系统安全的违法犯罪行为。

危害计算机信息系统安全犯罪的具体定罪量刑标准长期真空的现象,从一个侧面折射出我国与科学技术紧密相关的刑事犯罪立法存在技术标准与法律标准无法及时对接的问题。由于刑法及其立法解释、司法解释、办案执法规定等无法及时跟进,包括网络犯罪、知识产权犯罪、环境犯罪等与科学技术紧密联系的刑事犯罪的概括性定罪标准或者刑罚裁量标准长期处于真空状态。这在刑法修正案增设、修改的个罪中表现得尤为突出。例如,2009年《刑法修正案(七)》增设了非法控制计算机信息系统罪与提供侵入,非法控制计算机信息系统程序、工具罪。但由于上述两罪"情节严重""特别严重后果"等定罪量刑情节认定标准一直没有出台,在《刑法修正案(七)》实施的两年时间内此类网络犯罪实际上难以在实践中进行操作。

《计算机犯罪解释》最重要的任务,就是针对上述问题,确定科学合理的危害计算机信息系统安全犯罪案件定罪量刑标准。《计算机犯罪解释》第1~6条对非法获取计算机信息系统数据,非法控制计算机信息系统罪,提供侵入、非法控制计算机信息系统程序、工具罪,破坏计算机信息系统罪等犯罪的定罪量刑标准进行了全面细致的规定。其中,比较有亮点的规定是,根据计算机信息系统数据的重要性程度不同,对非法获取计算机信息系统数据罪的入罪标准予以合理区分,非法获取支付结算、证券交易、期货交易等网络金融服务的身份认证信息10组以上的构成犯罪,而非法获取其他身份认证信息500组以上的,才构成犯罪;根据司法实践的具体情况,并考虑有效惩治和震慑非法控制计算机信息系统犯罪的需要,将非法控制计算机信息系统罪的入罪标准规定为20台以上。[1]

---

〔1〕 参见张先明:《严惩危害计算机信息系统安全犯罪保障互联网的运行安全与信息安全——最高人民法院、最高人民检察院研究室负责人就〈关于办理危害计算机信息系统安全刑事案件应用法律若干问题的解释〉答记者问》,载《人民法院报》2011年8月30日。

危害计算机信息系统安全犯罪行为的社会危害性程度是定罪量刑的依据。《计算机犯罪解释》从计算机信息数据的损害数量,公民或者机构身份认证信息的泄露数量,病毒、攻击工具的传播数量等层面制定数额标准,本质上属于此类犯罪定罪量刑的技术性规定,在法律适用上不存在过多疑难问题。

但是,应当注意到,《计算机犯罪解释》第3条、第4条、第6条、第11条等分别对提供侵入、非法控制计算机信息系统程序、工具罪和破坏计算机信息系统罪规定了"造成经济损失""违法所得"的数额标准。由于此类经济数量型定罪量刑标准不仅与危害计算机信息系统安全犯罪行为的特点紧密相关,而且涉及犯罪数额认定、因果关系判断、归责范围合理确定等刑法基本原理,在法律适用中存在诸多疑难,有必要在最新司法解释的框架下进行进一步的论证与分析。

2. 危害计算机信息系统安全犯罪经济损失的司法认定

根据《计算机犯罪解释》第11条的规定,经济损失,包括危害计算机信息系统安全犯罪行为给用户直接造成的经济损失,以及用户为恢复数据、功能而支出的必要费用。据此,危害计算机信息系统安全犯罪行为造成的经济损失,具体包括直接经济损失与间接经济损失。

根据刑法原理,直接经济损失应当是指与犯罪行为有直接因果关系而造成的财物实际价值减损;间接经济损失是由直接经济损失引起和牵连的其他损失,包括失去的在正常情况下可以获得的利益和为恢复正常的状态或者挽回损失所支付的各种开支、费用等。所以,对于危害计算机信息系统安全犯罪行为造成的间接经济损失,《计算机犯罪解释》的规定与刑法原理并非完全一致。虽然明确将信息或者数据恢复的成本支出纳入间接损失,但没有规定可期待利益损失;在直接经济损失方面,《计算机犯罪解释》没有明确损失范围。上述问题有必要根据计算机犯罪的特点对经济损失认定标准予以细化明确。

与使用病毒攻击、非法入侵的计算机信息系统、网络用户终端等犯罪行为具有因果联系的经济损失,主要包括:(1)计算机、网络设备、通信设备、自动化控制设备等硬件设备损坏;(2)运行硬件设备的相关软件、系统失效或者部分失效损失;(3)计算机信息系统设备停运、软件失效后造成的运营损失。前两种损失的产生与危害计算机信息系统犯罪行为具有直接因果关系,认定为直接经济损失没有疑问,故应当属于"给用户直接造成的经济损失"的范围。对于第三种计算机信息系统遭受攻击、被非法控制后产生的运营损失,本质上是一种可期待利益损失,并非由犯罪行为直接造成,但系由直接经济损失引起和牵连,根据刑法原理,应当属于间接经济损失。但是,由于《计算机犯罪解释》明确地将期待利益损失排除在危害计算机信息系统犯罪间接经济损失范围之外,在司法实践中应当注意避免将此类损失计入犯罪数额。危害计算机信息系统犯罪行为间接产生的期待利益损失构成其他犯罪的,可以相关的经济犯罪追究刑事责任。

在此类信息网络因受到计算机犯罪共计停运造成的期待利益损失不构成其他经济犯罪的情况下,被害人实际上由于网络犯罪遭受了严重经济损失,而司法解释没有将之评价为间接经济损失而在网络犯罪定罪量刑中予以考量，实际上是与刑法经济损失数额认定基本原理存在一定背离。《计算机犯罪解释》没有将期待利益损失纳入网络犯罪间接经济损失的范围内进行规范评价。这主要是考虑到期待利益损失数额较难界定，并且，在实践中期待利益损失一般由被害单位提供证明材料，在证据效力层面存在一定的疑问。笔者认为，危害计算机信息网络安全的犯罪行为所造成的设备停运损失等期待利益损害结果，在不作为法定入罪量刑标准的情况下，可以作为酌定量刑情节。对于造成被害单位信息网络设备停运从而严重影响其正常工作经营秩序的，可以在网络犯罪相对应的法定刑幅度内适当上调刑罚幅度。

3. 危害计算机信息网络安全犯罪数额标准的实践把握

《计算机犯罪解释》将提供侵入、非法控制计算机信息系统程序、工具罪和破坏计算机信息系统罪"情节严重"的经济数量型定罪量刑标准规定为"违法所得五千元以上或者造成经济损失一万元以上"，"情节特别严重""特别严重后果"的数额规定为这一标准的 5 倍以上。

综观我国相关刑法司法解释规定的经济犯罪数额标准，危害计算机信息系统犯罪违法所得 5000 元以上、经济损失 1 万元以上的起刑点属于相对较低的定罪标准要求。这集中体现了刑事司法实践加大对危害计算机信息系统安全犯罪的打击力度。[1] 设立较低的起刑点的目的显然在于全面高效地保障计算机信息系统安全和信息安全，促进我国互联网的健康发展，但这对网络犯罪司法实践提出了极高的要求。

《中国互联网状况》白皮书统计数据显示，2009 年我国被境外控制的计算机 IP 地址达 100 多万个；被黑客篡改的网站达 4.2 万个；被"飞客"蠕虫网络病毒感染的计算机每月达 1800 万台，约占全球感染主机数量的 30%；公安部数据显示，近 5 年来，我国互联网上传播的病毒数量平均每年增长 80% 以上，互联网上平均每 10 台计算机中有 8 台受到黑客控制，公安机关受理的黑客攻击破坏活动相关案件平均每年增长 110%。[2] 可见，在惩治网络犯罪的司法资源相对有限的情况下，危害计算机信息系统安全犯罪行为的数量与危害极大，刑事司法实践难以全面应对网络犯罪的现实挑战。较低的定罪量刑数额标准反而容易导致"情节严重"等司法标准虚置，产生弱化司法权威的负面效果。

笔者建议，司法实务部门具体把握危害计算机信息系统安全犯罪的定罪量刑标准，有必要重视行政处罚与刑事司法之间的衔接。对于略微超过违法所得 5000 元、造成经济损失 1 万元的网络犯罪案件，如果没有其他严重情节，存在未成年人犯罪、初犯、偶犯等有条件适用从宽政策的情形，可以通过行政处罚的方式予以处理，没有必要一律进入刑事诉讼程序追究刑事责任。

---

〔1〕 参见徐日丹：《严惩危害计算机信息系统安全犯罪》，载《检察日报》2011 年 8 月 30 日。

〔2〕 参见袁定波、卢杰：《"两高"有关负责人解读危害计算机信息系统安全犯罪司法解释》，载《法制日报》2011 年 8 月 30 日，第 3 版。

4. 危害计算机信息系统安全犯罪与经济损失之间的因果关系判断

网络犯罪行为与信息系统用户经济损失之间的因果关系认定在司法实践中一般不存在疑问。然而,在非法获取计算机信息系统数据罪中,由于犯罪行为的直接侵害可能是支付结算、证券交易、期货交易等网络金融服务的身份认证信息,信息网络金融服务用户的经济损失不仅包括身份认证信息流失,更重要的是,还会造成证券期货交易账户、银行账户中的资金被犯罪分子盗划的巨额损失。

根据《计算机犯罪解释》第1条的规定,非法获取网络金融服务身份认证信息10组以上、违法所得5000元以上或者造成经济损失1万元以上,构成非法获取计算机信息系统数据罪。在司法实践中,有的犯罪分子非法获取金融服务身份认证信息未满上述数量标准,但其转卖信息后对网络金融服务用户造成的资金被盗损失超过了1万元,对此,能否认为非法获取计算机信息系统数据行为与用户经济损失之间存在因果关系而认定其构成犯罪?

笔者认为,网络金融服务用户经济损失的发生是非法获取计算机信息系统数据行为与网络盗窃行为共同造成的结果,属于刑法上的多因一果。客观上,盗窃行为是经济损失的直接原因,危害信息网络数据安全的行为是产生损失的近因。在"非法获取信息数据—利用信息盗窃—经济损失"三者之间,无须借助其他行为或者媒介的链接,就可以判断存在因果关系。主观上,非法获取他人网络金融服务身份认证等信息的犯罪行为人对于数据信息流失可能产生的经济损害结果具有概括性认知,其容忍、放任、漠视他人因身份信息流失而造成财产损失的主观内容符合间接故意的特征,在主观归责层面验证了因果客观联系的现实性。

所以,非法获取信息数据行为与经济损失之间因果关系认定的难点并不在于性质判断,而在于因果关联性强度的审查。因为只要事实上存在网络金融服务用户的财产损失,非法获取身份认证信息的行为显然难辞其咎。问题的关键在于量化考察,具体判断如何根据因果关联性的强度分配符合罪刑相识原则的刑罚。在刑事司法实践中应当充分考虑盗窃行为对于网络用户资金损失的直接关联性,综合分析非法获取计算机信息系统数据行为的可非难程度,在确认其应当对经济损失承担网络犯罪刑事责任的基础上,在量刑中酌定其由于行为与损失之间的间接关联性而应适当减轻的罪责。

5. 单位危害计算机信息系统安全犯罪的定罪处罚

由于《刑法》没有对非法获取计算机信息系统数据罪,非法控制计算机信息系统罪,提供侵入、非法控制计算机信息系统程序、工具罪,破坏计算机信息系统罪等规定单位犯罪,对于如何解释实践中以单位形式实施的危害计算机信息系统安全犯罪以及如何合法合理地予以定罪量刑等疑难复杂问题,有必要在细致考量单位犯罪刑法理论与《计算机犯罪解释》规定的基础上,针对网络犯罪的特点提出解决方案。

(1)刑法理论与司法实践之间的意见分歧。对于单位实施法律没有明文规定的犯罪行为如何定罪处罚,刑法理论与司法实践操作存在重大分歧。刑法理论上的代表性观点认为,应当严格遵循罪刑法定原则不认定为犯罪。单位实施刑法没有规定明文规定的犯罪行为,涉及如何完善法律的问题,并非司法解释所能解决。在《刑法》没有作出修正或者制定立法解释以前,对司法实践中发生的此类行为,不宜对单位或者其直接负责的主管人员和其他直接责任人员追究刑事责任。〔1〕《刑法》明确规定了罪刑法定原则,这一原则的主旨就在于"法无明文不为罪""法无明文不处罚"。从犯罪行为的基本特征分析,有些行为虽然具有社会危害性,但是由于缺乏明确的法律依据,不具备刑事违法性和应受刑罚处罚性的特征,也不能作为犯罪处理。对于一些单位实施的刑法中没有明文规定为单位犯罪的行为,无论它是立法者有意为之,还是立法的疏漏,在法律作出修改、调整以前,必须坚持罪刑法定原则的基本要求。〔2〕按照这种意见,单位实施危害计算机信息系统安全行为的,无论是单位还是相关直接责任人员,均不能定罪处罚。

司法解释的一贯操作规则是提高追诉标准而对相关直接责任人员定罪处罚。根据2002年最高人民检察院《关于单位有关人员组织实施盗窃行为如何适用法律问题的批复》的规定,单位有关人员为谋取单位利益组织实施盗窃行为,情节严重的,应当依照我国《刑法》第264条的规定以盗窃罪追究直接责任人员的刑事责任。同时,根据1998年最高人民法院《关于审理拒不执行判决、裁定案件具体应用法律若干问题的解释》第4条的规定,负有执行人民法院判决、裁定义务的单位直接负责的主管人员和其他直接责任人员,为了本单位的利益实施本解释第3条所列行为之一,造成特别严重后果的,对该主管人员和其他直接责任人员依照我国《刑法》第313条的规定,以拒不执行判决、裁定罪定罪处罚。可见,司法解释的一贯操作办法是提高追诉标准追究直接责任人员的刑事责任,故对于单位实施的危害计算机信息系统安全犯罪,也应按此操作。

(2)以单位形式实施危害计算机信息系统安全犯罪的司法认定规则。根据《计算机犯罪解释》第8条的规定,以单位名义或者单位形式实施危害计算机信息系统安全犯罪,达到本解释规定的定罪量刑标准的,应当依照我国《刑法》第285条、第286条的规定追究直接负责的主管人员和其他直接责任人员的刑事责任。从表面上分析,上述规定实际上延续了司法解释处理单位实施纯正自然人犯罪定罪处罚规则的一贯思路,并且,基于严惩危害计算机信息系统安全犯罪的考量,采用与个人犯罪、共同犯罪相同的定罪量刑标准直接追究相关单位人员的刑事责任。但是,笔者认为,网络犯罪司法实务中不能机械地理解与贯彻《计算机犯罪解释》第8条的规定,应当深入运用单位犯罪刑法原理,全面把握侵害信息网络安全犯罪的相关刑法条文关系,区分不同情形细致梳理以单位形式实施危害计算机信息系统安全犯罪行为的定罪处罚规则。

首先,应当准确把握涉案危害计算机信息系统安全犯罪行为是否具有单位犯罪的

---

〔1〕参见周道鸾等:《刑法实务若干问题研究》,载张军主编:《刑事审判参考》(2004年第1辑·总第36辑),法律出版社2004年版,第136~137页。

〔2〕参见孙军工:《〈关于审理单位犯罪案件具体应用法律有关问题的解释〉的理解与适用》,载《刑事审判参考》(1999年第3辑·总第3辑),法律出版社1999年版,第88页。

组织结构。

单位犯罪本质上是一种广义的共犯结构。单位中具有法人代表权的成员基于单位利益实施相关犯罪行为,不仅存在单位成员之间整合而成的单位集体犯罪意志,而且存在单位成员个体与单位整体之间意思沟通。构成单位犯罪应当符合此类共犯结构的法律特征。我国刑法理论一般认为,单位犯罪是公司、企业、事业单位、机关、团体为本单位谋取非法利益,由单位决策机构按照决策程序决定,由直接负责的主管人员与其他直接责任人员具体实施的犯罪。[1] 适用《计算机犯罪解释》第 8 条的前提是"以单位名义或者单位形式实施危害计算机信息系统安全犯罪",司法机关必须严格审查这种情况是否符合单位犯罪的规定。

以单位名义或者单位形式实施的危害计算机信息系统安全犯罪不能一律认定为单位犯罪。根据 1999 年最高人民法院《关于审理单位犯罪案件具体应用法律有关问题的解释》第 3 条的规定,盗用单位名义实施犯罪,违法所得由实施犯罪的个人私分的,依照刑法有关自然人犯罪的规定定罪处罚。故假借单位名义实施危害计算机信息系统犯罪,根本不存在单位犯罪意志,相关成员也没有单位代表权,不是单位犯罪;以单位形式实施危害计算机信息系统犯罪,违法利益由实施相关犯罪行为的单位成员私分,单位没有获取非法利益的,是以单位形式掩盖个人犯罪、自然人共同犯罪实质,同样不能认定为单位犯罪。对于此类以单位名义或者单位形式实施的危害计算机信息系统安全犯罪且不符合单位犯罪法律特征的情形,《计算机犯罪解释》第 8 条规定追究直接负责的主管人员和其他直接责任人员的刑事责任,实际上是根据网络犯罪技术含量高、犯罪环节分散化的特点,按照单位犯罪事实结构分析自然人共同犯罪的一种操作办法与规范指引,旨在合理限定承担网络共同犯罪责任的范围。

其次,应当厘清侵害信息网络安全犯罪相关刑法规范的法条关系,运用竞合犯原理对危害计算机信息系统安全单位犯罪进行定罪处罚。

以单位名义或者单位形式出现的犯罪行为,只有符合单位集体意志特征且违法利益归单位所有,才能认定为单位犯罪。由于我国《刑法》第 285 条、第 286 条规定的相关危害计算机信息系统安全犯罪没有设置单位刑事责任条款,对于危害计算机信息系统安全行为构成单位犯罪的情形,不能直接对相关单位成员以《刑法》第 285 条、第 286 条的规定进行定罪处罚,也不能直接认定其不构成犯罪,而应当全面考量相关单位犯罪是否符合其他刑法条文规定。

根据我国《刑法》第 287 条的规定,利用计算机实施金融诈骗、盗窃、贪污、挪用公款、窃取国家秘密或者其他犯罪的,依照本法有关规定定罪处罚。这是网络犯罪与其他经济犯罪法条竞合情形下的法定处断原则。根据《刑法》第 253 条的规定,窃取或者以其他方法非法获取网络金融服务身份认证等公民个人信息,构成非法获取公民个人信息罪,且该条明确规定了单位犯罪的刑事责任。所以,以单位名义或者单位形式获取支

〔1〕 参见张明楷:《刑法学》(第 3 版),法律出版社 2007 年版,第 131 页。

付结算、证券交易、期货交易等网络金融服务的身份认证信息，构成单位犯罪的，应当按照《刑法》第253条非法获取公民个人信息罪定罪处罚，对单位判处罚金，对相关责任人员判处3年以下有期徒刑或者拘役，并处或者单处罚金。

最后，单位实施危害计算机信息系统安全犯罪且刑法相关条文均没有规定单位犯罪刑事责任的，在达到相关网络犯罪定罪量刑标准的情况下，可以对主管人员或直接责任人员进行定罪量刑。但应当充分考量犯罪利益归属于单位而未直接获取个人违法所得的事实，在量刑环节对相关责任人员进行从宽处理。

虽然《刑法》明确规定公司、企业、事业单位、机关、团体实施的危害社会的行为，法律规定为单位犯罪的，应当负刑事责任。对此，笔者认为，根据罪刑法定原则，法律没有规定为单位犯罪的，例如《计算机犯罪解释》中涉及的相关网络犯罪，只是表明对实施此类行为的单位不能追究刑事责任，即单位主体具有刑事不可罚性。基于单位利益而由单位成员相互作用共同实施的危害信息网络安全的行为，实际上具备了自然人共同犯罪的共犯结构特征，符合《刑法》第285条、第286条规定的，追究相关自然人的刑事责任，即使不提高追诉标准，亦不违反罪刑法定原则。所以，《计算机犯罪解释》第8条的规定具有坚实的合法性基础。

相对于个人或者普通共同犯罪而言，单位组织结构下实施的危害计算机信息系统安全行为的犯罪数额更大、犯罪组织性更稳定、对信息网络安全的破坏力更强，如果不予追究刑事责任，显然在法益保护力度上不够充分。同时，根据单位双层犯罪机制理论，在单位犯罪结构中，第一层次是单位犯罪的表层结构，第二层次是自然人共同犯罪的深层结构。[1] 其中，表层结构体现了单位人员对于单位整体的从属性；深层结构体现出单位人员个体行为与意志的独立性。单位人员以独立身份从事实践活动，明知行为社会危害性且拥有控制能力，为了单位利益实施犯罪行为，应当对行为承担刑事责任。[2]

因此，单位实施的危害计算机信息系统安全犯罪不能追究单位主体的刑事责任并不意味着司法机关只能根据单位刑事责任中的双罚制条款对单位人员进行刑事归责。单位成员通过技术、信息、资金等环节的分工共同实施危害计算机信息系统安全犯罪行为，共同犯罪故意内容在为单位谋取利益层面形成意思联络与目的统一。符合单位犯罪法律条件的危害计算机信息系统安全犯罪行为尽管不能追究单位责任，却客观现实地存在主管人员、直接责任人员之间的共犯结构与共犯关系。在单位无法直接构成相关危害计算机信息系统安全犯罪的情况下，在网络犯罪刑法解释上，可以穿越单位犯罪的表层结构，直接分析具有独立可罚性的单位成员共同犯罪的深层结构。对于达到《计算机犯罪解释》规定的相关危害计算机信息系统安全犯罪定罪量刑标准的，依照我

---

〔1〕 参见刘宪权：《中国刑法前沿问题研究》，人民出版社2005年版，第100～101页。

〔2〕 参见曹坚、罗欣：《双层次规范视角中的单位犯罪的共犯问题》，载《华东政法大学学报》2008年第4期。

国《刑法》第 285 条、第 286 条的规定追究直接负责的主管人员和其他直接责任人员的刑事责任。考虑到单位犯罪本质上是基于单位利益由单位成员直接实施的犯罪行为,相关自然人本身没有直接地从单位犯罪中获取违法所得,在量刑过程中有必要比照自然人犯罪刑罚量度适当从宽处罚。[1]

(二)网络知识产权犯罪的法律适用对策

网络知识产权犯罪是当前司法实践中亟须解决的法律适用疑难问题。其中,通过信息网络技术侵犯著作权显得尤为严重。现阶段互联网用户普遍通过 P2P 网站经营者支持的分散式传输技术享受其他终端提供的下载或者在线视听服务,这在法律性质上属于"信息网络传播权"控制的"网络传播行为"。《知识产权犯罪解释(二)》《关于办理侵犯著作权刑事案件中涉及录音录像制品有关问题的批复》(2007 年)均明确指出,通过信息网络传播作品的行为应当视为《刑法》第 217 条第 3 项规定的"复制发行"。据此,以营利为目的通过网络传播录音录像制品,违法数额较大或者有其他严重情节的,构成侵犯著作权罪,并不存在司法认定上的障碍。但是当终端用户通过网络未经许可传播录音录像制品构成侵犯著作权罪时,提供 P2P 技术的网站是否构成帮助犯并无定论。对于此类信息网络技术与刑法规范交织的知识产权犯罪问题,有必要在明晰相关技术环节的基础上提出符合刑法原理的司法判断规则。

1. 提供 P2P 网络服务的行为性质

P2P 网络服务,是指通过点对点分散式数据传输软件使用户直接连接到其他计算机或交换文件而非连接到服务器进行浏览与下载。P2P 网络服务传输系统的特色在于使用者必须在自己电脑内划出分享区,进入 P2P 系统必然要开放"共享区"让他人下载自己电脑内的档案,关闭任何一名用户的计算机都不会影响 P2P 软件从其他用户的计算机中搜索所需文件,这也使 P2P 网络传输速度相对多线程传输更为迅捷。

若 P2P 软件终端用户以营利为目的,未经著作权人授权,上传侵权录音录像制品的数据文件,通过 P2P 网络技术传输给其他终端用户,供其下载或者在线视听。对于 P2P 网络服务提供者的此种行为是否构成帮助犯,需要结合 P2P 技术的发展阶段来分析:

对于早期的 P2P 技术而言,终端用户使用 P2P 软件必须依赖于网络服务提供者提供的编目和检索服务。换言之,网络服务提供者与终端用户之间存在一种持续性关系,当前者明知用户正在利用其服务实施侵犯著作权的侵权或犯罪行为时,应采取措施阻止后者的行为。如果放任上述行为,怠于采取有效措施加以阻止,则是在具有主观故意的情况下,为侵权或犯罪行为提供了实质性帮助。因此,在这种情况下,P2P 网络服务用户在行为性质上构成侵犯著作权罪的实行犯,P2P 网络服务提供者因其提供编目、检索服务以及高速数据传输技术,符合侵犯著作权罪帮助犯的行为要素,是侵犯著作权罪的帮助犯。

---

[1] 参见谢杰:《危害计算机信息系统安全犯罪法律适用疑难问题研究》,载《信息网络安全》2011 年第 11 期。

目前发展到新阶段的 P2P 技术,已经完全摆脱对中心服务器的依赖,具有直接搜索其他同类软件用户计算机中"共享区"的功能,无须通过任何作为网络媒介的中心服务器进行文件搜索。在这种分散式点对点档案文件传输技术中,数据是在 P2P 网络服务用户之间直接进行交互,并未经过提供 P2P 交换技术的网站。但是,P2P 网络服务用户下载并安装 P2P 软件后,只有在运行 P2P 系统之后才能自动登录到 P2P 网站并在此平台上从事数据传输行为。在此种情况下,尽管 P2P 网络服务提供者的行为对实质的侵权内容信息均未有实际参与或有任何实际控制意图,但是,P2P 网站经营者提供协助网络传输服务与其网站用户成功地非法传输录音录像制品之间形成因果关系,在行为形式上与侵犯著作权罪的帮助行为相吻合。在有过错的情况下,从行为性质来说,网络用户构成侵犯著作权罪的实行犯,P2P 网络服务提供者亦是侵犯著作权罪的帮助犯。

2. 提供 P2P 网络服务的帮助故意

追究提供 P2P 网络服务提供者侵犯著作权罪帮助犯刑事责任的关键,在于正确辨识帮助故意。一般来说,帮助故意包括两个方面,即犯罪故意和帮助共犯的意思联络。

(1)犯罪故意。基于帮助传输侵权复制品的主观心理而提供 P2P 网络服务的犯罪故意表现为:

一是直接故意。具体可分为两种情况:提供 P2P 传输服务的网络服务提供者明知相关用户通过网络传播侵权作品,决意提供技术支持的(作为的帮助犯);提供 P2P 传输服务的网络服务提供者明知相关用户通过网络传播侵权作品,而不采取必要措施制止犯罪行为(不作为的帮助犯)。依据刑法理论,帮助行为既可以是作为,也可以是不作为。在法律上,对实行犯的犯罪行为具有防止义务的人,故意不履行该义务的,就是不作为的帮助犯。根据我国相关法律规定,[1]网络服务提供者在特定条件下,对于网络上的违法犯罪行为和有害信息负有采取技术措施制止、移除义务。网络服务提供者不制止、移除相关内容即存在构成不作为犯罪的可能性。这点在网络著作权犯罪领域得到了立法支持。

二是间接故意。即网络服务提供者认为相关用户可能传输侵权复制品,放任侵犯著作权后果的发生。需要注意的是,2006 年最高人民法院《网络著作权纠纷解释》第 4 条、2006 年国务院《信息网络传播权保护条例》第 23 条、2008 年 12 月提交全国人大常委会审议的《侵权责任法(草案)》第 34 条规定的主观过错是"明知",即只有在明知的情况下方可构成间接侵权。但是在刑法领域,在不"明知"的情况下,亦可构成间接故意。理由如下:根据《刑法》第 217 条,侵犯著作权罪的构成须"以营利为目的",如果行为人通过网络传播侵权作品的目的并不存在或不明确,但是由于追求商业利益目的的存在,其对自身的行为客观上帮助了侵权人传播侵权作品仍然是有明确认识的。根据

---

〔1〕 参见 2000 年全国人民代表大会常务委员会《关于维护互联网安全的决定》第 7 条、2006 年最高人民法院《网络著作权纠纷解释》第 4 条、2006 年国务院《信息网络传播权保护条例》第 23 条、2008 年 12 月提交全国人大常委会审议的《侵权责任法(草案)》第 34 条。

刑法理论,这与明知自己的行为可能发生危害社会的结果,并且放任这种结果发生的心理态度是相吻合的。

(2)意思联络。作为侵犯著作权犯罪的帮助犯,对共同故意的考察除了犯罪故意外,还需要对意思联络加以探讨。也就是说,共犯人认识到自己不是在孤立地实施犯罪,而是在和他人一起共同犯罪。只有通过意思联络,各共同犯罪人的个人犯罪故意,才能结合成一体,形成共同犯罪故意。为了全面理解 P2P 服务中侵犯著作权共犯的意思联络问题,有必要考察与其相关的网络著作权侵权法理论,梳理相应的法律关系。

鉴于逐一追踪 P2P 网络用户并追究其法律责任将产生不合理的司法资源消耗,加之难以找到匿名用户,无法准确衡量赔偿价值并实际获得赔偿,因此,追究有过错的 P2P 网络服务提供者的责任即成为在网络环境下保护著作权的最佳手段,也就产生了"间接侵权"责任。"间接侵权",是指行为人没有直接实施专有权利的控制行为,而是故意引诱、教唆他人实施直接侵权或者是知晓他人侵权或直接侵权时,提供实质性的帮助,则间接和直接侵权人承担连带责任。[1] 在美国法上,"间接侵权"分为两种情况:一是因"帮助侵权"(contributory infringement)而承担责任,即如果在明知他人行为将构成著作权侵权的情况下,实质性地帮助他人从事侵权行为,应为他人的侵权行为承担责任。二是"替代责任"(vicarious liability),即当某人具有监督他人行为的能力和权利,却没有及时发现和制止他人的侵权行为,并从中获得了直接经济利益时,也应为他人的侵权行为承担责任。具体到网络服务提供者,如果网络服务提供者明知他人利用其服务实施侵权,应采取各种措施加以阻止;如果其对网络用户的侵权行为辅以帮助或怠于采取合理措施阻止侵权行为的继续或防止侵权后果扩大,则将符合"间接侵权"中"帮助侵权"的构成要件。

需要指出的是,从侵权过错的角度深入分析,以上规定较为原则,概括规定不利于心理状态的确定,这也是"间接侵权"从理论回归实践的最大障碍。为此,美国法院通过判例确立了"实质性非侵权用途"的标准考察网络服务提供者的主观心理。该标准的设立意在限制 P2P 网络服务提供者的侵权责任。根据索尼案确立的"实质性非侵权用途"标准,当某一工具或服务具有实质性的非侵权用途时,不能仅以该工具或服务被人用于实施侵权,而推定工具或网络服务提供者有意帮助此人侵权。而 P2P 的技术本质决定了其帮助侵权的可能性,如果就此推定网络服务提供者提供 P2P 服务的目的就是帮助他人侵权,将导致 P2P 发展的停滞。因此,"实质性非侵权用途"即成为网络著作权领域的违法性阻却事由。

将视线放远,如果间接侵权主体的侵权行为已达入罪标准,其罪名判定已不存在障碍,那么问题的关键就落到了与侵权过错相对应的主观方面判定上。同为主观方面的研究,以上从侵权法视角的分析,对探讨刑事法领域内的相关问题颇具参考价值。在共

---

〔1〕 参见王迁:《P2P 软件提供者的帮助侵权责任——美国最高法院 Grokster 案判决评析》,载《电子知识产权》2005 年第 9 期。

同犯罪意思联络层面上需要探讨的是网络服务提供者"提供网络服务"的正当性("非实质性侵权用途"的合理性)和"提供实质性帮助"的主观心态,与上述两点相对应的刑法理论分别是正当业务行为与片面共犯,以上两个问题均是判断意思联络存在与否的考量因素。

我国《刑法》仅将正当防卫与紧急避险规定为排除犯罪性行为,但刑法理论普遍认可执行命令、正当业务行为等超越规范的正当化事由是阻却犯罪的事由。其范围必须依据客观事实与社会相当性,参考特定职业的知识、技术与经验,根据具体业务的性质、目的与执行方法进行综合判断。因此,正当业务行为并不需要在刑法原理的封闭性框架内加以判断,而是凭借被社会接受与遵守的职业规范进行解释。衡量是否属于正当业务行为的实质标准在于允许的风险,而风险是否具有可允许性必须从业务行为的社会意义进行分析。刑法规范并没有使业务行为在社会相当性与职业相当性层面失去正当效力,而是补充相关概念,使具体化的正当业务行为不会与刑法规范的禁止性内容相抵触。通过正当业务行为排除犯罪性质,对意思联络的存在加以否定,不仅为网络技术服务单位自由从事业务活动松解了犯罪风险桎梏,而且为刑事司法正义对社会关系与生活利益追求进行了谦抑规制与合理调整。

具体到网络环境下,对网络服务提供者提供网络服务是否为正当业务行为进行展开。"实质性非侵权用途"的标准是阻却间接侵权违法性的理由。在刑法领域,提供网络服务确实为侵犯著作权的实行犯创造了条件,但是无论犯罪行为是否存在间接侵权人仍须为不特定的公众提供网络服务。即如果向他人提供既可被用于犯罪,又具有合法用途的网络服务(实质性非侵权用途),而且服务实际被用于犯罪,提供者的上述行为是否属于刑法理论中的正当业务行为,是否可以被推定具有帮助犯罪的意思联络,从而应为提供犯罪手段而承担刑事责任是个颇有研究价值的问题。

首先,关于正当业务行为的界定。笔者认为,就以上疑问而言,网络服务经营者能够基于不同形式的推广行为与经营方式而符合侵犯著作权共同犯罪的意思联络,不免引起知识产权犯罪刑事责任范围过度宽泛的疑虑,理应就网络服务中的正当业务行为予以明确,对入罪标准加以限制。一是要筛选促进实行行为的犯罪意图。网络服务行为往往不取决于用户的主体情况与传输情况,网络服务提供者完全出于自己的目的从事业务行为。网络服务提供者只是在考虑自身利益与市场竞争的前提下执行业务,并非完全具有促进用户非法数据传输行为的意思联络,故仅可抽离具备促进实行犯侵权意思的行为主体。网络传输属于中性技术,网络软件与技术服务本身并没有合法与非法的问题,关键是分析网站经营者怎样使用该项技术。也就是说,网络传输如果属于不具有集中帮助促进犯罪作用的中性行为,就没有意思联络。二是要通过刑法实质解释排除犯罪性质。尽管存在合理性争议,《刑法》第 13 条的"但书"规定确实在规范层面为犯罪构成要件外的刑法实质解释提供了现实依据。网络服务作为提高传输速度的技术具有正当业务行为的社会相当性,根据利益权衡原则,能够认可其为社会创造的积极利益。网络服务协助快速传输侵权复制品符合侵犯著作权罪的构成要件,却可以通过超越规范的正当业务行为理论进行实质解释,排除犯罪性,亦无意思联络。

其次,关于正当业务行为的例外。"实质性非侵权用途"应用至 P2P 网络服务提供者时遇到了司法认定障碍。从索尼案判决书的文字表述上来看,这一标准存在缺陷:该标准将产品能够具有一种潜在的"实质性非侵权用途"作为产品提供者的免责充分条件。该条件过于宽松,就 P2P 服务而言,其存在的功能即决定了合法信息内容的传递可能性。因此,该标准几经演变,美国最高法院在米高梅诉科罗科斯特案中将该标准的适用加上了一个严格的前提——如果销售者帮助他人侵权的意图已得到了证明,则根本没有"实质性非侵权用途"标准的适用余地。具体到网络侵犯著作权罪帮助犯中,只有在网络服务提供者帮助他人的意思联络已被证实的情况下,方可排除正当业务行为(实质性非侵权用途)的适用。其他情况下,应考虑间接侵权行为与犯罪的关联性,并对意思联络的认定加以限制。而 P2P 网络服务提供者能否主张正当业务行为排除犯罪性,必须依据特定网站的经营形式来认定是否属于从事社会所允许的正当行为或者制造可允许的风险。笔者认为,P2P 网络服务提供者在提供网络服务过程中附带性地向用户介绍如何使用软件下载受著作权法保护的录音录像数据文件,可以认为其积极地鼓励用户非法下载或在线视听数据文件。这样就超越了社会正当性的界限,是有意教唆和引诱他人侵权,应认定具有意思联络,进而排除正当业务行为的适用。

依据我国现行刑事法律,在刑事法律关系中可分为 3 种情况:一是网络服务提供者与实行犯拥有相同的犯罪故意,存在意思联络。二是 P2P 网络服务提供者为了招揽用户或提高点击率等营利目的,在明知犯罪行为存在的情况下,而对侵犯著作权罪的实行犯加以帮助(或未采取必要措施),实行犯对此不知情。以上两种情况均可认定,作为间接侵权主体的 P2P 网络服务提供者对于侵犯著作权犯罪具有直接故意。三是网络服务提供者在不存在犯罪故意或犯罪意图不明确的情况下,对实行犯提供了网络服务,促成了犯罪结果的产生。这种情况下,间接侵权主体的犯罪故意可能是间接故意。

具体到意思联络层面,不难发现,除了第一种情况可直接认定 P2P 网络服务提供者具有帮助犯的意思联络外,其他两种情况的意思联络相对复杂,有必要区分情况加以阐述:对于第二种情况,由于实行犯单方面的意思联络缺乏,笔者认为属于典型的片面共犯,应对知情的作为间接侵权人的 P2P 网络服务提供者适用共犯的处罚原则,对不知情的实行犯不实行共犯的处罚原则,单独定罪处罚;而对于第三种情况,在存在间接故意的前提下,实行犯与作为间接侵权人的 P2P 网络服务提供者均无意思联络,不具有共同故意,对实行犯和间接侵权人均应当单独定罪量刑。

3. P2P 网络服务提供者帮助故意的司法判断

(1)犯罪故意层面的考察

虽然网络服务提供者的主观心理难以把握,但检察机关可以证明 P2P 网络服务经营者对用户非法传输侵权复制品的行为存在"明知"。由于 P2P 网络传输服务采用集中式目录系统,经营者可以设置具有筛选效果的过滤机制,使用授权档案清单对传输文件进行比对,经由特定时间节点某特定用户输入的录音录像制品信息,P2P 网络服务经营者即可知道用户所要下载或在线视听的音乐、电影或者电视剧是否受到著作权保护，能够了解该文件是否经过著作权人授权。由于现阶段网络管理行政规范对 P2P 网络服务经营者过滤机制问题没有进行强制性规定，尚未设置筛选系统的，需要转而考虑其是否具有帮助实施侵犯著作权犯罪行为的间接故意。

检察机关可以查证依靠 P2P 网络服务传输的侵权复制品数据文件在所有业务行为中的比例。客观上被用来从事非法下载或者在线视听的比例高于合法传输数据的，不仅可以确认 P2P 网络服务经营者以协助传输歌曲 MP3 文件、电影或电视剧 RMVB 文件等为主要业务，而且能够充分证明其明知多数使用行为系非法传输侵权复制品而予以放任。P2P 网络经营者有权根据业务行为的信赖原则主张其协助数据传输的行为属于法律所允许的风险，不能被刑法规范评价为侵犯著作权罪的帮助行为。然而，P2P 网络服务超过半数的业务数量属于支持非法传输数据的证据表明，网络经营者在对自己业务合法性状况承担注意义务的前提下，通过其协助传输行为实质性地提升了著作权被犯罪行为侵犯的风险，放任危害行为的发生，在主观构成要件层面具有刑事归责的基础。

（2）意思联络的考察

由于网络共同犯罪人之间的意思联络达成，无论在方式上还是内容上均较传统共同犯罪远为复杂。意思联络的认定本身就相当困难，需要客观行为的印证。以下笔者列举应用最多的网络服务技术，以期使对间接侵权人的意思联络认定更具可操作性：第一，如果帮助行为的本意在于加快合法数据传输速度，有助于网站合法经营，即使享用网络服务的用户以此技术实现侵犯著作权罪，也能够排除意思联络的存在；第二，如果 P2P 网络服务提供者的协助数据传输行为是消极的，在接受用户请求的情况下才提供网络服务，帮助行为的规范意义与社会价值就不局限于为实现侵犯著作权罪提供技术条件，可以认定不存在意思联络；第三，如果 P2P 网络服务提供者有计划地利用商业广告等各种推广手段吸引网络用户使用其软件下载或在线视听受著作权保护的录音录像制品，或者在网站设置积分回馈机制，鼓励用户下载或者上传侵权音频、视频文件，帮助行为除促成犯罪外没有其他社会意义，则具有意思联络。〔1〕

（三）网络赌博犯罪的法律适用对策

赌博犯罪是一种传统的扰乱社会秩序犯罪。但是，随着信息网络技术的不断发展，网络赌博犯罪集团的持续渗入，我国网络赌博犯罪逐渐成为赌博犯罪的最主要的表现形式之一。在司法实践中，网络赌博犯罪的认定存在诸多疑难问题，有必要有针对性地研究法律适用对策。

1. 利用互联网发布赌博信息收取服务费行为的认定

网络赌博犯罪全面开展的首要环节便是网络赌博信息的发布，对于利用网络发布赌博或者博彩信息的行为如何认定，在司法实践中存在比较大的争议。

---

〔1〕 参见秦天宁、谢杰：《提供 P2P 网络服务：侵犯著作权罪帮助犯的刑事责任解析》，载《科技与法律》2009 年第 4 期。

实践中的典型案例表现为:2009 年 1 月,被告人陈某以尚城公司(经查该公司未经工商注册登记)总经理的名义,与某网络公司签署合同,先后向该公司申请了 FIFABET. COM、WINEUROFOOTBALL. COM、YINGCHAO LIANSAI. COM 等多个网络域名和空间,由该网络公司提供代理服务器进行网站技术运行。陈某未经电信、信息产业、工商、税务等部门许可,利用上述网站分别设置足球博彩信息浏览栏目,通过大规模的网页信息,提供英格兰超级足球联赛、西班牙甲级足球联赛、意大利甲级足球联赛、德国甲级足球联赛、苏格兰超级足球联赛等多个欧洲国家足球联赛的比赛即时信息、俱乐部及其球员信息、欧洲各大博彩公司公司赔率信息、焦点赛事胜负分析等足球博彩信息。被告人陈某在自己控制的网站上发布广告,宣称其公司派驻专人常驻欧洲各大足球联赛国家打探赛事情况及可能存在的假球内幕,并通过巨额资金投入购买 Bwin、William Hill、sportingbet 等欧洲最大的博彩公司提供的欧洲足坛内幕信息,可以保证其提供分析的准确率在 80% 以上。同时,陈某还在国内足球报刊上刊登宣传广告。陈某采取会员付费制以及收取场次信息服务费的方式,通过 21 个银行账户收取足球博彩信息费,会员费每月 1888 ~ 3888 元,收取场次信息服务费 300 ~ 800 元。2010 年 2 月案发时,陈某非法经营足球博彩信息经营额达 200 余万元,非法盈利数额为 150 余万元。

对于陈某利用互联网开设网站向会员发布足球博彩信息以及收取足球场次信息服务费的行为如何认定,在司法实践中存在认识分歧:第一种意见认为,陈某的行为构成开设赌场罪。在本案中,陈某建立的网站显然属于赌博网站,建立赌博网站的行为可认定为开设赌场,构成开设赌场罪。第二种意见认为,陈某的行为构成赌博罪。陈某向赌博者提供足球博彩信息,实际上帮助赌博者从事网络赌球活动,主观上也具有帮助他人赌博谋取利益的故意,应当认定其构成赌博罪。第三种意见认为,陈某的行为构成偷税罪。因为陈某利用互联网提供足球博彩信息,实际上不属于赌博行为,而是与赌博相关的非法产业,不能通过开设赌场罪追究刑事责任,而只能根据其偷逃税款数额追究其通过网站运营谋取非法收入行为的刑事责任。第四种意见认为,陈某的行为构成非法经营罪。陈某未经有关管理部门许可,擅自提供经营性互联网信息服务,违反国家规定,属于实施具有非法经营性质的行为,应当根据其非法经营数额以非法经营罪定罪处罚。

由于本案中陈某的行为涉及提供非法电信网络服务、逃避工商行政监管开设公司、偷逃税款、为赌球提供服务等多方面内容,牵扯开设赌场罪、偷税罪、非法经营罪等犯罪构成的此罪与彼罪关系问题,有必要予以深入分析,为实务部门打击与网络赌博有关的犯罪提供参考。笔者同意第三种意见,具体理由:

第一,"开设赌博网站"与"开设与赌博有关的网站"在行为性质上存在区别,前者属于开设赌场犯罪行为,后者不属于赌博类犯罪行为。《刑法修正案(六)》对《刑法》第 303 条赌博罪进行修改,将开设赌场分立出来另设一款,并将法定刑升高,最高可处 10 年有期徒刑。开设赌场罪不再要求具备赌博罪必备的"以营利为目的"构成要件。根据 2005 年 5 月 12 日最高人民法院、最高人民检察院联合发布的《关于办理赌博刑事案件具体应用法律若干问题的解释》(以下简称《赌博犯罪解释》)第 2 条的规定,在计算机网络上建立赌博网站,或者为赌博网站担任代理,接受投注的,属于我国《刑法》第303条规定的“开设赌场”。基于上述规定,实践中有观点认为,在网络上建立赌博网站的,应当认定为开设赌场罪。

应当注意的是,赌博网站的解释不应当不区分情况进行“一刀切”的扩张性解释。赌博网站应当是对赌博者提供赌博对象、方式以及网络下注服务的网站。在本案中,陈某开设的网站并不是赌博网站,而是与赌博有关的网站。因为其开设的网站本身并不提供赌球服务,也没有开设任何盘口、设定任何赔率、接受赌资等行为。陈某开设的一系列网站是为赌博者提供信息服务,从而协助赌博者能够全面了解赌球信息。在司法实践中,如果查明行为人建立了赌博网站,发展一定数量的赌客,存在投注资金往来,可以认定构成开设赌场罪。但是,本案中陈某的行为不符合开设赌场罪的构成要件。

同时,陈某的行为不符合赌博罪共犯的构成要件。《赌博犯罪解释》第4条规定,明知他人实施赌博犯罪活动,而为其提供资金、计算机网络、通信、费用结算等直接帮助的,以赌博罪的共犯论处。基于此,实践中有的办案人员认为,陈某明知他人从事赌博活动而向其提供足球博彩信息,应当属于赌博罪共犯。但是,构成赌博罪共犯必须是提供资金、计算机网络、通信、费用结算等直接帮助而非间接帮助。陈某提供足球博彩信息充其量只能是间接帮助。同时,陈某发布的足球博彩信息并不足以组织赌博活动。事实上,部分会员购买足球博彩信息后未从事赌博活动,而是购买体育彩票。因此,陈某的行为不构成赌博罪。

第二,开设网站提供足球博彩信息服务谋取利益偷逃税款,不能构成偷税罪。《刑法修正案(七)》对《刑法》第201条偷税罪作了重大修改,修改后的偷税罪的刑法规定为:纳税人采取欺骗、隐瞒手段进行虚假纳税申报或者不申报,逃避缴纳税款数额较大并且占应纳税额10%以上的,处3年以下有期徒刑或者拘役,并处罚金;数额巨大并且占应纳税额30%以上的,处3年以上7年以下有期徒刑,并处罚金。扣缴义务人采取前款所列手段,不缴或者少缴已扣、已收税款,数额较大的,依照前款的规定处罚。

可见,根据我国《刑法》的规定,偷税罪的主体是纳税人,即法律、法规规定的负有纳税义务和扣缴义务的单位和个人。在本案中,陈某未经工商管理部门许可,私设网站进行营利活动,属非法经营的性质,在法律上不负有纳税义务,不符合《刑法》规定的偷税罪主体资格的要求,依法不能以偷税罪论处。

第三,利用互联网发布足球博彩信息牟利的行为应以非法经营罪定罪处罚。根据我国《刑法》第225条的规定,非法经营罪以行为人违反国家规定为构成要件,国家规定包括全国人民代表大会及其常务委员会制定的法律和决定,国务院制定的行政法规、规定的行政措施、发布的决定和命令。其中,有的规定了刑事责任条款,有的没有规定刑事责任条款。

本案中陈某的行为属于经营互联网信息服务,应当根据国务院《互联网信息服务管理办法》判断其行为是否属于非法经营罪中的“违反国家规定”。根据《互联网信息服务管理办法》的规定,经营性互联网信息服务,是指通过互联网向上网用户有偿提供信息或者网页制作等服务活动。国家对经营性互联网信息服务实行许可制度。从事经营性互联网信息服务,应当向省、自治区、直辖市电信管理机构或者国务院信息产业主管部门申请办理互联网信息服务增值电信业务经营许可证。申请人取得经营许可证后,应当持经营许可证向企业登记机关办理登记手续。未取得经营许可证,擅自从事经营性互联网信息服务,由省、自治区、直辖市电信管理机构责令限期改正,有违法所得的,没收违法所得,处违法所得3倍以上5倍以下罚款;情节严重的,责令关闭网站。

由于《互联网信息服务管理办法》并没有规定实施非法经营互联网信息服务行为情节严重应当追究刑事责任,实践中对于陈某的行为是否应当认定为非法经营罪存在认识分歧。笔者认为,非法经营罪中的前置性法律法规中是否明确设定刑事责任条款不影响非法经营罪的司法认定。只要行为人主观上认识到其行为违反国家规定,客观上实施了非法经营活动,情节严重,就可以认定其行为符合非法经营罪构成要件。即使该国家规定中未明确规定此类行为的刑事责任,也应当依法按照非法经营罪定罪处罚。

在本案中,陈某利用互联网开设网站,有偿向上网用户提供足球博彩信息谋取非法经营利润,属于非法经营行为。根据《互联网信息服务管理办法》的规定,从事经营性互联网信息服务,应当办理经营许可证及登记手续并取得营业执照副本(网络版)。陈某未经有关部门许可,利用私设的网站有偿向上网用户提供足球博彩信息,非法经营数额高达200余万元,情节特别严重,严重扰乱社会正常管理秩序,属于我国《刑法》第225条第4项规定的其他严重扰乱市场秩序的非法经营行为,构成非法经营罪。

2. 网络赌博犯罪中帮助收取赌资行为的认定

收取赌资是网络赌博犯罪中的一个重要环节。但是收取赌资行为的表现方式有很大差异,如何予以准确认定,需要根据不同的情况确定法律适用规则。

实践中出现的具有代表性的疑难案例表现为:2011年年初,张某向王某某提出需要网络赌球账号,王某某遂将张某介绍给“皇冠赌博”网站代理人徐某某。在王某某的陪同下,张某和徐某某经商议约定,张某可以获得该管理账号内投注金额的1.2%及参赌者所输金额的10%,作为发展下家参与网络赌球的抽头,定期结算赌资。后徐某某从其持有的赌博管理账号中分设出一只下级管理账号交给张某。2011年3~4月,张某将从徐某某处获取的“皇冠赌博”网站管理账号中分设出2只会员账号,并发展周某、裔某某等多人参与网络赌博。2011年5~6月,王某某在明知是为徐某某和张某结算赌资的情况下,仍3次协助2人结算赌资人民币29万余元。其中,帮助徐某某给付张某赌资现金10万余元,用个人账户帮助徐某某划账给张某7万余元,用个人账户帮助徐某某收取张某账款12万余元。经查,王某某从徐某某处获得好处费6000元;徐某某抽头渔利数额累计30万余元;张某抽头渔利数额累计6万余元。

根据2010年最高人民法院、最高人民检察院、公安部《关于办理网络赌博犯罪案件适用法律若干问题的意见》(以下简称《网络赌博犯罪意见》)第1条的规定,利用互联网、移动通信终端等传输赌博视频、数据,组织赌博活动,为赌博网站担任代理并接受投注的,属于我国《刑法》第303条第2款规定的“开设赌场”行为,抽头渔利数额累计达到3万元以上的，属于“情节严重”，构成开设赌场罪。故对于上述案件中犯罪嫌疑人徐某某、张某的行为应当认定为开设赌场罪，实践中不存在争议。但是，对于犯罪嫌疑人王某某协助赌博网站代理之间款项结算的行为如何定性，实践中存在较大的认识分歧：

第一种观点认为，协助赌博网站代理之间款项结算属于开设赌场罪的共犯行为。在网络赌博犯罪中，通过网络赌博赢取的款物均属于赌资。在上述案件中，徐某某和张某同为“皇冠赌博”网站的代理人，无论是帮助上级代理徐某某收取张某的赌资，还是帮助下级代理张某收取徐某某的赌资，都属于帮助赌博代理人收取赌资的行为，均为赌博网站运营赌博犯罪活动提供了帮助行为。行为人无论是帮助上家收取赌资，还是帮助下家收取赌资，其行为所产生的社会危害性是同等的。所以，应当合并计算犯罪嫌疑人王某某3次收取赌资的数额即29万余元。由于其超过了网络赌博犯罪共同犯罪中帮助收取赌资20万元的起刑点标准，故构成开设赌场罪的共犯。

第二种观点认为，构成开设赌场罪共犯的帮助收取赌资行为应限定为协助上家收取下家赌资。网络赌博犯罪中的协助收取赌资行为，是指帮助赌博网站从赌博参与者中收取赌博资金，即收取赌资具有单向性，是指赌资从下家流向上家。故在司法实践中应当根据赌博钱款的去向进行区分，单向认定收取赌资的金额。只有帮助上家收取下家赌资的行为，才属于刑法及司法解释规定的收取赌资的行为。上述案例中，王某某帮助徐某某交给张某的17万余元属于“支付”赌资而非“收取”赌资。所以，在王某某协助赌博网站代理之间款项结算的三次收取行为中只有一次属于协助收取赌资，即犯罪嫌疑人王某某帮助徐某某收取张某12万元。因为其未达到开设赌场罪共犯的起刑点，不构成犯罪。

根据《网络赌博犯罪意见》第2条的规定，明知是赌博网站，而为该赌博网站提供资金支付结算服务，收取服务费数额在1万元以上或者帮助收取赌资20万元以上的，构成开设赌场罪的共同犯罪。上述案例中的争议焦点在于，如何具体认定帮助收取赌资行为。行为人帮助收取赌资，可以涵盖赌资收付流转的双向环节，还是只能限定于帮助上家单向收取下家赌资？笔者认为，帮助收取赌资行为构成开设赌场罪的共犯，本质依据在于行为人在明知是赌博网站的主观故意基础上，客观上对赌博网站的运营提供了帮助和便利。对于赌博网站运营而言，赌博资金流转是核心环节之一，赌资流转不仅是指在参赌者输钱后获取赌资牟利，而且包括在参赌者赢钱后实际直接向其支付或者通过代理支付赌博利益。资金从赌博网站上家流向下家是稳定并发展赌博网站成员最关键的因素之一。因此，帮助收取赌资包含赌资流转的双向结算。在上述案例中，犯罪嫌疑人王某某帮助赌资在上家与下家之间实现稳定流转，犯罪数额应当合并认定共计29万元，达到犯罪标准，构成开设赌场罪的共犯。具体论证理由在于：

第一，网络赌博犯罪司法解释并未在资金流向上对帮助收取赌资行为进行限定。在网络赌博犯罪司法实践中，赌博网站的非法运营主要涉及4个环节：(1)赌博网站的程序开发和技术维护；(2)赌博网站服务器介入互联网；(3)赌博网站的推销与广告；

(4)赌博资金的结算与流转。[1] 网络赌博犯罪中的技术、推广、资金等要素通常由不同的行为人完成,组合为赌博网站的运行基础。无论是开设网络赌博渠道,还是通过投注积极参与网络赌博,各种赌博行为均必须依靠赌资流动实现资金结算。《网络赌博犯罪意见》正是基于斩断赌博犯罪资金链条的目的,将为赌博网站提供资金结算便利明确规定为开设赌场罪的共犯行为。

根据《网络赌博犯罪意见》第2条的规定,为赌博网站提供资金结算构成开设赌场共犯,主要有两种情况:一是收取服务费数额在1万元以上;二是帮助收取赌资20万元以上。故帮助收取赌资是为赌博网站提供资金结算服务的一种表现形式。由于赌资结算势必包括参赌者给付赌资与赌博网站给付赌资,而帮助赌博网站收取下注者交纳的赌资与帮助参赌者(代理)收取非法赢取的赌资,实际上都是"帮助收取赌资"。《网络赌博犯罪意见》没有必要对赌资的资金流向进行限定从而缩小"帮助收取赌资"的范围。因为这不仅没有全面地概括帮助收取赌资的实践内涵,而且不利于司法机关通过追究开设赌场共犯的刑事责任从而实现赌博网站资金链条的有效割裂。

2005年最高人民法院、最高人民检察院《关于办理赌博刑事案件具体应用法律若干问题的解释》(以下简称《赌博犯罪解释》)已经将结算赌资等直接帮助行为规定为赌博犯罪的共犯,同时,没有从区分赌资走向的角度限制帮助结算赌资类赌博犯罪的共犯范围。根据《赌博犯罪解释》第4条的规定,明知他人实施赌博犯罪活动,而为其提供资金、计算机网络、通讯、费用结算等直接帮助的,以赌博罪的共犯论处。虽然当时刑法没有分拆赌博罪,但上述司法解释已经明确对结算赌资的帮助赌博行为予以定罪,并且未将结算赌资进行单向或双向资金流转的区分。所以,从赌博犯罪司法解释一贯性与延续性的角度分析,帮助赌博网站提供资金结算便利不应当有资金流向的限制,作为协助赌资结算的具体表现形式,帮助收取赌资应指帮助赌博网站收取赌资或帮助参赌者(代理)收取赌博网站给付的赌资。

第二,协助赌博网站、赌博代理、参赌者实现赌资流转构成开设赌场罪的共犯。帮助赌博网站代理实现赌资结算是典型的辅助型网络赌博犯罪。[2] 由于网上开设赌场犯罪涉及赌博网站、赌博网站代理、参赌者多方当事人,赌资的资金流向在排列组成的情况下可以呈现多种表现形式。实践中判断帮助收取赌资行为是否属于辅助网络赌博,其关键在于分析以下核心要素:(1)行为人收取的是否属于赌资;(2)协助赌资结算的双方在赌博犯罪体系中的地位;(3)赌资结算者、协助赌资结算者之间的关系。从上述案例中的犯罪事实分析,犯罪嫌疑人王某某的行为完全符合辅助网络赌博的构成要素。

首先,犯罪嫌疑人王某某帮助收取的29万余元资金在性质上属于赌资。根据《赌

---

〔1〕 参见陈国庆等:《〈关于办理网络赌博犯罪案件适用法律若干问题的意见〉理解与适用》,载《人民检察》2010年第20期。

〔2〕 参见刘芷君:《网络赌博犯罪的刑法规制》,载《法商论丛》2007年第1期。

博犯罪解释》第6条的规定，赌博犯罪中用作赌注的款物、换取筹码的款物和通过赌博赢取的款物属于赌资。在本案中，犯罪嫌疑人徐某某和张某通过网络赌博账户输赢而产生的29万余元均属于赌资的范畴。

其次，犯罪嫌疑人王某某帮助结算赌资的双方均为赌博网站代理人。根据《网络赌博犯罪意见》第6条的规定，有证据证明犯罪嫌疑人在赌博网站上的账号设置有下级账号的，应当认定其为赌博网站的代理。在本案中，犯罪嫌疑人徐某某和张某均通过下设赌博管理账号分级管理参赌者及其下注，都应当认定为赌博网站的代理。犯罪嫌疑人王某某介绍徐某某和张某相识，并明知2人从事网络赌博活动且互相结算的资金属于赌资，仍然帮助赌博网站代理互相收取赌资。

最后，在网络赌博犯罪框架中，犯罪嫌疑人徐某某系上级代理，犯罪嫌疑人张某系下级代理，犯罪嫌疑人王某某在赌博网站代理人之间形成直接的上家与下家关系牵线搭桥，并为双方提供赌资结算便利，故3人之间构成网上开设赌场的共犯。犯罪嫌疑人王某某帮助行为的加功对象不仅是上级代理而且包括下级代理，其帮助收取赌资的行为从属于整个共同犯罪体系，不能割裂计算其帮助资金结算的犯罪数额。

因此，本案中赌资流转的形式表现为赌博网站代理互为结算资金，行为人帮助赌博网站代理相互收取赌资，构成开设赌场罪的共犯。

第三，网上开设赌博共犯行为的社会危害实质在于帮助赌博网站运营。关联性是决定相关帮助行为是否构成开设赌场罪的核心判断标准。在一般的“地面”赌博犯罪的共犯结构中，受雇在赌场中实施寻找赌博场所、接送赌客、抽头记账、护场、望风、兑换筹码、坐庄参赌、提供场所等直接与赌博有关联的行为并领取工资的，以开设赌场罪的共犯论处。[1] 故“地面”赌场中的开设赌场共犯认定具有直观性，其原因在于帮助行为与赌博行为具有直接关联。而在网络赌博犯罪的共犯结构中，赌博网站设置层层代理在客观上使各个帮助环节与赌博行为之间的关系间接化。这也是导致实践中有观点主张帮助收取赌资行为限定于帮助资金朝赌博网站方向流转的现实原因所在。毕竟帮助赌资从参赌者流向赌博网站与开设赌场罪实行行为之间的关联性更为直接与密切。

然而，从整个网络赌博的运行模式和社会危害性来看，对支付结算环节的打击，绝不可能停留于单向层面。在任何形式的赌博中，输与赢都是必然存在的两种客观结果，参赌者赌输后赌博网站获取赌资与参赌者赢后赌博网站支付赌资都是网络赌博赖以继续运行所不可或缺的重要环节。帮助收取赌资无关乎其直接关联的当事人是赌博网站，还是赌博代理，抑或是参赌者，只要其本质上帮助赌博网站实现赌资流转，都是网上开设赌场并使之顺利运行的帮助行为。结算支付赌资的社会危害实质体现在其协助赌博网站开拓资金结算渠道、实现赌资收付流转、保障赌博犯罪顺利进行。实践中不能机械地认为帮助赌资从上家流向下家属于帮助“支付”赌资而不是帮助“收取”赌资；尤其

---

〔1〕 参见邵海凤：《〈刑法〉第303条的司法适用及立法完善——以“两高一部”关于网络赌博犯罪司法解释为视角》，载《法治论丛》2011年第1期。

是在上家与下家都构成开设赌场罪的情况下,帮助上下家实现赌博资金流转,显然应当认定为帮助收取赌资从而构成开设赌场罪的共犯。

(四)网络淫秽信息犯罪的法律适用对策

最高人民法院、最高人民检察院于2010年2月3日联合发布《关于办理利用互联网、移动通讯终端、声讯台制作、复制、出版、贩卖、传播淫秽电子信息刑事案件具体应用法律若干问题的解释(二)》(以下简称《解释二》),厘清了网站建立者、直接负责的管理者、电信业务经营者、互联网信息服务提供者、广告主、广告联盟、第三方支付平台等各方在制作、复制、出版、贩卖、传播淫秽电子信息犯罪中应承担的刑事责任。《解释二》的出台有利于促进互联网的发展,保护未成年人健康成长。但是,由于司法实践中传播淫秽电子信息犯罪行为表现形式多样,实务部门对于如何根据司法解释处理此类案件仍然存在不少困惑,有必要结合实践深入分析相关疑难问题,为办案部门提供参考。

从近期最高人民法院以及全国各级司法机关发布的手机传播淫秽色情物品犯罪案件的情况来看,实践中处理的主要是供手机用户浏览黄色信息的网站,鲜有网络基础运营商或者网络接入运营商被追究传播淫秽物品牟利罪的刑事责任。[1] 司法认定的核心难点在于实务部门对于如何认定互联网信息服务提供者传播淫秽物品牟利罪的犯罪故意存在极大困惑。《解释二》第6条规定,"电信业务经营者、互联网信息服务提供者明知是淫秽网站,为其提供互联网接入、服务器托管、网络存储空间、通讯传输通道、代收费等服务,并收取服务费,具有下列情形之一的,对直接负责的主管人员和其他直接责任人员,依照刑法第三百六十三条第一款的规定,以传播淫秽物品牟利罪定罪处罚:(一)为五个以上淫秽网站提供上述服务的;(二)为淫秽网站提供互联网接入、服务器托管、网络存储空间、通讯传输通道等服务,收取服务费数额在二万元以上的;(三)为淫秽网站提供代收费服务,收取服务费数额在五万元以上的;(四)造成严重后果的"。可见,互联网信息服务提供者为网络终端用户提供传输技术享受其他终端提供的淫秽电子信息下载或者在线视听服务的网络不法行为,如果具有犯罪故意并对淫秽网站性质达到"明知"程度,其对网站电子淫秽信息怠于采取技术措施进行监管的行为,应当认定为传播淫秽物品牟利罪。具体的刑事责任表现形式为:传播淫秽物品牟利罪不作为共犯。互联网信息服务提供者属于为各类开放性网络提供信息传播中介服务的主体。与网络用户往往对信息的初始发送、接收、传输内容的接受享有不同程度的控制力不同,互联网信息服务提供者没有直接上传或传播信息或内容,只是起到传输平台的作用,而无实际控制力。在刑法上,互联网信息服务提供者可基于相同的犯罪故意和意思联络,网络服务用户传播淫秽物品牟利的行为符合犯罪构成的情况下,应当认定为网络用户的共犯。互联网信息服务提供者一般是为犯罪提供工具和媒介的行为主体,在共同犯罪中属帮助犯。具体来说,互联网信息服务提供者的服务行为帮助他人实现了犯

---

[1] 参见刘奕湛:《最高法院公布近期手机淫秽色情信息犯罪典型案例》,载《检察日报》2010年1月13日,第3版。

罪目的,使淫秽电子信息得以在网络空间向公众传播,在他人实施的犯罪行为中起到了帮助作用,应当作为帮助犯被追究刑事责任。未采取必要技术措施的行为,主观上放任犯罪发生,可被视为为他人传播淫秽物品犯罪行为提供实质帮助。

同时,根据《解释二》的规定,互联网信息服务提供者承担传播淫秽物品牟利罪。刑事责任的犯罪故意基础在于其对于网络用户传播淫秽物品的行为具有“明知”。在网络犯罪领域,互联网信息服务提供者的犯罪故意核心内容无法通过传统的刑法判断方式进行分析。判断互联网信息服务提供者是否明知网络用户传播淫秽物品,必须分析互联网信息服务提供者是否采取技术措施监督、发现以及屏蔽色情网络信息。

（五）网络财产犯罪的法律适用对策

利用网络技术实施财产犯罪是信息技术发展时代背景下的必然产物。由于网络空间的存在,财产与犯罪行为的属性存在不同的表现形式,这在客观上影响了网络财产犯罪法律适用的观点一致性,有必要通过对法律适用对策的研究予以明确。

1. 非法获取计算机信息系统数据后解码出售行为的认定

贩卖计算机信息系统数据是实践中经常出现的网络犯罪案件。对于此类行为如何定性,实践中存在很大的认识分歧。

典型案例表现为:2011 年 3 月中旬,王某登录上海甲软件有限公司运营的网络游戏的官方网站时,发现该网站存在系统漏洞。后王某使用软件以在服务器上建立隧道的方式非法侵入 A 游戏的服务器,并下载了部分游戏玩家数据库资料,主要为游戏玩家的用户名和密码。其间,陈某在明知王某上述行为后为其提供技术方面的帮助。

2011 年 3 月下旬,陈某与王某商议出售非法获取的网络游戏玩家数据库资料。后陈某通过朋友介绍认识了网名为“纵横网络”的人,双方经商议后以 5000 元的价格成交了一个区的网络游戏玩家数据库。此后,因“纵横网络”没有继续向陈某询问购买事宜,陈某、王某遂决定另行寻找买家。

2011 年 4 月初,陈某与朋友孟某通过 QQ 联系,谈妥以 20 万元的价格出售全部网络游戏玩家数据库资料。在孟某向陈某、王某支付了 20 万元以后,陈某通过 QQ 将网络游戏玩家数据库资料发给了孟某。孟某经上网测试,发现数据库信息不完整,并将情况告知陈某。次日,王某再次通过已经建立的隧道,非法侵入网络游戏的服务器,下载了剩余的数据库资料,并通过 QQ 发给陈某。陈某将接收的数据库转发给孟某。经核查,陈某、王某非法下载并出售网络游戏玩家的用户名和密码共计 400 万余条。

2011 年 4 月中旬,孟某伙同苏某等人将上述购得的数据库资料解码后,获得玩家用户名和密码并登录该网络游戏,盗取游戏玩家的游戏装备和游戏币,后通过网络出售牟利 3 万余元。

对本案中的陈某、王某非法侵入网络游戏服务器下载数据库资料的行为如何定性,孟某等人购买玩家数据库资料,解码后登录游戏窃取游戏装备、游戏币的行为如何认定,存在以下几种不同意见:

第一种意见认为,陈某、王某非法侵入国家事务、国防建设、尖端科学技术领域之外的服务器,下载数据资料的行为应认定为非法获取计算机信息系统数据罪。孟某等人利用玩家信息登录网络游戏,窃取游戏装备、游戏币等虚拟财产的行为应认定为盗窃罪。

第二种意见认为,孟某等人登录网络游戏,窃取虚拟财产的行为应认定为盗窃罪。而陈某、王某侵入服务器下载数据的行为系为孟某等人的盗窃行为提供犯罪工具,应当认定为盗窃共犯。

虚拟财产可以作为盗窃对象。基于以往的司法实践,已达成较为一致的认识,即认为虚拟财产是游戏玩家通过一定的时间,付出一定的劳动,投入一定的资金后产生的价值承载体,它也是劳动价值的一种表现形式。而随着网络的发展,虚拟财产的交易已经超越了时间、地域的局限。作为新型的劳动产物,完全符合普通财物的基本特征。同时,从犯罪的主观方面和客观行为看,对于虚拟财产的窃取往往有明确的故意和指向性。也就是说,希望通过秘密手段获得他人的劳动成果,非法占有受法律保护的合法财产。这完全符合盗窃罪的本质要求。这一行为已经超出了网络安全的侵害,与非法获取计算机信息系统数据罪的保护客体存在本质区别。

第三种意见认为,陈某、王某非法侵入服务器下载数据以及孟某等人登录游戏窃取虚拟财产的行为均符合非法获取计算机信息系统数据罪的构成要件,应以该罪定罪量刑。

虚拟财产能否作为盗窃对象不能一概而论;能够被解释为《刑法》上的"财物"的虚拟财产必须是具有确定且可以计算数额的财产性利益。本案中孟某等人窃取并销售玩家装备等难以认定为盗窃罪。但由于其作为非法获取计算机信息数据信息行为的事后销售牟利环节,不仅客观上帮助非法获取计算机信息系统数据谋取利益,而且主观上与非法获取计算机信息系统数据者形成了非法获取数据的意思联络,应以非法获取计算机信息系统数据罪的共犯论处。

在司法实践中,以计算机系统或网络作为犯罪对象或工具的网络犯罪案件呈现多发性状态,窃取网络游戏玩家信息进而窃取游戏虚拟财物的非法获取计算机信息系统数据、盗窃案件,制作、销售网络游戏外挂的非法经营案件,利用网络赌博、诈骗、非法经营黄金交易等行为对社会秩序以及公民财产权益造成较大危害。虽然在司法实践中,对于网络虚拟财产等问题已经总结了部分法律实务经验规则,但是,在部分案件中,对此类网络犯罪案件的定性、证明标准、法律适用等仍存在较大争议。

所以,有必要结合本案例的具体情况进行分析,研究共犯原理与应用、网络中虚拟财产的财产性质、网络盗窃的司法认定、盗窃数额的认定等与网络犯罪相关的疑难问题。在本案中,对于部分行为人非法获取计算机信息系统数据并将之非法销售、部分行为人对该批系统数据进行解码并转售的行为如何认定,笔者同意上述第三种意见,应当全部以非法获取计算机信息系统数据罪定罪量刑。

本案中的犯罪行为分为两个阶段:一是陈某、王某非法侵入网络游戏的服务器并下载了相关数据;二是孟某等人将这些数据进行解码并盗取游戏玩家的游戏装备和游戏币。其中涉及两种行为对象:一是网络游戏的数据信息;二是游戏装备和游戏币。存在争议的焦点问题在于这两类行为对象是否都具有财产属性,是否可以归为盗窃罪的犯罪对象?

对于网络虚拟财产能否认定为刑法意义上的财产或者财物,在刑法理论与实务中存在不同观点。肯定性观点认为,虚拟财产符合刑法意义上财产犯罪中财产性的要件,虚拟财产正以其无法抹杀的财产性而成为刑法所保护的对象。同时,刑法体系是相对封闭的,不能理解为只有刑法明确列举出来的才是明确规定。以财物为例,刑法不可能无穷列举,对财物的理解不能局限于列举规定。[1] 否定性观点认为,虚拟财产不具有普遍的价值,对于沉湎于游戏的玩家而言,虚拟财产可以价值千金,但对于局外人来说,价值连城的虚拟财产可能不值一文。虚拟财产是虚拟的,只能在特定游戏环境中存在,本身不具有价值。虚拟财产的财富无法回收,当游戏服务器关闭时,玩家无法将游戏中获得的虚拟财产现实回收。[2]

网络虚拟财产是否可以认定为刑法意义上的财产或者财物显然不能一概而论。例如,网络上流行的种菜与偷菜游戏,如果将这些网络中的"蔬菜水果"作为刑法意义上的财产,那么,这种偷菜行为是否属于盗窃行为?显然不能这么认为。因为虽然网络运营商在制定游戏规则的时候允许偷菜行为,但这只是一种游戏规则,而不是法律规范。结合本案的实际情况,网络游戏的信息数据不能作为刑法意义上的财物论处。非法侵入网络公司信息系统窃取此类信息数据,是网络犯罪而非财产犯罪的规制范围。同时,网络游戏中的这些装备的归属是根据网络运营商的游戏规则来划分的,但这种游戏规则不能取代法律规范,更不能将这种规则作为刑法规制的一种依据。因此,本案中无法将孟某等人的行为认定为盗窃行为,其本质在于游戏装备等网络虚拟财产难以认定为刑法意义上的财物。

判断网络虚拟财产是否具有刑法财物的性质,其理论前提在于区分民法意义上的财产和刑法意义上的财产。民法意义上的财产大体上包含物权、债权、智力成果、使用权、租赁权等。这几类都要求财产的取得和占有具有合法性的特点,即要有具体的法律加以规定并确认其合法地位。而刑法是作为保护社会秩序、人身、财产安全等的最后一道屏障,如果民事法律可以解决的问题,最好不要进入刑法规制范围,否则有滥用国家刑罚权之嫌。从网络游戏运行的基本情况分析,网络游戏玩家与网络游戏运营商之间本质上是一种服务合同关系。也就是说,玩家通过支付运营商认可的财物,获取运营商提供的游戏服务。网络游戏运行过程中的账号、设备、虚拟人物、游戏币等只是合同双方之间实现合同最终目的的媒介,无法认为其本身具有直接的、可用货币计量的价值。行为人通过非法方式窃取网络游戏玩家的武器设备、游戏币等,实际上是侵犯了合同(债权)的顺利实现,属于民法上的第三人侵害债权行为,理应承担的是一种民事侵权责任。对于出现在网络世界的纠纷行为或者扰乱秩序行为,在罪刑法定原则的指导下,

---

〔1〕 参见赵秉志、阴建峰:《侵犯虚拟财产的刑法规制研究》,载《法律科学》2008 年第 4 期。

〔2〕 参见陈云良、周新:《虚拟财产刑法保护路径之选择》,载《法学评论》2009 年第 2 期。

刑法必须遵守谦抑原则,要严格控制刑法的打击范围。只有在刑事法律规范明确规定的行为才可以运用刑事手段予以规制,不可以对刑法及相关司法解释进行等同类推。网络中的虚拟财产是不是刑法意义上的财产只能根据我国现行《刑法》、有关司法解释以及刑法原理作出是否相符的判断。

在本案中,如果涉案行为认定为盗窃罪,即肯定非法窃取的数据或者盗窃的网络游戏武器装备、游戏币等网络虚拟财产属于刑法意义上的财物,在刑法理论上仍有一个最关键的问题无法得到合理的解释——盗窃罪中财物的数额认定问题。根据最高人民法院《盗窃犯罪解释》的规定,对于被盗物品的价格,应当以被盗物品价格的有效证明确定。对于不能根据有效证明确定的,应当区别情况,根据作案当时、当地的同类物品的价格,并按照生产领域商品、流通领域商品、有价证券、进出口商品、大宗商品等专门性的核价方法予以确定。被盗物品价格不明或者经过核价方式仍然难以确定的,应当按国家计划委员会、最高人民法院、最高人民检察院、公安部《扣押、追缴、没收物品估价管理办法》的规定,委托指定的估价机构估价。

对于本案中行为人非法侵入网络系统并获取的数据信息而言,虽然其非法销售所得为 20 万元,但是,行为人窃取数据时,网络游戏玩家仍然控制其相关游戏设备。这样一来,不仅难以认为盗窃财物既遂,而且无法将 20 万元认定为盗窃数额。对于后续环节中,行为人通过解码并窃取游戏装备的数额认定而言,由于无法归类为特定商品、有价证券等进行核价,只能委托物价鉴定部门出具估价证明。但是,此类武器装备等网络虚拟财产究竟如何估价?究竟是按照同类游戏设备、游戏币的市场价格认定,还是按照被盗网络玩家投入的网络运行费用、时间等予以核定?如果选择市场价格的认定方式,还存在相关网络游戏设备、游戏币是否存在合理市场的问题;如果选择被盗玩家的投入成本进行估价,同样存在网络犯罪行为被害人数众多难以进行全面取证的问题。更为复杂的问题是,由于没有专门的网络虚拟财产价格认定机构与认定标准,价格鉴定实践中对于同类网络虚拟财产的价格认定结论往往差距极大。在司法实践中甚至出现同一批涉案网络虚拟财产,司法机关先后委托 3 家具有价格鉴定资质单位进行估价,估价单位分别出具 18 万余元、29 万余元、54 万余元 3 个相差极为悬殊的鉴定结论。网络虚拟财产数额认定的标准无法统一以及估价证据合法性基础欠缺〔1〕等从侧面证明,不具有价格确定性的网络虚拟财产不能认定为盗窃罪的犯罪对象。

对于网络共同犯罪,必须严格根据共同犯罪的构成要件予以认定,尤其是类似本案中存在网络虚拟财产或者网络信息数据的买卖关系,不能随意扩大共同犯罪的范围,除非具有明确的共同犯罪故意或共同行为;也不能随意限制共犯成立的基础,强行将购买网络信息数据的行为进行独立评价。这应当是网络犯罪共犯认定的基本法理规则。

在本案中,陈某、王某最直接的犯意是盗取计算机信息系统数据后销售牟利,而不

---

〔1〕 参见张凯、管宇:《盗窃网络"虚拟财产"类型案件中的证据学视角》,载《科技与法律》2004 年第 3 期。

是利用这些账号玩游戏或者转让其中的武器装备或游戏币，同时他们也不关心买受方如何使用这些身份认证信息。对于陈某、王某的行为，显然属于非法获取计算机信息系统数据的实行行为。根据我国《刑法修正案(七)》对非法获取计算机信息系统数据罪的最新修改，违反国家规定，侵入国家事务、国防建设、尖端科学技术领域以外的计算机信息系统或者采用其他技术手段，获取该计算机信息系统中存储、处理或者传输的数据，情节严重的，处3年以下有期徒刑或者拘役，并处或者单处罚金；情节特别严重的，处3年以上7年以下有期徒刑，并处罚金。因此，对于陈某、王某的行为应以非法获取计算机信息系统罪定罪处罚。

但是，对于孟某等人而言，其最初的主观故意非常明确，即通过破解账号后销售其中具有一定市场交易价值的虚拟财产非法获利。由于实践中难以认定其盗窃的网络虚拟财产属于盗窃罪的对象，也难以计算具体的犯罪数额，导致其不构成盗窃罪。基于此，实践中有观点认为其没有直接的非法获取计算机信息系统数据的故意，不能构成非法获取计算机信息系统罪的共犯，因而无法作为犯罪处理。实践中还有一种观点认为，孟某等人明知是他人实施非法获取计算机信息系统数据犯罪行为所获取的信息数据，而予以使用、转移、收购或者代为销售，违法所得数额3万元，实际上达到了掩饰、隐瞒犯罪所得的刑法标准，应当按照掩饰、隐瞒犯罪所得罪定罪处罚。

笔者不赞同上述否定本案构成非法获取计算机信息系统罪共犯的意见。从共犯结构的角度分析，在非法获取计算机信息系统数据实行行为人对于数据购买人的主观故意不具有明知的情况下，即使后者的后续行为构成盗窃等其他犯罪，非法获取信息数据者与数据购买人之间不构成后续犯罪的共犯；计算机信息系统数据购买者明确地引起非法获取信息数据者的犯意，应当认定双方具有非法获取计算机信息数据的犯罪意思联络，信息系统数据购买者的后续行为不构成犯罪的，应当认定双方之间构成非法获取计算机信息系统数据罪的共犯。

在本案中，陈某、王某非法获取的网络游戏玩家数据库资料可以有多种用途。若被运营商的竞争对手获取后，可能用于攻击或破坏该网络游戏的稳定性和安全性，造成恶意竞争；也可能被他人获取后用于敲诈勒索运营商财物的威胁手段；还可能像本案中被孟某等专门的“洗号”团伙利用，通过盗窃虚拟装备进而牟利。由于计算机信息数据库资料在明确用途前存在多种使用的可能性，如果行为人没有明知数据购买者的后续行为与意图，即使后续行为构成更为严重的犯罪，也不能认定信息数据非法获取者与购买者之间构成后续犯罪的共犯。但是，从共犯结构的另一侧面进行分析，孟某等人购买计算机信息数据的行为能否构成非法获取计算机信息系统数据罪的共犯，应将犯罪事实和相关证据进行细致认定，不能简单地直接否定其构成共犯的可能性。陈某等人向孟某等人第一次提供信息数据时，陈某等人的犯意具有独立性，孟某等人不可能与其构成共犯。关键在于孟某等人第一次得到涉案的信息数据之后，先是经过上网测试，发现数据库信息不完整，进而将这个情况告知了陈某。然后王某再次非法侵入了网络游戏的服务器并下载了剩余的数据库资料，第二次将数据提供给孟某等人。从这个情节可以明确掌握孟某等人与陈某等人之间的犯意联络关系属于事中共犯[1]之间的意思联络。因为当孟某等人要求陈某非法下载计算机信息系统数据等于在非法获取信息数据的犯罪过程中加入了参与犯罪的主观意志,在共犯实行之中构成了明确的意思联络。此时,孟某等人具有了构成非法获取计算机信息系统数据罪的共犯基础。孟某等人后续的犯罪行为构成的相关犯罪,应当根据非法获取计算机信息系统数据罪的共犯与相关犯罪竞合从一重罪论处。但在本案中,孟某等人的后续行为由于盗窃网络虚拟财产的性质与数额无法进行确定的刑法评价,不构成盗窃罪,故只能以非法获取计算机信息系统数据罪的共犯论处。

至于孟某等人的行为构成掩饰、隐瞒犯罪所得罪的意见,也是不符合网络犯罪刑法原理的。掩饰、隐瞒犯罪所得罪与其上游犯罪在犯罪对象的性质上应当具有同一性,即都属于财物。[2] 如果将购买、使用计算机数据的行为定性为掩饰、隐瞒犯罪所得,将会出现网络犯罪与传统犯罪的刑法解释悖论。(1)间接肯定陈某、王某非法获取的信息数据具有刑法上的财物性质,或者(2)肯定非财产类的犯罪所得也可以成为掩饰、隐瞒犯罪所得的犯罪对象。通过上文的详细分析可知,计算机信息系统数据并非刑法意义上的财物。一旦肯定孟某的行为构成掩饰、隐瞒犯罪所得收益罪,陈某等人非法获取信息数据的行为应当被认定为盗窃罪,而非法获取计算机信息系统数据罪的设立就失去了意义。这显然不符合非法获取计算机信息系统数据罪的刑法原理。与此同时,购买、使用计算机信息系统数据被评价为掩饰、隐瞒犯罪所得行为,等于认可非财产类犯罪所得也可以成为掩饰、隐瞒犯罪所得罪的对象。这严重背离了传统洗钱、窝藏类犯罪刑法原理。[3] 因此,孟某等人的行为只能构成非法获取计算机信息系统数据罪的共犯,而不能独立评价为掩饰、隐瞒犯罪所得罪。

公民通过合法手段获取网络虚拟财产显然必须付出对应的实体财产、时间以及精力。这些为了获取网络虚拟财产而支出的成本在网络世界之外的现实世界中具有明确的市场价格与交换价值。因此,从网络虚拟财产的获取角度分析,其与传统的动产、不动产、知识产权等财产之间不存在实质性的区别,网络虚拟财产一样具有现实性的财产属性。刑法通过设置具体的财产犯罪保护公民的合法财产权,是对现实生活中的犯罪行为的法律规制。这就决定了在没有独立设置网络刑法这一特别刑法领域之前,刑法保护的财产只能是现实生活中的财产。对于现阶段的网络财产权刑法保护而言,刑法介入的界限仍然应当以现实性为最终标准,即网络虚拟财产不能脱离现实世界的评价体系,网络虚拟财产与现实社会发生具有法律意义的联系时,可以为刑法所调整。网络虚拟财产能够用现实财产所计量是这种现实性的判断标准。所以,网络财产权刑法保

---

[1] 参见郭庆茂:《事中共犯与事后连累犯的处断》,载《人民司法》2010 年第 18 期。

[2] 参见鲜铁可:《论掩饰、隐瞒犯罪所得、犯罪所得收益罪的犯罪对象》,载《中国刑事法杂志》2009 年第 1 期。

[3] 参见刘雪梅、刘丁炳:《掩饰、隐瞒犯罪所得、犯罪所得收益罪新析》,载《法学评论》2008 年第 3 期。

护的基本界限在于，虚拟财产进入现实社会关系且具有确定市场经济价值之后，网络虚拟财产权可以成为刑法所保护的社会利益。

2. 利用计算机病毒非法控制他人证券账户行为的认定

早前的司法实践中也出现过行为人获取被害人即证券人的账号和交易密码后恶意进行操作，造成被害人重大损失的案例，实务中一般以故意毁坏财物罪认定。但是，随着电脑病毒的不断发展，有的犯罪分子采取了网络犯罪的手段，利用计算机木马病毒侵入他人计算机证券交易系统进行恶意操作，造成定性争议。实践中的典型案例表现为：2009 年 5 月至 2010 年 3 月，犯罪嫌疑人林某通过向被害人陈某、辛某、叶某等 21 人的计算机种植木马病毒的方式，控制上述被害人证券账号及交易密码。犯罪嫌疑人林某通过高买低抛的方式恶意操作上述被害人证券账户的股票交易，造成被害人经济损失 50 万余元。

对于林某的行为如何认定，实践中存在较大分歧：第一种意见认为，林某的行为构成操纵证券交易价格罪。林某通过计算机病毒控制被害人股票账户账号和密码的目的是显然不是获取不正当利益。林某非法控制 20 余名被害人证券交易系统进行股票交易，其行为实际上已经影响到证券交易价格，应当认定为操纵证券交易价格罪。第二种意见认为，林某的行为构成故意毁坏财物罪。林某通过计算机病毒秘密侵入他人的账户操纵他人股票的进出，故意造成他人账户内的资金损失 50 万余元。本案中的行为侵犯公民的私人财产所有权，扰乱社会经济秩序，社会危害性明显，符合构成故意毁坏财物罪的构成要件。第三种意见认为，林某的行为构成非法获取计算机信息系统数据罪。林某通过种植木马病毒的方式非法入侵他人计算机信息获取被害人证券账号及密码等数据信息，即使其没有对该证券账户进行交易操作，但其行为也已经构成非法获取计算机信息系统数据罪。同时，林某通过恶意交易造成被害人重大经济损失，应当认定为情节严重。

笔者同意第三种意见。非法获取计算机信息系统数据罪是《刑法修正案（七）》新设立的罪名，有必要结合当前网络犯罪、病毒犯罪的最新案发情况进行分析。

（1）非法获取计算机信息系统数据罪的基本罪状及其构成要件。我国《刑法修正案（七）》第 9 条规定，违反国家规定，侵入前款规定以外的计算机信息系统或者采用其他技术手段，获取该计算机信息系统中存储、处理或者传输的数据，或者对该计算机信息系统实施非法控制，情节严重的，处 3 年以下有期徒刑或者拘役，并处或者单处罚金；情节特别严重的，处 3 年以上 7 年以下有期徒刑，并处罚金。最高人民法院、最高人民检察院相关罪名司法解释，将此条规定的罪名设定为非法获取计算机信息系统数据、非法控制计算机信息系统罪。

《刑法修正案（七）》的规定对于惩治网络“黑客”的违法犯罪行为增加了刑法规制途径，对于行为人利用网络技术手段非法侵入法律规定以外的计算机信息系统，使用或者窃取他人账号、密码、虚拟财产（如游戏装备）等信息，或者对大范围地他人计算机实施非法控制（如“僵尸网络”）等行为均设定了有效的规制措施。

其中,非法获取计算机信息系统数据罪主要具有以下特征:行为人实施了侵入普通计算机信息系统或者采用其他技术手段,获取计算机信息系统数据。非法获取计算机信息系统数据罪概括了两种行为模式:

一是非法侵入行为模式,即行为人非法"侵入计算机信息系统",实施"获取该计算机信息系统中存储、处理或者传输的数据,或者对该计算机信息系统实施非法控制"。在司法实践中,较为常见的行为方式是利用他人网上认证信息进入计算机信息系统,或者在系统中植入木马、后门程序,获取存储、处理或传输的信息数据,或对系统实施非法控制。非法控制计算机信息系统,就是行为人利用网站漏洞将木马植入到网站上,在用户访问网站时利用客户端漏洞将木马移植到用户计算机上,或在互联网上传播捆绑有木马的程序或文件。当用户连接到互联网上时,这个程序就会报告其 IP 地址以及预先设定的端口。行为人收到这些信息后,再利用这个潜伏在其中的程序,就可任意地修改用户的计算机的参数设定、复制文件、窥视硬盘中的内容等,从而达到控制用户计算机的目的。

二是非法使用技术手段行为模式,即行为人"利用其他技术手段"非法获取处理传输的数据信息。所谓"利用其他技术手段",主要是指假冒或者设立虚假网站,或者利用网关欺骗技术,行为人并不需要进入他人的计算机信息系统就可获取其他计算机处理、传输的数据信息。所谓"假冒"网站一般指冒充国家机关、金融系统已建立的网站;"设立"虚假网站一般是指以国家机关、金融系统的名义建立并不存在的网站;"网关欺骗"技术是通过 ARP 欺骗技术建立假网关,让被它欺骗的个人电脑向假网关发送数据从而达到窃取的目的。

在本案中,犯罪嫌疑人林某的行为属于非法侵入计算机信息系统获取数据。也就是说,在被害人的计算机系统中植入木马程序,通过感染病毒的方式获取被害人证券账户信息及其密码,从而能够非法控制证券账户随意进行交易操作。犯罪嫌疑人林某的行为符合非法获取计算机信息系统数据罪的行为构成。在《刑法修正案(七)》尚未实施之前,行为人实施本案中的行为,司法实践中确实有不少案例按照故意毁坏财物罪进行定性。[1] 但是,由于《刑法》作出了新的规定,对于利用网络技术等手段侵入被害人信息系统非法获取相关数据资料的,应当按照本罪进行定性。同时,由于本案中犯罪嫌疑人林某利用病毒技术侵入他人计算机系统恶意操作被害人证券的犯罪主观意图并不在于操纵证券市场价格并从中牟利,因此,本案只能认定为操纵证券交易价格罪。

需要注意的是,构成非法获取计算机信息系统数据罪的前提是"情节严重"。本罪的情节严重主要是指通过上述手段获取了大量计算机信息系统数据、多次作案,或非法控制了计算机信息系统的许多台计算机等情况。在本案中,犯罪嫌疑人林某利用病毒非法侵入 20 余名被害人的计算机系统,可以认定为情节严重。

---

〔1〕 参见尚爱国:《擅自买卖他人股票造成损失的行为如何定性——朱建勇故意毁坏财物案研究》,载游伟主编:《华东刑事司法评论》(第 5 卷),法律出版社 2004 年版,第 27 页。

(2)提供非法侵入或者控制计算机信息系统专用程序、工具罪的犯罪构成分析。同时,实务部门还应当注意的是,除了应当运用好相关刑法规定打击非法侵入计算机信息系统获取数据的行为之外,还应当严厉打击为上述犯罪分子制作、提供、完善相关计算机病毒程序、网络犯罪工具的犯罪人。

我国《刑法修正案(七)》在《刑法》第285条中增加的第3款中规定,提供专门用于侵入、非法控制计算机信息系统的程序、工具,或者明知他人实施侵入、非法控制计算机信息系统违法犯罪行为而为其提供程序、工具,情节严重的,依照前款的规定处罚。因此,实务部门有必要对提供非法侵入或者控制专用程序、工具罪的犯罪构成形成全面的把握。

提供非法侵入或者控制专用程序、工具罪显然属于非法侵入计算机系统犯罪的共犯,但由于《刑法修正案(七)》将其独立规定为犯罪,使其具有独立的犯罪构成。提供非法侵入或者控制专用程序、工具罪的罪质特征在于,行为人向直接侵入计算机信息系统的犯罪人提供专门用于非法获取他人登录网络应用服务、计算机系统的账号、密码等认证信息以及智能卡等认证工具的计算机程序、工具。

此外,专门用于非法控制计算机信息系统的程序、工具主要是指可用于绕过计算机信息系统或者相关设备的防护措施,进而实施非法入侵或者获取目标系统中数据信息的计算机程序。如具有远程控制、盗取数据等功能的木马程序、后门程序等恶意代码。[1] 提供上述网络犯罪工具的行为人无论其是否以营利为目的,也不论提供的对象是否特定,均构成提供非法侵入或者控制专用程序、工具罪。

(六)网络贷款犯罪法律适用对策

P2P网络贷款(以下简称网贷)的出现,丰富了我国金融市场的组成结构,促进了我国互联网金融业的快速发展。网贷这一新兴行业在中国的热度超过了世界任何一个地方。2009年年末,中国的网贷公司共有9家;根据中国电子商务研究中心的数据显示,截至2012年12月,全国规模以上的网贷平台超过200家;据网贷之家不完全统计,截至2013年9月末,这个数字已经超过500家,整个行业进入了疯狂的扩张阶段。但是,由于网贷的监管措施薄弱与风险控制措施的不完善,网贷在发展过程中逐渐与其创办的初衷渐行渐远,产生了大量的违法犯罪行为,给互联网金融市场的发展带来了负面的影响,甚至诱发了严重的群体性敏感案事件。2013年以来,网贷行业积聚已久的风险急剧爆发,网贷的网络经营公司破产、卷款潜逃的事件频发,自融或提现困难的网贷事件时有发生,此外利用网贷非法吸收公众存款、集资诈骗的事件也陆续出现。网贷行业正经历着从极短的鼎盛时期到现今比较混乱的重新洗牌阶段,在这个阶段,对网贷平台加强监管并从严打击利用网贷进行非法集资、集资诈骗等违法犯罪已经刻不容缓,保护人民群众财产安全和维护互联网金融秩序的稳定必须通过刑法控制手段切实予以实现。

P2P是peer-to-peer或者person-to-person的简称,即点对点,也称"个人对个人"或

---

[1] 参见黄太云:《〈刑法修正案(七)〉内容解读(四)》,载《人民法院报》2009年4月29日,第4版。

"人人贷"。2005年3月,理查德·杜瓦、詹姆斯·亚历山大、萨拉·马修斯和大卫·尼克尔4个英国人在伦敦创建了第一家网贷平台ZOPA。其最初的运作理念是将有资金并有理财投资意愿投资者手中的闲散资金集聚,通过网贷平台牵线搭桥,将资金出借给有借款需要并通过信用体系评价的个人。网贷的社会价值体现在提高社会闲散资金利用率、满足投资者资金需求和发展个人信用体系3个方面。在网贷模式运行过程中,网贷网络服务公司主要负责对借款方的还款能力及信用进行调查和甄别,如对借款方的经济收入、经营规模、发展前景及固定资产等情况进行详细调查,并收取相应的管理费和服务费作为其收入来源。现如今,ZOPA的业务已经遍布欧美,甚至亚洲,平均每日的投资规模达到数百万英镑。

网贷简单来说是由某个网络服务公司搭建一个中介平台,由有贷款需要的人在平台上发布贷款需求,借款人参与竞标,最后由平台撮合借款方与贷款方之间交易的完成,网络服务公司按比例收取一定服务费的一种网络贷款模式。

有的金融专家认为,从网贷模式最初的构建理念出发,网贷系以互联网平台为媒介撮合借贷双方达成借贷合同,免除中间人高昂中介费的互联网融资模式。在此种借贷模式下,出借方可以将手头多余的资金提供给有借款需要的贷款人,促进资本市场的资金流动,产生效益,同时获得比同期银行存款率更高的投资回报。网贷即为借贷中介与互联网相结合的金融服务网站,此种交易模式便是最初,也是目前较为普及的网贷运作模式。这种运作模式促成了当下三赢的局面,贷款人获得急需的资金、出借人获得高于银行利息的借款回报,网贷服务商从交易中获得佣金。

2007年至今,我国网贷的发展呈现出一边倒闭一边创立的趋势。从网贷在我国发展至今,大致存在以下4种机制:

(1)一借一单纯中介机制。此种机制主要借鉴的是国外的P2P模式,采用线上竞标的方式来实现网络借贷过程。借贷利率由出借人和贷款人自由协商确定。网贷平台不提供担保,单纯从事信息交换,将贷款人贷款的原因、金额、预期贷款利率、期限通过网贷平台发布,并标明最高利率,出借人根据自己资金状况结合网贷平台给出的信用等级进行综合判断和投标。如果在资金筹措期内,投标资金的数额达到贷款人的需求,此次借款即告完成。平台将会产生电子借条,贷款人必须按照协议定期向出借人还款付息。如果未能在指定的时间内筹集到所需的资金,此次竞标即为流标。此种模式最为典型的是拍拍贷。单纯中介模式改变了原来都是通过银行等金融机构放贷的贷款模式。

(2)一借N债权转让机制。此种机制的网贷平台为了分散风险,采取将多个出借人的资金中的一小部分集中出借给一个贷款人,并全程掌控网贷全过程,当出借人发出出借信息,网贷平台即为其寻找并挑选适格的贷款人,出借利率由网贷平台审核并决定。此种模式中,网贷将出借人的借款分散为多份借款,以借款合同的方式出借给多人,待出借款到达第三方账户,借贷合同正式生效。网贷平台在此种模式中不但要承担出借和借款的债权债务转移角色,还要承担督促借款人按期还款以及帮助出借人管理资金账户并控制风险的职责。出借人在此过程中有权决定是否出借给网贷平台推荐的借款人,并可以随时了解每一笔债权的收益、偿还情况,并在借贷合同履行完毕后收取本金和利息。网贷平台在此种模式中已经不是简单的中介模式,而是转变为贷款服务平台。此种模式最为典型的代表是宜信。

(3)担保融资机制。此种机制是将金融机构或者准金融机构的信贷资产通过互联网平台对外销售,相比金融机构更为灵活。此类网贷平台在撮合借贷合同的时候,一般借助其与担保公司合作背景,为出借人提供第三方担保。如陆金所。陆金所开展的业务是将平安担保的产品证券化,规模的大小由平安担保的规模和能力进行控制,是目前我国网贷平台中最为稳定的一种合作模式。

(4)以网贷为名来实施非法集资、集资诈骗等行为的融资机制。我国最早的网贷平台秉承了外国网贷设立的初衷,即仅从事中介事务。但随着网贷的发展,运作模式逐渐出现了异化,有的甚至利用网贷平台进行违法犯罪。此种模式主要表现为网贷服务公司表面上在网上通过网贷平台收集借款人、出借人的信息,评估借款人的固定资产,如房产、汽车、厂房、设备等,然后进行配对,出借人获取本金及收益,网贷服务商收取中介费。但实际上,此类网贷公司既无任何形式的抵押保证,也没有核实借款人的真实信息,网贷服务公司的账户与出借人资金汇入账户混同,公司经营人可以随时提取出借人的资金跑路。如目前出现众多网贷"跑路"事件均是采取了上述模式。

"无门槛、无标准、无监管"是目前我国网贷一边疯狂创立,一边迅速倒闭的原因。几千元买套软件,注册个域名,再去工商登记一下,雇用几个员工便可在网上开办网贷平台,进行网贷服务工作。2011 年,号称"中国最严谨的网络借贷平台"哈哈贷突然倒闭,给出的理由是"基于中国市场的信用问题和运营资金短缺",对于平台参与人交易的本金也仅作了部分补偿。同年 9 月,银监会发布的"人人贷"风险提示,称人人贷网贷公司存在大量潜在风险,要求银行业金融机构采取有效措施,做好风险预警监测与防范。目前,网贷公司的性质被界定为服务机构,央行、银监会都不是网贷公司的监管机构,至今也没有一个具体的国家机关对此行业进行监管。网贷服务公司既没有金融机构一般的法律规制与监管,也没有小额贷款公司的法律政策和相关规定,完全处于失控脱管的状态。在目前没有监管的情况下,网贷平台可以作为资金池自融,也可以虚构标的,挪用投资款,甚至触碰非法集资、非法经营、集资诈骗等法律红线。经过梳理,当前网贷中出现的风险主要有以下 4 个方面的问题:

(1)行业准入门槛低,导致行业内良莠不齐。目前,网贷平台创立的技术门槛很低,在互联网上兜售网贷平台系统的软件销售商也很多,通过在软件公司购买软件,在网上注册域名,并在公司设立时进行工商登记注册,即可完成网贷公司的创建,且对于此类公司也无资本金的要求。在实际操作中,实际控制人与工商注册的法定代表人不一致的情况大量存在,这给实际控制人利用平台实施违法犯罪提供了便利条件。

(2)监管处于真空状态,导致倒闭或跑路频现。从网贷服务公司经营范围与借贷活动来看,网贷平台的监管职能部门可能涉及人民银行、工商、金融、电信管理、银监等部门,但事实上由于目前网贷服务公司定性为服务性企业,上述部门没有一个将网贷经营纳入其监管范围,网贷行业协会也没形成,无法通过行业协会对其进行规制与管理。

(3)容易触犯"刑法"红线,变异多种犯罪形式。由于网贷服务公司大多缺乏对资金的有效监管,大多中介公司的账户和出借人的汇款账户混同,没有第三方银行介入托管,实践中往往会存在网贷公司从中介业务转变到非法吸收存款、非法融资的情况出现,甚至引发非法集资、集资诈骗行为。有些网贷公司没有尽到勤勉核实贷款人的义务,导致贷款人卷款潜逃,给出借人带来损失,也给网贷公司带来倒闭的风险;有的网贷公司由于缺少相关机构对资金的监管,导致资金底数不清,去向或真实用途不明,为他人诈骗以及洗钱犯罪提供了便利条件。

(4)极易引发敏感性群体性事件,破坏当地金融秩序。以部分网贷现状为例,部分网贷公司由于经营不善,导致公司资金链断裂后,实际控制人或被异地公安机关采取强制措施或卷款逃到海外,资金被卷走,人员去向不明,受害群众以千计,人民群众财产损失以千万计。大量的群体性事件和上访事件随之发生,严重影响了社会稳定,给当地的金融秩序带来严重混乱。从目前跑路或倒闭的网贷公司运作周期来看,长则 1 年,短则 2 个月,有的甚至创立没几天就宣告破产。

近年来,随着网贷的恶性膨胀,运营网贷平台的服务公司破产、倒闭的事件层出不穷,相关负面新闻屡屡见诸报端。网贷目前只能定位为中介服务性质,而随着恶性竞争地发展,该种中介服务性质已经发生变异,目前,大多数网贷服务公司超越了中介服务业务,在异化过程中有的已经触碰了刑法的底线。

网贷经营管理模式,极易引发非法吸收公众存款的问题。行为人或网贷中介公司往往会利用监管存在的漏洞,假借借款人之名,向不特定公众实施非法吸收或变相吸收公众存款的行为,扰乱我国社会金融市场秩序。其主要表现形式有两种:

(1)行为人首先创立网贷平台并登记注册公司,继而利用平台及信息不对称的优势,向出借人提供担保,有的网贷公司以网贷中介公司作为担保主体,但往往在注册以后要么不足额缴纳注册资本,要么变相抽出注册资本;有的网贷公司以第三方为担保主体,获取出借人的信任。无论采用何种担保方式,其目的是吸引出借人的资金,为其提供可以信赖的假象,尽可能地招揽出借人。在形成"资金池"完成融资之后,隔绝出借人与借款人的信息交换,网贷公司账户与出借人资金账户混同,形成对资金池的完全支配,要么将资金用于转贷,要么用于自身投资经营,最终形成典型的非法吸收公众存款。

(2)行为人在创建网贷中介公司后,通过模糊贷款人信息的方式虚构投资标的,同时在网贷平台上以秒标(虚构一笔借款,投资者竞标并投资,平台在满标后快速运用自由资金还本付息)或拆标(将大额的借款标的拆成小份额以吸引投资者的小标的)的方式宣扬高收益,承诺高回报率,吸引投资者的资金介入,继而形成资金池。在完全支配资金池后或高额转贷或将资金挪作他用,最终构成非法吸收公众存款。例如,天力贷投资者无法提取资金,新理财客户 2756 人,放贷 1341 笔,放贷总额 2.93 亿元,而相关的借款人信息却非常模糊,仅以"房地产公司借款"或"金属制造公司借款"的方式发出。天力贷将一些大项目拆成众多个小项,再依靠自身的一些技术手段伪造资料,以达到吸引投资者的目的。这种“拆标模式”很容易将自己套进去。孝感市公安局以“非法吸收公众存款”对天力贷事件进行了立案侦查，这种形式就是典型的非法吸收公众存款罪的表现形式。〔1〕

根据最高人民法院《关于审理非法集资刑事案件具体应用法律若干问题的解释》（法释〔2010〕18号）中对“非法吸收公众存款或者变相吸收公众存款”的认定条件为：（1）未经有关部门依法批准或者借用合法经营的形式吸收资金；（2）通过媒体、推介会、传单、手机短信等途径向社会公开宣传；（3）承诺在一定期限内以货币、实物、股权等方式还本付息或者给付回报；（4）向社会公众即社会不特定对象吸收资金。据此，行为人利用网贷平台实施了上述行为后，即构成非法吸收公众存款行为。对于利用网贷平台吸收公众存款的行为，若犯罪主体为单位的，吸收数额要达到100万元以上或150户以上；若犯罪主体为个人的，吸收数额要达到20万元以上或30户以上。

网贷集资诈骗较网贷非法吸收公众存款多了一项要求，即行为人在非法吸收存款时持非法占有的故意。有的学者认为其表现形式有两种，一是利用网络平台服务公司创始人的便利，以非法占有为目的，虚设借款人吸收不特定对象的资金；二是利用他人的网贷平台发布借款信息，将他人的资金据为已有。〔2〕

集资诈骗是民间借贷中极为常见的犯罪形式，随着网贷平台的急速普及，网贷平台便成为违法犯罪分子骗取借款人资金的工具。一些不法分子有的自己登记注册网贷服务公司，有的实际控制他人的网贷服务公司，以非法占有为目的，骗取借款人的资金，将借款人的资金占为已有，严重损害了借款人的利益，破坏了国家金融市场的管理秩序，极大地危害了网络借贷行业的有序发展。其主要表现方式有两种：

（1）行为人通过创立网贷平台进行集资诈骗。在实践中，行为人利用网贷平台监管措施不足，人民群众渴望高回报的心理，频频注册网络借贷平台，开展集资诈骗。有的利用将网贷公司账户与借款转存账户混同的方式，将出借人的资金截流，由于出借人与贷款人之间的交易需要一个撮合的过程，在此期间，网贷公司账户可以形成庞大的资金池，并截流大量的资金，违法犯罪人员往往利用这个真空期非法占有出借人的资金，并逃离海外；有的以虚设贷款人的方式，以非法占有为目的，通过自己创设或实际控制的网贷平台大量借入资金。通过在网贷平台大量假冒他人借贷需求的方式，同时利用自己对借贷方审核的权利，骗取出借人的资金后卷款潜逃。如网贷平台淘金贷，就是在发布短期、高收益借贷需求后，以高额利息为诱饵骗取了几十名投资人的资金后携款潜逃，涉嫌集资诈骗罪。

（2）行为人利用他人创办的网贷平台进行集资诈骗。目前，我国的征信体系尚不完善，违法犯罪行为人往往会利用网络借贷平台信用审核机制不完善的漏洞，进行集资诈骗行为。在实践中，网贷平台为了争抢客源，对借款人身份的真实性和资产情况无法

---

〔1〕 参见陈白：《天力贷法人卷款在逃》，载《新京报》2013年10月22日，第B7版。

〔2〕 参见顾肖荣主编：《经济刑法》，上海社会科学院出版社2014年版，第139～140页。

尽到勤勉的调查义务,对借款的真实用途和流向也无力全面掌控,违法犯罪分子通过虚构借款用途或冒用他人身份很容易骗过网贷平台的审核,若违法犯罪分子在众多个平台发布虚构的借款信息,很容易借得大量资金,并对其非法占有。

根据《非法集资解释》的规定,以非法占有为目的,使用诈骗方法实施非法吸收资金的行为的,以集资诈骗罪定罪处罚,其中“以非法占有为目的”的认定条件为:(1)集资后不用于生产经营活动或者用于生产经营活动与筹集资金规模明显不成比例,只是集资款不能返还的;(2)肆意挥霍集资款,只是集资款不能返还的;(3)携带集资款逃匿的。行为人以上述非法占有为目的,利用网贷平台获取出借人资金后不用于生产经营或肆意挥霍或携款潜逃的,即构成集资诈骗行为。根据最高人民检察院、公安部《立案追诉标准(二)》的规定,行为人实施上述集资诈骗行为,个人所得数额在10万元以上或单位所得数额在50万元以上的,就构成集资诈骗罪,司法机关应对此行为予以严厉打击,保障出借人的合法权益,维护互联网金融秩序安定有序。

网贷公司在工商行政管理机关登记注册的业务范围为“咨询服务”类,表面上和一般的中介公司没有区别,任何金融方面的管理机关如中国人民银行、银监会都无法将其纳入监管范围。但在实践中,一旦网贷公司在进行网络借贷过程中涉及担保、理财这类特许经营的行业时,网贷公司就会涉嫌非法经营罪,其主要表现方式有两类:

(1)担保性网贷。在当下网贷平台为了吸引客源,一般会向出借人提供资金担保,这些担保形式主要分两类:一类是自发性担保,即网贷平台以自身的资产为限对网上借贷进行担保;另一类是第三方担保,即网贷平台与担保公司结盟,由担保公司为其网上借贷合同提供担保。

根据《融资性担保公司管理暂行办法》的有关规定,任何单位和个人未经监管部门批准不得从事吸收存款、发放贷款、受托发放贷款、受托投资等活动。网贷平台以自身资产为限提供担保,本身就构成非法经营。而很多网贷公司一旦成立,便会抽取实缴注册资本,有的网贷公司根本未缴足注册资本,可想而知,其更不可能对网上上百万、上千万的投资进行担保了。而网贷公司与第三方担保公司合作是否就属于合法经营呢,这在理论界仍然存在争议,但有些省份已给出了否定性的评价,如浙江省经济和信息化委员会于2013年12月初下发的《关于加强融资性担保公司参与P2P网贷平台相关业务监管的通知》第2条第1款,严禁融资性担保机构控股或参股P2P网贷平台。禁止融资性担保机构以任何名义从事P2P网络贷款业务。虽然类似举措在全国尚属首次,但从一个侧面反映了相关监管机构对担保公司涉足网贷的态度。

(2)理财性网贷。目前,部分网贷平台在开展借贷业务的同时,还在平台上发售理财产品。虽然国家未对服务性企业开展销售理财产品作出明确的禁止性规定,但是由于我国金融业属于特许经营的范畴,网贷公司并不具备发售信托、证券、银行等为主体方可发售理财产品的资质。而即使信托、证券、银行等主体发售上述理财产品也需经过严格的备案与审批制度的审核,网贷平台以理财产品之名进行发售属于游走于刑法的边界,极有可能被列入非法经营的打击范围,而一旦被司法机关予以取缔,相关投资人的资本投入将石沉大海,血本无归。

(七)比特币犯罪法律适用对策

1.“去中心化”互联网金融工具的兴起及其对经济刑法的影响

比特币(Bitcoin)是一种“点对点”全球通用加密互联网金融系统。与传统货币不同,比特币的发行与交易不依赖中央银行、政府、企业的支持或者信用担保以及传统金融机构的服务,也不与特定商品或者实物挂钩,而是依赖对等式网络中种子文件达成的网络协议,实现单个节点与其他节点的直接交互,比特币地址之间的价值交换,具有“去中心化”特质与相对匿名性。〔1〕比特币系统使用整个网络的分布式数据库来进行交易确认,其发行总量固定,并自适应地按照设计预定的速率逐步增加且增速逐步放缓,最终在2140年达到略小于2100万个的极限值。点对点分布式的时间戳服务器生成依照时间前后排列并加以记录的电子交易证明使比特币系统能够实现无须第三方支持的数字签名加密、杜绝双重支付(伪造支付工具)。发行的比特币由完成网络运算工作量证明(挖矿)的比特币“旷工”获取,借此激励其通过利用计算机硬件为比特币网络进行数学计算从而完成交易验证、提高比特币系统安全性。〔2〕

使用比特币不仅可以购买商品或者服务,而且能够在全球各大比特币交易所以市场价格兑换各国和地区的法定货币。尽管比特币与法定货币市场兑换价格阶段性会出现巨幅下跌,但总体上比特币市场价格呈现螺旋式上涨趋势,从2011年的0.3美元一度拉升至2013年历史性高位1200余美元,2014年年初则在700～900美元区间震荡。根据目前比特币约1200万个发行总量计算,比特币市值处于50亿～100亿美元的波动范围。2013年11月,比特币交易平台“比特币中国”日交易量已经超越原交易规模最大的比特币交易所(日本的Mt. Gox以及欧洲的Bitstamp)从而使中国成为比特币全球集中交易量最大且最为重要的市场之一。〔3〕比特币“挖矿”芯片设计与开发、〔4〕比特

〔1〕除了比特币之外,基于网络、密码、算法等技术开发的系统还包括Litecoin(莱特币)Solidcoin(硬币)、Namecoin(名币)等多种私有市场支付工具。由于互联网金融系统演进与软件技术更新非常迅速,每一种具体的技术或者系统都会被另一种版本或者项目所替代,但互联网金融系统的基本经济机制与法律制度评价体系是相对稳定的。作为最早、目前最成功却远未达到最好的互联网金融系统,比特币的接受度处于绝对领先地位。所以,基于论述便利性考虑,本文仅针对比特币展开法律与经济分析,但相关经济机理解释与法律制度应对均适用于采纳相同与相似机制的互联网金融系统。比特币系统的“去中心化”与匿名性都是相对的。就匿名性而言,下载比特币软件、使用比特币地址进行转账交易等均无须提供本人真实信息,但所有比特币交易记录都是在网络上永久性公开的,因为所有的比特币交易都必须由全网参与运算验证。任何人都能查看任何比特币账号地址内的交易数额及其流转。用户可以使用特殊的信息技术与软件工具隐藏IP位址,或者使用比特币网站提供的公共钱包地址将自己的交易混同于众多交易之中,但基于技术破解或者执法机构调查,比特币交易仍然是具备可追踪性的。

〔2〕比特币基础性技术原理参见Satoshi Nakamoto, *Bitcoin: A Peer-to-Peer Electronic Cash System*, 2008,载http://bitcoin.org/bitcoin.pdf,最后访问日期:2013年11月30日。

〔3〕参见欧昌梅、是冬冬:《比特币价格再创新高“最大交易所已位于中国”》,载《东方早报》2013年11月8日,第31版。

〔4〕参见程振伟:《谁是比特币利益链上的“真正赢家”》,载《深圳特区报》2013年12月3日,第B2版。

币“矿机”组装与销售、[1]各类比特币现货、期货、衍生工具等交易平台运营与比特币市场参与者的投机热潮[2]等,一系列以比特币为中心的经济行为将比特币生态与利益链条进一步延伸。从实体经济发展趋势、集中交易市值、市场参与者认可度等各方面来看,比特币已经度过了初创与萌芽阶段,世界经济与金融历史正在见证“去中心化”互联网金融时代的兴起。

全球各国法律对比特币表现出视为合法货币、直接规定为非法货币或者宣布为自由市场行为而不进行政府介入等不同的制度反应。2013 年 12 月 3 日中国人民银行等五部委《关于防范比特币风险的通知》(以下简称《比特币风险通知》)明确强调比特币虚拟商品属性及其投资风险,禁止金融机构与支付从事与比特币有关的业务,并要求作为比特币交易平台的比特币网站履行非金融机构反洗钱义务。《比特币风险通知》对于控制比特币市场风险、遏制网络经济风险向金融体系与实体经济传导等具有非常积极的价值。但是,由于比特币具有“去中心化”、高度匿名性、全球性、主要法定货币可兑换性、交易成本低廉性等特点,比特币或比特币支付系统不仅可能成为洗钱犯罪、外汇犯罪、货币犯罪、走私犯罪等各类经济犯罪的工具或者渠道,[3]而且比特币资产持有者具有成为侵财犯罪(盗窃、普通诈骗等)、金融犯罪(非法集资、金融诈骗、市场操纵等)、网络犯罪被害人的高度风险,甚至比特币及其经济生态本身都长期受困于是否构成庞氏骗局、金字塔骗局等集资诈骗犯罪或者传销犯罪的巨大争议之中。[4]《比特币风险通知》所确立的比特币虚拟商品性与非货币性的属性判断会导致一系列经济与金融犯罪对象与行为的解释与认定陷入困惑与论争,加之当前理论与实务界对利用或者针对比特币的犯罪行为的机理尚且缺乏深入把握,这些因素共同导致比特币的兴起对整个经济刑法体系产生重大却潜藏未现的影响。

在商品与服务贸易中承担交易中介角色的比特币客观上为整个实体经济注入了货币供应量,比特币与各国法定货币之间的低成本兑换亦使外汇与资本管制效果明显弱化,比特币支付系统的“去中心化”导致现行货币犯罪与外汇犯罪刑法规范完全不具有适用可能。比特币与法定货币在全球集中交易平台供市场参与者在承担风险的同时博取交易利润,市场价格剧烈波动意味着存在诱人的价差利益,比特币现货、期货、衍生交

---

〔1〕 参见梁敏:《比特币掘金,“挖矿机”商机无限》,载《电脑报》2013 年 12 月 16 日,第 13 版。

〔2〕 参见张俊杰:《比特币投资险象环生》,载《南方都市报》2013 年 12 月 6 日,第 GC7 版。

〔3〕 See Lars Hilse, Threat-Assessment: Bitcoin: Danger to the United States? National Security and her Economic & Commercial Interests, CreateSpace Independent Publishing Platform, 2013, pp. 24 – 40.

〔4〕 参见张薇:《比特币淘金热:疯狂过后何去何从》,载《光明日报》2013 年 5 月 11 日,第 6 版;王彦彬:《比特币:电子黄金还是旁氏骗局?》,载《通信产业报》2013 年 11 月 25 日,第 27 版;贺颖彦:《比特币是个骗局吗?》,载《中华合作时报》2013 年 12 月 6 日,第 C2 版;Nathaniel Popper, Currency Scheme, New York Times, July 24, 2013, Page B4; Derek A. Dion, I'll Gladly Trade You Two Bits on Tuesday for A Byte Today: Bitcoin, Regulating Fraud in the Economy of Hacker-Cash, 2013 Journal of Law, Technology & Policy 165, 178 (2013); Nicholas A. Plassaras, Regulating Digital Currencies: Bringing Bitcoin within the Reach of the IMF, 14 Chicago Journal of International Law 377, 390(2013)。

易等实质上具有与证券、期货、衍生品交易市场等同的特征、原理、机制与风险，但特定虚拟商品的属性定位造成比特币不能构成证券期货犯罪的行为对象，非法经营、内线交易、市场操纵等刑法条款无法对未经许可运营比特币金融交易平台、侵害市场参与者合法权益等行为进行有效规制。比特币与法定货币之间的可兑换关系意味着前者事实上能够成为后者的价值存储载体，盗窃、诈骗、利用职务便利收受、获取比特币经济收益不申报纳税、非法向社会公众吸收比特币等行为与相应的财产犯罪、职务犯罪、税务犯罪、融资犯罪等具有同等强度的社会危害性。比特币的非货币属性定位则意味着目前相关经济与金融犯罪刑法条款无法为此类比特币侵害行为做出实质性反应。“去中心化”互联网金融工具兴起对经济刑法形成的现实风险，从法律与经济行为实质、比特币实质属性等层面，揭示了重在调整经济与金融关系的行政法律制度意图从规范形式上进行切割，但事实上很难有效控制的比特币市场风险及其对整个法律制度构成的冲击。以发行与交易系统上的“去中心化”与治理结构、资源分配及经济利益，实现平台上的中心化特征为基础，深度解构比特币的经济机理，不仅有助于把握比特币系统固有的机制性缺陷与市场风险来源，而且能够揭示比特币所具备的实质性货币与金融投资（投机）功能，从而在法律属性上确立比特币在特定情形下的货币与金融商品定位。比特币经济机理解构与法律实质阐释为经济刑法通过制度微调、司法规则与执法机制完善奠定了坚实的理论与实践基础，比特币兴起之后凸显出的绝大部分经济刑法适用性紊乱问题将得以解决。经济刑法证券期货犯罪条款适度拓展“证券”范围可以将比特币金融市场管理秩序与投资者合法权益纳入刑事保障体系，同时以能够量化的经济与金融犯罪数额标准盘活财产犯罪、职务犯罪、税务犯罪、融资犯罪等刑法规范对相关比特币犯罪行为的可适用性。同时，新型互联网金融系统的“去中心化”机制导致传统货币犯罪、外汇犯罪等货币与资本管制体系事实上无法继续保护既有的非竞争性货币体系。货币、外汇、资本管制刑事保障机制的失灵促使既有货币制度直面货币竞争、反思维护法定货币购买力稳定性的政策优化方向。

2.“去中心化”互联网金融工具对经济犯罪刑法规制体系的风险评估

《比特币风险通知》以“正面定性与反面否定”相结合的方式对比特币属性提出了明确意见，即比特币“应当是一种特定的虚拟商品”“不是真正意义的货币”“不具有与货币等同的法律地位”“不能且不应作为货币在市场上流通使用”。[1] 可见，在中国金融市场法律制度及其监管框架下，“真正意义的货币”等同于法定货币，即人民币、美元、欧元、日元等以本国或者其他国家或者地区中央权力信用为基础的、法偿性、强制性货币。比特币不仅不具有货币属性，而且与银行、资本市场、保险市场等金融体系中的

---

〔1〕《比特币风险通知》第1条“正确认识比特币的属性”：比特币具有没有集中发行方、总量有限、使用不受地域限制和匿名性4个主要特点。虽然比特币被称为“货币”，但由于其不是由货币当局发行，不具有法偿性与强制性等货币属性，并不是真正意义的货币。从性质上看，比特币应当是一种特定的虚拟商品，不具有与货币等同的法律地位，不能且不应作为货币在市场上流通使用。

金融产品无关,只是一种商品且必须强调其具有虚拟性。

然而,作为非货币性、虚拟性"商品"的比特币能够以极低的交易成本在"商品"与人民币、美元、欧元、日元等各国"货币"之间进行快捷转换,并以集中竞价交易的方式在全球各大比特币交易平台供市场参与者进行投资或者投机,甚至可以附加杠杆、做空、融资、融币等交易机制进行各类远期、期货、期权等衍生性交易。同时,基于对金融市场及其监管秩序全面且有效保护的价值追求,我国经济刑法规范体系设置了货币、外汇、证券、期货等众多具有金融工具属性的行为对象要素。金融监管机构对比特币货币、金融属性的制度性剥离以及对其虚拟商品属性的强调会产生一个不容忽视的经济刑法制度风险:大量利用比特币的货币性或者金融工具性特征的经济犯罪行为将因为比特币的虚拟商品属性限定而脱离经济刑法的规范控制范围,经济刑法会随着比特币市场以及比特币经济行为的逐步繁荣而面临前所未有的系统性冲击。

(1)货币、外汇市场及其监管秩序刑事保护失控风险

比特币不是法定货币、不具货币法律地位、不能且不应作为货币在市场流通的反面否定型属性判断明确指向一个结论:比特币显然不是外币,与人民币则更是毫无关联。这一属性判断在经济刑法上的意义,表现为比特币不能构成作为外汇犯罪或者货币犯罪行为对象的外汇、人民币或者其他国家和地区的法定货币。但事实上不仅比特币支付、交易系统可以直接跨越既有的外汇监管制度从事逃汇或购汇行为、经营外汇业务、持有境外资产等,比特币"去中心化"发行机制更是能够在中国市场直接投放"货币",在脱离央行货币政策的前提下影响中国经济体系中的实际货币供应量。〔1〕 经济刑法中的外汇犯罪条款〔2〕直接面临失灵或者失控的风险,货币犯罪条款〔3〕规制效力可能在中长期受到潜在的折损风险。

骗购外汇罪禁止通过使用伪造、编造的海关、外汇管理机关证明文件或者重复使用

---

〔1〕 从中国市场中比特币持有量及其对应的浮动性市值规模来看,比特币进入中国市场影响国内货币供应量的观点显然只局限于定性判断层面。将目前国内比特币的经济规模与人民币经济总量进行对比,完全可以对前者予以忽略不计。但比特币经济中长期的通缩发展趋势(下文比特币经济机理分析部分予以详细论述)意味着每单位比特币的购买力具有显著的增长空间,同时现阶段并不能预期未来商品与服务提供者对比特币支付的接受程度以及比特币的周转率,所以,不能忽视或者无视比特币对国内货币供应量的中长期影响。

〔2〕 根据 1998 年全国人大常委会《关于惩治骗购外汇、逃汇和非法买卖外汇犯罪的决定》(以下简称《外汇犯罪决定》)第 1 条、第 3 条、第 4 条的规定,我国外汇犯罪条款主要包括骗购外汇罪、逃汇罪、非法经营罪(非法买卖外汇)。

〔3〕 我国现行刑法规定的危害货币管理制度犯罪的条款主要包括:伪造货币罪(《刑法》第 170 条),出售、购买、运输假币罪(《刑法》第 171 条第 1 款),金融工作人员购买假币、以假币换取货币罪(《刑法》第 171 条第 2 款),持有、使用假币罪(《刑法》第 172 条),变造货币罪(《刑法》第 173 条)。此外,走私犯罪中还专门规定有走私假币罪(《刑法》第 151 条)。

海关、外汇管理机关证明文件等欺骗方式购买外汇的行为。[1] 而任何持有人民币的行为主体可以在中国境内的各大比特币交易平台开设资金与交易账户以市场价格购入相应数量的比特币，将比特币提现之后通过比特币客户端转入境外各种以美元、欧元、日元等法定货币为交易币种的比特币交易平台，再以市场价格卖出比特币兑换成需要的法定货币。由于比特币只是特定虚拟商品而非作为一般等价物的货币，利用比特币支付与交易系统能够彻底脱离外汇管理制度以及该制度最具强制力的经济刑法保护机制骗购外汇罪的震慑，将人民币兑换成世界上主要国家和地区法定货币[2]且完全不需要实施任何欺骗性使用海关、外汇证明文件的行为。因此，比特币支付与交易系统的存在与发展使传统骗购外汇行为模式、骗购外汇罪对购汇管理制度的保护相当程度上失去意义或者失灵。[3] 逃汇罪禁止单位违反外汇管理法律法规将应当调回境内的外汇存放境外或者将境内外汇非法转移境外的行为。[4] 基于相同的原理，利用比特币支付系统以及全球比特币交易平台能够高效地实现人民币与其他国家和地区法定货币之间的无监管性兑换与转移，但比特币目前只具有特定虚拟商品属性，经济刑法对境内外汇限

---

〔1〕《外汇犯罪决定》第1条规定：有下列情形之一，骗购外汇，数额较大的，处5年以下有期徒刑或者拘役，并处骗购外汇数额5%以上30%以下罚金；数额巨大或者有其他严重情节的，处5年以上10年以下有期徒刑，并处骗购外汇数额5%以上30%以下罚金；数额特别巨大或者有其他特别严重情节的，处10年以上有期徒刑或者无期徒刑，并处骗购外汇数额5%以上30%以下罚金或者没收财产：(1)使用伪造、变造的海关签发的报关单、进口证明、外汇管理部门核准件等凭证和单据的；(2)重复使用海关签发的报关单、进口证明、外汇管理部门核准件等凭证和单据的；(3)以其他方式骗购外汇的。伪造、变造海关签发的报关单、进口证明、外汇管理部门核准件等凭证和单据，并用于骗购外汇的，依照前款的规定从重处罚。明知用于骗购外汇而提供人民币资金的，以共犯论处。单位犯前3款罪的，对单位依照第1款的规定判处罚金，并对其直接负责的主管人员和其他直接责任人员，处5年以下有期徒刑或者拘役；数额巨大或者有其他严重情节的，处5年以上10年以下有期徒刑；数额特别巨大或者有其他特别严重情节的，处10年以上有期徒刑或者无期徒刑。

〔2〕目前比特币能够在全球各个国家和地区的交易平台兑换为以下币种：阿根廷比索、澳元、巴西雷亚尔、加拿大元、瑞士法郎、人民币、捷克克朗、丹麦克朗、欧元、英镑、港元、以色列新谢克尔、印度卢比、日元、墨西哥比索、挪威克朗、新西兰元、波兰兹罗提、卢布、瑞典克朗、新加坡元、泰铢、美元、南非兰特等。参见比特币数据网站 Bitcoin Chart 的货币统计信息，载 http://bitcoincharts.com/markets/currencies，最后访问日期：2013年12月19日。

〔3〕利用比特币系统免受骗购外汇罪法律风险、逃避外汇监管的购汇行为需要承担的行为成本与经济风险是比特币交易手续费、跨国比特币交易平台价差风险以及比特币市场交易价格风险。其中，手续费成本是有限与可控的，价差风险与价格风险则较难控制。交易成本与经济风险的客观存在决定了骗购外汇罪相当程度上的失灵风险而非彻底的、现实的失灵。

〔4〕《外汇犯罪决定》第3条规定：将《刑法》第190条修改为：公司、企业或者其他单位，违反国家规定，擅自将外汇存放境外，或者将境内的外汇非法转移到境外，数额较大的，对单位判处逃汇数额5%以上30%以下罚金，并对其直接负责的主管人员和其他直接责任人员处5年以下有期徒刑或者拘役；数额巨大或者有其他严重情节的，对单位判处逃汇数额5%以上30%以下罚金，并对其直接负责的主管人员和其他直接责任人员处5年以上有期徒刑。

制转出与境外外汇限制存放的刑事控制力度受到实质性撼动。[1] 此外,非法经营罪禁止违反外汇交易管理规定在国家许可的交易市场之外从事买卖外汇业务。[2] 我国各大比特币网站推出的比特币网络集中竞价交易平台,其业务内容表现为以市场决定的"兑换率"提供人民币与作为特定虚拟商品的比特币之间的交易,形式上显然无须受制于监管机构外汇交易场所的业务许可。而在实践中比特币交易参与者以及财经媒体一般将这种"兑换率"直接称为"汇率",[3] 并且比特币事实上可以在全球主要国家和地区兑换当地法定货币、支付当地部分商品与服务。这些比特币交易平台业务现象背后的实质内涵说明人民币兑比特币现货交易至少具有变相外汇即期交易[4] 的疑问,但非法经营罪关于禁止非法从事外汇交易业务的规定对此并无有效的反应能力。

相对于外汇市场显性的刑法保护失控风险而言,比特币对货币市场经济刑法制度的冲击表现得更具隐蔽性与长期性。但货币、货币市场、货币政策与相关法律制度对于实体经济与金融体系的全局性影响决定了比特币对人民币及其法律政策构成的任何潜在风险都不应被低估。经济刑法设置货币犯罪规范功能在于保护货币市场以及央行对货币市场秩序的监管。实现该功能最为基本的要求便是人民币供给只能源于我国央行的货币政策与货币监管行为,刑法禁止并处罚我国央行之外的任何行为主体影响中国经济体系内货币供应的行为。例如,在我国法域内实施的伪造货币、出售、购买、运输、持有、使用假币行为最根本的危害在于脱离央行货币政策与监管增加了货币供应及其周转,刑法设置伪造货币、出售、购买、运输、持有、使用假币等所有货币犯罪的基础性价值就是要保护央行发行货币与管理货币供应量的权力。然而,传统经济刑法货币犯罪

---

〔1〕 事实上经济刑法中其他与外汇犯罪具有相类似规制功能与规制原理的法律规范同样存在刑事保护效力稳定性降低的风险。例如,《刑法》第395条第2款隐瞒境外存款罪规定:国家工作人员在境外的存款,应当依照国家规定申报。数额较大、隐瞒不报的,处2年以下有期徒刑或者拘役;情节较轻的,由其所在单位或者上级主管机关酌情给予行政处分。刑法设置隐瞒境外存款罪具有保持国家工作人员职务廉洁性、维护公职人员境外财产申报制度、控制具有腐败嫌疑的资产流失境外等制度价值。但是,比特币作为一种资产类型在全球范围内逐步兴起与繁荣,使愿意支付比特币交易成本、货币兑换价格风险与市场价差风险的国家工作人员,可以选择彻底放弃持有境外存款所产生的构成隐瞒境外存款罪的刑事风险,转而持有比特币资产并在需要时随时转化为相应国家和地区的法定货币资产。

〔2〕 《外汇犯罪决定》第4条规定:在国家规定的交易场所以外非法买卖外汇,扰乱市场秩序,情节严重的,依照《刑法》第225条的规定定罪处罚。单位犯前款罪的,依照《刑法》第231条的规定处罚。

〔3〕 参见陈听雨:《比特币汇率大跌》,载《中国证券报》2013年5月17日,第5版。

〔4〕 提出比特币与法定货币现货兑换是否涉及"变相"外汇即期交易的疑问而非直接质疑其是否属于外汇即期交易的原因主要在于:其一,全球货币监管机构对于比特币是否构成货币尚未达成共识,并且我国货币监管机构目前的政策定位明确是将比特币视为特定虚拟商品,所以比特币与相应法定货币之间的交换比率严格意义上只能是"兑换率"而非"汇率"。其二,仅就比特币与相应法定货币的单一交易层次来看,比特币经济生态中并没有实际的商品与服务,接受比特币的商户或者个人所提供的商品与服务本质上仍然是各国和地区法定货币体系下的产物,加之比特币供给量既定,因而比特币与相关法定货币之间的兑换关系是由该法定货币体系下的比特币需求这一单一因素决定的。这与汇率受全球实体经济与货币市场各类复杂影响的事实相距甚远。

条款以遏制假币为核心震慑各种非法增加货币供应的震慑模式，完全无法规制比特币系统影响特定经济体系内货币总量的发行行为与结果。比特币玩家通过“挖矿”（承担比特币系统计算与密码验证工作量）获取比特币，其在中国市场使用比特币购买任何商品或者服务的同时，就意味着原本人民币垄断下的货币总量中增加了另一种不受央行监管的支付工具或者交易中介。在既定的商品与服务生产效率下，比特币在经济体系中使用规模的增长形式上表现为货币总量的增长，实质上会造成传统法定货币使用规模减小以及单位人民币购买力的下降。从长远的观点来看，如果比特币在国内商品与服务贸易出现规模化增长，则会出现比特币对法定货币的规模化替代，继而显著缩减央行资产负债表以及央行行为对短期利率的影响。随着比特币支付用户人数的不断上升，如果基于比特币支付的经济总量发展到大于法定货币规模的水平，这不仅是对既有货币秩序的冲击，其理论上的结果更是对传统法定货币体系的取代。[1] 而在此过程中，由于比特币系统并不存在中心化的发行主体，外部法律评价体系亦不认可其货币地位，现行货币制度从比特币影响货币总量的伊始便无法使用经济刑法货币犯罪条款对这种与假币投放、使用一样具有货币制度干扰性与对抗性的行为进行制裁。

（2）金融监管与金融消费者权益刑事保护缺失风险

比特币应当是一种特定虚拟商品的正面定性判断，在确立比特币虚拟性与商品性基础定位的同时亦否定了比特币的现实性（真实性）与金融性内涵。比特币交易只是一种普通民众风险自担的、具有参与自由的网络商品买卖行为。[2] 但现实情况是比特币支付与交易系统在实践运作中不仅能够兑换真实的法定货币、购买真实的商品与服务，而且正以类似于证券、期货、金融衍生工具等投资、投机工具的形式、在类似于证券、期货交易所的比特币交易平台上进行日成交量达到亿元人民币数量级的集中交易。金融监管部门将比特币属性限定于特定虚拟商品并采取严格措施禁止金融机构与支付机

---

〔1〕 再次强调，当前比特币的市值以及真正使用比特币支付的商品与服务贸易规模非常有限，短期内不可能对货币总量产生实质性影响。从中长期来看，比特币定价（与主要法定货币之间的兑换率）波动性与在经济体系中的接受度均具有高度不确定性，比特币对传统货币市场以及货币制度冲击的相关判断局限于理论层面。

〔2〕 中国人民银行等五部委在印发《比特币风险通知》时指出：“比特币交易作为一种互联网上的商品买卖行为，普通民众在自担风险的前提下拥有参与的自由。”参见贾壮：《五部委监管比特币：不能作货币流通用》，载《证券时报》2013 年 12 月 6 日，第 A1 版。

构介入比特币关联业务,[1]有利于有效切割比特币市场向传统金融市场与实体经济传导风险的管道,有助于控制比特币经济过热及比特币市场过度投机的风险。但否定比特币真实存在且市场参与者正在实际使用的金融工具价值也必须承受附带性结果:无法在金融监管法律框架下对比特币市场进行特殊且严格的管制;无法以金融消费者的标准对从事比特币投资与投机的市场参与者予以针对性与强化性保护。具体到金融监管与金融消费者权益刑事保护层面,现有的经济刑法对证券、期货市场管理秩序与投资者权益等法益的保护条款均面临严重的缺位风险。

在证券、期货市场管制措施的刑法保护方面,非法经营罪禁止未经国务院期货监督管理部门批准组织他人参与期货交易的行为。[2] 而我国市场中的交易者在比特币及其交易平台发展过程中的早期阶段就已经大规模地参与比特币期货交易:比特币交易平台采用一定倍数的杠杆交易模式,由用户向比特币交易平台提供的第三方资金账户汇入人民币或者向比特币账户存入比特币,既能以一定倍数的杠杆买入比特币做多,也能以杠杆卖出比特币做空。比特币多空合约根据全球最成熟的比特币交易平台之一"门头沟"交易所即时行情价格进行结算,现金账户金额或者比特币账户市值不足则强

[1] 《比特币风险通知》第2条"各金融机构和支付机构不得开展与比特币相关的业务"规定:现阶段,各金融机构和支付机构不得以比特币为产品或服务定价,不得买卖或作为中央对手买卖比特币,不得承保与比特币相关的保险业务或将比特币纳入保险责任范围,不得直接或间接为客户提供其他与比特币相关的服务,包括:为客户提供比特币登记、交易、清算、结算等服务;接受比特币或以比特币作为支付结算工具;开展比特币与人民币及外币的兑换服务;开展比特币的储存、托管、抵押等业务;发行与比特币相关的金融产品;将比特币作为信托、基金等投资的投资标的等。此外,2013年12月中旬主要财经媒体陆续披露,央行约谈银行、支付宝、财付通等银行、支付机构负责人,除了强调严格执行《比特币风险通知》的上述规定之外,进一步提出两大要求:其一,第三方支付公司不得给比特币、莱特币等交易网站提供支付和清算服务;其二,对于已经发生业务的支付机构应解除合作,存量款最迟在春节前完成提现,不得发生新的支付业务。这一举措可能造成人民币以充值方式进入比特币交易平台的资金流动模式受到实质性限制,进而遏制比特币在集中交易平台进行买卖的市场规模。参见岳品瑜:《渠道告急　比特币还能扛多久》,载《北京商报》2013年12月18日,第7版;严湘君:《防范比特币风险连出招　央行约谈第三方支付"釜底抽薪"?》,载《第一财经日报》2013年12月17日,第A10版。

[2] 根据《刑法》第225条第3项的规定,违反国家规定,未经国家有关主管部门批准,非法经营证券、期货或者保险业务,扰乱市场秩序,情节严重的,处五年以下有期徒刑或者拘役,并处或者单处违法所得1倍以上5倍以下罚金;情节特别严重的,处五年以上有期徒刑,并处违法所得1倍以上5倍以下罚金或者没收财产。同时,2012年国务院修改后的《期货交易管理条例》第2条规定:任何单位和个人从事期货交易及其相关活动,应当遵守本条例。本条例所称期货交易,是指采用公开的集中交易方式或者国务院期货监督管理机构批准的其他方式进行的以期货合约或者期权合约为交易标的的交易活动。本条例所称期货合约,是指期货交易场所统一制定的、规定在将来某一特定的时间和地点交割一定数量标的物的标准化合约。期货合约包括商品期货合约和金融期货合约及其他期货合约。本条例所称期权合约,是指期货交易场所统一制定的、规定买方有权在将来某一时间以特定价格买入或者卖出约定标的物(包括期货合约)的标准化合约。第4条规定:期货交易应当在依照本条例第六条第一款规定设立的期货交易所、国务院批准的或者国务院期货监督管理机构批准的其他期货交易场所进行。禁止在前款规定的期货交易场所之外进行期货交易。第6条规定:设立期货交易所,由国务院期货监督管理机构审批。未经国务院批准或者国务院期货监督管理机构批准,任何单位或者个人不得设立期货交易场所或者以任何形式组织期货交易及其相关活动。

制平仓。[1] 标准化交易、现金交割、客户能够从事双向交易、对冲操作、预付资金或者比特币具有杠杆效应、预付款处于警戒线下交易平台有权强制平仓等一系列比特币交易机制完全符合标准化合约、保证金制度、当日无负债结算制度、强制平仓制度等期货交易特征且未经国务院期货管理机构批准，应当构成非法组织期货交易行为。但非法经营罪关于禁止非法从事期货交易业务的规定对经营比特币期货交易平台的行为没有任何实质性应对。[2]

在金融消费者刑事保护方面，由操纵证券、期货市场罪、内幕交易罪、利用未公开信息交易罪等一系列证券期货犯罪构成的资本市场投资者合法权益保护条款，完全无法适用于比特币集中交易市场中客观存在的市场操纵以及基于未公开信息优势而实施的抢先交易等市场侵害行为。比特币市场核心交易机制、流程、环节与证券、期货市场非常接近：市场参与者选择比特币交易所（比特币交易平台）开设账户，通过银行、第三方支付[3]或者现金支付方式向账户进行人民币充值，或者通过比特币支付系统向交易平台下设的个人比特币交易账户进行比特币充值；单位比特币（1BTC）以人民币计价，交易者根据其对市场价格的判断提交买入或者卖出申报，按照“时间优先、价格优先”的集中竞价规则由交易系统匹配价格、撮合成交；买入交易生效之后相应数量的比特币计入比特币账户，交易者可提取比特币，卖出交易生效之后相应资金计入资金账户，交易者可提现。[4] 但由于目前比特币流通量有限且市值规模尚未达到百亿人民币级别的较大规模，市场操纵者使用一定规模的比特币现货或者资金数量就可以通过连续交易、

---

〔1〕 参见简工博：《监管尚为空白，比特币交易风险大》，载《解放日报》2013 年 12 月 4 日，第 10 版。

〔2〕 与比特币现货交易不受非法经营罪关于禁止非法从事外汇交易条款规制的现实情况有所不同的是，非法经营罪的构成要件实际上是完全适用于未经许可开闸比特币期货交易业务行为的。期货合约包括商品期货、金融期货以及其他期货合约。尽管根据《比特币风险通知》比特币不具有货币性、金融性且具有虚拟性，但比特币仍然被认定构成“商品”，所以非法从事比特币期货合约交易业务构成非法经营罪中的非法从事商品期货交易行为。目前司法机关没有根据非法经营罪打击非法经营比特币期货交易的行为，更大程度上是因为坚持经济刑法二次违法性判断的基本原理，在行政监管机构尚未确认经营比特币期货交易业务构成违法的前提下，不应直接启动经济刑法的刑事责任追究机制。资本市场行政监管机构目前尚未关注经营比特币期货交易行为违法性判断问题，则主要源于金融监管否定比特币金融属性的关联性政策——《比特币风险通知》第 3 条“加强对比特币互联网站的管理”规定：“依据《中华人民共和国电信条例》和《互联网信息服务管理办法》，提供比特币登记、交易等服务的互联网站应当在电信管理机构备案。电信管理机构根据相关管理部门的认定和处罚意见，依法对违法比特币互联网站予以关闭”。可见，金融监管政策坚决否定比特币的金融属性，强调将其整体纳入网络法与网络商品监管框架。

〔3〕 受央行、银监会等金融监管机构管理的银行、支付机构等已经被禁止向比特币交易平台提供支付、结算服务。

〔4〕 与中国资本市场不同的是，比特币交易所存在激烈的市场竞争，而证券、期货交易所的开设依法受到行政权力的监管。比特币市场参与者直接在交易所开设账户，而证券、期货交易所实行会员制，普通投资者参与证券、期货市场必须通过证券公司、期货公司等经纪环节进行申报与交易。相应地，在交易费用方面，比特币交易平台存在交易手续费（由于市场竞争与市场过热等原因持续处于变动状态，出现过暂停收费、交易额 0.3% 左右等不同的收费标准）与提现手续费（提现额 0.5% ~1%），证券、期货市场存在税务机关、证监会、交易所分别收取的印花税、证管费、经手费等。

相对委托、洗售等操纵性交易模式打压或者拉抬比特币市场交易价格并中获取巨额价差收益。[1] 同时,比特币交易平台及其工作人员不存在证券、期货交易所、证券公司、期货公司等金融机构及其从业人员受到金融法律法规规章监管的制度约束且比特币网站内部运作技术与规则尚缺乏透明度,比特币市场参与者完全可能面对交易平台及其员工等内部人员利用尚未公开的资金、比特币流动数据等交易信息在普通投资者(投机者)之前抢先完成交易的内线交易风险。比特币市场参与者固然应当根据风险自担原则自行判断市场风险、自行承担因市场价格波动所产生的交易损失,但自担市场风险并不应当包括自担市场操纵、内线交易等市场侵害行为风险。在交易机制与证券、期货市场基本相同但受到市场滥用行为侵害风险明显超过传统资本市场的情况下,在比特币业已成为一种金融投机工具的现实下,比特币只是特定虚拟商品的基本定位导致比特币市场参与者无法作为金融市场参与者或者金融产品消费者得到证券期货犯罪刑法条款保护,在一定程度上存在产权非平等性保护的疑问。

(3)金融市场与实体经济刑事保护机制失调风险

比特币金融性或者货币性的真实性能、商品性与虚拟性的制度性状态以及比特币经济在发展过程中的市场价格极度不稳定性,导致由非法集资犯罪、涉税犯罪、财产犯罪、职务犯罪等一系列重要经济犯罪法律条款[2]所构成的刑法保护机制存在失去调整能力的风险。

经济刑法通过设置非法集资犯罪维护特定金融机构吸收存款业务垄断[3]、投资者与金融机构财产权以及金融安全,保障以银行等金融中介机构为核心的间接融资体系。[4] 违法从事吸收公众存款业务,或者基于非法占有目的,以炒作非上市公司股票、吸收投资款等形式使用诈骗方法获取投资者资金的,分别构成非法吸收公众存款罪与集资诈骗罪。比特币经济体系中同样存在以中介机构为纽带、能够实现比特币存储与借贷信用机制的间接融资体系。中介服务机构支付一定比特币占用成本(存"币"利

---

[1] 比特币交易所并未实施证券、期货市场的涨跌停限制且交易 24 小时开放,日内价格波动超过 50% 的风险颇为常见,市场操纵行为的收益及其对比特币市场参与者带来的经济损失非常可观。

[2] 本文采纳广义的经济刑法与经济犯罪概念,将财产犯罪、职务犯罪等以刑法禁止的行为方式获取经济收益的犯罪类型均纳入经济刑法与经济犯罪的分析框架之中。参见宋远升、谢杰:《经济犯罪对策论》,法律出版社 2012 年版,第 1 ~ 7 页。即使不认可广义的经济刑法概念,分析比特币的兴起所造成的财产犯罪、职务犯罪等传统刑法规范解释机制的紊乱,对于理解比特币对货币、外汇、证券、期货、融资、税收等经济与金融领域犯罪的冲击依然非常具有价值,因为狭义的经济与金融犯罪在立法机制、规范解释等方面(尤其是行为对象与犯罪数额计算)不可避免地受到财产犯罪等传统刑法的基础性影响。

[3] 根据《商业银行法》等金融法律的规定,商业银行以及城乡信用合作社等非银行金融机构可以经营吸收公众存款业务,证券公司、证券交易所、保险公司等金融机构以及任何非金融机构和个人则不得从事吸收公众存款业务。

[4] 融资本质上是支付超过现金的资金成本取得相关资产的金融行为。See Bradford Cornell & R. Gregory Morgan, *Using Finance Theory to Measure Damages in Fraud on The Market Cases*, 37 UCLA Law Review 833,835(1990)。其中,直接融资是不经由银行等金融中介而通过出售股票、债券等形式直接获得投资者资金;间接融资则是通过银行等金融中介机构间接地从金融市场中吸收的投资者资金。

息）吸收不特定比特币持有者分散的比特币资源，以相对集中的规模对外放贷并收取更高的比特币使用费用（贷“币”利息）。[1] 在投资者愿意承担比特币市场价格波动风险的前提下，只要比特币中介机构提供的存“币”利息显著高于存款利率，民间资金市场完全可能出现将人民币资产兑换成比特币并流入比特币间接融资市场的现象。未经许可的比特币存储业务实质上就是非法吸收以比特币为形式载体的人民币存款，如果相关中介机构（人）被证明具有非法占有比特币的行为故意，实质上就发展为诈骗以比特币为载体的人民币资金。但由于比特币不具有货币属性而是虚拟商品，接受社会公众比特币存储的行为充其量只是吸收或者集合商品，不能认定为具有显著金融行为特征的非法吸收公众“存款”、非法集“资”或者集“资”诈骗行为。因此，现行经济刑法规范难以规制利用比特币实施的非法集“币”行为，这不仅影响投资者资产安全，而且对传统间接融资市场秩序与既有金融垄断利益构成威胁。

纳税人采取欺骗、隐瞒手段进行虚假纳税申报或者不申报，达到刑法规定的数额标准且不适用初犯免责的，构成逃税罪。经济刑法打击逃税犯罪的主要目的是维护税收征管秩序、保证国家税收收入、促使纳税义务人依法积极履行纳税义务。[2] 而比特币支付系统在经济领域内的深入应用及其天然的免受税务监控的技术机制将会使以逃税犯罪为核心的整个经济刑法涉税犯罪体系受到严重影响。[3] 比特币在目前的监管框架下属于虚拟商品，接受比特币作为商品、服务的经营性收入，实质上构成“以物易物”。尽管在税务实践中认定传统“以物易物”纳税数额具有一定困难，但传统商品与服务具有现实性以及定价上的可固定性，“以物易物”构成特殊购销行为，交易双方应当以各自支付的“物”计算销项税额，以各自接受的“物”核算进项税额。而作为商品的比特币具有虚拟性且与人民币之间不存在一个固定的兑换比例，导致以比特币支付的商品与服务贸易客观上难以计算应纳税额。再以个人所得税为例，以比特币作为劳动、劳务等收入，由于虚拟商品显然不属于具有确定性的货币“所得”，难以计算应纳税数额。所以，在逃税犯罪法律适用上，比特币纳税标准的缺失意味着很多原有的涉税行为根本不涉及是否构成“虚假纳税申报或者不申报”逃税行为刑法评价问题，相当数量的比特币资产存在脱离国家税收与纳税义务控制的风险。[4]

如果说比特币在现有监管框架下的非货币性、非金融性、虚拟商品性的基础定位是

---

〔1〕 当然，目前比特币间接融资规模非常有限，全球只有“涟漪支付”（Ripplepay）等少数提供开源服务的社区信用网站推出基于比特币的小额信用交易服务。

〔2〕 参见黄太云：《〈刑法修正案（七）〉内容解读（二）》，载《人民法院报》2009 年 4 月 15 日，第 6 版。

〔3〕 Omri Marian, *Are Cryptocurrencies Super Tax Havens*?, 112 Michigan Law Review (First Impressions) 38 (2013).

〔4〕 当然，作为财产转让的比特币交易所得仍然受到目前税务体系的监管，在比特币交易平台买卖比特币的所得应当以比特币转让收入减除获取比特币的成本及其交易费用的余额作为应纳税额进行缴税。对于通过“挖矿”获取初始比特币并获取转让比特币收入的情形，尽管核定财产原值和合理费用具有一定困难，但至少可以将计算机、芯片、电费等主要“挖矿”成本作为财产转让所得的减除项目从而实现税收公平合理。

导致经济刑法难以将其纳入融资市场、税收管理秩序刑事法律保护体系的重要原因,那么盗窃、诈骗、贿赂等犯罪的行为对象都是“财物”,显然均可覆盖“商品”,盗窃、诈骗比特币等均可认定为相应犯罪,[1]作为全新犯罪行为对象表现形式的比特币理论上似乎不会严重冲击财产权、职务行为廉洁性等传统领域的经济刑法保障机制。但是,盗窃、诈骗、利用职务便利收受传统商品(包括“Q币”等传统虚拟商品)的行为之所以能够被定性与定量,根本原因在于刑事司法实践中的传统商品估价机制相对稳定地支撑了犯罪性质的解释与犯罪数额的认定。而比特币固然可以被制度性、人为化地评价为特定虚拟商品进而符合盗窃、诈骗、贿赂等犯罪类型的行为对象法律特征,但确保传统经济犯罪刑事司法系统得以顺畅运转的商品估价机制与比特币并不兼容——比特币市场价格巨幅波动,导致客观上难以确认一个公允市场价格;“去中心化”的比特币市场事实上也不存在一个权威的、类似于价格事务所或者物价局的价格评估机构。因此,比特币资产很难在传统财产犯罪刑法规范框架下受到刑事保护,围绕着职务行为的给付或者收受比特币行为因难以确认数额而很难作为腐败犯罪处理。

3.“去中心化”互联网金融工具的经济机理解释与刑法属性辨证

信息网络、密码技术、金融创新不断发展推动比特币成为一种全新的经济与社会现象。面对比特币支付系统以及比特币集中交易市场对实体经济与金融体系客观上造成的影响,刑法规范体系中与货币、外汇、证券、期货、融资、税务、财产等经济、金融秩序有关的经济犯罪条款出现刑事保障机制不再稳定与周延的风险。经济刑法在公私产权、实体经济、金融市场刑事保障方面陷入不同程度的困局、被动与迟钝,其根源在于既有的监管框架针对比特币所设定的制度性限制极强的短期风控政策与比特币复杂的经济与金融内涵赋予其的机理性去监管化能力之间的冲突。

由于监管政策最直接调整效果体现在经济、金融等行政性法律法规层面,并且此类法律制度重在调整经济与金融关系,制度性地将比特币的属性限定于网络社会中的虚拟性商品确实能够达到在法律关系上切割比特币与人们社会行为之间的货币关系或者金融关系、控制比特币市场风险传递至实体经济与金融市场的效果。但是,经济刑法重点在于对经济与金融行为在刑法上的实质属性及其刑事责任做出实质判断。与比特币有关的各种经济与金融行为的实质是由比特币的内部性特征(比特币自身的实质功能)与外部性特征(使用比特币或者针对比特币实施一定作为与不作为的人的主体性认知与客观行为)所决定的,不受脱离比特币实质经济机理的比特币属性制度性限制的影响。所以,制度性限制在实现切割比特币的货币与金融属性同时,会因为其与比特币事实上所具备的金融功能之间的冲突而造成经济刑法的规范解释紧张与制度保护不力。

---

〔1〕 我国已经出现了诈骗比特币的刑事案例:犯罪嫌疑人刘某、金某、黄某等运营国内第四大比特币交易平台GBL,在吸收客户为参与投机性交易而充值的大量资金与比特币之后潜逃,先公安机关已将刘某等逮捕。参见刘珍华:《国内首起比特币交易平台诈骗案近日被侦破》,载《新民晚报》2013年12月4日,第22版。

解决经济刑法制度困境的现实出路在于完成两个层进式的制度安排：步骤一，运用法律与经济分析方法对比特币进行实质解构，以功能性内涵发现为核心对比特币在网络、货币、金融、商品等不同层面的经济机理做出全面阐释，确立比特币在现有法律制度与监管框架下符合其经济实质的真实归属。步骤二，以公民产权、实体经济以及金融市场的保障效率为导向对与比特币经济实质匹配的法律属性界定及其配套经济刑法运作进行评估，根据比特币市场风险控制现实需求的动态变化完善监管框架及其经济刑法保障机制，并且进一步反思传统货币与金融监管制度的改革方向。比特币经济机理解释与法律属性界定的价值在于完成步骤一，即通过对比特币"去中心化"、货币性功能、投机工具现状等核心经济机理的揭示与剖析，回答与比特币法律属性界定有关的3个基本性、纵身性问题：其一，比特币的法律状态是什么（合法、非法抑或其他）？其二，比特币的货币属性判断结论是什么（货币、非货币抑或其他）？其三，比特币在实体经济与金融实务中真正的法律性质是什么？

（1）比特币法律地位评估

比特币在法律上是否具有合法地位，如果其属于非法又究竟构成何种违法类型，是一个存在极大争议的问题。尽管目前比特币在很多国家和地区能够作为商品与服务的支付工具、在比特币交易所进行集中买卖，但亦有部分司法区直接否认比特币的合法地位，并且，在法律与经济理论、实践中一直有观点指责比特币是庞氏骗局、金字塔骗局且构成洗钱犯罪的核心渠道。

2013年泰国央行先是以比特币不是货币为由回避了泰国比特币有限公司向其提出的比特币交易许可申请指导。2013年7月29日，泰国央行外汇管理与政策部认为，基于现行可适用法律缺失、资本项目管制、比特币跨越多重金融领域的事实等因素，下列比特币行为在泰国司法权构成违法：买卖比特币；以比特币为支付工具的商品或服务贸易；向泰国境外给付比特币；接受来自泰国境外的比特币。[1] 如此宽泛的行为禁止实际上意味着与比特币在泰国不具有合法地位。财经与法治媒体普遍将泰国央行规定使用与交易比特币行为系非法等同于禁止比特币，因而泰国也就成为全球首个禁止比特币的国家。[2] 同时，比特币系统发展初期，验证比特币交易的计算工作量证明的竞

---

〔1〕 Bitcoin Co. Ltd., Trading suspended due to Bank of Thailand advisement, July 29, 2013, https://bitcoin.co.th/trading-suspended-due-to-bank-of-thailand-advisement/.

〔2〕 吴家明：《泰国封杀比特币　开全球先河》，载《证券时报》2013年8月1日，第A4版；蓝洋金融研究中心：《疯狂比特币，全球围剿》，载《重庆晨报》2013年12月11日，第37版；李飞：《比特币投机浪潮》，载《法治周末》2013年11月28日，第196期；Andrew Trotman, Bitcoins banned in Thailand, The Telegraph, July 29th, 2013，载http://www.telegraph.co.uk/finance/currency/10210022/Bitcoins-banned-in-Thailand.html，最后访问日期：2013年12月11日。

争强度极低,参与早期“挖矿”的极少数比特币玩家积累了大量比特币。[1] 比特币经过大量推广、炒作并受到网民高度追捧之后,与法定货币之间的兑换率较早期出现巨量飙升,早期“矿工”基于续投资者的高位接盘而获得高额经济收益。这种利益链条顶端操控者利用后续参与者资金供给而获取过度经济激励的现象被评论者认定为构成庞氏骗局或者金字塔骗局。[2]

比特币法律地位评估的关键在于准确把握其基于网络密码技术实现的系统“去中心化”在经济上的实质内涵。

比特币的经济生态建筑在点对点网络与密码验证技术的基础之上。[3] 信息、网络、密码技术创新带来的全球性交易便捷、成本降低、隐私保护、抵御通胀等是比特币“去中心化”支付、结算及存储机制在理论上区别于中心化的国家信用与法律制度下法定货币体系的重要特点。“去中心化”意味着比特币的制造与发行不需要依赖于作为央行等金融权力机构,而是由所有使用比特币软件的用户构成点对点网络,并由该网络运算系统创建、交易比特币。“去中心化”是互联网发展过程中形成的数字化支付系统特有的内容与结构形态,是相对于中心化的央行货币发行与流通体系而言的全新网络支付工具的生产与交易系统。支付体系不再是由权力化的监管机构排他性地掌控,而是由全体互联网用户共同参与、权利对等、平等竞争、完全开放的创制、流通与支

---

〔1〕 在比特币网络运行初期,任何人都可以通过普通 CPU 找到新交易链块。随着越来越多的人加入采矿队伍,寻找新交易链块的难度系数随之大幅提高。因为创建新比特币的难度系数是随着参与尝试产生新比特币的人数与运算力而变化的。产生链块的可能性是所用计算资源和所有同时在网络上生成链块计算资源的比值。目前用普通 CPU 平均需要几年才能找到一个有效的交易链块。有效采矿方法逐步发展为使用高端显卡、芯片、特殊软件等,并且获取比特币难度持续增大。See Bitcoin. org, Frequently Asked Questions,载 http://bitcoin. org/en/faq,最后访问日期:2013 年 12 月 25 日。

〔2〕 Jörg Becker, Dominic Breuker, Tobias Heide, Justus Holler, Hans Peter Rauer & Rainer Böhme, Can We Afford Integrity by Proof-of-Work? Scenarios Inspired by the Bitcoin Currency, Workshop on the Economics of Information Security WEIS 2012, Berlin, Germany, p. 4.

〔3〕 1980 年至 20 世纪 90 年代初期,大卫·乔姆发表的一系列密码技术论文创造性地提出了互联网金融机制的概念并勾勒了完全匿名性互联网金融体系的基本原理。See David Chaum, *Achieving Electronic Privacy*, Scientific American, August 1992, pp. 96 – 101; David Chaum, *Blind Signatures for Untraceable Payments*, 82 Advances in Cryptology Proceedings of Crypto 199(1983). 1998 年,解密高手邮件列表(Cypherpunks Mailing List)成员提出了数字化分布式匿名货币的构想,尝试通过这种被称为“比钱”(B-money)的基于网络密码技术的支付机制为无迹可寻的匿名实体相互之间的合作提供一种更具效率的交易中介。See Wei Dai, b-money, 1998,资料来源:http://www. weidai. com/bmoney. txt,最后访问日期:2013 年 12 月 15 日。2008 年,化名中本聪(Satoshi Nakamoto)的程序设计员(组)完成了执行这种支付机制的程序以及软件设计,并以信息的最小单位二进制数位(Binary Digit)的缩写比特(Bit)将这种点对点现金支付系统命名为比特币(Bitcoin)。See Satoshi Nakamoto, *Bitcoin: A Peer-to-Peer Electronic Cash System*, 2008, p. 1,载 http://bitcoin. org/bitcoin. pdf,最后访问日期:2013 年 11 月 30 日。应当看到,数字金融工具运作技术非常复杂,脱离信息、网络、密码等学科基础与知识背景很难进行全面与准确的理解。尽管不可能在法律与经济分析范畴与知识边界内系统性地阐释比特币等数字金融工具的技术机制,但对比特币如何通过技术性安排履行其核心经济功能这一问题进行简洁且有效的解释仍然是可以实现的。

付过程。[1]

但是,比特币系统是相对于传统中心化货币机制与反传统制度束缚的"去中心化",并不具有彻底性。从外部竞争的角度分析,"去中心化"的发行与交易机制能够确保比特币系统在与既有制度的竞争关系中不因中心化机制的可锁定性与可消灭性而被竞争对手直接清除。从内部竞争的实际情况来看,比特币经济生态在治理结构上受控于一个真实存在的中心化管理机构或者利益代理,在经济资源分配上存在明显的非均衡性。比特币发行与流通纵然并不受制于中心化的货币权力机构,但除此之外所有的比特币运作都是由以比特币基金会[2]为核心架构的治理机制予以主导、维护与发展。新比特币以及比特币交易验证手续费的获取固然实行全网络开放性竞争,但以比特币系统开发者为核心的早期比特币玩家掌握的先发优势与网络密码技术垄断,客观上造成原本已经存在数量稀缺性问题的有限比特币中的绝大多数被少数人持有。[3]

比特币发行与交易机制"去中心化"决定了传统法律制度没有能力对比特币这一开放的网络支付系统本身的法律地位做出是非判断。即使没有法律制度对比特币合法地位的确认,比特币依然在全球网络用户的计算资源支持下存在与发展,因为政府不可能切断网络。即使法律制度可以在形式上规定比特币为非法或者禁止一切与比特币有

[1] 新比特币是通过"采矿"这一网络运算与交易验证过程在系统中创建的。新比特币在每个网络节点解决了一定数量且难以复制的数学计算问题与工作量证明(创建新链块)后生成。因此,比特币的发行不受中央系统控制,而是由分布在网络系统中的每一个"矿工"、每秒钟重复百万次的交易链块计算决定的。每一个有效参与比特币发行的用户通过消耗计算能力去寻找有效的链块并创造新的比特币。当比特币发行量达到极值而导致比特币创建终止时,比特币系统的使用与维持仍然依赖于分布于各个网络节点的运算。在对应最后一个比特币的链块之后仍然会有新的链块产生,比特币系统通过提供验证交易手续费的方式激励用户投入运算资源确认比特币交易的有效性。创建新的交易链块所带来的交易费的实际效果类似于创建新比特币。See Bitcoin. org, Frequently Asked Questions, 载 http://bitcoin. org/en/faq, 最后访问日期:2013 年 12 月 25 日。

[2] 比特币基金会是致力于标准化、保护和推广比特币的最大的组织,其资助比特币软件维护人员的薪水、组织会议并提供重要资源。比特币基金会将会员席位划分为铂金、黄金、银等机构层级以及终身与年度等个人层级。目前,仅比特币在线商品与服务提供商 Bitcoin Store 这一家机构具有铂金席位,比特币交易平台 Mt. Gox 以及由风投公司提供资本支持的比特币在线交易、存储、支付平台 Circle 两家机构持有黄金席位。每个会员层次均有选举相应董事会成员的权利。比特币基金会董事会目前有 5 个席位,其中两名董事由个人会员阶层选举,两名董事由机构会员阶层选举,一名董事由比特币创始人阶层选举。比特币基金会通过资助一个稳定的比特币软件架构与核心开发团队,提高比特币的使用度与信用度。网络密码技术是比特币赖以生存与发展的基石,是防止多重支付、反伪造、反盗窃的核心力量。比特币基金会通过维护、促进、法律保护等多重保护措施确保比特币协议的完整性。同时,比特币基金会认为比特币在发展过程中受到大众以及现有社会人士的错误理解、错误阐释、错误陈述,为了使比特币具有持续稳定的发展目的与技术支持,其有必要以比特币社区的单一化渠道推广比特币技术并优化其声誉。See Bitcoin Foundation, Developing a More Open Economy, 载 https://bitcoinfoundation. org/about/, 最后访问日期:2013 年 12 月 25 日。

[3] 据测算,世界上大约 28.9% 比特币集中于不到 50 人控制, 21.5% 比特币份额由不到 900 人持有,这个极少数人构成的利益群体控制了现有比特币资源的一半。另外 25% 的份额由 1 万人控制。只有 25% 的比特币由大约 100 万散户持有。参见魏一平:《比特币江湖》,载《三联生活周刊》2013 年第 52 期;Dorit Ron & Adi Shamir, Quantitative Analysis of the Full Bitcoin Transaction Graph, in Ahmad-Reza Sadeghi eds., Financial Cryptography and Data Security, Springer Berlin Heidelberg, 2013, pp. 6 – 24。

关的交易,但这种纸面上的禁止在实践中不具有执行效力。因为全面禁止比特币无法有效地解决根植于传统中心化货币、政府信用危机、通货膨胀等经济基础与政治建制下的制度有限性而生成的私有金融工具的竞争,而且在操作层面存在诸多障碍。特定国家或者地区的政治权力显然可以轻而易举地关闭比特币集中交易市场。相应地,潜在的比特币使用者亦会逐渐放弃对其交换价值与投资(投机)价值的认可与追求。但依靠校验和密码技术而创建、发行和流通的数字货币具备强大的独立性生态与创造性理念,这种技术创新本身足以保证比特币作为挑战传统法定货币的反思性概念与批判性实践得以在特定的信息网络技术生态圈中持续运作。同时,全球各国和地区禁止比特币的制度建构势必存在判断上的肯定与否定、时间进程上的先与后以及禁止程度上的强与弱。[1] 世界上主要金融市场的比特币监管措施如果存在明显的不平衡,比特币创制与交易的无国界性意味着数字货币使用行为会自然地转向规制范围不周延、制裁措施不严厉的国家或者地区,并利用货币市场关联性将风险传递至所有法定货币。

但是,比特币经济生态中客观上无法规避的中心化治理架构与经济力量意味着比特币不彻底的"去中心化"只是与传统的经济与法律制度存在结构性差异,比特币经济本质上仍然受制于既有的经济制度与法律监管框架。无论是比特币治理架构还是掌控比特币资源的中心化经济力量,比特币经济生态中的利益实现归根到底依托于传统法定货币体系。全球比特币交易平台 24 小时不间断的比特币集中交易的经济追求是为了通过比特币与相应法定货币的兑换直接获取法定货币体系下的利益;全球接受比特币支付的商品与服务提供者在收取比特币之后仍然需要场外直接交易或者交易平台集中交易兑换为法定货币才能在一定主权国家范围内实现不受比特币经济发展规模限制的利益。可见,全球各大比特币交易平台实际上构成了比特币经济生态中利益交换与实现的中心。[2] 与比特币生态系统中发行与交易环节的个体性参与者("矿工"与交易者)全球高度分散与相对匿名不同的是,比特币交易平台是在全球各个司法区注册的公司实体,[3]必须接受相应地区法律的监管。

---

〔1〕 例外情况是国际条约对各个成员国关于比特币的监管设定统一的禁止性规则要求。但从目前的发展趋势分析,基于法律监管框架差异与经济利益分化等诸多原因,各国和地区达成禁止比特币国际条约完全没有形成时间表的可预期依据或者迹象。全球重要经济体表现出认可比特币的倾向。例如,德国金融监管局、央行、财政部早在 2011 年 8 月就已经将比特币认定为价值单元,同时明确了创制(发行)这种价值单元或者将其作为支付工具进行使用不需要获得法律许可。但是,当这种价值单元自身成为商业或者交易的对象时,经济意义上的价值单元便成为法律意义上的记账单元与金融工具,相关服务或者商业行为就应当接受德国银行法审查与授权。BaFin, Merkblatt-Hinweise zum Zahlungsdiensteaufsichtsgesetz (ZAG) (Stand: Dezember 2011), Hinweise zum Gesetz über die Beaufsichtigung von Zahlungsdiensten, 载 http://www.bafin.de/SharedDocs/Veroeffentlichungen/DE/Merkblatt/mb_111222_zag.html,最后访问日期:2013 年 11 月 6 日。

〔2〕 各国和地区法定货币的多样性导致比特币交易平台作为利益交换与实现中心以法定货币为基础进行相对分化。同时,各个法定货币体系下的比特币交易平台竞争进一步造成区域性交易中心的细分。

〔3〕 例如,Mt. Gox 是全球交易系统最为成熟的比特币交易平台,由位于日本的 Mt. Gox 有限公司负责运营,Mt. Gox 有限公司的母公司为在日本东京商会注册的 Tibanne 有限公司;再如,比特币中国是目前全球交易规模最大的比特币交易平台,隶属于上海萨图西网络有限公司。

比特币理论上的“去中心化”与实际上具备的中心化机制说明：法律制度对比特币的地位不具有评价能力，但能够直接决定比特币交易平台以及比特币集中交易行为是否具有合法性。[1] 比特币集中交易环节是法律制度监管比特币以及经济刑法规制与比特币有关的经济与金融犯罪的中心环节。并且，这种交织“去中心化”与中心化的经济机理亦可推导“比特币就是庞氏骗局”等整体否定比特币正当性论断的不合理性。

比特币事实上存在的经济利益中心化使得极少数程序开发者、早期玩家等在比特币交易平台兑换法定货币所获取大量经济收益，而这些收益源自后期投资者的跟进投入。这个过程在经济上近似于庞氏骗局的正反馈循环，[2] 即经济产出（原比特币存储者的增值收益）源于后参与者的经济投入（获取比特币支出的相应法定货币）。但经济特征上的部分重叠显然不能作为法律性质判断上比特币等于庞氏骗局的整体依据。尽管比特币存在中心化的治理机构与利益群体，但这都是在比特币“去中心化”的发行与交易机制下经过技术与经济竞争形成的客观结果，至多存在分配机制不平等与早期参与者为系统创建投入大量计算资源而获得更多利益没有不平等的经济性争议，不能代替法律层面的规范评价。庞氏骗局表现为一个中心化的推动者或者共谋者以高回报、低风险等经济激励或者投资项目为诱饵，通过欺诈性手段骗取投资者资金，而事实上根本不存在具有收益的项目或者仅有少部分资金投入项目，早期投资者收益全部或者绝大部分源于后期投资者的资金，[3] 在我国刑法以及司法解释将这种以非法占有目的非法融资的行为纳入集资诈骗罪的规制范围。[4] 比特币经济体系中既不存在能够被证明为构成犯罪主体的中心化诈骗计划推动者与共谋团队，也没有实施欺诈性行为诱骗投资者针对一个虚构的投资项目提供资金，更没有证据表明存在非法占有他人资金的

---

〔1〕 从目前全球监管实践来看，除了泰国等极少数司法区实行全面禁止模式，比特币交易平台与集中交易行为经审查符合其既有监管制度的，绝大多数国家和地区均认可其合法性。

〔2〕 Burton G. Malkiel, *A Random Walk Down Wall Street: The Time-Tested Strategy for Successful Investing* (*Tenth Edition*), W. W. Norton & Company, 2012, p. 228; Lars Tvede, *The Psychology of Finance: Understanding the Behavioural Dynamics of Markets*, John Wiley & Sons, 2002, pp. 181 – 191.

〔3〕 U. S. Securities and Exchange Commission, Ponzi Schemes, 载 http://www.sec.gov/answers/ponzi.htm，最后访问日期：2013 年 12 月 26 日。

〔4〕《非法集资解释》第 2 条规定：实施下列行为之一，符合本解释第 1 条第 1 款规定的条件的，应当依照《刑法》第 176 条的规定，以非法吸收公众存款罪定罪处罚：(1) 不具有房产销售的真实内容或者不以房产销售为主要目的，以返本销售、售后包租、约定回购、销售房产份额等方式非法吸收资金的；(2) 以转让林权并代为管护等方式非法吸收资金的；(3) 以代种植（养殖）、租种植（养殖）、联合种植（养殖）等方式非法吸收资金的；(4) 不具有销售商品、提供服务的真实内容或者不以销售商品、提供服务为主要目的，以商品回购、寄存代售等方式非法吸收资金的；(5) 不具有发行股票、债券的真实内容，以虚假转让股权、发售虚构债券等方式非法吸收资金的；(6) 不具有募集基金的真实内容，以假借境外基金、发售虚构基金等方式非法吸收资金的；(7) 不具有销售保险的真实内容，以假冒保险公司、伪造保险单据等方式非法吸收资金的；(8) 以投资入股的方式非法吸收资金的；(9) 以委托理财的方式非法吸收资金的；(10) 利用民间“会”“社”等组织非法吸收资金的；(11) 其他非法吸收资金的行为。第 4 条规定：以非法占有为目的，使用诈骗方法实施本解释第 2 条规定所列行为的，应当依照《刑法》第 192 条的规定，以集资诈骗罪定罪处罚。

诈骗目的。[1] 因此,庞氏骗局等对比特币提出整体非法性(不正当性)法律判断的理论分析与实践批判并不是一个能够对比特币进行准确解释的框架。这又从经济刑法的层面再次验证了比特币技术系统本身不适合既有法律制度对其进行非此即彼的属性判断。传统法律评估不仅存在误判风险,而且会因为低估比特币经济机制上的复杂性而干扰旨在控制比特币经济系统性风险的宏观政策探索。法律制度聚焦于比特币交易平台及其集中交易行为做出监管安排并规制相应的违法犯罪行为才是更为合理的路径选择。

(2)比特币货币属性辨析

监管比特币交易平台、比特币集中交易行为、惩治比特币相关违法犯罪行为的前提在于确定基础法律框架,而解决比特币监管架构问题显然无法回避比特币的货币属性判断。如果比特币是货币,则应当将比特币交易纳入货币法律体系予以最为严格的监管,作为相关经济与金融犯罪行为对象的比特币也会因其货币属性的确立而能够使刑法解释与刑事保护机制恢复相对稳定的原有状态。[2] 但比特币是否属于货币可以说是当前全球比特币法律、经济理论与实践领域争议最大的难题。

完全否定比特币货币属性的观点认为,货币是一种制度安排,只有在既有的法律制度下才能对特定的可转移产权做出是否构成货币的判断。纵览全球货币法律体系,就当前且可以预期的未来而言,比特币既不是合法货币,也不是法定货币。[3] 但反对意见认为,在比特币经济关系中,一方提供商品或者服务,交易相对方支付比特币,这与日常生活中的现金使用毫无差异。比特币事实上就是货币,将货币概念限定于法定货币与商品货币并不明智。[4] 美国得克萨斯东区联邦地区法院近期更是在判例中明确指出:比特币显然可以作为货币进行使用。比特币能够用于购买商品、服务以及其他生活性消费项目。比特币唯一的限制在于其只能在接受其作为货币的地方进行使用。同时,比特币可以兑换为美元、欧元、日元、人民币等通常意义上的货币。因此,比特币是货币或者钱的一种表现形式。[5]

---

〔1〕 事实上比特币基金会等承担比特币经济系统治理功能的组织反复强调比特币是一个实验性项目,作为探索性的发明与尝试,其前景未知且存在巨大风险,提示投资者应当谨慎对待。See Bitocin. org, Some Things You Need to Know,载 http://bitcoin. org/en/you-need-to-know,最后访问日期:2013 年 12 月 27 日。

〔2〕 如果比特币被认定为货币,一种监管模式是直接赋予其与法定货币等同的法律地位,在央行统一监管下形成以金融机构为主体构成的比特币货币交易市场;另一种监管模式是建构与具有货币属性的黄金相同的市场框架,专门设立类似于黄金交易所的比特币交易所或者在其他金融监管控制下的交易所开设专门的比特币交易平台。无论采取何种模式,比特币确立货币属性之后,经济刑法解释上的障碍与困境会在很大程度上得以缓解。例如,未经许可组织比特币集中交易构成非法经营,基于非法占有目的骗取投资者比特币融资构成集资诈骗,比特币经营性收益逃避纳税构成逃税,针对比特币实施的财产犯罪的数额根据货币主管机构的规定予以认定。

〔3〕 Rhys Bollen, *The Legal Status of Online Currencies: Are Bitcoins the Future?*, 24 Journal of Banking and Finance Law and Practice 272(2013).

〔4〕 Jerry Brito, *Online Cash Bitcoin Could Challenge Governments*, Banks, Time Techland, April 16, 2011, 载 http://techland. time. com/2011/04/16/online-cash-bitcoin-could-challenge-governments/,最后访问日期:2013 年 12 月 27 日。

〔5〕 SEC v. Shavers, 2013 BL 208180(E. D. Tex. Aug. 6, 2013).

还有学者从商品货币、法定货币在非货币性价值、稀缺性原因等方面的差异化特征[1]切入剖析比特币货币属性，指出比特币与法定货币的相同点在于除了货币性价值之外没有任何价值，其基本属性就是货币，同时比特币的稀缺性综合了商品货币必然性稀缺与法定货币的人为性稀缺，所以比特币是一种非常特殊的人造商品货币。[2]

从货币历史解释的观点来看，货币经历了商品货币（以物易物、黄金等贵金属）、商品支持货币（黄金券、可兑换黄金纸币等）、法定货币的价值形式变迁，完成了具有内在价值、具有一定内在价值、可兑换为具有一定内在价值的商品、不能兑换商品但中央权力基于国家信用保证货币所代表的购买力的价值内容演进。[3] 比特币的货币属性分析显然不应脱离货币演变的历史架构。

比特币与商品货币（黄金）在供应上均具有必然的稀缺性，但前者总量及其停止供应时间是固定的，而后者尽管存在资源枯竭耗尽的可能性，但并不存在一个特定的停止供应时间。更为重要的是，两者在供应量结构上表现出完全不同的经济机理。更具效率的采矿技术的发明不仅提升特定矿企的产量，还会造成黄金采矿行业整体生产力提高、促进行业挖矿效率提升并导致黄金总体产量增长，[4]而比特币的总产量与生产效率是事先设定的，因芯片技术、算法能力的提升而导致的挖矿效率变动只具有调整比特币分配结构的效果。历史上黄金价格始终受到供应量波动的影响，[5]而比特币价格在供应量既定的情况下实际上受制于需求度的变化，所以比特币与商品货币存在实质性区别。

比特币与法定货币均不具有对应基础资产或者商品的可赎回性。法定货币存在政府或者法律制度的信用基础，而比特币完全不具有任何信用支持，但这并不是比特币不是货币或者法定货币的真正原因。无论是采纳强制性禁止拒收模式[6]还是适用无强制接收

---

[1] 商品货币（黄金）除了具有货币性价值之外还具有一定的工业价值与审美价值，其稀缺性是天然与必然的；法定货币（纸币与硬币）不具有任何非货币性价值，其稀缺性是人为性建构、制度性设计、非必然的。

[2] George Selgin, Synthetic Commodity Money, April 10, 2013, 载 http://ssrn.com/abstract=2000118，最后访问日期：2013 年 12 月 27 日。

[3] 商品支持货币与基础商品之间具有对应性。商品支持货币本身不具有任何内在价值，但能够兑换成一定数量的基础商品或者基础资产，其主要的历史性优势在于这种支付体系赋予了货币的便携性、提升了大额货币交易的便捷性。法定货币是特定国家或者地区中央权力指定和发行的、在该国家或者地区必须接受的货币。法定货币与商品支持货币在形式上具有类似性，但实质上存在显著区别。法定货币不具有赎回一定数量商品的效力。支持法定货币的不再是基础商品而是国家或者地区中央权力的信用。人们愿意接受法定货币完全是基于对中央权力的信赖。中央权力信用与使用者信赖分别构成法定货币体系中非常关键的制度性要素与行为心理要素。

[4] [美]劳伦斯·H. 怀特：《货币制度理论》，李杨等译，中国人民大学出版社 2004 年版，第 33～34 页。

[5] 例如，1540～1640 年，西班牙在南美洲殖民地里科山（Cerro Rico）发现了金银数量极其丰富的矿藏，其大量发掘金银并用以支付战争费用、贵族消费等，从而导致由供应量激增引发的贵金属自身巨幅下跌。See Niall Ferguson, *The Ascent of Money: A Fiancial History of the World*, The Penguin Press, 2008, pp. 25－27.

[6] 例如，《人民币管理条例》第 3 条规定：中华人民共和国的法定货币是人民币。以人民币支付中华人民共和国境内的一切公共的和私人的债务，任何单位和个人不得拒收。

义务模式,[1]法定货币本质上是公权力保证履行金融义务的一种法律状态。比特币则是政府权力、既有法律制度之外的私有市场创制的私货币体系,与法定货币完全是两种截然对立的制度、针锋相对的竞争关系。法律制度永远也不可能将比特币纳入以政府权力为保证的法定货币体系。然而,在法律与经济层面是否认可比特币的货币地位则是完全不同的问题。单纯从经济角度分析,任何主体都可以发行私货币,只是在绝大多数情况下都不会被人们接受,因为私货币缺乏强大的政府信用与经济保障。规模庞大的经济实体由于具有将私货币按照一定比例兑换为法定货币或者商品货币的承诺与经济担保能力,其发行的私货币存在被广泛接受的可能。但中心化发行、与法定货币关联的风险传递、发行系统内的违法犯罪风险、政府合法的货币监管政策权力等内在缺陷、外部法律管制因素均导致具有一定保障能力的规模化私货币无法与法定货币形成竞争。基于网络密码技术的比特币“去中心化”发行与交易机制历史性地赋予其与全球各个国家和地区的法定货币进行竞争且不被既有法律制度直接管制的经济条件。因此,释疑比特币是否属于私货币的关键在于对其是否具备货币功能进行实质性解析。根据货币理论,交易中介、记账单元(价值尺度)与价值存储是货币的三大核心功能。[2] 准确把握比特币实质的基础是货币的功能性解释而非纠结于货币在现实经济生活或者网络空间的表现形式。

在交易中介功能方面,比特币支付工具的运营范围遍及全球,初步形成了与传统法定货币进行竞争的态势。无论是互联网公司提供的非实物性、无物流需求性数字化产品,还是传统商户提供的实物性或者有形性商品与服务,都有相应商户接受以比特币工具的支付与结算。从2009年历史上首次比特币支付商品(1万个比特币购买一个披萨且供应商不直接接受比特币而需要第三方信用卡支付中介促成)[3]之后,电子商务、网络与移动支付、比特币集中交易平台法定货币便捷兑换等互联网经济与金融迅猛发展极大地推动比特币实体经济规模增长。[4] 然而,纵然比特币经济增速很快,其经济规模较之于传统电子支付系统仍然显得极其微小。全球最大零售支付网络VISA年度支

---

[1] 例如,美国《铸币法案》规定:美国纸币与硬币(包括联邦储备券等)是所有债务、公共收费、税费的法定货币。外国金银币等不是法定货币。See 31 USC § 5103 – Legal tender. 美国货币法律制度并没有规定必须接受法定货币的义务。交易一方可以不接受法定货币,其可以与交易对方协商其他支付方式,或者拒绝为支付法定货币的人提供商品或者服务。美国有多个私有发行货币在一定区域内流通。例如,“伯克夏尔”(BerkShares)是在美国马萨诸塞州伯克郡地区流通的私有货币。“伯克夏尔”于2006年9月29日由同名公司发行,其网站(berkshares. org)提供数百家接受“伯克夏尔”作为支付工具的本地商品与服务供应机构。所以,强制性并非法定货币的必要条件。

[2] Benjamin J. Cohen, *The Future of Money*, Princeton University Press, 2002, p. 1.

[3] Benjamin Wallace, *The Rise and Fall of Bitcoin*, 12 Wired Magazine 19(2011).

[4] 以全球规模最大的比特币电子商务网站之一Bitpay的商品与服务订单统计数据为例,截至2013年12月,Bitpay网站月度比特币电子商务贸易数额接近6万比特币、数千万美元。在西方传统假日购物高峰感恩节“黑色星期五”当日,Bitpay处理的订单数量高达6296件,明显体现出比特币电子商务与传统假日经济的高度接轨。See BitPay, BitPay Drives Explosive Growth in Bitcoin Commerce, 载 http://blog. bitpay. com/2013/12/bitpay-drives-explosive-growth-in. html,最后访问日期:2013年12月28日。全球接受比特币支付的商品与服务经营者列表参见 https://en. bitcoin. it/wiki/Trade,最后访问日期:2013年12月28日。

付金额达4.3万亿美元、交易数量为875亿笔。[1] 比特币实际需求量绝大多数为投机性而非贸易性，旨在博取比特币与法定货币兑换率波动价差利润的投机交易在比特币交易总额中所占比例远超使用比特币系统进行商品与服务贸易支付量。[2] 更为严重的是，违禁品交易、赌博、洗钱等违法犯罪活动构成了比特币交易总量中相当重要的部分。例如，比特币是全球最大黑市交易网站之一"丝路"(Silk Road)唯一接受的结算工具。"丝路"于2013年10月因提供毒品、枪械等违禁品交易平台而被美国联邦调查局(FBI)查禁。涉嫌负责网站运营管理的创始人罗斯·乌尔里希被捕时FBI扣押的比特币(根据案发时汇率计算)价值3360万美元，[3]"丝路"能够被查算的月平均交易额保守估计为120万美元。[4] 因此，作为支付工具的比特币存在经济总量有限、经济结构上实体贸易规模相对投机交易比例过低、非法贸易黑数巨大等严重影响其履行货币交易中介功能的制约性因素。

在价值尺度功能方面，德国金融监管局明确认可比特币在自身构成商业、经济、金融服务等交易的对象时具有记账单位、金融工具的法律属性。[5] 德国金融监管局在欧盟金融监管领域的影响力意味着这种观点具有发展成欧盟监管比特币蓝本的潜能。[6] 在电子商务与传统交易实践中，比特币确实已经作为标准化的数值单位对多种商品、服务、资产、责任等价值与成本进行计量。问题在于比特币本身需要以法定货币进行定价，比特币的价值尺度功能更多是形式化的表现，人们在交易中归根结底仍然采用当地法定货币定价体系。即使商品与服务贸易标注比特币价格，但由于比特币与法定货币之间的兑换率波动幅度很大，除了极少数商品与服务之外，交易项目的比特币定价几乎

---

〔1〕 年度统计数据时间跨度为2012年6月30日至2013年6月30日。See VISA，Visa Inc. at a Glance，载 http://corporate. visa. com/_media/visa-fact-sheet. pdf，最后访问日期：2013年12月28日。

〔2〕 以比特币中国(BTC China)交易平台2013年12月交易量为例，30个交易日的比特币投机性交易总量超过15亿美元。详细统计数据参见 http://bitcoincharts. com/markets/btcnCNY. html，最后访问日期：2013年12月30日。

〔3〕 U. S. Attorney's Office for the Southern District of New York & FBI Public Information Office，Press Release：Manhattan U. S. Attorney Announces Seizure of Additional $28 Million Worth of Bitcoins Belonging to Ross William Ulbricht，Alleged Owner and Operator of"Silk Road"Website，October 25，2013，载 http://www. fbi. gov/newyork/press-releases/2013/manhattan-u. s. -attorney-announces-seizure-of-additional-28-million-worth-of-bitcoins-belonging-to-ross-william-ulbricht-alleged-owner-and-operator-of-silk-road-website，最后访问日期：2013年12月13日。

〔4〕 兑换率为2012年2～8月的市场平均水平。See Nicolas Christin，Traveling the Silk Road：A Measurement Analysis of a Large Anonymous Online Marketplace，The International World Wide Web Conference，May 13－17，2013，Rio de Janeiro，Brazil，载 http://www. andrew. cmu. edu/user/nicolasc/publications/Christin-WWW13. pdf，最后访问日期：2013年12月28日。

〔5〕 Jens Münzer，BaFin，Bitcoins：Aufsichtliche Bewertung und Risiken für Nutzer(19. *Dezember*，2013)，载 http://www. bafin. de/SharedDocs/Veroeffentlichungen/DE/Fachartikel/2014/fa_bj_1401_bitcoins. html，最后访问日期：2013年12月29日。

〔6〕 Karl-Friedrich Lenz「新インターネット通貨 Bitcoin の法的問題— EU 法・ドイツ法を中心に」(『青山法務研究論集』第7号、2013年)．

都需要根据比特币价格波幅基于一定时间或者价格空间标准予以调整。

在价值存储功能方面,价格波幅剧烈同样制约了比特币中短期价值存储货币功能的发挥。仅2011年至2013年上半年比特币交易价格就经历了至少6次超过50%的跌幅;[1]伴随着单位比特币价格攀升至历史高位1200余美元,2013年下半年更是出现了更为密集的、数百美元价格震荡幅度的暴涨暴跌。[2] 比特币中短期价格波动性导致其基本上不具备货币的价值存储功能。然而,从长期趋势来看,全球各种法定货币均呈现不同程度的通胀水平,法定货币在长期价值存储上存在明显缺陷,而比特币基于发行总量固定、发行增量稳步下降的制度设计构成了与法定货币完全相反的通缩经济,[3]具有非常强的长期价值存储与增值潜能。

比特币在交易中介、价值尺度、价值存储上分别表现出有用性与限制性、形式功能承担与实质功能萎缩、中短期无能与长期潜能的深刻矛盾,而交易与存储这两大核心货币功能之间的冲突进一步加深了问题的复杂程度。比特币经济生态的发展趋势是逐步增长的,目前越来越多的商品与服务交易使用比特币进行结算。同时,在比特币与商品服务进行交易的经济生态中,一部分储蓄者会基于比特币长期升值的判断而选择推迟当前的比特币消费、换取远期的比特币消费能力或者购买力。比特币理论上的通缩经济模式与比特币经济生态中的商品与服务供应量增加会共同推动比特币价值长期持续上升,储蓄者因为持有比特币而得到不断增值的经济激励。以比特币交易平台规模最大的中国市场以及比特币实体经济规模最大的美国市场[4]进行推算——根据世界银行储蓄率统计数据,2009~2012年中国居民储蓄率平均高达约50%,同期美国约为11.5%。[5] 即使以全球较低水平的美国储蓄率予以估计,10年之内绝大多数已供应比特币将处于存储状态而无法流通;如果进一步考量中国市场在全球比特币交易量中的比重以及中国国民超高储蓄率水平,比特币实际上丧失货币交易中介功能的时间还

---

〔1〕 Jerry Brito, Beyond Silk Road: Potential Risks, Threats, and Promises of Virtual Currencies, Testimony on the U. S. Senate Committee on Homeland Security and Governmental Affairs, November 18, 2013, pp. 14-15; Derek A. Dion, I'll Gladly Trade You Two Bits on Tuesday for A Byte Today: Bitcoin, Regulating Fraud in the Economy of Hacker-Cash, 2013 Journal of Law, Technology & Policy 165, 189(2013).

〔2〕 王力凝:《虚拟货币疯狂 央行紧急收缰》,载《中国经营报》2013年12月23日,第B1版;唐烨:《比特币狂跌怪谁》,载《解放日报》2013年12月20日,第7版;刘琪:《土豪抛售投资者趁机抄底 比特币价格一日回弹1390元》,载《证券日报》2013年12月20日,第C4版。

〔3〕 比特币发行量实行稳定增长且增量递减的机制,后续实际生产的比特币数量越少,待发行的比特币需求量越高,比特币在后期的价格相应越高;比特币发行总量确定,加之现实中存在比特币因电脑硬盘灭失等而丢失的情况,留存的比特币会进一步由于部分比特币灭失而增值。比特币的持续增值趋势意味着购买商品与服务所需要支出的比特币数量下降,从而形成了比特币的通缩经济。

〔4〕 Alyssa Botelho, Bitcoin Value Smashes Records in China and US, 2944 New Scientists 5, 5(2013).

〔5〕 The World Bank, Gross Savings (% of GDP), 载 http://data.worldbank.org/indicator/NY.GNS.ICTR.ZS,最后访问日期:2013年12月2日。

将显著提前。[1] 可见，比特币长期价值存储功能深刻制约其长期支付工具职能的正常履行。

通过上述分析可以看到，比特币客观上具有部分性、限制性的交易中介、记账单元、价值存储等货币功能，在货币职能履行过程中核心功能之间具有内在冲突，所以，比特币不具有全面、完整、彻底、真正的货币属性，但在具体情形中，特定经济行为与行为心理驱动下的比特币能够聚合所有货币功能从而构成实质意义上的货币、与法定货币（政府货币）进行竞争的私货币。在法律制度上机械地对比特币做出是与非的货币属性判断并不契合比特币动态且复杂的经济机理。

（3）比特币法律属性实质解释

比特币“去中心化”特征延伸下的基本经济原理与比特币的货币属性辨析，不仅充分阐释了比特币支付系统法律规制的困难性、比特币集中交易平台监管的必要性与可行性以及比特币具备实质货币功能但无法直接赋予其货币地位等经济机理与法律属性问题，而且奠定了在现有制度下确立比特币法律属性实质解释基本规则的理论准备。

比特币法律属性局限于普通商品或者特定虚拟商品在制度安排上的结构性瑕疵集中表现为，以经济刑法对经济秩序与金融市场刑事保护功能失控为代价，实现比特币“虚拟商品”市场与实体经济、金融市场在政策或者法律规范上的关联性与风险性切割。直接肯定或者否定比特币货币属性又会面临制度安排上的双重困境——法律肯定比特币属于货币，既有利于快速建构与完善监管机制对比特币集中交易平台实施严格监管，又能够确保比特币在经济犯罪解释上具有确定的属性定位与数额计算规则。但是，赋予比特币货币地位，一方面，等于承认了法定货币与一种发行与支付系统完全不受政府监管的私货币之间公开且合法的竞争，这与部分法域采取的法律强制政府货币垄断模式相抵触。另一方面，比特币固有的货币功能履行性缺陷导致其在很多情况下都不具备真正的货币功能。法律否定比特币货币地位显然又与比特币在实际运作中表现出的支付功能以及潜在、巨大的价值存储能力相悖。

法律制度将比特币属性界定为商品或者货币出现结构性瑕疵、双重困境的根本原因在于：其一，在经济机理上，没有把握比特币经济生态系统中发行、支付、交易等关键环节的链式关系以及比特币在（虚拟）商品、金融工具、货币等表现形态与功能履行上的互动联系。其二，在法律解释上，坚持在法律规范的逻辑框架下抽象出比特币与之相符的法律特征并做出线性且单向的形势判断，未能结合客观行为与

---

〔1〕 比特币系统可以随时修改最小单位从而使得比特币具有无限可分性。理论上比特币在灭失程度接近极端的情况下仍然能够功能性。因为即使全球流通比特币数量灭失到仅剩一个甚至不足一个时，剩余的比特币依旧可以通过进一步划分单位进而履行支付、计价、存储等货币功能。但在经济实践中，如果比特币储蓄数量（加上灭失数量）接近流通数量时，比特币商品与服务贸易体系基本上就已经崩溃了。

主观意志对比特币的现实性影响与主体性反射而形成比特币法律属性的实质解构。[1]

比特币在发行阶段仍然只是一个普通商品或者虚拟商品的生产过程,但其数量稀缺性、原始取得的成本耗费性、技术上的支付、计价、存储功能等决定了比特币具有发展为一般等价物或者特殊商品的潜能。产品与服务供应商愿意接受比特币,使其在发行并完成初始分配之后进入支付阶段并形成了以比特币为纽带的经济体系。比特币经济体中的经营者提供产品与服务并收取比特币,消费者支付比特币并获取相应商品。但接受比特币支付的产品与服务供应规模有限、市场流动性极低及其较慢的增长速度桎梏了比特币经济规模及其发展。在初始分配中获取优势性比特币资源的中心化利益通过宣传与推广,在实体经济层面提升比特币支付系统的接受度,从而继续增加比特币经济生态中的商品供给,同时通过外部性金融体系建构,即开设比特币与法定货币集中交易平台,直接与法定货币发生定价关系,在拥有巨大经济规模的法定货币市场实现并不断增强比特币市场流动性供给。在比特币与法定货币交易市场,前者就是后者的资产类型,一定数量的比特币根据波动的兑换比率代表着相应数量的法定货币,比特币在被法定货币定价的同时,有效地完成了对法定货币的吸附,通过与全球核心法定货币(主要是美元)之间波动性的价格绑定,实现其全球法定货币资产类型的角色转换。由比特币集中交易平台促成的比特币捆绑法定货币的定价机制帮助比特币由普通(虚拟)商品、到小规模经济体一般等价物发展成为全球经济体中相应的法定货币资产类型。[2] 尽管定价波动造成比特币资产价值严重不稳定,但在实体经济中履行支付、存储职能的比特币客观上代表着一定数量的法定货币,货币功能的执行及其与法定货币的吸附关系,使比特币在商品与服务贸易行为中褪去了普通(虚拟)商品的痕迹,成为一种具有内在缺陷的货币。但是,在帮助比特币形成货币能力的比特币与法定货币集中交易市场中,比特币只是供市场在参与者承担价格波动风险基础上寻求交易利润的金融商品或者投资(投机)工具,不具有货币的实质功能与属性。所以,商品或者虚拟商品只是比特币运动链条中的初始属性,通过实体经济交易中介等核心货币功能承担与金融商品投资(投机)市场的流动性增强,比特币绑定了法定货币并形成波动性兑换率,在实体经济与金融市场进行货币与金融商品的身份转换。

与传统商品、货币以及证券、期货等金融工具不同的是,比特币在运作流程上覆

---

〔1〕 缺乏对比特币经济机理的准确把握显然在法律上对比特币属性进行实质解释的能力。因为将客观行为与主观意志对比特币的作用与影响纳入比特币法律属性评价过程的前提是明确客观行为的经济内涵与行为主体的心理机制。

〔2〕 市场流动性提升意味着比特币经济生态中的产品与服务提供者能够以较低的交易成本将比特币兑换为法定货币从而在更大规模的经济市场实现购买力,这显然会实质性地扩大比特币在实体贸易中的接受度、增加比特币经济生态中的商品供应,并在比特币集中交易市场实现法定货币长期定价的波动性、震荡性上升,从而构成了比特币实体贸易与投资(投机)市场之间的经济循环。

盖实体经济与金融市场中的不同内容,其履行的多种经济与金融功能之间亦互为影响。这就决定了比特币法律属性判断应当超越既有法律制度对传统商品、货币等进行单一化、形式化、封闭化、对象化界定的局限,转而聚焦于真实经济生活中的比特币行为(针对比特币展开的客观行为与行为心理),根据比特币在客观行为与主观意图控制下的实质内涵与功能进行多元化、开放性的法律解释。在比特币与商品、服务之间进行交易时,消费者的比特币行为是支付商品或者服务对价,经营者的比特币行为是直接获取比特币并最终有权获取该宗比特币所内含的、具体数量存在波动风险的法定货币。比特币实际承担了交易中介与价值存储[1]功能,法律应当认定其在这种特定情形下构成实质上的货币。在比特币集中交易平台进行比特币与法定货币之间的买卖时,无论是从比特币实体经济流转到比特币集中交易市场进行法定货币套现的市场参与者,还是纯粹的比特币市场投资(投机)者,其比特币行为都是在承担价格波动风险的基础上谋取法定货币利益的最大化。比特币实际承担着套利、投资(投机)、兑现法定货币的金融工具功能,法律应当认定其在这种情况下构成金融商品。

4.“去中心化”互联网金融犯罪的刑法制度反应与货币体系反思

互联网金融系统使得消费者、经营者、金融机构等能够通过网络实施更为安全、快捷、低成本的货币流转、资金融通、投资投机等经济与金融行为。现行的制度安排已经针对互联网金融系统建构了相对完善的货币、金融、网络等领域的法律监管体系。经济刑法的制度价值保障互联网金融系统运作中的公私产权以及相关实体经济与金融市场监管制度的有效执行。“去中心化”支付系统的技术勃兴使这种比特币等全新支付工具的发行及运作不再受到传统法律监管制度的中心化控制。既有的经济、金融等行政法律法规选择彻底否定“去中心化”支付工具的货币、金融属性并严格限制其与法定货币之间的流通渠道。这在一定程度上管控了比特币投机市场的规模及其风险,同时在规范形式上将比特币以及比特币行为分别固定在(虚拟)商品与普通商品行为、网络行为的范畴之内,从而模糊了比特币经济生态的现实状况与风险累积:比特币仍然以支付工具的形式在实体经济中履行交易中介与价值存储的货币职能,仍然以金融商品的形式供比特币市场参与者从事投资或者投机交易并承担着市场操纵等各种违法犯罪被害风险。由于与比特币有关的各种违法犯罪行为实质上的社会危害性无法在规范形式上完成风险切割,比特币商品性、非货币性、金融性的属性定位导致经济刑法制度受到了最为直观的冲击。一系列经济与金融犯罪难以在刑法规范上对各种比特币行为完成具有规制效果的解释,经济刑法制度所保障的产权以及经济、金融管理秩序便相应地陷入风险境地。

通过比特币经济机理与法律属性实质解构确立比特币在特定情形下所具备的货币

---

〔1〕 比特币存储的就是其代表的、一定数量的法定货币。这种价值存储存在利益上的高度不确定性,在比特币与法定货币价格下跌时,会出现价值损耗,反之,则会出现因存储而带来的增值,但这并不影响比特币存储法定货币的实质功能。

与金融商品属性,有助于发现既有经济、金融行政法律体系及其刑事保障机制在管控比特币市场风险上的制度性缺失并进行针对性强且规范修改成本低的立法调整,及时恢复经济刑法实质解释机制从而有效控制比特币犯罪行为对公私产权以及经济、金融管制秩序造成的风险,同时反思"去中心化"互联网金融技术时代政府货币与私货币之间的竞争对既有货币政策、外汇管制以及保障这种制度执行的货币犯罪、外汇犯罪刑法体系的影响。在政策定位上,经济刑法完成"去中心化"互联网金融市场风险控制的重任,应当有效调配现有法律制度资源及时将比特币交易平台与比特币实际承担金融投资与投机功能的环节纳入系统化规制范围,促进比特币交易市场规范化与保障投资者合法权益,惩防违反金融市场进入许可制度、滥用金融市场资源配置机制的金融犯罪行为。在持续监测数字货币市场发展的基础上,防止比特币经济生态的固有缺陷在中短期内由"去中心化"互联网金融市场结构性风险扩散实体经济与传统金融市场系统性风险,合理解释比特币等新型支付系统在不同经济状态下的实质属性与功能,在经济刑法制度下强化保护公民财产权以及既有的经济管理秩序,反思契合"去中心化"互联网金融市场发展特征、对竞争性货币市场长期性风险具有制度性反应能力、有益于资产保值增值的法律监管机制及其刑事保障体系。

(1)经济刑法规范完善

比特币经济生态中风险最大的环节,就是分布于全球且中国市场占据重要份额的比特币集中交易平台。比特币集中交易平台几乎都存在显而易见的信息不对称与管理不透明,技术原理与市场价格波动机理的复杂性使普通比特币投资者(投机者)难以理解并形成相对直观的风险认知。在传统货币框架下的金融信用体系中,银行针对法定货币吸收存款、提供贷款,券商等非银行金融机构在证券业务范围内提供融资、融券等信用服务。相应地,在数字货币支付体系中亦存在基于比特币的存储与借贷信用机制,在比特币集中交易平台,同样可以向客户融通比特币(融币)供其卖出做空比特币。信用机制的潜在扩张为比特币经济发展与比特币市场的投资(投机)提供了重要空间,但其金融商品投机属性亦对互联网金融市场的稳定性与风险控制提出了巨大挑战。不仅比特币集中交易平台运营者缺乏传统受监管市场的风险控制能力,市值规模小、金融商品资源分配不均衡、监管制度与执法机制尚未及时介入、金融衍生交易逐步开发之后加倍放大的市场风险等比特币集中交易市场固有缺陷导致市场参与者对抗市场操纵犯罪风险的能力非常有限。

对于比特币集中交易市场参与者而言,其金融行为心理上的"有限理性"[1]更是

---

[1]　有限理性(Bounded Rationality)是行为经济与金融理论最重要的概念之一。有限理性概念的提出起源于行为心理学,并经由诺贝尔经济学奖获得者赫伯特·西蒙解释为经济决策定义因素而延伸至经济学的概念。有限理性是对传统经济理论理性前提假设的矫正以及更符合现实情形的描述。根据有限理性的阐释,人类选择行为往往不仅不能做出效用最大化的决策,而且会基于认知限制、动机限制及其两者之间的互动关系导致选择行为偏离理性。Daniel Kahneman, *Maps of Bounded Rationality*: *Psychology for Behavioral Economics*, 93 The American Economic Review 1449(2003).

加深了这种非监管市场的过度投机性与高度风险性。比特币在集中交易市场的价格波动完全派生于其供求关系且其本身完全不具备任何非货币性价值。人们对比特币的认可仍然建筑在其能够兑换成法定货币的基础之上。在比特币集中交易市场持有或者存储比特币不可能成为长期选择。人们最终会在一定的价格、在特定的交易平台将比特币卖出并获取美元、欧元、人民币等法定货币。比特币阶段性的交易狂热本质上就是行为金融中的博傻心理——市场参与者在从事一项风险很大或者具有较大争议的投资(投机)时,并不以购入资产的价格与资产真实价值之间的关联与偏差作为决策或者评估的基础,而是预期未来能够以更高的价格将资产转让给市场中更"傻"的其他参与者。[1] 正是在博傻心理的驱使下或者在相信会有更傻的投资(投机)者进入市场的心理博弈过程中,比特币交易的参与者从事互联网金融工具买卖并不因为其对应的法定货币资产在价值上符合买入价,或者其相信当时的市场价格具有真实性,而是在于其认为能够获得高价卖出的机会。这种泡沫的积累、危机的潜伏、市场的非监管性对于市场参与者资产安全构成了非常严峻的风险。

与比特币整体上的"去中心化"运作不同的是,承担比特币实体经济与金融市场、比特币与法定货币之间核心纽带这一关键作用的比特币交易平台完全处于法律监管能力的控制范围之内,但由于我国现行的金融商品法律监管制度以及经济刑法中的证券期货犯罪条款规制范围受限,导致实际承担金融商品功能的比特币以及从事金融投资(投机)交易的比特币网站并不处于严格的金融监管与经济刑法的规制状态。我国并没有采取制定统一的金融商品(金融工具)交易法或者广义的证券交易法[2]并将包括狭义证券、期货、衍生品等在内的所有金融工具整合于一部法律之中进行监管,而是通过我国《证券法》《期货交易管理条例》《信托法》等分别对证券及证券衍生品、期货及

---

〔1〕 Sandro C. Andrade, Jiangze Bian & Timothy R. Burch, A Practical Anti-bubble Prescription, 9 Economists' Voice 15,17(2012).

〔2〕 欧盟《金融工具市场指令》将证券、集合投资单元、货币市场投资工具、金融期货合约、远期利率协议、利率、外汇、股权互换等法律许可的在受监管市场交易的工具统一纳入金融工具的范畴。德国《证券交易法》将证券统称为涵盖股票、债券、期货、期权、互换等金融资产或者金融衍生品类型的金融工具。日本《金融商品取引法》将证券界定为包括国债、地方债、法人根据特别法律发行的证券、有担保的公司债券、根据特别法律设立的法人所发出和出资证券、股票或表示新股承购权的证书、证券投资信托和贷款的受益证书、外国或外国法人发行的证券、资产抵押证券、证券化产品以及金融工具交易权利证明等金融市场中交易的工具。上述法律规定分别参见:Directive 2004/39/EC of the European Parliament and of the Council of 21 April 2004 on markets in financial instruments, Article 4 Definitions 1.17 & Section C of Annex I; Wertpapierhandelsgesetz-WpHG § 2 Begriffsbestimmungen;金融商品取引法(きんゆうしょうひんとりひきほう、昭和23年4月13日法律第25号)第二条　この法律において「有価証券」とは、次に掲げるものをいう。

期货衍生品、金融信托等金融商品进行监管。[1] 由于比特币与法定货币之间的现货交易显然不构成商品期货、金融期货合约或者金融信托,我国法律体系内对实际承担金融商品功能的比特币公开且集中交易市场行为有调整与规制可能性的只有以《证券法》《证券投资基金》为核心的证券法律制度。然而,我国现行证券法律体系中的证券范围非常狭窄,只能覆盖至股票、公司债、政府债、证券投资基金份额等少数具有投资与投机功能的金融商品,以比特币为典型代表的正在各类网络集中交易平台作为金融商品供市场参与者进行投资、投机且承载一定法定货币价值的支付工具无法在证券法律框架下受到监管。相应地,作为证券、期货市场投资者权益以及市场管理秩序最后屏障的证券期货犯罪刑法条款,在通过实质解释将比特币集中交易认定为金融商品交易而非普通(虚拟)商品买卖之后,仍然因为比特币不属于证券、期货合约、比特币集中交易平台不是证券、期货交易所而无法将市场操纵、内线交易、未经许可的经营行为认定为证券期货犯罪。

证券法律规范是控制金融商品交易市场系统性风险、保障投资者合法权益的核心制度安排。在比特币发行与支付"去中心化"导致其难以受到法律制度实际监管以及比特币集中交易平台表现出明显的金融工具投资(投机)性实质特征的前提下,我国法律制度有必要适度调整证券内涵与外延,在证券法律体系的架构下对比特币交易平台及其市场行为进行集中监管。这不仅有助于严格控制比特币网络交易平台过度投机与市场操纵风险,而且能够将比特币与人民币之间的投机性交易对金融市场与实体经济的潜在风险限制于可控程度的同时,最大限度地发挥比特币在支付技术变革、金融制度创新、反思既有货币体系等方面的积极因素。

从制度安排成本角度分析,立即着手制定专门的金融商品交易法规制比特币交易平台以及市场交易行为并不现实且没有必要。比特币与证券在核心交易机制上的匹配性决定了既有的证券交易所、证券公司、证券市场行为监管体系完全能够与比特币交易

---

[1] 《证券法》第2条规定:"在中华人民共和国境内,股票、公司债券、存托凭证和国务院依法认定的其他证券的发行和交易,适用本法;本法未规定的,适用《中华人民共和国公司法》和其他法律、行政法规的规定。政府债券、证券投资基金份额的上市交易,适用本法;其他法律、行政法规另有规定的,适用其规定。资产支持证券、资产管理产品发行、交易的管理办法,由国务院依照本法的原则规定。"《证券投资基金法》第2条规定:"在中华人民共和国境内,公开或者非公开募集资金设立证券投资基金(以下简称基金),由基金管理人管理,基金托管人托管,为基金份额持有人的利益,进行证券投资活动,适用本法;本法未规定的,适用《中华人民共和国信托法》、《中华人民共和国证券法》和其他有关法律、行政法规的规定。"第45条规定:"基金合同应当约定基金的运作方式。第46条规定:基金的运作方式可以采用封闭式、开放式或者其他方式。采用封闭式运作方式的基金(以下简称封闭式基金),是指基金份额总额在基金合同期限内固定不变,基金份额持有人不得申请赎回的基金;采用开放式运作方式的基金(以下简称开放式基金),是指基金份额总额不固定,基金份额可以在基金合同约定的时间和场所申购或者赎回的基金。采用其他运作方式的基金的基金份额发售、交易、申购、赎回的办法,由国务院证券监督管理机构另行规定。"《信托法》第2条规定:"本法所称信托,是指委托人基于对受托人的信任,将其财产权委托给受托人,由受托人按委托人的意愿以自己的名义,为受益人的利益或者特定目的,进行管理或者处分的行为。"有关期货、期权以及期货衍生品的概念,参见上述《期货交易管理条例》第2条。

所、比特币金融中介服务商以及比特币金融交易行为进行对接。从制度安排实体正当性角度分析，扩大证券范围、拓展证券概念外延已经成为我国证券法修改意见中非常重要的内容。[1] 证券范围整体覆盖金融商品或者投资（投机）工具实际上是一种典型的证券法立法例。例如，美国《证券法》规定：证券是指任何票据、股票、库藏股、证券期货、基于证券的掉期、债券、公司债券、债务凭证、权益证明、分红契约参与证明、担保信托证书、认股证书、可转让股份、投资契约、表决权信托证书，石油、天然气或者其他矿业产权的部分不可分割权益，证券、存款证明、证券组合、证券指数（包括其内涵或者基于其产生的利息）的购买权、出让权、套期、期权等权利，外汇套期、期权等，或者任何通常称为"证券"的利益或工具，或者上述任何利益或工具的证明、权利参与、临时性证明、收据、保证文件、认购权证等。[2] 这种覆盖内容相对广泛的证券概念界定有助于通过证券法所建构的严格监管机制，最大限度地惩防严重损害市场效率的操纵等欺诈行为，并对处于信息不对称劣势的普通市场参与者提供更为周延的保护。[3] 比特币集中交易市场充斥着参与者的误解与偏见，交易平台因监管缺失而导致透明度存疑，比特币交易（过度）投机与违法犯罪风险损害投资者权益并严重影响资本合理流动至其他具有优化资源配置效果的市场。将比特币等互联网金融工具与法定货币之间的投资契约纳入证券范围，即可由证券监管机构对比特币交易所以及相关市场行为进行集中监管，以交易平台资金存管和监测监控制度保证投资者资金安全，以开户实名制和统一开户制度确保信息安全与有效履行反洗钱机制，以信息披露制度提升比特币市场透明度，以反内线交易、反市场操纵制度震慑市场违法犯罪行为。

作为前置性法律规定的证券法将比特币纳入监管范围实际上意味着经济刑法制度的同步完善。以法定货币定价且在交易所上市交易的比特币金融商品构成作为证券期货犯罪行为对象的"证券"，意味着一系列危害金融商品管理秩序、金融商品消费者合法权益的比特币行为得以接受经济刑法的规制。未经证券监管机构许可运营比特币交易所的，构成非法经营罪中的非法经营证券业务行为；基于资金、比特币持仓、信息等优势实施连续买卖、对敲、自我交易等行为，操纵比特币市场交易价格或者交易量额，构成操纵证券市场罪。经济刑法相关证券期货犯罪条款有效覆盖比特币投资（投机）市场，能够积极震慑比特币投资（投机）契约交易市场中的欺诈行为，提升比特币交易所的透明度管理水平。这种反欺诈、优化市场透明度、信息均衡化等经济刑法的刑事保障效果还能够在经济上促进比特币集中交易市场定价的理性化与抗操纵性，进而安全解决易于受到比特币市场参与者非理性行为触发的过度投机风险，遏制比特币市场风险向金融市场与实体经济蔓延。

---

〔1〕 例如，证券法修改专家研讨中有一种代表性观点指出，证券法应当将"证券"拓展至股票、债券、证券投资基金份额等所有"实质证券"，并将证券的认定授权证券监督管理机构。参见马婧妤、王宁、郭玉志：《证券法修改要做好顶层设计》，载《上海证券报》2013年11月29日，第2版。

〔2〕 15 U. S. C. 77b(a)(1).

〔3〕 Donna M. Nagy, Richard W. Painter & Margaret V. Sachs, *Securities Litigation and Enforcement* (*Third Edition*), 2012, p. 2.

证券期货犯罪刑法条款的规范价值在于为各种参与风险市场的金融商品投资(投机)者资产安全提供制度性保护,使市场参与者能够通过多元化的金融市场交易渠道实现资本配置决策收益、合理承担市场风险。简单地禁止经营者通过市场竞争设立比特币交易平台或者实际切断投资(投机)者资金安全进入比特币交易所的渠道,只会增加比特币市场现金交易的规范及其风险,影响比特币市场参与者资金安全。所以,经济、金融行政法律以及经济刑法应当积极将比特币风险交易平台以及行为纳入制度性的证券监管范围,而非以公民产权风险为代价在规范上形式化地割裂比特币与金融投资(投机)领域的客观联系。

(2)经济刑法规范解释与执法机制优化

比特币理论建构上的"去中心化"使没有中央组织者能够破坏系统进而像诈骗、欺诈等犯罪人那样携款潜逃。比特币系统亦没有向市场参与者承诺高额回报或者任何形式的投资收益。比特币经济生态中的实际受益者主要是在比特币与法定货币兑换价格波动中获取价差利益的交易者以及投入计算资源验证比特币交易并在发行环节获取比特币经济激励的技术支持者(矿工)。价差投机是比特币作为支付工具存在与发展之后由人类投机心理与行为催化的衍生功能而非制度初衷。比特币投机工具的衍生功能客观上确实促进了支付工具功能的有效运作。比特币集中交易平台中的投机者充当了宝贵的流动性供给。比特币与法定货币兑换市场流动性越高,交易便捷性就越高,相应会提高商品与服务提供商对比特币的接受度,从而形成比特币实体经济的规模化增长。算法技术提供者在比特币经济生态中获益的对价在于其支撑、强化了比特币系统安全、市场信心。因此,根据具有制度评价比特币经济生态利益分配机制无法得出违法性或者犯罪性的结论。但难以在现有法律框架下以庞氏骗局、金字塔骗局等中心化的欺诈犯罪解释整个比特币支付系统,并不意味着比特币等"去中心化"支付系统彻底完成了合法性或正当性的证明。相反,中心化的法律规制不能以及法律性质上的高度不确定性与不稳定性进一步表明,比特币市场风险、比特币市场参与者受到经济与金融犯罪侵害的风险及其潜在的经济崩溃损失风险,远超传统庞氏骗局等大规模欺诈犯罪的程度。通过证券法拓展证券概念的覆盖范围,将比特币集中交易平台及其市场行为整体纳入证券监管法律框架,进而以经济刑法证券期货犯罪条款保障投资者权益以及"去中心化"金融商品投资(投机)市场管理秩序,只是风险控制体系的一个突破点。面对比特币与法定货币集中交易市场之外的实体经济与金融体系中切实存在的比特币关联违法犯罪风险与市场风险,还需要经济刑法在规范实质解释以及配套的刑事风险执法体系进行优化与调整。

在经济刑法解释层面,比特币在商品与服务贸易等环节承担货币功能的实质属性解释与相关融资犯罪、税务犯罪、财产犯罪等经济犯罪行为的实质解释能够进行有效的匹配,与比特币关联的经济与金融犯罪在性质判断上的规范解释障碍得以化解。持有的比特币资产直接代表着一定数量的法定货币,占有比特币不仅能够完成价值的存储,而且可以在经济交换过程中使用比特币支付商品与服务消费,故盗窃、诈骗行为所指向的比特币在对象属性上就是法定货币的数字化载体。行为人基于非法占有一定数量法定货币的目的,实施秘密窃取、骗取等行为,符合盗窃罪、诈骗罪等财产犯罪的行为性质。对于经营商品与服务贸易、提供劳务劳动等获取比特币经济收入却不予申报纳税行为而言,比特币作为一种特定的人民币资产类型,是经济贸易、社会劳动、资本利得的经营性收益、企业或个人所得,达到纳税标准但不予申报的,在行为性质上符合逃税罪的构成要件。既然比特币客观上具有存储法定货币价值的实质功能且能够以极低的交易费用进行占有转移,那么支付一定数量资金从而获取相应期限的比特币使用权,本质上就是支付法定货币使用成本(利息)并享有特定时间内法定货币使用权益的资金借贷行为。行为人以支付高额利息等为手段向不特定社会公众非法吸收比特币的,在行为性质上符合非法吸收公众存款罪的特征,具有非法占有比特币资产的故意且客观上实施了编造比特币投资项目、将比特币套现后进行大肆挥霍等行为的,则应当认定为集资诈骗罪。需要强调的是,上述与比特币有关的行为最终构成相应的财产犯罪、税务犯罪、融资犯罪,必须在犯罪数额上达到相应的追诉标准。与比特币关联的经济与金融犯罪规范解释还需要建构相应的司法定量规则。正是将比特币集中交易置于证券法律制度监管范围,才使得现有的刑事司法实践中的数额认定规则与估价机制得以固定价格剧烈波动的比特币资产数额——应当以财产犯罪、税务犯罪、融资犯罪等行为过程中完成比特币占有时作为计算比特币对应法定货币市场价格的基准时间,以占有行为发生当日证券监管机构许可的比特币交易所24小时比特币市场平均交易价格认定比特币资产价值。

除了通过性质判断与数额认定司法规则上的优化与完善,将比特币关联经济与金融犯罪纳入经济刑法规制领域之外,刑事执法体系应当以反洗钱机制为核心,切断比特币洗钱犯罪对整个经济刑法刑事保护体系的冲击。尽管目前没有也不可能存在准确的统计数据证明比特币与洗钱犯罪之间的关联度,但匿名支付与全球低成本流通的现实特点使得比特币先天性地具备了沦为犯罪非法所得流转渠道的潜在性社会危害。业已查处的"丝路"网站比特币洗钱等重大犯罪案件,更是证明了比特币支付系统是天然且便捷的各类非法交易的财务管道。美国联邦司法部在执法评估报告中将比特币称作"理想的洗钱工具"。[1] 比特币实质性地促进洗钱犯罪"效率"的原因,在于该支付系统客观上能够实现价值转移的反监测性、匿名性与低(无)成本性。首先,比特币转账与接收过程中的任何环节都不需要依赖于银行、金融机构、非金融机构支付网络等任何形式的既有财富转移机制,这使比特币完全脱离监管机构基于金融与非金融机构反洗钱义务承担而建构的监测网络。其次,单纯的比特币转账与接收行为只涉及数额与比特币钱包地址的信息公开,与交易者物理、网络地址以及身份有关的信息完全匿名。最后,比特币收付速度快且损耗低,完全不存在传统洗钱渠道的成本投入与风险承担问题。然而,无论比特币支付系统的"去中心化"与匿名性如何促进洗钱犯罪"效率"与

---

〔1〕 United States Department of Justice(National Drug Intelligence Center),Money Laundering in Digital Currencies [Product No. 2008 - R0709 - 003], p. 1, 载 http://www.justice.gov/archive/ndic/pubs28/28675/28675p.pdf,最后访问日期:2013年12月16日。

"安全性",目前绝大多数经过洗钱犯罪周转的比特币资产必须通过比特币集中交易平台通过市场买卖行为兑现为法定货币,才能最终且全面实现犯罪行为所指向的经济利益。而将比特币交易平台以及集中交易行为纳入证券法律制度体系进行监管意味着比特币现货、期货、衍生品交易各个环节的从业机构都必须按照金融机构反洗钱标准履行义务。所以,刑事执法机制应当针对比特币点对点网络发行、管理、交易的特征,避免在"去中心化"互联网金融系统不受法律监管的区域耗费执法资源,而是集中刑事执法力量监测比特币集中交易平台的疑似洗钱犯罪行为并强化比特币交易所洗钱线索报告义务的履行,同时加强与其他比特币重要金融交易平台较为集中的国家和地区的反洗钱犯罪刑事执法联动,探索"去中心化"互联网金融工具反洗钱国际合作机制。

(3)经济刑法规范结构性失灵催生的货币制度反思

通过低成本的制度调整与经济刑法实质解释能够将与比特币有关的大部分经济与金融犯罪纳入既有的刑事保障机制。但是,在货币与外汇管理秩序方面,旨在保障货币发行体系与既有外汇管制的货币犯罪、外汇犯罪刑法条款依然存在结构性的制度失灵问题。比特币作为商品与服务贸易支付工具所发生的每一笔交易都意味着在实体经济中流动着不受央行控制的货币供应;人民币、各种外汇与比特币之间便捷兑换、以比特币支付系统实现资产全球化转移与法定货币兑现等意味着包括外汇、资本项目、公务人员(海外)财产申报等在内的管制措施,随时可能因为比特币市场价格趋于稳定而彻底失控。货币犯罪、外汇犯罪等经济刑法制度在"去中心化"互联网金融时代面临重大且难以调试的危机促,使我们不得不对刑法所保护的既有货币体系以及相关管制本身进行反思。当信息网络技术的颠覆性变革导致经济刑法难以有效保障货币领域内的经济与金融管制时,货币体系是否应当进入由市场对资源配置起到决定性的时代,既有的货币政策是否应当为了确保在货币竞争中的优势地位而开始进入制度改革的通道?

在传统市场中,中央政府领导下的央行基于与价格水平与货币总量有关的一系列极为复杂因素对法定货币进行管理,并且实践证明这种中心化的货币政策经常(尤其是在金融危机与后金融危机时代)受到广泛质疑与争议。[1] 而以使用范围最广且争议最大的比特币为代表互联网金融工具市场则脱离了中心化货币政策及其可能诱发的高通胀环境,以密码技术杜绝货币滥发从而吸引人们选择使用与政府货币严格对立的私

---

〔1〕 国际上,德国总理默克尔在2009年6月3日于柏林的讲话中批评美联储与英格兰银行的量化宽松计划,其认为这种非同寻常的货币政策实际上播下了另一场金融危机的种子。翌日美联储主席伯南克立即发表声明"恭敬地反对"默克尔的观点。但随后财经媒体又披露了美联储内部对于量化宽松政策通胀风险的疑虑与隐忧。有学者认为,传统中心化货币政策争议性事件折射了应当通过更为正式与完善的机制予以制衡从而有效防止央行及其政策承担或者引发大规模潜在风险的必要性。See Franklin Allen & Elena Carletti, New Theories to Underpin Financial Reform, 9 Journal of Financial Stability 242(2013). 在国内,2003年政府工作报告中广义货币(M2)增速预设目标为13%,2013年2月末的央行数据显示,M2余额99.86万亿元,同比增长15.2%。市场中不断出现货币超发质疑,但也有学者指出M2偏高是高储蓄率、高间接融资率等综合性因素造成的,货币超发并不严重。参见肖怀洋:《百万亿M2引发五大悬疑四大银行首席预判央行货币政策走向》,载《证券日报》2013年3月29日,第1版。

货币体系——“去中心化”互联网金融工具。交易中介与价值存储是货币的核心定性特征,规模经济与普遍接受是货币的定量特征,所以,货币的实质是经济体系内普遍接受的支付工具。比特币经济生态正处于修正货币功能内在冲突的发展过程之中。特定商户发行的预付卡等具有电子支付工具的定性特征,但这种支付工具只能适用于特定商户所提供的特定商品或者服务,即使经济总量非常庞大,也不具有货币的普遍接受性。特定网站发行的虚拟货币实际上就是商户预付卡的网络化表现,其支付属性仅局限于网站所提供的虚拟商品范围,即使网络用户之间自行或者通过电子商品交易平台撮合将虚拟货币或者虚拟商品兑换为法定货币,本质上仍然是法定货币的周转,完全不会影响经济体系中的货币总流通量。特定主体所发行的数字货币确实能够兑换法定货币以及经济体系内的大部分现实商品与服务,但由于其具有中心化的特征,垄断法定货币体系的政府在其远未达到规模经济时就会对其进行强制关闭、取缔甚至追究数字货币发行主体刑事责任。[1] 所以,“去中心化”互联网金融之前的所有具备货币属性或者特征的非法定货币完全不具有对法定货币进行替代(甚至达到竞争程度)的可能性,而通过“去中心化”技术机理摆脱传统货币制度监管的比特币等新型互联网金融工具的发展,能够实现只受内在缺陷(价格波动剧烈、市场参与者过度投机等)的自我限制而不受外部制约,这对传统法定货币体系构成了现实挑战与直接竞争。

根据传统经济管制理念与制度,比特币系统未经央行许可向市场投放具有支付中介与价值存储功能的实质货币,不仅严重影响国家货币供应政策,而且直接损害外汇管制与(海外)财产申报制度,应当禁止比特币系统并将发行、经营货币的行为以相关货币犯罪、非法经营犯罪论处。但是,禁止比特币在执法实践中基本上不具有可操作性,只要互联网依然存在,比特币等基于密码技术的数字货币便不可能被禁止。[2] 禁止比特币的特定主权国家政策尝试(如泰国)与依托于“去中心化”技术原理的互联网金融系统不可全面禁止性之间的巨大落差深刻体现出,传统货币体系控制下的金融思维与法律制度难以有效应对甚至无法准确理解这样的事实:比特币匿名性与“去中心化”的特点,决定了其从诞生伊始就很难被与其特征高度对立化的政府彻底禁止或者严格控制。比特币的创制方式与运算体系根本不需要特定的比特币公司(企业)或者相关实际控制自然人操纵比特币的发行,不存在特定的服务器支持比特币支付系统,从而也不

---

〔1〕 例如,电子黄金公司(E-Gold Ltd.)早在1996年就创立了全球首个独立数字黄金货币体系。客户在开设电子黄金在线账户并使用信用卡或者现金充值之后,可以购买电子黄金提供的黄金等贵金属,价格与全球主要贵金属现货交易价格相当。客户就可以通过电子邮件使用这种以金属为基础的电子黄金货币完成商品与服务消费的支付。由于电子黄金货币以真实的黄金存量为基础,该系统用户数量增长非常快。同时,1999年网上交易金额就达到百亿规模。然而,2007年美国联邦检察官以洗钱、无证经营货币兑换业务等罪名起诉电子黄金公司及其创始人道格拉斯·杰克逊等人。经辩诉交易,被告公司支付罚金370万美元,杰克逊被判处300小时社区服务、6个月受电子监控的家庭监禁等刑罚。United States of America v. E-Gold, Ltd., Gold & Silver Reserve, Inc., Douglas L. Jackson, Barry K. Downey & Reid A. Jackson, Case No. 07-109(RMC), United States Court of Appeals, District of Columbia Circuit, April 11, 2008.

〔2〕 Noah Silverman, *The E-Penny Opera: Act II*, 68 Wilmott Magazine 16, 18(2013).

可能在特定司法区出现政府强制关闭、执法机构拘留或逮捕、法院传唤比特币发行公司或者实际控制自然人的情况。在金融上,比特币独立于由各主权实体央行构成的既有国际货币体系;在法律上,比特币不受区域性监管制度覆盖。全球各类利益集团或者特定诉求群体支持下的、被相应国家和地区政府予以负面标签化的组织或者机构能够通过比特币的交易与流通渠道获得运营资金且几乎不会承担被政府处以金钱没收与制裁的风险。所谓禁止比特币充其量至多是禁止建立与运营比特币集中交易平台(交易所、网站等)。除非实行断网,否则特定司法区完全不可能有效地禁止具有交易意愿的经济主体实施比特币的支付与接受、商品或服务的提供与消费。即使在实行资本项目管制的国家,比特币用户仍然可以随时在全球各大比特币交易所实现比特币与该国以及世界各国法定货币之间的自由兑换。

货币犯罪等经济刑法制度无法通过直接铲除"去中心化"支付工具的方式限制其对传统政府货币体系的挑战——这等于是从既有货币体系最后且最强屏障的制度视角揭示了法定货币与私货币不得不正式进行货币竞争的全新时代的开启。哈耶克早在《货币的非国家化》就已经提出,政府不应当垄断货币发行的观点,私有银行应当基于其自身信用发行不计息凭证。凭证(如货币)发行应当公开竞争并以可变汇率的形式进行交易。能够确保购买力稳定的货币将在市场竞争中淘汰其他不稳定的货币。这种购买力稳定的货币生存、货币市场竞争的过程是效率最大化的货币体系。[1] 从中短期的观点来看,法定货币体系总体上仍然具有相当的购买力稳定性,可控的通胀导致的购买力缩减的程度并不足以根本性撼动政府信用。目前尚未出现一种私货币体系能够在与政府信用机制在竞争过程中形成影响后者垄断地位的任何态势。法定货币政策体系主导下的低通胀长远上有利于促进经济增长、效率与稳定性,[2] 而对于比特币等"去中心化"互联网金融工具坚持的持续通缩的经济生态而言,则很难提出令人确信地意见。因为经济史上从未出现过平缓、持续且长期的低通缩,没有充分的经济数据能够有效支撑低通缩前景的判断。"去中心化"互联网金融工具的固有性机制缺陷以及市场参与者的过度投机心理都是严重阻碍其继续生存与发展的重要因素。更存隐忧的是,比特币信用机制可以覆盖互联网金融工具存储、借贷与抵押、信用资产交易、评级与保险、数字货币利率衍生工具交易等多重内容。经济资源与需求的不断延伸迟势必逐步凸显数字货币信用体系价值、提升信用市场规模,从而放大互联网金融市场以及实体经济与传统金融市场风险、加速积蓄泡沫与危机。所以,在货币市场竞争中仍然处于压倒性优势的既有货币制度,应当从限制货币竞争的经济刑法部分受到"去中心化"互联网金融供

---

〔1〕 Friedrich A. Hayek, *Denationalisation of Money: An Analysis of the Theory and Practice of Concurrent Currencies*, Institute of Economic Affairs, 1976.

〔2〕 Ben S. Bernanke, Inflation Expectations and Inflation Forecasting, Speech at the Monetary Economics Workshop of the National Bureau of Economic Research Summer Institute, Cambridge, Massachusetts, July 10, 2007, 载 http://www.federalreserve.gov/newsevents/speech/Bernanke20070710a.htm, 最后访问日期:2013 年 1 月 3 日。

给冲击的现实中对传统货币政策进行反思，通过更为科学且旨在维护法定货币持有者购买力稳定性的货币制度安排巩固其竞争优势地位。

二、网络犯罪预防控制对策

应对网络犯罪防控实践中存在的困难，应当提高网络犯罪办案人员的专业素质和办案水平，强化网络犯罪的侦查手段，加强网络犯罪知识和实践能力的培训，建立一支专门的网络犯罪办案队伍。对于网络犯罪预防与控制方面的疑难问题，应当根据不同案件类型及其特点，加强对策研究。

（一）完善网络财务平台的法律规制

现阶段应积极探索完善具体法律规范，强化相关制度建设，有效惩治、预防网络犯罪，为网络支付平台的健康发展提供法律保障和制度支持。

1. 充分运用现有的刑法规定

目前，对网络支付平台中出现的各类犯罪，应充分运用现有刑法条款予以规制。网络支付平台中的犯罪，一般是指传统犯罪基于网络支付平台这种新兴电子支付模式而在互联网中的特殊表现形式，是行为人将该平台及计算机网络作为犯罪工具实施的网络犯罪。尽管其与传统犯罪存在一定差异，刑法适用相对欠缺针对性、明确性，但现阶段在法律调整之前，应充分运用已有规定，准确解读法律关系，确认犯罪构成，适用具有网络特点的证据规则，依法惩治各类犯罪。

2. 通过金融监管规范网络第三方支付业务

有必要将第三方支付企业纳入金融监管体系，制定网络支付平台法律规范。支付结算环节的问题是引发金融风险的重要因素。一家机构的清算可能导致支付“瓶颈”，引发“多米诺骨牌”效应，引起整个金融体系的连锁反应。而目前几乎不受监管的网络支付平台，正是我国金融链条上最容易出现问题的薄弱环节。应对网络第三方支付企业设立准入门槛，进行资质审核，比照金融机构对其注册资本、内控制度、公司治理结构等提出要求，并建立行业规范，对第三方支付的模式、渠道和结算方式进行管理。

3. 完善网络犯罪立法

有必要为网络支付平台中的犯罪认定提供更为细化、明确的适用标准。网络支付平台的产生、发展依托计算机、网络信息技术的广泛应用，其犯罪作为网络犯罪的特殊表现形式，在刑法适用上与网络犯罪的理论发展及立法完善密不可分。目前，我国缺乏健全的网络犯罪法律体系，现行法律过于概括、宏观，可操作性不强，难以形成制度化打击与防范。[1] 应与时俱进推动网络犯罪相关立法完善，在犯罪构成设计上力求科学性、合理性、明确性，改变目前刑法对网络犯罪规定过严、管辖不明、定性疑难的现状，明确诸如电子证据效力、刑事管辖权等共性问题，有效惩治各类犯罪行为。

---

〔1〕 参见刘守芬、申柳华：《网络犯罪新问题刑事法规制与适用研究》，载《中国刑事法杂志》2007 年第 3 期。

(二)优化网络淫秽信息犯罪的监管

网络传播工具的发展加剧了淫秽物品的泛滥。青少年性教育阙如、网络信息资源良莠不齐以及网络法制责任意识淡薄是淫秽电子信息大量蔓延的深度原因。有必要强化淫秽电子信息犯罪的综合治理。同时,司法机关应当通过合法取证、对淫秽电子信息进行准确定性定量、优化办案流程等应对措施,实现淫秽电子信息犯罪的有效惩防。最高人民法院、最高人民检察院2010年《解释二》根据淫秽电子犯罪的最新趋势提出了具有针对性的司法操作规则,受到社会各界广泛关注。淫秽电子信息犯罪严重污染网络信息空气,对于青少年身心健康造成严重危害,有必要细致分析淫秽电子信息犯罪的最新发展趋势,严格按照法律与司法解释的规定进行法律监管。互联网络紧密连接着世界,必须高度重视传播淫秽电子信息的恶性影响。防控淫秽电子信息蔓延必须采取综合治理措施。一是应当加强青少年性生理、性心理教育。二是强化网络空间的责任意识。当前互联网用户的心理与行为表现很大程度上是由于其不负责任或者根本没有责任追究机制所造成的。因此,网络实名制作为一种以用户实名为基础的互联网管理方式,可以成为保护、引导互联网用户的重要手段和制度,并保护青少年免受网络不良因素影响。虽然在如何推行实名制和推行实名制涉及的范围等问题上还有争议,[1]但是推行网络实名制应当是一个发展趋势。三是优化网络监管。网络安全与规范已经成为中国社会关注的重点之一,中国的网络管理部门先后做出多种尝试,维护网络安全、保护网络上的公共利益。[2] 不管是得到公众广泛支持的“网络扫黄”专项行动,[3]还是有异议的绿坝软件的尝试,[4]都代表了优化网络监管的发展方向。互联网处于不断发展的过程中,面对日新月异的网络信息技术,网络监管必须优化治理措施,才能真正净化互联网环境。

(三)加强网络犯罪案件的证据能力

随着计算机犯罪个案数字不断上升和犯罪手段的数字化,收集电子证据的工作成为提供重要线索及破案的关键。恢复已被破坏的计算机数据及提供相关的电子资料证据,即电子取证成为惩治淫秽电子信息犯罪的重中之重。根据《解释二》的规定,对于传播淫秽物品的定罪都涉及传播物品的数量。在司法实践中,淫秽电子信息犯罪的定性与定量直接决定了此类犯罪案件的办案质量。对于淫秽电子信息的定性问题,可以由公安机关内部的专门鉴别淫秽物品的技术人员,按照我国《刑法》第367条的规定“具体描绘性行为或者露骨宣扬色情的淫秽性的书刊、影片、录像带、录音带、图片及其他淫秽物品”的标准,对涉案淫秽电子信息进行逐一鉴别。对于淫秽电子信息的定量

---

〔1〕 参见韩平、侯先锋:《“网络实名制”之法学证成》,载《财经政法资讯》2010年第1期。

〔2〕 参见钟民:《新形势下网络监管的难点与对策》,载《中国工商管理研究》2010年第4期。

〔3〕 参见雨非:《社会学视野下的网络扫黄》,载《检察风云》2010年第3期。

〔4〕 参见张江莉:《反垄断法对垄断性监管的规范——从“电子监管网”到“绿坝软件”》,载《中国法学》2010年第4期。

问题,《解释二》中对涉案传播的各种淫秽物品从数量、点击次数到注册会员人数和获取利益金额都进行了详尽规定。这就要求司法机关在电子取证阶段要注重对这些敏感数字的电子证据进行仔细的收集排查。同时,网络赌博案件属于利用高科技手段犯罪的新类型案件,在电子证据的把握上,可供参考的案例较少,证据审查判断难度较大。在办案过程中遇到的最大困难,就是对电子证据的审查中没有清晰的标准,缺少成熟经验。与普通的物证、书证的单一性相比,电子证据具有无形性、多样性等特征,并且容易被篡改、破坏或毁灭,收集和固定的难度较高。在网络赌博案件中,电子证据所占比重极大,但目前我国《刑事诉讼法》对电子证据还没有统一的法律规定。面对网络赌博案件日益增多的趋势,实务部门在期待统一电子证据法的同时,亟须掌握电子证据效力认定的经验与规则。

(四)提升网络犯罪综合应对能力

网络犯罪的有效控制,必须在全面提升网络破坏性病毒安全防控的基础上,强化网络犯罪侦查能力。同时,根据从事网络赌博、诈骗、传播电子色情信息牟利等犯罪性电子商务经营行为的特点开展针对性司法控制措施。

1. 网络病毒与非法侵入的市场化控制对策

电子商务过程中,针对经营者或者消费者电脑网络系统的不当入侵行为与电脑病毒传播行为的问题,目前在信息网络技术层面上并无一套相对实用的办法。病毒技术与网络安全防范技术处于同步竞争状态,实践中难以全面预防网络病毒。一般电子商务企业以及公务单位的网络系统都是设定一组 ID 及密码供使用者使用。然而,网络“黑客”及“快客”通常可以破解该账号及密码,从而侵入该网络系统。例如,美国国防部的网络系统曾遭受一名以色列少年的破解而被非法侵入。〔1〕对于破解密码式的网络非法侵入,实践中实际上没有完美的解决办法。但是,电子商务网站经营者可以通过程序的设定,记录所有使用者登录网站的 IP 地址以及在该站中所从事的网络行为,通过实时跟踪的方式甄别出非法使用该网络系统的侵入者,甚至可以追踪 IP 地址从而得以向警方报案追捕非法入侵者。但是,当网络“黑客”或者“快客”成功地破解电子商务网站管理者的账号及密码之后,其实际上便拥有网站最大管理权限,应当防止其发现该记录使用者资料的程序,阻止其删除网络行为痕迹,保证追查方式有效发挥作用。

2. 网络犯罪侦查体制的整体强化

面对电子商务领域日益增加的网络犯罪,确保具有信息网络安全专业知识的警务人员的资源配置具有重大意义。网络犯罪侦查部门应当对侦查员进行定期的信息网络安全知识培训,对电子商务领域的网络犯罪实例进行剖析,以加强侦查人员对于搜索、扣押等网络犯罪取证行为的了解,避免在网络犯罪案件查办过程中出现证据不适格现象。同时,网络犯罪侦查部门有必要适时地聘用具有信息网络安全专门知识却不具有警察资格的专业人士加入网络犯罪侦查与防范工作之中,从而实现侦查队伍整体网络

---

〔1〕 参见李文:《以色列小黑客“退休”》,载《中国青年科技》1998 年第 4 期。

犯罪侦查能力的提升,强化侦查员应对网络犯罪的能力,尤其是控制电子商务网络犯罪的技术。因为,电子商务领域的网络犯罪,相对于通常类型的经济犯罪与网络犯罪而言,具有以下特点:(1)网络犯罪对象物在性质上并非为有体物,而是以电子资料、商业信息及程序等信息为主。(2)商业信息资料以及程序容易被处理与加工,基本上很难留存犯罪证据。(3)电子商务领域的网络犯罪与计算机、网络、商务知识具有高度关联性。[1] 电子商务领域网络犯罪的上述特性决定了在侦查方式上必须进行彻底转变。

3. 明确特定领域网络违法犯罪行为的法律责任

对于电子商务平台以及信息网络服务提供者的行政性监管,必须区别于对一般公共媒体的法律监管。因为电子商务平台等网络服务具有一对多的高度开放性与信息公众知悉性。提供网络服务与电子商务信息发布服务等行为,其法律义务的要求与法律责任的认定显然较一般媒体而言更为严格。从国外司法实践分析,网络信息服务的注意义务与审查责任要求较高。以德国法为例,网络服务提供者、电子商务平台在为提供网络、网页信息服务时,应负有以下两种行政责任或者民事责任:(1)网络服务者、电子商务网站本身的资讯内容,原则上应当对其上载的所有内容承担法律责任;(2)网络服务使用者以及电子商务网站使用者上传的非法信息,网站管理者在技术上有可能阻止该非法使用者非法使用的,但其没有防止非法信息的发布,网络服务提供者、电子商务平台应当就上载内容负所有的法律责任。[2] 对于信息网络服务提供者以及电子商务网站高度的法律责任要求,其主要依据在于此类经营者对于网络空间与网络内容自始具有排他支配权。尤其是对于上载淫秽电子信息、网络赌博信息、诈骗信息而言,法律无法期待上传者自动删除此类信息。因此,必须要求具有信息排他性管理权的网站经营者、网络服务提供者承担法律义务。

---

〔1〕 参见刘忠:《浅析电子商务领域犯罪的特点及防范对策》,载《湖南商学院学报》2007 年第 3 期。

〔2〕 参见邢璐:《德国网络言论自由保护与立法规制及其对我国的启示》,载《德国研究》2006 年第 3 期。

主要参考文献

一、中文著作类

1. [日]大谷实:《刑事政策学》,黎宏译,法律出版社2000年版。

2. 万国海:《经济犯罪的刑事政策研究》,黑龙江人民出版社2008年版。

3. 周密主编:《美国经济犯罪和经济刑法研究》,北京大学出版社1993年版。

4. 王世洲:《德国经济犯罪与经济刑法研究》,北京大学出版社1999年版。

5. 林山田:《经济犯罪与经济刑法》,台北,三民书局股份有限公司1981年版。

6. 唐稷尧:《经济犯罪的刑事惩罚标准》,四川大学出版社2007年版。

7. 李晓明主编:《经济犯罪学》,中国人民公安大学出版社2001年版。

8. 张天虹:《经济犯罪新论》,法律出版社2004年版。

9. 赵长青主编:《经济刑法学》,法律出版社1999年版。

10. 陈兴良:《经济犯罪学》,中国社会科学出版社1990年版。

11. 马克昌:《经济犯罪新论》,武汉大学出版社1998年版。

12. 徐武生:《经济犯罪与经济纠纷》,法律出版社1998年版。

13. 徐景峰:《联合国预防犯罪和刑事司法领域活动与文献纵览》,法律出版社1992年版。

14. 陈兴良:《经济刑法学》(各论),中国社会科学出版社1990年版。

15. 高铭暄:《新型经济犯罪研究》,中国方正出版社2000年版。

16. [德]马克斯·韦伯:《经济与社会》,林荣远译,商务印书馆2006年版。

17. 孙利:《经济犯罪研究与经济刑法的适用》,中国检察出版社2001年版。

18. [美]路易丝·谢利:《犯罪与现代化:工业化与城市化对犯罪的影响》,何秉松译,群众出版社1986年版。

19. [美]汉密尔顿等:《联邦党人文集》,程逢如等译,商务印书馆1980年版。

20. [德]马克斯·韦伯:《学术和政治》,冯克利译,生活·读书·新知三联书店2005年版。

21. 谢邦宇等:《行为法学》,法律出版社1993年版。

22. [英]休谟:《人性论》(下册),关文运译,商务印书馆2010年版。

23. 林山田、林东茂:《犯罪学》,台北,三民书局股份有限公司1995年版。

24. 严景耀:《中国的犯罪问题与社会变迁的关系》,北京大学出版社1986年版。

25. 李锡海:《文化与犯罪》,中国人民公安大学出版社2006年版。

26. [意]菲利:《实证派犯罪学》,中国政法大学出版社1987年版。

27. [意]菲利:《犯罪社会学》,法律出版社2001年版。

28. 刘宪权:《金融犯罪刑法的理论与实践》,北京大学出版社 2008 年版。
29. 陈晖:《走私犯罪论》,法律出版社 2002 年版。
30. 程宝库:《商业贿赂:社会危害及其治理对策》,法律出版社 2006 年版。
31. 张玉瑞:《商业秘密 · 商业贿赂法律风险与对策》,法律出版社 2005 年版。
32. 梁根林:《刑事法网:扩张与限缩》,法律出版社 2005 年版。
33. 孟庆华:《受贿罪研究新动向》,中国方正出版社 2005 年版。
34. 郭竹梅:《受贿罪新型暨疑难问题研究》,中国检察出版社 2009 年版。
35. 刘宪权主编:《中国刑法理论前沿问题研究》,人民出版社 2005 年版。
36. 马克昌主编:《犯罪通论》,武汉大学出版社 1999 年版。
37. 樊凤林、宋涛:《职务犯罪法律对策及治理》,中国人民公安大学出版社 1994 年版。
38. 黄祥青:《刑法适用疑难破解》,法律出版社 2007 年版。
39. 刘宪权:《证券期货犯罪理论与实务》,商务印书馆 2005 年版。
40. 陈文飞:《期货犯罪透视》,法律出版社 1998 年版。
41. 刘宪权:《金融犯罪刑法学专论》,北京大学出版社 2010 年版。
42. 刘远:《金融诈骗罪研究》,中国检察出版社 2002 年版。
43. 祝二军:《证券犯罪刑事立法原理》,中国方正出版社 2000 年版。
44. 郑杭生:《社会学概论新修》(修订本),中国人民大学出版社 1999 年版。
45. 徐安住、韩耀元:《投资欺诈及其防治》,法律出版社 1997 年版。
46. 顾肖荣、张国炎:《证券期货犯罪比较研究》,法律出版社 2003 年版。
47. 范健、王建文:《证券法》,法律出版社 2010 年版。
48. 陈兴良:《走向规范的刑法学》,法律出版社 2008 年版。
49. 张继辉等:《中华人民共和国证券法释义与适用》,中国人民公安大学出版社 1999 年版。
50. 最高人民检察院法律政策研究室、中国证券监督管理委员会法律部:《证券期货犯罪司法认定指南——最高人民检察院、公安部关于证券期货犯罪案件追诉标准精释》,中国人民公安大学出版社 2009 年版。
51. 国家法官学院、中国人民大学法学院:《中国审判案例要览(2004 年刑事审判案例卷)》,中国人民大学出版社 2005 年版。
52. 胡启忠等:《金融犯罪论》,西南财经大学出版社 2001 年版。
53. 刘宪权、杨兴培:《刑法学专论》,北京大学出版社 2007 年版。
54. 林山田:《刑法特论》(上),台北,三民书局股份有限公司 1988 年版。
55. 陈兴良、龚培华:《法条竞合论》,复旦大学出版社 1993 年版。
56. 周振想:《金融犯罪的理论与实务》,中国人民公安大学出版社 1998 年版。
57. 鲜铁可:《金融犯罪的定罪与量刑》,人民法院出版社 1999 年版。
58. 胡康生、李福成主编:《中华人民共和国刑法释义》,法律出版社 1997 年版。

59. 白建军:《金融欺诈与预防》,北京大学出版社1994年版。
60. 张明楷:《刑法学》(第3版),法律出版社2007年版。
61. 陈兴良:《刑法适用论》(上卷),中国人民大学出版社2006年版。
62. 刘宪权:《刑法学》,上海人民出版社2008年版。
63. 刘宪权、吴允峰:《侵犯知识产权犯罪理论与实务》,北京大学出版社2007年版。
64. 龚培华:《刑法法条关系研究》,上海交通大学出版社2011年版。
65. 李双其:《网络犯罪防控对策》,群众出版社2001年版。
66. 王云斌:《网络犯罪》,经济管理出版社2002年版。

二、中文期刊类

1. 顾肖荣:《中日经济犯罪概念和范围的演进》,载《政治与法律》2008年第1期。
2. 杜宇:《再论经济犯罪的概念》,载《学术交流》2003年第10期。
3. 孙国华:《论经济犯罪》,载《中国法学》1988年第2期。
4. 罗子发:《经济犯罪原因解释论比较研究》,载《江西公安专科学校学报》2009年第1期。
5. 夏吉先:《经济犯罪时空论》,载《法学探索》1994年第4期。
6. 肖剑鸣、伍麟:《简论经济·文化·犯罪的三维机理》,载《四川省公安管理干部学院学报》1999年第1期。
7. 罗能生:《经济伦理:现代经济之魂》,载《道德与文明》2000年第2期。
8. 饶绍伦:《市场经济中的诚信文化建设》,载《西南交通大学学报》(社会科学版)2004年第5期。
9. 黄太云:《〈刑法修正案(八)〉解读》,载《人民检察》2011年第7期。
10. 黄利红:《走私反对的特点、成因和对策》,载《中国人民公安大学学报》2000年第2期。
11. 苗有水:《走私犯罪的认定及法律适用》,载《人民司法》2002年第9期。
12. 曹坚:《以主客观相一致的视角检视走私犯罪的主观故意》,载《政治与法律》2007年第2期。
13. 胡平:《走私犯罪未遂犯与既遂犯的再辨析》,载《法学评论》2009年第6期。
14. 陈卫星、胡春健:《公式定价贸易方式下如何认定走私犯罪及具体数额》,载《中国检察官》2010年第2期。
15. 张华鲁:《进一步完善上海关区"打防结合、重在防范"缉私机制的构想》,载《犯罪研究》2005年第3期。
16. 任建明、董晓燕:《我国反商业贿赂法律有效性的比较分析及改进建议》,载《南开学报》(哲学社会科学版)2006年第5期。
17. 龚培华:《商业贿赂与商业贿赂犯罪的区别》,载《法学》2006年第7期。
18. 王玉珏、杨坚妍:《商业贿赂罪纵横谈之一——商业贿赂罪的构成》,载《上海商业》2002年第2期。

19. 高忠聚:《商业贿赂犯罪的界定与查处难点》,载《人民检察》2006 年第 8 期。

20. 卢勤忠:《我国商业贿赂犯罪的立法与完善——基于中外立法比较的视角》,载《东方法学》2008 年第 4 期。

21. 韩耀元、王文利:《〈关于办理商业贿赂刑事案件适用法律若干问题的意见〉问答(一)》,载《中国监察》2009 年第 2 期。

22. 李翔:《对商业贿赂犯罪司法解释的若干质疑》,载《政治与法律》2009 年第 6 期。

23. 薛进展:《论商业贿赂的范围及其数额认定》,载《华东政法大学学报》2007 年第 3 期。

24. 刘宪权、阮传胜:《"性贿赂"行为犯罪化不足取》,载《法治论丛》2003 年第 2 期。

25. 韩艳春:《论"性贿赂"立法》,载《行政与法》2004 年第 3 期。

26. 龙一平:《惩治腐败与性贿赂的立法化》,载《行政与法》2004 年第 8 期。

27. 游伟:《性贿赂立法的必要与可能》,载《检察风云》2005 年第 3 期。

28. 李洁:《受贿罪法条解释与评析》,载《河南省政法管理干部学院学报》2003 年第 5 期。

29. 胡雪、曾乐乐:《"性贿赂"定性问题的专题探讨》,载魏东主编:《刑法各论若干前沿问题要论》,人民法院出版社 2005 年版。

30. 赵军:《论我国刑法贿赂罪贿赂范围的重新定位》,载《中国刑事法杂志》2003 年第 6 期。

31. 黄涛:《"性贿赂罪"之探讨》,载《人民检察》2001 年第 7 期。

32. 高一飞:《为什么不能将性贿赂犯罪化》,载《法学论坛》2006 年第 5 期。

33. 杜国强:《无身份者与有身份者共同犯罪定性问题研究》,载《国家检察官学院学报》2004 年第 3 期。

34. 周道莺等:《刑法实务若干问题研究》,载《人民司法》2003 年第 11 期。

35. 张本勇:《纯正身份犯的共犯问题研究》,载《政治与法律》2006 年第 6 期。

36. 杨宏亮:《商业贿赂案件刑事司法与行政执法衔接问题研究》,载《人民检察》2006 年第 8 期。

37. 张光金、谢国庆:《证券犯罪刍议》,载《现代法学》1998 年第 3 期。

38. 刘宪权:《证券、期货犯罪的成因及防范透视》,载《犯罪研究》2004 年第 2 期。

39. 李竞:《我国 A 股市场资产重组中的内幕交易》,载《经济论坛》2010 年第 10 期。

40. 陈海鹰等:《泄露内幕信息罪、内幕交易罪的若干问题探析——由"杭萧钢构案"展开》,载《法治研究》2008 年第 3 期。

41. 张小宁:《论内幕交易罪中"内幕信息"的界定》,载《昆明理工大学学报》(社会科学版)2009 年第 3 期。

42. 刘宪权:《内幕交易、泄露内幕信息罪若干疑难问题探析》,载《犯罪研究》2003年第2期。

43. 田兴宏、焦焰:《基金“老鼠仓”的法律规制研究》,载《长沙理工大学学报》(社会科学版)2009年第1期。

44. 黄鑫:《从“老鼠仓”事件谈增设背信罪之必要》,载《中国刑事法杂志》2009年第2期。

45. 赵秉志:《〈刑法修正案(七)〉的宏观问题探讨》,载《华东政法大学学报》2009年第3期。

46. 李运平、王金贵:《全球化背景下的金融犯罪问题国际学术研讨会综述》,载《人民检察》2007年第19期。

47. 刘宪权:《证券、期货犯罪的刑事立法及其完善》,载《法学》2004年第5期。

48. 缑泽昆:《〈刑法修正案(七)〉中“老鼠仓”犯罪的疑难问题》,载《政治与法律》2009年第12期。

49. 卢勤忠:《利用未公开信息交易罪的认定》,载《政法论丛》2010年第1期。

50. 李朝晖:《操纵证券交易价格罪之“操纵”行为解析》,载《广西社会科学》2004年第10期。

51. 刘宪权:《操纵证券、期货交易价格罪行为方式之解读》,载《法商研究》2005年第1期。

52. 樊成连等:《浅谈增设操纵证券市场罪》,载《法商研究》1995年第6期。

53. 周平:《证券市场犯罪的刑法规范简介》,载《中央政法管理干部学院学报》1998年第1期。

54. 郑高键:《内幕交易罪的经济学分析》,载《中国刑事法杂志》2010年第2期。

55. 汪劲松:《证券公司融资融券业务风险控制及内控制度建设》,载《金融经济》2006年第14期。

56. 徐冬根、刘丽娟:《金融危机与美国证券监管体制改革》,载《法治研究》2010年第4期。

57. 刘远、赵玮:《论金融犯罪的概念与地位》,载《河北法学》2005年第7期。

58. 刘为波:《〈关于审理非法集资刑事案件具体应用法律若干问题的解释〉的理解与适用》,载《人民司法》2011年第5期。

59. 周灏:《跟单信用证防范中的两难选择——就进口商品质量的控制谈“受益人欺诈”与“软条款欺诈”》,载《经济师》2003年第5期。

60. 刘涛:《〈关于办理妨害信用卡管理刑事案件具体应用法律若干问题的解释〉的理解与适用》,载《人民司法》2010年第1期。

61. 陈国庆等:《〈关于办理妨害信用卡管理刑事案件具体应用法律若干问题的解释〉理解与适用》,载《人民检察》2010年第2期。

62. 万海富、秦天宁:《上海检察机关办理侵犯知识产权犯罪案件调查》,载《中国刑事法杂志》2010 年第 6 期。

63. 秦天宁、谢杰:《侵犯知识产权犯罪案件情况与法律适用问题调查》,载《福建警察学院学报》2010 年第 5 期。

64. 王迁:《论著作权法中“发行”行为的界定——兼评“全球首宗 BT 刑事犯罪案”》,载《华东政法学院学报》2006 年第 3 期。

65. 王迁:《论著作权意义上的“发行”——兼评两高对〈刑法〉“复制发行”的两次司法解释》,载《知识产权》2008 年第 1 期。

66. 张绍谦:《试论行政犯中行政法规与刑事法规的关系——从著作权犯罪的“复制发行”说起》,载《政治与法律》2011 年第 8 期。

67. 张远煌、余浩:《论刑法中“销售”与“复制发行”之关系》,载《中国刑事法杂志》2011 年第 6 期。

68. 侯艳芳、何亚军:《侵犯著作权罪界限划定疑难问题探析》,载《法学杂志》2008 年第 6 期。

69. 张绍谦:《试论行政犯中行政法规与刑事法规的关系——从著作权犯罪的“复制发行”说起》,载《政治与法律》2011 年第 8 期。

70. 朱华:《侵犯著作权罪中“发行行为”宜分解认定》,载《检察日报》2010 年 6 月 9 日。

71. 刘远山:《论我国著作权犯罪的定罪和处罚及其刑法完善》,载《河北法学》2006 年第 4 期。

72. 左杰:《从一起案例谈如何认定侵犯著作权罪中的“发行行为”——兼论我国侵犯著作权罪法律法规的完善》,载《经济与法》2010 年第 10 期。

73. 谢杰:《侵犯著作权罪发行行为的司法认定》,载《判例与研究》2012 年第 1 期。

74. 林亚刚:《侵犯商业秘密罪再探》,载《法制与社会发展》2000 年第 1 期。

75. 周永年、杨兴培、谢杰:《非刑罚处罚方法的现实化路径》,载《法学》2010 年第 2 期。

76. 张凯:《网络犯罪及侦查技术》,载《国外科技动态》2001 年第 10 期。

77. 靳娟娟:《网络环境中的网络犯罪和法律问题研究》,载《情报资料工作》2000 年第 6 期。

78. 卜安淳:《论网络犯罪及其防控》,载《安徽大学学报》(哲学社会科学版)2001 年第 1 期。

79. 刘守芬、孙晓芳:《论网络犯罪》,载《北京大学学报》(哲学社会科学版)2001 年第 3 期。

80. 杨正鸣:《网络犯罪及其特征》,载《山东公安专科学校学报》2002 年第 1 期。

81. 谢杰:《欧盟信息网络监管立法经验解析》,载《信息网络安全》2010 年第 9 期。

82. 曹坚、罗欣:《双层次规范视角中的单位犯罪的共犯问题》,载《华东政法大学学报》2008 年第 4 期。

83. 刘芷君:《网络赌博犯罪的刑法规制》,载《法商论丛》2007 年第 1 期。

84. 赵秉志、阴建峰:《侵犯虚拟财产的刑法规制研究》,载《法律科学》2008 年第 4 期。

85. 陈云良、周新:《虚拟财产刑法保护路径之选择》,载《法学评论》2009 年第 2 期。

86. 张凯、管宇:《盗窃网络"虚拟财产"类型案件中的证据学视角》,载《科技与法律》2004 年第 3 期。

87. 郭庆茂:《事中共犯与事后连累犯的处断》,载《人民司法》2010 年第 18 期。

88. 鲜铁可:《论掩饰、隐瞒犯罪所得、犯罪所得收益罪的犯罪对象》,载《中国刑事法杂志》2009 年第 1 期。

89. 刘雪梅、刘丁炳:《掩饰、隐瞒犯罪所得、犯罪所得收益罪新析》,载《法学评论》2008 年第 3 期。

90. 刘守芬:《网络犯罪新问题刑事法规制与适用研究》,载《中国刑事法杂志》2007 年第 3 期。

91. 雨非:《社会学视野下的网络扫黄》,载《检察风云》2010 年第 3 期。

92. 张江莉:《反垄断法对垄断性监管的规范——从"电子监管网"到"绿坝软件"》,载《中国法学》2010 年第 4 期。

93. 刘忠:《电子商务领域犯罪的特点及防范对策》,载《湖南商学院学报》2007 年第 3 期。

94. 邢璐:《德国网络言论自由保护与立法规制及其对我国的启示》,载《德国研究》2006 年第 3 期。

三、外文文献类

1. Susan Rose-Ackerman, The Law and Economics of Bribery and Extortion, 6 *Annual Review of Law & Social Science* 217(2010).

2. Bryan A. Garner, *Black's Law Dictionary*, Seventh Edition, WestGroup, ST. PAUL, Minnesota, 1999.

3. Anthony T. Kronman & Richard A. Posner, *The Economics of Contract Law*, Little, Brown & Company, 1979.

4. Frank H. Easterbrook, Monopoly, Manipulation, and the regulation of Futures Markets, 59 *Journal of Business* 103(1986).

5. Utpal Bhattacharya & Hazem Daouk, The World Price of Insider Trading, *The Journal of Finance*, Vol. LⅦ, No. 1, 2002.

6. John Kern. Price Manipulation in the Commodity Futures Markets, 34 *UCLA Law Review* 1305(1997).

7. Tara Bhupathi, High Frequency Trading: The Strategies, Tools, Risks, and Responses, 11 *North Carolina Journal of Law & Technology* 377(2010).

8. Keith Spence, Flash Trading, 28 *Review of Banking & Financial Law* 98(2009).

9. Charles Duhigg, SEC Starts Crackdown on Flash Trading, *New York Times*.

10. Robert W. Kolb & James A. Overdahl, *Understanding Futures Markets*, Blackwell Publishing, 2006, 20.

11. Jerry W. Markham, "Front-Running"-Insider Trading under the Commodity Exchange Act, 38 *Catholic University Law Review* 69(2010).

12. Gary Rubin, CFTC Regulation 1.59 Fails to Adequately Regulate Insider Trading, 53 *New York Law School Law Review* 599(2008).

13. Vikramaditya Khanna & Timothy Dickson, The Corporate Monitor: The New Corporte Czar, 105 *Michigan Law Review* 1713(2007).

14. Judith Rauhofer, Just Because You're Paranoid, Doesn't Mean They're Not After You: Legislative Developments in Relation to the Mandatory Retention of Communications Data in the European Union, 3 *Scripted* 322(2009).

15. Rotraud Gitter & Christoph Schnabel, Die Richtlinie zur Vorratsspeicherung und ihre Umsetzung in das Nationale Recht, 7 *Mul Timedia Und Recht* 411, 416(2007). LAW 233, 234(2009). engeleitet, *Berliner Zeitung*, Nov. 9(2008).

16. Patrick Breyer, Telecommunications Data Retention and Human Rights: The Compatibility of Blanket Traffic Data Retention with the ECHR, 11 *European Law Journal* 365, 369(2009).

17. Francesca Bignami, Protecting Privacy Against the Police in the European Union: The Data Retention Directive, 8 *Chicago Journal of International*, Sabine Leutheusser-Schnarrenberger, Damit wird ein Paradigmenwechsel.

图书在版编目(CIP)数据

经济犯罪对策论 / 宋远升, 谢杰著. -- 2 版. -- 北京 : 法律出版社, 2020
ISBN 978 - 7 - 5197 - 4677 - 3

Ⅰ. ①经… Ⅱ. ①宋… ②谢… Ⅲ. ①经济犯罪 - 刑事侦查 - 研究 Ⅳ. ①D914.04

中国版本图书馆 CIP 数据核字(2020)第 107191 号

经济犯罪对策论(第二版)
JINGJI FANZUI DUICELUN (DI-ER BAN)

宋远升 谢 杰 著

策划编辑 沈小英
责任编辑 刘 莹
装帧设计 汪奇峰

出版 法律出版社
总发行 中国法律图书有限公司
经销 新华书店
印刷 固安华明印业有限公司
责任校对 杨锦华
责任印制 吕亚莉

编辑统筹 法治与经济出版分社
开本 710 毫米 × 1000 毫米 1/16
印张 27
字数 603 千
版本 2020 年 9 月第 2 版
印次 2020 年 9 月第 1 次印刷

法律出版社/北京市丰台区莲花池西里 7 号(100073)
网址/www. lawpress. com. cn
投稿邮箱/info@ lawpress. com. cn
举报维权邮箱/jbwq@ lawpress. com. cn
销售热线/400 - 660 - 8393
咨询电话/010 - 63939796

中国法律图书有限公司/北京市丰台区莲花池西里 7 号(100073)
全国各地中法图分、子公司销售电话:
统一销售客服/400 - 660 - 8393/6393
第一法律书店/010 - 83938432/8433 西安分公司/029 - 85330678 重庆分公司/023 - 67453036
上海分公司/021 - 62071639/1636 深圳分公司/0755 - 83072995

书号:ISBN 978 - 7 - 5197 - 4677 - 3 **定价**:88.00 元
(如有缺页或倒装,中国法律图书有限公司负责退换)